# Predigtmeditationen

## im christlich-jüdischen Kontext

Zur Perikopenreihe III

Plus
Gottes Gesalbte: Priester – Könige – Propheten
Solus Christus neu gelesen

D1573583

Herausgegeben von
Studium in Israel e.V.,
Wernsbach 2016

STUDIUM IN ISRAEL
שָׁלָ״ב

## ... same procedure as every year

Mit Beginn der Perikopenreihe III erinnern wir daran:

**Nachbestellungen werden künftig nur noch von Berlin aus verschickt.**
**Bitte wenden Sie sich im Falle von Nachbestellungen, Adressaktualisierungen und alle den Versand sowie das Abonnement betreffenden Fragen an:**

Wolfram Burckhardt / Christine Würll
(Kulturverlag Kadmos/Readymade Buchsatz ), Waldenserstr. 2-4, 10551 Berlin,
Tel.: 030-39789394, Fax: 030-39789380, Email
(= bevorzugter Kontaktweg): vertrieb@kulturverlag-kadmos.de

**Bei Fragen zur Rechnung und Buchhaltung wenden Sie sich bitte an:**

Timo Puckhaber, Arbeitsgemeinschaft der Evangelischen Jugend
in Deutschland e. V. (aej), Otto-Brenner-Straße 9, 30159 Hannover
Fon: 0511/1215-126, Fax: 0511/1215-226. E-Mail: pu@aej-online.de

© Studium in Israel, 2016
Dr. Johannes Wachowski, Wernsbach 32, 91629 Weihenzell,
Tel.: 0981/87856; Fax: 0981/82569, email: pfarrer@wachowski-online.de

Gestaltung, Versand und Druck: Wolfram Burckhardt
Cover: Gabriele Dekara

ISBN 978-3-9816903-2-3

IM GEDENKEN AN
MARTINA SEVERIN-KAISER †

# Vorwort der Redaktion

Die Perikopenreihe III des Kirchenjahres 2016/17 vereinigt – anders als die vorausgegangene Evangeliums- und die Epistelreihe – Texte aus erstem und zweitem, aus Altem und Neuem Testament. Sie entspricht damit einer neueren perikopengeschichtlichen Einsicht, die ab 2018 für die gesamte Perikopenordnung gelten wird: Hat die dann »alte« dritte Perikopenreihe den Tisch des Wortes Gottes über Jahre hin schon reicher gedeckt, so werden in der zukünftigen Perikopenordnung ein Drittel aller Texte aus dem Alten Testament stammen. Das Perikopenmodell der »Konferenz Landeskirchlicher Arbeitskreise Christen und Juden« (KLAK) »Die Ganze Bibel zu Wort kommen lassen. Ein neues Perikopenmodell.« (2009) war noch viel weitgehender, wenn man bedenkt, dass eine fünfteilige Perikopenordnung (Tora, Propheten, Schriften, Evangelium, Epistel), eine Berücksichtigung weisheitlicher Texte und auch eine stärkere Aufnahme von Texten aus der Tora vorgeschlagen wurden. Dieser Vorschlag hat, auch wenn er so nicht umgesetzt wurde, doch die EKD-weite Debatte mit geprägt und ist insofern für die jetzt auf den Weg gebrachte Revision fruchtbar geworden – auch wenn manche sicherlich noch eine ungleich stärkere Aufnahme seiner Anliegen gewünscht hätten.

Seit den neuen alttestamentlichen Perikopen der Eisenacher Konferenz (1895) dürfen sich evangelische Predigerinnen und Prediger in die Homiletik des Alten Testaments, damals unter anderem angeleitet durch das »Exegetisch-homiletische Handbuch über die von der Eisenacher Kirchenkonferenz bestimmten neuen Perikopen« (1902) einüben. Mit der Erklärung der alttestamentlichen Lesung zur dritten Hauptlesung durch die Einführung der Ordnung der Predigttexte im Jahr 1978 war im homiletischen Entdeckungsraum selbstverständlich eine Stimme aus dem Alten Testament anwesend. Das hat besonders auch Konsequenzen für die Predigt des Neuen Testaments: Das Alte Testament wird zum Wahrheitsraum (Crüsemann) der homiletischen Erschließung neutestamentlicher Texte.

Diese Einsicht bestimmt auch die Konzeption des Plusteils. Hier wird ein dogmatischer *locus* im Wahrheitsraum des Alten Testaments neu bedacht. Die Herausgeber schreiben in ihrer Einleitung:

> »›In Antiochia wurden die Jünger zuerst *Christen* genannt‹, so berichtet die Apostelgeschichte (11,26). Seither nennen sich diejenigen, die Jesus von Nazareth als den *Christus* (gr. Χριστός), den *Messias* (hebr. משיח), den erwarteten *Gesalbten* erkannten und erkennen, mit zunehmender Selbstverständlichkeit *Christen*. Bisweilen so selbstverständlich, dass man Schülerinnen und Schülern erst erklären muss, dass Jesus nicht der Vorname und Christus nicht der Nachname ist, sondern *Jesus Christus* eines der kürzesten Bekenntnisse darstellt: *Jesus* ist der *Christus*, der Erwartete, der Gesalbte.
>
> Es lohnt sich, so meinen wir, dieses Bekenntnis neu zu entdecken und es so aufzurauen, dass seine verstörende Merkwürdigkeit und heilsame Fremdheit neu erkannt werden können. Dies gilt gerade im Jahr des Reformationsjubiläums. Reformation – das ist vor allem die normative Zentrierung aller Theologie auf *Christus*, wie sie sich u. a. in der reformatorischen Grundformel *solus Christus* ausdrückt. Für Martin Luther ist klar, dass ›Christum predigen und treiben‹ (WA 36,180) der ›*generalis scopus*‹ der ganzen Bibel ist – die bewegende inhaltliche Mitte.«

So darf sich die Leserin und der Leser nicht nur in die abwechslungreich-dialogische, homiletische Erschließung alttestamentlicher und neutestamentlicher Texte einüben, sondern auch eine besondere dogmatische Übung im Reformationsjahr ausprobieren: das *solus christus* als *solus messias* zu reformulieren. Anknüpfend an Bonhoeffer könnte man sagen: Der Gesalbte hält die Christusfrage dann auch im Jubiläumsjahr offen! Wir danken jetzt schon allen Leserinnen und Lesern für ihre Bereitschaft sich auf die Texte der Predigtmeditationen einzulassen und ihre eigenen dogmatischen *loci* neu einzuüben.

Wolfram Burckhardt vom Kulturverlag Kadmos in Berlin danken wir für das schöne Layout und die wunderbare und unkomplizierte Zusammenarbeit.

Wir möchten an dieser Stelle an eine im Programm von »Studium in Israel« vielfältig engagierte Absolventin des Studienjahres, eine dem christlich-jüdischen Gespräch zutiefst verpflichtete Pfarrerin und wunderbare Autorin erinnern: Die Hauptpastorin an St. Petri in Hamburg, Martina Severin-Kaiser ist am 8.Juli 2016 viel zu früh von uns gegangen. Christoph Störmer schreibt in seinem Nachruf in der Zeit (Die Zeit, 30/2016):

> »[...] Martina Severin-Kaiser vereinte Bodenhaftung mit Weltoffenheit. Sie kannte und liebte die Schätze anderer Kulturen, Konfessionen, Religionen, sie pflegte den Diskurs und zeigte zugleich ein eigenes theologisches Profil. Längere Zeit hielt sie sich in Jerusalem auf, später lebte sie mit ihrer Familie jahrelang in Brüssel. Sie sprach die alten und die neuen Sprachen fließend.
> Martina Severin-Kaiser war mit Herz und Seele angekommen in St. Petri. Man schätzte ihre Klarheit, ihre Offenheit, die positive und zupackende Art. Sie hatte eine große Neugier und Begabung, Traditionen weiterzuentwickeln und dabei die Menschen mitzunehmen. Persönlich mochte ich ihre erfrischende Nüchternheit, ihren trockenen Humor, ihre warme Präsenz und ihre ganz und gar unprätentiöse, uneitle Art. [...]
> Wenn Gott, wie die Bibel sagt, der Atem und Odem ist in allem, was lebt, dann ist da noch was, auch, wenn ein Leben ausgehaucht ist. Dann weht uns – manchmal, spürbar und doch ungreifbar – eine Inspiration an, die in uns nachschwingt, die zu trösten vermag und weiterleben lässt. Adieu, Martina!«

Ihr widmen wir dieses Buch.

Berlin/Wernsbach, August 2016

Das Redaktionsteam:
Alexander Deeg
Johannes Ehmann
Marion Gardei
Manuel Goldmann
Ralf Lange-Sonntag
Hans-Jürgen Müller
Andreas Nachama
Barbara Schenck
Andreas Schulz-Schönfeld
Evelina Volkmann
Johannes Wachowski.

# Geleitwort des Ehrenvorsitzenden des Deutschen Koordinierungsrates der christlich-jüdischen Gesellschaften Rabbiner Dr. h.c. Henry Brandt

Als in den 1950er Jahren Überlebende der Schoa und Christen begannen, das nahezu zweitausendjährige Schweigen von Christentum und Judentum in Gesellschaften für christlich-jüdische Zusammenarbeit zu beenden, war damit noch längst nicht sichergestellt, dass Pfarrerinnen und Pfarrer in ihrer Gemeindearbeit auch Wege finden könnten, um jüdische Sichten auf die Bibel zu respektieren. Seit 1958 haben die *Aktion Sühnezeichen – Friedensdienste* einerseits und das 1978 ins Leben gerufene Programm *Studium in Israel* andererseits entscheidenden Anteil an den christlich-jüdischen Gesprächen, ja auch am gemeinsamen Forschen des biblischen Erbes. So war es denn folgerichtig, dass anlässlich des 10. Jahrestages des Bestehens dieser einmaligen Einrichtung, 1988, Studium in Israel vom Deutschen Koordinierungsrat der Gesellschaften für Christlich-Jüdische Zusammenarbeit mit der Buber-Rosenzweig-Medaille ausgezeichnet wurde.

Der christlich-jüdische Dialog hat im Kern den respektvollen Diskurs über die gemeinsamen Schriften und ihre unterschiedlichen Formen der Rezeption. Luthers hermetisch-christologische Interpretation der Bibel, die keinen Platz für Juden in seiner Welt fand, ist ersetzt durch eine Pluralität einer Hermeneutik, die verschiedene Sichtweisen gleichberechtigt nebeneinander setzt. Von einer christologischen Lesart über die wissenschaftliche Bibelkritik bis hin zu der über zwei Jahrtausende entwickelten jüdischen Auslegung der Bibel wird in den Predigtmeditationen Raum geschaffen für differenzierte Sichtweisen des gleichen Textes.

Dass Absolventen des Studienprogramms nun schon über 20 Jahre mit großem Engagement für die verschiedenen Perikopenreihen wöchentliche Predigtmeditationen erstellen, ist für sich genommen schon bemerkenswert. Da nun aber die ab Herbst 2018 geltende neue Perikopenordnung vermehrt Texte aus der hebräischen Bibel in den gottesdienstlichen Gebrauch der evangelischen Kirche stellt, ist die Fortsetzung dieser von Studium in Israel herausgegebenen Predigtmeditationen von besonderer Bedeutung. Die in ihren Leitlinien dargelegten Grundsätze der Predigtmeditationen im christlich-jüdischen Dialog verdienen besondere Wertschätzung. Es heißt dort:

> Die Predigthilfe soll aufzeigen, was die Begegnung mit dem Judentum zur Erschließung gerade dieser Perikope beiträgt. Das Judentum soll hierbei jedoch nicht auf eine Bereicherung des christlichen Glaubens reduziert werden. Auch das in Frage stellende, sperrige, kritische und unverständliche Judentum soll gehört und präsentiert werden.
>
> Wir bieten Raum für eine ›undogmatische‹ Bibelauslegung, die sich des Eigenwertes und der Eigenstimme des Alten bzw. Ersten Testaments und der daraus resultierenden jüdischen Auslegung bewusst ist und darum mit einer vielfältigen Zuordnung von Altem und Neuem Testament spielt. Die Antijudaismusproblematik muss nicht jedes Mal explizit erörtert werden, doch gibt es einige Texte, die dies unumgänglich fordern.
>
> (zit. nach http://www.studium-in-israel.de/Homiletische%20Leitlinien%202015.pdf)

Besser hätte ein Rabbiner den biblischen Diskurs zwischen Christentum und Judentum auch nicht formulieren können.

Diese Leitlinien an sich sind schon eine bemerkenswerte Leistung. Wie wenig selbstverständlich dies ist, zeigt der von Pfarrer Friedhelm Pieper, dem evangelischen Präsidenten des Deutschen Koordinierungsrates der christlich-jüdischen Gesellschaften, aufgedeckte Streit an der Berliner Theologischen Fakultät, die – anknüpfend an die »DC« des »Dritten Reiches« – die hebräische Bibel in den Rang einer apokryphen Schrift herabstufen wollte. Diese und ähnliche antijüdische Vorfälle in der letzten Zeit lehren uns, dass die Erkenntnisse und Einsichten des christlich-jüdischen Dialogs nicht ein für alle Mal gesichert sind, sondern immer neu errungen sein wollen.

2017 begeht die Evangelische Kirche in Deutschland das 500-jährige Reformationsjubiläum – 1933 feierten die Nationalsozialisten den 450. Geburtstag Martin Luthers als einen großen Deutschen und im Sinne eines rassischen Antisemitismus, ja, in dieser Zeit wurde z. B. in Halle ein Institut eingerichtet, um einen arischen Jesus zu kreieren. Gut und böse, fruchtbare auch kontroverse Diskurse und hermetischer Katechismus liegen dicht beieinander, denn sie beziehen sich auf die gleichen Texte, freilich in verschiedenen Traditionen. Diese im Plusteil dieser Predigtmeditationen abgehandelten und hergeleiteten Sichten ergänzen die Predigtmeditationen zu den einzelnen Sonntagen in grundsätzlicher Weise und geben Anlass zur Hoffnung, dass dieser Dialog nicht nur auf der Ebene der Prediger in Kirchen und Synagogen abgehandelt wird, sondern auch in die Tiefe der Gemeinde hineinwirkt.

In diesem Sinn – weiter so!

Augsburg, im Juli 2016

# Inhalt

**Plusteil**

# 1. Sonntag im Advent: Jer 23,5–8
# Jenseits des Königsweges

## 1. Annäherung

»Recht und Gerechtigkeit« – da geht das Herz auf. Wer sehnt das nicht herbei? Angesichts von Krieg und Willkür, angesichts der auseinanderklaffenden Schere von Arm und Reich, angesichts der zunehmenden Kinderarmut, angesichts von Korruption und Vetternwirtschaft weltweit lechzt unsere Seele nach Recht und Gerechtigkeit wie die Hirschkuh nach frischem Wasser (Ps 42,2). Problematisch ist jedoch der im Predigttext genannte Weg, Recht und Gerechtigkeit von einem König zu erwarten. Der weder reflektierte noch von seinen bedenklichen Konsequenzen bereinigte Königsweg ist – wie die Waffenförmigkeit so mancher biblischer und theologischer Texte – eher Ausdruck regressiver Tendenzen, anstatt ein Beitrag dazu, dass »das Recht wie Wasser und die Gerechtigkeit wie ein nie versiegender Bach« ströme (Am 5,24). Die Rede und der Gesang vom König, wie sie in unseren Kirchen gerade zum Advent gang und gäbe sind, sollten einmal verstummen, um die notwendigen Prioritäten zu verdeutlichen: Es geht um die Sache, nicht um die Person; es geht um Gerechtigkeit, nicht um den Messias.

## 2. Kontexte

a) Auch in anderen Texten sind die Begriffsfelder »König« und »Recht« häufig miteinander verknüpft, wie z. B. in dem Wochenspruch Sach 9,9: »Siehe, dein König kommt zu dir, ein Gerechter und ein Helfer«. Jedoch können Recht und Gerechtigkeit auch jenseits des Königsweges erhofft werden. Als Beispiel sei hier nur 2.Petr 3,13 zitiert: »Wir warten aber auf einen neuen Himmel und eine neue Erde nach seiner Verheißung, in denen Gerechtigkeit wohnt.«

b) Elisa Klapheck, Rabbinerin in Frankfurt, sieht die Stärke des Judentums darin, politische Institutionen der Realität anzupassen. Das Königtum ist dadurch als Teil der Geschichte verstanden, aber nicht dogmatisch für alle Zeit festgeschrieben (Hervorhebung im Original):
»Historisch gesehen hat gerade die jüdische Tradition eine erstaunliche Transformationsfähigkeit bewiesen und dabei auch immer ihren politischen Anspruch auf den Prüfstand gestellt. Schon die Tora bezeugt dramatische politische Veränderungen, dokumentiert in jeweils neuen politischen Ansprüchen an die Gesellschaft. [...] Das Erfolgsgeheimnis der jüdischen Tradition bestand darin, aus der jeweils herrschenden politischen Realität eine Herausforderung an den eigenen politischen Anspruch abzuleiten – der sich natürlich aus der Religion begründet. Der Anspruch wandelte sich qualitativ entsprechend der Zeitläufte. In der Tora verlangte Gott eine Theokratie, seine Sprecher waren die Propheten und Priester. Im Talmud wurde die Institution der Prophetie jedoch abgeschafft. Prophezeiungen in Bezug auf das Ende der Geschichte und den Beginn des messianischen Zeitalters wurden zurückgedrängt. Stattdessen entwickelten die talmudischen Gelehrten eine

Rabbinerdemokratie, in der argumentiert und am Ende abgestimmt wird. Der messianische Anspruch wurde deswegen nicht aufgegeben. Aber seine politische Qualität wandelte sich. Er galt fortan als ein Maßstab aus einer besseren Zukunft, an der die gesellschaftliche Realität zu messen ist. Die Rabbinen entwickelten hierfür den Begriff der *Olam haba*, der ›kommenden Welt‹, die aber schon jetzt im Kommen ist und die man mit dem *Tikkun olam*, der ›Korrektur der Welt‹ schon aktiv gestaltet. Die neuen politischen Ansprüche, die sich aus dieser Überzeugung ergaben, machten für manchen Rabbinen die apokalyptischen Endzeitvorstellungen überflüssig. So sah etwa im 3. Jahrhundert der große Rechtsgelehrte Samuel das messianische Zeitalter ganz unspektakulär: Man werde immer noch arbeiten müssen. Nur würden die Menschen freundlicher zueinander sein. Und ganz wichtig: Die Herrschaft werde aufhören. Niemand brauche mehr einen Herrn über sich.«

Klapheck, 30

c) Eine Kritik am Königtum ist schon in den Schriften des Ersten Testaments feststellbar, so z.B. Ri 8–9 oder 1.Sam 8–12. Crüsemann erklärt, dass die mit der Einführung des Königtums bekämpften negativen Einflüsse nun durch das Königtum selbst wieder erstarkten. Er führt dazu aus:
»Die fortbestehenden antiherrschaftlichen Normen, das ausgeprägte Gleichheitsbewußtsein, mußten sich mit Notwendigkeit gegen diese Ungleichheit wenden, und zwar mit derselben Stärke, mit der sich Israel einst gegen die philistäische Überlagerung gewehrt hatte. Beide Vorgänge entsprangen der gleichen Wurzel, dem Bewußtsein und den Mechanismen der segmentären Gesellschaft. Das Mittel, mit dem die ethnische Überlagerung abgewehrt worden war, das eigene Königtum, entwickelte ja nun genau die Züge, zu deren Verhinderung es akzeptiert worden war.«

Crüsemann, 217

d) Recht und Gerechtigkeit ist nach jüdischer Auffassung nicht nur Zeichen und Auftrag jüdischen Glaubens und Lebens, sondern ebenso Herausforderung der nicht-jüdischen Welt. In den noachidischen Geboten (Babylonischer Talmud Sanhedrin 96a/b) führt die Forderung nach neutralen Gerichten und einem entsprechendem Rechtssystem den Katalog der Gebote an. Klapheck will darin sogar die Forderung nach einem »Rechtsstaat« sehen (31).
In der Interpretation von Gen 2,16 sieht Sanhedrin 96 dieses Gebot begründet:
»›Und es gebot‹ – das deutet auf das Gebot der Rechtspflege, denn es heißt: ›Dazu habe ich (Gott) ihn (Abraham) erkannt (erwählt, bestimmt), dass er seinen Kindern und seinem ganzen Hause nach ihm gebiete, Gerechtigkeit und Recht zu tun (Gen 18,19).‹«

Cohn

e) Rabbi David Kimchi (1160–1235) transformiert die Königserwartung des Textes in eine kollektive Erwartung:
»Er (Gott) nennt ihn ›Sproß‹, weil sein Gedeihen (eigentlich Hinauskommen) in der Welt dem Gedeihen des Gewächses auf dem Feld gleicht. Es kommt zu Zehntausenden heraus. Weil er ein zadiq sein wird, werden die meisten Menschen desgleichen zadiqim mit ihm sein (seine Eigenschaften wirken sich auf die anderen Menschen aus).«

zit. nach: Gradwohl, 202

## 3. Beobachtungen am Text

Die Verse 5–8 bilden den Abschluss einer größeren Texteinheit, die mit Jeremia 21,1 beginnt. Diese sogenannten Königssprüche beinhalten vor allem Kritik, Klagen und Unheilsworte im Hinblick auf die Könige zur Zeit Jeremias, namentlich Joahas, Jojakim, Jojachin und Zedekia, und auf Jerusalem. Die vorgeschlagene Perikope schließt die Unheilsansagen mit einer Heilsverkündigung ab.

Innerhalb der Perikope bilden jeweils die Verse 5–6 und 7–8 eine je eigene Einheit, beide eingeleitet mit der Formel: *hinne jamim ba'im – ne'um jhwh* – »Siehe, Tage kommen – Spruch JHWHs«.

*V 5*: Ein »gerechter Spross« (*zämach zadiq*) wird angekündigt. Die Bezeichnung »Spross« hat viele Interpretationen ausgelöst. Dieses Bildwort aus dem Bereich der Botanik wird auch sonst häufig in der Bedeutung »Nachkomme« verwendet, hier also als Nachkomme Davids. In dieser Bedeutung ist der Begriff auch in das Achtzehn-Bitten-Gebet aufgenommen worden. Möglich ist auch eine Übersetzung als »rechtmäßiger Nachkomme« (siehe Gradwohl, 200). Die Darstellung dieses Sprosses ist orientiert an der Kritik an den bisherigen Königen: »Der künftige ›gerechte‹ Herrscher hat Eigenschaften oder Fähigkeiten, die dem regierenden fehlen.« (Schmidt, 30)

Seltsam ist die Phrase *malach mäläch*; »als König König sein« ist eine Tautologie.

Mit *hiskil* ist eine Kompetenz des gerechten Sprosses genannt: Er hat Einsicht. (Man kann hier natürlich auch an die *Maskala*, die jüdische Aufklärungsbewegung, denken.) Dem schließen sich weitere Kompetenzen an: Er übt Recht und Gerechtigkeit im Lande (*'asa mischpat u-zedaqa ba'aräz*).

*V 6*: Es werden weitere Kennzeichen der Herrschaft des gerechten Sprosses genannt: Juda wird gerettet werden (*tiwascha'*), und Israel wird in Sicherheit bzw. ohne Furcht wohnen können.

Die Nennung seines Namens »JHWH ist unsere Gerechtigkeit« kann sowohl positiv als auch negativ auf König Zedekia anspielen. Seine Herrschaft kann mit dieser Bezeichnung gestärkt werden, aber genauso kann der Name kritisch gegen ihn verwendet werden. Wichtig bleibt: Hauptkriterium eines gerechten Königs ist die Orientierung an der von Gott verlangten Gerechtigkeit.

*VV 7f.*: Es wird wieder mit der oben genannten Eingangsformel neu angesetzt, wobei die Herrschafts- und Königsmetaphorik nicht aufgegriffen werden. Im Vordergrund steht das Handeln Gottes an seinem Volk Israel. (Die parallele Bezeichnung »Juda« wird nicht mehr verwendet.) V 7 rekurriert in einer Schwurformel auf das Exodusgeschehen. V 8 erweitert den Rückgriff auf die Rettung Israels aus der Knechtschaft Ägyptens. Dabei ist die doppelte Verwendung des Relativpronomens *ascher* entscheidend. Der erste Relativsatz *ascher hä'älah* greift die Schwurformel von V 7 und deren Rückbezug auf den Exodus auf, ist quasi eine Abkürzung dieser Schwurformel. Die zweite Relativkonstruktion verweist auf das zukünftige Heilshandeln Gottes, der die Nachkommen Israels wieder aus allen Ländern zurückbringt. Die korrekte Übersetzung muss demnach lauten: »So wahr JHWH lebt, der (die Israeliten aus dem Land Ägypten) heraufgeführt hat und der die Nachkommen des Hauses Israel aus dem Land des Nordens und aus allen Ländern, in die ich sie verstoßen haben, zurückgebracht habe.« Das eine wird nicht gegen das andere ausgespielt, sondern in Zukunft wird man sich beider Heilstaten Gottes an seinem Volk erinnern.

Ein weiteres Kriterium der Heilszeit ist das Wohnen / Leben (*jaschevu*) auf dem eigenen Land. Gegenüber *äräz*, das auch politische Konnotationen hat, wird hier *adamah* verwendet, was an Gen 2 erinnert und die Verbindung zwischen Mensch (*adam*) und Erdboden (*adamah*) betont.

## 4. Homiletische Konkretionen

a) Die Problematik des Adressaten

Die Verheißung eines Königs in Jeremia 23,5 betrifft uns eigentlich gar nicht. Sie gilt dem Hause Davids. Und auch die anderen Heilsverheißungen des Textes haben nicht uns zum Adressaten, sondern das Volk Israel bzw. Juda und Israel. Dies ist die erste Hürde, die der Prediger bzw. die Predigerin für sich klären muss: Warum und wie soll und kann über diesen Text in einem christlichen Gottesdienst gepredigt werden?

Es gibt Predigten, die stellen Jesus als den verheißenen Spross Davids dar und sehen den Text als Prophezeiung des Messias, die in Jesus erfüllt sei. Doch solche Parallelisierungen verbieten sich aus gutem Grunde. Denn zum einen wird hier weder der Terminus Messias noch eine Salbung erwähnt. Zum zweiten geht es in Jeremia 23,5–8 um Verheißungen, die in Jesus nicht erfüllt sind. Jesus hat nicht als König regiert, und jede Umdeutung, dass Jesus eben kein mächtiger, sondern ein ohnmächtiger König gewesen sei, ist belanglos. Ein König, der nicht als König herrscht, ist kein König. Es hilft nichts, wenn man Begriffe umdefiniert.

Relevant kann der Text werden, wenn wir eine Strukturanalogie thematisieren: Der Gott, der für Israel Gerechtigkeit will und schafft, ist auch »unsere Gerechtigkeit«. Auch Christinnen und Christen glauben, dass Gott dem Recht und der Gerechtigkeit zum Durchbruch verhilft. Auch wir Christinnen und Christen warten auf einen neuen Himmel und eine neue Erde, in der Gerechtigkeit wohnt.

b) Die Problematik des Königs

Zu den Zeiten der Entstehung der biblischen Texte waren Könige eine Gegebenheit. Wer sich aber heute noch nach einem König sehnt, verhält sich anachronistisch. In Europa haben die Königinnen und Könige nur noch eine repräsentative Funktion. Demgegenüber sind im EG viele Lieder aufgenommen, in denen die Erwartung oder das Kommen eines (messianischen) Königs so starkes Gewicht hat: Wollte man alle Lieder im EG streichen, die von einem König handeln, so würde wohl knapp ein Viertel aller Lieder fehlen, darunter die Mehrheit der Advents- und Weihnachtslieder. Die Diskrepanz ist frappierend. Und sie ist gefährlich! Wer immer den König als Retter und Helfer im Munde führt, fördert eine Autoritätsgläubigkeit und eine antidemokratische Haltung, auch wenn er dies nicht beabsichtigt. Da hilft es auch nicht, dass gesagt wird, dass Jesus doch ein König sei, der in Schwachheit komme und demütig und friedlich sei. Die Struktur, dass das Kommen des Königs, des auch in Schwachheit noch starken Mannes, die Lösung aller Probleme mit sich bringe, diese Struktur, die simplifiziert und einfache Lösungen für komplexe Sachverhalte vorgaukelt, wird in der wiederholten

Betonung des Königs mittransportiert. Dieser Suche nach dem starken Mann, wie ihn so manche Liedtexte und auch Predigten protegieren, korreliert eine »Führungsschwäche«, die dadurch kompensiert werden soll, dass man sich ganz dem großen Helden verschreibt, und sei dieser auch der Mann aus Nazareth. Damit kann auch wunderbar an jegliche Form von Populismus angeknüpft werden, da dieser immer die einfachen Lösungen verspricht.

c) Die Frage der Priorität
Die Verheißungen von Jeremia 23 berühren tiefste menschliche Sehnsüchte: Die Sehnsucht nach Gerechtigkeit, die Sehnsucht nach Sicherheit, die Sehnsucht nach Heimat und eben auch die Sehnsucht nach Führung. Gerade Führung ist jedoch schon immer ambivalent, davon zeugt schon die alttestamentliche Königskritik (siehe Kontexte c). Doch nicht nur aus diesem Grund soll sich die Sehnsucht nach Führung der Sehnsucht nach Gerechtigkeit, Sicherheit und Heimat unterordnen. Diese können nämlich auch ohne König realisiert werden bzw. sind auch so immer wieder Herausforderung für eine Gemeinschaft (siehe Kontexte e). Gerade die veränderten politischen Gegebenheiten sollten die Rede vom König in den Hintergrund treten lassen. Dass Gerechtigkeit und Sicherheit durch demokratische Prozesse und rechtsstaatliche Normen besser verwirklicht werden können, ist ein immer wieder ins Gedächtnis zu rufender Erfahrungswert. An diesen darf auch die Predigt erinnern und dabei die jüdische Kompetenz zur Transformation vorbildlich erwähnen (siehe Kontexte b).

d) Das Recht des Königswegs
In der Negation der Sehnsucht nach dem König liegt zugleich deren Recht begründet. Nicht der König als reale Person oder Institution kann die Sehnsüchte des Menschen nach Gerechtigkeit, Sicherheit, Heimat und Führung verwirklichen, doch das Symbol oder der Archetyp des Königs in seiner Spannung von Führung und Dienst (siehe Schick, 37) kann das Recht auf Sehnsucht nach Führung offenhalten. Diese Sehnsucht, wie sie zum Beispiel auch die Figur des Königs im Märchen belegt, ist letztlich doch eben auch eine begründete Sehnsucht. Angesichts des Machbarkeitswahns, dass man alles tun und machen könne, würde Versagen zum Selbstverlust führen. Da ist es gut, zu erfahren, dass man als Mensch nicht in jeder Situation Herr seiner selbst ist. Das »Gefühl der schlechthinnigen Abhängigkeit« (Schleiermacher) befreit vom Machbarkeitswahn und seinen Konsequenzen und lässt Führung zu, ohne Gerechtigkeit ganz in die Hände einer anderen Macht zu legen.

e) Zwischen Gabe und Aufgabe
Unsere Sehnsucht nach Gerechtigkeit, nach Heimat und nach Sicherheit wird von Gott ernst genommen. Er ist unsere Gerechtigkeit (V 6) und verheißt Juden und Christen eine Welt voll Gerechtigkeit, Sicherheit und Heimat. Analog zur Interpretation von Kimchi werden Menschen in die Erfüllung dieser Verheißungen einbezogen. Christlich gesprochen: Wir sind Teil der Mission Gottes an seiner Welt. Die Gabe, die uns verheißen ist, wird zur Aufgabe, die uns an den Mitmenschen verweist. An unserem Handeln erweist sich, wie viel die Rede von der Gerechtigkeit Gottes wert ist.

## 5. Liturgievorschläge

Lesungen:
Die für den 1. Sonntag im Advent vorgeschlagenen Lesungen passen nicht zum Akzent des Predigttextes. Statt Mt 21,1–9 könnte der Predigttext aus der 5. Perikopenreihe (Lk 1,67–79) als Evangelienlesung genommen werden.
Ebenso setzt der Wochenpsalm, Ps 24, andere Akzente. Passender wäre z. B. Ps 103.

Lieder:
Adventslieder ohne Bezug zum Königsweg, die aber dennoch das Thema Gerechtigkeit thematisieren, sind rar gesät. Am ehesten kommen die folgenden in Frage:
Die Nacht ist vorgedrungen (EG 16)
Seht, die gute Zeit ist nah (EG 18)
Lieder, die einen Bezug zum Thema Recht und Gerechtigkeit haben, sind folgende:
Sonne der Gerechtigkeit (EG 262/263)
Komm in unsre stolze Welt (EG 428)
Gib Frieden, Herr, gib Frieden (EG 430)
Freunde, dass der Mandelzweig (EG 651, Regionalteil Rheinland/Westfalen/Lippe)
Wenn das Brot, das wir teilen (EG 667, Regionalteil Rheinland/Westfalen/Lippe)
Lass uns den Weg der Gerechtigkeit gehen (EG 675, Regionalteil Rheinland/Westfalen/Lippe)

### Literatur

Cohn, Marcus, Wo beginnt das jüdische Recht? Noachidische Gebote, http://www.juedisches-recht.de/anf_noah_gebote.php, abgerufen am 2016-07-12.

Crüsemann, Frank, Der Widerstand gegen das Königtum. Die antiköniglichen Texte des Alten Testaments und der Kampf um den frühen israelitischen Staat, Wissenschaftliche Monographien zum Alten und Neuen Testament 49, Neukirchen-Vluyn 1978.

Gradwohl, Roland, Bibelauslegung aus jüdischen Quellen, Bd. 1: Die alttestamentlichen Predigttexte des 3. Jahrgangs, Stuttgart 1986.

Klapheck, Elisa, Kann/darf Religion politische Ansprüche stellen?, in: Blickpunkt.e 3 (2016), 29–31.

Schick, Andreas, Selbsterfahrung Mann. Therapeutische Zugangswege zur Männerseele, Berlin 2015.

Schmidt, Werner H., Das Buch Jeremia, ATD 21/2, Göttingen 2013.

*Ralf Lange-Sonntag*

# 2. Sonntag im Advent: Mt 24,1–14
# »aufrechter Gang erhobenen Hauptes«

## 1. Annäherung

Es ist ein merkwürdiges Phänomen, das sich beim Lesen und Hören des Predigttextes einstellt, zumindest in der Erfahrung derer, mit denen ich spreche: Die Ansammlung von Motiven der künftigen Katastrophe sind derart dicht, verschränkt und miteinander verschlungen – Verführung, Krieg, Erhebung der Völker gegeneinander, Hungersnöte, Erdbeben, persönliche Verfolgung, Todesdrohung, Abfall vom Glauben, Verrat, Hass –, dass dem Horrorszenario gar keine reale Erfahrungswelt mehr zu entsprechen scheint. Die Alten und ganz Alten mögen mit Krieg und Hungersnot noch eigene Erfahrungen verknüpfen, aber schon Erdbeben dienen eher der feierabendlich verabreichten Anschauung ferner Katastrophen als der persönlichen Betroffenheit.

Oder ist das oberflächlich? Sind wir so abgebrüht? Was liegt uns fern und was geht uns nahe. Eine deutsche Jugendliche stirbt als Austauschschülerin mit ihrer Gastfamilie beim Erdbeben in Ecuador. Tragisch? Wäre sie besser daheim geblieben? Fernes Übel, das uns doch erreicht, (nur) wenn Deutsche betroffen sind?

Schon jetzt lassen die global-ökologischen Probleme erkennen, dass bevor ein Mensch an konkretem Wassermangel verdurstet ist, zuvor hunderte wenn nicht tausende im militant ausgetragenen Streit um die Ressource Wasser ihr Leben verlieren. Oder der Aufkauf und Ausverkauf von Wasserrechten bringt schon jetzt erkennbar künftige Generationen in soziale und politische Abhängigkeiten. Wo schauen wir hin, wann schauen wir weg. Sollen sich die andern nur die Köpfe einschlagen.

In Deutschland verletzt ein Afghane eine nationalchinesische Familie – eine neue Spielart der Globalisierung?!

Aber geht es im Predigttext darum: um Katastrophenanalyse und ethische Bewältigung? Doch wohl nicht. Vom *definitiven* Ende her und nicht auf das drohende hin wird geblickt. Das Bevorstehende wird zur Gegenwart. Und wer beharrt bis ans Ende, der wird selig werden (13). Das klingt wie eine Durchhalteparole in Gotham City, dem Inbegriff cineastischer Apokalypse. Das Szenario verlangt, ruft, schreit nach einem Erlöser, der ein *tröstliches* Ende setzt und das möglichst bald – Jesus? Es ist doch Advent!

Klarer als das umfassende und doch irgendwie unbestimmt bleibende Schreckensszenario ist (weil als Bild sich imponierend) der Tempel, das Bild von dem aufragenden Gebäude, sei es die Erinnerung aus der Kinderbibel, sei es präsent als Blick auf den Tempelberg bei der letzten Jerusalemreise. Mit Jesus und den Jüngern und ihrem Auszug aus dem Tempel (und damit Jerusalem) wird nicht nur die apokalyptische Rede eingeleitet, sondern kommt Bewegung in die Perikope. Jesus und die Jünger ziehen sich zurück, die Prophezeiung Jesu ist nach innen gerichtet. Der Blick zurück zum Tempel lenkt zum Blick nach vorn in die Zukunft der Gemeinde. Doch ist diese Zukunft schon da – es ist die Gegenwart der bedrängten Gemeinde.

Am Ende der Perikope steht »*das* Ende« – das Ende, an dem selig sein kann, wer beharrt hat; das Ende, das da ist, wenn alle Völker das Evangelium gehört haben (14).

Ein Text der Depression? Sicherlich, sofern der Text die Situation der auch individuellen Bedrückung und sozialen Unterdrückung widerspiegelt. Die Parallele Lk 21 dieser sog. synoptischen Apokalypse gibt die Richtung der Auslegung, denn aus V 28 ist der Wochenspruch gewählt: »(Wenn aber dieses anfängt zu geschehen, dann) seht auf und erhebt eure Häupter, weil sich eure Erlösung naht.«

## 2. Kontexte

Die auch von Billerbeck (944–948) zur Stelle herangezogenen Tempeltraditionen würde ich zur Predigt nicht nutzen, da sie eine Eigendynamik gewinnen könnten, die vom Thema wegführt.

a) Konzentriert aber sind die apokalyptischen und zu Mt 24 parallelen Traditionen, die sich später auch im Talmud finden, im Syrischen Baruch und 4. Esra. Daraus kann man ggf. auch mal zitieren, um der Gemeinde zu zeigen, wie Israel nach 70 (ins 6. Jh. zurückprojiziert) Bedrückung erlebt und deutet. Die Apokalyptik ist eine Brücke des Urchristentums zum Judentum. Gestellt wird die Frage nach der Heimsuchung des Volkes zwischen (kosmischem) Gericht und Hoffnung auf Erlösung (wann?), Zweifel am Bund (warum?) und Gottes Liebe (Gewissheit) – also etwa in 4. Esra in einer durchaus Matthäus 24 vergleichbaren Struktur. Dort spricht der apokalyptische Seher in der Wiedergabe der himmlischen Stimme(n); hier spricht, lehrt und deutet der Christus der matthäischen Gemeinde. Ich nenne ein paar Parallelen:

»Das Ende. Zweites Gesicht
1 Die Zeichen aber sind:
Es kommen Tage, / da packt die Erdenbewohner ein gewaltiger Schrecken.
Verborgen ist der Wahrheit Weg, / und leer von Glauben wird das Land …
4 (b) Da scheint die Sonne plötzlich in der Nacht, / der Mond am Tag.
5 Von Bäumen träufelt Blut; / es schreien Steine;
in Aufruhr kommen Völker / und Sterne in Verwirrung …

Das Ende. Drittes Gesicht …
11 Ich sprach:
Gebieter, Herr! / Hab ich vor deinen Augen Gnad gefunden,
12 Zeig deinem Knecht das Ende deiner Zeichen! …
13 Er sprach zu mir:
Stell dich auf deine Füße! / Alsdann vernimmst du eine mächtig laute Stimme.
14 Und schwankt die Stätte, wo du stehst, gar mächtig / und schallt drin jene, hab keine Angst! …
17 Ich höre dies; ich stell mich fest auf meine Füße / und horche und eine Stimme spricht;
ihr Schall ist wie der Schall gewaltiger Gewässer.
18 Sie sprach: es kommen Tage, dann komme ich / die Erdbewohner heimzusuchen …

[24] In jener Zeit bekämpfen Freunde sich als Feinde / daß sich die Erde selbst mit ihren Einwohnern entsetzt ...
[25] Wer aber übrig bleibt / aus all dem, was ich dir vorausgesagt, / der wird gerettet werden,
und wird mein Heil erblicken sowie das Ende meiner Welt [und dann den Beginn der neuen].«

Aus 4. Esra nach Rießler, 262–268

Bemerkenswert erscheint mir die Aufforderung: *Stell dich auf die Füße und höre angstfrei zu.* Dieselbe Struktur begegnet nämlich bei dem den Sonntag prägenden Wochenspruch aus der lukanischen Parallele zum Predigttext: Wenn aber dieses (die Wehen der Endzeit) anfängt zu geschehen, dann seht auf und erhebt eure Häupter, weil sich eure Erlösung naht (Lk 21,28). Der in den apokalyptischen Krisen sich fürchtenden Gemeinde wird nicht gesagt, dass sie sich wegducken und totstellen soll, sondern mit erhobenem Kopf ihrem Herrn entgegensehen kann. Man wird an dieser lukanischen Tradition nicht vorübergehen können, denn dieser Interpretation verdankt die synoptische Apokalypse den Eingang in die Liturgie der Adventszeit. Die Erlösung naht, ja ist schon da. Wieder also Rede angesichts des Ereignisses (Advent) in der Form seiner Ankündigung – entsprechend Lied EG 14,2: »So nehmet euch eins um das andere an, wie auch der Herr an uns getan« (Perfekt). »Freut euch ihr Christen, freuet euch seht. Schon ist nahe der Herr« (Zukunft).

b) Die Botschaft des IV. Esra hat den Forscher der Religionsgeschichtlichen Schule, Hermann Gunkel (1868–1932), im Jahre 1900 so gepackt, dass er ein Gedicht darüber verfasst hat:

IV Esra ...
Ehrwürd'ges Buch, geschrieben unter Thränen,
Voll, übervoll von eines Volkes Schmerz,
Das redet von der Menschheit Gram u[nd] Sehnen
Und hebt sich aus dem Staube himmelwärts.
Ein laut'res Streben, ehrlich frommes Ringen,
Es muß durch Alles doch zum Höchsten dringen.
Wie manchen Tag hab ich dabei gesessen
Und über seine Worte nachgedacht.
Ehrwürd'ges Buch, nicht ganz seist du vergessen;
Aufs neue zieh' ich dich aus tiefer Nacht.
Nun hebe wieder an die alte Weise,
Und wo du Herzen findest, rede leise.

Gunkel, zit. nach: Hammann, 108

Im ersten Lesen oder Hören mag das kitschig wirken und literarisch wenig wertvoll klingen. Doch hat Gunkel einen emotionalen Zugang zu einem apokalyptischen Buch graben können, den man einerseits ganz Produkt seiner Zeit nennen könnte: Streben und frommes Ringen führen letztlich zu Gott (Goethe?!: Wer immer strebend sich bemüht ...). Andererseits finde ich den Gedanken sehr schön, auch und gerade im Klagen Israels ein Vor-Bild der Menschheitssehnsucht und Menschheitsklage zu hören. Den Graben zur Apokalyptik überwindet Gunkel nicht durch billige Urteile über den Zeitgeist der Moderne (Untergang des Abendlandes), sondern in der Entdeckung der leisen Worte des Trostes angesichts des Weltenlaufs und der von Gott verheißenen Rettung. (Deshalb auch unten die Empfehlung von EG 16.)

## 3. Beobachtungen am Text

Eine erste Beobachtung am Text bezieht sich auf die Gliederung. Der Predigttext mit dem Tempelmotiv (VV 1–2) und der sich anschließenden apokalyptischen Rede (innerhalb der Perikope VV 3–14) verbindet zwei Themenkomplexe, nämlich Tempelreden und Apokalypsen. Die Endereignisse und das Ende (vgl. Konradt, 369) umfassen dabei den Gesamtzusammenhang der VV 3–41; die Zäsur nach V 14 erscheint also zunächst recht willkürlich, es sei denn, man setzt VV 13.14a ihrerseits als Trostverheißung klar ab von den umgebenden Ansagen des Unheils – in dem Sinne: Die Welt taumelt ihrem katastrophalen Ende entgegen; und eben darin vollzieht sich auch anderes, nämlich in ihr wird das Evangelium verkündet. Und noch eines erscheint zumindest möglich: Während im dem Untergang entgegenstrebenden Makrokosmos noch Verkündigung erschallt, gibt es im Mikrokosmos (nur?) noch das Beharren (*hypomoné*) mit der Verheißung der finalen Rettung. Die folgenden, nicht mehr zur Perikope gehörenden Verse veranschaulichen den Schrecken in räumlicher, zeitlicher und individueller Verdichtung.

Das theologische Profil des Textes kann redaktionsgeschichtlich so bestimmt werden, dass Matthäus (gegenüber Mk 13) zwei Themen variiert und zwei weitere einschärft.

a) Während Markus unmittelbar die Schönheit des Tempels seiner (angesagten) Zerstörung gegenüberstellt, vollzieht sich bei Matthäus ein Wandel. Das »Sehen« der Jünger, zu dem Jesus anleitet, ist ein Sehen, ein Begreifen der künftig/gegenwärtigen Geschichte. Das bedeutet wohl auch für die Predigt eine Entflechtung von der Zerstörung Jerusalems und den Endereignissen (vgl. Konradt, 371; auch dessen Übersetzung von V 2: Seht ihr das alles nicht?).

b) Im Grunde wörtlich aus Markus übernommen ist der Trostsatz: Wer beharrt/aushält, der wird gerettet werden (auf Luthers »selig werden« würde ich in der Predigt verzichten). Sicherlich ist dieser V 13 der Fluchtpunkt der Perikope. Und damit das größte homiletische Problem. Wie soll man ausharren, Bedrängnisse, Verfolgungen aushalten, wo wir weder als Gemeinde verfolgt sind noch ein apokalyptisches Weltbild in uns tragen? Oder sollen wir (vgl. 1.) säkulare »Bedrängnisse« bemühen, um uns in »apokalyptische« Stimmung zu versetzen. Während ich dies schreibe, drängen sich die Nachrichten zum Gedenken an den 26. April 1986 (Tschernobyl). Ich habe gleichwohl große Zweifel, dass die »Rettung« *theologisch* bspw. im Atomausstieg und im »Sehen« von dessen Notwendigkeit besteht. Rettung und *telos* sind bei Matthäus positiv besetzte Begriffe. Es geht nicht um Rettung *vor* dem apokalyptisch gezeichneten Ende, sondern um Rettung *am* Ende und um das rechte Beharren.

c) Eine der wesentlichen Sinnstiftungen, die Matthäus 24 mit Markus 13 für die Zeit der Bedrängnis vornehmen, ist die Predigt des Evangeliums vom Reich auf der ganzen Erde (*oikumene*!). Somit bildet V 14 einen der Trittsteine auf dem Weg zum sog. Missionsbefehl in Matthäus 28. Für mich ist diese semantische Verknüpfung ein wesentlicher Hinweis auf ein Thema, das durchaus in einen (entnebelten) Advent passt und nicht Evangelikalen überlassen werden darf: der Zusammenhang von politischen Krisen und Christenverfolgung – und Beharren im Glauben.

d) Gegenüber der markinischen Aufzählung der Bedrängnisse fällt bei Matthäus eine Erweiterung auf: der kausale Zusammenhang von Gesetzlosigkeit und Mangel an Liebe in V 12. Ich halte es für wert, diesen Punkt in der Predigt zu erläutern, denn »Gesetzlosigkeit« erinnert die Normalgemeinde entweder an italienische Western der 1970er Jahre oder wieder an das schon genannte Gotham City. Auch diese Reminiszenzen erscheinen mir wichtig, da im Film die Frage von Recht und Gesetz oft genug allein auf die Machtfrage reduziert wird (und den Horizont rechtsstaatlicher Gewalt in ihrer Legitimität wie Begrenztheit gar nicht zu kennen scheint). Entsprechend wäre in der Predigt zu erläutern, dass bei Matthäus unter Gesetzlosigkeit nicht die Herrschaft von Desperados zu verstehen ist, sondern eine Vergesslichkeit im Blick auf den Willen Gottes in der Tora. Gesetzlosigkeit ist Lieblosigkeit.

Ausgehend von einem Tempelwort lehrt Jesus die Jünger »sehen« im Sinne der apokalyptischen Deutung der Geschichte, welche die Unterdrückung der Gemeinde in der Sprache des zeitgenössischen Judentums variiert. Apokalyptik heißt hier: Trostrede angesichts eines Ereignisses in der Form seiner Ankündigung. Deshalb MUSS so sein, was und wie es ist. Die einzelnen Motive der Apokalypse bei Matthäus können durchweg aus der sog. Baruchapokalypse, vor allem aber 4. Esra gewonnen werden.

Von daher ließe sich etwa folgendes Ergebnis festhalten: Die Gemeinde des Christus Jesus erkennt sich wie Israel wieder als bedrängte Gemeinde, die Trost allein darin findet, dass sie auch und gerade im Bösen Gottes Plan eines heilvollen Endes und seine Herrschaft (V 14 *basileia*) sehen kann. Die Botschaft davon breitet sich aus, auch zum Trost all derer, die in Verfolgung sich vom Wort Jesu trösten lassen wollen.

Die apokalyptische Prägung der Perikope darf nicht wegdiskutiert und auch nicht weggepredigt werden, dann lieber auf den Text verzichten. Aber eine Anverwandlung, die dann homiletisch aufzunehmen ist, kann geschehen: Apokalyptik als Rede angesichts des Ereignisses in der Form seiner Ankündigung (s. o.). Konkrete Homiletik wäre dann an diesem Adventsmorgen Rede angesichts des gekommenen Christus in der Form der Ankündigung seines Kommens.

## 4. Homiletische Konkretionen

Die Bezüge zum Tempel würde ich in der Predigt weglassen, sie gehören m. E. zur Auslegung der markinischen und lukanischen Parallelüberlieferung.

Rede angesichts des Ereignisses in der Form seiner Ankündigung. Diese spezifische Wendung zur Beschreibung des Apokalyptischen dürfte kaum die Lebenserfahrung der Durchschnittsgemeinde widerspiegeln (s. o.), dennoch ist – soviel

Biblizismus darf sein – Matthäus 24 auslegungsbedürftiges und auslegungsfähiges Wort Gottes. Ich möchte aber nicht fragen, wie schlimm die Welt ist und dann am Ende Jesus als adventlichen *Deus ex machina* erscheinen lassen. Vielmehr möchte ich fragen, wie das Ereignis des gekommenen Christus uns sensibel machen kann für die Welt, in die er jetzt (wieder) kommen will: Verschränkung von Vergangenheit und Zukunft im Blick auf meine Gegenwart.

(1) Das heißt, es ist zuerst vom Advent zu reden. Da können auch die gesamten Register der volkskirchlichen Vorbereitungen gezogen werden, wenn nur klar ist, dass wir uns dadurch keine heile Welt basteln können – noch gar inmitten der Welt, die manchmal den Eindruck erweckt, dass sie eher selbst zum Teufel gehen will, als dass sie Christus einlässt.

Die Apokalyptik kann Sensibilität lehren und Wachsamkeit der Gemeinde in der Welt. Denn die Gemeinde kann sich nicht wegducken und will das auch nicht tun. In 4. Esra heißt es: Stelle dich auf deine Füße. Im Wochenspruch heißt es: Sieh auf und Kopf hoch. Wer auf den nahenden Christus blickt, kann weder den Kopf hängen lassen noch betreten zu Boden schauen. Aufrechter Gang (Ernst Bloch) ist das eine, was der Predigttext lehren kann: mit erhobenem Kopf – nicht in die Katastrophe sehenden Auges, sondern auf der Suche nach dem, der da kommen will.

(2) Beharren bis ans Ende und Aufstehen, aufrechter Gang und Hoffnung gehören zusammen. Trost gibt Halt und Halt gibt Haltung und Verhalten. Diese Botschaft der Apokalyptik setzt sich fort: in der Verkündigung vom Reich Gottes in der Ökumene wie in der Theologie des Urchristentums selbst, vgl. etwa Paulus in 2.Kor 6,4.9.: »in Ängsten … und siehe wir leben.«

(3) Dieser Zusammenhang könnte in einem dritten Teil der Predigt auch der Situation verfolgter christlicher Gemeinden in der Ökumene Raum geben, die sich zum Teil fortsetzt bis in die Flüchtlingsunterkünfte in unseren Kommunen. Hier wäre die Solidarität mit Flüchtlingen noch einmal anders zu benennen, aber viel konkreter und auch für manche erlebbar, die bei dem Thema Flüchtlinge sonst die Stacheln stellen oder vom moralischen Appell übersättigt sind. Wo Unrecht und Unglück zum Himmel schreien, kann leise (s. Gunkel) auch das Tröstliche zu Wort kommen, das uns nicht um Haltung ringen lässt, sondern Haltung schenkt – erhobenen Hauptes in der Erwartung des Christus.

## 5. Liturgievorschläge

Psalm 80 (gemäß der neuen Erprobungsagende)

Lesung: Jes 63,15–64,3

Lieder:
je nach gemeindlicher Tradition (Adventskranz und Kinder!): Wir sagen euch an (EG 17,1+2) und/oder Nun komm, der Heiden Heiland (EG 4,1–3.5)
Lobvers (wo liturgisch vorhanden): Was hast du unterlassen (Wie soll ich dich empfangen EG 11,3)
O Heiland, reiß die Himmel auf (EG 7)
Das Volk, das im Finstern wandelt (EG 20) oder Die Nacht ist vorgedrungen (EG 16)
Wie soll ich dich empfangen (EG 11,5.5.9.10)

## Literatur

Gnilka, Joachim, Das Matthäusevangelium 14,1–28,20 (HThK NT), Freiburg i. Br. u. a. 1988.
Hammann, Konrad, Hermann Gunkel. Eine Biographie, Tübingen 2014.
Käsemann, Ernst, Zum Thema der urchristlichen Apokalyptik, in: ZThK 59 (1962), 257–284 (zum Nachdenken!).
Konradt, Matthias, Das Evangelium nach Matthäus (NTD 1), Göttingen 2015.
Luz, Ulrich, Das Evangelium nach Matthäus (Mt 18–25; EKK I,/3), Zürich u. a. / Neukirchen-Vluyn 1997.
Rießler, Paul, Altjüdisches Schrifttum außerhalb der Bibel (1927), Freiburg/Heidelberg $^{4}$1979.
Schlatter, Adolf, Der Evangelist Matthäus. Seine Sprache, sein Ziel, seine Selbständigkeit. Ein Kommentar zum Ersten Evangelium, Stuttgart $^{7}$1982.
(Strack, Hermann L./) Paul Billerbeck, Das Evangelium nach Matthäus erläutert aus Talmud und Midrasch, München 1956.

*Johannes Ehmann*

# 3. Sonntag im Advent: Lk 3,1–14
## »… dass das ganze Leben der Gläubigen Buße sei!« (95 Thesen)

### 1. Annäherung

Johannes der Täufer hat mich schon immer fasziniert. Eine Figur, die in letzter Konsequenz das lebte, was er predigte. Der 3. Sonntag im Advent ist traditionell ihm gewidmet. Sein Image ist nicht unbedingt das Beste: »Johannes der Täufer und Jesus – in den Köpfen und Herzen vieler Christen sind dies scharfe Gegensätze, klischeehafte Gegenfiguren, beinahe wie Synagoge und Ecclesia. […] Johannes gilt als der, der den Gott der Strafe und des Gerichts predige, wohingegen Jesus den Gott der Barmherzigkeit und der Vergebung nicht nur predige, sondern sogar leibhaftig erfahrbar mache. Johannes und Jesus, das ist für viele die Inkarnation der Antithese ›Gesetz‹ und ›Evangelium‹.« (Zenger, 180)

Ikonographisch ist er leicht zu erkennen: Zottelbart, Kamelmantel, und überhaupt einer, dem man nicht nachts begegnen möchte. Und doch hat er eine herausragende Stellung: In byzantinischen Mosaiken und Ikonen steht er zusammen mit Maria an der Seite von Christus. Diese Deesis-Darstellungen sind seit dem 12. Jahrhundert auch im Westen angekommen, und eines der ältesten Apsis-Mosaike stammt aus San Cipriano (Weihe, 1109) auf Murano bei Venedig. Als die Kirche 1838 abgerissen werden sollte, ließ Friedrich Wilhelm IV. es noch in seiner Kronprinzenzeit für 385 Taler ersteigern und auf dem Wasserweg nach Potsdam bringen, wo es heute die Friedenskirche ziert.

Neben Maria und Jesus Christus gehört Johannes der Täufer zu den einzigen, deren Geburtstag die Kirche feiert. Bei allen anderen Heiligen begeht man den Todestag. Die Volksfrömmigkeit hat ihn später zum Patron der Sänger, Tänzer und Musiker werden lassen, denn beim Besuch von Maria bei Elisabeth »hüpfte das Kind in ihrem Leibe« (1,41). »Dieser pränatale Hüpfer ist aber wohl der einzige Tanz, den Johannes gewagt hat.« (Steffensky, 43) Und, nicht ohne Ironie: Er ist auch aufgrund seiner Enthauptung der Heilige, der bei Kopfschmerzen angerufen wird.

### 2. Kontexte

a) In seiner Dahlemer Predigt vom 15.12.1974 beschreibt Friedrich Wilhelm Marquardt die Verortung Johannes des Täufers in der weltlichen Geschichte und in der Heilsgeschichte:

»Johannes der Täufer gehört ins Evangelium, damit der Ort angegeben wird, die Situation beschrieben wird, in die hinein der Messias kommen wird. Es ist keine unbekannte und unentdeckte Welt mehr, in die er kommt. Sie hat Gottes Erbarmen schon längst geschmeckt, seine Urteile und Gerichte schon längst zu spüren bekommen. Da ist alles, wie es um die Welt steht, schon erkannt und sind die Dinge im Namen Gottes schon beim Namen genannt worden. In Johannes dem Täufer sammelt sich, wie in einem Brennspiegel, wie es mit der Welt steht, in seiner Gestalt, seiner Botschaft und in seinem Schicksal.«

Marquardt, 6

b) Elie Wiesel beschreibt die Bedeutung des Propheten Elia in der heutigen jüdischen Tradition:

»Ein Fremder sagt etwas Richtiges, etwas Gutes: das muß Elias sein. Ein Mann ohne Namen oder Beruf taucht von irgendwoher auf, um einen geheimen Auftrag zu erfüllen: es muß Elias sein. Der beste Beweis dafür ist, daß er nach getaner Arbeit sofort verschwindet. Und sein Verschwinden ist genauso geheimnisvoll wie sein Auftauchen. Er antwortet auf unsere im Innersten gehegten Wünsche: Er ist der zehnte Mann für den Gottesdienst, der geheime Bote, der dem Fürsten rät, seinen schädlichen Erlaß zu widerrufen, der mitleidige Nichtjude, der den Henker in letzter Minute stoppt, der geheimnisvolle Reisende, der im richtigen Augenblick am richtigen Ort eintrifft, der einem verzweifelten Menschen oder einer verzweifelten Gemeinde beweist, daß Hoffnung immer möglich ist unter ständig wechselnden Vorzeichen.

Aber eines Tages wird er kommen und bleiben. An jenem Tag wird er den Messias begleiten, mit dessen Schicksal er verbunden ist. Der eine kann seine Mission nicht ohne den anderen vollbringen. Ehe der Messias kommt, muß Elias kommen und ihn ankündigen.

In der Zwischenzeit tröstet und heilt er Kranke. Er spricht den Hilflosen Mut zu. Er wagt es unter Gefahren, den Feinden entgegenzutreten, um das Überleben der Juden zu sichern: wir haben keinen besseren Verteidiger im Himmel als Elias.«

Wiesel, 61f.

c) Walter Benjamin hat 1921 ein Bild von Paul Klee erworben. Es hat den Titel »Angelus Novus«. Dieser Engel hat den Philosophen 20 Jahre lang begleitet – auch ins Exil. Und er hat sein Denken geprägt. Bis hin zu einem seiner berühmtesten Texte: »Über den Begriff der Geschichte«. These IX beschreibt, wie aus dem »Angelus Novus« der »Engel der Geschichte« wurde.

»Es gibt ein Bild von Klee, das Angelus Novus heißt. Ein Engel ist darauf dargestellt, der aussieht, als wäre er im Begriff, sich von etwas zu entfernen, worauf er starrt. Seine Augen sind aufgerissen, sein Mund steht offen und seine Flügel sind ausgespannt. Der Engel der Geschichte muß so aussehen. Er hat das Antlitz der Vergangenheit zugewendet. Wo eine Kette von Begebenheiten vor uns erscheint, da sieht er eine einzige Katastrophe, die unablässig Trümmer auf Trümmer häuft und sie ihm vor die Füße schleudert. Er möchte wohl verweilen, die Toten wecken und das Zerschlagene zusammenfügen. Aber ein Sturm weht vom Paradiese her, der sich in seinen Flügeln verfangen hat und so stark ist, daß der Engel sie nicht mehr schließen kann. Dieser Sturm treibt ihn unaufhaltsam in die Zukunft, der er den Rücken kehrt, während der Trümmerhaufen vor ihm zum Himmel wächst. Das, was wir den Fortschritt nennen, ist dieser Sturm.«

Benjamin, http://www.mxks.de/files/phil/Benjamin.GeschichtsThesen.html

### 3. Beobachtungen am Text

Johannes wird oft sowohl als der letzte Prophet des Alten Testaments als auch als Wegbereiter Jesu Christi im Neuen Testament bezeichnet, sozusagen als das Bindeglied zwischen Altem und Neuem Testament (vgl. Lk 16,16a). Dies bringt Lukas zum Ausdruck, indem er ihn zum einen mit Worten aus Deuterojesaja vorstellt und zum anderen in die Zeitgeschichte einordnet (ähnlich Lk 2). Ganz in der Tradition der alttestamentlichen Propheten spricht er keine zeitlos gültigen Wahrheiten aus, sondern prangert Missstände ganz konkret an. Das hat ihn den Kopf gekostet. Autoritäre Regime ertragen auch heute keine »Propheten« wie Johannes. Die Gefängnisse sind voll von ihnen.

Durch ihre Zitate stellen die Synoptiker Johannes in die Tradition Jesajas (Stimme in der Wüste und Wegbereitung) und Maleachis (»Ich sende meinen Boten«), bei Markus gemeinsam eingespielt (Mk 1,2f.), bei Matthäus (Mt 3,3; 11,10) und Lukas (Lk 3,4–6; 7,27) getrennt. Diese beiden Propheten rahmen die prophetischen Schriften, und Maleachi ist in der Septuaginta (LXX) und ihrem Gefolge dann in der christlichen Tradition als letztes Buch des AT der Ausblick auf das NT.

Dass Zitation und Übersetzung bereits theologische Auslegung sind, zeigt sich an dem Jesaja-Zitat (Jes 40,5). Heißt es noch in der Hebräischen Bibel »... und alles Fleisch miteinander wird es [sc. die Herrlichkeit Gottes] sehen; denn des Herrn Mund hat's geredet«, so heißt es in LXX: »... und alles Fleisch wird sehen das Heil Gottes; denn der Herr hat es verkündet« und bei Lukas (Lk 3,6) »... und alles Fleisch wird das Heil Gottes sehen«. Luther (1545) übersetzt dann: »... und alles Fleisch wird den Heiland Gottes sehen«. So wird aus der Herrlichkeit Gottes der Heiland Gottes – eine christologische Transformation.

Nicht explizit, aber doch durch den Hinweis auf Mal 3 und die Beschreibung des Auftretens des Täufers stellen die Synoptiker ihn in die Tradition des Elia (vgl. Lk 7,26). »Ausgehend von Mal 3,1.22–24 wird der wiedergekommene Elia (wichtig: im Verbund mit Mose und der Tora!) den Tag des Herrn vorbereiten und das Herz der Väter bekehren zu den Söhnen und das der Söhne zu den Vätern. Jesus Sirach nimmt diese Tradition auf und erweitert sie durch die Hoffnung auf die Wiederaufrichtung der Stämme Jakobs (Sir 48,10).« (Kruse, 21)

Mal 3 enthält fast sämtliche Motive, die für das Auftreten und die Verkündigung des Täufers charakteristisch und prägend gewesen sind: Feuergericht und Umkehr (Mal 3,2–3.7.19), die Bildworte von der Axt an der Baumwurzel und von der Spreu beim Worfeln (Mal 3,19a.b) sowie die Rolle Elias als des Mahners vor dem großen und furchtbaren Tag des Endgerichts durch Gott selbst (Mal 3,22). (ebd.)

Daneben trat Elia ebenso wie Johannes als Kritiker des Königshauses auf und wurde vom König verfolgt.

In der jüdischen Tradition wurde Elia vom zornigen Propheten aus 1.Kön 18 zu einer Helferfigur, die jeden Juden begleitet, und für den beim Sedermahl ein Platz frei gehalten wird. Er hilft in der Not, versöhnt und stiftet Frieden, und führt Entscheidungen herbei, wo es nötig ist (s. Kontexte). Eine solche Transformation hat Johannes in der christlichen Tradition nicht erfahren, vielmehr sind diese positiven Attribute eher auf Jesus übergegangen, obwohl auch er zornig und scharfzüngig sein konnte.

Natürlich spielt auch der Ort des Auftritts von Johannes eine Rolle: Zum einen im Gefolge der Elia-Tradition, in der er den Jordan an derselben Stelle trockenen Fußes durchschritt, und dann vor allem im Gefolge des Exodus und des Kommens ins Gelobte Land. »In einem von römischer Besatzung und inneren Konflikten zerrütteten Land ruft Johannes dazu auf, noch einmal von vorne zu beginnen und die Verheißung zu ergreifen, dass gerechtes Zusammenleben gelingen kann.

Die Menschen kommen zu ihm und vollziehen symbolisch den Durchzug durch den Jordan. Sie lassen sich taufen. Dieser Durchzug durch den Jordan ist Grunddatum christlicher Identität. Wir lassen uns die Gotteserfahrung, die die Flucht aus Ägypten ermöglicht hat, auf unseren Leib schreiben: Gott schiebt die Wasser beiseite und schafft Flüchtlingen einen Ausweg zum Leben.« (Butting, 2)

Dies ist auch der Inhalt der Predigt des Johannes: Kehrt um, fangt von Neuem an. Richtet euer Leben an Gott aus. »Ihr Schlangenbrut« – Publikumsbeschimpfung inbegriffen! Vielleicht hätte Johannes ein Predigtcoaching im Zentrum für Predigtkultur in Wittenberg gut getan, wie es A. Deeg in seiner Predigtmeditation zum Text vorschlägt. (Deeg, 27f.)

»Was sollen wir denn tun?« Johannes bleibt nicht beim Ruf zur Umkehr, sondern gibt konkrete Handlungsanweisungen, für ihn gehören Umkehr und Tun der Tora zusammen.

Die sogenannte »Ständepredigt« (VV 10–14) gibt konkrete Handlungsanweisungen aus der Tora für drei Personengruppen. Johannes bezieht sich dabei auf die Anweisungen in Lev 19 im Umfeld des Gebotes der Nächstenliebe (Stehenlassen der Ernte für die Armen 19,9f., keine betrügerischen Forderungen 19,11, und keine Bedrückung und Beraubung des Nächsten 19,11).

Umkehr – *teschuva* gehört zu den zentralen Glaubensinhalten des Judentums und zu den Dingen, die bereits vor der Welt erschaffen wurden: »Es wird gelehrt: Sieben Dinge wurden vor der Weltschöpfung erschaffen, und zwar: die Tora, die Buße (*teschuva*), das Paradies, das Fegfeuer, der Thron der Herrlichkeit, der Tempel und der Name des Messias.« (Bab. Talmud Pessachim 54a, zit. nach: Goldschmidt II, 512)

Neben der individuellen Buße ist die Umkehr der Gemeinschaft besonders wichtig (»Kehr um, Israel!« Hos 14,2 u. ö.), hin zum gottgewollten Weg, wie ihn die Tora vorzeichnet.

## 4. Homiletische Konkretionen

Das Jahr des Reformationsjubiläums hat vor wenigen Wochen begonnen, am 31. Oktober 2016. Wir feiern den Thesenanschlag Martin Luthers 1517, Thesen zu Buße und Umkehr sowie gegen den Ablasshandel. Luther als Johannes redivivus? Seine Sprache war ebenfalls nicht selten deutlich und derb. Buße ist kein Wohlfühlthema, die Adventszeit nicht die nach vorne verlängerte Weihnachtszeit. Bei uns zu Hause gab es Plätzchen erst an Heilig Abend!

Unbequem, dieser Johannes, verdirbt einem die Freude.

Nein, das tut er nicht! Er steigert die Vorfreude, die Vorfreude auf Weihnachten und das Kommen Gottes. Indem er sagt, was Sache ist. Er hat Zulauf, vielleicht erhoffen sich einige von ihm Bestätigung ihrer Abneigung gegen Politiker und Bürokraten. Aber diese werden nicht bedient. Denn Johannes macht im besten Sinne Zeitansage. Was sind die Missstände? Wo müssen wir, wo können wir etwas tun? Wie können wir Gott den Weg bereiten? Johannes ist nicht destruktiv, indem er halt »dagegen« ist, sondern er macht konkrete und konstruktive Vorschläge. Unbequeme Vorschläge. Was ist im Advent 2016 Zeitansage? Wie können wir glaubwürdig handeln?

Maria und Johannes stehen Jesus in der Deesis zur Seite. Johannes nimmt das Naturbild des Propheten Jesaja auf, der die Rückkehr aus der babylonischen Gefangenschaft auf ebener Bahn durch die Wüste verkündet. Und Maria übersetzt dieses Bild im Magnifikat in ein Geschichtsbild: »Er stößt die Gewaltigen vom Stuhl und erhöht die Niedrigen.« Johannes' Radikalismus ist ein froher, ein befreiender Radikalismus. (Marquardt, 9)

Umkehr, den Blick wenden. Vielleicht ist Advent aber nicht nur eine Zeit der Vorfreude auf Weihnachten, sondern auch eine Zeit des Zurückblickens. »Die Welt ist aus den Fugen«, so lautete der Titel einer Kirchentagsveranstaltung in Stuttgart 2015. Wie sieht Zeitansage im Dezember 2016 aus? Krieg, Terror, Nationalismus, Fremdenfeindlichkeit werden nicht verschwunden sein. Bewährte Bündnisse wie die EU fangen an zu bröckeln.

Wenn wir auf das Jahr 2016 zurückblicken, erinnert dies an den »Engel der Geschichte«: »Ein Sturm weht vom Paradiese her« – die Beschreibung des Angelus Novus, des Engels der Geschichte von Paul Klee durch Walter Benjamin (vgl. Kontexte) ist eine heilsame Umkehr von dem fortschrittsgläubigen Blick in die Zukunft.

Die Kirchentagslosung für Berlin/Wittenberg 2017 lautet »Du siehst mich!« und entstammt der Fluchtgeschichte von Hagar. In der Wüste, dem Verdursten nahe, fragt der Angelus: »Woher kommst Du?« Und erst in einem zweiten Schritt »Wohin gehst Du?« Und Hagar, eine Ausländerin auf der Flucht, ist die erste, die dem Gott Israels einen Namen gibt: »*El Roi* – Du bist ein Gott, der mich sieht!«

Woher kommen wir? Der Täufer-Blick zurück zu Jesaja und Elia zeigt ihm, dass er eingebettet ist in die Geschichte Gottes mit seinem Volk. In dieser Gewissheit, gepaart mit Gottvertrauen, kann er seine Zeitansage machen. Durch Jesus Christus ist auch uns dieser Blick eröffnet. Eingebettet in die Geschichte und in das Gottvertrauen gilt die Zeitansage, klar, deutlich und zuversichtlich.

## 5. Liturgievorschläge

Psalm: Magnifikat (EG 761)

Lesung: Mal 3,1–5.13–24 oder Jes 40,1–11

Lieder:
Mit Ernst, o Menschenkinder (EG 10)
Wie soll ich dich empfangen (EG 11)
Tröstet, tröstet, spricht der Herr (EG 15)
zum Johannistag: Wir wollen singn ein' Lobgesang (EG 141)

### Literatur

Benjamin, Walter, Über den Begriff der Geschichte, http://www.mxks.de/files/phil/Benjamin.GeschichtsThesen.html, abgerufen am 2016-07-02.
Butting, Klara, Gott liebt die Fremden, in: Junge Kirche 2/16, 1–4.
Deeg, Alexander, 3. Sonntag im Advent, in: GPM 65/1 (2010/11), 27–33.
Der Babylonische Talmud, hg. von Lazarus Goldschmidt (Hebräisch-Deutsch), Berlin 1897ff.

Kruse, Wolfgang, 3. Sonntag im Advent: Lk 3,1–14, in: Predigtmeditationen im christlich-jüdischen Kontext. Zur Perikopenreihe III (1998), 19–28.
Marquardt, Friedrich-Wilhelm, Predigt zu Lukas 3,1–20, in: ders., Lasset uns mit Jesus ziehen, Neuendettelsau 2004, 6–10.
Steffensky, Fulbert, Der Schatz im Acker. Gespräche mit der Bibel, Stuttgart 2010.
Wiesel, Elie, Von Gott gepackt. Prophetische Gestalten, Freiburg u. a. 1983.
Zenger, Erich, Der Anfang des Evangeliums von Jesus Christus. Eine Bibelarbeit über Markus 1,1–8, in: Kirche und Israel 2.93, 174–182.

*Wolfgang Kruse*

## 4. Sonntag im Advent: Lk 1,26–33(34–37)38

## »Auf die Vorgeschichte kommt es an …«, oder: Weihnachtschristentum ohne theologia crucis? – »*Idou he doule kyriou!*«

### 1. Annäherung

»Auf die Vorgeschichte kommt es an!« sagt unsere Gesellschaft, wenn sie die Tat einer Person bewerten oder richten will, und meint, dass vor allem die Vergangenheit die Gegenwart und Zukunft erhellt. Das gilt für den Staatsanwalt und Richter, wie für manche Adelsfamilien. Es ist immer noch angesagt, standesgemäß zu heiraten, und einen *Mamser* würde wahrscheinlich niemand aus einer ehrenwerten Gesellschaft in seiner adeligen Familiengeschichte wollen.

»Auf die Vorgeschichte kommt es an!« wenn wir daran denken, wieviel Kraft in Israel in orthodoxen Kreisen für einen *Schidduch* eingesetzt wird, damit man in einer Familie dann unter anderem auch den Schabbat angemessen feiern kann. Ein heiles religiöses Leben kann in dieser Welt nur gedeihen, wenn Mann und Frau verheiratet sind und Kinder haben, wenn also zum Beispiel die Frau die Schabbatkerzen entzündet und der Mann weiß, dass er dem Sohn ein Handwerk und das Schwimmen lehren muss. (Babylonischer Talmud Qidduschin 29a) Oder wie der Talmud lehrt: »Ein Mensch, der keine Frau hat, lebt ohne Freude, ohne Segen und ohne Güte.« (Babylonischer Talmud Jebamot 62b).

»Auf die Vorgeschichte kommt es an!« Das sehen wir auch mit Entsetzen, wenn wir an die Menschen und Familien denken, die zu uns flüchten. Grausame Geschichten bringen diese Menschen aus dem Nahen Osten mit. Einen Engel wie Raphael wünschten wir ihnen, der ihre Wunden heilte, und einen Engel wie Michael, der das Gericht an den Gewalttätern vollstreckte. So eben wie damals der Engel Gabriel, der für die beiden jüdischen Familien gute Nachrichten hatte.

»Auf die Vorgeschichte kommt es an!« Der Evangelist legt ganz besonderen Wert auf sie. Wie kein anderer hat er akribisch und ordentlich (Lk 1,3) recherchiert und das sorgfältig Erkundete wohl komponiert. Bedeutende Vorgeschichten sind bei Adeligen nichts Besonderes. Das hat die Weltgeschichte aus dem Alten Testament gelernt. König David zum Beispiel hat eine wunderbare Vorgeschichte (1.Sam 16): Als jüngster Sohn des Bethlehemiters Isai wird der Schafhirte von Samuel zum König gesalbt. Und dann beginnt sein Aufstieg (1.Sam 16,14–2.Sam 5). Seine Vorgeschichte ist ein Abenteuer bis er endlich König eines großen Reiches in Jerusalem wird. Und was bei den Adeligen gilt, gilt umso mehr beim Messias: Dem Evangelisten Lukas ist die Vorgeschichte so wichtig, dass er sie als Dublette erzählt. Durch die Parallelität von Johannes' und Jesu Vorgeschichte arbeitet er fein das Besondere heraus. So werden in der Vorgeschichte entscheidende (christologische) Spuren für das Verständnis Jesu gelegt: Er ist nicht nur ein Großer und ein Sohn des Höchsten, der Thronfolger Davids und König, sein Reich wird auch kein Ende haben und er wird Sohn Gottes genannt werden.

Als Pastor legens (Deeg) steht man einfach nur da und staunt über die mit Semitismen reich geschmückte Geschichte von diesem Wunderkind. Märchenhaft schön ist das erzählt und die Stimme Rabbi Eliesers flüstert dazu: »Sechs Personen haben ihre Namen schon vor ihrer Geburt empfangen, nämlich: Jizchak, Ismael, Mose, Salomo und der König Messias.« (Wünsche, 414) »Auf die Vorgeschichte kommt es eben an!« Das gilt ja auch für die liturgische Zeit. Der Dezember ist die Zeit des »Weihnachts-Christentums« (Morgenroth), Zeit eines Festes der bürgerlichen Moderne. Den Advent als vorweihnachtliche Zeit feiern wenige Menschen als Vorbereitungszeit auf Weihnachten und Bußzeit. Für mache ist die Vorzeit, die Zeit vor Weihnachten, die eigentliche Weihnachtszeit. Der Heilige Abend beschließt dann diese Zeit, und meist stöhnen an diesem Abend nicht nur die Postboten und Zusteller: »Es ist geschafft!«

So hat man auch den sperrigen Bußprediger Johannes aus dieser Zeit herausgenommen und ganz auf Maria gesetzt. Das große Vorbild eines besonderen Verständnisses von Gender bekennt: »Siehe, ich bin des Herrn Magd; mir geschehe, wie du gesagt hat.« Perikopengeschichtlich heißt das: »In der 2. Hälfte des 20. Jh. hat der 4. Adventssonntag Maria als Thema bekommen. Bis dahin waren für den 3. und 4. Advent (in der römischen Ordnung sogar für den 2. bis 4. Advent) Evangelienabschnitte gewählt, die von Johannes dem Täufer sprachen. Der Wechsel von Johannes zu Maria findet sich nicht nur in unserer evangelischen Ordnung, sondern auch in der römisch-katholischen und den von ihr abhängigen Leseordnungen. (Lk 1,26–38 wird dort im Lesejahr B gelesen.)« (Mildenberger, 19) Und auch für das »Weihnachts-Christentum« passt die Vorgeschichte der Eltern Jesu besser ins Bürgertum als ein jüdischer Priester, der ein Opfer vollzieht, und als eine Frau, die eine geborene Aaron ist, die beide als gläubige Juden par excellence (Schreiber, 74) dargestellt werden, die die Vorschriften der Tora halten und deren Sohn dann ein Nasiräer und Bußprediger dem Volk Israel sein soll.

Aber was passiert, wenn es nur noch auf die Vorgeschichte ankommt? Ohne Ostern wird die Weihnachtsvorgeschichte kitschig. Die Vorgeschichte erzählt sich dann in die Gefilde einer seichten theologia gloriae hinein. Wie Luther in der Heidelberger Disputation warnte: »*Theologus gloriae dicit malum bonum, et bonum malum theologus crucis dicit id quod res est.*« (Luther, 215) Es muss schon die Gegenwart und die Nachgeschichte Jesu miterzählt werden. Das hat der Evangelist schon so angelegt, denn er ist es ja, der ein Doppelwerk schreibt.

Also: Wie sehr kommt es eigentlich auf die Vorgeschichten an, wenn sie den Evangelisten Markus nur wenig und den Vierten Evangelisten nur in einer sehr eigentümlichen Gestalt interessieren? Vielleicht gibt es ja auch schon Hinweise in der Vorgeschichte auf den Hauptteil? Ich erkenne so einen Wink nicht nur in dem titelreichen Erbe (VV 32–33.35), sondern vor allem in der Rede von der *doule kyriou*, des Herrn Magd (Lk 1,38)!

## 2. Kontexte

a) Das Heiratsalter

Zur Vorgeschichte gehört natürlich auch das Heiratsalter. Das ideale Heiratsalter für den Mann ist 18 Jahre. In der Mischna Abot (V,21) heißt es:

»Er hat gesagt: Mit fünf Jahren: an die Schrift, mit zehn Jahren: an die Mischna, mit dreizehn Jahren: an die Gebote, mit fünfzehn Jahren: an den Talmud, mit achtzehn

Jahren: zum Traubaldachin, mit zwanzig Jahren: Nachfolgen, mit dreißig Jahren: Kraft, mit vierzig Jahren: zum Verstehen, mit fünfzig Jahren: zum Rat, mit sechzig Jahren: Alter, mit siebzig Jahren: Greisenalter, mit achtzig Jahren: Greisenwürde, mit neunzig Jahren: sich bücken, mit hundert Jahren: fast tot, hinübergegangen und nicht mehr auf der Welt.«

Krupp, 60

b) Zur Vorgeschichte der Maria – die Verlobung

»Im Judentum erreichte ein Mädchen mit zwölf Jahren eine entscheidende Phase seines Lebens. Zwischen zwölf und zwölfeinhalb hieß es in der rabbinischen Tradition *Naara*: Es stand noch unter der Macht seines Vaters, wurde aber schon als verantwortlich angesehen. Während dieser Zeit durfte es ehelich versprochen werden. Nachher hieß es *bogeret*; *partenos* setzt voraus, daß Maria in der Zeit der *Naara* steht und mit Josef verlobt ist. Die Verlobung war ein wichtiger rechtlicher Akt. ›Dabei wurde ganz oder teilweise die Brautsumme erlegt, die Abfindung, die der Verlobte dem Schwiegervater bezahlen sollte … Durch die Verlobung erwarb der Bräutigam das Eigentumsrecht an dem Mädchen.‹ ›Während der je nach Umständen (Alter, Aussteuer) bemessenen Frist bis zur Hochzeit unterstand die Braut weiter der Autorität des Vaters, ihre rechtliche Stellung aber war die der Frau.‹«

Bovon, 73

»Die Ehe minderjähriger Mädchen wurde bereits in talmudischer Zeit abgelehnt und schließlich verboten.«

Nachama, 310

c) Die Begrüßung der *doule kyriou*

Das Grüßen von Frauen war rabbinisch zum Teil verpönt, der Engel Gabriel grüßt dann gleich in einer Triade die Magd Gottes: 1. »Sei gegrüßt!« 2. »Du Begnadete.« 3. »Der Herr ist mit Dir!« Dass Maria dann den Engel mit »Idou!« (V 38) verabschiedet, konterkariert die antike Tradition dann ein zweites Mal zum Ende der Geschichte. Im Babylonischen Talmud heißt es vom Grüßen der Frauen:

»Hierauf sprach er zu ihm: Möge der Meister ein Anbag trinken. Jener entgegnete: Ist denn [das Wort] Isparagos, das die Gelehrten gebrauchen, oder Anpaq, das das Volk gebraucht, so verächtlich!? Als er hierauf sprach, Donag [seine Tochter] möge kommen und einschenken, entgegnete jener: Folgendes sagte Semuel: man lasse sich nicht von einer Frau bedienen. – Sie ist noch klein. – Semuel sagte ausdrücklich, man lasse sich von einer Frau überhaupt nicht bedienen, einerlei ob groß oder klein. – Möge der Meister Jalta [Frau des Rabbi Nachman] einen Gruß entbieten. Jener erwiderte: Folgendes sagte Semuel: die Stimme einer Frau ist Scham. – Es kann ja durch einen Boten erfolgen. Jener erwiderte: Folgendes sagte Semuel: man darf einer Frau keinen Gruß entbieten.«

Babylonischer Talmud Qidduschin 20a, zit. nach: Goldschmidt, 749

## 3. Beobachtungen am Text

a) Unterschiede der beiden Vorgeschichten von Johannes und Jesus

»Neben den Parallelen der jeweiligen Ankündigungen gibt es aber auch deutliche Unterschiede. Nicht an hervorgehobenem Ort, im Tempel, sondern in einem einfachen Haus wird die Geburt Jesu verkündet. Und die Adressatin der Engelsbotschaft ist nicht Priester, sondern einfache Frau – immerhin aber verlobt mit einem Mann aus dem Haus Davids. Zacharias und Elisabeth haben auf ein Kind gewartet und um es gebetet (V 13), während die Botschaft für Maria völlig unerwartet kommt. Maria ist nicht unfruchtbar wie Elisabeth (und vor ihr u. a. die Erzmütter Sara und Rahel und Hanna, die Mutter Samuels), sondern noch unverheiratet. Vielleicht sind diese Unterschiede ein Grund dafür, dass Maria im Gegensatz zu Zacharias (VV 18–20) nicht für ihr Nachfragen (V 34) bestraft wird, sondern eine Erklärung (V 35) und sogar ein Zeichen (V 36) bekommt. Der größte und entscheidende Unterschied aber ist das, was über die zu gebärenden Kinder gesagt wird (VV 14–17 und VV 32–33.35). »Und du, Kindlein, wirst ein Prophet des Höchsten heißen« (so sagt es nicht Gabriel, sondern Zacharias, V 76) – »Der wird … Sohn des Höchsten genannt werden« (V 32, vgl. auch V 35). Auch der Bezug auf die Immanuelweissagung des Jesaja – zwar ohne ausdrückliches Anführen des Zitats wie bei Matthäus, aber dennoch sehr deutlich – dient für Lukas dazu, den qualitativen Unterschied dieses Kindes gegenüber all den anderen besonderen Kindern deutlich zu machen, von deren Geburt die Bibel spricht.« (Mildenberger, 22)

b) Die *theologia crucis* der *doule kyriou* (V 38) – *der ›Gottesknechtin‹*

In alttestamentlichem Erzählstil leitet der Evangelist einige Abschnitte mit »*kai idou*« (Lk 1,31.36: Siehe Du, Maria … Und siehe, Elisabeth, Deine Verwandte. Vgl. auch V 20) ein. Das gibt dem ganzen einen sprachlich erhabenen Charakter. Vor diesem Hintergrund wirkt das »*Idou!*« der Maria (V 38) nicht nur hingebungsvoll, sondern auch ein wenig frech und vorausahnend. Mit ihrem »*Idou!*« antwortet sie auf den weisen Spruch des Engels und verabschiedet den Gottesboten gleichzeitig in seiner semitischen Idiomatik. Das ist ein ungewöhnlicher Schluss für so eine Erscheinungserzählung (vgl. Wolter, 94f.).

Ich höre in dem Selbstbekenntnis der *doule kyriou* auch das Schicksal des Knechts Gottes und seiner Mutter mit. Ich sehe die Magd Gottes hier in der Vorgeschichte schon weinend unter dem Kreuz stehen, wohl wissend, was der Herr ihr alles angetan hat. Des Herrn Magd ist die *pieta*, die Schmerzensmutter.

Deutschsprachige Übersetzungen lassen die Anspielung auf den Knecht Gottes des Alten Testaments nicht mithören. Ein paar Beispiele: Luther und die Neue Züricher Übersetzung übersetzen »des Herrn Magd«, die Einheitsübersetzung »die Magd des Herrn«, und die Bibel in gerechter Sprache übersetzt mit Verweis auf Ex 6,5–8 »Sklavin Gottes«.

Wenn aber Maria sich als »Servant of the Lord« bezeichnet, wie zum Beispiel in der New Revised Standard Version übersetzt ist, die auch das The Jewish Annotated New Testament zu Grunde legt, dann schwingt die Rede vom »Servant of the Lord« des Propheten Jesajas mit, und die Bilder vom geschundenen Knecht Gottes des Propheten tauchen auf.

Die Aufnahme des angelologischen Redestils und die Rede vom »Servant of the Lord« markieren die Besonderheit der Stellung Marias für die ganze Vorgeschichte. Man könnte fast sagen, sie ist die Protagonistin der Vorgeschichte, denn mit wenigen Ausnahmen »wird der Leser in jeder nachfolgenden Episode an die Verkündigungsszene erinnert, so dass auch diese jeweils im Hintergrund der einzelnen Episoden steht. Die Geschichte Jesu, die Gott als der Handelnde im Hintergrund ins Werk setzt, hat maßgeblich mit der Figur Marias und ihrer in Lk 1,26–38 erzählten Reaktion auf die Verheißung der Geburt Jesu zu tun. Maria wird so neben den Hauptfiguren Gott und Jesus zur wichtigsten Nebenfigur in der Erzählung von Lk 1–2.« (Nassauer, 136) In dem Ausdruck *doule kyriou,* der ›Gottesknechtin‹, spiegeln sich die Theologumena der Kreuzestheologie wider.

c) »Weihnachtspolitik« (Schreiber)

Schreiber möchte zeigen, »dass die Schriften der ersten Christengenerationen die ihre Lebenswelt prägende *Pax Romana* keineswegs ignorierten ... sondern auf ihre Weise Stellung bezogen und sogar Handlungsperspektiven entworfen haben.« (12) An der lukanischen Geburtsgeschichte Jesu (Lk 1–2) beobachtet er diese kulturelle Auseinandersetzung für die Vorstellung vom »Goldenen Zeitalter«. Gerade die lyrischen Texte der lukanischen Geburtsgeschichte zeigen, »dass eine *neue Herrschaft* für Israel und die Welt beginnt (Lk 1,32f.69), die eine bisher ungekannte Heilsqualität auszeichnet: *Friede* erscheint als ihr wesentliches Charakteristikum (1,79; 2,14.29)... Diese Herrschaft bedeutet *Befreiung* und *Rettung* für Israel und die Völker (1,47.68f.; 2,11.30.38); konkret werden Rettung vor Feinden (1,71.74) und Sündenvergebung (1,77) genannt.« (Schreiber, 64f.; kursiv im Original) Und für die neue Herrschaft bedeutet das: »Gott selbst garantiert und legitimiert die neue Herrschaft. Er bindet sie untrennbar an den erwählten Herrscher, der in besonderer göttlicher Nähe steht; Lukas drückt dies im Motiv der Gottessohnschaft aus: Jesus ist ›Sohn des Höchsten‹ (1,32), ›Sohn (eines) Gottes‹ (1,35). Dieser göttliche Wille wird auf vielfältige Weise prophezeit und angekündigt. Und er wirkt sich – bei Jesus wie bei Augustus – in einer wunderbaren göttlichen Zeugung aus, die der Geburt vorangeht. Ebenso ereignet sich in der Jugend beider eine Episode, die ihre spätere Bedeutung anklingen lässt: Jesus zeigte seine besondere intellektuell-religiöse Begabung im Alter von zwölf Jahren (erst mit dreizehn Jahren ist er als jüdischer Junge zur strengen Tora-Observanz verpflichtet) beim Lehrgespräch im Tempel (Lk 2,41–52), Augustus fiel beim Anlegen der *toga virilis* (mit 16 Jahren) die purpurgesäumte Tunika zu Füßen, was als Zeichen für seine spätere Herrschaft über den Senat verstanden wurde (Suet. Aug. 94,10); die geistige Frühreife tritt bei Augustus (wie bei Jesus) im Alter von zwölf Jahren hervor, als er seine erste öffentliche Rede, die Leichenrede für seine verstorbene Großmutter, hielt (Aug. 8,1).« (Schreiber, 65; kursiv im Original)

Kritisch an dieser Zusammenschau ist anzumerken, dass die Herrschaft Jesu allerdings die des gekreuzigten und auferstandenen Herrn ist. Für die heidnische Welt war es bekanntlich eine Eselei, einen Gekreuzigten anzubeten. Diese christologische Perspektive einer *theologia crucis* ist noch eine schärfere politische Kritik als die Tatsache, dass ein jüdischer Junge aus einem jüdischen Dorf, mit Verbindungen zur Königsdynastie Davids (Lk 1,32.69) als neuer Weltenherrscher exponiert (vgl. Schreiber, 69) und damit »Weihnachtspolitik« gemacht wird. Die Rede vom »Gekreuzigten Gott« (Moltmann) ist für den »Weihnachtspolitiker« wahrscheinlich undenkbar.

## 4. Homiletische Konkretionen

Nicht nur Jesus und Johannes haben eine Vorgeschichte. Die lukanische Vorgeschichte selbst hat viele Vorgeschichten. Das machen der Exkurs zu »Jungfrauengeburt und die Religionsgeschichte« von Bovon (64–70) wie auch die Arbeiten von Schreiber und Nassauer deutlich. Hier wird eben nicht nur Lokalgeschichte, sondern Weltgeschichte erzählt und kontextualisiert. Und auf die Weltgeschichte kann dann auf der Kanzel eingegangen werden. Es sind dann aber die zeitgenössischen Geschichten von Familien (vgl. Annäherung) und von unterschiedlichen Familientraditionen und Rollenverständnissen von Mann und Frau. Es kann aber auch die persönliche vorweihnachtliche Adventsgeschichte im Spannungsfeld von Weihnachts-Christentum und Bußzeitgestaltung vorgetragen werden. Oder noch persönlicher kann die eigene Vorgeschichte verraten werden, als zum Beispiel die Ehefrau sagte: »Du Schatz, ich bin schwanger!«

Die besondere göttliche Vorgeschichte macht die Biographie Jesu aber nicht zu einer Geschichte der oberen Zehntausend oder lässt ihm zum irdischen Gesandten der Götterwelt werden. Das einfache Bekenntnis seiner Mutter »*Idou he doule kyriou*!« zeigt etwas anderes an und weist auf das Leben des *victor quia victima* hier schon hin. In diesem Abschnitt kann ausgeführt werden, dass das Weihnachts-Christentum nicht nur in der Gefahr steht, israelvergessen Party zu machen, sondern auch, dass das ganze vorweihnachtliche Treiben Weihnachten verkitscht und verblödet. Das alles soll aber keine täuferische Bußpredigt, sondern liebevoll und barmherzig mit den Weihnachts-Christen besprochen werden.

Schließlich geht es um die historische Gegenwart Jesu und um seine Gegenwart bei uns. Hier wird dann von der ›Gottesknechtin‹, »the servant of the Lord«, als einer Protagonistin eines Glaubens, der bereit ist, sich von Gott beanspruchen zu lassen, gepredigt. Hier ist uns die Mutter Jesu ein Vorbild und die Magd des Herrn ein Beispiel für ein Leben *sub species crucis*. In ihrem Leben zeigt sich die Einsicht, dass unser aller Leben ein Fragment ist und bleibt. Egal wie erfolgreich oder gescheitert es verlaufen ist. Doch Gott heilt die Fragmentarizität und macht aus dem gelebten Leben, aus Vorgeschichte, Gegenwart und Zukunft ein ganzes Leben, er schreibt die Biographie zu Ende: ein Leben bei ihm in Ewigkeit.

## 5. Liturgievorschläge

Die Lesungen und Liedvorschläge des Evangelischen Gottesdienstbuches würde ich so rezipieren:

a) Nach dem liturgischen Gruß und der Begrüßung in freien, auf das folgende Gebet bezugnehmenden Worten würde ich Luthers Morgensegen beten: »Dein heiliger Engel sei mit mir, daß der böse Feind keine Macht an mir finde. Amen.« »*Des Morgens, wenn du aufstehst, kannst du dich segnen mit dem Zeichen des heiligen Kreuzes und sagen*: Das walte Gott Vater, Sohn und Heiliger Geist! Amen. *Darauf kniend oder stehend das Glaubensbekenntnis und das Vaterunser. Willst du, so kannst du dies Gebet dazu sprechen*: Ich danke dir, mein himmlischer Vater, durch Jesum Christum, deinen lieben Sohn, daß du mich diese Nacht vor allem Schaden und Gefahr behütet hast, und bitte dich, du wolltest mich diesen Tag

auch behüten vor Sünden und allem Übel, daß dir all mein Tun und Leben gefalle. Denn ich befehle mich, meinen Leib und Seele und alles in deine Hände. Dein heiliger Engel sei mit mir, daß der böse Feind keine Macht an mir finde. Amen. *Alsdann mit Freuden an dein Werk gegangen und etwa ein Lied gesungen oder was dir deine Andacht eingibt.«* (Bayerischer Regionalteil BT 841)
b) Als Psalm wird das Magnifikat gebetet.
c) Die Lesung aus dem Alten Testament Jes 52,7–10 macht Elisabeth und Maria quasi zu »Trümmerfrauen« (vgl. Jes 52,9). Dementsprechend wird als Kollektengebet das agendarische Gebet gesprochen: »Gott, unser Befreier, du erhebst, die tief unten sind: Wie Elisabeth und Maria einander umarmten und dein Lob gesungen haben, erfülle auch uns mit deinem Geist, dass wir einander bestärken in der Hoffnung auf dein Erbarmen. Dir sei Ehre in Ewigkeit.«
d) Die Evangeliumslesung ist der Predigttext. An Stelle des Glaubensbekenntnisses kann das Glaubenslied »Wir glauben all an einen Gott« (EG 183) gesungen werden.
e) Nach der Predigt wird »Gelobet seist du, Jesu Christ« (EG 23,1–7) und als Schlusslied der letzte Vers von »Macht hoch die Tür« (EG 1,5) gesungen.

## Literatur

Der Babylonische Talmud, neu übertragen durch Lazarus Goldschmidt, Megilla, Moed Qatan, Hagiga, Jabamuth, Band 4, Berlin 1931.
Der Babylonische Talmud, neu übertragen durch Lazarus Goldschmidt, Sota, Gittin, Qiddusin, Band 6, Berlin 1932.
Bovon, François, Das Evangelium nach Lukas (Lk 1,1–9,50), EKK III/1, Neukirchen-Vluyn 1989.
Deeg, Alexander, Pastor legens. Das Rabbinat als Impulsgeber für ein Leitbild evangelischen Pfarramts, in: PTh 93 (2004), 411–427.
Krupp, Michael/Ueberschaer Frank (Bearbeiter), Avot. Väter, in: Krupp, Michael, Die Mischna. Textkritische Ausgabe mit deutscher Übersetzung und Kommentar, Jerusalem 2003.
Luther, Martin, Disputatio Heidelbergae habita, in: Luther, Martin, Studienausgabe. In Zusammenarbeit mit Helmar Junghans u. a. hg. von Delius, Hans-Ulrich, Band 1, Berlin [3]1987, 188–218.
Mildenberger, Irene, 4. Sonntag im Advent: Lk 1,26–33(34–37)38. »Der Engel des Herrn brachte Maria die Botschaft und sie empfing von dem Heiligen Geist«, in: Predigtmeditationen im christlich-jüdischen Kontext (2010), 20–25.
Moltmann, Jürgen, Der gekreuzigte Gott. Das Kreuz Christi als Grund und Kritik christlicher Theologie, München 1972.
Morgenroth, Matthias, Weihnachts-Christentum. Moderner Religiosität auf der Spur, Gütersloh [2]2003.
Nachama, Andreas u. a., Basiswissen Judentum, Freiburg im Breisgau 2015.
Nassauer, Gudrun Michaela, Heil sehen. Strategien anschaulicher Christologie in Lk 1–2, HBS 83, Freiburg im Breisgau 2016.
Schreiber, Stefan, Weihnachtspolitik. Lukas 1–2 und das Goldene Zeitalter, NTOA 82, Göttingen 2009.
The Jewish Annotated New Testament. New Revised Standard Version, ed. Levine, Amy-Jill/Brettler, Marc Zvi, Oxford New York 2011.
Wolter, Michael, Das Lukasevangelium, HNT 5, Tübingen 2008.
Wünsche, August, Neue Beiträge zur Erläuterung der Evangelien aus Talmud und Midrasch, Göttingen 1878.

*Johannes Wachowski*

# Christvesper: Joh 3,16–21
# »Mehr Licht!«

## 1. Annäherung

»Also hat Gott die Welt geliebt« – also doch! Also doch noch nicht abgeschrieben, doch nicht aufgegeben, also doch nicht *ad acta* gelegt nach allem, was passiert ist in seinem Namen. Geliebt! Die Liebe liebt nicht den Schlussstrich, allenfalls zuweilen den Gedankenstrich: »Geht's noch einmal mit uns beiden, haben wir noch eine Chance zusammen?« – so könnte sich auch Gott in mancher schlaflosen Stunde seine Gedanken gemacht haben über die Welt um sich herum. Und besinnt sich dann doch auf seine Liebe zum Doppelpunkt: »Also hat Gott die Welt geliebt: dass er seinen eingeborenen Sohn gab.«

Das ist die Weihnachtsbotschaft. Um diese grandiose Botschaft in uns aufzunehmen und ihr zu antworten, darum sind Menschen versammelt in den Kirchen am Heiligen Abend.

»Also hat Gott die Welt geliebt.« Aus der Liebe und Weltoffenheit Gottes heraus wird ein Mensch geboren, in dem der Ewige uns seine Nähe zusagt. Aus der Ferne kommt er uns nahe. Aus der Unkenntnis zeigt er Gesicht.

Weihnachten. Gott selbst weiht unsere Nacht zu einer heiligen Zeit. Er hat die Nacht erhellt. Er hat die Nacht unserer Unzulänglichkeiten, die Nacht unserer Unbegreiflichkeiten, die Nacht unserer Ängste und Hoffnungslosigkeiten zur Weihnacht, zur Heiligen Nacht gemacht. Er teilt unser Menschsein.

»Also hat Gott *die Welt* geliebt« – zu Deutsch: den *Kosmos* lieb gehabt, sagt die johanneische Weihnachtsbotschaft. Im Stall oder meinetwegen auch: in der Felsengrotte, notdürftig abgeschirmt vor der Kühle der Nacht, gewärmt vom Atem der Tiere. Dorthinein fokussiert sich die Liebe Gottes zum Kosmos. Gottes kosmische Liebe und Weltoffenheit bekommt einen Ort in der Welt, einen konkreten, fleischgewordenen Ort – und was einen Ort hat in der Welt ist bekanntlich nicht utopisch. Im Gegenteil. Mit dem Geschehen von Bethlehem ist Gottes Liebe und Weltoffenheit lokalisierbar geworden auf dieser Welt. Unverwechselbar hat Gott seinen Ort bezogen in diesem Kosmos: Nicht im Kaiserpalast des Weltenherrschers in der Welthauptstadt, nicht in den Schaltzentralen der Macht, auch nicht drinnen in der guten Stube, sondern draußen bei denen in dürftiger Behausung – dort bezieht er Position. Dort hält er sein flammendes Plädoyer für das Leben, für die Menschlichkeit und gegen alle lebensverneinenden Mächte und Gewalten.

## 2. Kontexte

Der Kontext an diesem Abend – und darauf soll ganz der Ton liegen – ist just am 24. Dezember der Vorabend des jüdischen Chanukkafestes. Das erste Licht am neunarmigen Leuchter wird entzündet. Bescheiden, drin im Wohnzimmer der jüdischen Familie oder auch telegen inszeniert vor dem Brandenburger Tor. Ein erstes Licht gegen die dunklen Machenschaften von Mächten und Gewalten, die diejenigen an Leib und Leben bedrohen, die anders glauben, anders beten, anders essen, anders lieben und anders sprechen als der Mainstream es tut. Lichter gegen die Dunkelheit. »Helle Lichter« und »wahre Worte« innerhalb und eben auch außerhalb der eigenen Kirchenwände – davon wusste jener Schweizer Kirchenvater des 20. Jahrhunderts trefflich zu reden. Die Lichter des Chanukkafestes tauchen auch das Weihnachtsfest in noch »mehr Licht«. Erst eins, dann zwei, dann drei, dann vier und so weiter und so weiter. Was wir nötig haben in diesen Tagen, ist die aufsteigende Linie hin zum hoffentlich Schöneren, Besseren, Helleren – nicht den Countdown in Richtung Tiefpunkt, an dem dann alle Hoffnungen auf Tage des Friedens und der Gerechtigkeit auf ein Nichts zusammenschnurren oder eben wie in einem Krater nach erfolgter Explosion versinken. Darum: Eins, zwei, drei, vier usw. statt: vier, drei, zwei, eins … Das zunehmend heller werdende Licht von Advent bis Weihnachten – in diesen Tagen umstrahlt von den Lichtern des Chanukkafestes, das die Wiedereinweihung des Tempels mittels jenes Lichtes vom Öl des Olivenbaums anderthalb Jahrhunderte vor der Geburt Jesu feiert.

Was wir nötig haben als Menschen, alle miteinander geschaffen und bestimmt zu einem kommunikativen Gegenüber Gottes, was uns als Angefochtene aufhilft und förderlich ist im Angesicht des ewigen Gottes – das sind Fragen, die auch im Hintergrund der rabbinischen Debatten zu allen Zeiten standen und stehen. Auch jener klassischen Debatte der Denkschulen Hillels und Schammais vor zwei Jahrtausenden. Der Talmud erzählt so: »Wie ist das Gebot der acht Chanukkalichter auszuführen? Die Schule Schammais lehrt, man solle am ersten Tag acht Lichter anzünden und dann an jedem Tag ein Licht weniger, sodass am letzten Chanukkatag noch eine Kerze brennt. Die Schule Hillels dagegen lehrt anders: Am ersten Tag zünde man eine Kerze an, und dann jeden Tag eine mehr, bis am letzten Tag der volle Chanukkaleuchter brenne.«

Babylonischer Talmud Schabbat 21b, frei übertragen vom Verf.

Hillel, Gott sei Dank! Sachwalter menschlicher Empfindungen und Regungen, denen ein menschenfreundlicher Gott empathisch nahe kommt. In Zeiten zunehmender Dunkelheit braucht es *mehr* Licht, nicht weniger. Das gilt jahreszeitlich ebenso wie tiefenpsychologisch und weltpolitisch. Mehr Licht, nicht Countdown zum Nullpunkt hin. Hillel votiert für das Aufhellen, für »Aufladen« statt »Downloaden«. Und dies, obwohl historisch-political-correct das Ölwunder zu Chanukka logischerweise umgekehrt erzählt wird: am ersten Tag das volle Licht und dann während der folgenden acht Tage immer schwächer werdend und verlöschend. Doch was Mensch heute braucht – und damals auch – ist: »Mehr Licht!«

»Die Halacha entspricht der Lehre des Hauses Hillel«, konstatiert die talmudische Überlieferung. Und dennoch sind die Worte des Hauses Schammai weiter zu tradieren, als Mahnung gegen alle Lichtphantasmen, die sich in sprühendem Optimismus der Kleinarbeit an allem Düsteren dieser Welt verweigern. Doch der Tenor ist Licht, ja mehr Licht – an Chanukka und an Weihnachten. Lichterfeste in Zeiten zunehmender Düsternis.

PS: Dass das volle achte Licht des Chanukkaleuchters in diesem Jahr auf Silvester oder anders gesagt: den Vorabend des Beschneidungstages Jesu, den 1. Januar, fällt, ist schon eine andere Geschichte …

## 3. Beobachtungen am Text

*V 16 Denn also hat Gott die Welt geliebt, dass er seinen eingeborenen Sohn gab, damit alle, die an ihn glauben, nicht verloren werden, sondern das ewige Leben haben.*

Die Liebe zur Welt weist der Rede von der Welt als *skotía* (1,5) seinen begrenzten Ort zu und bewahrt davor, in die Falle eines dualistischen Weltbildes zu tappen. Ein für alle Mal (Aorist!) gilt: Gott hat seine Liebe zur Welt offenbart. Träger dieser Offenbarung Gottes ist der Sohn, sein Ein und Alles (vgl. das *monogenès* der griechischen Bibelübersetzung in Gen 22,2). Sinn und Ziel seiner Sendung ist die Rettung, ist das Zurechtbringen, ist ewiges Leben, ist Leben im Angesicht Gottes, Leben, das sich nicht verliert wie der Weg der Frevler (Ps 1,6), sondern in der Gemeinschaft mit Gott aufgehoben ist.

*V 17 Denn Gott hat seinen Sohn nicht in die Welt gesandt, dass er die Welt richte, sondern dass die Welt durch ihn gerettet werde.*

Dass »richten« letztlich »retten« meint, ist urbiblische Überzeugung: »Wie lange wollt ihr unrecht richten und die Gottlosen vorziehen? Schaffet Recht dem Armen und der Waise und helft dem Elenden und Bedürftigen zum Recht. Errettet den Geringen und Armen und erlöst ihn aus der Gewalt der Gottlosen«– Psalm 82,2–4 bindet »richten«, »ins Recht setzen«, »befreien« und »erlösen« als Prädikate göttlichen Handelns zusammen zu einer großen Synergie um des Lebens willen. Die Sendung des Sohnes dient dem Lebensrecht all derer, denen es bisher noch entzogen ist.

*V 18 Wer an ihn glaubt, der wird nicht gerichtet; wer aber nicht glaubt, der ist schon gerichtet, denn er glaubt nicht an den Namen des eingeborenen Sohnes Gottes.*

Was zunächst schroff-alternativ klingt, ist vom leitenden Gedanken der richtend-rettenden Gottesliebe her zu sehen: Es gibt seitens des Menschen eben nicht nur Glauben, sondern auch ein Sich-nicht-gefallen-Lassen dieser Gottesliebe, ein Zurückweisen dieses rettenden Ausgerichtetwerdens. Wenn »Gericht« »Rettung aus Liebe« meint, dann fallen Gerichtsakt und Rettungstat in eins zusammen. Rettung *ist* Gericht – glaubend aufgenommen oder eben im Unglauben zurückgewiesen. Liebe, Rettung, Gericht – wir können mit unseren sprachlichen Möglichkeiten nur nacheinander aussagen, was in Wahrheit in eins zusammenfällt. Bei alledem steckt in dieser heilsamen Trias ein inneres Gefälle – ausgehend von Liebe hin zu Rettung und Gericht. »Er neigt der Gnade zu«, sagen die Rabbinen. Es ist Gottes Liebe, die tätig wird im Retten und Richten.

*V 19 Das ist aber das Gericht, dass das Licht in die Welt gekommen ist, und die Menschen liebten die Finsternis mehr als das Licht, denn ihre Werke waren böse.*

Das Kommen des Lichtes in die Welt *ist* schon das Gericht – Johannes ist mit dem Gedanken präsentischer Eschatologie ganz in seinem Element. Aber das Dunkle zeigt nach wie vor seine finstere Fratze. Doch auch hier ist ein Gefälle, eine Tendenz in der Aussage enthalten: Das Licht kommt in die Welt, in jenen *kosmos*, der nun schon zur Genüge als Gegenüber der göttlichen Liebe apostrophiert wurde – und im Ernst: Welche Chance sollte letztlich das Finstere haben, wenn das Licht in der Welt aufscheint? Letztlich stehen die Chancen schlecht um das Böse und die Finsternis, aber umso dramatischer toben sie sich jetzt noch aus.

*V 20 Wer Böses tut, der hasst das Licht und kommt nicht zu dem Licht, damit seine Werke nicht aufgedeckt werden. 21 Wer aber die Wahrheit tut, der kommt zu dem Licht, damit offenbar wird, dass seine Werke in Gott getan sind.*

Geradezu weisheitlich schließt die Weihnachtsbotschaft in der Diktion des Johannes: Der oder das Böse scheut das Licht wie der Teufel das Weihwasser. Es soll nicht ans Licht kommen, was im Argen liegt. Wir sprechen von »dunklen« Machenschaften, die »Dunkel«ziffer bei Wirtschaftskriminalität liegt hoch, »Dunkelmänner« sind Legion zu allen Zeiten der Geschichte. Das wahre Wort vom Licht Gottes für die Welt ruft dagegen nach »Lichtträgern«, nach transparenten Strukturen und luziden Formen, um in der Welt aufscheinen zu lassen, was Gott am Herzen liegt: Liebe zum Kosmos, Rettung aus Verlorenheit und Leben im Licht.

## 4. Homiletische Konkretionen

Johannes 3,16 ist so etwas wie die Summa der Weihnachtsbotschaft. Ist Weihnachten das Fest der Menschwerdung dessen, was Gott sich für diese Welt vorstellt, dann kann die Predigt an Weihnachten in nicht viel anderem bestehen als in einem flammenden Plädoyer für das Leben, für die Menschlichkeit und gegen alle lebensverneinenden Mächte und Gewalten.

Dass Gott sich in seiner Liebe so tief ins Menschliche beugt, hebt dieses Menschliche nicht auf; vielmehr wird alles Menschliche in eine unvergleichliche Würde getaucht. Das Weihnachtslied singt wie nichts sonst das Hohelied auf alles, was menschlich heißt. »Gottes Kind, das verbindt‹ sich mit unserm Blute« – der erste Schrei eines neugeborenen Babys, die ersten Gehversuche, der erste »Zoff« mit den Eltern – all das und alles, was noch kommen kann im Leben eines Menschen, all das hat der Nazarener ja selbst kennengelernt, all das ist in einer ganz besonderen Weise geadelt durch Gottes Offenbarung im Menschen Jesus.

Gott hat das Menschsein erwählt. Das Hohe Fest der Christnacht gibt uns Grund, unübertreffbar hoch vom Menschen zu reden. Das ist unser Hochamt an Heiligabend.

»Also hat Gott die Welt geliebt, dass er seinen eingeborenen Sohn gab«. – »Seht welch ein Mensch«, in dem sich der Höchste so hereinbeugt in die Tiefen des Menschseins. Im »geben« schwingt das »dahingeben« durchaus schon mit. Es wird noch ein Weg zu gehen sein, bitter und blutig. Mit der Heiligen Nacht ist dieses Gotteskind noch nicht am Ziel. Es wird noch ein Kampf zu kämpfen und eine Schlacht zu schlagen sein – für den Gottessohn auf dem Weg nach Golgatha bis zum Ostermorgen. Dazu hat er ihn *auch* gegeben, der himmlische Vater sein Ein und Alles – dazu hergegeben, dass jeder tote Winkel dieser Erde ausgeleuchtet würde durch Lebenslicht von oben, dass all das, was bei uns hier unten dunkel und verdorben ist, in helles Licht getaucht würde. Es wird noch ein Kampf zu kämpfen und eine Schlacht zu schlagen sein gegen den größten aller Dunkelmacher, den Tod.

»… dass er seinen eingeborenen Sohn dahingab« – das Wunderbare an diesem Kämpfer ist, dass er sich das Kindliche von damals bewahrt: Wie das Kind in der Krippe bleibt auch der erwachsene Gottesstreiter offen und angreifbar, verwundbar und schwach, zart und feinfühlig. Dahingegeben und hineingeworfen in eine Welt voller dunkler Machenschaften. Gottes Plädoyer für Liebe und Offenheit wird Fleisch und Blut im Menschen Jesus – und sie wird tausendfach angefeindet. Der Liebende hat indes keine anderen Waffen als die der Liebe und der geöffneten Arme. Er kann nur siegen im Kampf, indem er sich selbst drangibt. So *wird* er siegen, weil die Liebe stärker ist als der Tod.

»… damit alle, die an ihn glauben nicht verloren werden, sondern das ewige Leben haben.«

Christ der Retter ist da. Dieses Leben nicht zu ergreifen wäre der Tod. Dort in der Krippe verbindet sich der Ewige mit unserem zeitlichen, menschlichen Leben – und dort teilt er es auch aus. Wer sich dort verweigert, bringt sich um das Wertvollste. Dort gibt er uns Anteil am Ewigen. So ist Weihnachten das grandiose Angebot des ewigen Gottes, in Christus Anteil zu gewinnen am ewigen Leben. Ewiges Leben ist nicht unsterbliches Leben, das glauben Christen nicht, nicht immer währendes Leben, das ist nicht gemeint, sondern: Leben, das der Todesmacht trotzen kann, weil es mit Gott verbündet ist; Leben, das den Schöpfer und Erlöser auf seiner Seite weiß.

Nach der intensiveren Auslegung des leitenden V 16 sehe ich für die Predigt die Möglichkeit, in einem Dreischritt zu vertiefen: Liebe zum Kosmos, Rettung aus Verlorenheit und Leben im Licht.

Mit der Affinität zum jüdischen Lichterfest – inhaltlich und dieses Jahr auch besonders zeitlich – lässt sich mit Gedanken zum Kontext Chanukka und der aufsteigenden Linie des Lichtes schließen: »Mehr Licht!« sprach Goethe jedenfalls nach populärer Überlieferung. Ich sage mit der Botschaft der Tage um Chanukka und Weihnachten: Mehr Licht in düsteren Zeiten durch einen lichtvollen Wandel der Kinder des Lichtes! Nicht der Countdown ist anzusagen, sondern die adventliche Linie von eins und zwei und drei und vier usw. bis acht und immer weiter. Wir halten Ausschau nach der Erleuchtung durch den Einen und sind verbunden im Warten auf den, von dem das Jesajabuch spricht: »Über dir geht auf der Ewige, und seine Herrlichkeit erscheint über dir« (Jes 60,2).

## 5. Liturgievorschläge

Leitwort: Joh 1,14
Psalm des Christtages: Ps 96

Weihnachtslieder zuhauf:
Fröhlich soll mein Herze springen (EG 36,1–3)
Dies ist die Nacht, da mir erschienen (EG 40,1+2+5)
Also liebt Gott die arge Welt (EG 51,1–5)
Weil Gott in tiefster Nacht erschienen (EG 56,1–5)
Gott liebt diese Welt (EG 409)

### Literatur

Barth, Karl, Die Kirchliche Dogmatik IV/3, Zürich $^{2}$1959, 128ff.
Wengst, Klaus, Das Johannesevangelium I, (ThKNT 4,1) Stuttgart 2000.

*Klaus Müller*

## Christnacht: 2.Sam 7,4–6.12–14a
## Gott baut sein Haus in unseren Herzen – oder: Gott ist Camper

### 1. Annäherung

*Transeamus usque Bethlehem* schon seit Wochen summe ich das Lied vor mich her. *Lasst uns hinüber nach Bethlehem gehen.* Es war schon seltsam, bei schönstem Sonnenschein in der evangelischen Erlöserkirche in Jerusalem Weihnachtslieder zu singen. Aber dieses Lied hatte es mir angetan. Mit dem kleinen Chor von Studierenden probten wir jeden Dienstag. Heute verschob ich die Hausaufgaben von der Uni und das Lernen der vielen neuen Vokabeln auf morgen. Ich sprang nur rasch unter die Dusche und machte mich fertig. Dann fuhr ich mit meinem bunten Renault 4 Richtung Altstadt. In den Straßen gab es keinen Weihnachtsschmuck, keine Sterne und Engel schon gar nicht, und in den Supermärkten und Kaufhäusern dudelte keine Weihnachtsmusik. Nichts deutete darauf hin, dass heute Heiligabend war. Der Feierabendverkehr war chaotisch wie immer. Ich stellte mein Auto unterhalb der Dormitio ab und ging zu Fuß durch die Altstadt zur Erlöserkirche. In einem Nebenraum sangen wir uns ein. Dann gingen wir auf die Empore. Die Kirche war voll bis auf den letzten Platz. Die Orgel setzte ein und wir sangen: *Transeamus usque Bethlehem …* Ich genoss den Gesang, sah die vielen Menschen, betrachtete dieses Haus Gottes mit seinem schlichten weißen Stein. Der Gottesdienst war noch nicht zu Ende, als wir die Kirche verließen und zur Mette in die katholische Dormitio eilten. Wir schafften es gerade noch rechtzeitig und begannen auch hier von der Empore aus mit dem *Transeamus usque Bethlehem.* Auch diese Kirche war relativ schlicht. Von dem in gold gehaltenen Mosaik in der Apsis blickte der jugendliche Jesus auf die Gottesdienstbesucher hinab. Diesmal konnten wir den Gottesdienst bis zum Ende mitfeiern. Danach gab es für uns Glühwein und Spekulatius. Es war schon weit nach Mitternacht, als wir aufbrachen. Wir wollten das, was wir in dieser Nacht gesungen hatten, in die Tat umsetzen. Wir schlüpften in unsere Wanderschuhe und machten uns auf den Weg nach Bethlehem über die Hirtenfelder. Als wir die letzten Häuser Jerusalems weit hinter uns gelassen hatten, erleuchteten uns unzählige Sterne am Himmel den Weg. Ich hatte recht behalten, Taschenlampen würden wir nicht brauchen. Dann, wir waren einige Stunden gewandert, sahen wir vom Tal aus hinauf nach Bethlehem. In der kleinen Stadt blinkten unzählige Sterne, Engel und überdimensionale Weihnachtsmänner aus Neonröhren in allen Farben. Es dämmerte bereits, und die Hähne krähten, als wir durch die Gassen von Bethlehem an der Geburtskirche ankamen. Durch eine niedrige Tür betraten wir die Kirche und stiegen hinab zur Geburtsgrotte, es waren kaum Menschen da. Wir setzten uns hinten in die Grotte, alle waren ganz still. In dieser Höhle, die einmal als Stall benutzt worden war, hatte alles angefangen. Die Decke war über und über mit orthodoxen Öllampen behängt. Dahinter konnte man die vom Ruß geschwärzte Decke erahnen. In diesem Stall also sollte Gott Wohnung genommen haben. Nach und nach strömten immer mehr Menschen in die kleine Höhle. Ab und zu stimmte eine Pilgergruppe einen Weihnachtschoral an, ansonsten war es still in dieser Höhle Gottes. Aber in den Gesichtern der Pilger konnte ich ein Glänzen erkennen. Trotz der Enge und der vielen Menschen waren sie selig hier, fühlten sich Gott ganz nahe.

## 2. Kontexte

a) Wo wohnt Gott?
Die Chassidim fragen immer wieder nach der Wohnung Gottes. In ihren Antworten ist zu erahnen, dass Gott nicht an einen bestimmten Ort gebunden ist:
»Als Rabbi Jizchak Meïr ein kleiner Junge war, brachte ihn seine Mutter einmal zum Maggid von Kosnitz. Da fragte ihn jemand: ›Jizchak Meïr, ich gebe dir einen Gulden, wenn du mir sagst, wo Gott wohnt.‹ Er antwortete: ›Und ich gebe dir zwei Gulden, wenn du mir sagen kannst, wo er nicht wohnt.‹«

Buber, 821

b) Gott hat viele Wohnungen
Beim Begehen und Verlassen ihrer Wohnung, eines Gebäudes oder der Synagoge berühren Juden die *Mesusa*, ein kleines Kästchen am Türpfosten. In ihm befindet sich ein handgeschriebenes Pergament. Auf der einen Seite steht meist das Wort *Shadai*, das soviel bedeutet wie: Hüter der Tore Israels. Auf der Vorderseite steht das *Höre Israel*, das *Schema Israel*:
»Höre Israel, der Ewige unser Gott, ist der Ewige der einzige Eine! Und liebe den Ewigen, deinen Gott, mit deinem ganzen Herzen und mit deiner ganzen Seele [...]. Es seien diese Worte, die ich dir heute gebiete, rede davon, wenn du sitzt in deinem Haus und wenn du gehst auf den Weg [...], schreibe sie an die Pfosten deines Hauses und an deine Tore!«

Dtn 6,4–9 und 11,13–21 in Auszügen

c) Pläne zum Bau des dritten Tempels
Immer wieder gibt es jüdische Gruppierungen, die den Tempel in Jerusalem wieder aufbauen wollen. Am 30. September 2014 berichtete das Magazin *israel heute* von einer Spendenkampagne des Jerusalemer Tempelinstituts zum Bau des dritten Tempels:
»Während einer zweimonatigen internationalen Spendenkampagne für den Bau des Dritten Tempels in Jerusalem seien mehr als 100.000 US-Dollar eingenommen worden. Über 900 Spender aus 30 Ländern hätten sich beteiligt, gab das Jerusalemer Tempelinstitut bekannt. Die Organisation ist auch in Israel umstritten. Sie setzt sich für den Wiederaufbau des Tempels auf jenem Platz ein, wo sich heute die muslimische Al Aksa-Moschee und der Felsendom befinden. Architekten seien damit beschäftigt, Pläne für einen modernen Dritten Tempel zu erstellen, der den jüdischen religiösen Gesetzen und Vorschriften entspricht, teilte das Tempelinstitut mit. [...] Das Vorhaben wird jedoch von vielen Rabbinern kritisch gesehen. Sie glauben, dass der Dritte Tempel nicht von Menschen, sondern vom Allmächtigen erbaut werde. [...].«

NAI-Redaktion

d) Verbot Netanjahus zum Besuch des Tempelbergs

Der Tempelberg in Jerusalem ist für Juden und Muslime von zentraler religiöser Bedeutung: Bis zum Jahr 70 nach der Zeitrechnung stand hier der Tempel Israels. Vor 1300 Jahren wurde an dieser Stelle die Moschee und der islamische Felsendom errichtet. Immer wieder ist der Tempelberg Grund und Ausgangspunkt von gewaltsamen Auseinandersetzungen. Als es vor einem Jahr immer wieder zu Messerstecherattacken arabischer Jugendlicher auf jüdische Bewohner Jerusalems kam, verbot Netanjahu seinen Ministern den Besuch des Tempelbergs, um die Situation nicht weiter eskalieren zu lassen. Zeit-Online berichtete darüber am 8. Oktober 2015:

»Israels Ministerpräsident Benjamin Netanjahu hat allen Ministern und Abgeordneten der Knesset untersagt, den Tempelberg in der Jerusalemer Altstadt zu besuchen. Mit dem Verbot mache Israel deutlich, dass es keine Änderung des Status quo für das Gebiet anstrebe, sagte ein Regierungssprecher. Es gelte bis auf Weiteres.

Das Verbot gilt laut einem Regierungssprecher ausdrücklich auch für die arabischen Mitglieder der Knesset. Diese kritisierten die Entscheidung und kündigten an, geschlossen am nächsten Freitagsgebet in der al-Aqsa-Moschee auf dem Hochplateau teilzunehmen.

Kritik erhält Netanjahu auch von der anderen Seite. Landwirtschaftsminister Uri Ariel von der rechtsradikalen Partei Jüdisches Heim kritisierte das Verbot als »unnormal und unverhältnismäßig«. Zugleich zweifelte er die Rechtmäßigkeit des Verbots an.«

Zeit-Online

e) Haus Gottes auf Reisen

In Südniedersachen wurde ein Gotteshaus versetzt. Die Synagoge der Jüdischen Gemeinde Göttingen stand ursprünglich in Bodenfelde:

»Am 9. November 2008, 70 Jahre nach der Zerstörung der alten Synagoge zur Zeit des Nazi-Terrors, wurde in Göttingen eine neue Synagoge geweiht. Dieses Gebäude weist eine ganz besondere Geschichte auf: Es stand nämlich in Bodenfelde, wurde dort abgebaut und in Göttingen restauriert und wieder aufgebaut. Die Synagoge in Bodenfelde war 1937 von der jüdischen Gemeinde verkauft und dann als Scheune genutzt worden. Auf diese Weise hatte sie die Pogromnacht 1938 überstanden. Die 64 Quadratmeter große Fachwerksynagoge war 1825 errichtet worden. Es war ein langer und schwieriger Weg, bis das 1998 vom Förderverein Jüdisches Zentrum erworbene Gebäude nach Göttingen versetzt werden konnte. Nun erfüllt es wieder seine ursprüngliche Funktion: als Gottesdienstort der 1994 neu belebten Jüdischen Gemeinde Göttingen, die ihr Zentrum in der Angerstraße hat. 2010 wurden in einer feierlichen Zeremonie die beiden restaurierten Thorarollen der Gemeinde wieder in die Synagoge getragen.«

Göttinger Tageblatt

f) Juden sind selbst der Tempel Gottes
Einige biblische Belege lassen vermuten, dass das Volk Israel selbst als Tempel Gottes zu verstehen ist:
»Ich (Gott) will unter ihnen wohnen und will ihr Gott sein uns sie sollen mein Volk sein, damit auch die Heiden erfahren, dass ich der HERR bin, der Israel heilig macht, wenn mein Heiligtum für immer unter ihnen sein wird.«

Hes 37,27f.

## 3. Beobachtungen am Text

Im zweiteiligen Samuelbuch wird der Übergang von der Regierungsform der Richter hin zur Herrschaft eines Königs behandelt. Strittig dabei waren offenbar die Befugnisse des Königs, die durch Gotteswort, das durch Propheten übermittelt wurde, beschränkt waren. Der Redekomplex in Kapitel sieben des zweiten Samuelbuches behandelt die göttliche Verheißung für das Königtum Davids. In den VV 1–3 wird das Thema, Bau eines Gotteshauses, indirekt eingeleitet. König David spricht: »ich wohne in einem Zedernhause und die Lade Gottes wohnt unter Zeltdecken« (V 2). In der Antwort Nathans scheint dieser den König zunächst zum Bauvorhaben zu ermutigen. In der in den VV 4–16 von Nathan übermittelten Gottesrede wird aber deutlich, dass Gott dieses Bauvorhaben ablehnt. Vielmehr verkündigt Gott dem König, dass er selbst ein Haus bauen wird: »Und der HERR verkündigt dir, dass der HERR dir ein Haus bauen will« V 11b. In V 13 heißt es dann, dass ein Nachkomme Davids dem Namen Gottes ein Haus bauen wird. In 1.Kön 8 wird diese Verheißung durch Salomos Tempelbau erfüllt. Die sogenannte Nathanprophezeiung gipfelt mit V 16 in der Zusage einer ewigen Daviddynastie. In den VV 17–29 folgt die Antwort Davids in Form eines Lobpreises Gottes.

Betrachtet man die Komposition des gesamten Kapitels 7 und nicht nur die Bruchstücke der Predigtperikope, wird offensichtlich, dass Zielpunkt der Nathanprophezeiung eben nicht der oft vorschnell christologisch überhöhte V 14a ist »ich will sein Vater sein und er soll mein Sohn sein«, sondern die Verheißung der ewigen Daviddynastie in V 16. »Bezüglich der Verheißung der ewigen Davidsdynastie aber richtet sich kein Wort, kein Gedanke auf die Geburt eines Messias mit Namen Jesus« (Kruse, 49).

Leitwort des Textabschnitts ist *Beit*, das hebräische Wort für Haus. In den VV 1–16 kommt es achtmal vor. In den VV 1–2 benennt *Beit* das Wohnhaus des Königs, das offenbar üppig mit Zedern ausgestattet ist (*Beit Arasim* V 2), während die Lade Gottes in einem Zelttuch campt. In den VV 5 und 6 bezeichnet *Beit* im Zusammenhang mit der Wurzel *SchBT* ein Wohnhaus Gottes. Das *Beit Arasim* (Zedernhaus) aus V 2 wird ebenfalls in V 7 gebraucht, hier als mögliche Wohnstätte Gottes, die Gott aber eben nicht von seinem Volk zu bauen gefordert hat. In V 11 verkündet JHWH ihm (dem König bzw. dem Volk), er wolle ihm ein *Beit* schaffen, nachdem er ihn vor seinen Feinden ausruhen ließ. Im Zusammenhang von V 11 meint *Beit* offenbar weit mehr als nur ein Wohnhaus, hier wird eine Wohnstätte, eine Heimat verheißen, in der Gott dem König, ja dem ganzen Gottesvolk Ruhe verschafft vor allen Feinden (vgl. V 10). In V 13 wird mit *jivneh beit leshmi* einem Nachkommen Davids der Bau eines Hauses für den Namen Gottes prophezeit.

In V 16 meint *Beit* offensichtlich die Königsfamilie, die Daviddynastie, die in Ewigkeit bestehen wird.

In der Nathanprophezeiung lehnt Gott den Bau eines Gotteshauses zunächst mit der Begründung ab, er gehe lieber campen: Mit einem Zelt als Wohnung ziehe Gott mit seinem Volk umher seit der Zeit, als er die Israeliten aus Ägypten geführt hat. So ist Gott seinem Volk nahe. Dieses Mitsein Gottes mit seinem Volk gipfelt in der Aussage, dass Gott selbst ihm, seinem Volk, ein Haus bauen wird, das Ruhe und Schutz schafft vor allen Feinden. Dann erst ist Gott bereit, Wohnung zu nehmen unter seinem Volk und sich ein Haus für seinen Namen bauen zu lassen. Diese Wohnung Israels, in der Gott selbst Wohnung nimmt, wird ewig bestehen. Nicht David baut Gott ein Haus, sondern Gott selbst errichtet das Haus für sein Volk und nimmt Wohnung unter ihm: »Siehe da die Hütte Gottes bei den Menschen! Und er wird bei ihnen wohnen, und sie werden sein Volk sein und er selbst, Gott mit ihnen, wird ihr Gott sein.« (Offb 21,3)

Diese Bewegung des Textes ist anschlussfähig an das christliche Weihnachtsfest, in dem Gott selbst in der Geburt Jesu Wohnung nimmt in einem kleinen Stall in Bethlehem. Auch hier finden wir zunächst das Motiv des Umherziehens, ohne dass Herberge gefunden wird, bis zur Geburt in einem Stall: »Und das Wort ward Fleisch und wohnte unter uns, und wir sahen seine Herrlichkeit« (der Wochenspruch für die Weihnachtsfeiertage, Joh 1,14).

Dieser Gott ist ein umherziehender Gott, der Wohnung bei den Menschen nimmt und dort ist, wo Menschen ihn brauchen. Gott ist nicht zu finden an einem bestimmten Ort, sondern bei den Menschen mit all ihren Ängsten, Zweifeln und Hoffnungen.

## 4. Homiletische Konkretionen

Immer mehr Touristen und Pilger strömen in die Geburtsgrotte in Bethlehem. So viele Menschen wollen Gott an dem Ort seiner Menschwerdung nahe sein. Als die Touristenströme nicht abreißen wollen, nehmen wir ein arabisches Taxi zurück nach Jerusalem. Ich ringe mit mir: jetzt noch zur Uni? Aber dann denke ich, du bist jung und was ist schon eine durchgemachte Nacht. Also setze ich mich ins Auto und fahre hinauf zur Hebräischen Universität. Da sitzen wir Studierenden wie jeden Tag und brüten über dem Talmud, von Weihnachten ist hier keine Spur …

Dennoch fühle ich mich nach dieser Nacht den jüdischen Studierenden mehr verbunden als vorher. Gemeinsam sind wir auf dem Weg und gemeinsam werden wir einst die Hütte Gottes bei den Menschen sehen. Durch die Menschwerdung Gottes in einem Stall in Bethlehem habe ich Zugang zu dieser Welt gefunden: Er kommt zur Welt als Kind jüdischer Eltern in der »Stadt Davids, die da heißt Bethlehem, weil er aus dem Hause und Geschlechte Davids war« (Lk 2,4).

Gemeinsam mit dem jüdischen Volk sind wir auf dem Weg zum Reich Gottes. Was für eine Verheißung: Gott selbst nimmt Wohnung unter uns, er kommt und baut sein Haus in unseren Herzen.

## 5. Liturgievorschläge

Psalm 139

Lesungen: Hes 37,27f.; Joh 1,1–14

Lieder:
Weil Gott in tiefster Nacht erschienen (EG 56)
Zu Bethlehem geboren (EG 32)
Herbei, o ihr Gläub'gen (EG 45)
Komm in unsre stolze Welt (EG 428)

### Literatur

Buber, Martin, Die Erzählungen der Chassidim, Zürich 1949.

Göttinger Tageblatt, Eine Synagoge mit einer ganz besonderen Geschichte, http://www.goettinger-tageblatt.de/Goettingen/Themen/333-Dinge/Eine-Synagoge-mit-einer-ganz-besonderen-Geschichte, abgerufen am 2016-04-25.

Kruse, Anne-Kathrin, Christnacht - 24.12.2010, Der heruntergekommene Sohn aus gutem Hause, in: GPM 65/1 (2010), 48–53.

NAI-Redaktion, Spenden aus aller Welt für den Bau des Dritten Tempels, http://www.israelheute.com/Nachrichten/Artikel/tabid/179/nid/27711/Default.aspx, abgerufen am 2016-03-14.

Zeit-Online, Netanjahu verbietet Ministern Besuch des Tempelbergs, http://www.zeit.de/gesellschaft/zeitgeschehen/2015-10/israel-jerusalem-tempelberg-messer-angriff, abgerufen am 2016-04-25.

*David Geiß*

# Christfest I: Mi 5,1–4a
# Bethlehem: Geburtswehen des Messias wahrnehmen

## 1. Annäherung

Das Ankommen eines Messias ist – biblisch gesehen – keine pastorale Idylle. In rabbinischer Literatur äußert sich diese Auffassung durch den Begriff (und durch eine ganze damit verbundene Konzeption) *chewlej mašiach*, Geburtswehen des Messias. Der Messias ist nach dieser Auffassung ein letzter Triumph, ein Atout, Gottes, mit dem die sonst unselig, ja tragisch sich entwickelnde Situation doch durch eine von Gott initiierte Intervention umgeworfen wird, und zwar so, dass Gott vertreten durch seinen Agenten, nämlich durch den Gesalbten, seinen Willen durchsetzt.

Die Tage des Messias sind daher von ihrer Definition her eine vorübergehende und konfliktgeladene Zeit. Der Skandal des Christentums besteht in der Tatsache, dass wir mit dem Glauben an Jesus als dem Christus den vorübergehenden und konfliktgeladenen Charakter unserer Zeit bekennen. Das Christfest bietet eine gute Gelegenheit, mit diesem prekären Bekenntnis ein ziemlich breites Publikum, das an diesem Tag den Weg in die Kirche wagt, zu konfrontieren.

## 2. Kontexte

a) Im Babylonischen Talmud steht die Frage des Messias eher am Rande der Aufmerksamkeit. Konzentriert wird sie im Traktat Sanhedrin, im sog. *Perek Chelek* erörtert, einem Kapitel darüber, wer Anteil hat an der kommenden Welt. Der folgende Abschnitt bringt das Konzept der Geburtswehen des Messias genau wie die allgemein beängstigenden Konnotationen der messianischen Tage zu Wort.

»Es haben sich einmal die Schüler von Rabbi Jossi ben Kisma gefragt: ›Wann kommt der Davids Sohn?‹ ›Ich befürchte‹, antwortete er, ›dass ihr von mir ein Zeichen verlangen werdet‹. ›Wir werden von dir kein Zeichen verlangen‹, haben sie versprochen. ›Wenn dieses Tor einstürzt‹, sagte er, ›wird aufgebaut, es stürzt ein und wird nochmal aufgebaut, stürzt wieder ein – und sie schaffen es nicht wieder aufzubauen bis der Messias kommt.‹ Da sagten sie ihm: ›Unserer Meister, gib uns doch ein Zeichen!‹ Er sagte ihnen: ›Habt ihr mir nicht versprochen, dass ihr kein Zeichen verlangen werdet?‹ Sie aber sagten: ›Und trotzdem!‹ Da antwortete er: ›Wenn ihr so wollt, möge sich das Gewässer von Panias in Blut verwandeln.‹ Und das Gewässer von Panias wurde zu Blut. Als er dann verscheiden sollte, sagte er: ›Steckt meinen Sarg tief in den Boden hinein, denn es gibt keine einzige Palme in Babylonien, an die kein Pferd der Perser angebunden sein wird, und es gibt keinen einzigen Sarg im Lande Israels, aus dem nicht ein Pferd der Meder Stroh fressen wird‹.

Rav sagte: ›Der Davids Sohn kommt erst dann, wenn sich das frevlerische Königtum über Israel für neun Monate ausstrecken wird, denn es steht geschrieben (Mi 5,2): ›Der Herr gibt sie preis, bis die Gebärende einen Sohn geboren hat. Dann wird der Rest seiner Brüder heimkehren zu den Söhnen Israels«.

Ulla sagte: ›Wenn er kommt, möge ich ihn nicht sehen müssen.‹
Rabbi Jossi sagte: ›Wenn er kommt, möge ich dessen würdig sein im Schatten des Korbes seines Esels zu sitzen.‹
Abaje befragte Raba: ›Warum denn [möchtest du den Messias nicht sehen]? Sagst du vielleicht: ›Wegen der Geburtswehen der messianischen Tage‹? Es wird doch gelehrt, dass, wenn die Schüler einmal Rabbi Elasar gefragt haben: ›Was soll man tun, um von den Geburtswehen des Messias bewahrt zu bleiben?‹, er ihnen antwortete: ›Man muss sich mit der Tora beschäftigen und Barmherzigkeit üben.‹ [Und du,] Meister, [hast dich doch viel] mit der Tora beschäftigt und viel Barmherzigkeit geübt.‹ Darauf antwortete Raba: ›[Es kann gut sein,] aber die Sünde könnte verursachen, [dass auch die Tora und die Barmherzigkeit hier nichts helfen].‹
Babylonischer Talmud Sanhedrin 98a–b, eigene Übersetzung

b) Zum Kontext unserer Perikope gehört aber ganz prominent auch die Erzählung aus Matthäus 2,1–12, wo ein Halbvers dieser Perikope zu einem für Matthäus typischen reflexiven Zitat benützt wird.

### 3. Beobachtungen am Text

Dem Inhalt nach stellt unser Abschnitt zusammen mit dem ganzen 4. und 5. Kapitel eine neue Perspektive dar. Nach der scharfen Kritik der Umstände in Juda (Kap. 2) und der für diese verantwortlichen Funktionäre (»Häupter Jakobs« Kap. 3), nach dem Bild einer Zerstörung Judas, die dadurch verursacht sein wird (Kap. 1), einer Zerstörung, die aller Wahrscheinlichkeit nach die assyrische Invasion und Ausrottung Samarias am Ende des 8. Jh. v.d.Z. als Vorbild hat, erschallt im 4. und 5. Kapitel eine neue Hoffnung. Beide Kapitel stellen ein Reservoir von Bildern bereit, die ihren Platz in jüdischer Liturgie wie auch in allgemein humanistisch-pazifistischer Bildhaftigkeit gefunden haben: »Denn von Zion kommt die Weisung, aus Jerusalem kommt das Wort des Herrn« (Mi 4,2b); »Dann schmieden sie Pflugscharen aus ihren Schwertern und Winzermesser aus ihren Lanzen. Man zieht nicht mehr das Schwert, Volk gegen Volk, und übt nicht mehr für den Krieg« (Mi 4,3b).

In Mi 4,8 taucht innerhalb der zwei »hoffnungsvollen« Kapitel erstmals eine direkte Anrede in der 2. Person maskulin (im Hebräischen) auf. »*Und du*, Turm für die Horde, Felsenhöhe der Tochter Zion …«. Diese direkte Anrede wiederholt sich Mi 5,1, wo es heißt: »*Und du*, Bethlehem Efrata …«. Es besteht eine deutliche Parallele zwischen beiden Anreden. Die erste Anrede an Zion (Mi 4,8–13) kündigt eine Hoffnung auf Erneuerung des Königtums in Jerusalem an. Diese Hoffnung erklingt jedoch mitten in einer nationalen Katastrophe, die unschwer mit der Invasion Nabukadnesars zu identifizieren ist (»Denn jetzt mußt du hinaus aus der Stadt, auf freiem Feld musst du wohnen. Du musst fort bis nach Babel …« Mi 4,10).

Auch die zweite Anrede bringt Hoffnung, auch sie ist aber zugleich Überwindung einer Krise. Angesprochen ist Bethlehem Efrata. Das Epitheton *Efrata* bezieht sich wahrscheinlich auf eine mit dem judäischen Bethlehem und mit der davidischen Dynastie verbundene Sippe (siehe 1.Sam 17,12 und Rut 1,2; auch die verstreuten und nicht ganz zu vereinheitlichenden Erwähnungen in den genealogischen Listen in 1.Chr 2 und 4, die Efrata als Frau von Kaleb und Mutter von Chur, dem »Vater«, also Stifter von Bethlehem anführen, bestätigen den engen Zusammenhang, ja die poetische Vertauschbarkeit von Betlehem und Efrata).

Im Zusammenhang mit den oben erwähnten parallel formulierten tröstlichen »Und-du« Anreden an das verelendete Jerusalem (Mi 4,13) geht es auch hier, in V 5,1, um eine poetische Anspielung auf David. Der Satz ist aber konzessiv zu verstehen: »Und Du, Bethlehem Efrata, (obwohl du zu) gering (bist) um unter den Truppen Judas zu sein, aus dir wird mir (trotzdem) einer hervorgehen, der über Israel herrschen soll.« Im Grunde liegt hier ein Kontrast zwischen einem niedrigen, bedeutungslosen Anfang und dem hervorragenden Ergebnis vor, ein »Vom-Tellerwäscher-zum-Millionär-Motiv« (Kessler, 223), das zum Wesen der alle präsente Gegebenheiten umstürzenden biblisch-prophetischen Verkündigung gehört.

Sollte tatsächlich der geschichtliche Kontext unseres Textes die Zerstörung des Tempels in Jerusalem im Jahr 586 v. d. Z. wie auch das Verschleppen der Jerusalemer Dynastie ins Exil sein, dann ist die Erwähnung von Bethlehem ziemlich beredt, zugleich aber bleibt diese – vielleicht sogar absichtlich – verhüllt.

Zunächst: Die Wörter wie Betlehem, Efrata, klein (*tsa'ir*) und Tausende Judas (*alfej jehuda*) erinnern an die kurze Bemerkung zu Davids Herkunft in 1.Sam 17,12–14: David sei ein Sohn eines Efratiters aus Betlehem, er ist zu klein (hier jedoch nicht *tsa'ir*, sondern *katon*), um mit den älteren Brüdern in den Kampf mit den Philistern zu gehen.

Weiter: Im Zusammenhang mit dem realpolitischen Scheitern der späteren davidischen Dynastie dürfte die Anspielung auf den Hirten David nicht nur ein nostalgisches Seufzen sein. Vielmehr geht es um einen Aufruf zu radikalem Neubeginn, bei dem das Königtum entsprechend seinem ursprünglichen Ideal wiederhergestellt wird (Kriener, 38). Dass dieses Ideal »in ferner Vorzeit, in längst vergangenen Tagen« (V 1b) sein Zuhause hat, bedeutet auf der Ebene der hier erörterten Ansprache nicht, dass es um eine Präexistenz oder sogar eine Göttlichkeit des erwarteten Königs gehen sollte.

Es soll verstanden werden im Sinne eines »Davidische[n] Königtum[s]? Ja, aber anders, als wir es neulich unter den letzten Königen Judas, Jojachin und Zidkija, erlebt haben«. Die idealisierten davidischen, ja messianischen Züge sind auch weiter deutlich. Der Satz »aus *dir* wird mir einer *hervorgehen*« (V 1b) erinnert an die Geschichte von Davids Salbung (1.Sam 16,1b), wo am Anfang Gottes souveräner Beschluss steht: »Ich habe *mir* einen von seinen Söhnen als König ausersehen«. Das Verb *hervorgehen* (*j-c-a*) erinnert wiederum an Jes 11,1, wo ein Reis aus dem Baumstumpf Isais *hervorgeht*.

Diese Ähnlichkeit verführt zu der Annahme, dass es in Mi 5,2 um Geburt einer messianischen Figur geht, ähnlich wie in Jes 7,14; 9,5 und 11,1ff. Wenn wir aber den Zusammenhang und die Parallele zwischen Mi 4,8–13 und 5,1–4 ernst nehmen, dann spielt in diesem Block die Geburt eine ganz andere, nämlich eine negative Rolle! In Mi 4,9 und 10 steht die Geburt ganz deutlich für die Trübsal der Deportation nach Babylon. Die Metapher wird wegen des mit einer Geburt zusammenhängenden Leiden, und der Klage benützt, wie auch wegen ihrer zeitlich begrenzten Dauer. Das Hoffnungsvolle an einer Geburt verbirgt sich in dieser zeitlichen Begrenztheit, in dem lautmalenden *ad et* (Mi 5,2a), in diesem – wie Buber übersetzt – »bis zur Zeit nur«. Auch das Exil und alle andere Trübsale sollen »bis zur Zeit nur« dauern.

Erst danach wird dieser Herrscher auftreten. Interessanterweise wird in dem ganzen Abschnitt das Wort *melekh* sorgfältig vermieden. Statt dessen kommt die Metapher eines Hirten vor, die natürlich starke königlich-messianische Konnotationen hat (siehe Jes 40,11; Ps 78,71; aber auch negativ in Hes 34 als Kritik an *Hirten Israels*). Durch einen weiteren Parallelismus wird von diesem Hirten akzentuiert behauptet, dass seine Autorität ausschließlich vom Herrn stammt, und weiter, dass sich unter seiner Herrschaft sein Volk auf die Dauer niederlassen kann – eine wahre Restitution der in Mi 4,10 angekündigten Deportation.

Der Targum Jonathan gibt den Halbvers Mi 5,1b folgendermaßen wieder: »aus dir wird mir der Messias (*mešicha*) hervorgehen, der zum Herrscher (*šultan*) über Israel wird.«

Man kann also den ganzen Abschnitt von Mi 5,1–4a als ein schönes Beispiel einer redaktionskritischen Umdeutung des Textes sehen. Wo ursprünglich eine Kritik an die späte davidische Dynastie anklingen könnte, und zwar im Namen eines Ideals des von den Schafen weg gerufenen Hirtenkönigs David, dort heißt es im breiteren kanonischen Kontext, dass die nachexilische Jerusalemer Gesellschaft auf eine gerechte und nach den Maßstäben der Tora geregelte Verwaltung hofft. Das Zögern, dabei explizit von einem König zu sprechen, kann etwas von den letztendlich frustrierten Ambitionen der exilierten Davididen um Serubbabel widerspiegeln (siehe die Erwähnungen in Haggai und in Sacharja; eindeutig mit Serubbabel identifiziert den Herrscher in seinem Kommentar Ibn Esra, ein sephardischer Ausleger aus dem Mittelalter).

Eine weitere »Karriere« – es ist nicht nur *a second career*, sondern mindestens *a third one* – hat der Text im Neuen Testament gemacht. Bei Matthäus dient der Vers Mi 5,1 als ein Schlüssel zur Frage, »wo der Messias geboren werden solle«. Das neutestamentliche Zitat entledigt sich der Unklarheit mit dem Epitheton Efrata und spricht statt dessen über »Bethlehem im Gebiet von Juda« (Mt 2,6). Interessant ist der Kontext des Zitates. Es fragt sich hier, in Jerusalem, der wegen seines umstrittenen königlichen Status unsichere und nun durch die Anfrage der Sterndeuter (gr. *magoi*) aus dem Osten »erschrockene« König Herodes (Mt 2,4). Die Antwort kommt von »allen Hohenpriester und Schriftgelehrten des Volkes«, deutet also einen breiten Konsens an – und zeigt eindeutig nach Bethlehem. Es ist bemerkenswert, dass die Erzählung von Matthäus die Motive eines frevlerischen Königtums (Herodes) und des damit verbundenen Motivs einer Streitsituation, ja der Geburtswehen des Messias (Kindermord in Betlehem) widerspiegelt.

## 4. Homiletische Konkretionen

Natürlich lesen wir den Abschnitt Mi 5,1–4a durch die Linse der Erzählung bei Matthäus, die auch das Thema dieses Tages bestimmt. Der im Evangelium zitierte Abschnitt aus Micha 5 veranlasst uns, die Weihnachtsgeschichte doch ein bisschen verfremdet, im Kontext der mit der Ankunft des Messias im Alten Testament und in der rabbinischen Literatur verbundenen dramatischen Ereignisse zu lesen.

Daraus ergeben sich m. E. für die Predigt folgende Motive:

– Rückkehr zu einem einfachen Ursprungsideal. In der Polemik gegen die spätere davidische Dynastie gilt Bethlehem als eine Ermahnung, eine Erinnerung an den Hirten David. Es geht nicht um eine Ablehnung der davidischen Dynastie, sondern um ein Hervorheben ihrer ursprünglichen, später vielleicht vergessenen und jetzt als eine Alternative zu verstehenden Züge. Diese Rückkehr zum Ursprung stellt m. E. eine allgemeine Figur dar für die Weise, wie man christlicherseits den alttestamentlichen Kontext von Weihnachten und vielleicht sogar des Alten Testaments als solchem wahrnehmen kann. Ein bisschen verallgemeinernd gesprochen: Nach der guten christlichen Tradition führt der Weg vorwärts eigentlich immer durch eine Rückkehr, durch eine Bekehrung. Mit Klaus Müller gesagt »Weihnachten heißt: Kleinachten. Von David angefangen und 1000 Jahre nach ihm wiederum.« (Müller, 34)

– Der Messias, dessen Glaube wir von den Juden geerbt haben, ist eine Krisenmaßnahme Gottes, die von Gott vorgenommen werden soll (oder christlich gesprochen: vorgenommen worden ist), um die Krise seines Volkes zu bewältigen. Es geht im Evangelium um ein Besiegen der kulminierenden Krisen der Welt. Weihnachten soll uns an diesen kontroversen Charakter der Geburt Christi erinnern. Das Evangelium betrifft Politik, Wirtschaft und Macht. Wo sich diese aus ihren Gelenken und Rahmen verrenkt haben, dort gilt zu erinnern, dass Gott seine Maßnahmen hat. Mag es auch ambitiös und großsprecherisch klingen, es gilt doch, dass gerade politische Krisen von Heute einen Bereich darstellen, wo sich die *chewlej mašiach*, die Geburtswehen des Messias, erkennen lassen und wo unser Bekenntnis zu dem schon gekommenen Messias die höchste Brisanz hat.

– Die Eintritte Gottes haben ihre geschichtliche und örtliche Konkretheit und Kontingenz. Im kollektiven Gedächtnis der Juden und der Christen gibt es nicht nur Prinzipien und Regeln, sondern auch Ereignisse, Daten und Namen. Bethlehem als eine relativ kleine Ortschaft, die zum Vorort Jerusalems geworden ist, mit ihm heute verwachsen und zugleich mit der Mauer abgetrennt, war und bleibt eine Mahnung, das Gott seine wichtigen Initiativen (sein Heil) in bedeutungslosen Peripherien anfängt. Dies kann uns helfen, wenn wir uns selber an der Peripherie des Lebens fühlen, unwichtig und bedeutungslos. Man kann sich die Anrede zu eigen machen und sich sagen lassen: Aber du, lieber Leser, so klein unter den Tausenden deiner Zeitgenossen, aus dir fährt mir Heil hervor … Die Geltung einer solchen Ansage ruht auf der konkreten Ortschaft namens Bethlehem, von der es gilt: »Hier hat es sich ereignet: Der verheißene Erlöser ist in die Welt, ist zu uns, ist zu mir gekommen.« (Kriener, 35)

## 5. Liturgievorschläge

Psalm 72,1–7

Lesung: Mt 2,1–12

Lieder:
O Bethlehem, du kleine Stadt (EG 55)
Freu dich, Erd und Sternenzelt (EG 47)

## Literatur

Bar Ilan Responsa 22 on USB, Bar Ilan University 2014.
Kessler, Rainer, Micha, HthKAT, Freiburg i. B. 1999.
Kriener, Tobias, Christfest I: Mi 5,1–4a: Warum eigentlich Bethlehem?, in: Predigtmeditationen im christlich-jüdischen Kontext (2010), 35–40.
Müller, Klaus, Christfest I: Mi 5,1–4a, in: Predigtmeditationen im christlich-jüdischen Kontext (2004), 33–36.

Diese Predigtmeditation ist Ergebnis der Forschung, gefördert von der Tschechischen Forschungsagentur (Czech Science Foundation) im Rahmen des Forschungsprojektes GA ČR P401/12/G168 »History and Interpretation of the Bible«.

*Petr Sláma*

# Christfest II: Joh 8,12–16
# … im Licht des Lebens

## 1. Annäherung

Wer ist er, dieser Jesus, was bedeutet die Geburt dieses Kindes im Stall? Was meint »Licht des Lebens« wirklich?

Gerade an einem so selbstverständlich scheinenden Fest wie Weihnachten ist die Vergewisserung um so wichtiger: Was feiern wir hier eigentlich? Was heißt das alles für uns heute? Und wenn es im Predigttext heißt »Wer mir nachfolgt, der wird nicht wandeln in der Finsternis …« (Joh 8,12) – wie soll ich mir das konkret vorstellen?

Das Bedeutungsspektrum des Bildwortes »Licht« ist breit. Um für die Predigt einen anschaulichen Aspekt einzubringen, ist hier das jüdische Chanukkafest bedacht. Seine Lichter haben den konkreten Hintergrund einer Rettungs- bzw. Wundererfahrung zum Fest existieren vielfältige Bräuche, die der Gemeinde vorgestellt werden können. Ziel ist hierbei nicht ein Miss-Gebrauch des jüdischen Festes als Illustration, auch eine Verknüpfung von Weihnachten und Chanukka ist keinesfalls beabsichtigt.

## 2. Kontexte

Chanukka: In zeitlicher Nähe zum Weihnachtsfest liegt das jüdische Chanukkafest, an dem der Wiedereinweihung des Tempels im Jahr 164 v. Chr. nach dem erfolgreichen Aufstand der Makkabäer gegen die Seleukiden gedacht wird. Das Fest dauert acht Tage. An jedem Tag (nach Sonnenuntergang) wird an einem speziellen Leuchter (Chanukkiah) ein weiteres Licht entzündet in Gedenken an das Wunder der acht Tage. Gemeint ist, dass das kultisch reine Lampenöl, das eigentlich nur für einen Tag genügte, acht Tage lang den Leuchter im Tempel am Brennen hielt. Chanukkah ist in besonderem Maße auch ein Familienfest, die Kinder werden mit Münzen beschenkt und eng in Bräuche und Rituale einbezogen.

Heinrich Heine beschreibt in seiner Schrift über Ludwig Börne einen Spaziergang am Chanukkaabend: »Als wir denselben Abend wieder durch die Judengasse gingen und das Gespräch über die Insassen derselben wieder anknüpften, sprudelte die Quelle des Börne'schen Geistes um so heiterer, da auch jene Straße, die am Tage einen düsteren Anblick gewährte, jetzt aufs fröhlichste illuminiert war, und die Kinder Israel an jenem Abend, wie mir mein Cicerone erklärte, ihr lustiges Lampenfest feierten. Dieses ist einst gestiftet worden zum ewigen Andenken an den Sieg, den die Makkabäer über den König von Syrien so heldenmütig erfochten haben. […] Wenn die gute alte Frau Lämpchen betrachtet, treten ihr die Tränen in die alten Augen, und sie erinnert sich mit wehmütiger Wonne jener jüngeren Zeit, wo der selige Meyer Amschel Rothschild, ihr teurer Gatte, das Lampenfest mit ihr feierte, und ihre Söhne noch kleine Bübchen waren und kleine Lichtchen auf den Boden pflanzten, und in kindischer Lust darüber hin und her sprangen, wie es Brauch und Sitte ist in Israel!«

Heine, 25f.

## 3. Beobachtungen am Text

Der biblische Text schildert die Situation eines Streitgesprächs. Dieses Gespräch findet am letzten Tag des Laubhüttenfestes Sukkot statt (vgl. Joh 7,37), der den Namen *hoschannah rabbah* trägt. Dies ist ein herausgehobener Tag der Festwoche, an dem zusätzliche Gebete gesprochen werden. Jesus befindet sich mit seinen Jüngern als Pilger in Jerusalem und nimmt an einem gelehrten Disput teil, wahrscheinlich im Tempel (vgl. Joh 8,2).

Der Text umfasst zwei Wortfelder in zwei Abschnitten: In VV 12–14a *martyria/martyreō* und in VV 14b–16 *krisis/krinō*. Eine Klammer hierzu bildet das *alēthinos/alēthēs* in V 14 und V 16. Diese Verbindung bindet die VV 15f. eng an das Vorherige und bezieht sie auf die Beurteilung des Zeugnisses Jesu, nicht auf das Richten allgemein.

Die Perikope: Jesus und die Ehebrecherin in Joh 7,53–8,11 gilt in der Forschung als redaktionelle Einfügung. Nimmt man sie aus dem Textfluss heraus, bildet der Predigttext die Fortsetzung des begonnen Streitgesprächs um Jesus und seine Botschaft. Die Figur des Nikodemus verweist zurück auf das 3. Kapitel. Auch dort verknüpft Jesus im Gespräch Licht und Gericht (vgl. Joh 3,19).

Nikodemus hat die Frage des Gerichts aufgeworfen und ein gerechtes Verfahren für Jesus und die Beurteilung seiner Lehre gefordert (vgl. 7,50f.). Der Fortgang fügt sich chiastisch an: Der in seiner prophetischen Vollmacht angezweifelte Jesus (7,52) beginnt zu reden (8,12ff.), wodurch sein Zeugnis einer Beurteilung unterworfen wird.

Der Text kann als Teil eines gelehrten Streitgesprächs im Tempel charakterisiert werden. Es stellt sich die Frage, warum Jesus das Unverständnis der Pharisäer provoziert. Offenbar treten hier zwei Perspektiven in Spannung: die der christlichen Gemeinde, welche die Rede Jesu als die des präexistenten Christus des Johannesprologs hört, und die der Pharisäer, denen doch situativ ein »menschlicher« Gesprächspartner gegenübersteht.

*V 12* Die beiden Parallelen im Jesajabuch (vgl. Jes 49,6.60,20) können nur als Anspielung verstanden werden, nicht aber als direkte Parallelen. Mit den Völkern bzw. Zion sind zwei definierte Größen genannt, für die der Gottesknecht bzw. JHWH selbst das Licht ist.

*V 13* Die Pharisäer hören Jesu Worte, prüfen sie und können mit Bezug auf das Gesetz gar nicht anders, als sein Selbstzeugnis abzulehnen (vgl. Dtn 19,15, einen Verweis, den Jesus sogar selbst erwähnt und der im gesamten Absatz mitschwingt: Es braucht mindestens zwei Zeugen für eine glaubwürdige Aussage). Wengst erklärt: »Das Selbstzeugnis ist nicht rechtsrelevant, kann keine Geltung beanspruchen. Der Einwand erfolgt also formal völlig korrekt; er entspricht dem ordentlichen Rechtsverfahren.« (Wengst, 326)

## 4. Homiletische Konkretionen

Was bedeutet die »Fleischwerdung des Wortes« unter uns, die der Wochenspruch aufnimmt?

Gerade die Johannestexte, die einen präexistenten, allüberlegenen Christus beschreiben, lassen mich nach der menschlichen Seite Jesu fragen. An Heiligabend wird er im Gottesdienst als armes Kind in der Krippe anschaulich (vgl. Lk 2,1–14 = Evangelium für die Christvesper). An diesem zweiten Weihnachtstag ist er der präexistente Logos und ein Gesprächspartner, der nicht für nötig befindet, etwas zu erklären, sondern in Formeln spricht, die seinem Gegenüber so wenig anschaulich sind wie nur denkbar.

»Ich bin das Licht der Welt. Wer mir nachfolgt, der wird nicht wandeln in der Finsternis, sondern wird das Licht des Lebens haben« – was feiern wir an Weihnachten unter der Perspektive dieses Predigttextes?

Wir feiern die Zuwendung Gottes, in der Tat seiner Menschwerdung. Jesus als Licht des Lebens kann man sich vorstellen wie einen Laternenträger, der mit einem hellen Licht durch das Dunkel vorangeht. Folgt man ihm nach, wird der Weg im Leben beleuchtet. Dieses Licht schafft Orientierung und vermittelt Geborgenheit, gibt Mut und vertreibt die Angst, mit der Dunkelheit assoziiert wird. Jesus kann für das eigene Leben ein solcher Vorangehender mit einer Laterne sein, dem man folgen kann. Durch ihn kann man die Welt im wahrsten Sinne des Wortes im (neuen) Licht sehen. Auch das eigene Leben erscheint dann in einem neuen Licht und es wird möglich, durch Christus, das Licht der Welt, sich selbst neu zu sehen. Zur Metapher von diesem Licht, dem man folgt, gehört immer wieder auch die kritische Anfrage der Pharisäer: »Woher kommt dein Zeugnis? Welchem Licht folgst du und wohin führt es dich? Folgst du vielleicht nur einer Projektion deiner eigenen Wünsche und Träume?«. Dem Träger mit der Laterne nachzufolgen bedeutet nicht, die Augen zu schließen und blind hinterherzugehen.

Auch an Chanukka wird der Zuwendung Gottes gedacht, diesmal eines Wunders. Dass das Öl wunderbarer Weise ausreichte ermöglichte es, den Ritus der Wiedereinweihung des Tempels zu vollziehen, bis neues Lampenöl geweiht werden konnte. Damit wurde möglich, im Tempel wieder zu beten und Opfer zu bringen. Der Tempel wurde von neuem der Ort, um die Beziehung zu JHWH zu pflegen und die Gebote zu erfüllen. In jüdischer Tradition werden Tora und Mizwoth als Licht und Leuchte bezeichnet (vgl. Ps 119,105; Spr 6,23; Exodus Rabba 36), die die Finsternis erhellen und Orientierung bieten.

Die Geburt Jesu und die Wiedereinweihung des Tempels werden als Feste erinnert und durch Licht symbolisiert. Die Eigenschaften, Dunkelheit zu erhellen, Geborgenheit zu vermitteln, zu orientieren und in seinem Umkreis menschliches Sehen zu ermöglichen usw., können genauso Licht charakterisieren wie die Zuwendung Gottes. Deshalb kann die Metapher »Licht« als Symbol für die Zuwendung Gottes zu den Menschen gedeutet werden. In den Ereignissen, die den beiden Festen zugrunde liegen, haben Menschen diese Zuwendung als konkret erfahren. Die Erinnerung daran wird jährlich gefeiert.

Obwohl Chanukka und Weihnachten in vieler Hinsicht verschiedene Feste sind, löst die enge Verbindung mit Licht bei beiden Festen ähnliche Gefühle aus (vgl. oben den Text von Heine). Beide erinnern zwar an einzelne Ereignisse, die lange zurückliegen, die damit verbundenen Gefühle lassen sich jedoch über die Symbolik des Lichts gerade in der dunklen Jahreszeit immer noch nachempfinden. Das Weihnachtsfest erinnert jedes Jahr daran: Jesus Christus geht in den dunklen Tagen als Licht der Welt vor uns her wie ein Laternenträger und zeigt den Weg.

Deshalb sind die Lichter von Weihnachten für die meisten Menschen – selbst für Atheisten – mit Geborgenheit, Freude und anderen positiven Gefühlen verbunden.

## 5. Liturgievorschläge

Psalm 96

Lesungen:
Joh 1,1–5
Jes 49,1–6 (zum Jesajatext ist ein kurzer erklärender Vorspruch angebracht)

Lieder:
Dies ist die Nacht, da mir erschienen (EG 40)
Dies ist der Tag, den Gott gemacht (EG 42)
Es wird nicht immer dunkel sein (Durch Hohes und Tiefes [HuT] 20)
Tragt in die Welt nun ein Licht (HuT 1). Dieses Lied kann nach dem Segen gesungen werden, am besten im Stehen. Die Welt, Alte, Kranke und Kinder, die in dem Lied angesprochen werden, können korrespondierend vorher in die Fürbitten aufgenommen werden.

### Literatur

Heine, Heinrich, Ludwig Börne. Eine Denkschrift. DHA 11, Düsseldorf 1978.
Hermann L. Strack / Paul Billerbeck, Das Evangelium nach Markus, Lukas und Johannes und die Apostelgeschichte, erläutert aus Talmud und Midrasch, München 1956.
Wengst, Klaus, Das Johannesevangelium. Bd. 1, Kap 1–10. ThKNT 4,1, Stuttgart 2004.

*Constanze Greiner*

# Altjahresabend: Jes 30,8–14(15–17[18])
# Lebensfaktor Zuversicht

## 1. Annäherung

»Radikalverlust« ist das Erste, was mir in den Sinn kommt. Hier scheint alles verloren gegangen zu sein: Vertrauen, Wahrhaftigkeit, Barmherzigkeit, die Israel einst geschenkten Grundlagen seines Lebens als Volk und seines Lebens mit Gott. Ein möglicher Ausweg scheint mit V 15 gegeben: Umkehr und Ruhe (was immer das heißen mag). Doch so wie sich der Rettungsweg öffnet, so schließt er sich wieder: Aber ihr wollt ja gar nicht!

Trauer und Wut wollen einen packen, das Zweite, was mir in den Sinn kommt anlässlich der Euphorie der Irrsinnigen, der Aktionisten, die nicht spüren, dass sie in ihrer Hast sich selber zum Opfer fallen.

Und das Dritte ist tiefes Erschrecken über die Bilder, die mich an Kriegsfilme erinnern. Eine zurückgelassene Fahne auf einem Hügel, ein Signalmast auf einem Berg. Man schmeckt förmlich den sich verziehenden Rauch, hört den Jammer derer, die sich nicht retten konnten und blickt auf ein zerfetztes, schwach im Winde spielendes Banner, mit dem man eben noch unter Hurra in den Kampf gezogen ist.

Mir fallen die Bilder eines Sardellenschwarms ein, unermesslich groß, und dann kommen die Raubfische, die den Schwarm entdeckt haben. Nach 20 Minuten ist alles trübe von Schuppen und Blut. Die Räuber verziehen sich. Hie und da wie traumatisiert ein einzelner kleiner Fisch. Noch da, wie verloren; nur noch da, weil man schlicht übersehen wurde. Depression? Ja.

Am Ende des Jahres prägt den Gottesdienst zweifellos eine gedeckte Stimmung. Man mag liturgiegeschichtlich räsonieren, was es mit diesem Tag theologisch auf sich haben mag. Für mich ist es der höchste Feiertag der Kontingenzbewältigung. Das Ende des uns alle per Terminkalender gejagt habenden Jahres macht die Sehnsucht nach Ruhe spürbar. Rückblicke, Schwellenübergänge sind längst in die TV-Rituale der schönsten Momente, der ergreifendsten Schicksalsschläge bzw. der prominentesten Todesfälle überführt. Und irgendwie wundert man sich, dass man selbst noch da ist. Doch die Ruhe fehlt. Lange schon vor Mitternacht vertreibt die Welt mit Licht und Lärm ihren horror vacui des Innehaltens, Nachdenkens, den Moment der Klage wie der Dankbarkeit. Fliehen, Fliegen, Reiten, Rennen – und doch entrinnen wir der Zeit nicht. Wir können nicht zuschauen, wie sie vergeht, sondern sie ist der Strom, der uns fortnimmt. »Wir sagen: Die Zeit vergeht. Dabei sind wir es, die verschwinden.« (Thomas Hettche, s. u.)

Der Text kann sich dem Kasus Jahresende nicht entziehen. Das Jahresende fragt nach dem Erreichten, dem Erfahrenen, dem Verlorenen und wie (ob?!) vielleicht Neues zu erhoffen sei. In der Mobilisierung neuer Energien? Und woher? Der Predigttext sagt: Im Stillesein, Hoffen findet ihr Kraft! Doch: Ihr habt nicht gewollt und wollt's ja gar nicht (vgl. V 15). Aber was wollen wir dann? Was bietet Gott uns an, was wir vielleicht wollen könnten zum Neuen Jahr?

## 2. Kontexte

a) Zeit

»Wir sagen: Die Zeit vergeht. Dabei sind wir es, die verschwinden. Und sie? Ist [sie] vielleicht nur so etwas wie eine Temperatur der Dinge, eine Färbung, die alles durchdringt, ein Schleier, der alles bedeckt, alles, von dem man sagt, daß es einmal war. Und in Wirklichkeit ist alles noch da, und auch wir sind alle noch da, nur nicht im Jetzt, sondern zugedeckt von ihr, der Zeit, im Setzkasten der Ewigkeit.«

Hettche, 32

b) Stillesein als Aushalten – *silentium* und *patientia*: Paraphrase zu Jes 30,15:

(1) »In silentio et spe erit fortitudo vestra, id est, hab gedult, leyde und hoff vnd verzweifel nicht in deim gewissen.«

(2) »In patientia et spe erit fortitudo vestra etc. … ›In Stillesein und Hoffnung werdet ihr stark sein.‹ … Willt du die größten, gräulichsten und schändlichsten Feinde uberwinden lernen, die sonst einen wol verschlingen, auch an Leib und Seelwol schaden mögen, dawider einer ihm wol allerlei Waffen käufen sollt, und alles Geld darum geben, diese Kunst zu lernen: so wisse, daß ein süßes, liebliches Kräutlin ist, das dafur dienet, das heißt Patientia. Ja, sprichst du, wie kann ich zu solcher Arznei kommen? Darauf wird geantwortet: Nimm den Glauben fur dich, der da spricht, daß die Niemand schaden könne ohne Gottes Willen; geschiehts aber, so geschiehts aus Gottes freundlichem und gnädigen Willen‹.«

Luther (1), WA.TR 2, Nr. 1298 (1532) und (2) WA.TR 3, aus Nr. 3643 (1537)

c) Hoffen, Vertrauen, Warten

»Hoffnung ist unsere Stärke. Sie ist ein Lebensfaktor, der immer im Menschen am Werk ist und das Freisein vom Elend vorwegnimmt. Sie ist die Kraft der Wahrnehmung, eine intuitive Erkenntnis, eine Vorausschau. … Hoffnung ist *nicht* Frohsinn, ein anlagemäßiges Vertrauen, daß sich alles zum Besten wenden werde. Sie ist *nicht* eine Neigung, sich mehr von Illusionen leiten zu lassen als von Tatsachen. Hoffnung ist eine Überzeugung, die im Vertrauen wurzelt, im Vertrauen auf Ihn, der die Verheißung gegeben hat …

Vertrauen ist nicht blindes Sichverlassen auf die Wahrhaftigkeit eines anderen. Vertrauen ist die ganz persönliche Ausstrahlung und das Ergebnis der Wahrhaftigkeit des anderen und ist immer davon abhängig … Warten ist wesentlich für den biblischen Glauben. … Der Mensch ist nicht allein in seinem Warten. ›… Der Herr wartet, daß Er dir gnädig sei …, gesegnet alle, die auf Ihn harren‹ (Jes 30,18[!]). …

Warten bedeutet nicht einen Zustand der Ruhe oder Tatenlosigkeit …, es bedeutet vielmehr, daß der Erfolg aller menschlichen Bemühungen um die Erlösung ohne Gottes Handeln zufällig und ungewiß bleibt.« [Letzteres aus dem Imperfekt ins Präsenz übertragen; J. E.]

Heschel, 58; 60f. (Auszüge)

### 3. Beobachtungen am Text

a) Der Text hat in seinem vorgeschlagenen Umfang eine komplexe Struktur, die bedacht sein muss: »1. Befehl zur Niederschrift des Prophetenwortes: 8–11. 2. Die Folgen der Gottes-Verachtung: 12–14. 3. Ihr könntet umkehren und stark sein, aber ihr wollt nicht: 15–17« (Breit, 79). Da VV 15–17 notwendigerweise noch gegliedert werden müssen in eine merkwürdige zwischen Optativ und Irrealis schwankende Gottesrede und der »Selbstermächtigung« des Volkes zur Katastrophe, entsteht m. E. eine Überfülle an Motiven, weshalb ich erst mit V 15 einsetzen würde. Die wesentliche Grundstruktur: Gerichtsrede und »Rettungsanker«, Verweigerung und sich anbahnende Katastrophe bleiben erhalten.

b) Im Gegenzug möchte ich V 18 hinzunehmen (s. u. Heschel). Er hebt das Gerichtswort nicht auf, bietet aber ein Stück Evangelium, das sich sprachlich auf die Gerichtsrede bezieht. Harren und Gnädigsein (Gottes) entsprechen dem Stillsein und Hoffen (der Menschen) von V 15.

c) Historisch gehört das Gerichtswort in die Auseinandersetzung zwischen Juda und Assur. Das verschärft die hermeneutische Problematik, ob ein solcher Text als individualethisch-zeitlose Wahrheit propagiert werden kann, nach dem (zynischen) Motto: Setze dich an den Fluss, bis die Leichen deiner Feinde vorüberschwimmen (angeblich chinesisches Sprichwort in Dutzenden Varianten von Kalendersprüchen).

d) Die einzige Lösung scheint mir in der Zusammenschau von V 15 mit V 18 zu sein und als Kontrapunkt das wahrhaft katastrophale Katastrophenmanagement der Menschen, das im Sinne Münchhausens im Sich-Herausziehen aus dem Sumpf am eigenen Schopfe besteht.

e) Die Kernbotschaft der Perikope ist in sich klar. Das erwählte Volk hat Gott verlassen, verraten und verkauft; die Verfehlung ist vor Gott sozusagen aktenkundig (Buch). V 15 heißt nun aber nicht (mehr): Kehrt um und Gott wird euch helfen; die Chance scheint bereits vertan durch das Nichtwollen. Wie eine Menge von Spielverderbern erscheint das Volk, das nicht erkennt, dass es gerade mit seinem Leben spielt.

f) Es gibt merkwürdige Anklänge im NT: Die Kritik am Umgang mit den Propheten wird in Lk 13,34 mit einem *Ihr habt nicht gewollt* verschärft; Eph 6,10 ermahnt und ermuntert zur Stärke im Herrn. Das Grundproblem der Botschaft der Perikope wird aber dadurch nicht gelöst, denn wie soll ein Wollen heilswirksam sein, wenn dem Volk die Verstockung angesagt ist? Und gerät die Aufforderung, unsere Stärke »im Herrn« zu suchen nicht zwangsläufig zur Sprache Kanaans? Wie macht man das?

g) Luther (s. u.) hat mit Blick auf Jes 30,15 die stille Geduld stark gemacht und die Stärke geduldig. Man wird wohl dieser Spur folgen können, ohne allerdings in einer (von Luther auch nicht intendierten) individuellen Perspektive zu versacken.

h) So geht es letztlich um Zuspruch von Kraft (*geburah*), die das Mahnende: Ihr wollt ja gar nicht! des Textes ernst nimmt und in Hoffnung auf Gottes Güte nicht ethische Vorsätze stammelt, sondern Gottes gnädigen Vor-Satz allen Lebens in seinem Volk zur Geltung bringt. Es geht um tapfere Zuversicht, nicht Kraftmeierei, um weite Herzen, nicht dicke Arme!

## 4. Homiletische Konkretionen

Ich vertrete die Auffassung, dass man gegen den Kasus weder anpredigen kann noch soll. Entsprechend würde ich die Predigt so aufbauen.

(1) Rückschau auf das Verklungene – Vorschau auf das zu Verändernde der guten Vorsätze. Letztere nicht (nur) mit dem Räsonnement, ob ein paar Pfunde runter müssen, sondern mit der durchaus harten Frage: Soll eigentlich mein Leben im nächsten Jahr so weitergehen, wie es in diesem Jahr endet? Wenn JA, dann muss zum Ausdruck kommen, dass nicht selbstverständlich war, was mir in diesem Jahr begegnete. Wenn NEIN, dann möchte ich die Frage verschärfen: Was will ich eigentlich. Was meine ich eigentlich, erwarten zu können?

(2) Es gibt zwei Varianten.
Es gibt die Variante des Selbst. Wieder einmal die Erwartung des Selbst, dass bei besserer Planung, bei besserer Selbstorganisation, bei klarerer Verfolgung der erlernten Konfliktstrategien und häufigerem Gang ins Sportstudio eigentlich alles (wieder) ins Lot kommen oder im Lot bleiben muss. Den Erfolgsdruck meines Lebens steigere ich durch den Druck, den Erfolgsdruck doch irgendwie abbauen oder gar abwerfen zu können. Am Ende bin ich so allein und ausgebrannt wie zuvor – oder schlimmer. Hierher gehören die biblischen Bilder.

Und es gibt die Variante des Vertrauens, der Zuversicht. Man kann sich nicht entscheiden, nicht einfach »wollen«, plötzlich wieder Vertrauen zu haben zu Menschen, die einen enttäuscht haben. Aber man kann versuchen wollen, Geduld einzuüben, die auf Vertrauen basiert. Geduld ist das eigentliche stimmige deutsche Wort für die lateinische *tolerantia*. Mein Leben ist eingespannt zwischen Leiden an Menschen, Dingen, Verhältnissen und der zuversichtlichen Hoffnung auf Besserung.

Leiden und Geduld hat Luther auf Gottes gnädigen Willen bezogen – eine Herausforderung. Bestenfalls wird hier der Ideologie der »Allesversteher« das Wort geredet, schlimmstenfalls Leiden verklärt und Glauben zur Durchhalteparole erklärt. Doch darum geht es nicht. Warten in der Perspektive des Glaubens ist ein aktives Sich-Orientieren, Sehen und Lauschen Gottes, der selbst wartet, dass er mir gnädig sei (Jes 30,18). Ich bin nicht allein mit meinem Warten, sondern begegne Gott als einem, der ganz anderes von mir erwartet, nämlich mich mit dem zu beschenken, worauf es ankommt und was ich mir selbst nie geben kann: nämlich Zeit, die erfüllt und die nicht zerrinnt. Vielleicht ist in diesem Warten Gott wie ein Kind, das auf seine Mutter wartet, der es etwas gebastelt hat und nun schenken will.

Auch dieses Warten kostet Kraft. Es gehört zum Realitätssinn des Glaubens, dass auch das Warten auf Gott in meinem Leben Kraft kostet. Und es gehört zum Glauben an die Realität Gottes, dass das Warten auf Ihn Wunder wirkt und nicht in der Entkräftigung endet. Deshalb ist das Warten auf den Gott, der mir gnädig sein will, nicht weitere unnütze Selbsterwartung, sondern ein Erkennen, dass ich mit meinem Warten nicht allein war und bin, weil Gott mich dieses Jahr getragen hat, vielleicht *auch und sogar* dieses Jahr. Sich dies vor Augen zu führen: am Ende des Jahres heißt dies Ausatmen, Stillwerden, Ruhe finden – Dank. Zuversicht.

## 5. Liturgievorschläge

Psalm 121 (gemäß der neuen Erprobungsagende)

Lesung: Röm 8,31b–39; Lk 12,35–40

Lieder:
Der du die Zeit in Händen hast (EG 64: Melodie von 363 erscheint mir stimmiger)
Lobvers (wo liturgisch vorhanden): Meine Zeit steht in deinen Händen (EG 644,1, Regionalteil Baden/Elsass-Lothringen und Regionalteil Pfalz bzw. EG 628,1, Regionalteil Bayern/Thüringen und Regionalteil Württemberg)
Von guten Mächten (EG 65,1.2.6)
Nun lasst uns gehen und treten (EG 58,2–7)
Nun lasst uns gehen und treten (EG 58,11–15)

### Literatur

Breit, Herbert, Altjahrsabend: Jes 30,(8–14)15–17; in: Neue Calwer Predigthilfen, Dritter Jg. A (1980), 79–87.
Busch-Wagner, Kira, Altjahrsabend: Jes 30,8–17(18–21); in: Predigtmeditationen im christlich-jüdischen Kontext. Zur Perikopenreihe III (2004), 43–46.
Dies., Altjahrsabend: Jes 30,15–17; in: Predigtmeditationen im christlich-jüdischen Kontext. Zur Perikopenreihe III (2010), 48–54.
Heschel, Abraham J., Israel. Echo der Ewigkeit. Information Judentum 9, Neukirchen-Vluyn 1988.
Hettche, Thomas, Pfaueninsel. Roman, Köln 2014.
Huber, Friedrich, Jahwe, Juda und die andern Völker beim Propheten Jesaja (ZAW 137), Berlin 1976, insb. Exkurs II: Semantische Analyse … Jes 30,15, 140f.
Luther, Martin, WA.TR 2 und 3, Weimar 1913 und 1914.
Stäblein, Christian, Altjahrsabend: Jes 30,8–17, in: Predigtmeditationen im christlich-jüdischen Kontext. Zur Perikopenreihe III (1998), 48–51.
Wildberger, Hans, Jesaja. 3. Teilband Jesaja 28–39 (BK X/3), Neukirchen-Vluyn 1982.

*Johannes Ehmann*

# Jahreslosung 2017: Hes 36,26
# Erneuern oder ersetzen? Eine Herzenssache

## 1. Annäherung

Die Jahreslosung hat ihre Tücke: Für ein neues Jahr ein Text mit so viel »neu«, ein neues Herz, ein neuer Geist, einfach alles neu. Das lässt Erwartungen aufkommen. Als ob »neu« immer auch »besser« bedeuten würde.

Und wenn Christen dieses alttestamentliche Wort des Propheten Hesekiel lesen, wird aus dem »neu« ganz schnell der Gegensatz zu »alt«, dann füllt sich das Neue schnell mit Jesus Christus, mit dem Erlöser, mit dem Messias, eben mit all dem, was besser zu sein scheint als das Alte.

In der inhaltlichen Unbestimmtheit, die auch eine Folge der Begrenzung auf V 26a ist, bilden sich schnell die christlichen Klischees von »neu«: Liebe statt Rache, Vergebung statt Strafe, Erlösung statt Verdammung. In Vergessenheit gerät, dass es sich bei diesem Wort um ein prophetisches Wort des Alten Testaments handelt, in dessen Zusammenhang es auch verstanden werden muss. Nicht erst im Neuen Testament hat dieses Wort »neu« seine Erfüllung gefunden!

## 2. Kontexte

a) Vom bösen Trieb

Die Mischna erzählt von der Wasserprozession während des Laubhüttenfestes (Goldschmidt, 396f.). In der Gemara wird von gelegentlich überbordenden Feierlichkeiten erzählt, die zu mehrfachen Veränderungen der Ordnungen für Männer und Frauen führten. Die Gemara diskutiert daraufhin den »bösen Trieb«, der auch an dem steinernen Herzen aus Hes 36,26 fest gemacht wird:

»Der böse Trieb hat sieben Namen. Der Heilige, gepriesen sei er, nannte ihn Böser, wie es heißt: denn böse ist der Trieb des menschlichen Herzens von Jugend auf. Mose nannte ihn Vorhaut, wie es heißt: beschneidet die Vorhaut eures Herzens. David nannte ihn Unreiner, denn es heißt: schaffe mir, o Gott, ein reines Herz, demnach gibt es ja ein unreines. Schelomo nannte ihn Feind, wie es heißt: hungert dein Feind, so speise ihn mit Brot, und dürstet ihn, so tränke ihn mit Wasser, denn damit häufst du feurige Kohlen auf sein Haupt, und der Herr wird dirs vergelten. [...] Jesaja nannte ihn Anstoß, wie es heißt: macht Bahn, macht Bahn, richtet her den Weg, räumet meinem Volke den Anstoß aus dem Wege. Jehezqel nannte ihn Stein, wie es heißt: Ich werde das steinerne Herz aus eurem Leibe entfernen und euch ein fleischernes geben. Joel nannte ihn Versteckter, wie es heißt: den Versteckten werde ich von euch entfernen.«

Babylonischer Talmud Sukka 52a, zit. nach: Goldschmidt, 399f.

b) Noch einmal: böser Trieb

Verbote und Gebote können sehr unterschiedliche Konsequenzen nach sich ziehen, sie können einem Leben Richtung geben, sie können es aber auch in die Sackgasse der Angst vor Strafe führen.

»Der böse Trieb im Menschen lüstet nur nach Verbotenem. An einem Versöhnungstag, an dem Essen und Trinken streng verboten sind, stattete Rabbi Mana dem Rabbi Chaggai, der krank war, einen Besuch ab.
Da sagte Rabbi Chaggai: ›Ich habe großen Durst‹. Rabbi Mana sprach: ›Du darfst trinken.‹ Nach einer Stunde kam Rabbi Mana wieder und fragte Rabbi Chaggai: ›Wie steht es um deinen Durst?‹ Da antwortete Rabbi Chaggai: ›Sowie du mir das Trinken erlaubt hast, verschwand der Durst.‹«

Palästinensischer Talmud Joma VI, 4,
ed. Krotoschin, p. 43d, zit. nach: Petuchowski, 62

c) Gottes Herz
Fast geht Else Lasker-Schüler noch einen Schritt weiter als die Bibel. Gott gibt bei ihr nicht nur dem Menschen ein fleischernes Herz, Gott selber ist das Herz, mit seiner »fernsten Nähe« möchte sie sich vertauschen:

An Gott
Du wehrst den guten und den bösen Sternen nicht;
All ihre Launen strömen.
In meiner Stirne schmerzt die Furche,
Die tiefe Krone mit dem düsteren Licht.
Und meine Welt ist still –
Du wehrtest meiner Laune nicht.
Gott, wo bist du?
Ich möchte nah an deinem Herzen lauschen,
Mit deiner fernsten Nähe mich vertauschen,
Wenn goldverklärt in deinem Reich
Aus tausendseligem Licht
Alle die guten und die bösen Brunnen rauschen.

http://gutenberg.spiegel.de/buch/hebraische-balladen-8715/1

### 3. Beobachtungen am Text

Hesekiel gehört mit Jeremia und Deuterojesaja zu den hervorragenden Exilspropheten. Es ist davon auszugehen, dass Hesekiel mit der ersten Deportation 597 nach Babylon verschleppt worden war. Zunächst war er der Prophet der Traumata Israels, die er in körperlich an die Grenze führenden Zeichenhandlungen darzustellen hatte. Vor allem der Blick auf die Zurückgebliebenen in Jerusalem, die sich aus seiner Sicht in widergöttliche Koalitionen verstrickten, ließ ihn das Gericht Gottes über das Volk Israel erwarten. In der zweiten Hälfte seiner prophetischen Zeit aber wuchs in ihm die Hoffnung auf eine Rückkehr in das gelobte Land, die er in Bildern wie der Belebung des Totenfelds (Hes 37), aber auch in der Verheißung eines neuen Herzens und eines neuen Geistes für das Volk Israel ausdrückte. »Ezechiel ist der Priester unter den Propheten. Aus altem, vornehmem Priestergeschlecht stammend, bleibt er auch als Prophet stets Priester. In ihm ist der Gegensatz zwischen dem bewahrend priesterlichen und dem vorwärtsdrängend prophetischen Geist versöhnt.« (Susman)

Die Jahreslosung 2017 (Hes 36,26a) ist Teil eines Abschnittes des Hesekielbuches, dessen Herkunft aus der Feder Hesekiels diskutiert wird. In der Handschrift Pap 967 (LXX) fehlt der Abschnitt Hes 36,23bβ–38. An Hes 36,23bα schließen dort direkt das Kapitel der Sprüche gegen Gog aus Magog und die Vision der neuen Gottesstadt an. Der nun eingefügte Text wurde nötig als Überleitung zu der anschließenden Vision der Belebung des Totenfeldes (Hes 37). »Ez 36,23bβ–32 kann [...] als theologischer Kulminationspunkt in einer Reihe von Texten bezeichnet werden, in denen in zunehmendem Maße ein Eingriff Gottes in das menschliche Willenszentrum erwartet wird, um die Unverbrüchlichkeit des Bundes mit seinem Volk zu gewährleisten.« (Klein, 111)

Es gibt allerdings eine signifikante Veränderung im Inhalt von Hesekiels Botschaft. Während der frühe Hesekiel noch das Volk auffordert, sein Herz und seinen Geist zu erneuern, der also das Volk Israel zur Umkehr aufrief, verheißt er jetzt dem Volk ein neues Herz, das Gott ihm einpflanzt und einen neuen Geist, den Gott in seine Mitte gibt. »Dem Autor liegt daran, deutlich zu machen, daß die Zukunft, daß künftiges Heil nun nicht mehr davon abhängt, inwiefern Jahwes Gebote und Satzungen befolgt werden. Von einer Aufforderung zur Umkehr (vgl. 18,30f.), von der Bedingung der Erfüllung der Gehorsamsforderung, weiß er nichts mehr oder will er nichts mehr wissen, weil er erkannt hat, daß damit zum einen der Mensch zum Scheitern verurteilt ist und zum anderen Jahwes Heils- und Ordnungswille sich nicht entfalten kann, weil die Menschen dann das Gesetz seines Handelns vorschreiben.« (Pohlmann, 488)

Margarete Susmann versucht demgegenüber eine ganzheitliche Sicht der Aussagen über das zu erneuernde Herz. Sie ordnet die Aussagen nicht zeitlich nacheinander, sondern liest sie gleichberechtigt, lässt sie sich untereinander befruchten: »Aber Ezechiel geht weiter. Er erst führt die Verkündigung, die Gott durch Jeremia dem Volk gibt: ›Ich will mein Gesetz in ihr Herz geben‹, wahrhaft zu Ende, führt sie über in eine neue Lebensgestalt. [...] Denn nun heißt es nicht mehr nur wie bei Jeremia: ›Ich will mein Gesetz in ihr Herz geben‹, und auch nicht mehr nur wie bei Ezechiel selbst: ›Ich will das steinerne Herz aus ihrer Brust nehmen und ihnen ein fleischernes Herz geben‹, sondern nun erwächst aus beiden Verheißungen zusammen der Aufruf an den Menschen selbst: ›Macht euch ein neues Herz und einen neuen Geist!‹ Ihr, Ihr selbst sollt es tun, nicht Gott ohne euch, sondern Ihr durch Gott! Ihr selbst sollt das Gesetz, das Gott in euer Herz gegeben hat, mit eurem lebendig gewordenen Herzen erfüllen. Ihr sollt euch ein neues Herz und einen neuen Geist schaffen, indem ihr umkehrt.« (Susmann)

Dass Gott die Heilstat der »Herztransplantation« an Israel nicht um Israels willen sondern um seiner selbst willen durchführe, um seinen durch Israel entweihten Namen wieder zu heiligen, darf deshalb nicht überbewertet werden. Andernfalls besteht die Gefahr, Israel nur noch als unheiliges Volk zu sehen. Schnell bildet sich dann das Gegenüber von hartherzigem Israel und liebevollem Christentum: »Anstelle eines steinernen Herzens, das sich unter dem Gericht Gottes verhärtet hat und zu keiner Umkehr fähig ist, will Gott den Kindern Israels ein fleischernes Herz einpflanzen, das nicht mehr kalt, tot, fühllos sondern lebendig, empfänglich, zur lebendigen Willensbewegung imstande ist.« (Lamparter, 255) Von hier aus ist es dann nicht mehr weit zu der typologischen, Israel enteignenden Deutung dieser Stelle: »Die Schau des Propheten ist Verheißung geblieben. Sie hat sich im Neuen Bund erfüllt, doch weit über alles menschliche Denken, auch über den Buchstaben des Prophetenwortes hinaus.« (Lamparter, 255)

Noch massiver kommt christliche Vereinnahmung und auch Überbietung bei Gerhard Maier zum Ausdruck: »Zunächst muss das Glas gereinigt werden, damit ein neuer Inhalt eingefüllt werden kann. Genauso muss der Mensch zunächst gereinigt werden, bevor er mit einem neuen Herzen und einem neuen Geist gefüllt werden kann. Das Neue Testament berichtet voller Freude von dem neuen Herzen, das im Neuen Bund Realität geworden ist. [...] Beachten wir aber auch, dass der Mensch des Neuen Bundes die Neigung zum Bösen nicht verloren hat. Er bleibt also in der Spannung zwischen dem neu geschaffenen Herzen und dem alten bösen Wesen, bis er stirbt.« (Maier, 194; vgl. ähnlich auch: Weismann, 135f., Brunner, 84).

Dagegen gilt es, die eigenständige Gültigkeit dieses Prophetenwortes für Israel zu erkennen und auch in gewisser Weise als erfüllt zu sehen, z. B. in der Rückkehr des Volkes Israel aus dem babylonischen Exil nach Jerusalem.

Dass dies dann auch auf die christliche Verheißungsgeschichte gedeutet werden kann, ohne dass das alte als überholt betrachtet werden muss, zeigt Walther Zimmerli: »Der Prophet verkündet all dieses als die gewisse Zukunft seines verlorenen Volkes. Auch die neutestamentliche Gemeinde, die durch Christus Teilhaber dieser Verheißung geworden ist, weiß, daß solches ihre Zukunft ist. Zugleich aber bekennt sie, daß in der Erfüllung der Zeit (Gal 4,4) diese Zukunft schon angehoben hat.« (Zimmerli, 883) Allerdings wisse sie, dass das alles auf Gottes freiem Gnadenwillen ruht.

In der rabbinischen Diskussion wird das Bild vom »steinernen Herzen« aufgenommen. Es wird neben vielen anderen Bildern als Bild für den »bösen Trieb« des Menschen eine wichtige Kategorie menschlichen Fehlverhaltens: »Die Rabbinen, die inzwischen anders als der alttestamentliche Joel die Zerstörung Jerusalems vor Augen haben, machen nun den bösen Trieb für den Untergang der Stadt durch Nebukadnezar 586 v. Chr. und durch Titus 70 n.Chr. verantwortlich. Doch trotz dieser scheinbaren Vernichtung von außen, verbirgt sich der böse Trieb wiederum im Inneren des Menschen, denn erstaunlicherweise werden weder Babylonier noch Römer beschuldigt, sondern die Rabbinen selber, umschreiben doch die ›Feinde Israels‹ in chiffrierter Form Israel selber: Der böse Trieb setzt demzufolge sein Zerstörungswerk namentlich bei den Juden an und – laut Abbajes Votum – namentlich bei den jüdischen Weisen. Auf ihnen lastet die ganze Verantwortlichkeit. Wie sollen sie diese tragen?« (Oberhänsli-Widmer, 30)

## 4. Homiletische Konkretionen

In einer Zeit des rasanten gesellschaftlichen wie technischen Wandels wird das Wort »neu« inflationär verwendet. In der Werbung bedeutet »neu« immer auch »besser«. Doch dass »neu« gleichbedeutend ist mit besser, ist nicht ausgemacht. Das gilt auch für die Rede vom neuen Herz und vom neuen Geist in der Jahreslosung. Sie erlangt erst durch die Konkretisierung als »steinernes« und »fleischernes Herz« ihre inhaltliche Füllung.

Die Jahreslosung Hes 36,26a beschreibt das Neu-Sein noch nicht inhaltlich, erst der Kontext macht deutlich, dass zum Neu-Sein auch das Umkehren gehört. Aber ein steinernes Herz, das fleischlich, körperlich lebendig wird und ein neuer Geist, der diese Welt in all ihren Facetten wahrnimmt, füllen das Neu-Sein inhaltlich. So kann die Jahreslosung ein wichtiges Geleitwort für das Jahr des 500. Reformationsgedächtnisses sein.

Reformation bedeutet Erneuerung der Kirche. So können auch das »neue Herz« und der »neue Geist« auf die Reformation angewendet werden. Allerdings sind sowohl die Reformation selber als auch die 500-jährige Geschichte der evangelischen Kirche darauf zu hinterfragen, inwieweit sie dem Anspruch neu zu sein wirklich gerecht geworden sind und inwieweit die Kirche heute diesem Anspruch genügt.

Martin Luther hat mit seinen reformatorischen Gedanken alte Verkrustungen aufgelöst. Er war aber selber noch im Denken seiner Zeit verhaftet, gerade auch, wenn er sich über jüdische Menschen äußerte, die er aufgrund eigener Begegnung nicht oder fast nicht kannte. Mittelalterliche antijüdische Denkmuster hat er, wie auch seine Gegner, wie auch die meisten der Humanisten, übernommen. So wird im Jahr des Reformationsjubiläums auch nach dem steinernen und fleischernen Herzen der Kirche zu fragen sein.

Die biblische Aussage ist nicht losgelöst zu hören von den weltpolitischen Ereignissen ihrer Zeit: Machtmissbrauch, Machtanspruch, falsche Freunde, falsche Pakte, Überheblichkeit, Flucht und Vertreibung … eine Aufzählung, die aus der heutigen Zeit zu kommen scheint und die die Jahreslosung weit über das Reformationsjubiläum hinaus zu einem wichtigen Geleitwort für 2017 macht.

## 5. Liturgievorschläge

Psalm 51 (EG 727, Regionalteil Hessen)

Lesungen:
Hes 36,23–28
Hes 37,1–14
1.Kor 2,12–16

Lieder:
Singet dem Herrn ein neues Lied (EG 287)
Ich lobe meinen Gott, der aus der Tiefe mich holt (EG 638, Regionalteil Hessen)
Erneure mich, o ewigs Licht (EG 390)
Der du die Zeit in Händen hast (EG 64)
Von guten Mächten treu und still umgeben (EG 65)

### Literatur

Brunner, Robert, Ezechiel 2. Teil: Kapitel 25–48, Zürich 1944.
Fohrer, Georg, Ezechiel HAT 13), Tübingen 1955.
Goldschmidt, Lazarus, Der babylonische Talmud, Bd. 3, Königstein/Ts. 1980.
Klein, Anja, Schriftauslegung im Ezechielbuch – Redaktionsgeschichtliche Untersuchungen zu Ez 34–39, Berlin/New York 2008.
Lamparter, Helmut, Zum Wächter bestellt – Der Prophet Hesekiel (Botschaft des AT 21), Stuttgart 1968.

Maier, Gerhard, Der Prophet Hesekiel 2. Teil Kapitel 25–48 (Wuppertaler Studienbibel), Wuppertal 2000.

Oberhänsli-Widmer, Gabrielle, Der »böse Trieb« als rabbinisches Sinnbild des Bösen, in: Judaica: Beiträge zum Verstehen des Judentums 63, Freiburg 2007, https://www.freidok.uni-freiburg.de/ fedora/ objects/freidok:5588/datastreams/FILE1/content abgerufen am 2016-03-30.

Petuchowski, Jakob J., »Es lehrten unsere Meister …« – Rabbinische Geschichten aus den Quellen neu erzählt, Freiburg 1979.

Pohlmann, Karl-Friedrich, Das Buch des Propheten Hesekiel (Ezechiel) Kapitel 20–48 (ATD 22,2), Göttingen 2001.

Susman, Magarete, Ezechiel, der Prophet der Umkehr, und die Bestimmung des jüdischen Volkes, in: Neue Wege 36, 1942. http://www.margaretesusman.com/ezechielprophet.htm abgerufen am 2016-03-23.

Weismann, Gotthilf, Der Prophet Hesekiel (Erläuterungen zum AT 7), Calw/Stuttgart 1916.

Zimmerli, Walter, Ezechiel 2 (BKAT 13/2), Neukirchen-Vluyn 1963.

*Ulrich Schwemer*

# Tag der Beschneidung Jesu und Neujahrstag: Gen 17,1–8
# Ein verheißungsvoller Name

## 1. Annäherung

Spricht man mit Paaren, die Eltern werden, geht es oft um die Frage nach dem Namen für das noch ungeborene Kind. Die Namensgebung ist dabei allem Anschein nach ein aufregender Prozess, der durchaus auch Konfliktpotential birgt. Ob der gewählte Name nun schließlich aus Gefallen, Traditionsgründen oder wegen seiner Bedeutung gewählt wurde, ist dabei zweitrangig. Die Eltern verbinden etwas mit diesem Namen und haben ihn in der Regel nach reiflicher Überlegung gewählt.

Ähnlich ist es auch mit der Namenswahl bei Päpsten. »Nomen est omen« – lautet ein bekanntes Sprichwort. Die Wahl des Papstnamens ist nicht zufälliger Natur, wie man zuletzt gut beim aktuellen Papst Franziskus beobachten kann. Er versteht seinen Namen sehr deutlich auch als Programm und theologische Handlungsmaxime in Erinnerung an den heiligen Franziskus.

Die Dimension einer wie auch immer gearteten Verheißung ist also wohl in den meisten Namensgebungen inhärent. In besonderer Weise wird dies in der Erzählung vom Bundesschluss Gottes mit Abram in Genesis 17, der hier vorliegenden Perikope, deutlich. Die mit diesem Bund verknüpfte Verheißung gilt ewig für Abrams Nachkommenschaft. Seine Namensänderung zu Abraham soll neben der Beschneidung dafür äußeres Zeichen sein.

## 2. Kontexte

a) »Du findest drei Namen, mit denen ein Mensch genannt wird:
einer, den ihm sein Vater und seine Mutter geben und
einer, den ihm andere Menschen geben und
einer, den er sich selbst erwirbt.«

Midrasch Tanachuma zu Ex 35,1–38,20, 1. Absatz, zit. nach: Arndt, 39

b) Auszüge aus dem Gedicht »Jeder Mensch hat seinen Namen«, das sich an den Auszug aus dem in Kontexte a erwähnten Midrasch anlehnt.

Jeder Mensch hat einen Namen,
den ihm G'tt gab
und den ihm sein Vater und seine Mutter gaben. […]

Jeder Mensch hat einen Namen,
den ihm seine Verfehlungen gaben
und den ihm sein Sehnen gab.

Jeder Mensch hat einen Namen,
den ihm seine Feinde gaben
und den ihm seine Liebe gab. […]

Jeder Mensch hat einen Namen,
den ihm das Meer gab
und den ihm gab
sein Tod.

Zelda Shneurson Mishkowsky (1914–1984), übersetzt von Arndt, 39

c) über die Namensänderung Abram zu Abraham:
»Das zusätzliche He [... in seinem Namen] stellt fortan die göttliche Gegenwart in Awrahams und Saras Existenz dar (auch Sarais Name wurde geändert, siehe Vers 15) und bis heute wird der Buchstabe He (mit einem Abkürzungszeichen versehen) als Surrogat für den göttlichen Namen in hebräischen Schriften gebraucht.«

Plaut, 180

d) Eine Strophe aus dem Gedicht »Der Barmherzige segne« für eine Beschneidungsfeier:

Der Barmherzige segne das zarte, zu acht Tagen
beschnittene Kind,
daß es an Leib und Geist gedeihe,
stark im Glauben an Gott werde
und das Glück erreiche, drei mal im Jahre
vor dem Herrn zu erscheinen.

Abraham ben Isaak Hakohen, zit. nach: Hirschhorn, 331

e) Gebet nach dem Anzünden der Chanukka-Lichter:
»Diese Lichter zünden wir an ob der Wunder, Siege und allmächtigen Taten, welche du für unsere Väter vollbracht durch deine heiligen Priester. Alle acht Chanukkatag sind diese Lichter geweiht, und ist uns nicht erlaubt, sie zu benutzen, wir dürfen sie nur betrachten, um deinem Namen zu danken für deine Wunder, deine Hilfe und deine allmächtigen Taten.«

Siddur Sefat Emet, 274

f) »In dem nüchternen Satz von V 7 ist die vielleicht wichtigste theologische Wahrheit der altisraelitischen Geschichte als Abmachung Gottes eingefangen: Die Katastrophe des Exils als Katastrophe nicht der Nation, sondern der Erwählung hat Gottes Plan und seine Treue nicht enden lassen – so wie die Katastrophe des Christus Jesus als des Offenbarers Gottes Plan und Treue nicht nur enden, sondern in Umkehrung aller Werte hat vollenden lassen. Die nicht zu kündigende Abmachung Gottes mit seinem Volk in Abraham bezeichnet zweifellos eines der größten Wunder und Geheimnisse der Weltgeschichte bis heute, und die Christenheit kann insoweit in dieses Wunder nur eintreten, es aber nicht überbieten. [...] Die Bundesverpflichtung über alle Abgründe hinweg, das Nichtersparen jener Abgründe und das Wort Gottes bilden einen Kreis des Verstehens.«

Seebass, 104

### 3. Beobachtungen am Text

Liest man die Genesis so mag der Gedanke kommen: »Noch ein Bund zwischen Gott und Abram? Wozu?« Was also sind die wesentlichen Unterschiede zuvor beschriebenen Bundesschlüssen in Genesis 12 und 15? Zwei Antworten gibt der Text auf diese Frage: Ein neuer Name für Abram und ein ewiger Bund für sein Geschlecht.

In dieser Begegnung zwischen Gott und Abraham stellt sich Gott zum ersten Mal als »El Shaddaj« (V 1) vor. »Den Erzvätern [] sich Gott nur unter diesem Namen offenbart. Die Offenbarung des Jahwe-Namens widerfährt hingegen erst Mose (Ex 6,3).« (Pfeiffer). Bisher hat sich keine einheitliche Deutung dieses Gottesattributes durchsetzen können, mögliche Deutungen, siehe u.a. Pfeiffer. Auch als Jakobs Name in Israel geändert wird, stellt sich Gott als *El Shaddaj* vor (Gen 35,11). Er wird von den Erzvätern sowohl beim Isaaks Segen für Jakob (Gen 28,3) als auch bei Jakobs Segen für Ephraim und Manasse zusammen mit dem Bundesschluss erinnert. Die Verbindung des Gottesnamens, der Namensänderung der Erzväter und Bundesverheißung ist also nicht zufällig zu verstehen.

Mit seiner Vorstellung als *El Shaddaj* verbindet Gott gleichermaßen die Forderung an Abram: »wandle vor mir und sei fromm« und die Verheißung eines (weiteren) Bundes. Abram demonstriert darauf seine Unterwürfigkeit (Plaut, 180), was seine Passivität während des folgenden Bundesversprechens Gottes verdeutlicht.

Der Bundesschluss als solcher spielt mit den Worten *mehren, sehr, Vater, viel* sowie *Völker* und wird auf diese Weise, zu einer – wenn etymologisch auch nicht korrekten, sondern eher assonaten – Deutung des neuen Namens »Abraham« (vgl. Plaut, 180): Er wird zum »Vater vieler Völker« werden. Interessant ist die jüdische Deutung, dass das nun eingefügte He in Abrahams Namen die Gegenwart Gottes symbolisiert und der Hinweis auf die Verwendung desselbigen als Surrogat für den Gottesnamen (vgl. Plaut, Kontexte c). Steht das Tetragramm oder das He in einem Text, so liest der gläubige Jude an dieser Stelle »HaShem« (»der Name«).

Dieser in Genesis 17 beschriebene Bund wird als ein ewiger Bund bezeichnet, der auch das Versprechen Gottes beinhaltet, auch in Zukunft Gott Abrahams und seiner Nachkommen zu sein. Bundeszeichen für diesen ewigen Bund soll die Beschneidung sein, die erst außerhalb der von der Perikope umrissenen Verse Erwähnung findet, aber inhaltlich kaum von den Bundesversprechen zu trennen ist. Die Beschneidung – meistens als *berit* (Bund) bezeichnet – wird im Judentum auch heute noch Zeichen des Eintretens in den in Gen 17 beschriebenen Bund verstanden.

## 4. Homiletische Konkretionen

In Anlehnung an Kontexte a) und b) und im Blick auf die Umbenennung Abrams wäre es denkbar, über Namen nachzudenken. Unsere Eltern haben sich vermutlich Gedanken gemacht, als sie die Namen auswählten und wollten uns damit vielleicht auch etwas mit auf dem Weg geben. Gleichermaßen aber geben oder bekommen wir »Spitznamen« von Freunden oder Feinden, von Geliebten oder Gehassten. Was bedeuten uns diese Namen? Ist ihnen eine Bedeutung, ja gar so etwas wie eine Verheißung inhärent?

Abrams neuer Name steht für eine Verheißung. Er steht für Veränderung und Vermehrung seines Lebens in Form von Nachkommenschaft. Und er steht für die Zusage der ewigen göttlichen Gegenwart (Kontexte c). Zeichen dafür soll die Beschneidung sein, die an jedem männlichem Nachkommen vollzogen werden soll, um ihn so in den Bund mit einzuschließen.

Auf diesen Bund beruft man sich auch heute noch bei der Beschneidung der männlichen Nachkommen. Dieses Bundes gedenkt man zu jeder Zeit. Jede der tradierten und gefeierten Rettungstaten Gottes an seinem Volk lässt sich letztlich auf diesen Bund zurückführen. Denn er hat versprochen, Gott der Nachkommen Abrahams sein zu wollen für alle Zeit. In diesem Zusammenhang ist auch das Chanukkafest zu verstehen, dessen letzter Tag in diesem Jahr auf den Neujahrstag fällt. Die Erinnerung an die Rettungstat Gottes vergegenwärtigt nicht nur dieselbe, sondern neben weiteren göttlichen Wundern (vgl. Kontexte e und f) auch den Bund und die damit verbundene Verheißung.

Die Beschneidung ist das jüdische Initiationsritual. Dem gegenüber steht die Taufe als Initiationsritual des Christentums. Interessanterweise wird ein Mensch bei der Taufe im Namen Jesu Christi und/oder auf den Namen Jesu Christi getauft. Geht man von »auf den Namen« aus, so wird damit auch eine Art Namensänderung vollzogen. Nicht umsonst wird der getaufte Mensch auch als »Christ« bezeichnet. Dieser Zusatz ist sozusagen nun Teil seines Namens und beschreibt die göttliche Verheißung, auf die wir uns mit der Taufe im Namen Jesu berufen. Jesus selbst stand dabei aber durch seine Taufe selbst im ewigen Bund mit Abraham, wie uns die Erinnerung an diesen Tag verdeutlichen möchte. Die Taufe macht uns zu Christi Erben, wie die Beschneidung die Juden zu Abrahams Erben macht.

Der Beginn eines neuen Jahres wird oft mit Hoffnung, zuweilen aber auch mit Sorge verbunden. Was wird passieren? Wird es ein »gutes« oder ein »schlechtes« neues Jahr sein? Nicht zuletzt sind die Wünsche für ein neues (Lebens-)Jahr ähnlich wie die für ein neugeborenes Kind: Glück und Segen, Gesundheit … Hoffnung und Unsicherheit sollen ihren Platz finden an diesem Tag. Gottes Da-Sein und seine Verheißung sind dabei ein festes Geländer, das uns in und durch das neue Jahr begleiten.

## 5. Liturgievorschläge

Psalm 8

Lesungen: Gal 3,26–29

Lieder:
Ich bin getauft auf deinen Namen (EG 200)
Der du die Zeit in Händen hast (EG 64)
Von guten Mächten wunderbar geborgen (EG 65)
Nun laßt uns gehen und treten (EG 58)

Gebet:
Der du allein der Ewge heißt
und Anfang, Ziel und Mitte weißt
im Fluge unserer Zeiten:
bleib du uns gnädig zugewandt
und führe uns an deiner Hand,
damit mir sicher schreiten.

Jochen Klepper; EG 64,6

## Literatur

Arndt, Timotheus, Namensgebung und Aufruf. Lukas 1,60 und Jesja 43,1, in: leqach 9 (2009), 29–40.
Hirschhorn, Simon, Tora, wer wird dich nun erheben? Pijutim mimagenza. Religiöse Dichtungen der Juden aus dem mittelalterlichen Mainz, bibliotheka judaica, Gerlingen 1995.
Pfeiffer, Henrik, Gottesbezeichnungen/Gottesnamen (AT), http://www.bibelwissenschaft.de/stichwort/19928/, abgerufen am 2016-07-10.
Plaut, W. Gunther/Böckler, Annette (Hg.), Bereschit. Genesis, in: Die Torah. In jüdischer Auslegung, Gütersloh 1999.
Seebass, Horst, Genesis 2. Vätergeschichte 1. (11,27–22,24), Neukirchen-Vluyn 1997.
Siddur Sefat Emet. Mit deutscher Übersetzung von Rabbiner Dr. S. Bamberger, Basel 1999.

*Birgit Birkner*

# Epiphanias: Joh 1,15–18
# »Morgenglanz der Ewigkeit«

## 1. Annäherung

Lange hatte ich Schwierigkeiten, angelsächsische Zeitangaben richtig zu verstehen. Da gibt es in Zahlen von 1 bis 12 die konkrete Stunde, dazu wird ein »a.m.« (heute weiß ich: *ante meridiem*, »vor Mittag«) oder »p.m.« (*post meridiem*, »nach Mittag«) gesetzt. Ich konnte mir früher nie merken, welche Abkürzung was genau bedeutet und habe »a.m.« und »p.m.« auch immer mal durcheinander gebracht. Wenn man es nie richtig gelernt hat …

Im Prolog des Johannesevangeliums gehen die Zeiten eine eigenartige Mischung ein und überkreuzen sich. Johannes »war eher« als Jesus, der also aus Sicht des Johannes »nach mir kommt«. Und doch ist Jesus für Johannes »mir zuvor gekommen, weil er eher war als ich«. Damit dürfte darauf angespielt sein, was die hohe Christologie »Präexistenz« nennt. Die Verhältnisbestimmung beider zueinander scheint nicht leicht – aber irgendwie wichtig. Denn schon im ältesten der kanonisch gewordenen Evangelien geht es wie beim spät kanonisch gewordenen Johannesevangelium am Anfang um diese beiden: Jesus und Johannes, Johannes und Jesus. Als ob man Jesus, den »Sohn Gottes« (Mk 1,1) bzw. das »Wort« (Joh 1,1) nicht gut genug versteht, wenn man von Johannes absieht. Das Zeugnis des Johannes über Jesus (Mk 1,7–8: Taufe mit dem Heiligen Geist durch Gott bzw. Jesus; Joh 1,33: Taufe mit dem Heiligen Geist durch Jesus) erscheint notwendig, um nicht nur den Anspruch Jesu zu begreifen (Mk), sondern auch die Zeiten in ihrer inneren Verschränkung recht zu erkennen (Joh).

## 2. Kontexte

a) Das Wort kommt in die Welt (Joh 1,10) und verortet sich. Auch wenn das Wort im Anfang bei Gott war (1,1), behält das Wort Gottes in der Torah (1,17) seine Bedeutung. Abgekürzt wird jeweils der Name »Mose« genannt, wenn es um die Weisung Gottes geht. In der jüdischen Auslegung ist treuhänderisch tätig, wer die Torah des Mose lehrt. Die Weisung ist das Erbteil Israels bis heute:

»Raw Jehuda sagt, Raw habe gesagt: Jeder, der vor einem Schüler eine Lehrentscheidung zurückhält, ist wie einer, der ihm das Erbe der Väter raubt, denn es heißt (Dtn 33,4): *Die Weisung hat uns Mose geboten, zum Erbteil für die Gemeinde Jakobs.* Ein Erbteil ist sie für ganz Israel seit den sechs Schöpfungstagen.«

Babylonischer Talmud Sanhedrin 91,5, zit. nach: Mayer, 268

b) Wichtigster Dual des Textes Joh 1 sind die Termini »Gnade/Güte« und »Wahrheit« (1,14.17). Wie eng beide zusammengehören, unterstreicht die rabbinische Kommentierung der Psalmen an vielen Stellen, etwa bei Ps 25 (vgl. auch Ps 40,11): »Alle Pfade JHWHs sind Güte und Wahrheit (Ps 25,10). Als Mose zu Gott sprach: Geh, sage den Israeliten: ›JHWH euerm Gott geht nach‹ (Dtn 13,5), sprachen sie zu ihm: Unser Lehrer Mose, kann man denn hinter ihm hergehen? Steht nicht geschrieben (Nah 1,3): JHWH, in Sturm und Windsbraut ist sein Handeln? Und (Ps 77,22): Im Meer war dein Weg und dein Pfad in vielen Wassern? Mose antwortete ihnen: Ich will euch damit sagen: Die Wege Gottes, alle Pfade JHWHs sind Gnade und Wahrheit. ›Gnade‹ ... damit sind die Liebeserweisungen (seitens Gottes) gemeint, und ›Wahrheit‹ ... damit ist die Torah gemeint. Und wem schenkt er sie? Denen, die seinen Bund bewahren (Ps 25,10).

Midrasch zu Ps 25 § 11 (107[a]), zit. nach: Strack-Billerbeck II, 361

c) Die Kommentierung des Johannesevangeliums durch Wolfgang Feneberg hält mit erfreulicher Klarheit die »Leseregel« fest, mit der man in der »Bibelschule« Jesu vorgegangen sei, um das Miteinander von Moses, Johannes und Jesus zu beschreiben:

»Natürlich sind auch Gnade und Wahrheit durch Mose gegeben; denn diese Begriffe sind die Mitte der Tora. Johannes der Täufer, der Hymnendichter, der Evangelist und jeder an Jesus Christus Glaubende darf deshalb als Leseregel für das JE [= Johannesevangelium] diese eindeutig und zentral im Text verankerte Leseregel mitnehmen: Das, was in der Tora zentral und wesentlich verkündet ist, geschah in Jesus Christus. Aus dieser Leseregel folgt, dass alle Konflikte, alles Neue in Jesu Christus nichts zu tun haben können mit einer Überbietung, mit einem Schema von Verheißung und Erfüllung.«

Feneberg, 16

## 3. Beobachtungen am Text

Joh 1,15–18 ist eng mit den vorhergehenden VV 1–14 verknüpft, die zu einem vorläufigen Ende kommen. Die Achterparallelität von V 14 mit V 18 wird durch »sehen« und »einziggeboren« hergestellt. 1,15–18 bildet eine Art Abschlussstrophe des Prologs. Grundsätzlich ist damit alles über den Logos bzw. das Wort gesagt. Es folgt die erzählerische Konkretion, der »Jesusnarrativ« des vierten Evangeliums.

*V 15* Das parenthetische Zeugnis des Johannes – in 1,7 zeugte er, ebenso parenthetisch eingeführt, vom Licht – ist der Verweis auf den Fleisch gewordenen Logos, der folglich mit der konkreten Person (dem freilich dennoch nicht genannten Jesus Christus) identifiziert wird. Das synoptische Setting der Taufe am Jordan ist hier ebenso als bekannt vorausgesetzt wie der Kerkerort, aus dem heraus Johannes (im vierten Evangelium nie »der Täufer«) sogleich spricht. Mit beiden Bezügen vollzieht sich »ein intertextuelles Spiel unseres Autors mit synoptischen Texten« (Thyen, 101). Konsequent kann in der Predigt die damit verbundene Jordan-Narration also vorausgesetzt und bei Bedarf verwendet werden. Gleiches würde für die Narrationen des gefangenen Johannes zu gelten haben.

Das Selbstzitat des Täufers ist theologisch qualifiziert, Johannes ist der »von Gott gesandte Mann« (1,6). Wie anders könnte er die Vorzeitigkeit Jesu bezeugen, wie sonst von der Präexistenz des Logos wissen, wenn nicht aus Gott? Das textliche Verwirrspiel um die Zeiten (die Tempora der Vergangenheit und des Präsens – letzteres auch noch durch die verschiedenen Zeitstufen ausgedrückt – wechseln sich im griechischen Wortlaut munter ab) sollte nicht den Gegenwartsbezug verschleiern, den Johannes und vor allem sein Zeugnis dadurch bekommt, dass er im

Evangelium zitiert wird, das in der jeweiligen Gegenwart der Hörerinnen (so die antike Gewohnheit) und Leser (so die akademische Studierstube) verkündet wird.

*V 16* Das Hendiadyoin »Gnade und Wahrheit« ist Sprechsprache (ausschließlich!) des Prologs, den inhaltlichen Ton dürfte die Wahrheit tragen – so jedenfalls in der unmittelbar nach dem Prolog folgenden Offenbarung des Evangeliums. Zugleich wird damit auf das Johannesevangelium als impliziten Gnadennarrativ vorverwiesen. Eine umfassende Auslegung des Textes sollte neben der noëtischen, denkenden, auch diese auf die Gnade bezogene, soteriologische Dimension stark machen.

Die nur in der deutschen Übersetzung schwierige Formulierung »Gnade über Gnade« lässt das Gesetz als Gnadengabe (und Christus als ihren Geber) erkennen, sodass man eigentlich nun nicht wieder in alt und neu (Thyen, 103f.) aufteilen müsste. Gottes Gnade ist weder steigerungs- noch aktualisierungsbedürftig, auch nicht bei oder nach Mose. Sie umfasst das Gesetz so gut wie das Christusgeschehen, dessen inkarnatorisch verankerte Seite gleich umfassend erzählt werden wird. Wobei eben auch das Gesetz nicht ohne Christusbezug auskommt:

*V 17* bildet einen schönen Parallelismus membrorum, der zweite Teil (Christus) bringt den ersten (Mose) zum Ziel und stellt so die Zusammengehörigkeit beider heraus. Auch die verwendeten Verben (»gegeben sein« und »werden«) differenzieren die Offenbarung im Ergebnis nicht, sie gehören semantisch seit 1,3 benachbarten Feldern an. Der eine, identische Quellgrund aller Gnade, der nun fleischgewordene Logos, wurde ja schon in 1,16 benannt.

*V 18* leitet rhetorisch geschliffen (konkret liegt ein Epiphonem vor, also eine ins Allgemeine geweitete Sentenz) über zur Evangeliumsnarration (1,19ff.), die ja inhaltlich (gegenüber den Synoptikern zugespitzt und verfeinert) auffüllt, was hier mit »Kunde« bezeichnet wird. In ihr ist das Maximum dessen bewahrt, was es von Gott zu erkennen gab, gibt und geben wird, und was es nun vor der Welt zu offenbaren und zu verkündigen gilt.

Theologisch bedeutsam und letztlich von 1,3 her konsequent ist daran, dass auch schon das Sprechen von der Schöpfung (Gen 1 in Joh 1) so zu vollziehen ist, dass es ein Sprechen von Christus her wird. Und jedes Sprechen von Christus aus (1,14) hat als dieses inkarnatorisch begründete Reden immer eine entsprechende, die ganze Schöpfung umfassende Dimension. Erst wenn beides zusammenkommt bzw. zusammenbleibt ist die Offenbarung ganz erfasst.

## 4. Homiletische Konkretionen

Jeder Predigtstil hat seine eigene Lösung, mit dem Problem des Beginns umzugehen. Wer auf eine Anknüpfung an existenzielle Erfahrungen zielt, könnte die unterschiedlichen Dimensionen der Zeit und der menschlichen Zeiterfahrung aufgreifen und von daher beginnen, Johannes nachzusprechen. So würde es unter anderem auch möglich, die traditionelle Rede des geborgenen Seins in Gottes guter Hand (so oft für Situationen am Lebensende) christologisch zu qualifizieren. Denn diese gute Hand Gottes ist ja die ausgebreitete Hand des Sohnes, welche die Male der Kreuzigung herzeigt, damit Menschen, und seien es Menschen wie Thomas (Joh 20,27–29), glauben und bekennen können. Aber auch der Lebensbeginn – dem Menschen als Modus eigener Erinnerung entzogen – könnte über das hinaus qualifiziert werden, was traditionell (von Jeremia herkommend) zugesagt wird, dass nämlich der Mensch als solcher schon im Mutterleib von Gott erwählt wurde (Jer 1,5). Diese (in der Auslegung allzu oft individualistisch gewendete) Erwählungstat lässt sich christologisch qualifizieren, indem die Fleischwerdung des Prologs zugezogen wird. Denn erst durch diese christologische Qualifikation bekommt das Leben des/der Menschen dann einen Zielpunkt: zur Heiligkeit in der Wahrheit (Joh 17,17) sind alle berufen, um so die Herrlichkeit Gottes zu bezeugen (17,1–2), und in Gott die (17,24: vor der Gründung der Welt gegebene!) Herrlichkeit des Sohnes zu erkennen.

Neben einer solchen, individuell ausgerichteten »Existenztheologie« wäre auch eine stärker kosmologisch organisierte Herangehensweise denkbar. Wohl zuerst der Kirchenvater Augustin hat die Erkenntnis formuliert, dass Gott mit der Welt auch die Zeit geschaffen hat. Und die christliche Rede von der Unendlichkeit und Ewigkeit des Lebens bei Gott denkt ja letztlich eine temporäre Vorstellung weiter, die dadurch freilich – weil unkonkret – für Menschen unanschaulich zu werden droht. Immerhin wäre damit die Möglichkeit eröffnet, über die Qualifikation von Zeit nachzudenken und die Zeitqualifikation der Gegenwart einzuholen. Da hinein passen auch etwaige fast schon überkonkrete Beobachtungen zur digitalisierten Zeitwahrnehmung, zu Flow-Erfahrungen und zur Funktion von Kirchturmuhren und dem Läuten der Kirchenglocken. Die Narration des Johannesevangeliums macht die Zeit im Übrigen mit der Rede von der »Stunde« Jesu (Joh 2,4; 17,1) konkret und bietet letztlich die Gewähr, mit einem solchen Zugang in der Erkenntnislinie der ursprünglichen Narration des Prologs und des gesamten Evangeliums mit seiner Hochschätzung der Erhöhung Jesu am Kreuz zu bleiben. Denkbar wäre freilich auch, an dieser Stelle den »Tag« Gottes (Am 5,18–20; Mal 3,2–5.22–24, 1.Joh 4,17, Apk 6,17) oder den »Tag des Herrn« (also den Sonntag als Tag der Auferstehung, vgl. 1.Thess 5,2–4; 2.Kor 1,14) als soteriologische Zeitdimension zu apostrophieren, der dem Tag Gottes letztlich seine christologische Qualität aufprägt.

Schließlich bietet sich als Zugang an, die Narration des Johannesevangeliums als wahrhafte Gnadennarration durchzuführen. Das würde theoretisch bedeuten, die Offenbarung der Wahrheit Gottes, wie sie an dem und durch den Sohn sichtbar wird, als ewige Gnadentat begreifbar werden zu lassen. Praktisch werden könnte das dort, wo das vierte Evangelium die Offenbarung durch den Sohn narrativ entfaltet. Die Menschen eigentlich unmögliche Wiedergeburt aus dem Geist (Joh 3) – durch die Sendung des Sohnes wird sie zur Möglichkeit der gnadenhaften Rettung (3,17). Die für die Menschen eigentlich unerreichbare Gabe des lebendigen Wassers (Joh 4) – wer dieses vom Sohn bekommt, wird selbst zu einem Gnadenbrunnen des Wassers ewigen Lebens (4,14).

Konkret werden könnte das auch dort, wo das vierte Evangelium im Modus des Missverständnisses operiert. Am resignativ-abschließend wirkenden Ende des Schicksals des getöteten Gerechten (an dem sich freilich die Schrift erfüllt, vgl. Joh 19,23–37, womit schon die wahre Dimension des Geschehens angedeutet ist) mit seinem vermeintlichen Schlusswort »es ist alles aus« (19,30) kann der Glaube »es ist vollbracht« erkennen! Dass die christliche Existenz um diese Veränderung der Perspektive weiß und zu ihr aufgerufen ist, soll bezeugt werden. Wobei mit dem

Prolog eine theologische Wahrnehmungstheorie zur Verfügung steht, die solches auch theoretisch-programmatisch leistet.

Schließlich wäre auch möglich, schlicht die synoptische Narration der Taufe Jesu (im Kontext seines beginnenden Auftretens Mk 1,9ff.; Mt 3,13ff.; Lk 3,21–22) und der Frage an den Täufer (im Zusammenhang mit der Klärung der Funktion Jesu Mk 6,14ff.; Mt 11,1ff.; Lk 7,18–23) durch die Brille der johanneischen Prologtheorie (Joh 1,6–8.15) zu betrachten. Damit ließe sich eine narrative Entfaltung des Propriums des Sonntags Epiphanias trefflich verknüpfen. Die Frage wäre dann ja nur noch, wer heute das Licht-Zeugnis des Johannes (1,7) weitergibt, wie man dieses Zeugnis heute aktuell in menschliche Sprache bringt (1,14) und wie dadurch das Wort bzw. der Sohn als Anfang, Mitte und Ende der Zeit kenntlich werden kann (1,15).

Die Schöpfungsmittlerschaft des Logos als tragende Säule des Prologgerüstes zu verweben, bleibt freilich eine Aufgabe. Vielleicht ließe sie sich durch das Herausstreichen der dem Menschen zu aller Zeit zuvorkommenden (Belege etwa in den Heilsankündigungen der Propheten) und auch den fallenden Menschen noch auffangenden Gnade Gottes (Belege beginnend mit der Urgeschichte Gen 1–11) erreichen. Und hier schließt dann im Reigen möglicher Predigtanfänge dieser homiletischen Überlegungen wieder die erste hier genannte Möglichkeit der Zeitbetrachtung an, dieses Mal als »Gnadenzeit«.

## 5. Liturgievorschläge

Introitus: Ps 145 (ist eigentlich für den Sonntag Trinitatis vorgeschlagen, aber oft wegen der Pfingstferien nicht mehr als hoher Festpsalm wahrgenommen; der traditionelle Epiphaniaspsalm 100 kommt nämlich in der Terminologie des Joh-Prologs nicht so sehr zum Leuchten)

Lesungen:
Mt 3,13–17 – klassisch, Mk 1,9.11(12–13) – verschränkend; Lk 3,1–6.15–20.21f. – integrierend; oder schlicht Joh 1,1–14

Lieder:
Morgenglanz der Ewigkeit (EG 450,1.4–5)
Herr Christ, der einig Gotts Sohn (EG 67)
O Lebensbrünnlein tief und groß (EG 399,1–2.4)
Es ist gewisslich an der Zeit (EG 149,1.5–7)
Der du die Zeit in Händen hast (EG 64, je nach Zuspitzung mit den Strophen 2 und 3)

Kollektengebet:
Ewiger Gott, allmächtiger Vater. Am Anfang aller Lichtjahre hast du das Licht geschaffen. In der Mitte der Zeit ist dein Stern über Bethlehem erschienen. Am letzten Tag wird uns dein ewiges Licht umfassen.
Herr, lass dein Licht die Dunkelheit unseres Lebens erhellen. Befreie uns von Angst und Zweifel, von Schwermut, Hass und Hoffnungslosigkeit. Erleuchte unsere Seele durch die Kraft deines Wortes.

Darum bitten wir dich im Namen unseres Herrn Jesus Christus, der mit dir und dem Heiligen Geist lebt und regiert von Ewigkeit zu Ewigkeit. Amen.

Josuttis, 42

**Literatur**

Der babylonische Talmud, ausgewählt, übersetzt und erklärt von Reinhold Mayer, überarbeitete Auflage, München 1963.

Feneberg, Wolfgang, Mystik und Politik. Ein Kommentar zu Johannes 1–12 im Gespräch der Religionen, Stuttgart 2004.

Josuttis, Manfred, Erleuchte uns mit deinem Licht. Gedanken und Gebete zu den Gottesdiensten des Kirchenjahres, Gütersloh 2009.

Strack, Hermann L./Billerbeck, Paul, Die Briefe des Neuen Testaments und die Offenbarung des Johannis erläutert aus Talmud und Midrasch (Kommentar zu Talmud und Midrasch 2), München 1924.

Thyen, Hartwig, Das Johannesevangelium (HNT 6), Tübingen 2005.

*Stefan Koch*

# 1. Sonntag nach Epiphanias: Mt 4,12–17
# Die Spiegelung der Sonne in Seen und Meeren

## 1. Annäherung

Christus, das Licht der Welt. Während Epiphanias die Betonung auf die ganze Welt und auf Gott als ihren wahren Herrscher legt, betont der erste Sonntag danach Jesus, den Menschen und zugleich Gottessohn. Unser Predigttext wirkt wie ein abstract, das wichtige Themen des Evangeliums und des Kirchenjahres in wenigen Sätzen zusammen ballt. Erstens: Gottes Heil kommt. Der im Predigttext zitierte Text aus Jesaja deckt sich teilweise mit der alttestamentlichen Lesung für die Christvesper. Zugleich ist das aufgehende Licht Thema insbesondere der atl. Lesung zum Epiphanias-Fest. Zweitens: Heil für [Gottes-]Volk und [Heiden-] Völker: Dass das Heil von den Juden zu den Heiden weiter zieht, ist – wenngleich in der Fassung bei Markus – Evangelium für den Sonntag Reminiszere. Drittens: Jesus, der Mensch. Durch biographische Details aus dem Leben Jesu erhält in dieser Perikope die Menschlichkeit Jesu Gewicht. Es geht weder darum, dass er versucht wurde wie alle Menschen (Invokavit), noch darum, dass er einen verletzlichen, blutenden Körper hatte (Passion), sondern um den Nazarener, den Galiläer, den Juden. Viertens: Das Reich Gottes, nahe gekommen. Die Kurzfassung der Verkündigung ist kein altkirchliches Evangelium und sonst nirgends Predigttext; Gleichnisse zum nahen Gottesreich sind Evangelium für den vorletzten Sonntag im Kirchenjahr und den Ewigkeitssonntag. Im Predigttext ergibt sie das Ziel: was Jesus tat und wie er wirkte.

## 2. Kontexte

Parascha wie Haftara des folgenden Schabbat erzählen von den letzten Worten eines Glaubensvaters auf dem Sterbebett. Dabei fällt die Menschlichkeit dieser Vorfahren auf, besonders bei Davids politischen Aufträgen (1.Kön 2,1–12), aber auch bei den innerweltlichen Aussagen zu den meisten Söhnen bzw. Stämmen. Trotzdem und in ihr geht es um Aussichten in die Zukunft, die bis zu messianischen Hoffnungen führen.

a) »Jakob rief seine Söhne und sprach: Versammelt euch, ich will euch verkünden, was euch am Ende der Tage begegnen wird. … Nie weiche das Zepter von Juda, … bis sein Herrscher kommt und ihm gebührt der Gehorsam der Völker [MT: *'ammim*, LXX: *ethnōn*] … Sebulon wohnt nahe am Ufer des Meeres, am Ufer, wo die Schiffe liegen, und lehnt seinen Rücken an Sidon. … Naftali ist eine flüchtige Hindin, versteht sich auf schöne Reden. … Ein fruchtbarer Weinstock ist Josef, ein junger Fruchtbaum am Quell, … durch die Hände des Starken Jakobs, von dort <kommt> der Hirt, vom Stein Israels [Bethel!] … [E]inem jeden von ihnen gab er den Segen, der ihm zukam. Und er gebot ihnen und sprach zu ihnen: Ich werde nun mit meinen Vorfahren vereint. Begrabt mich bei meinen Vorfahren …«

Gen 49,1.13.21.28f. (Züricher 2007)

b) Wenn das »Reich der Himmel« in unserer Zeit als Hoffnungswort hörbar sein soll, gehören Fragen nach Glaubensüberzeugung und Theologie mehr dazu als in vergangenen Jahrzehnten. Ich schlage dazu zwei Beispiele vor. In ihrem gemeinsamen Buch »Sons of Abraham« stellen ein jeweils orthodox geprägter Rabbi und Imam ihren persönlichen und theologischen Weg aufeinander zu dar. – In seiner Friedenspreisrede erzählte Kermani von der muslimisch-christlichen Eintracht im Kloster Mar Elian – für ihn »ein Ort, der mich utopisch anmutete«.
»IslamiQ: Mit Ihrem Freund Imam Shamsi Ali haben Sie das Buch »Die Kinder Abrahams« verfasst. Wie kann dieses Buch Juden und Muslimen dabei helfen, in Freundschaft und im Dialog näher zusammenzurücken? [...]
Rabbi Marc Schneier: Ich glaube, dass unsere Freundschaft schon an sich eine Botschaft ist. Wir haben mehr von dieser Art der Freundschaft und Partnerschaft in der ganzen Welt gesehen. Es ist sehr einzigartig, solch eine einmalige Freundschaft zwischen führenden muslimischen Geistlichen in den Vereinigten Staaten und meiner Person zu haben. [...]
IslamiQ: Der interreligiöse Dialog wurde von einigen Personen als Konspiration zur Verschmelzung aller Religionen zu einer kritisiert. [...]
Rabbi Marc Schneier: Ich bin nicht daran interessiert, Muslime zum Judentum zu konvertierten und Muslime sind nicht daran interessiert, Juden zum Islam zu konvertieren, aber dies bedeutet nicht, dass wir nicht in einem Geiste der gegenseitigen Verständigung und des gegenseitigen Respekts tätig werden können. Und dies muss die zugrundeliegende Basis sein, auf unserem Weg ins 21. Jahrhundert und in ein neues Gelobtes Land der religiösen Verständigung und Zusammenarbeit.«

Schneier

c) »Die Liebe zum Eigenen – zur eigenen Kultur wie zum eigenen Land und genauso zur eigenen Person – erweist sich in der Selbstkritik. Die Liebe zum anderen – zu einer anderen Person, einer anderen Kultur und selbst zu einer anderen Religion – kann viel schwärmerischer, sie kann vorbehaltlos sein. Richtig, die Liebe zum anderen setzt die Liebe zu sich selbst voraus. Aber verliebt, wie es Pater Paolo und Pater Jacques in den Islam sind, verliebt kann man nur in den anderen sein. Die Selbstliebe hingegen muss, damit sie nicht der Gefahr des Narzissmus, des Selbstlobs, der Selbstgefälligkeit unterliegt, eine hadernde, zweifelnde, stets fragende sein.«

Kermani

### 3. Beobachtungen am Text

Jesus, der Mensch: Geographie des Landes und Biographie Jesu verknüpft Mt mit dem Zitat aus Jesaja. Zur Biographie: Aus Hinweisen, zumal im Matthäusevangelium kann man annehmen, dass Jesus in Nazareth (im Gebiet Sebulon) aufgewachsen ist. Nach seiner Zeit mit Johannes in der Wüste und der Gefangennahme des Johannes kehrte er zurück, blieb aber nicht in der Vaterstadt wie seine Schwestern, sondern ließ sich in Kapernaum (im Gebiet Naphtali) nieder; dort zahlte er die Tempelsteuer (Mt 17,24f.; vgl. Luz, EKK I/1, 169f.). Während Lk (4) von Jesu Ablehnung in Nazareth gleich anfangs und ein- für allemal erzählt, kommen Mk (6) und Mt (13) nach einer Zeit der Wirksamkeit Jesu ausführlich darauf zurück. Christliche Deutung (vgl. Luz, ebd., 196) hat den biographischen Daten Jesu eine Prophezeiung zugeordnet, so dass sie als Erfüllung von Gottes Plan erkennbar werden.

Zur Geographie: Im Lied der Deborah (Ri 5,14.18) gehörten Sebulon und Naphtali zu den Stämmen, die die Keimzelle eines eigenständigen Israel bildeten. Einen konkreten historischen Bezug hat wohl auch ihre Erwähnung in Jes 8,23–9,1, nämlich auf die (Kriegs-)Politik König Josias (eigene Vorlesungsmitschriften bei Frank Crüsemann, vgl. auch Donner, ATD 4/2, 349 und Albertz, ATD 8/1, 371). Die assyrische Verschleppungs- und Ansiedlungspolitik, die zur Zeit der Josianischen Reform ca. 200 Jahre zurück lag, führte zu dem Titel »Galiläa der Heiden«. »Am Zitat ist für Matthäus das … zusammenfassende ›Galiläa der Heiden‹ am wichtigsten«, so nimmt Luz an. »Dabei ist deutlich, daß er nicht meint, daß Galiläa von Heiden besiedelt gewesen sei oder daß sich Jesu Wirksamkeit ganz oder teilweise unter Heiden abgespielt habe. […] Auch historisch war nach 70 Galiläa das Kernland Israels. Die Bezeichnung ›Galiläa der Heiden‹ hat also fiktiven Charakter.« (Luz, EKK I/1, 170f.) Dass das Nordreich, dass speziell Galiläa heidnisch gewesen sei, hat eine lange, an der Theologie des Südreiches orientierte Tradition, entspricht aber nicht der Selbstwahrnehmung zur Zeit Jesu oder des Matthäus.

Gottesvolk und Heidenvölker: Man muss genau und im Kontext des Mt hinsehen, um in den Versen die spezifisch matthäische Theologie vom Heil für Juden und Heiden zu entdecken. Seit der Alten Kirche wird aus der Zweiheit der Stämme, von Heidenvölkern und Gottesvolk und dem Parallelismus im Zitat eine Differenzierung. Luz verweist auf Euseb: »›Es gibt zwei Galiläa, wovon eines ›Galiläa der Heiden‹ heißt (nämlich das nach 1.Kön 9,11 von Salomo an Hiram vermutlich in Obergaliläa abgetretene Gebiet des Stammes Naftali) …, das andere aber ist in der Umgebung von Tiberias und seines Sees‹, im Gebiet Sebulon. ›Galiläa der Heiden‹ ist dann also ein Teil Galiläas, nämlich der gegen Norden und gegen das Wüstengebiet Phöniziens hin gelegene, im Unterschied zu ›Galiläa der Juden‹ im Süden und am Tiberiassee.« (Luz, EKK I/1, 170) Allerdings hat sich Eusebs Differenzierung so ausgewirkt, dass auf diese Weise Jesu Kommen zu Juden und Heiden betont wurde (vgl. Luz, 171). Calvin unterscheidet einen ursprünglichen Bezug des Zitats von dem, den Matthäus herstellt. »Die Rückkehr des Volkes aus dem Exil war vielleicht der Anfang des Lichts, ›in seinem vollen Glanz ging es erst auf, als die Sonne der Gerechtigkeit aufging, Christus‹. Diese Auslegung Calvins ist darum interessant, weil er das Jesajawort nicht einfach Israel wegnimmt und auf ein neues Volk, die Kirche, überträgt. Vielmehr ist das Geschick Israels wie ein ›Spiegel‹, der ›die Lage des Menschengeschlechts‹ beschreibt, ›bevor es durch Christi Gnade befreit wurde‹. Erfüllung alttestamentlicher Weissagungen gibt es nach dieser Auslegung Calvins letztlich nur, wenn Israel daran partizipiert. Der Gedanke scheint systematisch fruchtbar, aber …: matthäisch ist er nicht.« (ebd., 173 mit Bezug auf Calvins Evangelien-Harmonie, Band 1)

Stattdessen stellt Luz fest: »Unser Zitat wird so ein Ausdruck des grundsätzlichen polemischen Anspruchs, den nach der Trennung von Gemeinde und Synagoge … der Evangelist auf die Bibel Israels erhebt.« (ebd., 171) Zu dieser Vermutung führt, dass Mt vieles streicht, die *merä täs Ioudaias* z. B., aber nicht

»Galiläa der Heiden«, und dass er statt des hebräischen *ngh* bzw. des griechischen *lampsei aneteilen* schreibt, was vielleicht aus der Bileams-Weissagung Num 24,17 herrührt, vielleicht aus der mit Fasten, wie Gott es will, verbundenen Vision in Jes 58,10 (vgl. ebd., 169). Da es in der Perikope sowohl um die Erscheinung von Gottes Heil als auch um Umkehr geht, ist beides möglich. Auf diese Weise wird das Zitat zu einer messianischen Weissagung, obwohl »die Stelle im Judentum nicht messianisch gedeutet wurde« (EKK I/1, 169); allerdings »steckt [ ] von Anfang an eine geschichtlich nie eingelöste Offenheit« in ihr (ebd., 172). In diesem ganzen Deutungszusammenhang wird aus Jesu Weggehen aus Nazareth und Kommen und sich Niederlassen in Kapernaum eine Kurzfassung der theologisch konzipierten Entwicklung im ganzen Matthäusevangelium. Drei Schritte werden u. a. mit den Gleichnisreden vollzogen. In allen drei Kompositionen kommen Gleichnisse vom Reich der Himmel vor. »In Kap. 13 geht es um die Scheidung zwischen dem nicht verstehenden Volk und den Jüngern, die Jesu Belehrung empfangen. In 21,28–22,14 geht es um den polemischen Introitus zur letzten großen Gerichtsrede Jesu an Israel, der dann zur endgültigen Trennung vom Volk führen wird (24,1–3). … mit dem dritten Gleichnisblock 24,42–25,30 […] geht es um Gerichtsparänese an die Adresse der Gemeinde […].« (Luz, EKK I/3, 366f.)

Die polemische Abgrenzung gegenüber den Juden und Identifizierung mit den Heiden ist für die matthäische Theologie wichtig – und zieht sich durch die christliche Theologiegeschichte. Hilfreich in diesem Zusammenhang finde ich Differenzierungen. Die gegenwärtige Forschung löst das Schwarz-Weiß-Schema »Frühe Christen – Rabbinische Juden« auf. A. Y. Reed bezieht sich bspw. auf Catherine Heszer und Lee Levine: »Hezser demonstrates that the Sages' sway over other Jews was relatively limited: their influence was largely constrained to their own disciple-circles, and what authority that they could claim outside of those circles was rooted in erudition and charisma, rather than any overarching acceptance of rabbinic power or legitimacy. Instead of a ›movement‹ in a cohesive sense, she suggests that we imagine a network of religious specialists and functionaries.« (Reed, 392) Sie erwähnt eine weitere größere Bewegung: »With the aid of new archaeological evidence as well as a new, critical approach to the rabbinic sources, recent research has established that the synagogue seems to have been a realm surprisingly distinct from the study-house, and sometimes in conflict with it, even in the geographical spheres of rabbinic influence. … these institutions appear to have been shaped and guided by different leaders who drew on different kinds of claims to authority and who were only sometimes influenced by rabbinic ideas about proper praxis and exegesis – and even then, it seems, on their own terms. This line of inquiry proves especially significance insofar as we may have other literary evidence that plausibly first took form in synagogue settings, most notably Targumim and piyyutim.« (Reed, 336 mit Anm. zu Lee Levine)

»Die Juden« als eine ziemlich einheitliche religiöse Größe zu bezeichnen, ist wohl noch lange nach der Zerstörung des Tempels eine Fiktion des Evangelisten. Eine Vielzahl von Glaubensrichtungen anzunehmen, hat viel sozialgeschichtliche Wahrscheinlichkeit für sich.

Das Reich der Himmel: Was Jesus damit meint, erzählt er in Gleichnissen. »Speziell die Himmelreichformeln sind zwar so stereotyp, dass vor allem das

Signal gesetzt wird: ›Achtung, eine Parabel!‹. … [A]ber … [d]ie Parabeln sind im Matthäusevangelium die wichtigste Form, in der Jesus seine Zuhörerinnen und Zuhörer über das Himmelreich belehrt.« (Münch, 387) Luz schlägt drei Orientierungen für die Verkündigung der Himmelreich-Gleichnisse heute vor. »Das Himmelreich ist ein Wort der Hoffnung. Hoffnungsworte geben denjenigen Kraft, die von Hoffnung leben.« (EKK, I/2, 378). Entsprechend sind diejenigen Menschen auszumachen, für die das kommende Reich eine Hoffnung darstellt. Zum Verstehen der Gleichnisse gehört weiter, dass Jesus sie erzählt. Sein Leben und die Gleichnisse kommentieren sich gegenseitig (Luz, EKK I/2, 372). Das führt wohl zu kritischen Fragen an die harten Gerichtsworte (vgl. Luz, EKK I/3, 555). Bei den Hörenden erschöpft sich das Verstehen der Gleichnisse keinesfalls im begreifenden Hören, sondern führt in eine gegenseitige Ausdeutung von Gleichnis und eigener Lebensführung und zu einer neuen Orientierung der letzteren. (vgl. Luz, EKK I/2, 379). Die Gleichniserzählungen verbinden den Ruf zur Umkehr mit der Nähe des Reiches. Die Aufforderung Jesu im Predigttext ist dafür die Kurzfassung (vgl. Luz, EKK I/1, 174). Und schließlich stellt Luz fest, dass die Gleichnisse eigentlich dazu herausfordern, in unserer Zeit und unseren sozialen Strukturen eigene, neue Gleichnisse zu erzählen (EKK I/2, 380).

Systematisch-theologisch versucht Ringleben, das Reich zu erläutern. »Ist es für das nahe gekommene Reich wesentlich, dass es ganz anders ist als diese Welt und doch in dieser Welt sich vergegenwärtigend zur Erscheinung kommt, so lässt diese konstitutive Spannung nur die Lösung zu, dass das Reich die Welt ›wiederholt‹, […] Das Neue schlechthin muss das Alte selber als neu sein, nicht nur irgend etwas Neues […].« (Ringleben, Jesus, 98) Phänomenologisch betrachtend meint er, dass »das ›Reich‹ Gottes mehr die umfassende ›Sphäre‹ seines Dabeiseins, den ›Lebensraum‹ in der Gegenwart Gottes betont«. Und in Anmerkung: »Der spezifisch mt. Ausdruck ›Reich der Himmel‹ […] zeigt dieses soz. räumliche Moment besonders deutlich an sich: etwas Sphärisches, Bereichhaftes.« (ebd., 106) Vom Himmelreich erzählenden Worte sind nicht nur ein Verweis auf etwas Jenseitiges, sondern machen es gegenwärtig; aber nicht nur die sprachlichen, sondern alle irdischen Strukturen werden in diesem Reich einbezogen und verwandelt (werden).

## 4. Homiletische Konkretionen

Der Predigttext bietet die Gelegenheit, die historisch geprägte Menschlichkeit Jesu zu skizzieren, die reale geographische Verortung der »Erscheinung«. Gottes Heilshandeln kommt nicht aus einem Jenseits, sondern wächst in der realen Welt auf – so die alttestamentlichen und jüdischen Wurzeln. Zugleich ereignet sich in der Gegenwart des Menschen Jesus das Anbrechen des Himmelreiches. Es ist nicht nur zeitlich, sondern auch räumlich nahe, wo Jesus predigt, Tischgemeinschaft pflegt oder heilt. Der Galiläer, ganz Mensch, und was er verkündigt, ganz gottverbunden, ergibt miteinander das Ereignis der Erscheinung.

Aber nicht nur die Menschlichkeit Jesu im Verhältnis zur anbrechenden Gottesherrschaft ist geheimnisvoll, sondern auch die sehr menschliche Realität von unterschiedlichen Glaubensgemeinschaften zu seinen Lebzeiten und nach der Auferstehung im Verhältnis zu dem einen, Heil schaffenden Gott. Theologische

Abgrenzungen und Verurteilungen bezeugt schon das AT, und im NT wird es nicht besser damit. Historisch gesehen, brachte eine Mehrzahl unterschiedlicher christlicher und jüdischer Theologien und Lebensregelungen die unterschiedlichen Glaubenserfahrungen mit Jesus zum Ausdruck. Wie ist das wahr, dass der Mensch Jesus einen konkreten Ort für Gottes Gegenwart in der Welt bot und diese Gegenwart nach seinem Tod nicht endete und an die zeitlich begrenzte Gestalt bis heute gebunden bleibt? Nehmen wir Vielfältigkeit und Unterschiedlichkeit als ein Merkmal dieser Welt ernst, das durch das Himmelreich nicht in Einheit aufgehoben, sondern verwandelt wird! Umkehr ist Abkehr von der Sehnsucht nach Einheit(lichkeit). Umkehr ist Abkehr vom Denken in Grenzen und Besitztümern, von »mein Leben«, »mein Erfolg«, »mein Land«, »meine Religion« … Wie kann die Verkündigung des nahen Himmelreiches ein Wort der Hoffnung sein für die, die wegen ihres Glaubens ausgegrenzt, verfolgt, ums Leben gebracht werden – aus welcher Religion auch immer? Das Heil Gottes macht viele Seen und Meere spiegeln; wir sehen sein Leuchten sowohl als auch die Spiegelungen so, wie unser eigenes Meer das möglich macht.

## 5. Liturgievorschläge

Lesungen: Jes 42,1–9 oder Gen 49 in Auswahl; Röm 12,1–3

Lieder:
Du höchstes Licht (EG 441,1–5)
Strahlen brechen viele (EG 268,1–5)
Ich glaube fest (EG 661, Regionalteil Württemberg)
Christus, das Licht der Welt (EG 410,1–4)

außerdem:
Psalm 89,2–5.27–30 (Revisionsvorschlag)
Eingangsgebet: Ev. Gottesdienstbuch, 285, Nr. 3 / Gottesdienstbuch Württ. 1, 142 Nr. 34

## Literatur

Albertz, Rainer, Religionsgeschichte Israels in alttestamentlicher Zeit, ATD Ergänzungsreihe Band 8/1, Göttingen [2]1996.
Donner, Herbert, Geschichte des Volkes Israel und seiner Nachbarn in Grundzügen, ATD Ergänzungsreihe Band 4/2, Göttingen 1986.
Kermani, Navid, »Über die Grenzen – Jacques Mourad und die Liebe in Syrien«, http://www.friedenspreis-des-deutschen-buchhandels.de/819312/, abgerufen am 2016-03-02.
Luz, Ulrich, Das Evangelium nach Matthäus (Mt 1–7), EKK I/1, Zürich [3]1992.
Ders., Das Evangelium nach Matthäus (Mt 8–17), EKK I/2, Zürich 1990.
Ders., Das Evangelium nach Matthäus (Mt 18–25), EKK I/3, Zürich 1997.
Münch, Christian, Einleitung, in: Kompendium der Gleichnisse Jesu, hg. von R. Zimmermann u. a., III. Parabeln im Matthäusevangelium, 385–391.
Ringleben, Joachim, Jesus, Tübingen 2008.
Schneier, Marc, Interview mit IslamiQ (IslamiQ – Nachrichten- und Debattenmagazin zu Islam und Muslimen) vom 17.8.2014, http://www.islamiq.de/2014/08/17/juedisch-muslimischer-dialog-wir-brechen-zu-einem-spirituellen-friedensprozess-auf/, abgerufen am 2016-03-02.

*Isolde Meinhard*

# 2. Sonntag nach Epiphanias: Ex 33,17b–23
# Der Schwere Gottes nachsehen

## 1. Annäherung

Wie schwer ist Gott? Eine ungehörige Frage, die doch ein Reflex ist auf die eindrückliche Erzählung von Mose, der bittet: *Lass mich deine* kavod *sehen!*

*Kavod* – das eine entscheidende Stichwort der Perikope, in dem Glanz und Schwere, Herrlichkeit und Gewicht stecken. Wie schwer ist Gott? Mögliche Antworten changieren zwischen federleicht und felsenschwer – und zeigen so etwas von der Eigenart des biblischen Gottes.

*Sehen* – das zweite gewichtige Stichwort der Perikope. Was kannst du von Gott sehen? Nichts und unendlich viel in der Nachsicht auf Gottes Glanz und Schwere in der Welt.

## 2. Kontexte

a) Im deutschen Begriff »Herrlichkeit« verschwindet die Grundbedeutung des hebräischen Wortes *kavod*. Marlene Crüsemann macht im Glossar der Bibel in gerechter Sprache auf den Ursprung des Wortes aufmerksam:
»Das hebr. Wort *kavod* meint ›Schwere, Gewicht‹ und bezeichnet Zustände und Personen von Rang und Bedeutung. So besagt das Elterngebot, dass diese ›für dich Gewicht haben sollen‹ (Dtn 5,16), indem sie im Alter geehrt, also respektiert und versorgt werden (Ex 20,12). Josef beruft sich auf seinen *kavod*, das Gewicht, das er in Ägypten erworben hat (Gen 45,13), denn im Sinne von Reichtum, Besitz, Macht und Ansehen wird es von der Weisheit geschenkt (Spr 3,16). *kavod* ist die erfahrbare Erscheinungsweise Gottes vor Israel, die beeindruckende Vision der majestätischen Pracht Gottes: Das Gewicht Adonajs zeigt sich in Feuer und Licht, als ›Glorienschein‹ auf dem Berg Sinai (Ex 24,16f.). Von daher kommt die Lichtmetaphorik oft zur Beschreibung der Gotteserscheinung hinzu (Jes 60,1).«

Crüsemann, 2365

b) Zu der Frage, was von Gott sichtbar ist, führt Benno Jacob aus:
»Der כבד [*kavod*] Gottes ist die glanzvolle, Anerkennung heischende Manifestation seiner Macht, Würde und Majestät, wie sie sich in der Natur, und seines heiligen Waltens, seines Gesetzes und Gerichtes, wie sie sich in Geschichte und Gewissen kundtun. Diese Herrlichkeit *kann und soll* der Mensch sehen. Dazu erscheint sie in der Welt, und es ist eine Anklage, daß die Menschen sie nicht sehen und daraus lernen *wollen* (16,7.10 24,17 Lev 9,6.23 Nu 14,10.22 16,19 17,7 20,6 Dt 5,21 31,15 Jes 40,5 Ps 97,6), obgleich die ganze Erde voll ist seiner Herrlichkeit (Nu 14,21 Jes 6,3 Ps 72,19) und erst recht sein Heiligtum (40,34f. IK 8,11).«

Jacob, 958

c) Mit Gott Nachsicht haben – im doppelten Sinn –, darauf macht Magdalene Frettlöh in einer Predigt aufmerksam:
»Gott lässt sich sehen, doch wir können Gott nur hinterher schauen, weil Gott immer schon vorübergegangen ist. Gerade so ist er uns aber auch voraus und geht

uns voran. Diesem Gott gegenüber bleibt uns nur das *Nachsehen*, auf dass wir SEINER nicht habhaft werden können, auf dass wir SIE nicht in den Griff kriegen. Vielleicht ist aber genau dies die Voraussetzung dafür, dass wir Gott gegenüber auch *Nachsicht* üben können. Sehen wir nur IHREN Rücken, gebietet uns das *Rücksicht* – und Aufmerksamkeit auf die *Spuren*, die Gott im Vorüberziehen Seines Glanzes und im Ausrufen SEINES Namens hinterlassen hat.«

Frettlöh, 26

## 3. Beobachtungen am Text

Die Perikope gehört in den großen Zusammenhang der Sinaioffenbarung. Der Abfall des Volkes liegt hinter den beiden Protagonisten der Szene, Gott und Mose. Als Fürsprecher ist Mose aufgetreten und hat Gott vom Äußersten abgehalten: nämlich das ganze Volk zu vertilgen und mit Mose ein neues Volk entstehen zu lassen (Ex 32,10–14). Mose fühlt sich – in aller Enttäuschung über den Abfall des Volkes – mit diesem verbunden. Die unmittelbar Schuldigen werden bestraft. Die Mehrheit bleibt am Leben. Doch der Weg in das verheißene Land gestaltet sich anders. Gott hält Abstand. Anders als auf dem Weg zum Sinai, als die *kavod* Gottes in Wolken- und Feuersäule das Volk unmittelbar geführt hat (Ex 13,21 und 16,10), sendet er nun nur einen Boten vor ihnen her, der mit ihnen geht (Ex 33,2). Gott zieht sich zurück – was durchaus als Ausdruck seiner Barmherzigkeit verstanden werden kann (darauf macht Ernst Michael Dörrfuß mit Schwienhorst-Schönberger aufmerksam – Dörrfuß, 86). Dazu passt auch, dass das Zelt der Begegnung außerhalb des Lagers aufgeschlagen wird. Auch so hält Gott Abstand zu seinem Volk. Mit Mose jedoch redet er *von Angesicht zu Angesicht, wie ein Mann mit seinem Freund* (Ex 33,11). Unmittelbar vor dem Predigtabschnitt erbittet Mose die Führung Gottes (Ex 33,15f.), die Gott ihm in doppelter Weise zusagt: das Gesagte will und wird Gott tun (Ex 33,17a), und Gott bekennt sich zu Mose als einem, den er schätzt und mit Namen kennt (Ex 33,17b).

Kernpunkt der Perikope selbst ist die Bitte des Mose: *Lass mich deine* kavod *sehen!* Schon in seiner Art zu fragen wird deutlich, dass es Mose nicht darum geht, Gott direkt zu sehen. Es geht vielmehr darum, wie dieser unsichtbare und unfassbare Gott, doch von Menschen wahrgenommen werden kann. Dabei spielt die *kavod* als Zeichen für die Gegenwart Gottes in der Bibel (vgl. Ex 24,16f.; 40,34f.; Num 14,10; Jes 60,1 u.ö.) und so auch in dieser Szene eine entscheidende Rolle. Dabei ist es hilfreich, den ursprünglichen Wortsinn von *kavod*, nämlich Schwere oder Gewicht, mitzudenken. Es geht um das Gewicht, das Gott in und für die Welt hat.

Die Antwort Gottes ist dreiteilig:

In einem ersten Antwortgang (Ex 33,19) lässt er seine Güte an Moses Angesicht vorübergehen und ruft ihm seinen Namen ins Gedächtnis. Mit Anklang an Ex 3,14 wird der Name Gottes ausgelegt. Benno Jacob schreibt dazu (960): »Sie sind so gebaut wie der Satz 3,14 אהיה אשר אהיה [*ähjeh ascher ähjeh*]. Hier ist der Sinn: *Wer es verdient*, wird Gunst und Erbarmen bei mir finden. Zu entscheiden, wer dies sein wird, behalte ich mir vor. Das Verhalten des Betreffenden und die Umstände werden bestimmend sein, nicht etwa eine grundlose Willkür von mir, mit der (vgl. Ber. 7a und Röm 9,14ff.) jedes Fragen und Dringen abgeschnitten werden soll. Eine Anwendung wird später Nu 14,28ff. am Platze sein: Josua und Kaleb werden die Gunst, die unmündigen Kinder das Erbarmen erfahren, so daß hier die Gunst voransteht.«

Im zweiten Antwortgang (Ex 33,20) wird das Offensichtliche noch einmal ausgesprochen. Gottes Angesicht ist nicht zu sehen. Die unmittelbare Begegnung mit Gott kann kein Mensch überleben. Er muss sich mit seiner Schwere begnügen.

Darauf geht Gott im dritten Antwortgang (Ex 33,21ff.) ein. Gott eröffnet Mose einen Raum, an dem er seine *kavod* vorübergehen lässt und sich im Nachsehen und mit Rücksicht zeigt. Die Vorderseite (*panim*) bleibt verborgen, der Rücken (*achor*) ist zu sehen. Benno Jacob übersetzt *achoraj* mit »mein Nachher« und eröffnet damit auch eine zeitliche Dimension. Gottes Gegenwart wahrnehmen kann Mose nur im Nachsehen, im Nachhinein.

## 4. Homiletische Konkretionen

Am 2. Sonntag nach Epiphanias ist der Glanz von Weihnachten verblasst, die fassbare Gegenwart Gottes im Kind in der Krippe entgleitet im Alltagsgeschäft. In diese Situation von der im doppelten Sinn Schwere Gottes zu sprechen und ihre Wahrnehmung im Nachher aufzuzeigen, ist für mich der Fokus der Predigt.

Zu Beginn steht die Anknüpfung an die Situation – sowohl der nachweihnachtlichen Gemeinde, wie die des Mose nach dem Abfall der Israeliten mit dem goldenen Kalb. Die unmittelbare Erfahrung der Nähe Gottes schwindet.

Die zentrale Frage des Mose zielt darauf, in Beziehung zu bleiben auch angesichts der veränderten Situation. Mit seiner Frage nach Gottes *kavod* gibt er der Frage die entscheidende Richtung. Nah am biblischen Text kann dem dreifachen Antwortgang Gottes gefolgt werden.

Indem die Vieldeutigkeit des Begriffes *kavod* ausgeführt wird, wird gleichzeitig die Unfassbarkeit des biblischen Gottes thematisiert (zwischen wunderbarer Gotteserfahrung und Gottesferne). Hier hat auch ein Rückbezug auf den Gottesnamen (Ex 3,14) seinen Ort, der Teil der synagogalen Lesung (*Paraschat HaSchavua*) ist.

Die unmittelbare Schau Gottes bleibt verwehrt. Selbst der Blick auf das Kind in der Krippe und auf den Mann am Kreuz ist kein Sehen des Angesichtes Gottes. Vielmehr zeigt sich darin Gottes *kavod* im doppelten Sinn – als herrlicher Glanz und unendliche Schwere.

Am Ende bleibt Mose und allen anderen: Gott gegenüber das Nachsehen zu haben. Den Spuren des *kavod* Gottes in der Welt nachsehen. Und Gott selbst nachsehen, was für uns unfassbar bleibt.

## 5. Liturgievorschläge

Psalm:
Statt Wochenpsalm 105,1–8, der nur in manchen Regionalteilen des EG zum Beten im Wechsel abgedruckt ist, schlage ich vor, Ps 24 im Wechsel zu sprechen, der in allen Ausgaben des EG steht. Dort wird um das Kommen des Königs der Ehren (*melech hakavod*) gebetet. Liturgisch wird so ein Bogen vom Advent in die Epiphaniaszeit geschlagen.

Lesungen:
Epistel (mit dem Revisionsvorschlag der Perikopenordnung): 1.Kor 1,1–10
Evangelium: Joh 2,1–11

Lieder:
Nun danket Gott, erhebt und preiset (EG 290)
Die Herrlichkeit des Herrn bleibet ewiglich (EG 640, Regionalteil Rheinland/Westfalen/Lippe)
Gott wohnt in einem Lichte (EG 379)
Wir strecken uns nach dir (EG 664, Regionalteil Rheinland/Westfalen/Lippe)

**Literatur**

Bibel in gerechter Sprache, hg. von Ulrike Bail u. a., Gütersloh [2]2006.
Dörrfuß, Ernst Michael, 2. Sonntag nach Epiphanias: Ex 33,17b–23. »Lass mich doch deine Herrlichkeit sehen«, in: Predigtmeditationen im christlich-jüdischen Kontext. Zur Perikopenreihe III (2010), 84–90.
Frettlöh, Magdalene L., Ein Wort gibt das andere. Predigten und andere Wort-Gaben aus dem Kirchlichen Fernunterricht, Uelzen 2010.
Jacob, Benno, Das Buch Exodus, hg. im Auftrag des Leo Baeck Instituts von Shlomo Mayer unter Mitwirkung von Joachim Hahn und Almuth Jürgensen, Stuttgart 1997.

*Rahel Schaller*

# 3. Sonntag nach Epiphanias: Joh 4,46–54
# Und wenn das Happyend ausbleibt?

## 1. Annäherung

Das Johannesevangelium zeigt eine Vorliebe für den Ort Kana in Galiläa, den die Synoptiker nicht erwähnen. Hier scheint Jesu Wohnsitz zu sein – und nicht in Kpharnahum (gebräuchlich: Kapernaum), wo er sich, wie Johannes betont, nur kurz aufhält (Joh 2,12). Aus Kana stammt auch der nur im Johannesevangelium genannte Jünger Nathanael (Joh 21,2). Vor allem ist für Predigthörerinnen und -hörer Kana mit dem ersten Jesuswunder, der Verwandlung von Wasser in Wein, das nur Johannes erzählt (Joh 2,1–11), verbunden.

Dass dort Jesus ein zweites Zeichen vollbracht haben soll, ist hingegen kaum geläufig. Daher wird man beim Hören des Textes eher den römischen Hauptmann von Kapharnaum assoziieren, dessen Knecht in dieser Stadt Jesus heilte (Mt 8,5–13 par. Lk 7,1–10). Dass nicht Kana, sondern Kapernaum die ursprüngliche Lokalität gewesen ist, verrät selbst noch unsere Perikope, da dort der Sohn des »Königlichen« krank darniederliegt und von dort aus sein Vater nach Kana reist. Gegenüber der johanneischen Version dürfte auch das matthäische/lukanische Motiv der Fernheilung – Jesus betritt als frommer Jude kein heidnisches Haus – ursprünglich sein. Ferner weisen rabbinische Erzählungen von Wundern des »Frommen« Chanina ben Dosa (Mitte des 1. Jh. n. Chr.) frappante Ähnlichkeiten mit Jesu Heilung in Kana auf (Kontexte a), zumal jener in 'Arav, dem Nachbarort Kanas, wirkte (Bergler, 164ff.). Doch ist vor »Parallelomanie« zu warnen. Auch wenn jene Begebenheiten im 1. Jh. spielen, so datiert ihre Niederschrift frühestens aus dem 3. oder 4. Jh. und macht es schwierig zu bestimmen, ob nur Motivverwandtschaft oder doch literarische Abhängigkeit vorliegt, und falls ja, wer von wem abhängig ist.

Wie sind Jesu Wunder zu beurteilen? Er musste mit dem Können griechisch-römischer Götter, dem von Wunderärzten wie Asklepios und Wunderheilern wie Chanina ben Dosa Schritt halten (Kontexte b). Deshalb entspricht der Predigttext antiker Wundertopik. Es ist ein Legitimations- oder Demonstrationmirakel. Denn im Unterschied zu den Synoptikern, für die Jesu Wunder Zeichen des anbrechenden Gottesreiches sind, dienen sie im Johannesevangelium dem Erweis der göttlichen Herrlichkeit (*doxa*) Jesu. Sie sollen zum Glauben führen, dass er eins mit dem Vater ist (Joh 10,30).

Da in der Epiphaniaszeit über weitere Wunder (Hochzeit zu Kana, Sturmstillung, Seewandel) zu predigen ist, bietet gerade diese Erzählung, aufgrund ihrer Steigerung des Wunders durch die Fernheilung, die Thematisierung von Wunderglauben an. Ich verstehe sie nicht allegorisch als »Symbolgeschichte, die uns sagt: Christus kann uns erreichen über alle Entfernungen, alle innere Distanz, über alle Hindernisse und Zweifel hinweg« (gegen Zager, 45). Mein Skopus lautet: Zwar scheut unser Glaube das Risiko, aber Zeichen helfen nicht gegen Unglauben. Wir müssen vom Glauben an das Wunder zum Glauben an das Wort kommen. Dann erfährt Glaube alles Leben als Wunder.

## 2. Kontexte

a) Im Rahmen der Thematik »richtiges Beten« erzählen Jerusalemer wie Babylonischer Talmud in mehreren Varianten ein Heilungswunder durch den »Proto-Rabbinen« bzw. Chassid Chanina ben Dosa um 50 n. Chr.:
»Eine Begebenheit: Es erkrankte der Sohn Rabban Gamliels. Er schickte zwei Gelehrtenschüler zu Rabbi Chanina ben Dosa, damit der für ihn um Erbarmen bäte. Als er [sc. Chanina] sie sah, stieg er ins Obergemach hinauf und bat für ihn um Erbarmen. Beim Herunterkommen sagte er zu ihnen: »Geht, denn das Fieber ist von ihm gewichen.« [...] Sie setzten sich hin und schrieben und bestimmten exakt die Stunde. Und als sie zu Rabban Gamliel kamen, sprach er zu ihnen: »Beim Gottesdienst! Ihr habt weder vermindert noch vermehrt, sondern so war die Begebenheit: In eben dieser Stunde ist das Fieber von ihm gewichen, und er bat uns um Wasser, um zu trinken.«

Babylonischer Talmud Berakhot 34b (eigene Übersetzung)

b) Der jüdische Religionswissenschaftler Geza Vermes (1924–2013) rechnet Jesus wie Chanina zu den Chassidim, den »frühen Frommen«, einem charismatischen, von großem Gottvertrauen geprägten Judentum, das der pharisäisch-rabbinischen Halacha kritisch-distanziert gegenüberstand.
»Alle Fäden [...] laufen in dem einen Punkt zusammen, der Jesus einen Platz in der ehrwürdigen Gesellschaft der Frommen, der alten Chassidim, zuweist. [...] Jesus ist nicht den Pharisäern, Essenern, Zeloten oder Gnostikern zuzurechnen, sondern gibt sich als einer der heiligen Wundertäter Galiläas zu erkennen. [...] Jeder objektive und unvoreingenommene Erforscher der Evangelien muß von der unvergleichlichen Überlegenheit Jesu beeindruckt sein.«

Vermes, 205

c) In seinem epochalen Aufsatz »Neues Testament und Mythologie« (1941) propagiert Rudolf Bultmann (1884–1976) die Entmythologisierung des mythischen biblischen Weltbildes und setzt sich kritisch mit dem Wunderglauben auseinander:
»Krankheiten und ihre Heilungen haben ihre natürlichen Ursachen und beruhen nicht auf dem Wirken von Dämonen bzw. auf deren Bannung. *Die Wunder des Neuen Testaments* sind damit als Wunder erledigt [...]. Man kann nicht elektrisches Licht und Radioapparat benutzen, in Krankheitsfällen moderne medizinische und klinische Mittel in Anspruch nehmen und gleichzeitig an die Geister- und Wunderwelt des Neuen Testaments glauben.«

Bultmann, 18

d) Der lutherische Theologe Hermann Bezzel (1861–1917), Rektor der Diakonissenanstalt Neuendettelsau, schreibt:
»Wunderglaube ist schlimmer als Unglaube. Aller Glaube, der Jesus zum Geber einzelner Gaben herabwürdigt und von Ihm besondere Zeichen verlangt, ist nichts anderes als ärmliches Anleihen bei einem Reichen, den man dann immer wieder verläßt, wenn man etwas von ihm bekam, den man nur wieder aufsucht, wenn das Gegebene verbraucht ist.«

Bezzel, 598

e) Vergebliches Hoffen auf ein Wunder: Ein unbekannter Jude kritzelte Folgendes – in enger Anlehnung an den 12. Glaubensartikel des Maimonides (12. Jh.) – auf eine Wand im Warschauer Ghetto:
»Ich glaub', ich glaub', ich glaube, ehrlich, unerschütterlich und fromm, daß der Messias komm: An den Messias glaub' ich, und wenn er auf sich warten läßt, glaub' ich darum nicht weniger fest, selbst wenn er länger zögert noch, an den Messias glaub' ich doch, ich glaub', ich glaub', ich glaube.«

Lapide, 49

## 3. Beobachtungen am Text

Mit der rabbinischen Erzählung (Kontexte a) stimmt überein, dass auch Chanina fast zeitgleich wie Jesus in Galiläa wirkte, eine enge Gottesbeziehung besaß und deshalb ungewöhnliche Taten vollbringen, ja sogar aus der Entfernung heilen konnte.

Die johanneische Perikope entstammt der sog. *Semeia*-/Zeichenquelle und bietet eine eigenständige Traditionsvariante der lk/mt Darstellung aus der Logienquelle (Q 7,1–10). Beiden gemeinsam ist, dass es um eine Fernheilung geht, bei der kein direkter Kontakt zwischen Jesus und dem in Kapharnaum befindlichen Kranken erfolgt.

*V 46* stellt einerseits die Verbindung und Erinnerung zu Jesu erstem Wunder in Kana her. Andererseits führt er einen neuen »Fall« ein: Jesus bekommt es mit einem »Königlichen«, d. h. wohl einem in Diensten des Herodes-Sohnes Antipas, Jesu Landesherrn in Galiläa, stehenden und in Kapernaum lebenden Mann, zu tun. Im Unterschied zu Q dürfte es sich aber um keinen römischen Soldaten, sondern um einen jüdischen Beamten handeln, folglich die Erzählung »als ›Werbung‹ um die Juden verstanden werden« (Schloz, 120). Und statt des erkrankten Knechtes des heidnischen Zenturio geht es hier – in bewusster Steigerung? – um den kranken Sohn des Königlichen.

*V 47* trägt die Information nach, dass Jesus soeben wieder aus Judäa zurückgekehrt ist, wohin er laut Johannesevangelium bereits zum zweiten Mal gereist war (vgl. Joh 1,43; 2,13ff.22; 4,3). Der darüber informierte Beamte macht sich sofort auf den knapp 30 Kilometer langen Weg vom See Genezareth hinauf nach Kana. Während laut Q die Begegnung zwischen Jesus und dem Hauptmann bzw. dessen für ihn intervenierenden Ältesten/Freunden in Kapharnaum erfolgt, dient hier die Distanz der Steigerung des Wunders. Der Mann bittet Jesus, mit ihm »herabzugehen«, um seinem – erneut verstärkt! – sterbenskranken Sohn zu helfen. Wie Jesu Mutter im ersten Kana-Zeichen (Joh 2,3.5) weiß dieser Mann um Jesu Vollmacht, obwohl noch keine Heilung berichtet wurde. Johannes setzt das Vorwissen der Leser-/Hörerschaft voraus und adressiert sie auch.

So wie Jesus beim Weinwunder die unzeitige Bitte seiner Mutter kritisiert (Joh 2,4), bringt er in *V 48* überraschend einen generellen Vorwurf (»ihr«!) vor, indem er sich gegen äußerlichen Wunderglauben, der immer neue Zeichen sehen will, ausspricht (vgl. Joh 6,14f.; 20,29). Dies ist hier wie dort johanneische Korrektur der Zeichenquelle.

Wie Maria ihrer Bitte an Jesus treu bleibt, die dann doch erfüllt wird (Joh 2,5ff.), so wiederholt in *V 49* der Königliche, ohne auf Jesu Einwand einzugehen, verstärkt in direkter Anrede »Herr«, seine Bitte von V 47. Zudem spricht er nicht mehr vom Sohn (*hyos*), sondern emphatisch von »meinem Kind« (*to paidion mou*).

Lapidar statuiert *V 50* Jesu Antwort: »Dein Sohn lebt« mag beabsichtigte Elia-Jesus-Typologie (vgl. 1.Kön 17,23) sein. Er befiehlt dem Mann die Heimkehr. Dieser gehorcht im – betontermaßen – Glauben an Jesu schöpfungsmächtiges Wort. Da es vorausgeht, braucht Jesus nicht mit. »Dem Wort soll man glauben, denn [...] was es verheißt, das geschieht bestimmt, und weder Teufel noch Welt kann es hindern oder wehren.« (Luther, 400) Das Heilungswunder am Sohn wird nebensächlich gegenüber dem Heilswunder am vertrauenden Vater.

Orts- und Szenenwechsel. Gerade *VV 51–53* erweisen sich, verglichen mit der Q-Version, als Sondergut. Vielleicht kurz vor Kapernaum trifft der Königliche seine ihm entgegengeeilten Bediensteten mit der Nachricht, dass sein Knabe (hier: *pais*) genesen sei. Längst dürfte es Abend sein, somit ein neuer Tag begonnen haben. Denn auf seine Nachfrage nach dem genauen Zeitpunkt erhält der Mann die Auskunft, dass sich der Zustand des Kindes »gestern um die siebte Stunde«, also am frühen Nachmittag, besserte.

*V 53* lässt den Vater – hier nicht mehr als »Königlicher« oder »Mann« bezeichnet – die Übereinstimmung mit der exakt in jener Stunde gegebenen Zusage Jesu erkennen, woraufhin er mit seiner ganzen Familie (inklusive Bedienstete) zum Glauben kommt. Der Vater als Bittsteller für seinen kranken Sohn wird nun zum Zeugen für den heilenden Sohn (Gottes). Das Haus steht für die glaubende (Haus-)Gemeinde. Es ist ein Ruf »zur Umkehr; weg vom Zeichen, hier also der Gesundung, zu dem, der im Zeichen dem Hörer begegnen will: zu Jesus selbst« (Schweizer, 70).

*V 54* statuiert unterschriftartig, dass dies das zweite Zeichen Jesu in Galiläa war – Beleg dafür, dass Johannes aus einer schriftlichen (Zeichen-)Quelle schöpfte.

## 4. Homiletische Konkretionen

*Einleitung*: »Mir kann jetzt nur noch ein Wunder helfen« – wirklich? Was lässt sich bei der Diagnose »Krebs im fortgeschrittenen Stadium« noch sagen? Welche Medikamente sind da noch zu verschreiben, welche Wege zu gehen, die man nicht alle schon gegangen wäre! Erst in der allergrößten Not wagen es viele, zu Gott, ihrem allerletzten Rettungsanker, zu beten. »Wunder gibt es immer wieder, heute oder morgen können sie geschehn.« (Katja Ebstein) »Ich weiß, es wird einmal ein Wunder geschehn, und dann werden alle Märchen wahr.« (Zarah Leander) »Das Wunder ist des Glaubens liebstes Kind.« (Goethe, *Faust*, 766) Die Wundersprüche-Liste lässt sich beliebig erweitern. Aber wenn das Wunder, das die ärztliche Kunst übersteigt, ausbleibt? Resignation, Ohnmacht, Angst, Einsamkeit. Meist bleibt der Glaube gleich mit auf der Strecke.

Physik und Chemie zeigen, wie die Welt funktioniert. Selbst Krankheit und Tod sind erklärbare Naturvorgänge. Die Natur folgt ihrer biologischen Gesetzmäßigkeit. Unsere Körperzellen können sich nur bis zu einer bestimmten Zahl teilen und erneuern. Unser Körper ist nicht auf Unsterblichkeit angelegt. Landläufig aber gilt ein Wunder als ein Vorgang, der der Erfahrung oder den Naturgesetzen widerspricht und nicht berechenbar ist.

Nun ist die Bibel voll von Wundererzählungen, an die wir glauben sollen und es doch nicht (mehr) können (Kontexte c). Sowohl die Sabbat-Parascha Ex 6,2–9,35 mit der Erzählung der ersten sieben Plagen als auch die Haftara Jes 66,1–24 vom apokalyptisch geschauten Heil Jerusalems (bes. VV 7ff.) können als Beispiele damaliger Wundererwartung dienen. Vor allem der Plagennarrativ spricht wie die johanneische Zeichenquelle von »Zeichen (und Wundern)« (Ex 7,3; 8,19 u.a.).

– Lesen des Predigttextes; kommentierende, aktualisierende Nacherzählung –

*1. Ein schwerer Gang von Kapernaum hinauf nach Kana*

Die Begebenheit ist wiederholbar: Was immer diesen Vater mit seinem Sohn betrifft, kann uns treffen, trifft uns auch früher oder später in der einen oder anderen Variante. Als ob der Arzt einem eröffnet: »Ihr Sohn, Ihre Frau, Sie selber haben nur noch wenige Tage zu leben.«

*2. Eine scheinbar lieblose Reaktion von Jesus*

»Wenn ihr nicht Zeichen und Wunder seht …« – so als würde er Noten verteilen: Sehr guter Glaube, Vier-minus-Glaube, durchgefallen. Aber hat er uns nicht gut durchschaut? Erst die Not lehrt uns beten! Doch echter, vertrauender Glaube braucht kein Wunder! Jetzt steht nicht mehr der todkranke Sohn, sondern der Vater im Zentrum. Jesus prüft seinen Glauben. Indem der Königliche inständig bittet, lässt er los. Er erkennt, dass er nicht tiefer fallen kann. Er wird zum Bettler, macht einen Lernprozess im Glauben durch. Ihm selber wird geholfen.

*3. Eine nicht beweisbare Zusage*

»Dein Sohn lebt!« Es geschieht nichts, kein Zeichen, kein Wunder. Der Beweis, dass Jesu Wort hält, was es verspricht, steht aus. Keine Garantie wird gegeben. Echter Glaube hält nichts in Händen als ein Wort. Am Krankenbett, auf dem Friedhof: Was haben wir Bettler dort dagegen zu setzen? Nichts als das Wort Gottes. Der Vater, an dessen Stelle wir stehen sollen, kehrt ohne Jesus, mit leeren Händen zurück.

*4. Kein Happyend*

»An dieser Stelle, liebe Gemeinde, würde ich als Schreiber die Geschichte abbrechen. Freilich musste der Evangelist seinen Lesern noch den Beweis schildern, dass der Junge tatsächlich gesund wurde. Diese Zeilen sind – finde ich – für unsere Ohren unwichtig und rücken wieder den Wundermann Jesus ins Zentrum. Doch dürfen wir aus dem glücklichen Ausgang der Erzählung keinen Automatismus ableiten: Wer an Gott glaubt, bleibt gesund, hat Erfolg und ein langes Leben (Kontexte d). Sollte ich eine uns hilfreiche Fortsetzung schreiben, dann ließe ich den Vater daheim den Sohn gestorben finden. Würde er immer noch glauben? Was dann, wenn in vergleichbarer Situation unserem Beten und Hoffen kein Wunder widerfährt?«

Gerade der in der neuen Woche liegende 27. Januar, der an die Befreiung des Konzentrationslagers Auschwitz-Birkenau 1945 erinnert und seit 1996 Tag des Gedenkens an die Opfer des Nationalsozialismus ist, widerspricht der allzu selbstverständlichen Erwartung eines Happyend (s. Kontexte e).

»Dein Sohn lebt«: was auch immer mit ihm geschieht, auch wenn er jetzt stirbt: Joh 11,25. Wo Gott uns die erbetene Verlängerung des leiblichen Lebens vorenthält, schenkt er uns dennoch das ewige Leben. Es geht um einen Glauben, der selbst gegen den Augenschein Bestand hat. Der Augenblickserfolg (»Gott sei Dank, der Junge ist wieder gesund!«) wäre zu wenig.

*Schluss*: »Diese Geschichte ist nicht deshalb erzählt, damit wir an Wunder glauben, sondern damit wir an Jesus glauben. Er fordert zur Überprüfung unseres Glaubens auf. Wo beginnen wir zu zweifeln, wo geben wir auf? Echter Glaube braucht keine Wunder. Hingegen sehen wir mit den Augen des Glaubens lauter Wunder. Ist nicht unser Leben ein einziges Wunder? Wesentlich ist der Glaube an Gottes bzw. Jesu Wort. Das ist freilich selbst für Christen ein Stein des Anstoßes: nichts zu haben als das Wort der Verheißung. Es bleibt allemal ein Wagnis, mit dem Vater den Weg zurück nach Kapharnaum zu gehen.«

## 5. Liturgievorschläge

Das Evangelium des Tages, Mt 8,5–13, lese ich nicht, denn sonst werden den Hörern zwei verschiedene, z. T. einander widersprechende Versionen desselben Ereignisses zugemutet. Stattdessen würde ich einen Psalm, etwa das individuelle Klage-/Bittlied Ps 86, wählen.
Analog zur Fernheilungserzählung mag im Fürbittengebet »Ferne und Nähe« thematisiert werden, z. B.: »Wir bitten für Menschen in der Ferne, dass ihr Leid uns nahekomme. Wir bitten für Menschen, die uns ferne gerückt sind, um Mut zu neuer Nähe. Wir bitten um Offenheit für Menschen, von denen wir uns distanziert haben. Wir bitten um Frieden mit Menschen, mit denen wir uns entzweit haben. Wir bitten für die Kirche weltweit um Einigkeit und Solidarität.« (Zager, 47)

Lieder:
Ich möcht, dass einer mit mir geht (EG 209)
Bei dir, Jesu, will ich bleiben (EG 406,1–3.4–5)
Von guten Mächten (EG 65)

## Literatur

Bergler, Siegfried, Von Kana in Galiläa nach Jerusalem. Literarkritik und Historie im vierten Evangelium (MJSt 24), Münster 2009.
Bezzel, Hermann, Auf ewigem Grunde. Ein Jahrgang Predigten über die alten Evangelien, Konstanz 1914.
Bultmann, Rudolf, Neues Testament und Mythologie, in: Hans Werner Bartsch (Hg.), Kerygma und Mythos. Ein theologisches Gespräch (ThF 1), Hamburg-Volksdorf [2]1951, 15–48.
Lapide, Pinchas, Auferstehung. Ein jüdisches Glaubenserlebnis, Stuttgart/München [3]1980.
Luther, Martin, Joh. 4,47–54, in: Ders., Die Predigten (Luther deutsch 8), Stuttgart/Göttingen [2]1965, 396–402.
Schloz, Rüdiger/Breit-Keßler, Susanne, Johannes 4,46–54. Wunder – eine Frage des Trainings«, in: Wilhelm Gräb [u. a.] (Hg.), Predigtstudien für das Kirchenjahr 2010/2011. Perikopenreihe III – Erster Halbband, Freiburg i. Br. 2010, 118–125.
Schweizer, Eduard, Die Heilung des Königlichen: Joh. 4,46–54, EvTh 11 (1951/52), 64–71.
Vermes, Geza, Jesus der Jude. Ein Historiker liest die Evangelien, Neukirchen-Vluyn 1993.
Zager, Dorothea, Des Glaubens liebstes Kind. 3. Sonntag nach Epiphanias. Johannes 4,46–54«, PBl 115 (2015), 43–47.

*Siegfried Bergler*

# 4. Sonntag nach Epiphanias: Mt 14,22–33
# »Ich bin's«

## 1. Annäherung

»Meine Teenager-Jahre waren eine sehr schwere Zeit«, erzählte mir einmal eine Freundin. »Mit 17 bin ich von zu Hause ausgezogen. Ich hatte fast nichts. Aber gerade in dieser Zeit habe ich Gott besonders erfahren. Wenn ich ganz dringend Geld nötig hatte, lag plötzlich ein Briefumschlag mit 50 Euro bei mir im Briefkasten. Oder jemand aus der Gemeinde steckte mir etwas zu. Ich habe damals viele Wunder erlebt, so empfand ich es. Jetzt, wo ich staatliche Unterstützung bekomme, erlebe ich so etwas nicht mehr. Im Vergleich zu damals scheint mir Gott heute fern zu sein.«

Gott erfahren – darum geht es in unserem Predigtwort. Die Jünger erleben Jesus, seine göttliche Seite, in einem speziellen Moment auf besondere Weise. Jesus offenbart sich ihnen. Doch göttlicher Offenbarung haftet etwas Geheimnisvolles an. Zeiten intensiver Gotteserfahrung mögen auch solche folgen, wie sie meine Freundin beschrieben hat. Gott erscheint wieder fern zu sein. Was sind die Herausforderungen göttlicher Selbstoffenbarung für uns? Warum beginnen wir trotz Gotteserlebnissen manchmal doch wieder zu zweifeln?

## 2. Kontexte

a) In dieser Woche wird in der Synagoge ein Teil der Exodusgeschichte (Ex 10,1–13,16) als Wochenabschnitt gelesen. Es ist der Moment, in dem sich Gott dem Volk Israel zum ersten Mal offenbart. Unser Predigtwort, in dem es auch um göttliche Selbstoffenbarung geht, übernimmt verschiedene Motive aus der Exodusgeschichte, insbesondere aus dem »Durchzug durch das Schilfmeer« (Ex 14).

b) Göttlicher Selbstoffenbarung haftet etwas »Undurchsichtiges« an – sie geschieht in der Bibel häufig nachts. So ist es auch in unserem Predigtwort und beim Auszug Israels aus Ägypten. In der jüdischen Liturgie zum Pessachabend gibt es daher ein Lied, das mit den Worten beginnt: »Einst hast Du die meisten Wunder mitten in der Nacht gewirkt …«

übersetzt aus Goldschmidt, 90

c) Der jüdische Gelehrte Raschi stellt in seinem Kommentar zu Exodus 14,3 eine Verbindung zu Hiob 38,16 her. Dort wird das Meer als ein Ort beschrieben, der Menschen einschließen kann. Durch diese Verbindung erscheint die Notsituation der Kinder Israels beim Auszug aus Ägypten und jene der Jünger in unserem Predigtwort die gleiche zu sein: Sie sind eingeschlossen. Mit anderen Worten: Gottes Selbstoffenbarung kommt nicht in irgendeine Situation hinein, sondern in einen Moment existentieller Not, in einen Moment, da man »festsitzt«.
Zu Ex 14,3 schreibt Raschi: »Sie sind eingesperrt [*nevuchim*]. Sie sind festgesetzt und eingeschlossen. Auf Französisch [hieße es] ›serrer‹. Wie ›die gewaltsam zurückhaltenden Grenzen des Meeres‹ [*nevichei jam*, aus Hiob 38,16].«

übersetzt aus Scherman, 149

d) Göttliche Selbstoffenbarung muss »bewahrt«, erinnert, immer wieder begangen werden. Dazu wird Israel mit dem Pessachfest – nach Targum Onkelos – aufgefordert. Er gibt die Worte in Exodus 12,42 wie folgt wieder: »Eine Nacht zu begehen ist sie vor dem Herrn, dafür, dass er sie aus dem Land Ägypten herausgeführt hat. Das ist diese Nacht vor dem Herrn, zu begehen für alle Kinder Israels über ihre Generationen hinweg.«

übersetzt aus Scherman, 133f.

## 3. Beobachtungen am Text

Dass in dieser Woche die Exodusgeschichte (Ex 10,1–13,16) als Toraabschnitt in der Synagoge gelesen wird, wirkt bei näherer Textanalyse sehr treffend. Es scheint, dass unser Predigtwort im Matthäusevangelium – Jesu Wandel über den See Genezareth – die Funktion einer »Exodusgeschichte für die Jesusjünger« einnimmt. Der Text spielt mit der Exodusüberlieferung und bekommt von ihr her tiefere Bedeutung. Das zeigt sich schon an einer Äußerlichkeit: Der Seewandel geschieht nachts. Die beiden anderen Ereignisse im Matthäusevangelium, von denen es ausdrücklich heißt, dass sie nachts stattfinden (die Flucht nach Ägypten – Mt 2,13f.; Jesu letzter Abend mit seinen Jüngern – Mt 26,30ff.) beziehen sich beide ebenfalls auf den Auszug Israels aus Ägypten.

Es zeigen sich auch diverse Parallelen zwischen Exodus und Seewandel. Unser Predigtwort ist ein Moment, in dem Jesus seine Jünger aus einer Notlage befreit – ähnlich wie Gott Israel aus der Verfolgung durch die Ägypter. Es ist der Moment, den Jesus selbst herbeiführt, um die Jünger Ehrfurcht und Vertrauen zu lehren – Gleiches tat Gott im Exodus. Es ist der Moment, in dem Jesus zeigt, wer er ist – gleich wie sich Gott mit dem Auszug aus Ägypten Israel offenbarte.

*V22*: Die Jünger werden zum Aufbruch »gedrängt« – wie die Israeliten von den Ägyptern (vgl. Ex 12,33). Daraufhin fahren die Jünger auf den See, bleiben dort aber länger als ursprünglich angewiesen. Sie sollten nach Jesu Worten unterwegs sein, »solange bis« (*heos hou*) Jesus die Volksmasse entlassen habe. Die Jünger bleiben aber auch noch danach auf dem See, während Jesus betet. Gleichermaßen sagt Mose dem Pharao, dass das Volk Israel für drei Tage in die Wüste ziehen will, um Gott ein Fest zu feiern – Israel bleibt aber allem Anschein nach länger in der Wüste (vgl. Ex 5,1–4; 13,17–22).

*V24*: Die Jünger kommen in eine Notsituation, sie werden eingeschlossen. Sie sitzen in ihrem Boot inmitten bedrohlicher Wellen. Auch hier gibt es eine Parallele zum Exodus: Die Jünger sind vom See Genezareth (Hebräisch: »Meer Genezareth«) eingeschlossen wie das Volk Israel scheinbar in der Wüste (vgl. Ex 14,3 bzw. Kontexte c). Beim Volk Israel wird das vorgetäuschte Eingeschlossen-Sein u. a. durch das Wort *nevuchim* ausgedrückt. Dieses Wort bedeutet: Die Israeliten werden durch Grenzen mit Gewalt zurückgehalten. Solche gewaltsam zurückhaltenden Grenzen hat auch das Meer (d. h. auch das »Meer Genezareth«) nach Hiob 38,16: »Bist du zu den gewaltsam zurückhaltenden Grenzen des Meeres (*nevichei jam*) gelangt oder auf den innersten Tiefen der Urflut geschritten?«, fragt Gott Hiob. Von diesen Worten her lässt sich die Notsituation der Jünger auf dem »Meer Genezareth« als »Eingeschlossen-Sein« beschreiben. Hiob 38,16 zeigt darüber hinaus: Gott kann das »Eingeschlossen-Sein« überwinden. Er kann gewaltsam zurückhaltende Grenzen durchbrechen, über Wasserfluten gehen. Und: Dies ist eine Eigenschaft Gottes, die der Mensch nicht hat.

*V 25*: Noch auf eine andere Art werden die Jünger auf dem See Genezareth eingeschlossen. Plötzlich sind sie eingekesselt zwischen dem von hinten heranrückenden »Gespenst« und von vorne blasenden Wind – wie die Israeliten zwischen ägyptischem Heer und Meer (vgl. Ex 14,9). Interessant ist auch die Zeitangabe in diesem Vers: Jesu Kommen ereignet sich in der vierten »Nachtwache« (griechisch *fylakē*). Es ist in diesem Teil der Nacht, dass die Jünger Rettung erfahren. Ebenso vernichtet Gott das ägyptische Heer beim Durchzug Israels durchs Schilfmeer in der letzten Nachtwache (die LXX benutzt ebenfalls das sonst selten auftauchende Wort *fylakē* in Exodus 14,24).

*V 26*: Hier gibt es einen auffallenden Unterschied zwischen dem Volk Israel und den Jüngern. In dem Moment, da sie zwischen Gespenst und Wind, Heer und Meer eingekesselt werden, schreien sowohl die Jünger wie das Volk Israel und fürchten sich. Doch das Volk Israel beginnt an dieser Stelle zu zweifeln. Sie klagen Mose dafür an, dass er sie so sterben lasse (Ex 14,11f.). Die Jünger hingegen beschweren sich nicht darüber, dass Jesus sie mit seinem Auftrag in eine Notsituation gebracht hat.

*V 27*: Das mag auch an Jesus liegen. Denn er beginnt sofort zu sprechen, wie wenn er eine solche Reaktion verhindern wollte, Zweifel an ihm gar nicht aufkommen sollten. Seine Rede erinnert an die Worte, die Mose in der Notsituation zum Volk Israel spricht. Jesus beginnt wie Moses mit der Aufforderung »seid mutig« (*tarseite* – ein Verb, das in den fünf Büchern Mose in der Version der LXX kaum benutzt wird, in dieser Form nur in Exodus 14,13 und 20,20; bei Matthäus erscheint diese Form nur hier). Dann folgt ein »ich bin's«, das an Gottes Selbstoffenbarung gegenüber Mose »ich bin, der ich bin« (Ex 3,14) und »ich bin JHWH« (Ex 6,6) erinnert. Zuletzt sagt Jesus »fürchtet euch nicht« (*mä fobeiste*) – ein Ausdruck, der bei Matthäus häufiger besondere göttliche Offenbarungsmomente begleitet (vgl. Mt 17,7; 28,5; 28,10). Interessant ist, wie Mose in seiner Rede nach dem »seid mutig« weiterfährt. Er sagt nämlich »tretet hin«. Und er schiebt als Drittes nach: »Ihr werdet die Hilfe JHWH's – auf Hebräisch die *Jeschua JHWHs* – sehen.«

*V 28*: Es scheint, als ob Petrus prüfen will, ob Jesus (Hebräisch *Jeschua*) wirklich diese Hilfe Gottes ist, die Israel bereits im Exodus erlebt hat und als die sich Jesus mit dem »ich bin's« zu erkennen gibt. Wie Mose das Volk Israel aufgefordert hat, will er nun »hintreten« und sehen, ob Jesus wundersame Hilfe leisten, die Grenzen des Wassers für andere durchbrechen kann.

*V 30*: Die Zweifel, die das Volk Israel *vor* Gottes erstem Eingreifen hatte, kommen bei Petrus jetzt *nach* Jesu erstem Selbsterweis. Oder um es umgekehrt zu sagen: Nachdem Gott die Ägypter durch seinen Engel und die Wolke von Israel ferngehalten hat, hören wir nicht mehr von Zweifeln beim Volk Israel (vgl. Ex 14,19f.) – bei Petrus kommen sie nach Jesu erstem göttlichen Selbsterweis aber auf.

*V 32*: Es erfolgt der zweite Selbsterweis Jesu: Der Wind legt sich. Ähnlich erweist sich Gott im Exodus endgültig dadurch, dass er die Ägypter ertrinken lässt (Ex 14,26ff.).

*V 33*: Die Ereignisse haben bei den Jüngern Gottesfurcht und Glauben an Jesus hervorgerufen: Sie fallen vor ihm nieder und bekennen ihn als Gottes Sohn.

Gleiches – Gottesfurcht und Glauben – hat die Schilfmeer-Episode beim Volk Israel bewirkt (Ex 14,31).

## 4. Homiletische Konkretionen

Da »Gott zu erleben« gerade in einer immer säkularer werdenden Gesellschaft ein wichtiges Thema für viele Predigthörer und Predigthörerinnen ist, entscheide ich mich dafür, die »göttliche Selbstoffenbarung« in unserem Predigtwort zum Thema der Predigt zu machen. Genauer gesagt: Drei »Probleme« göttlicher Selbstoffenbarung sollen unter die Lupe genommen und dabei die Bezüge unseres Predigtwortes zur Exodusgeschichte fruchtbar gemacht werden.

Ein einleitender Teil könnte den Predigthörern und Predigthörerinnen eigene »Ich-bin«-Momente in Erinnerung rufen. Wann hatten sie in ihrem Leben schon einmal den Eindruck: »da war Gott«; »hier hat er etwas in meinem Leben gewirkt«; »dort habe ich ihn erlebt«; »da hat er geholfen«?

Das Predigtwort – so könnte die Predigt fortfahren – benennt drei »Probleme«, die wir Menschen mit solchen göttlichen Selbstoffenbarungen haben können. Es sind Probleme, die nicht nur wir Christen kennen. Auch Israel hat sie erlebt, als Gott sich dem Volk beim Auszug aus Ägypten offenbarte.

Zuerst: Der Aufbruch aus Ägypten, der Durchzug des Volkes Israel durch das Schilfmeer und der Wandel Jesu über den See: Das alles geschieht nachts. Mit anderen Worten: Die Wunder, die Gott bei diesen Ereignissen wirkt, passieren in der Dunkelheit. Das lässt sich in der Bibel grundsätzlich beobachten: Gott lässt viele Wunder, viele Selbstoffenbarungen nachts geschehen (vgl. Kontexte b). Es ist ein Zeichen dafür, dass göttlichen Selbstoffenbarungen oft etwas Undurchsichtiges anhaftet. Im ersten Moment, »in der Nacht«, mag man sich gewiss darüber sein, dass Gott gewirkt hat. Dass man Gott erlebt hat. Hinterher, »bei Lichte betrachtet«, mögen aber Zweifel aufkommen. Was ist da genau geschehen? War das wirklich göttliches Eingreifen – oder lässt sich die Sache vielleicht auch anders erklären? Was hat Gott eigentlich genau getan? Wo Gott sagt »ich bin's« erklingt in unseren Herzen manches Mal die Frage: »Bist du es wirklich?«

Eine zweite Herausforderung im Zusammenhang mit Gotteserlebnissen ist: Gott offenbart sich nicht ununterbrochen und ständig. Er zeigt sich in besonderen Situationen. In unserem Predigtwort wie beim Auszug der Israeliten aus Ägypten sind es Notsituationen, in denen Gott sich offenbart. Es sind Situationen, in denen das Volk Israel bzw. die Jünger eingeschlossen worden sind – von der Wüste, von den Wellen des stürmischen Sees Genezareth. Sie sind eingeschlossen worden zwischen Heer und Meer, zwischen »Gespenst« und Wind. Es sind lebensbedrohliche Situationen, in denen Gott sich ihnen offenbarte. Das zu sehen, mag für jene hilfreich sein, die sich häufiger »göttliche Selbsterweise« im Leben wünschen. Ein Grund für »göttliches Schweigen« in unserem Leben könnte sein, dass wir gerade keine existentielle Notsituation erleben. Dass wir nicht in einer Ausweglosigkeit stehen, von unüberwindbaren, »gewaltsam zurückhaltenden« Grenzen umgeben sind, wie die Jünger und das Volk Israel es waren. Dass wir nicht verzweifelt fragen: »Gott, wo bist Du«? Mit anderen Worten: Möglicherweise haben wir es zur Zeit nicht nötig, dass Gott für uns unüberwindbare Grenzen durchbricht und über Wasser geht (vgl. Kontexte c).

Das dritte »Problem« mit göttlichen Selbstoffenbarungen ist, dass wir Menschen – gerade in Notsituationen – schnell an Gottes Willen und Macht zweifeln. Das Volk Israel hat gezweifelt, Petrus hat gezweifelt. Der Zweifel des Volkes Israel war der Zweifel von Menschen, die Gott erst am Kennenlernen sind. Israel steht am Anfang seines Weges mit Gott, als Gott das Volk in eine Notsituation zwischen ägyptischem Heer und Meer laufen lässt. Bei Petrus ist es anders: Er ist schon eine Weile mit Jesus unterwegs und erlebt gerade, wie Jesus ihm die Fähigkeit gibt, über Wasser zu laufen. Trotzdem kommen ihm Zweifel. Der Sturm lässt sie aufkommen. Das heißt: Zweifel an Gott mögen nicht nur kommen, wenn wir Gott noch kaum kennengelernt haben, mit ihm noch nicht lange unterwegs sind. Zweifel kommen – wie bei Petrus – manchmal auch noch auf, nachdem Gott sich uns schon gezeigt hat. *Ein* Moment der Gottesoffenbarung reichte Petrus nicht. Er mag auch uns nicht reichen. Die Stürme des Lebens können so übermächtig erscheinen, dass wir wie Petrus anfangen zu sinken. Dass in unseren Herzen die Frage aufkommt: »Gott, bist du genug, kannst du genug, willst du genug?«

Die Predigt könnte schließen mit einem Hinweis darauf, was uns bei den Fragen »Gott, bist du es wirklich?«, »Gott, wo bist du?«, »Gott, bist du genug?« helfen kann. Israel wurde geboten, den Auszug aus Ägypten »zu bewahren«, »zu begehen« (vgl. Kontexte d). Gerade weil sich Gott uns möglicherweise nicht ständig zeigt, seinen Offenbarungen etwas Undurchsichtiges anhaftet und uns ein Moment der Offenbarung im Angesicht der Stürme des Lebens nicht reichen mag, hilft es, Gotteserlebnisse zu »bewahren«, zu »begehen«. Erlebtes Aufschreiben, Ereignisse jährlich durch ein persönliches Ritual wieder in Erinnerung rufen. Anderen über das, was man erlebt hat, erzählen. Das könnten Wege sein, göttliche Offenbarungen in unserem Leben zu bewahren. Das könnte unsere Gottesfurcht und unseren Glauben stärken. Es könnte dazu beitragen, dass wir auf Gottes Kommen in unser Leben statt mit Fragen freudig antworten mit »Du bist's«.

## 5. Liturgievorschläge

Psalm 66,1–12; 77

Lesung: Ex 14

Lieder:
Wach auf, wach auf (EG 244)
Auf meinen lieben Gott (EG 345)
Bis hierher hat mich Gott gebracht (EG 329)

### Literatur

BibleWorks for Windows, Version 5.0., o. O. 2001.

Goldschmidt, Ernst D. (Hg.), Die Pessach-Haggada, Berlin 1936.

Jastrow, Marcus, Sefer Milim. Dictionary of the Targumim, Talmud Babli, Yerushalmi and Midrashic Literature, New York 1996.

Scherman, Nosson/Zlotowitz, Meir, The Torah with Rashi's Commentary, Shemos/Exodus, New York 1999.

*Hanna Rucks*

# Letzter Sonntag nach Epiphanias: Ex 3,1–10
# Fluchtgeschichten

## 1. Annäherung

Eine große Geschichte ist da zu predigen. Erhaben und überwältigend. Gott zeigt sich Mose in einem brennenden Dornbusch und offenbart ihm seinen Namen. Eine große Erzählung, die im Neuen Testament wieder auftaucht, »Worte des Lebens, um sie uns weiterzugeben« (Apg 7,30–38). Welche Worte möchte ich weitergeben? Ich meditiere die Geschichte im Frühjahr 2016. Noch ist unser Land, ja ganz Europa, geprägt von den Fluchtgeschichten, die uns ereilt haben. Auch mein Leben hat sich verändert. Ich begleite syrische Muslime, die zu uns nach Heilbronn gekommen sind. Anerkennung, Familienzusammenführung, Jobcenter, Integrationskurs, Wohnungssuche: Das sind nur wenige der Stichworte, mit denen die jungen Männer und ich neuerdings beschäftigt sind. Und ich höre die Geschichten, die sie mir erzählen: von ihrer Flucht, von allem, was sie zurückgelassen haben, von ihren Hoffnungen.

Dann lese ich die Fluchtgeschichten des Volkes Israel und als deren peripheren Höhe- und Wendepunkt die Berufung Moses am Dornbusch. Wie wird man diese Geschichte Anfang Februar 2017 lesen? Was sich mir in den Sinn drängt und meine Lektüre prägt, wird es dann noch einleuchten? Oder wird es den Nicht-schon-wieder!-Seufzer ernten?

Für mich verschränken sich die Fluchtgeschichten auf eigentümliche Weise. Ich lese die einen im Lichte der anderen. »Die Zuwendung Gottes gilt seinem Volk wie den Armen und Elenden.« (Crüsemann, 240) Und: »Gottes Handeln an den Fremden vollzieht sich eben so, dass die, die vorher seine Liebe erfahren haben, sie weitergeben (Crüsemann, 241). Ich lerne: In den Geschichten des Volkes Israel die Fluchtgeschichten der Gegenwart gespiegelt zu sehen, ist keine hergeholte Allegorese oder gar unzulässige Übertragung, sondern sachgemäß.

## 2. Kontexte

a) Moses Hirtendasein verstehe ich als Fortsetzung seiner Flucht. Er trieb die Schafe »über die Steppe hinaus« (V 1), bis an den Punkt, an dem es nicht mehr weiter ging, den Punkt der Gottesbegegnung. Ganz anders versteht der Midrasch das Hirtendasein:

»Der Psalmist (Ps. 11,5) sagt: ›Den Gerechten prüft der Ewige.‹ – Wodurch? Indem er ihn die Herden hüten lässt. Als Mosche die Herde Jitros in der Wüste hütete, entlief ein Lämmchen und kam zu einem schattigen Ort bei einem Wasserloch. Mosche lief dem Lämmchen nach und sah, wie es trank. Er sprach: ›Ich wusste nicht, dass du weggelaufen bist, weil du durstig warst. Du musst müde sein.‹ Und er trug das Lämmchen zurück zur Herde. Daraufhin sprach Gott: ›Weil du solche Barmherzigkeit gezeigt hast, sollst du meine Herde Israel hüten.‹«

Midrasch Exodus Rabba 2,2, zit. nach: Plaut, 66

b) Als Beispiel der allegorischen Auslegung des Bildes vom brennenden Dornbusch zitiere ich Philo von Alexandrien. Von ihm übernehme ich den Gedanken, den Predigttext ganz aus dem Kontext der vorhergehenden und nachfolgenden Fluchtgeschichten heraus zu interpretieren:
»Der brennende Dornbusch war ein Sinnbild der Unrechtleidenden, das flammende Feuer ein Sinnbild der Unrechttuenden, die Unversehrbarkeit des Brennenden ein Zeichen, dass die Unrechtleidenden von ihren Angreifern nicht würden vernichtet werden, sondern dass diesen ihr Angriff als unwirksam und unnütz und jenen die feindliche Absicht als unschädlich sich erweise.«

Philo von Alexandrien, zit. nach: Plaut, 66

c) Doron Rabinovici (geb. 1961 in Tel Aviv) ist ein israelisch-österreichischer Schriftsteller und Historiker; er lebt in Wien. In seinem Roman ›Andernorts‹ findet sich ein herausragendes Denkstück zum Thema Heimat haben, Heimat verlieren, sich fremd fühlen, in der Fremde leben:
»Heimat ist, wo einem fremder zumute ist als an jedem anderen Ort.«

Rabinovici, 247

## 3. Beobachtungen am Text

Das ist die Situation: Israel ist nach Ägypten geflohen und dort zur Zwangsarbeit verpflichtet. Mose, Israels zukünftiger Retter, wird geboren, gerettet, fängt Streit an und entzieht sich der Strafe durch Flucht in das Land Midian. Dort gründet er eine Familie; seinen Sohn nennt er Gerschom, denn »ich bin ein Fremdling geworden im fremden Land« (Ex 2,22). Israel währenddessen stöhnt noch immer unter der Zwangsarbeit, doch Gott hört und sieht sein Leiden (2,23–25). Und nun beginnt der zu predigende Abschnitt. An dessen Ende und nach einigem Zögern und Zagen wird Mose nach Ägypten zurückkehren (Ex 4,20) und das versklavte Volk aus der Gefangenschaft herausführen. Die Geschichte vom Auszug wird in den Synagogen am Schabbat nach unserem Predigtsonntag gelesen werden (Ex 13,17–17,16). Als Gelenkstück zwischen Sklaverei und Befreiung steht unser Predigttext; die ganze Szene umfasst Ex 3,1–4,17. Zur Predigt vorgesehen ist 3,1–14 oder in kürzerer Version 3,1–10, also ohne die Offenbarung des Gottesnamens. Da ich meinen Schwerpunkt auf die Fluchtgeschichten legen möchte, beschränke ich mich auf die kürzere Form. Ich gehe nun durch den Text, wie ich ihn lese.

*V 1*: Als Flüchtling ist Mose nach Midian gekommen und hat dort, im fremden Land, Aufnahme gefunden. Er wird Schwiegersohn des Priesters Jitro und treibt als Lohnknecht dessen Herden durch die Steppe Midians. Das ist kein idyllisches Geschäft. Der gute Hirte, der das verirrte Lämmchen auf der Schulter heimträgt (s. Kontexte a), hat unsere inneren Bilder dieses Berufsstandes geprägt. Dessen Wirklichkeit war jedoch zu allen Zeiten rau und unwirtlich. Vor den Verfolgungen des Pharaos ist Mose geflohen und hat in Midian doch keine Bleibe gefunden. Sein Leben bleibt ein Leben auf Wanderschaft, unstet und flüchtig. Seine Herden treibt er »über die Steppe hinaus«, dorthin, wo kein Weg mehr weiter führt.

*VV 2f.*: Doch gerade dort widerfährt ihm die Gottesbegegnung. Er ist darauf nicht vorbereitet. Nichts zeichnet ihn aus. Er ist jähzornig (Ex 2,12; 32,19), wenig redegewandt (Ex 4,10), ein Zauderer und Zögerer. Doch genau ihm begegnet Gott in einer Vision: Ein Dornbusch brennt ohne zu verbrennen. Viele Versuche sind unternommen worden, dieses Bild zu deuten. Die jüdischen Deutungen lassen sich (mit Leibowitz, 58ff.) in zwei Typen unterteilen: Die einen beziehen den Dornbusch auf Ägypten, das Sklavenhaus; die anderen erkennen in dem Bild Gottes Zuwendung und – im besten Sinne – Herablassung wieder. Gott, der sich in der denkbar unangenehmsten Situation, in einem Dornbusch wiederfinden lässt. Raschi hat diese Deutung auf den kürzesten Nenner gebracht, indem er auf Psalm 91,15 verweist: »Ich bin mit ihm in der Not.« (Raschis Pentateuchkommentar, 144) Gott beugt sich zu den Notleidenden herab und ist bei ihnen. Er hört und sieht sie. Wenn ich auf die Verse schaue, die unserem Predigttext vorausgehen (2,23–25), kann ich mich dem Charme dieser Deutung nicht entziehen!

*VV 4f.*: Das Bild des brennenden Dornbuschs weicht dem Gottesgespräch. Doch ist der Ort des Geschehens nicht belanglos. Hier kann man etwas von der »Ortsbestimmtheit der Gotteserkenntnis« (Marquardt, 362) lernen. Im Angesicht des brennenden Dornbuschs spricht Gott mit Mose. Hier, wo Gott bei seinen Menschen ist in ihrer Not, hier lässt er sich hören. Mose soll dieser »Herablassung« entsprechen, indem er sich seiner Schuhe entledigt: eine Geste der Ehrerbietung und der Erkenntnis, dass man an diesem Ort Gott begegnet, …

*V 6*: … und zwar dem Gott Israels, dem Gott der Väter und Mütter, der mit Abraham in die Fremde gegangen ist (Gen 12,1–3), der den Fremdling Isaak gesegnet hat (Gen 26,3), der Jakob auf seiner Flucht einen Ort gegeben hat, wo er seinen Kopf hinlegen konnte (Gen 28,10–15). Gott identifiziert sich damit als der Mitgehende, der Mitwandernde, der Mitfliehende, der Gott in Solidarität zu seinem Volk Israel.

*VV 7f.*: Und das gilt auch jetzt. Der Gott, der mit Mose spricht, ist der Gott, der die Not seines Volks gesehen und sein Geschrei gehört hat. Und der schon begonnen hat zu handeln. Sein Erscheinen im Dornbusch ist gewissermaßen der Prolog für die Rettung Israels »aus der Ägypter Hand«. Er wird seinem Volk einen Lebensort anweisen, »ein gutes und weites Land« (vgl. Ps 31,9), auch wenn dieses in der Fremde liegt und dort schon allerlei andere Völker wohnen.

*VV 9f.*: Und zur Vergewisserung wird es noch einmal betont: Weil er das Elend gesehen und das Geschrei gehört hat, schickt Gott Mose auf den Weg, um die Flucht seines Volkes zu organisieren. Der Motor der Geschichte ist Gott, der sich seines Volkes erinnert und zu seiner Rettung aufgebrochen ist.

## 4. Homiletische Konkretionen

Meine Lektüre der Erzählung vom brennenden Dornbusch steht unter der Überschrift Fluchtgeschichten. Einige Entscheidungen für meine Predigt sind bereits gefallen: Ich werde »nur« über die Verse 1–10 predigen und die Namensoffenbarung auslassen. Dann werde ich die Geschichte ausführlich in ihren erzählerischen Kontext stellen. Besonders dort, wo nicht (mehr) mit genauerer Kenntnis der alttestamentlichen Geschichten gerechnet werden kann (also eigentlich fast überall …), würde ein unvermitteltes Einsteigen in die Dornbuschszene deren Wundercharakter allzu sehr in den Vordergrund schieben. Eine weitere wichtige

Vorentscheidung sind die liturgischen Kontexte, in die ich meine Predigt stelle: Als Psalmlesung bieten sich Psalm 31 oder 91 an (vgl. Beobachtungen am Text), als Schriftlesung wähle ich den Beginn der Parascha am folgenden Schabbat, Ex 13,17–22, die Flucht aus Ägypten. Damit ist nicht nur ein Textraum geschaffen, der das Thema Fluchtgeschichten rechtfertigt, sondern auch eine natürliche Anbindung an jüdisches Lesen und Hören des Exodus.

Als Ausgangspunkt meiner Predigt nehme ich ein Zitat aus dem Roman ›Andernorts‹ von Doron Rabinovici (247): »Heimat ist, wo einem fremder zumute ist als an jedem anderen Ort.«

Ich wohne in einem Ort, in dem jeder zweite Mitmensch Wurzeln außerhalb Deutschlands hat. Ich selbst bin in den vergangenen 25 Jahren siebenmal umgezogen. Wo ist meine Heimat? Wie lange bin ich ein Fremder? Wann fühle ich mich in der Fremde daheim? Wo habe ich meinen Ort, an dem mir fremder zumute sein darf als an jedem anderen? Und übrigens: Nicht nur in meiner Gemeinde werden wohl auch Flüchtlinge unter der Kanzel sitzen.

Dann erzähle ich vom Volk Israel und seinen Fluchtgeschichten, wenigstens von der Hungersnot, die Israel nach Ägypten gebracht hat. Dort wurde es zuerst willkommen geheißen, dann aber, als die Jahre vergingen, zur Zwangsarbeit herangezogen: Willkommenskultur, die sich in ihr Gegenteil verkehrt. Aber »Gott erhörte ihr Wehklagen und […] sah auf die Israeliten und nahm sich ihrer an.« (Ex 2,24f.)

Ich führe Mose ein, erwähne seine Flucht nach Midian und lese dann den Predigttext.

Bei der folgenden Nacherzählung lasse ich mich von Raschis Interpretation des brennenden Dornbuschs leiten: »Ich bin mit ihm in der Not«, spricht Gott zu allen Fremdlingen, Flüchtlingen und Heimatlosen. Er erinnert sich ihrer und wendet sich ihnen zu. Auch wenn Mose zögert und zaudert und sich erst überreden lassen muss, am Ende wird er doch handeln und unter Wolkensäule und Feuerschein das Volk Israel in die Freiheit führen. Das ist dann eine andere Geschichte, aber vorerinnert darf sie werden.

Am Schluss komme ich noch einmal auf das Romanzitat vom Anfang zurück: »Heimat ist, wo einem fremder zumute ist als an jedem anderen Ort.« Wo ich mich fremd fühlen darf, um daheim zu sein, hängt nicht zuletzt davon ab, wo ich meinen Ort der Freiheit finde, jenen weiten Raum, den Gott seinen Menschen bereitet.

## 5. Liturgievorschläge

Psalmen:
Psalm 31 (»du stellst meine Füße auf weiten Raum«)
Psalm 91 (»ich bin bei ihm in der Not«)

Lesungen:
Ex 13,17–22 (Wolkensäule und Feuerschein; der Beginn der in den Synagogen am folgenden Schabbat gelesenen Parascha)
Jes 16,2–5 (»verrate die Flüchtigen nicht«)

Lieder:
Auf, Seele, auf und säume nicht (EG 73,1–5; Eingangslied)
Herr Christ, du einig Gotts Sohn (EG 67; Wochenlied)
Ach sinke du vor seinem Glanz (EG 73,6–10; Predigtlied)
Gott wohnt in einem Lichte (EG 379; Schlusslied)

## Literatur

Crüsemann, Frank, Das Gottesvolk als Schutzraum für Fremde und Flüchtlinge. Zum biblischen Asyl- und Fremdenrecht und seinen religionsgeschichtlichen Hintergründen, in: Ders., Maßstab: Tora. Israels Weisung für christliche Ethik, Gütersloh ²2004, 224–243.
Leibowitz, Nehama, Studies in Shemot (Exodus), Bd. 1: Shemot - Yitro (Exodus 1–20,23), Jerusalem ⁶1986.
Marquardt, Friedrich-Wilhelm, Von Elend und Heimsuchung der Theologie. Prolegomena zur Dogmatik, München 1988.
Rabinovici, Doron, Andernorts. Roman, Berlin 2010.
Raschis Pentateuchkommentar, vollständig ins Deutsche übertragen und mit einer Einleitung versehen von Selig Bamberger, Frankfurt a. M. ³1935.
Plaut, Gunther W. (Hg.), Die Tora in jüdischer Auslegung. Bd. II: Schemot. Exodus, Gütersloh 2000.

*Michael Kannenberg*

# Septuagesimae: Lk 17,7–10
# Verkehrte Welt

## 1. Annäherung

Der Name des Sonntags (70 Tage [vor Ostern]) weist einerseits weit voraus und weitet zum anderen die Passionszeit Richtung Weihnachtsfestkreis aus. Dabei nimmt die Thematik der Perikope – Herren und Knechte – noch einmal Stichworte auf, die in den Weihnachtsliedern eine nicht geringe Rolle spielen: »Dem alle Engel dienen, wird nun ein Kind und Knecht« (EG 16,2); »Er äußert sich all seiner G'walt, wird niedrig und gering und nimmt an eines Knechts Gestalt …« (EG 27,3); »Das Blümlein, das ich meine … hat uns gebracht alleine Marie, die reine Magd« (EG 30,2).

Die Frage nach Armut und Reichtum vor Gott war ohnehin relevant gewesen in Advents- und Weihnachtstagen und hatte ja vielfach Anknüpfungspunkte gefunden bei der Rede von Krippe und fehlender Herberge, von Hirten mit Herden, König Herodes und den königlichen Geschenken der Weisen. Die großen Sammlungen der Sternsinger für Brot für die Welt und Misereor haben auf das Elend in der Welt und Hilfe in Not aufmerksam gemacht. Öffentlich wahrgenommene Gottesdienste – etwa mit dem Ratsvorsitzenden der EKD oder dem Vorsitzenden der Bischofskonferenz – haben in Gebet und Predigt aus biblischer Tradition auch diakonisch-politische Anliegen aufgegriffen: Gerechtigkeit in ihren verschiedenen Aspekten, zu denen auch Teilhabegerechtigkeit gehört, Zugang zu Bildung, medizinischer Versorgung, politischen und wirtschaftlichen Systemen, Ausgleich, Freiheit und Gleichberechtigung. Natürlich stellt sich auch praktisch immer wieder die Frage: Wie geht es weiter? Der Predigtabschnitt des Sonntags Septuagesimae widmet sich dem eigens: Wie verhält es sich auf den Spuren des Evangeliums mit der Zuordnung von Knechten und Herren, von Herr-Sein und Knecht-Sein? Schließlich verheißt die Gegenwart des Reiches Gottes eine richtige, »verkehrte« Welt schon jetzt.

Im jüdischen Festkalender fällt auf den Schabbat vor dem Sonntag Septuagesimae 2017 das Neujahrsfest der Bäume, *Tu biSchwat*. Im Brauchtum widmet es sich insbesondere den sieben Früchten des Landes (Deut 8,8): Weizen, Gerste, Wein, Feige, Granatapfel, Oliven und (Dattel-) Honig. Das Anliegen, die Bäume zu schützen und so Menschen zu helfen (vgl. Deut 20,19), verbindet säkulares und orthodoxes Judentum.

## 2. Kontexte

a) Reale Annäherung an eine Utopie

Wenn die Lebensverhältnisse von Herren und Knechten einander sich angenähert haben, gar gleich geworden sind, gibt es keinen Grund, räumlich Distanz zu halten. So heißt es im Babylonischen Talmud, im Traktat Kidduschin, im Blick auf die Gründe, warum ein hebräischer Sklave nach seiner Schuldknechtschaft dauerhaft im Hause seines Herrn könnte bleiben wollen (vgl. Deut 15,16):

»Die Rabbanan lehrten: *Weil ihm wohl ist bei dir,* bei dir beim Essen und bei dir beim Trinken. Du darfst nicht feines Brot und er grobes Brot essen; du [darfst nicht] alten Wein und er neuen Wein trinken; du [darfst nicht] auf Polstern und er auf Stroh schlafen. Hieraus folgerten sie, wenn jemand einen hebräischen Sklaven kauft, sei es ebenso, als würde er einen Herrn über sich kaufen.«

Babylonischer Talmud, Kidduschin 22a, zit. nach: Goldschmidt VI, 579

b) Eine andere Welt – nur zum Lachen?
In unzähligen Reimen, Liedern und Bildern wird zur Belustigung eine »verkehrte Welt« gezeichnet. Magd und Knecht gehören dabei zum festen ikonographischen Repertoire.
Was aber, wenn nicht nur die Arbeit, sondern gar die Arbeitsverhältnisse sich verkehrten? Ist das dann auch noch zum Lachen? Oder lachen dann nur manche?

Des Abends, wenn ich früh aufsteh,
Des Morgens, wenn ich zu Bette geh,
da krähen die Hühner, da gackert der Hahn,
da fängt das Korn zu dreschen an.

Die Magd, die steckt den Ofen ins Feuer.
Die Frau, die schlägt drei Suppen in d'Eier.
Der Knecht, der kehrt mit der Stube den Besen,
da sitzen die Erbsen, die Kinder zu lesen.

Oh, wie sind mir die Stiefel geschwollen,
dass sie nicht in die Beine 'nein wollen!
Nimm drei Pfund Stiefel und schmiere das Fett,
dann stell mir vor die Stiefel das Bett!

c) Von der Freiheit eines Christenmenschen
Beschenkt mit Gottes Gaben, materiellen und ideellen, sind Christen zum gegenseitigen Dienst gerufen und berufen, ja, nach Luthers Worten zum Dienst an allen und in allen Dingen. Was heißt: nicht nur Eigentum, sondern schon Leihgabe oder Begabung verpflichten!
»Zum ersten. Damit wir gründlich erkennen können, was ein Christenmensch ist und wie es um die Freiheit bestellt ist, die ihm Christus erworben und gegeben hat, von der St. Paulus viel schreibt, will ich diese zwei Thesen aufstellen:
Ein Christenmensch ist ein freier Herr über alle Dinge und niemandem untertan.
Ein Christenmensch ist ein dienstbarer Knecht aller Dinge und jedermann untertan.«

Luther, 239

»Ich rate dir aber, wenn du etwas stiften, beten, fasten willst, so tue es nicht in der Meinung, daß du dir etwas Gutes tun willst, sondern gib es frei dahin, damit andere Leute das genießen können, und tue es ihnen zugut; dann bist du ein rechter Christ. … Sieh, so müssen Gottes Güter aus einem in den anderen fließen und allgemein werden, damit jeder sich seines Nächsten so annimmt, als wäre er es selbst.«

Luther, 262

d) Neue Verhältnisse – nüchterner Messianismus

Die Haltung, die in der Apostelgeschichte Paulus vertritt, findet sich verständlicherweise auch im Evangelium: in einer realen Welt Reich Gottes zu leben.

»Er (der Paulus der Apostelgeschichte) vertraut darauf, daß eine Weltordnung möglich ist, die anders ist als die von ihm erfahrene, eine Weltordnung, die nicht von Tod und Gewalt bestimmt ist, sondern von Leben und Freiheit, von Gerechtigkeit und Solidarität unter allen Menschen.«

Jankowski, 9

»Wie bereits erwähnt, läßt Lukas am Ende seiner Erzählung Paulus in Rom die Königsherrschaft Gottes proklamieren und ihn lehren, was es heißt, trotz der herrschenden Verhältnisse messianisch zu leben ... Und auf diesem Weg werden alle mitgenommen, die sonst immer nur am Rand der Gesellschaft stehen oder unter die Räder kommen, die Entrechteten, die Hoffnungslosen, die Verzweifelten, die Verletzten aus Israel und aus den anderen Völkern. ... Lukas war gewiß kein Revolutionär, und er ermutigt die Gemeinden auch nicht, revolutionär gegen die herrschende Ordnung vorzugehen. Er und andere hatten lernen müssen, dass es aussichtslos war, die Weltmacht Rom militärisch zu besiegen ... Wer dennoch messianisch leben wollte, musste lernen, einen neuen Weg zu gehen, wie die Schüler es auf dem Weg nach Emmaus lernen mussten (Lk 24). Evangelium und Apostelgeschichte des Lukas zeigen diesen anderen Weg auf. Es ist der Weg eines nüchternen Messianismus.«

Jankowski, 10f.

e) Singen oder nicht singen?

Im Gesangbuch findet sich durchaus manche Strophe, die deutlich von der Perikope und ihrer Auslegung in der Rezeption lutherischer Rechtfertigungslehre geprägt ist. Was dabei oft unbeachtet bleibt ist die Wahrnehmung, dass die persönliche Rechtfertigung vor Gott natürlich nicht Unrecht und ungerechte Verhältnisse rechtfertigt. Sie befreit zwar von scheinbar verdienstlichen Werken, aber befreit *zu* durchaus verdienstvollem Handeln an anderen.

»Wir wolln uns nicht auf Werke gründen, weil doch kein Mensch vor Gott gerecht; und will sich etwas Gutes finden, so sind wir dennoch böse Knecht. Mit Glauben müssen wir empfangen, was Christi Leiden uns bereit', im Glauben müssen wir erlangen der Seelen Heil und Seligkeit.«

Evangelisches Gesangbuch 250,4

## 3. Beobachtungen am Text

Im ersten Vers des Kapitels sind die Jünger angesprochen. So liegt es zunächst nahe, in Vers 7 dieselben Adressaten vor sich zu sehen. Die Aussage dort geht aber wenigstens von der theoretischen Möglichkeit aus, dass die entsprechenden Zuhörer Knechte haben. Ihre Erfahrung wird aufgegriffen: »Wer unter euch einen Knecht hat ...«. Ob die Schüler Jesu zu solchen gehören, ist eher fraglich.

Konstatiert wird: Wer einen (oder auch nur einen einzigen) Knecht hat, spielt normalerweise nicht plötzlich »verkehrte Welt«, empfängt ihn nicht wie ein rührend besorgter Hausvater seine Familie empfängt; sagt nicht, wie die liebe Mama zu ihrem erschöpft von der Schule heimkehrenden Kind: »Du kannst gleich an den Tisch kommen!«

Am Abend hat der Knecht Küchendienst, auch wenn er vorher auf dem Feld oder der Weide gearbeitet hat. Wer als Hausherr nach Hause kommt, erwartet, sich – wenn auch nach entsprechender Vorbereitungszeit (der Knecht hat sich die Kleider hochgebunden, geschürzt, weil er vermutlich mit Wasser hantierte) – an einen gedeckten Tisch zu setzen. Das Geschilderte entspricht den allgemeinen gesellschaftlichen Gepflogenheiten. Ein besonderer Dank wird nicht ausgesprochen. Schließlich tut der Knecht seine reguläre Arbeit. Über die Pflichten als Arbeitgeber hinaus ist ihm der Auftraggeber nichts schuldig.

Ähnlich dürfte es noch vor dreißig oder vierzig Jahren in vielen Familien selbstverständlich gewesen sein, dass auch nach einem gefüllten Arbeitstag beider Ehepartner stets die gleiche Person, nämlich die Frau, das Abendessen zu richten hatte, die Rolle der Hausfrau auch bei Berufstätigkeit beibehielt. Oft ist das ja selbst heute noch so.

Wenn es mit dem Vers 10 dann aber heißt: »So auch ihr!«, wird die Knechtsarbeit plötzlich von denen erwartet, die bisher als Hausväter und Vorgesetzte angesprochen und akzeptiert worden waren und sich selbst so gesehen hatten. Sie, die über Knechte zu gebieten haben, stehen plötzlich einer Erwartungshaltung gegenüber, die sie selbst als Knechte wahrnimmt. Die Verhältnisse drehen sich um! Es gibt eine verkehrte Welt. Wie Angestellte und Sklaven arbeiten und sich verhalten (müssen): »So auch ihr!«

Die in der realen Welt und nach allgemeiner Erfahrung Untergebenen sind nach dem Wort Jesu jetzt die Vorbilder der Arrivierten. Gegen manche unselige Tradition sind sie gerade nicht Vorbilder für jene, die sich am unteren Ende der gesellschaftlichen Leiter befinden, sondern für die, die bisher den Ton angaben. *Deren* Selbsteinschätzung soll – so fassen viele Übersetzungen es auf – gar noch unter der ihrer eigenen Knechte liegen: *Unnütze* Knechte sind wir.

Lange wurde Lukas als Evangelist der Armen verstanden. Das ist er, unter der besonderen Maßgabe, dass er sich an Begüterte wendet. So gehört auch der vorliegende Abschnitt in die Reihe all jenes lukanischen Sonderguts, das explizit von Wohlhabenden erzählt – vom reichen Mann und armen Lazarus (16,19–31), vom Vater mit den zwei Söhnen (15,11–32), dem Verwalter (16,1–9), vom Großen Abendmahl (14,15–24) oder der Rangordnung der Gäste (14,7–14); selbst bei der Salbung Jesu durch die Sünderin wird ja ein Vermögen aufgewandt (7,36–50)! Der Evangelist nimmt also insbesondere die Reichen in die Pflicht, greift ihre Erfahrungen auf, spricht sie an, setzt auf ihre Solidarität. So gilt für die Botschaft des Evangelisten insgesamt, was Gerhard Jankowski beim lukanischen Paulus (Kontexte d) sieht: Die Hoffnung auf Leben in solidarischer Gerechtigkeit und Freiheit.

## 4. Homiletische Konkretionen

Was im Text zunächst irritiert und scheinbar der unseligen Tradition Vorschub leistet, bei der die Unterprivilegierten sich am besten auch noch selbst marginalisieren sollten, zeigt sich auf den zweiten Blick als eine Umkehrung der Verhältnisse ganz im Sinne des lukanischen Magnificat (1,46–55): »Er hat die Niedrigkeit seiner Magd angesehen. … Er stößt die Gewaltigen vom Thron und erhebt die Niedrigen … und hilft seinem Diener (= Knecht) Israel auf«! Der Predigtabschnitt widmet sich insofern weniger der Frage nach der Güte Gottes – sie ist vielmehr vorausgesetzt und bildet den Hintergrund –, sondern nimmt die Angesprochenen mit bei Gottes Eifer zugunsten der Erniedrigten. Damit bekommt der Sonntag tatsächlich eine Scharnierfunktion zwischen dem Blick auf die Armen in der Weihnachtszeit und der Passionszeit als einer Zeit unserer Buße, Umkehr und Selbstbesinnung. Umkehr auch zu den großen Traditionen der Schrift: Befreiung und Dienst, insbesondere durch das Lernen bei und mit Israel. Der Wochenabschnitt in der Synagoge tags zuvor ist der Abschnitt Beschallach (Ex 13,17–17,16). Befreiung aus der Knechtschaft ist Israels Grunderfahrung mit Gott im Exodus. Es ist eine Befreiung zum Dienst, eine Befreiung, um sogleich einzutreten in den ausdrücklichen Gehorsam gegenüber Gott am Sinai. Teile des Wochenabschnitts (z. B. Ex 14,5–14) ließen sich als Lesung aufnehmen. In ähnlicher Weise lässt sich Luthers Freiheit eines Christenmenschen verstehen (vgl. Kontexte e).

Leider wird am Sonntag Septuagesimae 2017 vermutlich nur in wenigen Gemeinden Abendmahl gefeiert werden. Denn der kleine Abschnitt hat in doppelter Weise einen eucharistischen Bezug. Zunächst wortwörtlich: Er lädt ein zum Dank. Zum Handeln aus Dankbarkeit. Zum anderen: Er eröffnet einen wichtigen Aspekt des Abendmahls. Denn tatsächlich ist ja der biblische Gott je und je eben der Herr, der tatsächlich »den Tisch bereitet« – selbst »im Angesicht der Feinde« (Ps 23,5). Im Hause eines solchen Herrn bleiben zu wollen, liegt unmittelbar nahe (vgl. Kontexte a). Passions- und Ostertexte erzählen von Jesus, der sich schürzt, um den Jüngern die Füße zu waschen, der ihnen dient und sie auffordert, einander zu dienen (Joh 13); sie erzählen vom Auferstandenen, der für die Jünger am Kohlefeuer die Fische gebraten hat, um sie nach ihrer schweren nächtlichen Arbeit zu empfangen und zuzurüsten (Joh 21). Vor allem aber: Nur wenige Kapitel vor der Predigtperikope (nämlich 12,35ff.) preist der Evangelist Lukas die Knechte selig, die wach und präsent ihren Herrn empfangen konnten. Sie machen zur allgemeinen Überraschung die beglückende, beseligende Erfahrung, dass tatsächlich der von ihnen Erwartete bei seiner Ankunft sich in die Arbeit stürzt, sich schürzt, die Knechte zu Tisch bittet und ihnen aufwartet.

Gottes Gegenwart beschenkt seine Knechte; sein großer Dienst führt zur Gemeinschaft am gedeckten Tisch. Was liegt da näher, als dass die Knechte auch einander beschenken und einander dienen (vgl. Kontexte a). Beschenken die Knechte einander mit einer verkehrten Welt, so lassen sie Gottes Reich in ihrer Mitte aufscheinen, bezeugen sie die Gegenwart des Kommenden jetzt.

Wie *Tu biSchwat* ein neues Jahr der Bäume einläutet, die Festgemeinde dankbar deren guter Früchte gedenkt, ja, ihren Empfang vorweg feiert, so darf der Sonntag rund siebzig Tage vor Ostern ein Neujahrsfest sein des guten Wirkens und Handelns, einer neuen verkehrten, richtigen Welt, Zeugnis vom Reich Gottes mitten unter uns.

## 5. Liturgievorschläge

(Nicht nur) 2017 bietet es sich an, auf Texte der katholischen Leseordnung zu verweisen oder sie gar aufzunehmen:
Alttestamentliche Lesung ist (6. Sonntag im Jahreskreis) Jesus Sirach, 15,15–21; Evangelium ist Mt 5,17–37.

Liedvorschläge:
Er weckt mich alle Morgen … besonders Strophe 4: der Herr hält sich bereit … (EG 452)
Wir haben Gottes Spuren festgestellt (EG 665, Regionalteil Baden/Elsass-Lothringen)
Magnificat-Vertonungen (wie EG 308–310 und EG 622, Regionalteil Baden/Elsass-Lothringen)
Wir träumen einen Traum, und wenn auch alle lachen … (Müller, 408)

### Literatur

Der Babylonische Talmud. Nach der ersten zensurfreien Ausgabe unter Berücksichtigung der neueren Ausgaben und handschriftlichen Materials ins Deutsche übersetzt von Lazarus Goldschmidt, Bd. VI., Berlin 1930–1936. Lizenzausgabe 2002 des Nachdrucks Frankfurt a. M. 1996.

Jankowski, Gerhard, Das Evangelium nach Lukas. Übersetzt und mit Anmerkungen versehen. Texte & Kontexte, Nr. 145–147, Jg. 38, 1–3 (2015).

Luther, Martin, Von der Freiheit eines Christenmenschen, in: Bornkamm, Karin und Ebeling, Gerhard (Hg.), Ausgewählte Schriften. Bd. 1 Aufbruch zur Reformation, Frankfurt a. M. 1982.

Müller, Martin (Hg.), Kreuzungen. Neues geistliches Lied, Bühl $^{3}$2013.

*Kira Busch-Wagner*

# Sexagesimae: Mk 4,26–29
# Lehn dich zurück und lass Gott mal machen

## 1. Annäherung

Ostermontag 2015. Die katholische Kirche in der kleinen Stadt Landstuhl in der Westpfalz ist gut gefüllt. Es ist kurz nach 11 Uhr und der katholische Priester verliest das Osterevangelium, die Geschichte von den Emmausjüngern. Der Priester schaut seine Gemeinde an. »An Ostermontag gibt es keine Predigt. Das Evangelium spricht für sich selbst.« Und er setzt sich wieder hin. Das Evangelium, die frohe und gute Botschaft von der Herrschaft Gottes auf Erden braucht keine weiteren auslegenden Worte. Gottes Wort spricht für sich und setzt sich auch ohne (oder trotz?) Predigt durch. Auch Mk 4,26–29 betont, dass der Mensch zwar handelt, indem er sät, der Zeitpunkt der Vollendung ihm aber vorgegeben wird. Wann die Frucht wirklich erntereif ist, kann der Mensch nur abwarten. Wann das Reich Gottes vollendet ist, entzieht sich der Kontrolle und Bestimmungswut des Menschen. Das Gleichnis der Predigtperikope mahnt zur Gelassenheit und zur kritischen Bewertung des eigenen Handelns. Zwar habe ich Anteil am Erfolg, aber das Ergebnis geschieht völlig unabhängig von mir. Allen kirchlichen Leuchtfeuern, Strukturentwicklungsplänen und demografischen Prognosen zum Trotz.

## 2. Kontexte

a) Kashrut-Bestimmungen in der Landwirtschaft
»Meine Ordnungen sollt ihr halten. Dein Vieh von zweierlei Art sollst du sich nicht begatten lassen; dein Feld sollst du nicht mit zweierlei Samen besäen, und ein Kleid, aus zweierlei Stoff gewebt, soll nicht auf dich kommen.«

Lev 19,19

»Und wenn ihr in das Land kommt und allerlei Bäume zur Speise pflanzt, dann sollt ihr ihre Früchte als ihre Vorhaut unbeschnitten lassen. Drei Jahre sollen sie euch als unbeschnitten gelten, sie dürfen nicht gegessen werden.«

Lev 19,23

»Und Brot und geröstete Körner und Jungkorn dürft ihr nicht essen bis zu eben diesem Tag, bis ihr die Opfergabe eures Gottes gebracht habt: eine ewige Ordnung für eure Generationen in all euren Wohnsitzen.«

Lev 23,14

b) Garbenzählen
»Omer-Zählen (wörtl. ›Garbenzählen‹) bezeichnet das rituelle Zählen eines jeden der 49 Tage zwischen Pessach und Schawuot. Der Brauch gründet im landwirtschaftlichen Charakter des jüdischen Jahres. Die Omer-Zeit ist die Zeit zwischen dem Beginn der Gersten- und dem Ende der Weizenernte. An Pessach wird nicht nur die Befreiung aus der ägyptischen Knechtschaft gefeiert, sondern auch für die ersten Früchte des Jahres gedankt. Noch vor dem ersten Brot aus der neuen Ernte

wurden, der Tradition folgend, Garben in den Tempel gebracht. Am Ende des Omer-Zählens wird Schawuot gefeiert. Der erste Tag, ab dem gezählt wird, ist der zweite Seder-Abend. Historisch waren die Omer-Tage geprägt von Katastrophen für das jüdische Volk, deshalb werden in dieser Zeit keine Familienfeste gefeiert. Es gibt aber eine Ausnahme, den 33. Omer-Tag (18. Ijar). An diesem Datum, dem Lag BaOmer, können Hochzeiten veranstaltet werden.«

Jüdische Allgemeine Glossar

c) Der doppelte Verweischarakter des Reiches Gottes
»In der Geschichte ist Gott, das Geheimnis der Wirklichkeit, in der Welt verborgen; allein im Wort spricht Gott zum Menschen. Die Unterscheidung des Reiches Christi, in dem Gott sich dem Glauben im Wort des Evangeliums kundgibt, vom Reich der Welt, in dem Gott verborgen am Werk ist, trägt diesem Sachverhalt Rechnung. Reich Gottes ist ein Symbol, das auf Gottes Gegenwart in der Geschichte verweist, zugleich aber über jede irdische Geschichte hinausweist.«

Honecker, 39f.

d) Inverkehrbringen von Saatgut
(1) Saatgut darf zu gewerblichen Zwecken nur in den Verkehr gebracht werden, wenn
1. es als Vorstufensaatgut, Basissaatgut, Zertifiziertes Saatgut oder Standardpflanzgut anerkannt ist,
2. sein Inverkehrbringen als Standardsaatgut, Handelssaatgut oder Behelfssaatgut durch Rechtsverordnung nach § 11 gestattet ist und es
a) bei Standardsaatgut den dafür festgesetzten Anforderungen entspricht,
b) bei Handelssaatgut zugelassen und in den Fällen des § 13 Abs. 2 formecht ist,
c) bei Behelfssaatgut den dafür festgesetzten Anforderungen entspricht und in den Fällen des § 14 formecht ist […].

Saatgutverkehrsgesetz (SaatG) § 3 Abs. 1

e) Die Weizenklassen
»Für die Sortenbeschreibung werden die Weizensorten nach festgelegten Mindeststandards eingestuft. Diese sind: Als A-Gruppe wird »Qualitätsweizen« bezeichnet, der über hohe Protein- und Sedimentationswerte verfügt. Die Bezeichnung »A« stammt historisch von dem Begriff »Aufmischweizen«, der mit hohen Eiweißqualitäten Defizite anderer Sorten ausgleichen konnte (und kann). Die B-Gruppe umfasst diejenigen Sorten, die als »Brotweizen« für die Gebäckherstellung im Allgemeinen gut geeignet sind: Hier liegen die Werte im mittleren Bereich, der den Anforderungen der Backpraxis entspricht. In die C-Gruppe werden die »Sonstigen Weizen« eingeordnet, die – von Ausnahmen abgesehen – hauptsächlich als Futterweizen verwendet werden. Sie haben zumeist relativ niedrige Protein- und »Sedi«-Werte, die kein gutes Backverhalten erwarten lassen – aber ein hohes Ertragspotenzial. Als »Eliteweizen« wird die E-Gruppe mit sehr hohen »inneren Werten« bezeichnet, die für die meisten heimischen Brot- und Gebäckrezepturen fast »zu hoch« sind. Sie können aber zum gezielten Ausgleich von Backschwächen anderer Sorten genutzt werden. Zudem wird ein Großteil dieser Sorten in Länder exportiert, die für ihre spezifischen Produkte gerade solche hohen Werte benötigen. In die K-Gruppe (für »Keksweizen«) sind diejenigen Sorten eingruppiert, die

diesem Verwendungszweck entsprechend niedrige Werte haben. Die sogenannten EU-Sorten wurden nicht vom Bundessortenamt, sondern in einem anderen EU-Land für den Saatgutverkehr zugelassen; sie dürfen somit auch in Deutschland angebaut werden und fallen meist in die B-, C- oder K-Gruppe.«

Agrarheute 06.08.2015

## 3. Beobachtungen am Text

Die Predigtperikope Mk 4,26–29 ist Teil einer kleinen Sammlung von Gleichnissen zum Thema Saat/Säen innerhalb der ersten Rede Jesu im Markusevangelium (Mk 3,22–4,34). Diese Gleichniskomposition in Mk 4 ist thematisch dreigeteilt: I Hören und Durchhalten (Mk 4,1–9); II Offenbarwerden des Geheimen im zukünftigen Gericht (Mk 4,10–25); III Bewältigung der Gegenwart (Mk 4,26–32) (vgl. Berger, 128f.). Das Gleichnis der Predigtperikope ist ein Gleichnis im engeren Sinne, das eine typische Handlung des allgemeinen Menschenlebens erzählt (nach Berger, 103f.). Mk 4,26–29 gehört zum markinischen Sondergut, zu V 29 gibt es allerdings eine Parallele im Thomasevangelium 21,9f. Mk 4,26–29 berichtet eine Sequenz von drei Erzählereignissen (vgl. Dormeyer, 318–321): Nach der sprachlich auffälligen und singulären Einleitung des Hauptsatzes mit »so« *(houtos)* (V 26a) folgt ein mit einfachem »wie« *(hos)* eingeführter Nebensatz, bei dem das »wenn« *(ean)* mit Aorist Konjunktiv mitgedacht werden muss (V 26b). Durch einen Tempuswechsel ins Präsens wird das Ereignis 1 mit der Abfolge Säen, Schlafen und Aufstehen in die Nahperspektive des Lesers gerückt (VV 26b–27a). Der nun anschließende Hauptsatz (V 27b) berichtet als Ereignis 2 die Abfolge Keimen, Wachsen, Nichtwissen. Es folgt eine direkt an den Leser gerichtete Erläuterung (V 28) zur Selbsttätigkeit der Erde, die das anfängliche Nichtwissen des Bauers (V 27b) auflöst und den Leser bei seinem Transfer von Bild- zur Sachhälfte des Gleichnisse unterstützt. Das abschließende Ereignis 3 berichtet im Aorist und wiederum auffällig mit einfachem »wenn« *(hos)* eingeleitet den Abschluss des Wachstums (V 29). Die Frucht bestimmt den Zeitpunkt der Ernte und beendet damit den Rhythmus von Schlafen und Warten des Bauers, der sofort die Sichel schickt. V 29 enthält dabei eine Anspielung auf Joel 4,13. Dadurch kommt beim kundigen Leser ein Ausblick auf das Gericht in den Text, das im Gleichnis selbst keine Rolle spielt.

Die zentrale Pointe auf der Bildebene ist, dass der Säende mit dem Erfolg der Aussaat nichts zu tun hat, denn er weiß nicht, wie das Korn aufgeht (V 27b). Dieser Gedanke wird durch die Erläuterung, dass die Erde selbst Frucht hervorbringt, verstärkt (V 28). Der Bauer kann nur warten, bis die Frucht selbst reif ist und ihm die Ernte gewährt. Dann allerdings muss er sofort aktiv werden. Auf die Sachebene übertragen bedeutet die Pointe, dass die Gottesherrschaft kommt, ohne dass der Mensch etwas dazu beitragen oder beschleunigen kann. Er muss warten, dann aber, wenn die Gottesherrschaft da ist, sofort handeln und das Geschenk annehmen. Durch die Zuspitzung des Bildes von der selbstwachsenden Saat wird deutlich, dass die Gottesherrschaft sicher kommt, der Zeitpunkt der Vollendung dem Menschen aber nicht bekannt ist.

Ob man das Säen dabei als eine Metapher für die Wortverkündigung verstehen sollte, ist in der Forschung umstritten (vgl. Dormeyer, 320f.). Das Gleichnis Mk

4,26–29 selbst gibt dazu keinen Anhaltspunkt. Erst in Kombination mit Mk 4,1–9 lässt sich der Säende in Mk 4,26 mit dem Verkündiger Jesu identifizieren, und Mk 4,26–29 bekommt einen zusätzlichen Deutungshorizont: Die Verkündigung setzt sich von selbst durch, unabhängig von dem, der diese übermittelt.

## 4. Homiletische Konkretionen

Auch wenn es der von sich selbst überzeugte predigende Mensch vielleicht nicht so gerne hört, dass es nach Mk 4,26–29 weniger auf den Menschen als auf Gott ankommt, dass die Botschaft Frucht bringe, muss er nicht gleich auf eine Predigt verzichten, denn der Predigttext ruft zur menschlichen Gelassenheit auf, nicht zur Faulheit. Die Zuspitzung des Gleichnisses, dass die Frucht selbst reift und den Zeitpunkt der Ernte unabhängig vom Menschen bestimmt, schließt ja nicht aus, dass der Mensch unterstützend und pflegend weiterarbeiten darf. Allerdings sind seine Möglichkeiten halt begrenzt und der Erntezeitpunkt nur teilabhängig von den menschlichen Fähigkeiten. Für die Predigt gilt es folglich die Mitte zu finden zwischen menschlicher Faulheit und Zurücklehnen im Sinne eines Ich-kann-ja-doch-nichts-mehr-machen einerseits und Hybris und Selbstüberschätzung scheinbarer totaler Kontrolle andererseits. Nur wenn ich mich weder komplett aufgebe noch im Microcontrolling verliere – und dabei ausbrenne – wird es mir gelingen, gelassen abzuwarten und die Spannung auszuhalten, bis das Reich Gottes vollendet ist. Um hierhin in der Predigt zu gelangen, sehe ich zwei mögliche Wege:

Ich bleibe in der Predigt auf der Bildebene und kontrastiere diese mit den Möglichkeiten der modernen Landwirtschaft mit GPS-gestützter Bodenanalyse und -düngung, Hybridturbozüchtungen und genveränderten Samen, um zur heute noch immer gültigen Pointe des Gleichnisses zu kommen: Auch der Bauer 4.0 kann im 21. Jahrhundert nach Christus immer noch nicht auf den Tag genau den Erntezeitpunkt des Weizens vorausbestimmen, sondern muss abwarten. Immer noch gibt die Frucht den Erntezeitpunkt vor.

Oder ich setze bei der Sachebene anhand konkreter Beispiele des kirchlichen Leistungsdenken an (Kennzahlen, neues kirchliches Finanzwesen, Milieuanalyse, Zielgruppenorientierung etc.), um von dort zur zentralen Aussage des Gleichnisses zu kommen: Das Reich Gottes lässt sich nicht berechnen und ist der menschlichen Verfügungs- und Gestaltungsgewalt entzogen. Trotzdem wird das Reich Gottes sicher kommen.

## 5. Liturgievorschläge

Leitbild des Sonntags Sexagesimae ist das Wort Gottes. Dementsprechend sollte Gottes Wort auch besonders in der Liturgie betont werden, z. B. durch zusätzliche Schriftlesungen, Lieder zu Bibeltexten oder das Verteilen von mit Sprüchen Jesu bedruckter Karten.
Psalm 119 in Auswahl, z. B. VV 41–56 oder VV 89–105

Lieder:
Jauchzt all Lande, Gott zu Ehren (EG 279,14 Wochenlied)
Sonne der Gerechtigkeit (EG 262,13.6.7 Predigtlied)

## Literatur

Agrarheute, Qualität beim Weizen: Darauf kommt es an, 06.08.2015, http://www.agrarheute.com/news/qualitaet-beim-weizen-darauf-kommt, abgerufen am 2016-03-23.
Berger, Klaus, Formen und Gattungen im Neuen Testament, Tübingen 2005.
Dormeyer, Detlev, Mut zur Selbst-Entlastung (Von der selbständig wachsenden Saat) – Mk 4,26–29, in: Zimmermann, Ruben (Hg.), Kompendium der Gleichnisse Jesu, Gütersloh 2007, 318–326.
Honecker, Martin, Grundriß der Sozialethik, Berlin u. a. 1995.
Jüdische Allgemeine Glossar. Von A wie Alija bis Z wie Zedakka, http://www.juedische-allgemeine.de/glossar, abgerufen am 2016-03-23.
Saatgutverkehrsgesetz (SaatG), https://www.gesetze-im-internet.de/saatverkg_1985/BJNR016330985.html, abgerufen am 2016-03-23.
Theißen, Henning, Die evangelische Eschatologie und das Judentum. Strukturprobleme der Konzeptionen seit Schleiermacher, FsöTh 103, Göttingen 2004.

*Sven Christian Puissant*

# Estomihi: Lk 10,38–42
# »Her heart was full of Talmud disputations, questions and answers, learned phrases ...«

## 1. Annäherung

Morgen ist der große Gottesdienst. Wir wollen einladende Kirche sein. Das macht Freude, aber auch Mühe. Stühle aufstellen, alles noch einmal durchgehen: Schnittchen, Kaffee, Dekoration. Es ist 19.00 Uhr. Zwei Stunden Dienstbesprechung liegen hinter mir. Jetzt noch schnell die Predigt schreiben! Welcher Text war noch mal dran? Ich bin müde, meine Gedanken schweifen ab. Kriegt Frau B. das wirklich mit der neuen Kaffeemaschine hin? Haben wir alle Reserviert-Schilder angebracht? Ach, einen Kuchen muss ich ja auch noch backen ... Ich sitze vor meinem Laptop. Worum geht es noch mal inhaltlich im Gottesdienst morgen? Mein Kopf ist leer. Vielleicht einfach eine Predigt aus dem Internet verwenden?

Es gibt Tage, da erschlägt mich das Praktische, das Sich-Kümmern. Da bin ich nur noch Martha – und wünsche mir nichts mehr als Maria zu sein! Aber so leicht ist das nicht. Was würden die anderen denken, wenn ich das Serviettenfalten und das Kuchenbacken ihnen überlassen und sagen würde: »Ich lese lieber in der Bibel und denke über Gottes Wort nach.«? Und das als Frau? Männliche Kollegen haben es da vielleicht leichter ... Immer wenn ich mich so sorge, gerät etwas aus dem Gleichgewicht. Denn der Mensch lebt nicht vom Brot allein (Mt 4,4) und ein Gottesdienst allzumal nicht. Es braucht Gottes Wort.

## 2. Kontexte

Die Tora hat im Judentum eine große Bedeutung, wobei Tora nicht auf die fünf Bücher Mose beschränkt ist, sondern – ähnlich wie für Christen der Begriff »Evangelium« – die gesamte mündliche und schriftliche Lehrtradition meint.
a) Von der Bedeutung der Tora in der jüdischen Tradition zeugen zahlreiche rabbinische Quellen, z. B. Mischna Abot (z. B. III 2; 3; 6; IV 6; 9; VI 1; 2). Stellvertretend für das reiche rabbinische Zeugnis sei ein Beispiel angeführt.
»Rabbi Hananja ben Teradjon sagt: ›Sitzen zwei zusammen und es gibt zwischen ihnen keine Worte der Tora, so ist das ein Sitz von Spöttern [...]. Aber sitzen zwei zusammen und gibt es zwischen ihnen Worte der Tora, ist die Gegenwart (Gottes) unter ihnen [...].‹«

Mischna Abot III 2 (b), zit. nach: Correns, 588f.

b) Isaak Bashevis Singers Erzählung »Yentle the Yeshiva boy« handelt von der Liebe einer Frau zur Tora. Die Erzählung ist die Vorlage für den bekannten Film »Yentl« (1983) mit und von Barbara Streisand.
»Yentle knew she wasn't cut out for a woman's life. She couldn't sew, she couldn't knit. She let the food burn and the milk boil over; her Sabbath pudding never turned out right, and her hallah dough didn't rise. Yentl much preferred men's activities to woman's. Her father, Reb Todros, may he rest in peace, during many bedridden years had studied Torah with his daughter as if she were a son. He told

Yentle to lock the doors and drape the windows, then together they pored over the Pentateuch, the Mischnah, the Gemara, and the Commentaries. [...]. No, she had not been created for the noodle board and the pudding dish, for chatting with silly woman and pushing for a place at the butcher's block. Her father had told her so many tales of yeshivas, rabbis, men of letters! Her heart was full of Talmud disputations, questions and answers, learned phrases. Secretly, she had even smoked her father's long pipe.

Singer, 149f.

c) Die Rabbinerin und Professorin Dvora Weisberg schreibt über die Bedeutung der Tora für ihr eigenes Leben.
»Warum war ich so gefangen genommen von Texten, die so weit von meinen eigenen religiösen Erfahrungen entfernt waren? [...] Was macht das Studium der Tora in spiritueller Weise bedeutsam? [...] Tora wird in der jüdischen Tradition manchmal als ein Weg beschrieben. Das Studium der Tora stellt für mich einen Versuch dar, diesem Weg zu folgen, der, wie ich glaube, zu Gott führt.«

Weisberg, zit. nach: Rudnick

Auf Gottes Wort hören und danach zu handeln gehört sowohl in der christlichen als auch in der jüdischen Tradition zusammen, wie exemplarisch rabbinische (d: Mischna Abot II 2 [a]), altkirchliche (e: Origenes, Lukashomilien Fr. 72) und neuzeitliche Zeugnisse (f: Dietrich Bonhoeffer zu Lk 10,38–42) zeigen.

d) »Rabban Gamli'el, der Sohn des Rabbi Jehuda, des Fürsten, sagt: ›Gut ist Studium der Tora mit weltlicher Beschäftigung [verbunden], denn die Mühe um sie beide lässt die Sünde vergessen, und jedes Tora[studium], das nicht mit Arbeit verbunden ist, geht zugrunde und zieht die Sünde nach sich.‹«

Mischna Abot II 2 (a), zit. nach: Correns, 586

e) »Es gibt gute Gründe dafür, daß Marta für die Tat, Maria aber für die Schau steht. Verlustig geht das tätige Leben des Geheimnisses der Liebe, wenn jemand Lehre und Ermahnung zur Tat nicht auf die Schau ausrichtet. Denn beide, die Tat und die Schau, gehören zusammen.«

Origenes, Lukashomilien Fr. 72, zit. nach: Sieben, 459

f) »Hier [sc. in Lk 10,38–42] gibt Jesus in aller Deutlichkeit dem Hörer gegenüber dem Täter recht. Selig ist der Täter in seiner Tat, sagt Jakobus; selig sind, die Gottes Wort hören und bewahren, sagt Jesus, und beide sagen dasselbe. Denn ebensowenig wie sich das Hören gegenüber [dem Tun] verselbständigen läßt, darf das Tun sich gegenüber dem Hören selbständig machen. Die Seligpreisung des Täters schließt ebenso das Hören ein wie die Seligpreisung des Hörers das Tun in sich schließt. Eins ist not – nicht hören oder tun, sondern beides in einem.«

Bonhoeffer, 333

Der Gegenüberstellung der beiden Frauentypen in Lk 10,38–42 ist die Gefahr einer wertenden Polarisierung inhärent, wie g und h zeigen.

g) Origenes deutet die beiden Frauen allegorisch auf die Judenchristen bzw. Heidenchristen, womit eine Abstufung verbunden ist.

»Unter Marta kann man daher auch die Synagoge der Beschneidung verstehen, die Jesus bei sich aufgenommen hat und ganz in Anspruch genommen wird von den zahlreichen Zeremonien, die der Buchstabe des Gesetzes vorschreibt. Maria ist dann die Kirche aus den Heiden, die den ›guten Teil‹ ›des geistlichen Gesetzes‹ (Röm 7,14) sich ausgewählt hat. [...] Man wird finden, daß Marta zu irdisch ist und sich noch mit zu vielem abgibt, Maria dagegen sich ausschließlich der Schau und den Dingen des Geistes widmet.«

Origenes, Lukashomilien Fr. 72, zit. nach: Sieben, 461

h) Martin Luther lobt in einer Predigt zu Lk 10,38–42 Maria als idealtypische Hörerin des Wortes, was zu einer (indirekten) Kritik an Martha als Sinnbild der (katholischen) Werkgerechtigkeit führt.

»Und weil wir Marthen sind, so will Gott uns aus den äußerlichen Werken herausziehen und dahin bringen, wo Maria ist, d. h. in den Glauben. Darum heißt es im Text: es ist nur eins vonnöten, nämlich der Glaube und das Wort. Denn vor Gott kann nichts mit Werken bestehen, sondern allein aus dem Glauben. [...]. Martha, dein Werk muß gestraft und für nichts geachtet sein [...]; denn ich will kein Werk als das Werk Mariens haben, d. h. dass du an das Wort glaubst.«

Luther, zit. nach: Mühlhaupt, 158f.

## 3. Beobachtungen am Text

Die Perikope, die aus dem lukanischen Sondergut stammt und von Lukas sprachlich überarbeitet wurde, hat einen klaren, dreiteiligen Aufbau. In V 38 wird die Ausgangssituation beschrieben: Der sich mit seinen Begleitern auf dem Weg nach Jerusalem (9,51–19,10) befindliche Jesus erfährt von Maria und Martha Gastfreundschaft in deren Haus (vgl. als Kontrast 9,51–56; siehe allgemein auch 10,5–7). In den VV 39–40 wird das unterschiedliche Verhalten der beiden Frauen beschrieben und kontrastierend gegenüber gestellt (vgl. das adversative *de* in V 40). Martha dient in rein praktischer Hinsicht (ob hier ein Reflex auf ein gemeindeleitendes Amt im Blick ist oder ob *diakonia* schlicht den Tischdienst meint, ist umstritten), Maria sitzt zu Jesu Füßen, eine typische Haltung für einen Schüler (2.Kön 4,38; Lk 2,46; 8,35; Apg 22,3, Plat. Prot 310bc; mAvot 1,14), und hört auf Jesu Wort. Dies erregt den Unmut Marthas: Mit einer rhetorischen Frage weist sie Jesus darauf hin, dass Maria ihr ruhig helfen könne. In den VV 41–42 folgt das entscheidende Wort Jesu, auf dem das Gewicht der Perikope liegt, die formgeschichtlich als Chrie (Wolter, 399) zu bestimmen ist [Spruch einer historischen Person in einer Anekdote, der in einer bestimmten Situation mit lehrhafter Zielsetzung »angewendet« (*chreia* = Gebrauch, Anwendung) wird]. Jesus weist Marthas Ansinnen zurück, Maria habe den guten Teil gewählt (vgl. Ps 16,5f.; 73,25f.), weil sie weiß, dass das »eine« nötig ist (vgl. den Kontrast von *henos de estin chreia* [V 41] zu Marthas *polē diakonia* [V 40]).

Der Erzählung ist eine gewisse Polarisierung inhärent. »Ein Zwilling macht's richtig, der andere falsch.« (Wolter, 399). Nicht nur die klischeehafte Rollenverteilung der ungleichen Schwestern, sondern auch »die Erzählstruktur legt es nahe, die Schwestern gegeneinander auszuspielen« (Hartenstein). Es geht Lukas allerdings nicht um eine Polarisierung in Hinblick auf das Hören und das Tun. Für Lukas ist das Hören nicht vom Tun zu trennen (8,21; 11,28). Hierauf weist im unmittelbaren Kontext die Geschichte vom barmherzigen Samariter (10,25–37) hin, die exemplarisch dafür steht »wie das Hören in die Tat umgesetzt wird« (Klein, 395). Marthas Dienst ist an sich gut (vgl. zum tätigen Dienst von Frauen z. B. auch 4,39; 8,1–3). »Aber dieser Dienst darf nicht vom Glauben getrennt werden.« (Bovon, 111) Martha wird nicht ermahnt, weil sie hauswirtschaftet, sondern weil sie dem eine so hohe Bedeutung beimisst. Zurückgewiesen wird eine übertriebene Betriebsamkeit, worauf auch die von Lukas gewählte Terminologie hinweist (vgl. V 40: *perispāshai* [sich allzu sehr beschäftigen, zerstreut sein] in Verbindung mit *polē diakonia;* V 41: *merimnān* [angstvolles, blockierendes Sich-Sorgen], *thorubazesthai* [sich beunruhigen, antreiben lassen]). Eine solche übermäßige Sorge soll nicht sein (vgl. 8,14; 21,34; 12,22–31), denn sie kann den Blick auf das verstellen, worauf es ankommt: Das Streben nach dem Reich Gottes und das Hören auf das Wort (10,42 weist auf 12,31 voraus!), das ein zentrales Motiv im Lukasevangelium ist (5,1; 6,47; 7,29; 8,8.11–15; 10,16; 11,28; 14,35).

## 4. Homiletische Konkretionen

»Sicher hat Jesus seine jüdischen Glaubensgenossen und -genossinnen durch die Aufnahme von Frauen in den Kreis seiner Jünger schockiert.« (Bovon, 106) Jesu Offenheit gegen eine vermeintlich rabbinische Androzentrik auszuspielen, sollte vermieden werden. Weder im Christentum noch im Judentum (Kontexte b–c) ist prinzipiell von einer geschlechterspezifischen Rollenverteilung in Hinblick auf Hören und Tun auszugehen. Zudem ist umstritten, ob es sich bei Lk 10,38–42 um eine Frauengeschichte handelt oder ob sie nicht »genauso gut auch mit zwei Männern erzählt werden könnte« (vgl. dazu und zu den unterschiedlichen feministischen Interpretationen Wolter, 402).

Dies ist indes nicht der einzige Stolperstein. Maria und Martha repräsentieren »zwei Typen des Christseins« (Bovon, 104). Martha steht in der Tradition für die *vita activa* (Schutzheilige der Kellner und Hausfrauen!), Maria dagegen für die *vita contemplativa.* Diese Gegenüberstellung kann zu einer polemisch zuspitzenden Polarisierung werden (Kontexte g–h). Ein bewertendes Ausspielen der beiden Frauenfiguren und der mit ihnen verbundenen Rollen ist nicht im Sinne des Lukas. Tun und Hören sind »zwei Seiten einer Medaille« (Dillmann, 17). Produktivität und Rezeptivität gehören zusammen, der Verselbständigung eines Aspektes etwa im Sinne eines blinden Aktionismus oder eines Rückzugs in einen gelehrten Elfenbeinturm ist entgegenzuwirken (Kontexte d–f). Lukas reagiert auf eine Überbewertung des Tuns und macht deswegen das Hören auf das Wort stark.

Die Predigt könnte in einem ersten Teil bei der im Text angelegten und mit Maria und Martha personifizierten Polarisierung von Tun und Hören einsetzen, um in einem zweiten Teil den notwendigen Zusammenhang beider Aspekte herauszuarbeiten. Ein dritter Teil warnt vor Einseitigkeiten in die eine oder andere Richtung und ein abschließender Teil behandelt – wie es die Zielrichtung des lukanischen Textes ist – das »Zuviel« des Dienstes, von dem unsere Gesellschaft und auch Kirche und unser gemeindliches Leben nicht frei sind. Beispiele lassen sich genug aus unserem Alltag anbringen: Das berühmte Hamsterrad, der blinde Aktionismus, eine übersteigerte Eventkultur, die Beschleunigungsspirale, das Marthasyndrom, d. h. die Überidentifikation mit der Arbeit, die Betriebsblindheit, die den Blick auf das verstellt, worauf es ankommt. Demgegenüber das Wort – und den Grund unseren Tuns – stark zu machen, kann Ziel der Predigt sein. »Rabbi Me'ir sagt: Treibe dein Geschäft weniger, aber beschäftige dich mit der Tora.« (Mischna Abot IV,10, zit. nach: Correns 593)

## 5. Liturgievorschläge

Psalm 73

Lesungen: 1.Kor 13,1–13

Lieder:
Er weckt mich alle Morgen (EG 452,1.2.5)
Eins ist not, ach Herr, dies Eine (EG 386,1–4)
Herr, dein Wort, die edle Gabe (EG 198,1–2)

### Literatur

Bonhoeffer, Dietrich, Ethik (1963). Dietrich Bonhoeffer Werke Band 6 (hg. von Ilse Tödt u. a.), München 1992.
Bovon, François, Das Evangelium nach Lukas (Lk 9,51–14,35), EKK III/3, Zürich/Neukirchen-Vluyn 1996.
Correns, Dietrich, Die Mischna ins Deutsche übertragen und mit einer Einleitung versehen, Wiesbaden 2005.
Dillmann, Rainer, Zwei unzertrennliche Schwestern. Beobachtungen zur Einkehr Jesu im Haus der Marta und Maria (Lk 10,38–42), in: Ders. / Weikmann, Hans-Martin (Hg.), »Nicht aufgrund von Brot allein wird leben der Mensch« (Mt 4,4). Mystik und soziales Engagement, Opladen / Farmington Hills (MI) 2009, 9–19.
Hartenstein, Judith, Maria und Martha, in: wibilex, https://www.bibelwissenschaft.de/wibilex/, abgerufen am 2016-04-01.
Klein, Hans, Das Lukasevangelium, KEK I/3, Göttingen 2006.
Mühlhaupt, Erwin (Hg.), D. Martin Luthers Evangelien-Auslegung. III. Teil. Markus- und Lukasevangelium (Mk 1–13; Lk 3–21), Göttingen 1953.
Origenes, Homilien zum Lukasevangelium, 2. Teilband, übersetzt und eingeleitet von Hermann Josef Sieben, FC 4/2, Freiburg 1992.
Rudnick, Ursula, Marta und Maria, http://www.bibelwerk.ch/d/m68888; abgerufen am 2016-04-01.
Singer, Isaak Bashevis, The Collected Stories of Isaak Bashevis Singer, New York 1981.
Wolter, Michael, Das Lukasevangelium, HNT 3, Tübingen 2008.

*Martina Janßen*

# Invokavit: Gen 3,1–19(20–24)
# Die Schlange sagt die nackte Wahrheit

## 1. Annäherung

Das Kapitel Gen 3 ist weithin als die Geschichte vom Sündenfall vertraut. Das stützt sich freilich weniger auf den Text als auf die Hauptlinie seiner christlichen Lektüregeschichte und nicht zuletzt auf die in vielen Bibelausgaben hinzugefügte Überschrift: »Der Sündenfall«. Mit dieser Überschrift ist der Predigttext kennzeichnenderweise auch in Perikopenangaben aufgeführt. Ihm sich anzunähern geht damit einher, sich von dieser Verstehenslinie zu distanzieren. Denn in Gen 3 selbst begegnen weder »Sünde« noch »Fall« (beide Wortfelder erscheinen jedoch in Gen 4) und auch von »Strafe« ist in Gen 3 nicht die Rede. In der Übertretung des Verbots, von jenem Baum zu essen, nehmen die Menschen für sich in Anspruch, selbst zu entscheiden, was gut und böse, was nützlich und schädlich ist. Für die autonom gewordenen Menschen ist der ebenso geschützte wie heteronom bestimmte »Garten (in) Eden« nicht mehr der passende Lebensraum. Eben das realisiert sich in der Vertreibung aus dem »Paradies«. Den Menschen steht von nun an die Welt offen, freilich mit all deren Widrigkeiten. Sie sind sozusagen zur Mündigkeit verdammt. »Autonomie« ist ein Kernthema in Gen 3 (Ebach), ein weiteres, das durchaus einen Predigtschwerpunkt bilden kann, ist »Scham« (Hartenstein, Crüsemann, Bauks). In dieser Predigtmeditation soll der Fokus jedoch einmal auf ein anderes Motiv in Gen 3 gerichtet sein, nämlich auf die Rolle der Schlange.

## 2. Kontexte

a) Heinrich Heine spricht von der »Schlange, der kleinen Privatdozentin, die schon sechstausend Jahre vor Hegels Geburt die ganze Hegelsche Philosophie vortrug. Dieser Blaustrumpf ohne Füße« (Heine entgeht wie vielen anderen, dass die Schlange im hebräischen Text männlich ist, und auch, dass Gen 3 sie erst seit ihrer Verfluchung auf dem Bauch kriechen lässt) »zeigte sehr scharfsinnig, wie das Absolute in der Identität von Sein und Wissen besteht, wie der Mensch zum Gotte werde durch die Erkenntnis, oder was dasselbe ist, wie Gott im Menschen zum Bewußtsein seiner selbst gelange«.

Heine, 479

b) Friedrich Nietzsche unternimmt es, in seiner Schrift »Der Antichrist. Fluch auf das Christentum«, das in der Paradiesgeschichte Verbotene sarkastisch als die Wissenschaft zu decouvrieren und so umgekehrt die Wissenschaft gegen die biblische Geschichte zu wenden:

»Den alten Gott ergriff eine Höllenangst. Der Mensch selbst war sein *größter* Fehlgriff geworden, er hatte sich einen Rivalen geschaffen, die Wissenschaft macht *gottgleich*, – es ist mit Priestern und Göttern zu Ende, wenn der Mensch wissenschaftlich wird! – *Moral*: die Wissenschaft ist das Verbotene an sich – sie allein ist verboten. Die Wissenschaft ist die *erste* Sünde; der Keim aller Sünde, die *Erbsünde*.«

Nietzsche, 1213

c) In einer der von Martin Buber gesammelten und bearbeiteten »Erzählungen der Chassidim« kommt der Fluch über die Schlange als deren Bedürfnislosigkeit ins Bild:

»Einer fragte Rabbi Bunam: ›Was ist das für ein seltsamer Fluch, mit dem Gott die Schlange verflucht: sie solle Staub fressen? Wenn Gott ihr die Natur gab, sich davon ernähren zu können, schiene es mir eher als ein Segen, daß sie überall fände, was sie zum Leben braucht.‹

Rabbi Bunam antwortete: ›Zum Manne sprach Gott, er solle im Schweiße seines Angesichts Brot essen, und mangelt es ihm, möge er zu Gott um Hilfe beten; zum Weibe sprach er, es solle in Schmerzen Kinder gebären, und wird ihm die Stunde allzu schwer, möge es zu Gott um Linderung beten; so sind beide mit Gott verbunden und finden zu ihm. Der Schlange aber, als dem Ursprung des Übels, gab Gott alles, wessen sie bedarf, daß sie keine Bitte an ihn zu richten habe. So versieht Gott zuweilen die Bösen mit der Fülle des Reichtums.‹«

Buber, Chassidim, 758f.

d) Das Hohelied ist von gleichberechtigt partnerschaftlicher Liebe zwischen Frau und Mann geprägt. Hier scheint die Überwindung der in Gen 3,16 verfügten Herrschaft des Mannes über die Frau auf. In solcher Liebe ist, explizit in Hld 4,12–5,1, der Garten (wieder) offen. Zu diesem Gegentext zu Gen 3 bemerkt der israelische Kommentator Yair Zakovitch:

»Die beiden Liebenden sind keinerlei Verboten unterworfen, keine höhere Instanz wacht kritisch über ihr Tun. Die Rückkehr ins Paradies ist optimistischer als die Vertreibung daraus – die Trennwände fallen, verriegelte Türen springen auf [...]«

Zakovitch, 209

e) Der Aphoristiker Albrecht Fabri notiert:

»Der Unterschied zwischen wahr und richtig ist nicht weniger groß
als der zwischen richtig und falsch.«

Fabri, 101

## 3. Beobachtungen am Text

Die Textbeobachtungen beschränken sich auf den gewählten Schwerpunkt. Da fällt zuerst ein Wortspiel auf, nämlich die Assonanz der Kennzeichnung der Schlange (des *nachasch*) als *arum* – »klug« in Gen 3,1 und der Aussage, die Menschen seien *arummim* – »nackt«, im vorausgehenden Vers 2,25. Das Changieren im Klang der Worte »klug« und »nackt« in der Beschreibung der Schlange verdient Beachtung (dazu auch Kübel). In der »Bibel in gerechter Sprache« gibt Frank Crüsemann das Wortspiel luzide so wieder: »Die Schlange hatte weniger an, aber mehr drauf als alle anderen Tiere des Feldes.« In Frage käme womöglich auch: »Die Schlange war *bloß* klug.« Jedenfalls sollte eine dem hebräischen Text verpflichtete Übersetzung dieses Wortspiel wahrnehmen und für die Interpretation stark machen. Es macht darauf aufmerksam, dass die Wahrheit der Worte der Schlange eine nackte Wahrheit ist. Auch die Gender-Perspektive (der *nachasch*) ist hier wichtig, nicht zuletzt gegen die in vielen Darstellungen der Kunstgeschichte begegnende parallele Figuration der Gesichter der Schlange und »Evas«. In dieser Linie konnte die Frau selbst zur

»falschen Schlange« und zur *diaboli adiutrix* – »des Teufels Hilfsfigur« werden. Nicht nur am Rande sei notiert: Das Verhalten von Frau und Mann in Gen 3 konterkariert verblüffend die üblichen Rollenbilder. *Sie* führt mit der Schlange einen nahezu philosophischen Diskurs, *sie* will den Dingen auf den Grund gehen, *sie* wird aktiv und ergreift jene Frucht, die klug macht. *Er* dagegen steht nur dabei und isst, was *sie* ihm gibt, und er wird sich eben damit zu entschuldigen suchen, wobei er die eigene Verantwortung nochmals verweigert und betont, Gott selbst habe ihm doch diese Frau an die Seite gegeben (3,12).

Gegen einen Hauptstrang der Rezeptionsgeschichte ist die Schlange in Gen 3 keine Verkörperung des Teufels; sie ist nicht einmal böse. Sie ist klug und nackt: Sie sagt die nackte Wahrheit. Wenn die Menschen von *einem* Baum nicht essen dürfen, dürfen sie nicht von *allen* Bäumen essen. Das ist formal-logisch wahr. Aber diese Wahrheit gerät in der Kommunikation zur Verfälschung der Wirklichkeit. Denn nun fixiert sich der Blick der Frau allein auf das Verbotene. All das viele Erlaubte zählt nicht mehr; zur Totalität wird das eine Verbotene.

»Ihr werdet sein wie Gott«, sagt die Schlange und auch das ist richtig. Gott selbst wird es bestätigen (3,22). Nimmt man jenen formal-logischen Wahrheitsbegriff, so zeigt sich nicht nur, dass die Schlange die Wahrheit gesagt, sondern auch, dass Gott nicht die Wahrheit gesagt hat. Denn Gott macht die für den Fall der Übertretung in 2,17 angedrohte Todesstrafe (darum geht es und nicht um die Sterblichkeit des Menschen) nicht wahr. Vielmehr stattet Gott die Menschen fürsorglich mit Kleidung aus, auf dass sie in der rauen Welt außerhalb des geschützten Gartens überleben können. Gott macht nicht wahr, was Er, was Sie selbst angekündigt hat. Dieses Motiv begegnet nicht nur hier, sondern auch an vielen anderen biblischen Stellen, man denke nur an Ex 32,7–14 und an Jona 3,5–10. Hier leuchtet ein Konzept Gottes auf, in dem sich Gottes »Allmacht« nicht als Super-Super-Macht erweist, sondern als Macht über die Macht. Gott kann in Erbarmen, in Mitleiden, ja in Reue (dazu Döhling) darauf verzichten, das Angedrohte zu vollziehen, weil Sie, weil Er nicht einmal den Gesetzen der Macht unterworfen ist. Gegen die nackte und tödliche Wahrheit der Schlange scheint hier eine Wahrheit auf, die nicht in formaler Richtigkeit verbleibt, die vielmehr im Sinne der hebräischen *emet* (dazu Buber, Glaubensweisen) das ist, was sich bewährt, was dem Leben dient. Hier bekommt die Haftara zum ersten Abschnitt der Tora (Gen 1,1–6,8) ihre Bedeutung, nämlich Jes 42,5–12 mit den dort formulierten Verpflichtungen und Behütungen für das Leben in der Welt.

Aber trifft Nietzsches (Kontexte b) sarkastisch formuliertes Diktum zu, in Gen 3 sei einzig die Wissenschaft die Sünde, ja die Erbsünde? Gegen manches kirchlich fromme anti-intellektuelle Gebaren mag es zutreffen, doch Gen 3 hat es nicht auf seiner Seite. Das Wissen um Gut und Böse, die autonome Entscheidung der Menschen ist hier nicht als Sünde, geschweige denn als *die* Sünde, gar die *Erbsünde* gekennzeichnet.

Es gibt für die Menschen keinen Weg zurück hinter das Wissen und Wissen-Wollen, hinter die Aufklärung, aber es geht um die Dialektik der Aufklärung. Die Menschen, so sagt es Gott selbst, sind geworden »wie unsereiner«. Sie dürfen, sie müssen selbst erkennen, was gut und was böse ist. Das müssen, das werden sie, das werden und müssen *wir* tun – in all der Fraglichkeit, in allem Gelingen und allem

Versagen und mit allen Folgen des Versagens. Zum Menschen, der um »gut« und »böse« weiß, gehört auch die Möglichkeit, schuldig zu werden, und die Aufgabe, Schuld zu tragen. Das erste, was von der nachparadiesischen Menschheit erzählt wird, ist der Brudermord. Die offene Welt ist keine heile Welt. Aber das »Paradies« ist nicht mehr der passende Lebensraum für autonome Menschen. – Oder kann es das doch wieder werden? Dazu empfiehlt sich die (in Kontexte d eingespielte) Querverbindung zu einem anderen biblischen Buch, nämlich zum Hohelied. Wenn Männer nicht mehr über Frauen herrschen, kann sich in partnerschaftlich gleichberechtigter Liebe der Garten wieder öffnen.

## 4. Homiletische Konkretionen

Welche Aspekte des Textes und seiner für diesmal vorgenommenen Zuspitzung auf die Rolle der Schlange kann eine Predigt betonen? Einer wird sich darauf beziehen, dass die Mündigkeit der Menschen und auch ihr Wissen und ihre Wissenschaft in Gen 3 grundgelegt sind. Wir sind sozusagen zur Autonomie verdammt; wir sind mündige Menschen. Aber das setzt weder die Vorstellung vom »Sündenfall« noch die idealistische Idee von der Menschwerdung des Menschen durch die, mit Hegel, glückliche Schuld, »*felix culpa*«, ins Recht. Wir leben in dieser fragilen und fehleranfälligen Autonomie und sind stets darauf angewiesen, dass wir der Hilfe Gottes bedürfen. An dieser Stelle kommt die Schlange abermals ins Spiel. Ihre Autarkie, ihre Bedürfnislosigkeit kommt (Kontexte c) als ihr Mangel in den Blick. Sie wird nie um etwas bitten müssen.

Ich denke an Menschen, die sich als Vorzug zuschreiben, sie hätten sich nie etwas schenken lassen, sie hätten sich nie von der Zuwendung anderer abhängig gemacht. Ist das ein Ausweis stolzer Autonomie? Oder ist es ein trauriges Bekunden vorgeblicher Autarkie? Ich weiß mich nicht erst in Krankheit und im Blick auf das Lebensende angewiesen auf andere. Diese Angewiesenheit kennzeichnet mein Leben vom ersten Tag an und in all seinen Zeiten und Situationen. Das ist kein Defizit mündigen Lebens, sondern Ausweis der in Gen 2,18 von Gott selbst grundgelegten Maxime: »Es ist nicht gut, dass der Mensch allein sei.«

»Ich will niemandem zur Last fallen.« Dieser Wunsch ist einer der Gründe dafür, dass Menschen heute zunehmend einen selbstbestimmten Tod einem langen Leiden vorziehen. Ich will das nicht aus einer Position von außen kritisieren. Aber ich will an jene Schlange erinnern, deren Vorzug, nie um etwas bitten zu müssen, sich als ihr Mangel erweist. Die Predigt könnte in dieser Fokussierung das zur Sprache bringen, was menschliches Leben in der Spannung von Autonomie und Angewiesenheit kennzeichnet. »Zwischen Autonomie und Angewiesenheit: Familie als verlässliche Gemeinschaft stärken« – das ist der Titel der 2013 vom Rat der EKD herausgegebenen Orientierungshilfe. Diese Grundlinie steht, das ist gegen die vielfache Kritik an dieser »Orientierungshilfe« zu betonen, der Bibel nicht entgegen und gerade auch der Paradiesgeschichte in Gen 2 und 3 nicht.

Noch einmal zur Schlange: Sie sagt die Wahrheit, die nackte Wahrheit. Aber sie sagt nicht die ganze Wahrheit. Sie reduziert nämlich Wahrheit auf Richtigkeit – dazu der wunderbare Aphorismus von Albrecht Fabri (Kontexte e). Die Wahrheit, für die Gott steht, ist dagegen eine, die das Leben bewahrt und sich im Leben bewährt.

Zu ihr sprechen wir im Gottesdienst das Wort, das mit dem hebräischen Wortfeld *aman, emet, emuna* zusammenhängt, nämlich unser »Amen« – »Es werde wahr!«

## 5. Liturgievorschläge

Der dem Sonntag Invokavit zugeordnete Evangelientext Mt 4,1–11 über die Versuchung Jesu lässt gerade bei dem hier skizzierten Predigtschwerpunkt Bezüge zu Gen 3 aufleuchten. Auch wenn die Schlange keine teuflische Figur ist, wird das an der jeweiligen geradezu teuflisch-verführerischen Kommunikation deutlich, aber auch am Thema der Verführung zur Macht und zum Sein wie Gott.

Als Lesetext kommt auch Röm 12,1f. in Betracht. Es geht um einen »vernünftigen Gottesdienst«, aber zugleich darum, sich der Welt nicht gleichschalten zu lassen.

Psalm: Psalm 91 (Der Name des Sonntags »Invokavit« geht auf die lateinische Fassung am Beginn von Ps 91,15 zurück.)

Lieder: Ach bleib mit deiner Gnade (EG 347)
O komm, du Geist der Wahrheit (EG 136)

### Literatur

Bauks, Michaela, Nacktheit und Scham in Genesis 2–3, in: Dies./Meyer, Martin (Hg.), Kulturgeschichte der Scham, Archiv für Begriffsgeschichte, Hamburg 2011, 17–34.
Buber, Martin, Die Erzählungen der Chassidim, Zürich [10]1987.
Ders., Zwei Glaubensweisen. Mit einem Nachwort von David Flusser, Heidelberg 1994.
Crüsemann, Frank, Was ist und wonach fragt die erste Frage der Bibel? Oder: das Thema Scham als »Schlüssel zur Paradiesgeschichte«, in: Schiffner, Kerstin u. a. (Hg.), Fragen wider die Antworten, FS Jürgen Ebach, Gütersloh 2010, 63–79.
Döhling, Jan-Dirk, Der bewegliche Gott. Eine Untersuchung des Motivs der Reue Gottes in der Hebräischen Bibel, HBS 61, Freiburg 2009.
Ebach, Jürgen, Dialektik der Aufklärung (Exegetische Skizze zu Gen 3), in: Junge Kirche extra 2008, 2–10.
Fabri, Albrecht, Der schmutzige Daumen, in: Fabri, Ingeborg/Weinmann, Martin (Hg.), Albrecht Fabri. Gesammelte Schriften, Frankfurt a. M. 2000.
Hartenstein, Friedhelm, »Und sie erkannten, dass sie nackt waren …« (Gen 3,7). Beobachtungen zur Anthropologie der Paradieserzählung, in: EvTheol 65 (2005), 277–293.
Heine, Heinrich, Geständnisse [1854], in: Briegleb, Klaus (Hg.), Heinrich Heine. Sämtliche Schriften, Bd. 6/1, München [2]1985, 443–513.
Jacob, Benno, Das erste Buch der Tora. Genesis, Berlin 1934 (Nachdruck New York 1974).
Kübel, Paul, Ein Wortspiel in Genesis 3 und sein Hintergrund: Die »kluge« Schlange und die »nackten« Menschen, in: Biblische Notizen 93 (1998), 11–22.
Kuhlmann, Helga, Die Schlange, in: Keuchen, Marion u. a. (Hg.), Die besten Nebenrollen. 50 Portraits biblischer Randfiguren, Leipzig [2]2007, 63–66.
Nietzsche, Friedrich, Der Antichrist. Fluch auf das Christentum, in: Schlechta, Karl (Hg.), Friedrich Nietzsche. Werke in sechs Bänden, München-Wien 1980, Bd. 4, 1161–1235.
Zakovitch, Yair, Das Hohelied, HThKAT, Freiburg u. a. 2004.

*Jürgen Ebach*

# Reminiszere: Mt 12,38–42
# Wirkzeichen Gottes

## 1. Annäherung

Journalisten spüren ständig Indizien für bestimmte Sachverhalte auf; dies ist ihr Beruf: Indizien für wirtschaftliche Entwicklungen und Börsenkurse oder für veränderte politische Einschätzungen und Wertmaßstäbe. Nicht selten täuschen sie sich. Wer hätte vorausgesehen, dass sich 2015 die Staatsoberhäupter von China und Taiwan die Hand reichen – oder vor Jahrzehnten Rabin und Arafat? Vieles geschieht ohne vorherige Indizien, erst recht ohne wunderhafte Zeichen. Sollte deshalb, »wer Visionen hat, zum Arzt« gehen und sich stattdessen lieber an Sachargumenten orientieren? Schon die Bibel warnt ja vor Falschpropheten, selbst wenn sie sich durch Zeichen legitimieren.

## 2. Kontexte

Die Tora spricht von vielen und verschiedenartigen Zeichen. Von diesen seien im Folgenden drei aufgeführt:
a) Der *Schabbat* soll ein Zeichen dafür sein, dass Israel von Gott geheiligt ist.
»Sage den Israeliten: Haltet meinen Sabbat; denn er ist ein Zeichen zwischen mir und euch von Geschlecht zu Geschlecht, damit ihr erkennt, dass ich der HERR bin, der euch heiligt. Darum haltet meinen Sabbat, denn er soll euch heilig sein.«
Ex 31,13–14 (*Parascha* der Woche)

b) Schon vorher bezeichnet die *Tora* ein anderes Merkmal als »Zeichen«.
»Und Gott sprach zu Abraham: So haltet nun meinen Bund, du und deine Nachkommen von Geschlecht zu Geschlecht. Das aber ist mein Bund, den ihr halten sollt zwischen mir und euch und deinem Geschlecht nach dir: Alles, was männlich ist unter euch, soll beschnitten werden; eure Vorhaut sollt ihr beschneiden. Das soll das Zeichen sein des Bundes zwischen mir und euch.«
Gen 17,9–11

c) In den vorangehenden Beispielen sind es Zeichen der Erwählung Israels, nicht Bestätigungszeichen eines Bevollmächtigten. Anders dagegen bei der Erwählung des Stammes Levi als Priesterstamm.
Num 17,16ff.

d) In der Neuzeit wurde in bestimmten Kreisen die Gründung des Staates Israel als Zeichen des unmittelbar bevorstehenden Weltendes verstanden. Ich erinnere mich aus meiner Konfirmandenzeit an volksmissionarische Prediger, die als bereits eingetroffene Zeichen des Endes (vgl. Mt 24,6–14: Kriege, Verfolgung, Evangeliumsverkündigung in der ganzen Welt) nun auch noch die Rückkehr Israels in das verheißene Land als solches deuteten.

e) 1991 erschien im Verlag der Liebenzeller Mission unter dem Titel »Zeitbomben der Weltgeschichte« eine evangelikale Deutung der Geschichte und Ereignisse der

christlichen Lehrentwicklung sowie des Nahen Ostens. Darin wird in der Zahl 40 ein Zeichen gesehen, das als Anlass zu zweifelhafter Zahlenspekulation und Prophetie genommen wird:
»Nach der ›Revolution der Steine‹ (Intifada), dem Verzicht des jordanischen Königs Hussein auf den Anspruch auf das Westjordanland, konnte die PLO am 15. November 1988 an das Jahr 1948 anknüpfen und wie Israel vor 40 Jahren den palästinensischen Staat ausrufen. Ein Antistaat mit einer Antiregierung war aus der Taufe gehoben [...] dank der schwedischen Diplomatie durch das Treffen zwischen Arafat und der jüdischen Delegation in Stockholm, dem spektakulären Auftritt Arafats vor der UNO-Vollversammlung am 13. Dezember 1988 in Genf [...] In der gegenwärtigen Weltpolitik können wir erkennen, daß die Politiker von einem Tag auf den anderen ihre Meinungen grundlegend ändern. [...] Durch ihr Handeln werden sie – selbst gegen ihr Wissen – zu Werkzeugen, die dazu dienen, daß sich die biblische Prophetie erfüllt.«

Baar, 159

f) David Ben-Gurion soll vor der Gründung des Staates Israel seinen Kritikern gesagt haben:
»Wer nicht an Wunder glaubt, ist kein Realist.«

Ben-Gurion

g) Wie fragwürdig wunderhafte Beglaubigungszeichen als Wahrheitserweis sind, stellt der Talmud am Beispiel Rabbi Eliesers dar: Er vertritt eine von den übrigen Gelehrten abweichende Meinung und lässt sie sich durch allerlei »Wunder« (Versetzen eine Baumes, Umleitung eines Wasserlaufs, Einstürzen der Wände eines Lehrhauses) bestätigen. Schließlich ruft er aus:
»Wenn die Halakha wie ich ist, so mögen sie dies aus dem Himmel beweisen! Da erscholl eine Hallstimme und sprach: Was habt ihr gegen R. Eli'ezer; die Halakha ist stets wie er. Da stand R. Jehŏsu'a (auf seine Füße) auf und sprach [Dtn 30,7]: *Sie ist nicht im Himmel.* – Was heißt: sie ist nicht im Himmel? R. Jirmeja erwiderte: Die Tora ist bereits vom Berge Sinaj her verliehen worden. Wir achten nicht auf die Hallstimme, denn bereits hast du am Berge Sinaj in die Tora geschrieben [Ex 23,2]: *nach der Mehrheit entscheiden.*«

Babylonischer Talmud Baba Metsia 59b, zit. nach: Goldschmidt

h) Rabbinen beriefen sich für ihre Lehrmeinung entweder auf einen Lehrer oder auf eine Schriftstelle:
»Die Rabbanan lehrten: Woher, dass, wenn einer das Gericht schuldig verlässt, und jemand sagt, er habe etwas zu seiner Verteidigung vorzubringen, man ihn umkehren lasse? Es heißt [Ex 23,7]: *verurteile nicht einen Unschuldigen.* Und woher, dass, wenn einer das Gericht freigesprochen verlässt, und jemand sagt, er habe etwas zu seiner Belastung vorzubringen, man ihn nicht umkehren lasse? Es heißt [Ex 23,7]: *verurteile keinen Gerechten.*«

Babylonischer Talmud, Sanhedrin 33b, zit. nach: Goldschmidt

## 3. Beobachtungen am Text

Der Abschnitt ist ohne Parallele beim Evangelisten Markus, stammt also aus der Spruchquelle. Umso auffälliger sind daher die Unterschiede zu Lukas.

Allerdings nimmt Matthäus dieselbe Thematik erneut in 16,1–4 auf. In diesem Zusammenhang überliefert Markus eine Parallele, die sich teilweise, aber nicht völlig mit Mt 12,38ff. deckt. Insgesamt wird das gesamte Szenario von Gesprächspartnern Jesu aufgeboten: Mt 12,38 Schriftgelehrte und Pharisäer, Mk 8,11 Pharisäer, Mt 16,1 Pharisäer und Sadduzäer, Lk 11,29 das Volk. Man wird davon ausgehen müssen, dass die Gesprächspartner Jesu der jeweiligen Sicht des Evangelisten entsprechen und daher austauschbar sind.

Auch hinsichtlich der Zeichenfrage bestehen markante Unterschiede: Mk 8,12 »kein Zeichen«, Mt 16,4 »Zeichen des Jona« ohne Erklärung, Lk 11,29 Zeichen des Jona, anschließend (V 30) Deutung als Gerichtszeuge (im Endgericht), Mt 12,39 Jona mit Deutung (V 40) auf Tod und Auferstehung Jesu. Jesus scheint ursprünglich jede Art von Zeichen abgelehnt zu haben (vgl. Kontexte); mit dem Hinweis auf Jona wird der Leserschaft ein multivalentes Rätselwort aufgegeben. Luz (274) hält diese »kleine Perikope« für »extrem schwierig und umstritten«.

Der Predigttext schließt bei Matthäus (und entsprechend bei Lukas) mit einem Hinweis (Luz, 275: »Drohworte«) auf die Niniviten und die Königin von Saba, die im Gericht als Belastungszeugen auftreten werden, da sie im Unterschied zur gegenwärtigen Generation Buße taten. Luz (273) nimmt wohl mit Recht an, dass es sich um »ursprünglich eigenständige Textstücke« handelt. Geht man davon aus, dass Jesus tatsächlich seine historische Aufgabe darin sah, angesichts der »nahe herangekommenen« Gottesherrschaft das Volk aufzurütteln, kann man solch einen massiven Appell für echt halten.

*V 38*: Mit Recht stellt Luz (275) fest, Zeichen »können, aber müssen nicht Wunder sein« und verweist auf »etwas Sichtbares, wodurch man eine Sache eindeutig identifizieren kann, z. B. ein Siegel«, aber auch Symbolhandlungen, Wunder usw. Aus der Anfrage der Gesprächspartner Jesu geht nicht hervor, was sie konkret erwarteten, jedenfalls etwas Eindeutiges. Setzt man voraus, dass es sich um »Schriftgelehrte« handelte, wäre auch der Bezug auf eine Schriftstelle als »Zeichen« anzusehen, wie im Talmud ständig gefragt wird »woher?« Bei einer Auslegung im jüdischen Kontext sollte dies in Erwägung gezogen und die Frage nicht sofort auf spektakuläre Sensationswunder bezogen werden.

*V 39* versteht diese Frage allerdings als Zeichen des Unglaubens, nicht wie die talmudische Diskussion als Zeichen der Gewissenhaftigkeit. Deshalb werden die Frager als »böse und abtrünnige (wörtlich: ehebrecherische) Sippschaft« bezeichnet. Luz (276) nimmt mit Recht den zeitlichen Aspekt »Generation« an. Ich habe versucht, mit »Sippschaft« den zeitlich-gesellschaftlichen Aspekt hervorzuheben. Zur Vermeidung eines falschen Antagonismus Jesus–Schriftgelehrte ist auch ein Blick auf Markus 8,12 zu werfen (dort nur verwunderte Frage!). Ob mit der Bezeichnung »schlecht« tatsächlich an das gedacht ist, »was Gott im Endgericht verurteilt« (Luz, ebd.), mag im Blick auf heutige Hörer dahingestellt bleiben; es geht jedenfalls darum, dass eine Gesellschaft, die zur eigenen Absicherung nach »alternativlosen Belegen« verlangt, als falsch und schlecht bezeichnet wird.

*V 40*: Das Jona-Menschensohn-Wort ist typisch matthäische Christologie, die von Ostern, nicht vom »irdisch-historischen« Jesus her denkt. Dies bedeutet: Das Wirken Jesu wird nicht aus sich selbst gerechtfertigt, sondern von der Osterbotschaft her. Der »irdisch-historische« Jesus bleibt als herausfordernde Frage an uns stehen. Matthäus sieht aber in diesem Hinweis mehr als nur ein Symbol für die Osterbotschaft. Mit dem Hinweis auf die Buße der Niniviten und die Weisheit Salomos fordert dieser Teilabschnitt wie bei Lukas zur Nachfolge in Buße und im Hören auf die »Weisheit« Jesu auf. Entsprechend endet auch das Matthäus-Evangelium mit dem Lehren all dessen, was Jesus aufgetragen hat.

## 4. Homiletische Konkretionen

Der Sonntag Reminiszere verdankt seinen Namen der lateinischen Antiphon des Sonntags, Ps 25,6: »Gedenke, HERR, an deine Barmherzigkeit und an deine Güte, die von Ewigkeit her gewesen sind.« Es ist schwierig, wenn auch nicht unmöglich, von hier aus eine Brücke zum Predigttext zu schlagen: Man müsste dabei das gesamte Wirken Jesu als Zeichen von Gottes Barmherzigkeit auslegen und vom Kontext des Predigttextes her feststellen: Jesu Heilungstaten sind so wenig eindeutiger »Ausweis Jesu« wie seine Gleichnisse, so dass sich die Frage nach »Zeichen« stellt.

Dass die jüdische Gemeinde an diesem Sonntag Purim feiert, könnte in der Predigt mit dem Hinweis aufgenommen werden, das Volk Israel habe bei der Befreiung aus Ägypten seine grundlegende Rettung erfahren; diese wurde aber wieder gefährdet (etwa mit der Herstellung des Kalbes, vgl. das Ende des Wochenabschnitts mit den neuen Gebotstafeln, Ex 34) oder durch judenfeindliche Umtriebe (Buch Ester); aber – dies müsste der Tenor bleiben – Gott hält seinem Volk die Treue; dafür besitzt es viele sichtbare rituelle Zeichen (Kontexte a–c).

Die Frage nach »Zeichen« kann grundsätzlich sowohl ein Zeichen mangelnden Vertrauens (Kontexte g) als auch der Gewissenhaftigkeit sein (Kontexte h). Im Gespräch Jesu mit Schriftgelehrten wird es vermutlich um die zweite Art des Fragens nach Zeichen gegangen sein (er selbst bezieht sich in den Evangelien öfter auf Schriftstellen). Die von der jüdischen Gemeinschaft getrennte christliche Gemeinde las darin aber einen Ausdruck des Zweifels an Jesu Legitimität.

Wo stehen wir als christliche Gemeinde heute? Nehmen wir die Zeichen des Wirkens Gottes wahr, oder konstruieren wir »Zeichen der Zeit« nach unserem Geschmack? Nehmen wir die Signale der Schrift als Herausforderung wahr, oder lesen wir die Bibel als Bestätigung unserer Auffassungen? Lassen wir uns von dem Zeugnis der Schrift herausfordern, oder brauchen wir noch zusätzliche Bestätigungen?

Vor allem: Haftet unser persönliches Interesse an Außergewöhnlichem oder an dem, wozu uns die Schrift je neu herausfordert: Sind Hören und Tun die geforderte Form der Buße? Welche Rolle spielt dabei in unserem Denken die Auferstehung Jesu: Ist sie für uns ein naturwissenschaftlich außergewöhnliches »Wunder« oder Ausdruck des bleibenden Anspruchs seiner Botschaft?

Denkbare Gliederung:

Einleitung: Ben-Gurion (Kontexte d); Staat Israel als Zeichen des nahen Weltendes?

Hauptteil 1: Zeichen der Barmherzigkeit Gottes in der Geschichte Israels (Exodus, Neue Tafeln, Purim)

Hauptteil 2: Die Botschaft der Heiligen Schrift als Grund unserer Hoffnung und als verlässlicher Prüfstein

Hauptteil 3: Die Botschaft der Heiligen Schrift als Anstoß zu ehrlicher Prüfung und Änderung von Einstellung und Verhalten.

Schluss: Seid nüchtern und wachsam und glaubt nicht jeder Aufsehen erregenden Nachricht

## 5. Liturgievorschläge

Psalm 10 (in Auswahl)

Epistel: Röm 5,1–5
Alttestamentliche Lesung: Ex 34,(1–4)5–10 (aus der Parascha der laufenden Woche)

Lieder:
Der Tag bricht an (EG 438)
Lobe den Herren (EG 317,2.5)
Wie herrlich gibst du, Herr, dich zu erkennen (EG 271)
Du bist mein Stärk, mein Fels (EG 275,4)
Wir haben Gottes Spuren festgestellt (EG 665, Regionalteil Baden/Elsass-Lothringen)
Gib Frieden, Herr, gib Frieden (EG 430,4)

### Literatur

Baar, Marius, Zeitbomben der Weltgeschichte. Nahost – die Folgen eines jahrhundertealten Missverständnisses, Lahr 1991.
Deeg, Alexander (Hg.), Der Gottesdienst im christlich-jüdischen Dialog, Gütersloh 2003.
Goldschmidt, Lazarus (Hg.), Der Babylonische Talmud, Berlin 1930ff.
Luz, Ulrich, Das Evangelium nach Matthäus, EKK 1/2, Neukirchen-Vluyn 1990.

*Hans Maaß*

# Okuli: Mk 12,41–44
# Vom Ansehen einer Person bei Gott

Da die ursprünglich angefragte Autorin dieser Predigthilfe leider kurzfristig abgesagt hat, haben wir auf den Text von Evelina Volkmann zu Mk 12,41–44 aus dem Jahr 1998 zurückgegriffen und ihn redaktionell leicht überarbeitet. Wir danken Evelina Volkmann für die Abdruckerlaubnis. (Anmerkung der Redaktion)

## 1. Annäherung

Eine arme Frau macht eine kleine Spende. So unspektakulär dies zunächst auch erscheinen mag, das schon sprichwörtlich gewordene »Scherflein der Witwe« hat dennoch einen gewissen Bekanntheitsgrad erlangt, vor allem in einer moralisierenden Auslegung: »Dem Beispiel dieser Witwe wollen auch wir folgen und von Herzen geben, was wir haben.« Der Hörer oder die Hörerin soll sich also mit dem Verhalten der Witwe identifizieren, obwohl im Text selber auch bei genauerem Hinsehen keinerlei Anweisung zu finden ist. Schwierigkeiten bereitet diese Auslegung dann ferner in der direkten Anwendung auf heutiges Christsein. Wer verzichtet denn schon wie die Witwe auf seinen letzten Besitz? Wer könnte das? Doch auch wenn die Spendeaufforderung nicht bis an die Grenzen der Armut geht, so scheint die Bedeutung dieser vier Verse aus dem Markusevangelium doch allenthalben bekannt zu sein: »Man« soll freizügig geben (»Einen fröhlichen Geber hat Gott lieb!« 2.Kor 9,7) und die Gaben finanziell schwächer Gestellter entsprechend anerkennen und würdigen.

Der besondere Charakter dieses Sonntags Okuli (»Meine Augen sehen stets auf den Herrn«; Ps 25,15) lässt jedoch innehalten vor einer vorschnellen Identifikation mit dem Tun der Witwe. Es geht hier erst sekundär um das Geben, primär vielmehr um das *Sehen*, und zwar in doppeltem Sinn. Zunächst sieht Jesus, und dann sehen hoffentlich auch die Jünger. Jesu Blick fällt anerkennend auf die Frau und ihr Engagement, ganz wie es auch dem vorgeschlagenen Sonntagspsalm entspricht: »Die Augen des Herrn merken auf die Gerechten.« (Ps 34,16) Sodann sehen die Jünger, was Jesus hier im Vorhof des Tempels tut, nämlich wie er mit seinem Blick dieser Frau Geltung verschafft und ihr vielleicht unauffälliges Tun aufwertet. Somit könnte die Predigt zur Identifikation mit dem sehenden Jesus und seinen sehenden Jüngern einladen.

## 2. Kontexte

a) In rabbinischer Tradition findet sich eine Parallele, die ebenfalls im Tempel spielt. Auch hier ist es eine Frau, für deren Gabe der richtige Blick geöffnet wird. »Einmal brachte eine Frau eine Handvoll Mehl (als Opfergabe). Der Priester verachtete es und sprach: Seht, was diese darbringen! Was davon soll man essen (bleibt den Priestern als Anteil), und was davon soll man opfern? Da sah der Priester im Traum: Verachte sie nicht; denn sie ist wie eine, die ihr Leben dargebracht hat.«

Midrasch Leviticus Rabba 3 (107a), zit. nach: Billerbeck II, 46

## 3. Beobachtungen am Text

Diese Perikope besteht aus zwei Teilen. In VV 41f. wird berichtet, wie Jesus im Tempel die Menschen beim Opfern und Spenden beobachtet, darunter insbesondere die arme Witwe. VV 42f. enthält eine Deutung dieser Begebenheit als Jüngerbelehrung.

Der erste Teil gibt den Kommentatoren so manche Frage auf. Was ist ein »Gotteskasten« (*gazophylakion*)? Und wie konnte Jesus so genau wissen, wieviel Geld die Frau bzw. die Reichen gegeben hatten?

Ein Blick in die verschiedenen gängigen Markuskommentare (Gnilka, Grundmann, Lohmeyer) zeigt, dass die Unklarheiten dieses Abschnitts offensichtlich am ehesten unter Rückgriff auf Strack-Billerbecks Erläuterungen aus Talmud und Midrasch zu klären sind. Und so wird Billerbeck – in selten großer Einmütigkeit – auch von diesen allen herangezogen. Demnach ergibt sich folgendes Bild (vgl. Billerbeck II, 33ff.):

Jesus sitzt im inneren Vorhof des Tempels, dem Frauenvorhof, zu dem Frauen und Männer Zutritt hatten. Er sitzt gegenüber einer Schatzkammer, in deren Innern sich 13 posaunenförmige Geldbehälter befinden. *Gazophylakion* kann beides meinen, die Schatzkammer wie auch den einzelnen Geldbehälter bzw. Opferstock innerhalb der Schatzkammer. Jesus beobachtet ganz gewöhnliche Vorgänge, nämlich wie Menschen in diese Schatzkammer gehen, um ihre Gabe in Geldbehälter einzulegen. Vermutlich hat er den einen Opferkasten im Blick, in den freiwillige Gaben gelegt wurden, die dann für ausschließlich Gott zugedachte Ganzopfer verwendet wurden. Allgemein war es üblich, dass die Opfernden dem Priester, der gerade am Opferstock Dienst tat, die Höhe ihrer Gabe nannten. Umstehende konnten dies mithören. So kann Jesus wissen, dass sie zwei der kleinsten Kupfermünzen, zwei Lepta (Scherflein), opfert, eine Summe, die ihr Nahrung für etwa einen Tag gegeben hätte. Sorglos und in großer innerer Freiheit gibt sie Gott, was sie noch hat.

Billerbeck berichtet davon, dass es vorkam, dass manche Reiche stolz waren auf die Höhe ihrer Spende, während arme Spender oder Spenderinnen wegen der Geringfügigkeit ihrer Gabe verspottet wurden. In diesem Zusammenhang nennt er ein rabbinisches Gleichnis (s. Kontexte), in dem ein Priester von Gott über den hohen ideellen Wert kleiner, von Armen gespendeter Opfergaben belehrt wird.

In der sich anschließenden Jüngerbelehrung urteilt Jesus im Sinne dieses rabbinischen Gleichnisses, obwohl weder hier noch in der Parallele Lk 21,1–4 eine Abwertung der Witwe stattfindet. Aber sogar Billerbeck mutmaßt, Jesus könne sich in VV 43f. gegen habsüchtige Priester gewendet haben (Billerbeck II, 45).

## 4. Homiletische Konkretionen

Bei der Auslegung dieser Perikope ist es Konsens, den Inhalt aus dem Kontext seiner rabbinischen Parallelen heraus zu erklären, weil man in diesem Fall auch ganz offensichtlich darauf angewiesen ist. Interessant ist es nun aber zu beobachten, *wie* mit diesem herangezogenen rabbinischen Material umgegangen wird. Hier erst fallen explizit oder implizit die Entscheidungen über eine judenfreundliche oder judenfeindliche Predigt. Denn, wie der Blick in die Predigthilfeliteratur zeigt, bewahrt allein das Zitieren oder die Lektüre von Billerbeck noch nicht vor antijudaistischer Predigt. Dies sei exemplarisch an einer Predigthilfe verdeutlicht. In Anlehnung an das rabbinische Gleichnis aus Leviticus Rabba, das Billerbeck und nach ihm die gängigen Markus-Kommentare heranziehen, beschreibt ein Predigthilfeautor, was Jesus da im Tempelvorhof gewollt habe:

»Als ich das alles [die Erläuterungen von Strack/Billerbeck; Anm. E.V.] las, verstand ich plötzlich, warum sich Jesus neben den Opferkasten setzte. Das war kein neugieriger und auch kein kontrollierender Jesus mehr. Das war ein Jesus, der sich zum Anwalt der Armen macht und der eine arme Witwe vor den bissigen Bemerkungen eines Priesters schützt.« (Hilge, 172)

Hinsichtlich der Predigt wird dann vorgeschlagen, die Tempelszene im Sinne dieses postulierten Gegensatzes zwischen dem Priester und den Reichen auf der einen Seite und Jesus und der armen Witwe auf der anderen Seite narrativ auszugestalten. Doch hier wird die innerjüdische Kritik des rabbinischen Gleichnisses dazu missbraucht, eine Antithese zwischen dem menschenliebenden Jesus und dem menschenverachtenden jüdischen Priester aufzustellen. Damit befindet sich der Autor in der Tradition des wohl bekannten antijudaistischen Dualismus von Alt und Neu im Hinblick auf Judentum und Christentum. Dies hat zur Folge, dass selbst da, wo der Bibeltext – wie hier – dazu eigentlich keinerlei Anhaltspunkt gibt, nach diesem Kontrastschema votiert wird. Dazu passt es dann, wenn auch aus der der Perikope unmittelbar vorausgehenden »Warnung vor den Schriftgelehrten« (Mk 12,38–40) eine prinzipielle christliche Kritik an einer das damalige Judentum repräsentierenden Gruppe geübt wird. Damit folgt diese Predigthilfe übrigens der Auslegung Drewermanns, der die Haltung der Schriftgelehrten mit derjenigen der Witwe kontrastiert, womit sich dann auch eine Predigt halten ließe, die existentiell ansprechen soll, nämlich über »die Schriftgelehrten und die Witwe als zwei Möglichkeiten in uns« (Hilge 169f.174).

Bei solchen homiletischen Optionen wird übersehen, dass Jesu Urteil über die Witwe in Einklang und nicht in Widerspruch zum rabbinischen Judentum erfolgt.

Eine andere Rezeption der jüdischen Parallelen zu unserer Perikope liegt da vor, wo Jesus in der Liebe und Wärme, die in seinem Urteil über die Witwe mitschwingen, in Kontinuität zum Judentum gesehen wird: Mk 12,28–34

»Was Jesus hier sagt, könnte auch ein Rabbi gesagt haben; es ist jüdische Humanität, die aus diesen Sätzen spricht.« – »Gerade die Pharisäer haben gelehrt, die geringfügigen Gaben eines Armen höher zu schätzen als tausend königliche Opfer.« (Lohmeyer 267.266)

Auch hier wird in der Auslegung auf den unmittelbaren Markuskontext zurückgegriffen. In der Tat der Witwe, in ihrem Glauben, wird eine Erfüllung des Gebots der Gottesliebe erkannt, das Jesus einem Schriftgelehrten – unter dessen Zustimmung! – aus der Tora zitiert hatte (Mk 12,30). Der Vergleich zwischen der Hingabe der Witwe und der Hingabe Jesu in der Passion war es wohl auch, der dazu geführt hat, diese Perikope auf den Sonntag Okuli zu legen.

Jesus, der die Tat der Witwe ansieht (Okuli!) und sie hervorhebt, steht damit in gut jüdischer Tradition. Die Witwe steht stellvertretend für Menschen, die sich sozial, kräftemäßig oder auch emotional am Rande oder zumindest nicht im Mittelpunkt unserer Gesellschaft bzw. auch Kirchengemeinde befinden. Doch diesen Menschen wird Respekt entgegengebracht. Denn gerade von und mit diesen Menschen lebt jede Gemeinschaft.

Eine Predigt, die dies – auch in der Bedeutung für die Gegenwart – aufgreift, hat es nicht nötig, Jesus in seiner menschenfreundlichen Haltung vom Judentum abzusetzen, sondern kann diesen Zug als Ausdruck jüdischer wie dann auch christlicher Frömmigkeit gelten lassen. Nur so – ohne gleichzeitige Herabsetzung jüdischen Glaubens – wirkt es dann auch glaubhaft, wenn die Predigenden versuchen, wie Jesus bzw. wie seine Jünger auch das Geringe hoch schätzen zu lernen. Dies kann durchaus auch auf Geldspenden in der Gemeinde angewendet werden. Aber es geht sicherlich, wenn man beim Zielfeld Kirchengemeinde bleibt, z. B. auch um die Einschätzung tatkräftigen Engagements wie der Mitarbeit. Jesus fragt übrigens gar nicht danach, was man mit zwei Scherflein überhaupt erreichen kann. Er sieht vielmehr und würdigt, aus welcher inneren Kraft und Motivation heraus jemand seine Scherflein gibt. Die Witwe tut es um der Sache selbst willen und nicht aus irgendwelchen anderen Beweggründen. Auch eine vermeintlich unbedeutende Mitarbeit wird dadurch ihrer reinen Gesinnung wegen gewürdigt. Die selbstkritische Frage nach den Motiven des eigenen Handelns fällt schwer, kann aber im Tun wie im Lassen heilsame Folgen nach sich ziehen.

Viele zuhörende Gemeindemitarbeiter und -mitarbeiterinnen, die wie die Witwe zum Leben von Kirche oder Gemeinde bereits beitragen, werden es als wohltuend erleben, wenn ihr Tun wie ihre Motivation anerkennend betrachtet werden, auch wenn die vorhandenen Möglichkeiten manchmal wirklich gering sind. Dies lässt ihre Wertschätzung, ihr Selbstbewusstsein, ihre Selbstannahme steigen. Damit kann auch ein Aufatmen, ein Gefühl der inneren Befreiung verbunden sein, endlich aussteigen zu können aus Wettkampf um gute Leistungen und Geltung in der Gemeinde. Niemand braucht mehr darzustellen, als er/sie wirklich ist. Die Scham hat ein Ende. Die Witwe schämte sich nicht, ihre bittere Armut preiszugeben.

Eine Zusammenfassung dieses Predigttextes ist in 1.Sam 16,7 zu finden, dem Fazit aus der Erzählung von der Salbung ausgerechnet des kleinsten Sohnes Isais – David – zum König: »Der Mensch sieht, was vor Augen ist; der Herr aber sieht das Herz an.«

## 5. Liturgievorschläge

Psalm 34 oder Psalm 25

Lesung: 1.Kön 17,8–16

Lieder:
Wach auf, mein Herz, und singe (EG 446)
Oculi nostri ad Dominum Deum (EG 787,6, Regionalteil Württemberg)
Aller Augen warten auf dich, Herre (EG 461)
Gott ist gegenwärtig (EG 165,1.2.4)

## Literatur

Gnilka, Joachim, Das Evangelium nach Markus, EKK II/2, Neukirchen 1978.
Grundmann, Walter, Das Evangelium nach Markus, Theol. Kommentar zum NT, Berlin 1971, 257ff.
Hilge, Richard, Okuli. Predigttext: Markus 12,41–44, in: Gottesdienstpraxis A III 1 (1992), 169ff.
Lohmeyer, Ernst, Das Evangelium nach Markus, KEK I/2, Göttingen 1967, 265ff.
Strack, Hermann L./Billerbeck, Paul, Das Evangelium nach Markus, Lukas und Johannes und die Apostelgeschichte, erläutert aus Talmud und Midrasch, München 1924, 33ff.

*Evelina Volkmann*

## Lätare: Joh 6,55–65
## Das Brot vom Himmel und die Solidarität auf Erden

### 1. Annäherung

Als jemand, der sensibel ist bezüglich Bibelstellen, die sich gut dafür eignen, im Sinne einer Überbietung des Judentums durch das Christentum ausgelegt zu werden, fällt mir der Hinweis auf die »Väter, die gegessen haben und gestorben sind«, gleich auf. Ich brauche auch nicht lange, um ein Beispiel für eine solche Auslegung, die einen Gegensatz zwischen der Tora und Jesus sieht, zu finden: »Einmal mehr wird der Kontrast zwischen dem Manna (und dem Gesetz, das es symbolisieren kann) und dem himmlischen Brot, welches Christus ist, herausgestellt. Nur das letztere vermittelt ewiges Leben.« (Barrett, 310) Eine Predigt im Angesicht des christlich-jüdischen Gespräches muss aber dieses Vorverständnis, wonach es einen Kontrast zwischen der Tora und Jesus gibt, ablegen.

Dennoch bleibt der Bezug, der zwischen dem Manna aus der Exodusgeschichte und dem eucharistischen Mahl gezogen wird, sperrig. Kann dieser Bezug trotzdem für die Predigt genutzt werden?

### 2. Kontexte

a) Brot und Kleidung

Dass auch die Rabbinen im Brot nicht nur die materielle Speise sehen, sondern dass Brot auch für die Tora stehen kann, zeigt folgende Geschichte aus den Midraschim: »Aquila, der Proselyt, trat bei Rabbi Elieser ein. Er sagte ihm: Ist das denn die ganze Auszeichnung des Proselyten? Denn es ist gesagt: ›Und er liebt den Proselyten, ihm Brot und Gewand zu geben (Dtn 10,18). Er sagte ihm: Ist das etwa gering in deinen Augen – eine Sache, deretwegen jener Alte (Jakob) sich (betend) niederwarf? Denn es ist gesagt: ›Dass er mir Brot zu essen gibt und Kleidung anzuziehen.‹ (Gen 28,20). Und dieser da kommt, und man reicht es ihm mit einem Rohr (d.h. mit geringem Aufwand)! Er trat bei Rabbi Jehoschua ein. … Er begann, ihm freundlich zuzureden: Brot – das ist die Tora. Denn es steht geschrieben: ›Kommt, esst Brot von meinem Brot!‹ (Spr 9,5) Gewand – das ist der Tallit (Gebetsmantel). Hat ein Mensch die Tora erlangt, hat er den Tallit erlangt.«

Midrasch Bereschit Rabba 70,5, zit. nach: Wengst, 232

b) Rede Gottes

Auch die steigernde Entsprechung des Manna-Wunders zum Wort Gottes lässt sich aus folgendem Abschnitt ableiten:

»Es sprach Rabbi Jose bar Chanina: Gemäß der Kraft jedes Einzelnen redete die Rede (*ha-dibbúr* – das Reden Gottes erscheint hier wieder geradezu hypostasiert) mit ihm. Und wundere dich nicht über diese Sache! Denn wenn wir schon über das Manna gefunden haben, dass jeder Einzelne es, als es zu Israel herabstieg, gemäß seiner Kraft schmeckte, um wieviel mehr gilt das für die Rede.«

Midrasch Tanchuma (hg. v. S. Buber, Nachdruck Jerusalem 1964) Jitro 17 (40a.b), zit. nach: Wengst, 237 (Anmerkungen in Klammer durch Wengst)

c) Die Gegenüberstellung von Brot als materiellem Gut und dem Brot vom Himmel bedeutet nicht die Abwertung des Materiellen. Das lesen wir auch bei Karl Barth: »Und so ist es auch ganz in Ordnung, [...] wenn wir aus Joh 6,52–58 zu lernen haben, dass der Speisung und Tränkung zum ewigen Leben ein ganz bestimmtes leibliches Essen und Trinken entspricht und entsprechen muss. Man kann diese und ähnliche Stellen sicher nicht realistisch genug verstehen und wird sich dabei auch keiner Ungeheuerlichkeiten schuldig machen, wenn man nur bedenkt, was dabei sicher zu bedenken ist: dass das Sakrament in der Isolierung, in welcher es da als *das* Zeichen, *das* objektive Zeugnis erscheint, das der Mensch empfangen muss, natürlich als *pars pro toto* aufzufassen ist. So, nämlich so konkret, so leibhaft, so als schöpferisches Ereignis in der Geschichte, kommt die Offenbarung zu uns und will sie empfangen und aufgenommen sein.«

Barth, 252

## 3. Beobachtungen am Text

Der Predigttext liegt zwischen zwei Abschnitten. Der Anfang (VV 55–59) bildet den Abschluss der Deutung des Speisewunders. Die VV 60–65 gehören schon zum nächsten Abschnitt, in dem es um die Trennung in der Jüngerschaft Jesu geht. Da letzteres die unmittelbare Folge der Rede Jesu ist, ist diese Textabgrenzung durchaus sinnvoll. Den Zusammenhang mit dem vorherigen Abschnitt zu bedenken hilft aber beim Verständnis.

In der Deutung des Speisewunders – darauf bezieht sich auch V 58 – wird an die Speisung mit Manna (Ex 16) erinnert. Diese Gegenüberstellung bedeutet aber nicht eine Geringschätzung des Mannawunders, wie manche Exegeten behaupten (siehe Annäherungen). Hier wird nicht einem Gegensatz zwischen materieller Nahrung und wahrhaftiger, spiritueller Nahrung das Wort geredet. Vielmehr ist das Gegenüber von der Nahrung, die vergeht und dem »Brot des Lebens« (V 35) als Vertiefung des Brotwunders zu verstehen. Die Speisung mit Manna beziehungsweise Brot dient der materiellen Stärkung, aber es ist beides auch Zeichen: Das Brot weist über die Sättigung des Magens hinaus und weitet den Blick auf das, was über die Befriedigung der notwendigsten Bedürfnisse dem Leben Sinn zu geben vermag. Diese Sicht kongruiert auch mit einzelnen jüdischen Auslegungen (siehe Kontexte a und b), allein schon dadurch ist zu erkennen, dass sich eine Auslegung im Sinne einer Überbietung des Manna-Wunders aus Ex 16 durch Jesus als Brot des Lebens verbietet.

Der Blick auf jüdische Auslegung zeigt eine weitere Parallele: Die Speisung mit Manna bewirkt nicht Mose, sondern Gott gibt das Brot. Das Speisungswunder und seine Deutung in Johannes 6 verweist wie die Zeichen im Johannesevangelium auf den, der Jesus gesandt hat. Glaube an Jesus ist der Glaube an den, der Jesus gesandt hat.

*VV 55f.* setzen ein mit der Rede von der wahren Speise und dem wahren Trank. Deutlich ist hier die Verbindung vom Leiden Jesu und der Eucharistie. Aus Jesu Leiden und Sterben erwächst das wahre Leben, und wer in der Eucharistie teil hat an Fleisch und Blut Christi, der bleibt in Christus und Christus in ihm. Gerade als der, der in den Tod gegeben wird, ist Jesus das Brot des Lebens, von dem gezehrt werden kann. Dieses Zehren am Brot des Lebens führt zur Gemeinschaft mit Christus und damit mit dem, der Christus gesandt hat, und also zum ewigen Leben (VV 57f.).

*V 60* setzt mit der Reaktion der Jünger ein. Die sich später im Johannesevangelium zuspitzenden Frontstellungen zeigen sich auch hier. Jesus verweist auf das größere Ärgernis, das noch bevorsteht, die Erhöhung am Kreuz. Dabei sind seine Worte (und später bei Johannes wird klar: auch die Erhöhung am Kreuz) gerade die Überwindung des Anstoßes. (V 63) Geist und Leben sind Jesu Worte, sie zielen also auf das Leben, auf das Bleiben in ihm und sein Bleiben in ihnen. Es sind Worte zum Leben in Gemeinschaft mit Christus und dem, der ihn gesandt hat.

*V 64*: Dass Jesus von Anfang an über die Ablehnung Bescheid weiß, zeigt, dass auch das »Nein« seiner Gegner einem Plan folgt. Nicht dem Schicksal ist die Unterscheidung zwischen Glauben und Nicht-Glauben unterworfen. So wie Jesus von Anfang an klar ist, wer seine Gegner sind, so kann auch der Glaube nur als Gabe empfangen werden. In all dem erweist sich der Vater als Souverän des Geschehens. Er sendet den Sohn und damit Worte des Geistes und des Lebens, führt die Jünger zum Glauben an den Sohn und damit zur Gemeinschaft mit ihm.

## 4. Homiletische Konkretionen

Dass der johanneische Jesus in seiner Deutung des Speisungswunders Bezug auf die Speisung mit Manna (Ex 16) nimmt, kann gut aufgegriffen werden. Hier kann deutlich gemacht werden, dass auch für jüdische Ausleger die Speisung mit Manna mehr als die Sättigung des Bauches bedeutet (siehe Kontexte a und b), genauso wie für den johanneischen Jesus die Speisung der Fünftausend über die materielle Seite hinausweist. Das Verständnis des Manna als Tora oder Rede Gottes einerseits und des Brotes beim Speisungswunder als Hinweis auf das Brot des Lebens, das für jene hingegeben wurde, die von diesem Brot essen, kann spannungsreich in Beziehung gesetzt werden.

Freilich ist die bei Johannes sehr deutliche Verbindung zur Eucharistie als Teilhabe am ewigen Leben durch das Verzehren der »wahren Speise« nicht mit jüdischem Verständnis in Einklang zu bringen. Aber der Verzehr vom Himmelsbrot zielt auf die Gemeinschaft mit Christus und damit auch mit Gott, der Christus gesandt hat. Das kann m. E. durchaus in Beziehung zum Exodusgeschehen gebracht werden. Die Tora, auf die laut jüdischen Auslegern das Manna verweist, ist die Gabe schlechthin, mit der Gott mit seinem Volk in Beziehung tritt. Nicht von ungefähr wird in der Abendmahlsliturgie auf den Bund rekurriert. Dieser Bezug kann für die Predigt fruchtbar gemacht werden, aber selbstverständlich nicht in dem überholten Verständnis, dass der Neue Bund den Alten ablöse. Der Wille Gottes, in Beziehung zu treten, wird durch den Neuen Bund bekräftigt und mit den prophetischen Visionen der Völkerwallfahrt zum Zion verbunden: Nun ist die Zeit, dass Gott den Bund auch für die Völker öffnet. »Der bleibt in mir und ich in ihm«, ist im Licht dieses Bundes zu sehen.

Gerade der Blick auf den Sinai-Bund macht deutlich, dass dieser Bund Gottes auch in der Beziehung zwischen Menschen Konsequenzen hat. Dafür steht ein großer Teil der Mizwot in der Tora. Und so kann auch die Feier des Abendmahls nicht als rein innerlich-spirituelles Erlebnis verstanden werden. Im Abendmahl kommt Gottes Offenbarung konkret und leibhaft zu uns (siehe Kontexte c). So wird auch die Gemeinschaft mit Christus leibhaft und wird konkretisiert in einem solidarischen und diakonischen Handeln innerhalb der Gemeinschaft und nach außen.

In vielen Kirchen gerade in westeuropäischen Großstädten ist durch die Anwesenheit bettelnder Armutsmigranten aus Südosteuropa eine Herausforderung spürbar. Wie geht eine Gottesdienst feiernde Gemeinde damit um? Verbannt sie bettelnde Menschen vom Kirchengrund, um die Gottesdienstgemeinde vor Belästigung zu schützen, oder kommuniziert die Gemeinde klare Regeln, in welcher Form und an welchem Ort (z. B. nur vor der Kirche und nicht bedrängend) sie das Betteln zulässt? Lädt sie diese Menschen bewusst in den Gottesdienst, zum Abendmahl und auch zum Kirchenkaffee ein, nimmt aber dadurch die Verärgerung mancher Gemeindeglieder in Kauf? Wie auch immer der Umgang mit bettelnden Menschen in und vor der Kirche ist, an ihm zeigt sich, ob die Feier des Abendmahles – mit den Worten des johanneischen Jesus gesprochen – Fleisch ist, das nichts nütze ist, oder Geist, der lebendig macht.

## 5. Liturgievorschläge

Psalm 145: Gott versorgt mit Speisen und mehr.

Lesung: Jesaja 55,1–5

Lieder:
Brich dem Hungrigen dein Brot (EG 418).
Brich mit den Hungrigen dein Brot (EG 420).
Das sollt ihr, Jesu Jünger, nie vergessen (EG 221).
Seht, das Brot, das wir hier teilen (EG 226).

## Literatur

Barrett, Charles Kingsley, Das Evangelium nach Johannes, KEK, Göttingen 1990.
Barth, Karl, Kirchliche Dogmatik, Bd. I.2, Zürich 1953.
Wengst, Klaus, Das Johannesevangelium, 1. Teilband, Kapitel 1–10, ThKNT 4,1, Stuttgart u. a. 2000.
Zumstein, Jean, Das Johannesevangelium, KEK, Göttingen 2016.

*Olivier Dantine*

# Judika: Gen 22,1–13
# Gehorsam und Verantwortung

## 1. Annäherung

Gen 22 ist ein zentraler Text über den Zusammenhang von Glaube und Gehorsam. Abraham wird durch diese Erzählung zu dem Glaubensvorbild, als das er immer wieder vorgeführt werden kann.

Auch die christliche Lesart ordnet sich in diese Sicht ein und die korrespondierenden neutestamentlichen Texte des Sonntags Judika bestätigen diese Deutung (»Der Menschensohn ist nicht gekommen, dass er sich dienen lasse, sondern dass er diene und gebe sein Leben zu einer Erlösung für viele.« – Mt 20,28). Isaak wird zum Typos des unendlichen Gehorsams Jesu, dessen Vater seinen Tod am Kreuz will (und braucht!). Und Abraham und Isaak sind gleichzeitig die Menschen, denen am Ende die Hingabe im Opfer erlassen wird, um den Widder – Christus, das wahre Opferlamm – dafür einzusetzen.

Dabei ist dieser Gehorsam auf der Oberfläche des Textes derart unangenehm, dass den Leserinnen und Lesern gruseln kann. Gehorsam wird in dieser Erzählung so sehr auf die Spitze getrieben, dass seine destruktive Kraft zum Vorschein kommt: Abraham vernachlässigt wegen einer Offenbarung seine zwischenmenschliche Verantwortung seinem Sohn und seiner ganzen Familie, insbesondere Sara, gegenüber und ist entschlossen seinen Sohn zu töten.

Dass religiöser Eifer sich als Gehorsam ausgibt und Menschenleben fordert – auch unter Aufgabe des eigenen Lebens – wird uns heute immer wieder vor Augen gestellt und scheint eine große Anziehungskraft zu haben. Aus dieser Perspektive muss eigentlich klar sein, dass Abrahams Gehorsam viel zu weit geht.

Dass Abraham selbst ein schlechtes Gewissen hat, sieht man daran, wie wenig er spricht. Er verbirgt seinen Plan vor allen Beteiligten – nur der Autor und wir, die allwissenden Leser, wissen von seiner Offenbarung. Wir wissen aber noch mehr als Abraham: Wir lesen am Anfang, dass es (nur) eine Prüfung ist, mit der Gott Abraham versuchen will. Was wir aber auch nicht wissen, und was der Autor auch am Ende im Unklaren lässt, ist, ob Abraham die Prüfung eigentlich bestanden hat. Hätte Abraham vielleicht entschieden nein sagen sollen?

Ich habe geschrieben »auf der Oberfläche des Textes«, weil bei genauerem Hinsehen so Vieles an den Formulierungen offen und mehrdeutig ist, dass die Erzählung wirklich eine Provokation sein soll, die den Leser zum Nachdenken anregt. Die unten aufgeführten jüdischen Kontexte – vor allem Midraschpassagen – entfalten genau dieses Fragenstellen. Um nicht die Spannung zu nehmen, sind die Kontexte hier hinter die Beobachtungen am Text gestellt.

## 2. Kontexte

a) Der Midrasch füllt die narrativen Lücken. Die exegetischen Beobachtungen von Mehrdeutigkeiten spiegeln sich in berühmten Auslegungen des Midrasch Rabba. Die Mehrdeutigkeiten des Textes stellen sich hier als erzählerische Lücken dar, die der

Midrasch narrativ füllt. Die »Prüfung« verkörpert sich in dem Gesprächspartner/Verführer Samael, der das Schweigen bricht und Abraham und Isaak zum Reden bringt, oder wenigstens alternative Handlungsmöglichkeiten aufzeigt.

Samael bringt hier die Menschlichkeit ins Spiel und appelliert sowohl bei Abraham als auch bei Isaak an die Sinnlosigkeit des Opfers:

»›Alter, Alter! Du hast wohl deinen Verstand verloren? Einen Sohn, der Dir im 100. Jahre gegeben wurde, gehst du zu schlachten?‹ Abraham antwortete: ›Trotzdem!‹«

Midrasch Bereschit Rabba, zit. nach: Wünsche, Bereschit, 266

Und zu Isaak sprach Samael:
»›Sollen denn alle die Kostbarkeiten‹, sprach Samael, ›die deine Mutter angeschafft hat, dem Ismael, dem Verhassten des Hauses, zufallen? Und das alles bedenkst du nicht?‹«

ebd.

b) Dass die Opferung des Sohnes eigentlich Gottes Willen, seiner Tora, entgegensteht und also Abrahams Weigerung provozieren sollte – auch das kann Samael formulieren:
»morgen wird er zu dir sprechen: Du bist ein Blutvergiesser, du hast deinen Sohn ums Leben gebracht!«

ebd.

c) Der Verführer gibt den menschlichen Regungen eine Stimme. Es gibt so Vieles, was gegen Gottes Auftrag spricht! Das trotzige Beharren Abrahams wird zum Kadavergehorsam. Aber der Midrasch folgt natürlich nicht der Position Samaels. Er möchte auch den letzten Zweifel ausräumen – gibt dem Zweifel aber damit Raum:
»Gott sprach zu Abraham: ›Damit du nicht etwa denkst, alle Leiden, die außerhalb des (eigenen) Körpers sind, sind als keine Leiden zu betrachten (d. i. dass du dir durch die Opferung deines Sohnes kein Verdienst erworben hast), so bezeuge ich dir, wenn ich dir befohlen hätte, opfere dich mir selbst, dass du dich nicht geweigert hättest [...]‹«

ebd., 268

d) Aber der Midrasch nimmt am Ende dann doch die Mehrdeutigkeiten des Textes auf (siehe oben) und macht darauf aufmerksam, dass Gottes Gebot auch mit dem Ausgang der Geschichte konform gelesen werden kann. Gott sagt:
»Abraham, ich breche nicht meinen Bund und ändere nicht mein Wort s. Ps. 89,35; ich habe zu dir gesagt: ›Nimm deinen Sohn‹, aber ich sagte nicht: ›Schlachte ihn‹, ich habe zu dir gesagt: ›Führe ihn hinauf‹ aus Liebe, du hast mein Wort gehalten, du brachtest ihn hinauf, jetzt führe ihn wieder hinab.«

ebd., 269

e) Die Bindung Isaaks als Symbol für Leiden des jüdischen Volkes – mit Problemanzeige
Im christlich-jüdischen Kontext ist weiterhin von Bedeutung, dass es zum Teil tief verwurzelte Deutungstraditionen gibt, die in Isaak eine Identifikationsfigur für die vielfältigen Leidenssituationen des jüdischen Volkes sehen. Prominent ist dabei

vor allem eine Anwendung auf die Schoa als Holocaust (Brandopfer) durch Eli Wiesel geworden, der er jedoch später wegen ihrer zynischen bzw. irreführenden Potentiale widersprochen hat. Die Verbrechen der Nazis dürfen keine spirituell positive Funktion bekommen.

In dieser Predigtmeditation soll deswegen nicht empfohlen werden, diese Assoziation aufzugreifen, oder wenigstens gemahnt werden, dabei sensibel die potenziellen Implikationen zu berücksichtigen.

»Die ganze jüdische Geschichte kann tatsächlich mit Hilfe dieses Kapitels verstanden werden. Ich nenne Isaak den ersten Überlebenden des Holocaust, weil er die erste Tragödie überlebte.«

zit. nach: Böckler

## 3. Beobachtungen am Text

Beginnen wir mit der zentralen Mehrdeutigkeit dieses Textes: Der Auftrag Gottes an Abraham lautet im Kern: »und bringe ihn dar (wörtl.: führe ihn hinauf) als/zum Opfer auf einen der Berge«.

Das Verb *alah* bedeutet im H-Stamm »hinaufführen«. In Verbindung mit dem wurzelverwandten *ʿolah* »Brandopfer« (»Aufsteigendes«) heißt es jedoch »darbringen«. Die syntaktische Konstruktion *jemanden* (Akkusativ) *als Opfer* (Dativ) *darbringen* findet sich jedoch nur an unserer Stelle! Vom Ende der Geschichte gelesen ist die Bedeutung »Opfer darbringen« nicht real geworden. Statt dessen kann man nun den Auftrag so verstehen: »Führe Isaak auf einen der Berge zu einem Brandopfer hinauf.«

In Vers 7 wird deutlich, dass Isaak nicht weiß, was mit ihm geschehen soll. Seine Frage, wo denn das Opfertier sei, deutet an, dass er sich Gedanken macht. Wieviel ahnt er? Die Antwort Abrahams bietet wieder eine Mehrdeutigkeit, die ihm einen Hinweis geben kann, ohne dass Abraham sich eindeutig positioniert: »Gott wird sich suchen das Opfertier zum Brandopfer, mein Sohn.« Was in der Regel als Anrede gedeutet wird, könnte auch als Apposition verstanden werden: »mein*en* Sohn«.

Dass Abraham seine Absicht verschleiert, sieht man am deutlichsten da, wo er am Ende von Vers 5 den von fern wartenden Knechten ankündigt: »und wir werden zu euch zurückkehren« – in der 1. Person Plural! Am Ende der Erzählung wird sich diese Formulierung bewahrheiten: Er kehrt tatsächlich mit Isaak heim.

Die vermeintliche Klarheit des Textes ist durch Mehrdeutigkeiten verschleiert und es stellt sich als zentrale Frage: Was bedeutet es eigentlich, wenn Gott mit dieser Aufforderung Abraham (und die Leserinnen und Leser) prüft? Was ist eigentlich seine Erwartungshaltung? Am Ende unterbindet Gott ja die Ausführung des Auftrags und stellt lediglich den Fakt fest, dass Abraham ihm nicht einmal seinen Sohn vorenthalten würde. Vielleicht hatte Gott aber gerade darauf gehofft? Vielleicht hätte Abraham dann die Prüfung bestanden? Es sei hier nur auf eine andere Erzählung hingewiesen, in der Gott einen Auftrag gibt, jedoch die Verweigerung des Auftrages erwartet: Die Volkszählung in 2.Sam 24: »Und der Zorn des Herrn entbrannte abermals gegen Israel, und er reizte David gegen das Volk und sprach: Geh hin, zähle Israel und Juda!« Zugegeben: Das Verb *swt* im H-Stamm »reizen, verführen« ist klar negativ konnotiert. Aber auch das Wort »prüfen/versuchen« kann negative Assoziationen hervorrufen. Auf jeden Fall ist hier klar, dass David den Auftrag nicht hätte ausführen sollen.

Wäre das als Deutung für die Erzählung von der Bindung Isaaks durch Abraham sinnvoll? Die Notwendigkeit für das dramatische Eingreifen Gottes macht das wahrscheinlich. Allerdings wäre der Geschichte damit die Brisanz genommen: Was bedeutet Gehorsam und gibt es Verantwortlichkeiten für einen Menschen, die ihn zur Gehorsamsverweigerung bringen sollten?

## 4. Homiletische Konkretionen

*Gehorsam und Verantwortung*
Die Erzählung von der Bindung Isaaks bietet eine gute Möglichkeit, in der Predigt über die Ambivalenzen von Gehorsam, Gottesfurcht, Verantwortung und Selbstbestimmung zu reflektieren und zum gemeinsamen Nachdenken anzuregen. Dabei kann man die narrativen Potenziale des Textes nutzen und entfalten. Man kann die problematische Rolle thematisieren, die Religion im Zusammenhang mit Gewalt oft spielt, und die ihr noch öfter medial zugeschrieben wird.

Dieser Deutungsansatz liegt allerdings quer zur üblichen Deutung des Textes und auch zu der an der Textoberfläche wahrnehmbaren Absicht: Den unbedingten Gehorsam Abrahams herauszustellen. Wer den Vorbildcharakter Abrahams in Sachen Gehorsam hervorheben will, muss sich der problematischen Konsequenzen bewusst sein. Gehorsam ist auch der thematische Zusammenhang mit den neutestamentlichen Texten des Sonntags: Christi Gehorsam angesichts seines bevorstehenden Leidens (Hebr 5,7–9) und die Anweisung an die christlichen Gemeinden, zum Dienst aneinander (Mk 10,35–45). Auch hier ist meines Erachtens Isaak ein problematisches Vorbild. Denn der Dienst an der Gemeinschaft ist sinnlos und destruktiv, wenn er bis zur Selbstaufgabe führt.

Ich selbst würde in der Predigt auf die vermeintliche Eindeutigkeit des göttlichen Befehls aufmerksam machen, der – wie oben ausgeführt – als Prüfung verstanden werden kann, bei der Gott Widerspruch gegen sein Gebot erhofft. Der Wille Gottes ist eben nicht einfach aus dem Bibeltext ablesbar, sondern bedarf der kritischen Prüfung durch das Gewissen des Lesers. Um dahin zu führen, würde ich die Rollen von Abraham und Isaak narrativ entfalten, um dann die Hörer aufzufordern, sich selbst in Abraham hineinzuversetzen.

Die Predigt kann schließen mit einem Erzählschluss, der Abrahams Weigerung voraussetzt: Er hätte vorher mit Sara gesprochen und die Familie wäre gestärkt aus der Situation hervorgegangen. Vielleicht mit Zweifeln gegenüber Gott. Aber stark im Glauben.

## 5. Liturgievorschläge

Ps 43 (EG 724)
Es mag sein, dass der Verlauf dieser Meditation zum Passions-Charakter des Sonntags querliegt: Waren Opfer und Selbstaufgabe der Protagonisten des Textes

nicht sinnvoll? Mir erscheint es angebracht, in die Passionsthematik auch Besinnungen mit einzubauen, die nicht so selbstverständlich wie etwa das Wochenlied (O, Mensch, bewein dein Sünde groß, EG 76) das Opfer des Gottessohnes hinnehmen, sondern auch das Befremden formulieren. Zu dem hier gegebenen Predigtvorschlag fällt mir als Predigtlied deshalb nur das folgende Lied ein. Es stellt Fragen an den verborgenen Gott und macht gleichzeitig die Angewiesenheit des Menschen auf ihn deutlich:

Lieder:
Predigtlied: Ich steh vor dir mit leeren Händen, Herr (EG 382)
Auch wenn die Predigt nicht der Passionsthematik folgt, soll nicht das ganze Proprium umgestellt werden. Es ist ja Passionszeit! Nur kann man vielleicht zu eindeutige Formulierungen über den Opfertod Jesu umgehen. Dazu folgende Vorschläge:

Zum Eingang: Du schöner Lebensbaum des Paradieses (EG 96)
Statt des Wochenliedes: Holz auf Jesu Schulter (EG 97)
Nach dem Credo: Korn, das in die Erde, in den Tod versinkt (EG 98)
Zum Ausgang: Verleih uns Frieden gnädiglich (EG 421)

Tagesgebet:
Dein Weg zu uns, Gott, ist Jesu Weg –
ein Weg durch die Ungerechtigkeiten
und das Leiden dieser Welt hindurch.
Hilf uns, diesen Weg zu finden;
stärke uns, ihn zu gehen
im Heiligen Geist.

Gottesdienstbuch, Band 1, 35

**Literatur**

Böckler, Annette M., Jizchaks Überleben. Bibelarbeit zu Genesis 22, http://www.annette-boeckler.de/aboeckler/Genesis_22.htm, abgerufen am 2016-07-04.
Evangelisches Gottesdienstbuch, Berlin 1999.
Wünsche, A., Der Midrasch Bereschit Rabba. Das ist die haggadische Auslegung der Genesis, Leipzig 1881.

*Johannes Thon*

# Palmarum: Mk 14,3–9
# Eine Frau sorgt für Aufruhr

## 1. Annäherung

Eine Gruppe von Freunden trifft sich abends zum Fußball gucken und zum geselligen Beisammensein. Gebannt blicken alle auf den Bildschirm. Der Stürmer ist kurz vor dem Tor. Gleich wird er hoffentlich den entscheidenden Siegestreffer erzielen. Doch bevor sie diesen zu Gesicht bekommen und freudig jubelnd aufspringen können, betritt eine Frau den Raum. Die Gruppe bemerkt sie kaum, so vertieft sind alle in das Spiel. Da stellt sie sich plötzlich genau vor den Bildschirm, mitten ins Blickfeld. Im Hintergrund hört man den Kommentator laut johlen. Das Tor haben sie jetzt leider alle verpasst. Aufgebracht und wütend beschimpfen einige die Frau und versuchen sie vor dem Fernseher wegzuscheuchen, um wenigstens die Wiederholung des Tores zu sehen. Aber sie bleibt einfach stehen. Ihr auffälliges, zunächst unerklärliches Verhalten stört. Die Stimmung kippt. Da hört man aus dem Nachbarraum einen lauten Schrei. Die Frau sagt: »Ich glaube die Fruchtblase ist geplatzt.« Jetzt ist die Gruppe in wilder Aufruhr. Mit einem Mal erklärt sich ihr Verhalten: Die Frau hatte eine wichtige Botschaft.

Diese Geschichte aus der heutigen Lebenswelt kommt mir in den Sinn, wenn ich den Predigttext (Mk 14,3–9) lese. Denn auch dort wird ein abendliches Mahl in wohltuender Atmosphäre durch das zunächst unerklärliche Verhalten einer Frau gestört. Erst als Jesus sich auf ihre Seite stellt und erklärt, was es damit auf sich hat, wird die Tat der Frau ins rechte Licht gerückt. Jesus begegnet der entrüsteten Tischgemeinschaft mit einer schockierenden Botschaft, der Ankündigung seines bevorstehenden Todes.

## 2. Kontexte

a) Es scheint gar nicht so unüblich gewesen zu sein, einem Gast bei besonderen Anlässen Salböl zu reichen. Allerdings konnte der Gast dies auch ablehnen. In Chulin 94a heißt es:

»R. Meir (um 150) hat gesagt: Der Mensch soll einen andren nicht zum Mahle bei sich nötigen, wenn er von ihm weiß, dass er nicht mitspeist; […] er soll nicht zu ihm sagen: ›Salbe dich mit Öl‹, wenn die Flasche leer ist (und wenn er weiß, dass jener das Salben ablehnt); wenn er es aber sagt, um jenen zu ehren, so ist es erlaubt. […] [In Kethubot 17b] erwähnt Rab (†247) als babylonische Sitte, dass bei der Hochzeit einer Jungfrau den anwesenden Rabbinen Salböl auf das Haupt geträufelt wurde, und aus der weiteren Ausführung des Abaje (†338/39) geht hervor, dass wohl auch Frauen diese Sitte an Rabbinen übten.«

zit. nach: Strack/Billerbeck, 986

b) Das Fläschchen kostbaren Salböls wird in rabbinischer Tradition unterschiedlich gedeutet. In Midrasch Hoheslied 1,3(85a) steht:

»Rabbi Jochanan (†279) hat HL 1,3 auf unsren Vater Abraham gedeutet. Als Gott zu ihm sagte: ›Zieh [sic!] du aus deinem Lande u. aus deiner Verwandtschaft‹ (Gen

12,1), wem glich da Abraham? Einem Alabasterfläschchen mit Nardenöl, das in einem Winkel lag und dessen Duft sich nicht verbreitete. Da kam einer u. nahm es fort von seiner Stelle, und sein Duft verbreitete sich. So hat Gott auch zu Abraham gesagt: ›Abraham, du hast viele gute Werke u. du hast viele Gebotserfüllungen, begib dich hinaus in die Welt u. dein Name wird groß werden in meiner Welt [...].‹ Ein ähnliches Gleichnis hat Rabbi Hoschaja [...] [in Sanhedrin 108a] auf Noah angewandt.«

zit. nach: Strack/Billerbeck, 986

c) Der Salbung von Leichen kommt in rabbinischen Schriften eine besondere Bedeutung zu. In Babylonischer Talmud Schabbat 23,5 heißt es:
»Man darf [am Sabbat] alles tun, was bei einem Toten nötig ist: man darf ihn salben und waschen; nur darf man ihm kein Glied bewegen.

zit. nach: Strack/Billerbeck, 986–987

d) Vom 11.04.–18.04.2017 findet das jüdische Pessachfest statt. Am 10.04.2017 ist *Erev Pessach*. In diesen Tagen lesen jüdische Familien in aller Welt die Geschichte vom Auszug aus Ägypten und erinnern sich daran, dass *Haschem* ein Gott ist, der aus der Knechtschaft in die Freiheit und aus dem Tod ins Leben führt. In der Passa-Haggada heißt es:
»In jedem Zeitalter ist der Mensch verpflichtet, sich so anzusehen, als sei er selbst aus Ägypten ausgezogen [...]. Nicht unsere Väter allein hat der Heilige, gelobt sei Er, aus Ägypten erlöst, sondern auch uns hat Er mit ihnen erlöst; denn es heißt: ›Und Er hat uns von dort herausgeführt, um uns herbeizubringen und uns das Land zu geben, das Er unsern [sic.!] Vätern zugeschworen hat.‹«

zit. nach: Osten-Sacken, 52

e) Während des Pessachfestes werden in der Synagoge zwei Tora-Texte als Haftara gelesen: Bundesbruch und Erneuerung (Ex 33,12–34,26), sowie die Gesetze zum Pessachfest (Num 28,19–25). Die prophetische Vision vom Totenfeld (Hes 37,1–14) ist *Paraschat HaSchavua*.

f) Der Exodus ist eine jüdische Grunderfahrung und eine wichtige Voraussetzung für Jüdinnen und Juden, die Aufruhr wagen und sich für (gesellschaftliche) Veränderungen einsetzen. Seit einiger Zeit berichten die Medien über die Aktivitäten der »Frauen an der Klagemauer«. Diese jüdisch-feministische Bewegung engagiert sich seit den 80er Jahren dafür, dass jüdische Frauen an der Klagemauer den Gebetsschal tragen, laut beten und aus der Tora-Schriftrolle vorlesen dürfen. In orthodoxen und ultra-orthodoxen Kreisen erregt diese reformjüdische Bewegung gelegentlich Anstoß, zum Beispiel, wenn die Frauen das Gebetsritual öffentlich praktizieren und dabei auch noch die Medien zur Berichterstattung einladen. Auf der Homepage von WOW wird das Thema in dem Artikel »Kol Isha« anhand von rabbinischen Quellen diskutiert.

Bergner

### 3. Beobachtungen am Text

Die Geschichte (Mk 14,3–9) hat drei Parallelen (Mt 26,6–13; Lk 7,36–50; Joh 12,1–8). Während die Evangelisten Matthäus und Markus sie im Kontext ihrer

Passionsgeschichte erzählen, ist sie bei Lukas und Johannes in einen anderen Kontext eingebettet. An dieser Stelle soll nur auf die Besonderheiten der Markusüberlieferung eingegangen werden:

*V3*: Bethanien liegt ca. drei Kilometer von Jerusalem entfernt am östlichen Abhang des Ölberges. Laut Kontext ereignet die Erzählung sich an diesem Ort, zwei Tage vor Beginn des Pessachfestes (Mk 14,1). Zunächst werden nur zwei Protagonisten benannt: Jesus und Simon »der Aussätzige«. Die Bezeichnung »im Hause« deutet darauf hin, dass noch andere Männer (möglicherweise auch Frauen und Kinder) anwesend sind, wobei die Tischgemeinschaft wohl in erster Linie Männern vorbehalten war. Das Beisammensein wird unterbrochen durch das Eintreten einer Frau, die Jesu Haupt mit teurem Salböl salbt. Die Geste an sich ist vermutlich gar nicht so ungewöhnlich, wie die Quellen erkennen lassen (s. o. 2a). Das Fläschchen Nardenöl wird in rabbinischer Tradition auf Abraham und auf Noah gedeutet (s. o. 2b). »Rabbi Jesus« erhält dadurch also gleichsam den Duft eines Gerechten.

*VV4–5*: Die Vergeudung des teuren Salböls sorgt für Unmut. Einige weisen die Frau zurecht. Als theologische Begründung nennen sie das Gebot des Almosengebens.

*VV6–7*: Jesus verteidigt die Frau. Seine theologische Begründung stammt aus Deuteronomium 15,11. Die gegenteilige Aussage enthält Deuteronomium 15,4. In Siphra Deuteronomium 15,11 (§114,98a) heißt es dazu: »Wie sind diese beiden Stellen (nebeneinander) aufrechtzuerhalten? Wenn ihr den Willen Gottes tut, sind die Armen bei den andren (Nichtisraeliten); wenn ihr aber Gottes Willen nicht tut, sind die Armen bei euch.« (zit. nach: Strack/Billerbeck, 986) Die Zeit der Anwesenheit Jesu wird gedeutet als eine Zeit, in der Jesus den Willen Gottes erfüllt. Solange er auf Erden lebt und Tischgemeinschaft mit seinen Jüngerinnen und Jüngern pflegt, ist eine Zeit des Festes, eine Art Hochzeit. Das Ende dieser Heilszeit kündigt das Evangelium bereits ganz zu Beginn an (vgl. Mk 2,20).

*VV8–9*: Jesu Worte verleihen dem Verhalten der Frau Bedeutung. Ihre Tat bekommt nun den Charakter einer prophetischen Zeichenhandlung, denn sie nimmt durch das Übergießen des kostbaren Öles, die Salbung des Leichnams Jesu vorweg, die ihm aufgrund seines gewaltsamen Todes später nicht mehr zuteil werden kann (vgl. Mk 16,1). Die Kostbarkeit der Salbe weist auf die Heilsbedeutung seines Todes. Die Salbung eines Leichnams ist laut rabbinischen Quellen so bedeutsam, dass sie sogar am Sabbat erlaubt ist (s. o. 2c). Der Frau kommt mit ihrer Hingabe und der Bereitschaft, Jesu Leib mit kostbarem Öl zu salben, ein Vorbildcharakter zu. Sie erhält einen besonderen Platz in der weltweiten Verkündigung. Erstaunlicherweise bleibt sie im Markusevangelium namenlos (vgl. Mt 26,7; anders: Joh 12,3). Auch über ihre Herkunft wird kein Wort verloren (vgl. Mt 26,7; anders: Lk 7,37).

## 4. Homiletische Konkretionen

Die Perikope ist äußerst lebendig erzählt und szenisch ausgestaltet. Daher würde ich versuchen, eine dramaturgische Predigt zu schreiben, die in mehrere »Szenen« gegliedert ist.

*Szene 1: Hinführung: Ein Fußballabend mit Störung (s. o. 1.).*

*Szene 2: Lektüre des Predigttextes (Mk 14,3–9) mit Überleitung zum homiletischen Teil*: Die zu Beginn geschilderte Fußballabend-Szene und der Predigttext haben auf den ersten Blick so manche Gemeinsamkeit. In beiden Geschichten wird ein eher männliches Setting von einer weiblichen Person »gestört«. Beide Frauen haben gute Gründe für ihre Störung. Ihr Verhalten erklärt sich jedoch erst im Nachhinein. In beiden Sequenzen geht es um Leben und Tod. Doch auf den zweiten Blick sind deutliche Unterschiede erkennbar. Während die eine Frau die Fußballbegeisterten unterbricht, weil sie mitteilen möchte, dass ihre schwangere Freundin dringend ins Krankenhaus muss, will die andere »ihrem« Rabbi ein besonderes Geschenk machen. Die Fürsprecherin der ersten ist ein Schrei aus dem Nachbarraum. Der Fürsprecher der zweiten ist »Rabbi« Jesus.

*Szene 3: Homilie von Mk 14,3–9*: Das Markusevangelium erzählt: Eine namenlose Frau dringt in eine vermutlich überwiegend männlich geprägte Tischgemeinschaft ein. Sie überschreitet dadurch ein erstes gesellschaftliches Tabu. Dann gießt sie kostbares Salböl über »ihren« Rabbi Jesus. Das war damals vermutlich gar nicht so ungewöhnlich, denn bei besonderen Anlässen wurde den Gästen früher wohl öfters kostbares Öl dargereicht. Gerade von Hochzeiten oder Beerdigungen kannte man dieses Salbungsritual. Dennoch stößt ihr Verhalten auf Wiederstand. Denn man hätte das wertvolle Gut, so meinen einige, besser verkauft, um den Armen zu helfen. Doch Jesus stellt sich in diesem Fall bedingungslos auf die Seite der Frau. Dadurch kommt der Namenlosen im Markusevangelium eine besondere Bedeutung zu. Denn mit ihrem Aufruhr weist sie darauf hin, dass Jesus mehr ist, als ein gewöhnlicher Rabbi. Er ist ein Gerechter, der leiden muss. Ihm steht ein gewaltsamer Tod bevor, der Heilsbedeutung hat. Nach seinem Tod am Kreuz werden seine Angehörigen den Leichnam nicht mehr salben können. Drei Frauen werden ihn suchen, werden ihn aber dort nicht finden, wo sie ihn vermuten. Das Grab ist leer, der Stein ist weggewälzt, der Leichnam ist verschwunden. Die Frauen treffen nur auf einen jungen Mann, der ihnen verkündet: »Jesus ist auferstanden.« Er rät ihnen die Botschaft weiter zu erzählen und zurück nach Galiläa, also an den Anfang des Evangeliums zurück zu gehen, um Jesus zu finden. Erst vor diesem Hintergrund wird deutlich, warum die namenlose Frau »richtig« gehandelt hat. Sie erweist Jesus durch die vorweggenommene Salbung mit kostbarem Salböl vor seinem Leiden, Sterben und Auferstehen die letzte Ehre. So ist sie ein Vorbild bis heute. Sie wird zu einem Menschen, der aus Überzeugung handelt, auch wenn ihr Verhalten Anstoß erregt.

*Szene 4: Die Frauen an der Klagemauer (s. o. 2a) als Vorbilder*: Noch heute gibt es Frauen, die für Aufruhr sorgen. An der Klagemauer in Jerusalem versammelt sich seit einiger Zeit regelmäßig eine Gruppe von jüdischen Frauen. Sie nennen sich *women of the wall*. Sie beten dort laut und öffentlich, tragen Gebetsschals und lesen aus der Tora-Schriftrolle vor. Sie tun das zum Ärgernis mancher Glaubensgenossen, die sagen: »Frauen dürfen das nicht.« Sie fordern einen gemischten Gebetsbereich für Frauen und Männer an der Klagemauer. Bisher [Stand April 2016] gibt es dort nur getrennte Areale für Männer oder Frauen. Man denkt mittlerweile darüber nach, den *women of the wall* einen abgetrennten Bereich etwas abseits der Klagemauer zuzugestehen, um den öffentlichen Frieden nicht zu gefährden. Doch sie möchten gerne einen zentralen Platz erhalten. Ich verfolge diese Diskussion mit Interesse und mit einer gewissen Bewunderung. Vielleicht wird sich irgendwann zeigen, dass sie mit ihrer Forderung Recht haben. Das wäre jedenfalls wünschenswert. Die Frauen halten trotz innerer und äußerer Widerstände an ihren Idealen fest. Sie sind mutig und standhaft. Aus ihrer Spiritualität und aus der gelebten Gemeinschaft schöpfen sie Kraft. Der Glauben an einen Gott, der aus der Gefangenschaft in die Freiheit, aus dem Tod ins Leben führt, ermutigt sie, weiterhin für Aufruhr zu sorgen.

*Szene 5: Abschließende Gedanken*: Viel haben wir heute gehört von Frauen, die so bewegt und überzeugt von einer Sache sind, dass sie Widerstände und Aufregung in Kauf nehmen: Eine Frau lässt sich während eines Fußballspiels wüst beschimpfen, um auf den Zustand ihrer hochschwangeren Freundin aufmerksam zu machen. Eine andere Frau salbt Jesu Körper und erkennt damit seine Heilsbedeutung, lange bevor seine Freunde verstehen, dass er bald leiden und sterben muss. Zu guter Letzt stellen die Frauen an der Klagemauer mit ihren Forderungen traditionelle Rollenbilder in Frage und wagen Schritte zu gesellschaftlichen Veränderungen. Ob es nun Frauen sind oder Männer, die sich von ihren Überzeugungen bewegen lassen. Eines ist doch ermutigend: Gott stellt sich hinter sie. Er stärkt Menschen den Rücken, die für ihre Überzeugungen eintreten und dabei auch manchmal auf Widerstände stoßen. Und vielleicht spüren auch wir seine stärkende Hand im Rücken, wenn wir hier oder dort für Aufruhr sorgen.

## 5. Liturgievorschläge

Wochenspruch: Ps 92,13
Psalm 92 (Textversion Nachama, 96–103)

Lesungen: Ex 33,(12–17)18–23 / Hes 37,1–14 / Joh 12,12–19

Lieder:
Das ist köstlich, dir zu sagen Lob und Preis (EG 284)
Jesus zieht in Jerusalem ein (EG 314)
Als Israel in Ägypten war (EG 603, Regionalteil Württemberg)
Ich will dich lieben meine Stärke (EG 400)

### Literatur

Bergner, Natalie, Kol Isha, http://womenofthewall.org.il/kol-isha/, abgerufen am 2016-03-03.

Osten-Sacken, Peter/Rozwaski, Chaim Z. (Hg.), Die Wolloch-Haggada. Passa-Haggada zum Gedenken an den Holocaust. Künstlerische Gestaltung und Einleitung von David Wander. Kalligrafie und Mikrografie von Yonah Weinrib. Unter der Verwendung der deutschen Übersetzung der Haggada von David Cassel, Berlin 2010.

Nachama, Andreas/Gardei, Marion, Du bist mein Gott, den ich suche. Psalmen lesen im jüdisch-christlichen Dialog, Gütersloh 2012.

Strack, Hermann L./Billerbeck, Paul (Hg.), Das Evangelium nach Matthäus erläutert aus Talmud und Midrasch, München 1922.

*Natalie Broich*

## Gründonnerstag: Mk 14,17–26
## Mit dem Stab in der Hand: Komm und stärke dich, dann ist jeder Weg möglich!

### 1. Annäherung

In 2017 ist Gründonnerstag am 13. April und Pessach beginnt am Abend des 10. April. Zu dieser zeitlichen Nähe gehört die biblische Nähe. Während der Sederabend das Pessachfest beginnt, sind wir christlichen Gemeinden schon erste Schritte in der Karwoche gegangen, ehe die Einsetzung des Abendmahls, wie es klassisch heißt, im Gottesdienst gefeiert wird.

Der Abend steht für mich in einer Spannung zwischen Pessach und Abendmahl, Karwoche und Fest, damals und heute. Mit einem Symbol damaliger Zeiten, welches heute noch vertraut ist – dem Wanderstab – lässt sich eine Brücke schlagen. Dabei sollte ein Stab zur Hand sein. Es kann auch der Hirtenstab aus der Krippenspielkiste genutzt werden!

### 2. Kontexte

a) Exodus 12,11 ist Motivgeber für die Predigt, deshalb lohnt sich ein besonderer Blick auf diesen Vers.

*Maqqel*: Zweig, Rute, Reitgerte oder Stab. Findet sich als Stab auch in der Geschichte von Jakob am Jabbok (Gen 32,11), in Davids Hand im Kampf gegen Goliath (1.Sam 17,40+43). Zur Auszugsgeschichte gehört der Stab in wichtiger Funktion dazu: zum Wunder tun (z.B. Ex 6,8–11,20 und Ex 17), zur Unterstützung und auch Legitimation für Mose (vgl. auch Num 20). Auch Aaron hatte einen Stab (Num 17,16–26).

Mekhiltha: »›Und so sollt ihr es essen; eure Lenden gegürtet u.s.w.‹, wie die, so auf die Wege hinausgehen (wie die Reisenden). R. Jose der Galiläer sagt: Die Schrift kommt, um uns aus der Thora, die rechte Art für die Reisenden zu lehren, dass sie nämlich gerüstet sein sollen.«

Winter/Wünsche, Parascha Bo, 7,22

Raschi: »›Eure Lenden gegürtet‹, zur Reise bereit.«

Bamberger, 185

Roland Gradwohl: »In der Regel wird der ›Gürtel‹ vor dem Beginn einer Mahlzeit gelockert – das Lösen des Gürtels kennzeichnet den Mahlzeitsbeginn (babylonischer Talmud Schabbat 9b) –, hier gerade nicht. Nicht gemächlich – ›in Hast‹ [...] wird das Pessach gegessen.«

Gradwohl, 64

b) Segenssprüche zu Mazzot und Wein aus der Pessach-Haggada. Auch beim Abendmahl stehen Brot und Wein im Mittelpunkt. Die alten Segensworte begleiten Generationen des jüdischen Volkes, zu dem auch Jesus gehörte.

»Gelobt seist du, Ewiger, unser Gott, König der Welt, der aus der Erde Brot hervorbringt.
Gelobt seist du, Ewiger, unser Gott, König der Welt, der die Frucht des Weinstocks schafft.«

Haggadah, 49 und 47

c) Dr. Michael Rosenkranz beschreibt in seinen Ausführungen zum Pessachfest die Spannung zwischen damals und heute.
»Immer aufs Neue sollen wir es nacherleben, alle Tage unseres Lebens, und unseren Kindern davon berichten. […] Und zu Beginn der Frühlingsvollmond-Nacht, in der Nacht zum 15. Nissan, finden wir uns zusammen, bereit zum Aufbruch, wie die Thorah es uns aufträgt: ›gegürtet, mit den Wanderschuhen an den Füßen und dem Wanderstab in der Hand‹ dieses Gefühl sollte uns an diesem Abend erfüllen! Wir setzen uns zusammen um nachzuvollziehen, was G'tt an uns vollbracht hat. […] Daneben liegen auf dem Teller die Zeichen der Errettung zu neuem Leben: Das Knöchlein des Lammes, durch dessen Opferung wir in der Todesnacht ausgelöst wurden, […] In einer Tasche liegen übereinander drei ungesäuerte Brote (Mazzoth), die den dreigliedrigen Leib ganz Israels (Kohen, Lewi, Israel) verkörpern. Dazu gehört der Wein für den Kelch des Heiles, von dem wir in dieser Nacht viermal trinken, ein Sinnbild für die stufenweise Errettung Israels. Ein besonderer Weinkelch steht bereit für den Propheten Eliyahu (Elias), den Vorboten des Maschiach (Messias), den wir in der Hoffnung auf die endgültige Erlösung in dieser Nacht einladen. Wir sitzen bequem angelehnt, wie nur Freie es können. […] Wir erzählen die Befreiungsgeschichte so, daß sowohl das kleine Kind als auch der Gelehrte die Errettung nacherleben können. […] Danach folgt die Festmahlzeit, die mit dem Tischgebet und Lobpreisungen abgeschlossen wird.«

Rosenkranz

d) Rabbiner W. Rothschild zeichnet in seiner Auslegung zur Parascha *Bo* (Kommentar zum Pharao) eine Verbindung zwischen der Sklaverei in Ägypten und dem Holocaust.
»Im 2. Buch Mose 10,1 sagt Gott zu Mosche: ›Bo el-Par'oh‹. Das wird oft mit ›Geh zum Pharao!‹ übersetzt, aber eigentlich heißt es: ›Komm zum Pharao!‹. Warum ›Komm‹ und nicht ›Geh‹? Kann es sein, dass Gott selbst irgendwie beim Pharao ist, sein Herz beeinflusst und eine dramatische Szene inszeniert?

Gott sagt zu Mosche: ›Komm zum Pharao – verlange von ihm Freiheit für Mein geliebtes Volk!‹ Warum aber schickte Gott keinen Mosche, der das gleiche Hitler sagen sollte? Es gab Anfang der 40er-Jahre in Europa Flüsse voll Blut, der Himmel verfinsterte sich durch Rauch und Brände, es gab Typhus, verbrannte Felder und Hunger, getötete Tiere, es hagelte Granatsplitter, es gab überall reichliches Fressen für Fliegen – und nicht nur die Erstgeborenen wurden getötet. Ja, man fragt sich: Warum schickte Gott keinen zweiten Mosche?«

Rothschild

## 3. Beobachtungen am Text

Am Anfang des Kapitels 14 im Markusevangelium werden die folgenden Berichte der Passion Jesu im jüdischen Kalender terminiert: »Es war aber Pessach« (V 1). Nach der Salbung Jesu folgen die Vorbereitungen der Jünger für das gemeinsame Festmahl (VV 12–16). Die Predigtperikope besteht nach der Einleitung (V 17) aus 2 Teilen: VV 18–20 der Verrat und VV 21–24 das Mahl. Am Ende steht ein Ausblick (V 25) und der Abschluss (V 26).

*V 17*: Als es Abend war, kommt Jesu wahrscheinlich aus Bethanien mit seinen zwölf Jüngern an den vorbereiteten Ort. Ob nun weitere Personen an dem Mahl teilnehmen, bleibt offen. Hier beginnt für die Jünger ein Weg, der beim Verrat endet (14,50). Der Weg beginnt mit dem Kommen aller wichtigen Beteiligten: Jesus, Judas und die weiteren Jünger.

*VV 18–21*: Am Anfang steht die Tischgemeinschaft. Im weiteren Text ist vom Pessachmahl nicht die Rede. Sie sind jetzt beisammen (vgl. Ps 41,10) und der Verrat beendet die Gemeinschaft am Tisch. Mit Amen kündigt Jesus wie ein Prophet diesen Verrat an und wiederholt seine Worte mit direkter Ansprache an die Jünger. Sie werden traurig und fragen je sich selber. In dieser Situation wollen sie zusammen sein und aus demselben Teller, derselben Schüssel essen. Für einige Ausleger ist dies die *Charoset*-Schale (Fruchtmus).

Mit einem »Wehe«-Ruf in der Spannung zwischen dem Menschensohn und dem Verräter an die Jünger endet der Abschnitt mit Erregung und Unsicherheit. Ihre Nähe zu Jesus schützt sie nicht vor eigenem Fehlverhalten. Ob dies ein Warnruf an Judas ist, bleibt offen. Der Tod, die Hingabe des Menschensohns steht bevor. Die Jünger werden zu Zeugen der Passion Jesu.

*VV 22–24*: Mitten beim Essen spricht Jesus das Segensgebet. Auch der Seder (Liturgie am ersten Abend des Pessachfestes) stellt vor dem Segen über das ungesäuerte Brot die Vorspeise und die ersten beiden Becher Wein. Im Anschluss folgt das Kelchwort. Auffällig ist, dass alle trinken, bevor Jesus seine Deutung ausspricht. Der Wein ist sein Blut. Das Bundesblut ist in der jüdischen Tradition das Blut der Beschneidung (Ex 24,8). Auch hier wird ein Bund geschlossen: mit den vielen (vgl. Jes 53,11f.) – den Völkern. Der Kelch wird unterschiedlich den Bechern Wein des Sederabends zugeordnet (z. B. 3. Becher als Dank nach dem Mahl oder 4. Becher für Elija).

*VV 25–26*: Erneut prophetisch führt Jesus aus und beginnt wieder mit Amen. Das Mahl mit den Jüngern wird zum messianischen Mahl mit Blick auf Gottes Reich. Und verheißt Versöhnung auch mit dem Verräter. Nach dem Singen des Lobgesangs – wie am Ende des Sederabends (gemeint ist wahrscheinlich das *Hallel*) – gehen alle zum Ölberg, d. h. zum Garten Gethsemane (vgl. 14,32ff.). Der Weg des Verrats und Leidens hat schon hier im Gemeinschaftsmahl begonnen.

Predigttext und die alttestamentliche Lesung vom Pessachgeschehen im Gegenüber:

| Exodus 12,1ff. | | Markus 14,17ff. |
|---|---|---|
| (10,1) | kommen | 14,17 |
| 12,3f. | Vorbereitung des Festes | (14,12–16) |
| 12,6 | Abend | 14,17 |
| 12,8f. | Essen | 14,18+22f. |
| 12,15f. | Brot | 14,22 |
| 12,13 | Blut | 14,24 |
| 12,11 | gehen | 14,26 |

Die enge Verzahnung der beiden Texte wird nicht erst durch die Gegenüberstellung deutlich. Sie klingt immanent im Lesen des Predigttextes für unsere Ohren mit.

## 4. Homiletische Konkretionen

Für die Predigt bietet sich eine Symbolpredigt (ggf. in mehreren Teilen) an. Das Symbol des Wanderstabes liegt nahe. Er begleitet nicht nur das Volk Israel, sondern auch Jesus, seine Jünger und alle weiteren Mitziehenden. Von Vorteil ist es, während der Predigt einen Stab zur Hand zu haben.

1. Teil: Der Wanderstab: gibt Halt und Schutz, mit ihm kann man sich wehren, er ist stabil und kann einen stützen, kann auch Last tragen, …; Ein Stab hilft auch, sich aufzumachen auf neue Wege, in neue Situationen, in neue Verhältnisse, und das bedeutet auch, Abschied zu nehmen. Durch den Glauben und im Wissen auf Gottes Begleitung können Menschen diesen Schritt wagen.

2. Teil: Vor dem Abschied steht die Vorbereitung, und hier ist es, das letzte gemeinsame Mahl in Ägypten oder mit Jesus vorzubereiten. Der Stab wird aus der Hand gelegt und die Stärkung vorbereitet. Während die Israeliten vielleicht ahnten, was ihnen bevorstand, waren die Jünger ahnungslos. Verrat und Jesu Leiden waren ihnen noch verborgen.

3. Teil: Nun kommen sie zum Mahl, um sich zu stärken, körperlich und seelisch. Wichtig ist es dabei, Gemeinschaft zu haben. Es ist ein besonderes Mahl. Noch heute erinnern Menschen sich an damals – jüdische Gläubige zu Pessach (vgl. Kontexte c) und christliche am Gründonnerstag und bei jedem Abendmahl. Die Stärkung kann erlebt werden, wenn ich mich darauf einlasse. Besonders deutlich wird dies bei Kindern, die zum Abendmahl eingeführt werden und mit besonderer Spannung das Abendmahl empfangen. Während Jesus und die Jünger sich anlehnten oder zu Tische lagen, saßen die Israeliten mit dem Stab in der Hand am Tisch. Für beide Situationen gilt, dass der Aufbruch kurz bevor steht.

4. Teil: Für das Volk Israel folgt eine Wanderung von 40 Jahren (vgl. Kontexte d). Die Jünger erleben in den kommenden Tagen: Angst, Tod, Trauer, Hilflosigkeit und auch Wut. Mancher Stab mag da vielleicht zerbrochen sein, weil die Last oder die Dauer der Nutzung zu groß und schwer waren. Welche Lasten tragen wir heute? – hier könnten Beispiele aus der Gemeinde und Gesellschaft dies verdeutlichen. Vielleicht wurden Wanderstäbe auch aus Wut und Verzweiflung zerbrochen. Auch hier kann nach der Situation heute gefragt werden. Weite Wege liegen zwischen dem Heute und dem Ziel. Dazu gehören auch Staub und Zweifel. Bis die versprochene Freiheit zu spüren ist, braucht es lange, sehr lange. Während das verheißene Land erreicht wurde, wird Gottes Reich von uns noch immer erwartet.

5. Teil: Der Abend ist zu Ende und der Ort wird verlassen. Der Wanderstab begleitet die Menschen weiter – so wie Gott uns Menschen auf dem Lebensweg begleitet. Glauben bedeutet mit Gott auf dem Weg sein. Schritt für Schritt erwartet uns Neues. Nur wenn Menschen sich auf den Weg machen, kann es zu Veränderungen kommen. Auch wenn die Füße lahm werden, der Stab schwer in der Hand liegt, lohnt es sich Gott zu vertrauen. Gott kommt mit, stärkt und geht mit!

Wem der Wanderstab als Symbol nicht reicht, kann die Predigt um die Symbole Gürtel und/oder Schuhe erweitern.

## 5. Liturgievorschläge

Der Gottesdienst am Gründonnerstag hat in den meisten Gemeinden eine feste Prägung (z. B. Tischabendmahl). Dies lässt sich verbinden mit dem Vorschlag, dass der Gottesdienst die Schritte des Textes mitgeht. Folgenderweise könnte der Ablauf des Gottesdienstes aussehen:
Komm – Beginn des Gottesdienstes (Begrüßung, Lied, verschränkte Lesung, Lied, Meditation/ggf. nur 1. Teil)
Vorbereitung – an den Tischen das gemeinsame Essen bereitstellen und Tischgebet
Essen – gemeinsam Mahlzeit (z. B. Gurke, Tomate, Fladenbrot, Frischkäse, Obst) und Dankgebet
Brot und Kelch – Einsetzungsworte und Abendmahlsfeier an den Tischen
Gehen – Lied, Psalm/Gebet und Segen

Lesung:
Ex 12,1–11
Der Text ist Teil des Wochenabschnittes *Bo* und wird zwei Wochen vor dem Pessachfest am Schabbat *haChodesch* gelesen.
Möglich ist auch, den Text in der Übersetzung von Hanna Liss und Bruno Landthaler zu lesen (http://parascha.de/?p=363).
Die Lesung könnte auch eine Verschränkung aus beiden Texten mit zwei Lesenden sein.
(ggf. weitere Lesungen in der Agende Passion und Ostern)

Psalmen:
Hallel-Psalmen: Ps 113–118

Zu Psalm 116
Sei nun wieder zufrieden, meine Seele;
Denn der Herr tut dir Gutes.
Denn du hast meine Seele vom Tode errettet,
mein Auge von den Tränen, meinen Fuß vom Gleiten.
Ich werde wandeln vor dem Herrn
im Land der Lebendigen.
Wie soll ich dem Herrn vergelten
alle seine Wohltat, die er an mir tut?
Ich will den Kelch des Heils nehmen
und des Herrn Namen anrufen.

Dir will ich Dank opfern
und des Herrn Namen anrufen.

Liturgische Konferenz Niedersachsen e.V., 26

Präfation:
Dein Leib unser Glaube
Dein Blut unsere Hoffnung
Deine alles bergende Liebe unser Leben!
Ich will dich in der Liebe schmecken.
Wo Brot geteilt wird, dir vertrauen.
Wo Blut vergossen wird, bereit sein!
Glaube, Hoffnung, Liebe
Diese drei, Christus.
Aber die Liebe ist die größte.

Schmitt, 65

Einsetzungsworte nach Mk 14,22–25:
Und als sie aßen, nahm Jesus das Brot,
dankte und brach's
und gab's ihnen und sprach
»Nehmt, das ist mein Leib.«
Und Jesus nahm den Kelch,
dankte und gab ihnen den;
und sie tranken alle daraus.
Und Jesus sprach zu ihnen:
»Das ist mein Blut des neuen Bundes,
das für viele vergossen wird.
Wahrlich ich sage euch,
dass ich nicht mehr trinken werde
vom Gewächs des Weinstocks
bis an den Tag,
an dem ich aufs neue davon trinke
im Reich Gottes.«

Köhler, 169

Text:
1. Ich denke oft, ich bin allein, allein mit meinen Sorgen,
die Dunkelheit umhüllet mich, ich warte auf den Morgen.
Die Sonne bringt den neuen Tag, der Wind die Wolken treibet,
dass jede Sorge schwinden mag, die Hoffnung aber bleibet.

2. Die Hoffnung ist mein Wanderstab, er stützt mich auf dem Wege.
Auf dass ich immer Frieden hab, braucht meine Seele Pflege.
Gott hält die Hände über mich, er steht mir treu zur Seite,
auf ihn allein vertraue ich, bau fest auf sein Geleite.

3. Erscheint mir auch das Ziel so fern, der Weg will gar nicht enden,
verkürzt wird doch die Zeit vom Herrn und alles wird sich wenden.

Wenn er mich endlich heimgebracht, steh ich auf sel'gen Auen,
ich sehe Gott in seiner Pracht, darf ihm ins Antlitz schauen

Spingath

Segen:
Gott segne dich!
Gott gehe mit dir auf deinem Weg und schütze dich vor allem Bösen.
Gott behüte deine Seele vor Unfreiheit und Gefühlen, die das Leben einengen.
Gott stärke dich, wo immer du Kraft und Mut brauchst,
und erfrische dich, wenn du müde und ohne Hoffnung bist.
Gott schenke dir Menschen, die mit dir auf dem Weg sind,
und stärke dich durch die Gemeinschaft der Kinder Gottes,
die einander zusprechen, was das Ziel unseres Weges ist:
Gottes Reich, in dem alle Wege unseres Lebens zu ihrem Ziel kommen.
So segne dich der dreieinige Gott, Vater, Sohn und Heiliger Geist.

Scholte-Reh, 81f.

Lieder:
Gott ist gegenwärtig (EG 165)
Komm, sag es allen weiter (EG 225)
Kommt mit Gaben und Lobgesang (EG 229)
Am Abend nach dem Lobgesang (EG 549, Regionalteil Niedersachsen/Bremen)
Der Abend kommt (EG 673, Regionalteil Württemberg)
Komm, wir brechen auf (Singt von Hoffnung 102; Neue Lieder für die Gemeinde, Landeskirche Sachsen, Leipzig 2008)

Zum Schluss:
Leider lese ich immer häufiger in den Gottesdienstplänen, dass am Gründonnerstag zum Pessachfest oder gar Sederabend in christliche Gemeinden eingeladen wird. Bitte lesen Sie den folgenden Text »Wenn Christen Pessach feiern« (http://www.judentum.net/dialog/seder.htm, abgerufen am 2016-07-08)!

## Literatur


Bamberger, Selig (Hg.), Raschis Pentateuchkommentar. Übersetzt von Selig Bamberger, Basel [4]1994.

Die Pessach Haggadah, hebräisch und deutsch, Tel Aviv 1971.

Dschulnigg, Peter, Das Markusevangelium, ThKNT 2, Stuttgart 2007.

Gnilka Joachim, Das Evangelium nach Markus, EKK 2, Neukirchen-Vluyn [2]2015.

Gradwohl, Roland, Bibelauslegungen aus jüdischen Quellen, Band 2, Stuttgart [2]1995.

Köhler, Hanne (u. a.), Brot des Lebens – Kelch des Heils, Materialhefte der Beratungsstelle für Gestaltung von Gottesdiensten, Band 85, Frankfurt a. M. 1999.

Liss, Hanna/Landthaler, Bruno, Erzähl es deinen Kindern. Die Tora in fünf Bänden, Berlin 2014–2015; siehe auch www.parascha.de, abgerufen am 2016-07-08.

Liturgische Konferenz Niedersachsen e.V. (Hg.), Arbeitshilfe zum Evangelischen Gottesdienstbuch. Gestaltungshilfen zu jedem Sonn- und Festtag des Kirchenjahres, 2. Lieferung, 10. Jahrgang.

Rosenkranz, Michael, Pessach – das Fest des neuen Menschen, http://www.talmud.de/tlmd/pessach-das-fest-des-neuen-menschen/, abgerufen am 2016-07-08.

Rothschild, Walter, »Komm zum Pharao!«, in: Jüdische Allgemeine vom 14.01.2016, http://www.juedische-allgemeine.de/article/view/id/24360, abgerufen am 2016-07-08.

Schmitt, Arno, Letztes Ma(h)l, Eucharistische Gründonnerstagsvesper, in: Schwarz, Christian (Hg.), Abendmahl, GottesdienstPraxis Serie B, München 2016, 60–68.

Scholte-Reh, Angelika: Christ sein heißt unterwegs sein, Gottesdienst am Gründonnerstag mit Symbolen, in: Schwarz, Christian, (Hg.), GottesdienstPraxis Serie B Passion, Gütersloh 2013, 75–82.
Spingath, Gerhard A., Die Hoffnung ist mein Wanderstab, http://www.christliche-gedichte.de/?pg=12541 (dort kann auch die Melodie angehört und eine pdf-Notendatei heruntergeladen werden) abgerufen am 2016-07-14.
Winter, Jakob/Wünsche, August (Hg.), Mechiltha. Ein tannaitischer Midrasch zu Exodus, übersetzt und erläutert, Leipzig 1909.

*Angela Langner-Stephan*

# Karfreitag: Lk 23,33–49
# Rettung aus Nichtung

## 1. Annäherung

»Ich gläube, daß Jesus Christus, wahrhaftiger Gott, vom Vater in Ewigkeit geborn, und auch wahrhaftiger Mensch, von der Jungfrauen Maria geborn, sei mein HERR, der mich verlornen und verdammten Menschen erlöst hat, erworben und gewonnen von allen Sünden, vom Tode und von der Gewalt des Teufels; nicht mit Gold oder Silber, sondern mit seinem heiligen teuren Blut und mit seinem unschuldigen Leiden und Sterben.«

Karfreitagsbotschaft, in der Auslegung des zweiten Artikels in Luthers kleinem Katechismus in einem Satz pointiert zusammengefasst. Nicht anders die Passionslieder im EG; wie im 14. Jahrhundert (»Ehre sei dir, Christe«, EG 75), so besingen sie auch im 20. Jahrhundert (»Menschen gehen zu Gott in ihrer Not«, EG 547, Regionalteil Württemberg) Jesu Tod als ein Geschehen zu des Menschen Rettung.

Eine Selbstverständlichkeit? Wir meinen, nein. Schon in der Darstellung unserer Perikope Lk 23,33–49 tun sich die Akteure mit dem Topos der Rettung schwer. Mehrfach wird von Fehleinschätzungen des Geschehens erzählt, das sich am Kreuz abspielt. Auch uns hat beim ›Meditieren‹ noch einmal die alte Frage beschäftigt: Wie kann man das verstehen, dass einer den anderen rettet, indem er sich mit dessen Leid solidarisch macht? Wird nicht eben dadurch, dass dann beide daran tragen, das Problem verdoppelt?

Die Frage führt auf ein grundlegendes Motiv, das die Predigt unter Bezugnahme auf den Predigttext und den folgenden belletristischen Kontext erschließen könnte.

## 2. Kontexte

In seinem Roman »Eine Frau flieht vor einer Nachricht« (2008) lässt der israelische Autor David Grossman (geb. 1954) mit Ora eine Mutter zu Wort kommen, deren Sohn Ofer zum Libanon-Krieg eingezogen wurde. Als der Einberufungsbefehl ergeht, ist Ilan, der Vater Ofers, mit dessen älterem Bruder Adam in Südamerika unterwegs. Weil sie als einzige um die Gefährdung ihres Sohnes weiß, sieht sich Ora in der Pflicht, Ofer am Leben zu erhalten, indem sie, erzählend aus ihren Erinnerungen, ein lebendiges Bild ihres Kindes beschwört.

Eines dieser Erinnerungsbilder entfaltet anschaulich Ofers bemerkenswerten Umgang mit den irritierenden Ticks, die sein älterer Bruder als Jugendlicher kultiviert und die den Jungen selbst, bald aber auch die Familie regelrecht zu zersetzen drohen. Nach therapeutischen Rückschlägen ist es am Ende Ofer, der Adam zu retten vermag, indem er sich die zwanghaften Verhaltensmuster seines Bruders zu eigen macht, sie an seiner statt praktiziert und ihn so von einer Art nichtendem Sog, der ihn wie besetzt hält, befreit.

Die Misere fängt unscheinbar an: Ora beobachtet, dass Adam, wenn er sich zufällig selbst berührt, schnell auf die berührten Stellen pustet. »Das neue Gesetz, dem er nun wohl gehorchen muss, macht aus ihm ein Knäuel kantiger Gebärden und Gegengebärden, die er mit allen Mitteln verbergen will, doch Ora sieht sie, und Ilan sieht sie auch. Sie tauschen Blicke. […]

Am Wochenende fahren sie an den Strand von Bejt Jannai. Von dem Moment an, wo sie den Strand erreicht haben, ist Adam ununterbrochen damit beschäftigt, zu putzen. […] Adam steht bis zur Hüfte im Wasser, dreht sich um sich selbst, versprüht in alle Richtungen seine kurzen Atemstöße, berührt nacheinander sämtliche Arm-, Hand- und Fingergelenke und auch die Beine. […] Aus der Ferne, mit dem roten Sonnenuntergang im Rücken, sieht es aus, als vollführe er einen poetischen Elfentanz, eine Bewegung jagt die andere, jede Bewegung bringt neue Bewegungen hervor.« (500f.)

Indem Ora die Bewegungen ihres Sohnes nachahmt, meint sie ansatzweise nachvollziehen zu können, was in ihrem Kind vorgeht, und beschreibt ihre Wahrnehmung als das Wirksamwerden der »Kraft der Negation, des Zerfallens, des Sichauflösens in Nichts, die ihn in sich hineinzieht und verschlingt« (512f.) Letztlich kann sie ihn davon aber nicht befreien.

Als sie die Hoffnung schon aufgegeben hat, belauscht Ora ein Gespräch ihrer Söhne. Wie nebenbei richtet Ofer eine Frage an Adam:

»Warum machst du das? […]
Was denn, fragt Adam misstrauisch.
Das mit dem Händewaschen und so.
So halt. Weil ich Lust dazu hab.
Bist du denn dreckig?
Ja. Nein – Mensch nerv mich nicht.
Aber wovon? fragt Ofer weiter […].
Was wovon?
Wovon bist du dreckig?
Keine Ahnung. Reicht das jetzt?
Sag mir nur noch eins.
Du nervst heut aber, also was?
Wenn du dich so wäschst – bist du danach dann wieder sauber?
Ein bisschen, ja. Keine Ahnung. Aber jetzt halt endlich die Klappe!
Schweigen.
Adam …
Was jetzt noch?
Lässt du mich auch mal?
Was soll ich dich lassen?
Dass ich es für dich mache.
Was? […]
Na, so einen … von deinen Dingern. […] Bloß einen, was stört's dich?
Aber warum?
Damit du einen weniger machen musst. […]
Was hast du da gesagt?
Wenn ich einen mach, dann musst du einen weniger machen.
Du bist ja verrückt, weißt du das? Hundertprozentig verrückt. Was mischst du dich überhaupt ein … das kann dir doch egal sein.

Bloß einen, oder wenigstens einen auf Pump.
Welchen?
Das kannst du bestimmen. Den da, oder den, oder … […]
Gleich fängst du eine! Ich warne dich, hör auf! […]
Sie [sc. Ora] hört Schritte und einen Schlag. Schnaufen, Knuffe, Plumpsen. Ein Stuhl fällt um. Halb unterdrücktes Stöhnen. Sie begreift, Ofer zwingt sich, nicht zu schreien, damit sie nicht angerannt kommt und sie trennt und ihm seine Pläne kaputtmacht. […]
Gibst du auf? […]
Ich mach es so, dass du nichts davon merkst, ächzt Ofer.
Adam schnalzt mit der Zunge, bläst sich auf die Handflächen, dreht sich schnell um die eigene Achse. Nein, sagt er zum Schluss leise, ich glaube, ich muss die alle selber machen, bis zuletzt. Ich mach sie einfach neben dir, Ofer lässt nicht locker.
Der Hahn wird geöffnet. Kurzes Spülen, Atemstöße. Stille. […]
Hast du's gemacht? Na prima, und jetzt verpiss dich.
Du gibst mir ab jetzt jedes Mal einen, sagt Ofer mit einer Nachdrücklichkeit, die Ora überrascht, und sie sieht, wie er mit ernstem, konzentriertem Gesicht aus der Küche entwischt.« (523–525)
Tags darauf hört Ora »Adam fragen: Wie viele darf ich heute?
Und Ofer sagt, drei ich, drei du.
Aber welche drei? fragt Adam so leise und ergeben, dass sie seine Stimme für einen Moment nicht erkennt; mit dem Wasser und den Beinen und dem Drehen, die machst du, und ich mach alle andern.
Vielleicht kann ich auch den mit dem Mund machen, flüstert Adam.
Nein, sagt Ofer, den mit dem Mund mach ich.
Aber ich muss doch …
Den Mund hab ich schon für mich genommen. Zu spät.« (526)
Endlich ist es so weit. Ofer steht kurz vor dem Ziel:
»Heute darf ich gar keinen? fragt Adam eines Morgens beim Frühstück ganz offen, in ihrer [sc. Oras] Gegenwart, und Ofer denkt nach und beschließt: Heute mach nur ich. […]
Aber erinnerst du dich auch?
Die ganze Zeit.
Bist du sicher, Ofer?
Bisher hab ich noch keinen verpasst. Komm, wir gehen rüber.« (526)

Die Jungen ziehen sich ins Kinderzimmer zurück. Was hinter der Tür wohl passiert ist? fragt Ora am Ende ihrer Schilderung. »Zwei Jungs, der eine fast dreizehn, der andere neun und ein bisschen, waren in den Sommerferien drei oder vier Wochen lang Tag für Tag zusammen, meist ohne andere Kinder, haben am Computer gesessen oder Tischtennis gespielt und stundenlang geredet, haben Figuren erfunden und manchmal auch zusammen Eier in Tomatensoße oder Nudeln gekocht, aber währenddessen – frag mich nicht, wie – hat der eine den anderen gerettet.« (528)

## 3. Beobachtungen am Text

Einen anderen retten, sich selbst retten, überhaupt Rettung, um dieses Thema kreist auch der Predigttext für den Karfreitag. Mehrfach und aus unterschiedlichen Blickwinkeln wird es angesprochen, nicht nur durch die Erzählung, sondern auch und gerade von den in ihr auftretenden Figuren.

Diese Konzentration verdanken wir der Perikopenordnung, die als Ausschnitt aus der lukanischen Passionserzählung Lk 23,33–49 vorschlägt. In den Kommentaren wird der Abschnitt, der Inszenierung des ›Kreuzweges‹ folgend, in Verbindung mit dem unmittelbaren Vorkontext in VV 26–32 ausgelegt (vgl. die Abgrenzung bei Wolter, 749, der Lk 23,26–49 unter der Überschrift »Kreuzigung und Tod« zusammenfasst). Doch handelt es sich so oder so um ein »erzählerisches Sammelbecken« (Wolter, 751, mit Zitat von Lämmert, 73), das aus einer Vielzahl von Teilszenen besteht (vgl. auch Bovon, 436, der VV 26–43 abgrenzt und »Auf dem Weg zum Kreuz – am Kreuz« überschreibt, zugleich aber ebd., 440, ausdrücklich einer Überbewertung der Zäsur hinter V 43 wehrt: »Der lukanische Passionsbericht hat seinen Zusammenhalt und seine Einheit«, über VV 44–49 hinaus könne man sogar auch die Grablegung in VV 50–56 hinzuziehen). So schildern VV 26–32 Ereignisse auf dem Weg zur Kreuzigungsstätte, VV 33–46 schlagen den Bogen von der Kreuzigung Jesu bis zu seinem Tod am Kreuz, VV 47–49 können als Epilog angesprochen werden (so mit Wolter, 751).

Dabei entsteht die narrative Kohärenz der Ereignisfolge dadurch, dass Lukas Personen und Personengruppen auf der Szene »in Beziehung zu Jesus setzt, indem er erzählt, wie sie sich zu Jesus verhalten und wie sie an seiner Kreuzigung Anteil nehmen« (Wolter, 751). Besonders schön lässt sich das an VV 35–38.39–43 beobachten, und hier fällt auch die (nach dem vorangehenden Kontext) eher unerwartete Verteilung der Rollen auf: Das Jerusalemer Volk (*laos*) schaut lediglich schweigend zu (V 35a), während es die »Oberen« (*archontes*) sind, die Jesus verhöhnen (V 35b), bevor dann auch die Soldaten (VV 36–37) und einer der beiden Verbrecher (V 39) in dieses Horn stoßen. So erzählt Lukas zwar wie seine Vorlage Mk 15,29–32 von einer dreifachen Verhöhnung des gekreuzigten Jesus, anders als bei Markus beteiligt sich das Volk (bei Markus: die Passanten) daran aber gerade nicht (hierzu und zum Folgenden ausführlich Gielen, 206). Im Gegenteil, betrachtet man Lk 23,35a im Zusammenhang mit VV 27 und 48, wird eine Entwicklung in der Einstellung des Volkes erkennbar: Zieht es V 27 mit hinaus zur Kreuzigungsstätte, um Zeuge des Spektakels zu werden, das es selbst lautstark gefordert hatte, so steht es V 35a stumm vor dem Gekreuzigten und nimmt kommentarlos das Geschehen auf, das sich ihm darbietet. Nach Jesu Tod schlagen sie sich dann V 48 gar an die Brust. »Im Unterschied zu ihren Führern, die auch angesichts seines Leidens für den Gekreuzigten nur Hohn übrig haben und in ihrer feindseligen Haltung verharren (23,35b), kündigt sich beim Volk bereits in 23,35a ein Sinneswandel an, der sich in 23,48 schließlich durch den Ausdruck von Trauer und Reue über das Geschehene und über den eigenen Anteil daran sichtbaren Ausdruck verschafft.« (Gielen, 206) Ziel dieser Darstellung dürfte sein, die Masse des Volkes zu »rehabilitieren« (Bovon, 463).

Umso lauter höhnen dafür die anderen, und dies dreimal (zur Dreizahl als literarisches Gestaltungsmittel innerhalb der lukanischen Passionserzählung vgl. Bovon, 441). Ziel des Spottes von Oberen, Soldaten und dem ›Schächer‹ ist jeweils der Jesus zugeschriebene Anspruch, der Messias zu sein. Jeweils fordern sie ihn auf, diesen Anspruch dadurch zu belegen (vgl. neben der Vorlage Mk 15,32 auch Lk 4,3 par.), dass er sich selbst »rettet« (*soson seauton*), und das heißt für sie: sich aus seiner gegenwärtigen Notlage befreit. Die dreifache Wiederholung der einen Aussage – und nur dieser einen Aussage – macht mit Nachdruck deutlich, worauf hier der Ton liegt:

| | |
|---|---|
| Die Oberen (V 35): | »Andere hat er gerettet, er rette sich selbst …« |
| Die Soldaten (V 37): | »… rette dich selbst!« |
| Der Schächer (V 39): | »Rette dich selbst und uns!« |

Diese Aufforderung zur »Selbstrettung« (Wolter, 758) entspricht in ihrem sachlichen Gehalt der spöttischen Feststellung in Mk 15,31: *heauton ou dynatai sosai*. Zugrunde liegt ihr dasselbe volkstümliche Motiv, das in Lk 4,23 die Form des Sprichwortes vom Arzt, der sich selbst nicht heilen kann, angenommen hat (vgl. Bovon, 465; Wolter, 758).

Dabei gestehen die Oberen durchaus zu: »Andere hat er gerettet« (*allous esosen*, V 35), und sie verweisen damit auf Jesu Heilungen und Exorzismen (s. Lk 8,36.50; 17,19; 18,42; vgl. auch 7,50; 19,9–10; zur Sache Wolter, 758). Dennoch begreifen sie, ebenso wie die übrigen Spötter, das Entscheidende nicht: Für Jesus geht es gar nicht – auch jetzt am Kreuz nicht – darum, sich selbst zu retten. Weil er das nicht tut, halten sie seinen messianischen Anspruch für widerlegt. In Wahrheit widerlegen sie aber ihre eigene Messiaserwartung. Denn »für den Messias *Gottes* gilt, dass er leiden und von den Toten auferstehen muss« (Wolter, 758 [Hervorhebung im Original], unter Verweis auf Lk 24,26.46; Apg 3,18; 17,3). Der Messias muss leiden – um der *anderen* willen. Der Messias rettet sich nicht selbst von diesem Leiden – weil er es eben darum auf sich genommen hat, ungeschuldet auf sich genommen hat (Lk 23,41), um andere zu retten.

Das ahnt der zweite Verbrecher, und so spricht er die Bitte aus (V 42), »die wirklich zur Rettung führt« (Wolter, 759). Jesus sagt sie ihm zu, und er erweist sich damit noch einmal, gleichsam endgültig, als der, »der gekommen ist, zu suchen und zu retten, was verloren ist« (Lk 19,10; s. dazu Gielen, 209).

## 4. Homiletische Konkretionen

Ein Karfreitagsgottesdienst, der sich von dem literarischen Kontext anregen lässt und diesen auf den biblischen Text bezieht, könnte sich mit der Frage nach der Möglichkeit einer Rettung durch solidarisches Auf-sich-Nehmen auseinandersetzen. Sowohl in der biblischen Perikope als auch im vorgeschlagenen Kontext erlöst einer den anderen, indem er sich dessen ›Kreuz‹ ganz zu eigen macht, es an seiner Stelle trägt und – so unwahrscheinlich es klingt – auf diese Weise aus der Welt schafft.

Das ›Kreuz‹, das da getragen wird, ließe sich ebenfalls mit Hilfe des Kontextes erschließen. Adam (vielleicht gar *der* Adam?) ist wie in sich selbst gefangen. Seine Ticks lassen ihn sprichwörtlich um sich selbst kreisen. Der Topos des in sich verkrümmten Menschen (*incurvatus in se ipsum*) drängt sich uns auf. Am Ende gelingt Ofer das Unmögliche: Adam ist wieder ganz bei sich *und* dadurch auch wieder ganz bei den anderen.

Die zwanghaften Ticks können ferner als eine Chiffre für das gelesen werden, was Menschen an Beziehungslosigkeit und Hemmnis von Lebensmöglichkeiten an sich selbst erleben und über andere bringen können. Die Zwangshandlungen – das neue Gesetz, dem Adam scheint folgen zu müssen – haben ja nicht nur für Adam Folgen. Sie wirken sich auch auf das familiäre Miteinander aus. Rat- und machtlos stehen die Eltern vor dem Geschehen und flüchten sich, angesichts differierender Ansichten darüber, was ihrem Kind helfen könnte, in Vereinzelung. Die Familie selbst ist dabei dem Wirkungsbereich der Macht ausgesetzt, die Ora eindrücklich als Kraft des Zerfalls und der ›Nichtung‹ beschreibt.

Berührend ist angesichts dessen die Hingabe des kleinen Ofer: ein Motiv, das in beiden Texten implizit anklingt. Anders als das bisweilen befremdliche Liebespathos mancher Passionsdichtungen im EG (exemplarisch etwa das Tageslied »Ein Lämmlein geht und trägt die Schuld«, EG 83) zeichnet sich die Anhänglichkeit des Kindes durch große Wirklichkeitsnähe aus. Ofers Engagement für seinen älteren Bruder ist zart und zugleich hartnäckig. Bisweilen wird der Kleine dem Großen geradezu lästig. Erfolgreich ist Ofer letztlich aber allein wegen solcher Beständigkeit – wegen seiner Treue auch und gerade angesichts handgreiflicher Widerstände Adams.

## 5. Liturgievorschläge

Die Lutherbibel übersetzt das griech. Verb *sozo* mit »helfen«. Es empfiehlt sich daher, auf alternative Übersetzungen wie die Elberfelder Bibel, die BasisBibel, oder die Bibel in gerechter Sprache zurückzugreifen.

Ps 22 (EG 709) legt sich aufgrund seiner Rolle bei Darstellung und Deutung der Passion Jesu nahe. Im EG fehlen allerdings die eindrücklichen Todesbilder, in denen sich die zerstörerische Macht des Zerfalls und der Nichtung (ausgeschüttet sein wie Wasser, sich voneinander lösende Glieder, am Gaumen klebende Zunge) Ausdruck verschaffen.

Anstelle des Glaubensbekenntnisses könnte der Philipperhymnus (EG 764) gesprochen werden.

»Christus, der uns selig macht« (EG 77,1–5) eignet sich, um zu Beginn des Gottesdienstes das Passionsgeschehen bis zur Todesstunde Jesu zu vergegenwärtigen.

»Du schöner Lebensbaum des Paradieses« (EG 96) und »Menschen gehen zu Gott in ihrer Not« (EG 547, Regionalteil Württemberg) benennen das Motiv der Rettung explizit.

Fokussiert die Predigt auf Erfahrungen von Gebrochenheit und Unvollkommenheit, Beziehungslosigkeit und Selbstbezüglichkeit sowie die Sehnsucht nach Befreiung daraus, eignen sich nach der Predigt möglicherweise »Menschen gehen zu Gott in ihrer Not« (EG 547, Regionalteil Württemberg) oder »Ich gebe dir, Gott, meine dunklen Gefühle« (Wo wir dich loben, wachsen neue Lieder 53).

## Literatur

Auerochs, Bernd, Art. Literatur und Religion, in: $RGG^4$ 5 (2002), 391–403.

Bovon, François, Das Evangelium nach Lukas, 4. Teilbd.: Lk 19,28–24, 53, EKK III/4, Zürich/Düsseldorf/Neukirchen-Vluyn 2009.

Gielen, Marlis, Die Passionserzählung in den vier Evangelien. Literarische Gestaltung – theologische Schwerpunkte, Stuttgart 2008.

Grethlein, Christian, Das Potenzial von Literatur für die Praktische Theologie – dargestellt am Beispiel aktueller Romane, in: PTh 103 (2014), 405–417.

Grossman, David, Eine Frau flieht vor einer Nachricht. Roman, Frankfurt a. M. $^3$2013.

Kuschel, Karl-Josef, Art. Literatur, in: Drehsen, Volker u. a. (Hg.), Wörterbuch des Christentums, Gütersloh 2001, 733–736.

Lämmert, Eberhard, Bauformen des Erzählens, Stuttgart $^6$1975.

Siebold, Christian/Siebold, Maike, Predigen mit moderner Literatur. 12 literarische Gottesdienste, DAW 158, Göttingen 2014.

Sölle, Dorothee, Realisation. Studien zum Verhältnis von Theologie und Dichtung nach der Aufklärung, Köln 1973.

Weyel, Birgit, Heilige Texte / Religion und Literatur / ästhetische Erfahrung / Poetisches Konzept, in: Gräb, Wilhelm/Weyel, Birgit (Hg.), Handbuch Praktische Theologie, Gütersloh 2007, 371–382.

Wolter, Michael, Das Lukasevangelium, HNT 5, Tübingen 2008.

*Katharina und Joachim J. Krause*

# Osternacht: Jes 26,13–19

## Auferstehung feiern im Horizont von Israels Hoffnung für die leidenden Gerechten und im Blick auf eine schwierige Weltlage

### 1. Annäherung

Die Osternacht ist eine ganz besondere Nacht. Ich erinnere mich gerne daran, sie im Rahmen einer katholischen Messe im Augustinerkloster Würzburg erlebt zu haben, und zwar als evangelischer Gast, der bis dahin die Feier der Auferweckung Jesu nur am frühen Sonntagmorgen kannte. Die Tradition, schon in der Nacht den Übergang vom ins Grab gelegten Jesus zum am Morgen leer vorgefundenen Grab Jesu zu feiern, ist eher eine katholische Tradition, aber erfreut sich auch in evangelischen Kirchengemeinden steigender Beliebtheit. Kann es gelingen, den Zauber des Übergangs vom Tod ins Leben, vom Sterben zur Auferstehung durch den Predigttext und die Form des Gottesdienstes zu vermitteln?

Ist es theologisch überhaupt angemessen, eine dem Volk Israel zugesprochene Hoffnung auf Wiederbelebung und Auferstehung wie in Jes 26,19 auf die christliche Gemeinde der Osternacht zu beziehen? Ist Jesus als gekreuzigter jüdischer Gerechter (*zadiq*) diese Brücke? Inwiefern kann ein aus den Zusammenhängen apokalyptischer Vorstellungen, Weltgerichts- und Weltuntergangsszenarien gespeister Text- und Denkzusammenhang für heutige Christenmenschen von Relevanz sein? Kann die spannungsreiche Gottesbeziehung mit der Vorstellung eines heimsuchenden Gottes und die sehr konkrete Bilderwelt des in Jes 26,13–18 vorliegenden Klageliedes mit der Schilderung einer Scheinschwangeren auf heutige Christenmenschen und ihre Situation bezogen werden?

### 2. Kontexte

a) Die Öffnung der Auferstehungshoffnung auch für jüdische Menschen außerhalb Israels:
»Rabbi Elasar sagte: Die Toten außer Landes werden nicht lebendig, denn es heißt (Hes 16,20): Ich schenke Zierde dem Lande der Lebendigen. Die Toten des Landes, an dem ich mein Wohlgefallen habe, werden lebendig; die Toten des Landes, an dem ich nicht mein Wohlgefallen habe, werden nicht lebendig. Rabbi Abba. Memels Sohn, erwiderte (Jes 26,19): Deine Toten werden leben, meine Leichen werden auferstehen. Was bedeutet: Deine Toten werden leben? Bedeutet das nicht: Die Toten, die im Land Israel sind? – Meine Leichen auferstehen – Die Toten, die außer Landes sind?«

Babylonischer Talmud Ketubbot 111a, zit. nach: Mayer, 643

b) Eine jüdische Auferstehungshoffnung aus der Synagogen-Liturgie, die auf die Seele als Kern des Menschen Bezug nimmt:
»Mein Gott, die Seele, die du mir gegeben hast, ist rein. Du hast sie geschaffen, Du hast sie gebildet. Du hast sie mir eingehaucht und Du bewahrst sie in meiner Mitte. Du wirst sie künftig von mir nehmen – und sie mir wieder geben in der kommenden Zukunft. Alle Zeit, da die Seele in meiner Mitte ist, lobe ich dich,

Ewiger, mein Gott und Gott meiner Väter, Meister aller Werke, Herr aller Seelen. Gepriesen seist Du, Ewiger, der die Seelen zurückkehren läßt in tote Körper.«

aus dem Schacharith-Gebet, zit. nach: Lapide, 6

c) Zur Einordnung der Auferstehungshoffnung in Jes 26,13–19 in ihren zeitgeschichtlichen, für die Verfassenden schwierigen Kontext:
»Alle ehrliche Theologie ist zutiefst gesehen Katastrophen-Theologie, die ihren Antrieb aus dem Elend und dem Adel unseres Menschentums erhält: aus der Todesangst, dem Lebenswillen und der großen Hoffnung, daß mit dem Tod nicht alles zu Ende geht; einer Hoffnung, die einer Vorahnung jener unfaßbaren Unendlichkeit und letzten Wirklichkeit entspringt, die wir Gott nennen … einer Hoffnung, daß Tränen, Tod und Trauer nicht das letzte Wort behalten.«

Lapide, 91

d) Was Juden und Christen bei der Auferstehungshoffnung verbindet und trennt:
»So bildet die Erwartung der Auferweckung der Toten nach wie vor eine der bedeutenden Gemeinsamkeiten zwischen Christen und Juden; denn die Leugnung der Auferweckung der Toten gehört nach der Mischna zu den Haltungen, die von der kommenden Welt ausschließen, obwohl ganz Israel an ihr teilhat. Die Differenz zwischen jüdischer und christlicher Auferstehungserwartung liegt im wesentlichen darin, dass Christen im Unterschied zu Juden bekennen, die Auferweckung der Toten habe mit Jesus Christus bereits begonnen, und daraus Folgerungen ziehen.«

von der Osten-Sacken, 142

## 3. Beobachtungen am Text

Der Predigtabschnitt befindet sich innerhalb der sog. Jesaja-Apokalypse, also in den Kapiteln 24–27 des Jesajabuches. Dieser Abschnitt kann als ein in ptolemäischer Zeit, zwischen 300–221 v. Chr. literarisch in Etappen gewachsener Textkörper beschrieben werden (Albertz, 643f.). In ihm werden ein umfassendes Gericht an den Völkern, die Erniedrigung der Hohen, die Erhöhung der Elenden, die Vernichtung feindlicher Mächte und der über sie herrschenden Könige ausgemalt. Neben diesen Gerichtsvorstellungen finden sich aber auch Vorstellungen von Gnade und Erlösung für die ganze Menschheit, bis hin zur Wiederbelebung und Auferstehung der Toten in diesem Teil des Prophetenbuches. In Kapitel 26 selbst wird von den Auslegenden meist eine Zäsur zwischen den VV 1–6 und den VV 7–21 vorgenommen. Auffällig ist eine »Kettenstruktur« (Kaiser, 169), d. h. der von Stichwort- bzw. Gedankenaufnahmen geprägte Aufbau des Abschnittes. Zwischen den VV 14 und 19 liegt eine offensichtliche Spannung: Bestreitet V 14 im typischen poetischen *parallelismus membrorum* das Leben der Toten bzw. Verstorbenen und die Auferstehung der Schatten, so stellt V 19 gerade dieses Wunder in Aussicht, wobei der Text »meine Leichen« als die nennt, die auferstehen werden. Die offenbar für manche Textzeugen anstößige Formulierung sollte nicht unnötig wegerklärt werden. Sie betont den Bezug Gottes zu »seinen« Verstorbenen, die zugleich die Mitglieder der Gemeinde der Gerechten sind (Albertz, 648, Anm. 75). Es begegnet damit in V 19 implizit die zuvor schon in Kapitel 26 auftauchende Gegenüberstellung zwischen dem Ungerechten bzw. Gottlosen (*rascha* in Jes 26,10) und dem Gerechten (*zadiq* in Jes 26,7). Nur die Gerechten, also die, die den Willen Gottes und seine Gebote befolgen, sind gemeint, wenn Gott diese implizit in V 19 »meine Leichen« nennt. Der eigentliche Gesamtzusammenhang des Predigttextes ist in Jes 26,7–19 gegeben, das man als »Lied auf die Gerechtigkeit Gottes« in der Gattung eines »Volksklageliedes« bezeichnen kann (Kittel, 74). Die für den Predigttext ausgesuchten Verse lassen sich sinnvollerweise in drei Abschnitte aufteilen:

*VV 13–15*: Vertrauensbekenntnis und Gedenken an den HERRN, »unseren Gott«, den alleinigen Herrn, der die Ungerechten nicht auferstehen lässt und dem Volk Israel über die Landverheißung hinaus Raum schenken wird.

*VV 16–18*: Klagelied der von Gottes Heimsuchung Gezüchtigten, die wie eine nur scheinbar schwangere Frau Wind hervorbringen, also dem Land Israel keine Hilfe bringen.

*V 19*: Bekenntnis zur Auferstehung der Toten Israels und der als »meine Leichen« bezeichneten Gerechten Gottes.

Diese Gliederung zeigt eine offensichtliche Dramatik: Sie reicht von einer trotz der zu erduldenden Fremdherrschaft beim Verfasserkreis vorhandenen Zuversicht in »unseren Gott« und in die von Gott vollzogene Heimsuchung der Ungerechten bis hin zur Einsicht in die Unfähigkeit der Verfasser, den Heimsuchungen Gottes zu entgehen und ihr Unvermögen, dem eigenen Land zu helfen. Für Letzteres verwenden sie das eindrückliche Bild einer Scheinschwangeren, die nur Wind hervorbringt. Demgegenüber sticht V 19 mit der Zusage der Wiederbelebung und Auferstehung der Verstorbenen Israels und der Leichname Gottes als positive Hoffnung hervor. Der Wechsel von »leben sollen deine Toten« zu »meine Leichen werden auferstehen« im ersten Teil von V 19 lässt sich – gegen den Versuch anderer Lesarten – am besten so erklären: Im ersten Teil ruft die Gemeinde Gott an, im zweiten Teil antwortet Gott selbst mit der Verheißung der Auferstehung (Kaiser, 173). Als sozialgeschichtlicher Kontext und zeithistorischer Hintergrund dieses dramatischen psalmartigen Liedes oder Gebetes ist es m. E. einleuchtend, dass die sog. Jesaja-Apokalypse mit ihren teils universalen Gerichtsvorstellungen und individuellen Heilszusagen im Rahmen einer spätprophetischen und apokalyptischen Widerstandstheologie entstanden ist. Diese suchte in Abschnitten wie Jes 26,13–19 eine »eschatologische Heilsvergewisserung« und wurde möglicherweise von »Unterschichtszirkeln« formuliert (Albertz, 643). Diese Gruppe ist zwar einerseits ohnmächtig der Herrschaft fremder Mächte ausgeliefert, bindet sich aber dennoch vertrauensvoll an den Gott Israels, der seinem Volk schon früher geholfen hat und gedenkt seiner (Jes 26,13). Es geht dann in der Verheißung von Jes 26,19 um eine »Auferstehung der frommen Armen, denen in ihrem leidvollen Leben eine Befreiung durch Gott versagt war« (Albertz, 649). Aus deren Perspektive ist Jes 26,14 nur eine Negation der Auferstehung und Wiederbelebung für die Unterdrücker Israels (Kittel, 74).

Deutlich ist, dass der Textabschnitt die Auferstehung der Gerechten Gottes verheißt, aber keine allgemeine Auferstehung aller Verstorbenen. Die unterdrückten, bedrängten und in der Bedrängnis gestorbenen Gerechten Israels werden auferstehen und Gott zujubeln. Das ansprechende Bild vom Tau der Lichter (V 19b) knüpft bei einer alltäglichen Erfahrung an: Nämlich, dass am Beginn des Tages, mit den ersten Strahlen der Morgensonne, der Tau die Felder und Pflanzen befeuchtet und so ihr Leben erhält. Eine dazu auffallende Parallele beschreibt

Hos 6,2–3, nach dem die Auferstehung dem Vorgang zu vergleichen ist, bei dem ein Regen das Land feuchtet.

## 4. Homiletische Konkretionen

Inwiefern kann nun ein zunächst an das Volk Israel gerichteter Prophetentext auf eine christliche Osternachtsfeier bezogen werden? Die Brücke hierzu bilden Jesus, der jüdische Rabbi, und seine jüdischen Anhängerinnen und Anhänger, denen die Auferstehungshoffnung aus der Hebräischen Bibel und der Prophet Jesaja vertraut waren. In der Verkündigung Jesu begegnet der auch in Jes 26,13–19 spürbare Gegensatz zwischen Gerechten und Ungerechten (vgl. Mt 5,45) bzw. zwischen Gerechten und Bösen (vgl. Mt 13,49). Bei Jesus finden sich Verheißungen für Gerechte (vgl. Mt 10,41) und Jesus selbst spricht in Lk 14,14 einem Einladenden zu, dass dieser, wenn er Arme, Behinderte, Lahme und Blinde einlädt, an der »Auferstehung der Gerechten« teilhaben wird. Außerdem verheißt Jesus im bekannten Gleichnis vom Weltgericht den Gerechten den Eingang in das ewige Leben (Mt 25,46). Für die jüdischen Anhänger Jesu war sein Tod am Kreuz dann im Horizont des Schicksals der zu Unrecht ermordeten Gerechten Gottes zu sehen, wie es im Gottesknechtslied in Jes 52,13–53,12 beschrieben wird, wo der Märtyrer als Gerechter (*zadiq)* bezeichnet wird. So wird dann auch im Neuen Testament die Formulierung möglich, dass es eine Auferstehung der Gerechten geben wird (vgl. Apg 24,15) und die Vorstellung überliefert, dass der Gerechte, also Jesus, für die Ungerechten, also seine Gemeinde, gelitten hat (vgl. 1.Petr 3,18). Der rote Faden der Predigt ist aus diesem Kontext heraus die Bezugnahme auf Jesus als einen jüdischen Gerechten Gottes, der durch sein Leben die Gebote zum Leuchten bringen wollte. Unmissverständlich deutlich wird dies in der Bergpredigt (vgl. Mt 5,17–20). Als Jesus gekreuzigt wurde, war dieser erbärmliche Tod für seine jüdisch geprägte Jüngergruppe nach einem ersten Schock auch im Horizont des Todes des leidenden Gerechten aus Jes 52,12–53,13 positiv deutbar. So bildet dieser Text die Brücke zu einem Verständnis von Jes 26,13–19 als einer Auferstehungsverheißung für die von Unterdrückung, Verfolgung und Leid bedrängten verstorbenen Gerechten.

Uns heutigen Menschen ist in einer von Krisen geschüttelten, durchaus apokalyptischen Szenarien ausgesetzten Welt das Gefühl der Gottferne bzw. der Züchtigung durch Gott (Jes 26,16) genauso vertraut wie den Verfassern der Jesaja-Apokalypse. Viele in Kirchengemeinden engagierte Christen kennen trotz großer Hoffnungen auch Erfahrungen von Ohnmacht und der Vergeblichkeit eigener Bemühungen, eingefangen im Bild der nur zum Schein schwangeren Frau (Jes 26,17f.). Christen teilen damit die Ohnmachtserfahrung des am Kreuz hängenden Jesus, der sich voller Verzweiflung an den als heimsuchenden Gott erfahrenen Ewigen mit Worten aus Ps 22,2 wendet: »Mein Gott, mein Gott, warum hast du mich verlassen?« (Mt 27,46). Doch gerade in der Erfahrung der Katastrophe formulierte Theologie - ob zu Zeiten des Jesaja oder unter den ersten Christen - ist bodenständige, realitätsnahe und von Hoffnung gegen den Augenschein erfüllte Theologie (s. Lapide, Kontexte c). Die den auf Gottes Gebote setzenden Gerechten zugesprochene Verheißung der Auferstehung aus dem Tod (Jes 26,19) gilt also in Jesus auch verfolgten Christen in Syrien, Eritrea oder Nord-Korea, die um ihres

Glaubens willen verletzt oder getötet werden. Sie werden von brutalen Herren beherrscht, doch in Wahrheit ist nur der eine Gott Israels und aller Völker ihr Herr (vgl. Jes 26,13). Die Fürbitte für diese verfolgten Christen kann dann in dieser Osternacht einen wesentlichen Raum einnehmen. Dank Jes 26,13–19 bleibt zugleich der Horizont der vielen Leidenden in der einen Welt im Blick, wird eine zu einseitige Fixierung auf den einen Leidenden am Kreuz verhindert.

## 5. Liturgievorschläge

Grundelemente der Osternachtsfeier sind nach evangelischem Verständnis Lichtfeier, Wortgottesdienst, Taufgedächtnis und Abendmahl, die Prozession mit der Osterkerze, und die Akklamation »Christus, Licht der Welt«. Meist verwendete Lesungen sind Gen 1, Ex 14, Röm 6. Es begegnet hier eine »Prozeßliturgie« (Schwier, 733), die die Gemeinde auf einen Weg mitnimmt, der an verschiedenen Stationen des Wirkens des Gottes Israels und aller Völker innehält. Nach der im Predigttext zugrundeliegenden Unterscheidung zwischen Gerechten und Ungerechten macht es Sinn, Jes 52,13–53,12 als Lesung anstelle von Ex 14 einzusetzen. Dabei kann das von Marc Chagall stammende Bild »Die weiße Kreuzigung« gezeigt werden, da es Jesus als gekreuzigten jüdischen Gerechten darstellt. Im Anschluss daran ist dann Jes 26,13–19 als Lesung vorzutragen. Im bis dahin abgedunkelten Gottesdienstraum werden bei der Verlesung von Jes 26,19 Kerzen angezündet und Wassertropfen aus einem Gefäß behutsam in eine Schale getropft, um so den Tau der Lichter anschaulich zu machen. Diese Schale kann auch die Taufschale oder der Taufstein der Kirchengemeinde sein. Damit wird dann von den Wassertropfen des Morgentaus in der Schöpfung über die bei Jesaja zugesagte Verheißung der Auferstehung durch das Wirken des lichtgetränkten Taus von Gott bis hin zur im Osterwunder der Auferweckung Jesu wurzelnden Taufgemeinschaft der getauften Christen mit ihrem auferstandenen Herrn eine symbolische Brücke gebaut.
Passende Lieder sind:
In der Mitte der Nacht liegt der Anfang eines neuen Tags (eigentlich ein Weihnachtslied, doch der Refrain passt zur Osternacht; im Internet zu finden unter http://www.adveniat.de/uploads/tx_pdfdownload/mitte_der_nacht.pdf, abgerufen am 2016-06-15)
Morgenlicht leuchtet (EG 455)
Christ ist erstanden (EG 99)
Wach auf, mein Herz, die Nacht ist hin (EG 114,1–7)

### Literatur

Albertz, Rainer, Religionsgeschichte Israels in alttestamentlicher Zeit, ATD.E 8/2, Göttingen 1992.
Kaiser, Otto, Der Prophet Jesaja. Kapitel 13–39, ATD 18, Göttingen 1983.
Kittel, Gisela, Tod und Todesüberwindung im Alten und im Neuen Testament, Göttingen 1999.
Lapide, Yuval (Hg.), Pinchas Lapide, Auferstehung. Ein jüdisches Glaubenserlebnis, Berlin 2011.
Mayer, Reinhold, Der Talmud, München 1980.
von der Osten-Sacken, Peter, Katechismus und Siddur. Aufbrüche mit Martin Luther und den Lehrern Israels, Berlin und München 1984.
Schwier, Helmut, Art. Ostern, 3. Evangelischer Gottesdienst, in: RGG$^4$, Tübingen 2003, 733–734.

*Andreas Heidrich*

# Ostersonntag: Mt 28,1–10
# Vom Triumph des Unmöglichen

## 1. Annäherung

Ostern ist jeden Tag. Licht am Ende der Nacht. Überraschendes Leben. Hoffen wider allen Tod. Ostern ist nicht der Moment, um vorsichtige Worte zu wählen. Ostern ist eine andere Sicht der Dinge. Ostern verträgt keinen Vorbehalt im Sinne eines »Ja, aber«. Ostern ist eine Proklamation, eine große Behauptung gegen eine große Wirklichkeit. An Ostern kann man keine leisen Töne anschlagen. Das weiß auch das Brauchtum und die Tradition der Kirche: Osterglocken läuten am frühen Morgen. Die Osterlieder triumphieren. Das große Osterlachen vertreibt die Angst vor dem Gevatter Tod. Auf Gräbern wachsen Blumen als Zeichen des Lebens. Die Osterfreude ist nicht immun gegen Schmerz und Zweifel. Sie seufzt. Aber sie ringt den Seufzern die Erleichterung ab.

## 2. Kontexte

a) Zur Deutung des leeren Grabes
»Erfahrung des neuen Lebens ist Erfahrung eines Blicks in Leere. Und Botschaft von neuem Leben ist zu hören nur durch die vorangehende Negation, die zur Botschaft selbst gehört: ›Nicht hier‹. Vom neuen Leben können nicht einmal die Engel Gottes ungebrochen reden. Zu seiner Neuigkeit gehört, dass es uns nicht verfügbar ist – jedoch nicht im zeitlichen Sinne: ›noch nicht‹ verfügbar, sondern im wesenhaften Sinne: endlich einmal ein unverfügbares Leben, dessen niemand von uns Herr werden kann, das vielmehr unser Herr werden will, so dass wir Kinder des Lebens statt – wie bisher – Meister, Besitzer, Inhaber, Führer unseres Lebens sind.«

Marquardt, I, 402

b) Zur Zeitangabe des Ostermorgens
Marquardt spricht von der Ostererzählung als »christliche Oster-Haggada« und liest in der Datierung des Geschehens die Intention der Evangelien ab, Ostern als Ereignis in der Weltgeschichte zu verstehen. Zugleich ist bemerkenswert:
»Die Ostergeschichte wird datiert innerhalb des *jüdischen* Kalenders. Der zählt Weltzeit, aber er zählt die Weltzeit der Lebensordnung des jüdischen Volkes. … Richtig jüdisch ist diese Zeitangabe der ersten Evangelisten auch insofern, als sie nicht nur vom Wochentag spricht, sondern vom Lichtstand im Laufe der Stunden dieser Nacht und dieses Tages. Für die halachische Lebensgestaltung eines jüdischen Lebens spielen nicht nur die Tage, sondern auch die Stunden, ja Minuten einer Nacht und eines Tages eine Rolle, sie bemessen sich nicht nach Uhrzeiten, sondern nach Lichtzeiten … Z. B. signalisiert in der Frühe die Erkennbarkeit des blau-weißen Fadens am Gebetsschal den rechten Augenblick fürs Rufen des Sch'ma Jißrael. Insofern folgt die Lichtdatierung des Ostergeschehens halachischer Regel und unterstreicht den Willen zu einer jüdischen Datierung des Ostergeschehens.«

Marquardt, II, 127f.

c) Zum Kontext ›Licht am Morgen‹ ein Text aus dem jüdischen Gebetbuch / Morgengebet:

Adon Olam
Des Weltalls Herr! Du hast regiert von Urbeginn an als noch tief
In traumumfangner Dämmernacht das unerweckte Dasein schlief.
Da scholl dein heiliges Schöpferwort, und aus dem rätseldunklen Nichts,
Gehorchend deinem Werderuf, stieg leuchtend auf das Reich des Lichts.
Und würde einst in Nichts zurück versinken aller Welten Pracht,
So würdest du allein bestehen in unbegreiflich hoher Macht.
Du bist es wohin sich alles Sein wie in ein ewiges Meer ergießt.
Du warst, du bist und du wirst sein. Ein heiliger Erlöser lebt!
Drum zag ich nicht und bin getrost, wenn bang in mir die Seele bebt.
In deine Vaterhand vertraue mein Leben ich bei Tag und Nacht.
G-tt ist mein Banner, G-tt mein Fels! Ich fürchte nichts: Mein Helfer wacht!

zit. nach: Guski

d) Eine Anregung zum Gedanken: Ostern – Perspektivenwechsel
Der Kurator der Architekturbiennale 2016 in Venedig, Alejandro Aravena, erläutert in zahlreichen Interviews die Wahl des Plakatmotivs zur Biennale Architettura 2016 Reporting from the Front, Venedig 28.5.–27.11.16, wie folgt:
Das Bildmotiv zeigt eine Frau auf einer Leiter. Das Motiv geht zurück auf eine Geschichte des britischen Schriftstellers Bruce Chatwin, der bei einer Reise durch Südamerika mitten in der Wüste eine Frau mit einer Leiter auf der Schulter traf. Es war die deutsche Mathematikerin und Archäologin Maria Reiche, die die Nazca-Linien in Peru erforschte. Vom Boden aus gesehen ergaben die Linien keinen Sinn, von der Leiter aus betrachtet wurden sie zu einem Vogel oder einem Baum. Maria Reiche, 1903 in Dresden geboren, wanderte 1932 nach Peru aus. Sie hat etwa 50 Figuren und 1000 Linien in der Pampa von Nazca entdeckt und vermessen. Diese stehen heute in der UNESCO-Liste des Welterbes. Sie war eine Avantgardistin der Wissenschaft.

Aravena betont mit diesem Motiv einen notwendigen Perspektivenwechsel, der mit einfachsten Mitteln auskommt: Bei der Biennale 2016 wird Architektur gezeigt, die sich den globalen sozialen Herausforderungen stellt und Pragmatisches mit dem Existentiellen, Sachdienlichkeit mit Verwegenheit, Kreativität mit gesundem Menschenverstand verbindet.

http://www.monopol-magazin.de/architektur-kann-ungleichheit-bekaempfen

e) The Jewish Annotated New Testament (ed. 2011) versieht die neutestamentlichen Texte mit Kommentaren und Beobachtungen aus der jüdischen Schriftauslegung. Zu diesem Textabschnitt wird dort wie folgt kommentiert und mit rabbinischen Schriftquellen belegt:
»Der dritte Tag nach dem Tod gilt für manche rabbinische Schriftauslegung als der Zeitpunkt, an dem die Seele den Körper verlässt. Sowohl Frauen als auch Männer konnten die Gräber der Verstorbenen besuchen. In der jüdischen Tradition gilt die Auferstehung der Toten als der Anbruch des messianischen Zeitalters.«

Levine/Brettler zur Stelle

## 3. Beobachtungen am Text

Alle Evangelien berichten davon, dass die Osterbotschaft im Anbruch des Tages aufleuchtet. Der Ostermorgen ist Schöpfungslicht. Gott erschafft neu die Welt. Die Schatten des Todes werden vertrieben. Das Morgenlicht prägt als Metapher die Gebetstradition im Judentum wie im Christentum, denn: Jeder neue Morgen ist Schöpfungslicht. Die Beterin, der Beter dankt dafür, dass sie, dass er das »Licht der Welt« des neuen Tages erblicken darf. Marquardt betont die Lichtdatierung des Ostermorgens (siehe Kontexte b). Das ist ein besonders schöner Gedanke für die Feier eines frühen Ostermorgen-Gottesdienstes, und in jedem Fall eine Einbindung in den jüdischen Entstehungskontext der Evangelienerzählung.

Der Erzähler spart nicht mit apokalyptischen Zeichen, die deutlich machen, was am Ostermorgen die Welt erschüttert: Die Erde bebt. Noch einmal, wie auch schon im Sterben Jesu (Mt 27,52). Nur ein Theaterdonner für den Auftritt der Engelserscheinung oder Aufruhr der bekannten Wissenszusammenhänge, der (Natur-) Logik des Geschehens? Der Engel vom Himmel erscheint wie ein Blitz, unkörperlich-körperlich also, in blendendem Weiß, nicht zu konturieren wie eine menschliche Gestalt. Und doch lässt der Erzähler den Engel da sein. Der Engel setzt sich auf den Stein, den er vor dem Grab wegwälzt, als müsse er verhindern, dass er wieder zurückrollt.

Die Wachen bekommen von dem, was folgt, nichts mehr mit. Sie erstarren in der Furcht, die das Heilige umgibt. Im Nachgang folgt ihr Bericht (Mt. 28,11–15). Die Hohepriester und Ältesten veranlassen das einzig ihnen Mögliche, eine rationale Erklärung, und setzen das Gerücht in die Welt, die Jünger hätten den Leichnam gestohlen. Der Engel hat den Wachen nichts zu sagen – es sind die Frauen, die die Osterbotschaft hören: Gott hat Jesus vom Tod erweckt.

Gott ist den Frauen zuvor gekommen. Er öffnet die Tür zwischen Lebenden und Toten, damit sie sehen und begreifen: Auch Gott will Jesus nicht dem Tod überlassen, so wenig wie sie. Doch sie brauchen nicht mehr zu tun, was sie vorhatten, nämlich von Jesus den Geruch des Todes nehmen und ihn zum Geruch des Lebens salben. Das hat Gott schon getan.

Engel bringen immer Unerwartetes und Außerordentliches. Was sie sagen und tun, stört den Lauf der Dinge, die Erwartungen, das, womit man rechnen muss und rechnen kann. Das erschreckt auch. Bevor der Engel den Frauen das Evangelium verkündet, weist er sie auf die nüchterne Realität hin und sagt: Er ist nicht hier. Das Grab ist leer. – Marquardt versteht das Wort des Engels als etwas zum Festhalten in dieser unfassbaren Leere. Denn das Wort füllt den Raum der Leere. »Weder Matthäus noch Markus lassen die Frauen so ins Leere laufen wie Lukas; sie lassen die Frauen sofort auf neue Gegenständlichkeiten stoßen: das Wort, den Boten. Sie haben schon den qualitativen Ostersprung ins Wort, in die Botschaft als die Grundweisen der Begegnung.« (Marquardt, I, 401)

In ihrer Freude und Furcht begegnet Jesus den Frauen. Er wiederholt und bestätigt die Worte des Engels. Er spricht sie an und wendet sich ihnen zu. Sie berühren seine Füße, fallen vor ihm nieder. Der Erzähler beschreibt keine Szene des Unberührbaren und Vergeistigten. Sondern einen wahrhaft anrührenden Moment. Es ist, wie es sich nach dem Gesetz gehört: Zwei Zeugen bringen die

Osterbotschaft: der Engel und Jesus selbst. Zwei Zeuginnen hören die Osterbotschaft: die beiden Frauen.

## 4. Homiletische Konkretionen

Ostern beschreibt das Unmögliche: Mit Erdbeben, Donner und Blitz leuchtet die Osterbotschaft auf. Einspruch gegen alle lieblichen Ostergrüße mit Narzissen und Osterglocken und Plüschhasen! In der Bibel wird von anderem berichtet: Vom Triumph des Unmöglichen. Das Gewohnte und Geplante, das Erwartete und Gedachte – hinfort! Im ersten Licht des Tages am Ostermorgen gerät alles in Aufruhr: Das Leben will leben. Die Erde bebt, wieder, und der Engel, auf den am Kreuz Jesu alle gewartet hatten, erscheint, endlich: Der Engel des Herrn wälzt den Stein vom Grab und setzt sich darauf, als ob er ihn damit festhalten und bannen wollte, damit er nicht wieder vor dieses Grab, in das ihre Hoffnung gelegt war, rollt.

Ostern braucht die Antwort des Glaubens: Aus zweier Zeugen Mund muss die Wahrheit bezeugt werden. Diesem Grundsatz folgt die Ostererzählung im Matthäusevangelium. Das Evangelium erzählt von einer zweiten Begegnung, die das Gehörte und Gesehene für die beiden Zeuginnen bestätigt. Denn die Botschaft des Engels bleibt nicht für sich stehen. Sie wird bekräftigt, aufgenommen und wiederholt von Jesus selbst, der den Frauen erscheint.

Ostern eröffnet im scheinbar Unmöglichen, was uns möglich ist: Der Glaube weiß, dass es mehr gibt, als wir wissen und sehen können. Der Glaube an die Auferstehung, daran, dass Gott den Tod wider alle unsere Erwartung überwindet und neues Leben schenkt. Ja, doch, es gibt Ostererfahrungen im alltäglichen Leben. Von welcher hätten Sie zu erzählen? Davon, dass Sie in einer gefährlichen Situation bewahrt blieben. Dass Ihnen unerwartetes Glück geschenkt wurde. Dass eine Beziehung neu auflebt nach langem Schweigen. Dass Sie eine Krankheit besiegt oder mit ihr leben lernten. Davon, dass Sie da stark waren, wo Sie es sich selbst am wenigsten zugetraut hätten. Dass Sie sich getragen und gehalten erfuhren, als Sie ins Leere zu fallen drohten. Dass Sie neu anfangen konnten nach Erfahrungen von Scheitern und Misslingen. Es gibt Ostererfahrungen im Leben. Hallelujah.

## 5. Liturgievorschläge

Psalm: Ps 118 (EG 747, Regionalteil Württemberg)

Lesung: 1.Kor 15,1–11

Lieder:
Wir wollen alle fröhlich sein (EG 100)
Mit Freuden zart zu dieser Fahrt (EG 108)
Auf, auf, mein Herz mit Freuden (EG 112)
Christus ist auferstanden (EG 549, Regionalteil Württemberg)
Christ ist erstanden (EG 99)

## Literatur

Aravena, Alejandro, Architektur kann Ungleichheit bekämpfen, http://www.monopol-magazin.de/architektur-kann-ungleichheit-bekaempfen, abgerufen am 2016-06-24.

Ehmann, Johannes, Ostersonntag: Mt 28,1–10, in: Predigtmeditationen im christlich-jüdischen Kontext. Zur Perikopenreihe III (2010), 184–187.

Guski, Chajm, Texte aus dem Morgengebet, http://www.talmud.de/tlmd/texte-aus-dem-morgengebet/#more-526, talmud.de, abgerufen am 2016-06-07.

Levine, Amy-Jill/Brettler, Marc Zvi (Hg.), The Jewish Annotated New Testament, Oxford 2011.

Marquardt, Friedrich-Wilhelm, Was dürfen wir hoffen, wenn wir hoffen dürften? Eine Eschatologie, Band 1, Gütersloh, 1993 / Band 2, Gütersloh 1994.

*Monika Renninger*

# Ostermontag: Lk 24,36–45
# Die Auferstehung Jesu verändert den Alltag

## 1. Annäherung

Der vorliegende Predigttext ist für Ostermontag vorgesehen. Diesen zweiten Osterfeiertag gibt es in vielen anderen christlich geprägten Ländern nicht oder nicht mehr. Auch bei uns wird er kaum noch als kirchlicher Feiertag mit entsprechenden Gottesdienstangeboten wahrgenommen. Die Gottesdienstgemeinde besteht an diesem Tag deshalb wohl auch eher aus den wenigen ganz Treuen – es sei denn, es gibt ein besonderes Gottesdienstprogramm. Das ist schade, denn gerade der Ostermontag, der einen normalen Arbeitstag zum Feiertag macht, erinnert an ein wichtiges Merkmal von Ostern: Die Auferstehung gehört ursprünglich in den Alltag und verändert ihn. Ausdrücklich erwähnen alle Evangelien, dass es der erste Tag der Woche ist, an dem Jesus auferstanden und verschiedenen Menschen aus seinem Freundeskreis begegnet ist. Der erste Tag ist der Sonntag. Aber im jüdischen Kontext ist das kein Ruhetag, sondern nach dem Schabbat der Tag, an dem das »normale« Leben wieder beginnt. Am Ostermorgen beginnt mit Jesu Auferstehung jedoch ein völlig neues Leben, das den Anbruch von Gottes neuer Schöpfung markiert (siehe Kontexte a). Dieses neue Leben zeigt sich mitten in gewöhnlichen Situationen, die nichts Außerordentliches erwarten lassen und beendet die Tristesse der Hoffnungslosigkeit. So gesehen spiegelt gerade der Ostermontag etwas von der Verwandlungskraft der Osterbotschaft wider, die dem Alltag eine neue Perspektive gibt, weil Gott Wort hält und dem Tod nicht die Macht überlässt, dem Leben Sinn und Zukunft zu rauben.

## 2. Kontexte

a) Der erste Tag der Woche kann gleichzeitig als achter Tag gezählt werden, der im Judentum eine hohe Bedeutung hat. Denn während die Zahl 7 auf die natürliche Welt hindeutet, geht die Zahl 8 darüber hinaus und repräsentiert das Wunderhafte und zugleich den Beginn einer neuen Schöpfung. Die Beschneidung neugeborener jüdischer Jungen findet daher am achten Tag statt und verbindet sie auf übernatürliche Weise mit Gott. Weil acht Menschen die Sintflut überlebt haben (Gen 6,18) steht die Zahl 8 auch für Rettung aus dem Tod und neues Leben. Anklänge an die jüdische Weise, die Zahl 8 zu deuten, finden sich im Christentum wieder: Viele Taufkapellen und -steine haben eine achteckige Form, aber auch Friedhofskapellen sind in dieser Weise gebaut wurden, um dem neuen Leben durch Christi Auferstehung Ausdruck zu verleihen.

b) D. Bonhoeffer »erdet« die Auferstehungshoffnung im Alltag:
»Die christliche Auferstehungshoffnung unterscheidet sich darin von der mythologischen, dass sie den Menschen in ganz neuer Weise an sein Leben auf Erden verweist.«

Bonhoeffer, 500

c) Zweite Bitte des Achtzehnbittengebets, die die Auferstehungshoffnung täglich ins Gedächtnis bringt:
»Du bist mächtig in Ewigkeit, Herr! Die Toten belebst du, stark in Hilfe. Die Lebenden erhältst du in Liebe, die Toten belebst du in großem Erbarmen – stützest die Fallenden, heilest die Kranken, lösest die Gefangenen und hältst die Treue den im Staub Schlafenden. Wer ist wie du, Herr der Gewalten, und wer gleicht dir? König, der tötet und belebt und sprossen lässt das Heil. Getreu bist du, die Toten zu beleben. Gepriesen seist du, Ewiger, der die Toten belebt.«

Sidur Sefat Emet, 91

d) Für Spuren der Auferstehung im Alltag braucht es einen besonderen Blick. In dem Gedicht von Kaschnitz werden sie aufgedeckt, ohne dass ihr Geheimnis zerstört wird:

Auferstehung

Manchmal stehen wir auf
Stehen wir zur Auferstehung auf
Mitten am Tage
Mit unserem lebendigen Haar
Mit unserer atmenden Haut.

Nur das Gewohnte ist um uns.
Keine Fata Morgana von Palmen
Mit weidenden Löwen
Und sanften Wölfen.

Die Weckuhren hören nicht auf zu ticken
Ihre Leuchtzeiger löschen nicht aus.

Und dennoch leicht
Und dennoch unverwundbar
Geordnet in geheimnisvolle Ordnung
Vorweggenommen in ein Haus aus Licht.

Kaschnitz, 306

e) Auch im Gedicht von Rose Ausländer findet sich Erinnerung und Hoffnung, die auf die geheimnisvolle Nähe des Boten einer neuen Zukunft gerichtet sind:

Passah II

Schliess auf das Ostertor
mit der Schlüsselblume.

Jenseits teilt sich das Meer
mit Schneehänden
pflücken wir Salz
ziehn in die Wüste
wo Sonne das Mannabrot bäckt

Uhr ohne Zeiger
der Kompass hat keine Magnetnadel

Fünftausend Jahre
Goldsandgeraun

Wieder vom Keller
Rosinenwein holen
grüne und bittere Kräuter
auf dem Lichttisch

Öffne die Tür
Schoschannah
unsichtbar mit der Zukunftluft
kommt der Bote

Ausländer, zit. nach: Kurz, 38

f) Helmut Gollwitzer hat uns als Studenten Respekt vor dem bei uns verpönten Gesangbuchlied »So nimm denn meine Hände« gelehrt, in dem sich die starke Aussage findet, dass Gottes Lebensmacht auch dann am Werk ist, wenn wir sie nicht erkennen:
»Wenn ich auch gleich nichts fühle von deiner Macht, du führst mich doch zum Ziele, auch durch die Nacht.«

EG 376,3

### 3. Beobachtungen am Text

Die elf Jünger, die da zusammensitzen, reden von den Neuigkeiten, die sie an diesem ungewöhnlichen Alltag gehört und selbst erlebt haben (V 36a). Das griechische Wort *lalein* unterstreicht den theologischen Gehalt des Gesprächs (Bovon, 583). Kein Zweifel mehr: Der Bericht der Frauen vom leeren Grab war kein Weibergewäsch (V 11)! Der Auferstandene ist inzwischen auch nicht nur Kleopas und seinem Gefährten auf dem Weg nach Emmaus begegnet, sondern offenbar auch Simon (V 34). Deshalb sind sie alle nun überzeugt: »Der Herr ist wahrhaftig auferstanden« (V 34).

Warum endet der Osterbericht des Lukas nicht an dieser Stelle? Warum fügt er den beiden vorangegangenen Auferstehungszeugnissen (leeres Grab, Emmaus) nun noch eine dritte Episode hinzu, in der sich der Auferstandene allen versammelten Jüngern zeigt?

Sicher nicht nur, weil aller guten Dinge drei sind. Auch wenn die grundlegenden Zweifel an der Auferstehung ausgeräumt sind, kann der Glaube daran nicht als theologischer Wissensbestand konserviert werden, sondern braucht die Begegnung mit dem Auferstandenen selbst. Und in dieser dritten Episode geht es Lukas vor allem darum, die leibhaftige Auferstehung Jesu zu betonen, um die zu widerlegen, die die Auferstehung für eine Einbildung der Jünger halten oder sie auf ein rein geistiges Geschehen reduzieren. Außerdem gehört zu dieser dritten Episode die Beauftragung der Jünger zum universalen Zeugendienst (V 48), die die Perikope jedoch vom Predigttext abgeschnitten hat.

*V 36*: Der Auferstandene erscheint den ins theologische Gespräch vertieften Jüngern und grüßt sie mit dem alltäglichen, nichts desto trotz tiefsinnigem Gruß

*Schalom*: Friede sei mit euch. Sein Erscheinen löst allerdings keinen Frieden aus, sondern blankes Entsetzen. Die Jünger halten den Auferstandenen für einen Geist, der aus dem Reich der Toten heraufgekommen ist (Bovon, 584) – eine erschreckende Vorstellung, zumal wenn sie dabei an ihr treuloses Verhalten dem leidenden und sterbenden Jesus gegenüber erinnert werden.

Vielleicht aber spüren sie auch etwas von der göttlichen Gegenwart in dem Auferstandenen, die Menschen immer in Erschrecken versetzt.

Wie reagiert Jesus? Er kennt die Gedanken der Jünger (V 38). Aber er ist nicht zornig über ihre Verblendung. Er reagiert seelsorgerlich und nimmt ihnen geduldig ihre Angst, indem er sich im wahrsten Sinne des Wortes handfest zu erkennen gibt. Er lädt sie von sich aus ein, seine Hände und Füße zu betrachten (die Wundmale werden nicht ausdrücklich erwähnt) und ihn sogar anzufassen, um sich zu überzeugen, dass er kein Geist ist (Eine ganz andere Darstellung als bei Johannes). Und als wäre das nicht genug, weist er noch darauf hin, dass er Fleisch und Knochen hat, wie sie kein Geistwesen besitzt (V 39). Möglich, dass Lukas dem prosaischen Vokabular von Fleisch und Knochen auch eine metaphorische Note gibt und an die Vision des Ezechiel (Kap. 37) erinnert (Bovon, 586).

Trotzdem können die Jünger immer noch nicht fassen, dass Jesus tatsächlich vor ihnen steht: ganz real in ihrer Alltagswelt und doch nicht von dieser Welt. Sie glaubten nicht »vor Freude« (V 41). W. Huber hat diesen merkwürdigen Satz in einer Predigt einleuchtend übersetzt in ein: Das war zu schön, um wahr zu sein. Heute würde man vor Glück vielleicht auch sagen: Ich glaub's nicht!!!

Fast klingt es, als wollte Jesus die Jünger aus ihrer freudig verwirrten Abgehobenheit wieder herunterholen, wenn er sie bittet, ihm etwas zu essen zu geben. Sie bieten ihm einen gebratenen Fisch, den er *enopion,* vor ihren Augen, isst (V 43). Obwohl der Auferstandene allein isst, wohnt diesem Mahl eine gemeinschaftliche Tragweite inne. Lukas erinnert damit an die Speisung der 5000 (9,13). Er »legt hier die Tischgemeinschaft und sogar die eucharistische Liturgie nahe« (Bovon, 588).

Die drastischen Beweise der leibhaften Auferstehung Jesu, die Lukas hier anführt, haben im 2. Jahrhundert zu der lebhaften, etwas skurrilen Diskussion geführt, ob der Auferstandene das Mahl wohl auch verdaut hat. Dahinter steht eine Frage, die sich auch heute angesichts dieses Berichts stellt: Wie ist die leibhafte Auferstehung Jesu, an der Lukas so viel liegt, zu verstehen? Ganz sicher nicht so, als sei Jesus wieder am Leben wie vorher. Auch bei Lukas folgt der Bericht von der Himmelfahrt Jesu, der zeigt, dass der Auferstandene in eine andere Welt, in die Welt Gottes gehört. Aber das neue Leben, das Jesus als Erstling der neuen Schöpfung bezeugt, ist reales Leben und spielt sich nicht nur im Geist ab. Es verändert den Alltag. Es verändert Menschen. Das sollen seine Nachfolger bezeugen.

Wie den beiden Freunden auf dem Weg nach Emmaus legt Jesus auch hier den Jüngern die Schrift, sprich das Alte Testament aus, aber anders als V 27 fügt Lukas an dieser Stelle dem Gesetz des Mose und den Propheten auch noch die Psalmen hinzu (V 44). Die Reden in der Apostelgeschichte werden die wichtigsten christologischen Argumente dieser Sammlung entnehmen (Bovon, 591). Aus der Schrift macht Jesus den Jüngern deutlich, dass alles, was über ihn gesagt wurde, erfüllt ist (V 44). Ich verstehe das griechische Wort *plero* im Sinne von Frank Crüsemann, der es mit »bestätigen, in Kraft setzen« übersetzt. Das heißt, dass die Verheißungen des Alten Testaments durch Jesus bewahrheitet sind, dass ihre endgültige Erfüllung aber nach wie vor noch aussteht.

Während die sichtbaren Begegnungen mit dem Auferstandenen wenigen Zeugen vorbehalten sind, öffnet Jesus mit der Deutung der Schriften allen Nachfolgern über die Zeiten hinweg eine Quelle der Vergewisserung und begegnet ihnen im Wort – nicht minder real als am Ostertag seinen Jüngern.

## 4. Homiletische Konkretionen

Auf den zweiten Osterfeiertag folgt der gewohnte Alltag. Was bleibt darin von der Osterbotschaft? Der vorliegende Predigttext vermittelt wie die anderen Osterberichte der Evangelien zunächst die tröstliche Gewissheit: Der Auferstandene sucht unsere Nähe – unabhängig von unserer Blindheit ihm gegenüber, unabhängig von der mangelnden Nachhaltigkeit unseres Glaubens. Er hat Geduld mit unserer Begriffsstutzigkeit und mit dem Schwanken unseres Vertrauens zu der neuen Wirklichkeit, für die er steht: einer Wirklichkeit, über die der Tod keine Macht mehr hat. Jesus bleibt sich und er bleibt uns treu. Dieser Zuspruch sollte in der Predigt stark gemacht werden, gegen alle Zweifel, die die Erfahrungen und Nachrichten des Alltags wecken. »Wenn ich auch gleich nichts fühle von deiner Macht, du führst mich doch zum Ziele, auch durch die Nacht.« (siehe Kontexte f)

Eine zweite Ermutigung sollte der Gemeinde die Zugänglichkeit des Geheimnisses der Auferstehung in der Gegenwart bestätigen. Viele Gottesdienstbesucher_innen denken vielleicht, es wäre einfacher, an die Auferstehung zu glauben, wenn sie hätten dabei sein können, als der Auferstandene den Jüngern leibhaftig begegnet ist, wenn auch sie ihn einmal mit eigenen Augen hätten sehen oder berühren dürfen. Der Predigttext widerspricht jedoch dieser Illusion; denn trotz der außergewöhnlichen Begegnungen mit dem Auferstandenen können die Jünger erst an die Realität seiner Auferstehung glauben, als er sie anspricht und ihnen die Schrift auslegt. Erst seine Worte und die Erinnerung an die vielen in der Schrift bezeugten Erweise von Gottes Lebensmacht, öffnen ihnen die Augen für seinen Sieg über den Tod. Der Auferstehungsglaube kommt zu allen Zeiten allein aus dem Hören. Und der lebendige Christus spricht auch heute seine Gemeinde an und öffnet ihnen mit dem Zeugnis der Schrift den Blick für seine Anwesenheit mitten in ihrem Alltag.

Die Konsequenz ist: Der Alltag der Jünger wird verändert. Aus ihrer traurigen Resignation vor den scheinbar unabänderlichen Tatsachen dieser Welt wird unbändige Freude darüber, dass Jesus den Tod überwunden und die Verlässlichkeit von Gottes Verheißungen bestätigt hat. Und trotz ihrer Kleingläubigkeit, trotz ihres vielfältigen Versagens Jesus gegenüber, beruft sie der Auferstandene als seine Zeugen. Diesen Auftrag hat auch die Gemeinde heute. Die Predigt sollte sie auf Erfahrungen ansprechen, die sie gemacht hat, wenn sie sich im Vertrauen auf Gottes Wort den angeblich unabänderlichen gesellschaftlichen und wirtschaftlichen Zwängen widersetzt hat. An vielen Orten hat das gemeindliche Engagement für Flüchtlinge die Vision eines neuen Lebens bestätigt, in der das Glück in Gemeinsamkeit gefunden wird, nicht mehr in Konkurrenz und Ellenbogenstärke. Vielleicht ist es auch der Einsatz für andere Randgruppen der Gesellschaft, oder eine Offenheit für Menschen, die nicht (mehr) zu den Leistungsträgern gehören, die »Zukunftsluft« (Ausländer, Kontexte e) in die Gemeinde tragen. Und auch die Beharrlichkeit im Gebet nimmt vorweg mit »in ein Haus aus Licht« (Kaschnitz, Kontexte d). Die Osterbotschaft bewegt mitten im Alltag zu neuem, hoffnungsgefülltem Leben.

## 5. Liturgievorschläge

Gebet:
Du auferstandener, lebendiger Christus,
wir feiern mit dir den Sieg des Lebens,
freuen uns an der festen Hoffnung,
dass die Schatten des Todes
weichen müssen aus unserer Welt.
Bewahre uns den großen Trost dieses Tages,
wenn wir im Alltag wieder erleben,
wie zerbrechlich alles ist,
was uns viel bedeutet:
unser Glück,
unsere Gesundheit,
unsere Kraft.
Unser Leben vergeht,
du aber bleibst
und erschließt uns Zukunft
in deiner lebendigen Gegenwart.

Bukowski, 64

Alle Osterlieder passen zu dem Predigttext.

### Literatur

Bonhoeffer, Dietrich, Widerstand und Ergebung, DBW Band 8, Gütersloh 1998.
Bovon, Francois, Das Evangelium nach Lukas. (Lk 19,28–24,53). Evangelisch-katholischer Kommentar zum Neuen Testament III,4, Neukirchen 2009.
Bukowski, Sylvia, Du bist der Gott, den ich suche. Gebete für Gottesdienst und Alltag, Neukirchen 2014.
Crüsemann, Frank, Das Alte Testament als Wahrheitsraum des Neuen. Die neue Sicht der christlichen Bibel, Gütersloh 2011.
Kaschnitz, Marie Luise, Dein Schweigen - meine Stimme. Gedichte. Hamburg 1962.
Kurz, Paul K., Wem gehört diese Erde, Mainz 1984.
Sidur Sefat Emet, mit deutscher Übersetzung von Rabbiner Dr. S. Bamberger, Basel 1986.

*Sylvia Bukowski*

# Quasimodogeniti: Joh 21,1–14
# Auferstanden in den Alltag des Lebens

## 1. Annäherung

Quasimodogeniti – wie die neugeborenen Kinder nach Milch, so seid begierig nach dem Wort Gottes, 1. Petr 2,2 – so lautet der erste Sonntag nach Ostern. Begierde nach Gottes Wort als Antwort auf die Auferstehung Jesu.

Quasimodogeniti, 2017 wird dieser Sonntag einen Tag vor dem Jom haSchoa, der am 24. April begangen wird, gefeiert. Zwei Minuten lang ertönt in Israel eine Sirene, alles steht still, der Alltag wird unterbrochen. Zwei Minuten Erinnerung an systematische Entwürdigung, an Entmenschlichung. Zwei Minuten Gedenken derer, deren Namen in keinen Stein gemeißelt sind, die in Rauch aufgelöst oder namenlos verscharrt wurden. Zwei Minuten Gedenken derer, die zum Weiterleben verdammt waren. Zwei Minuten Gedenken, das keinen Raum und keinen Ort hat. Zwei Minuten Gedenken, das sich immer schwerer vermitteln lässt.

Quasimodogeniti, wiedergeboren inmitten der Welt, weiterleben im Alltag mit seinen Anforderungen, weiterleben mit (neuen?) Hoffnungen.

## 2. Kontexte

a) Shalom Ben Chorin beschreibt in seinem Gedicht die Wunder des Alltags:

Freunde, dass der Mandelzweig
Wieder blüht und treibt,
Ist das nicht ein Fingerzeig,
Dass die Liebe bleibt?

Dass das Leben nicht verging,
Soviel Blut auch schreit,
Achtet dieses nicht gering,
In der trübsten Zeit.

Tausende zerstampft der Krieg,
Eine Welt vergeht.
Doch des Lebens Blütensieg
Leicht im Winde weht.

Freunde, dass der Mandelzweig
Sich in Blüten wiegt,
Bleibe uns ein Fingerzeig,
Wie das Leben siegt.

Ben-Chorin, EG 655, Regionalteil Württemberg

b) Friedrich-Wilhelm Marquardt stellt eine neue Dimension der Auferstehung fest: »Einerseits wurden z. B. den Wanderern nach Emmaus die Augen aufgetan, als der Auferweckte mit ihnen die Gemeinschaft des Brotbrechens pflog (Lk 24,30–31), andererseits versetzt uns das Nachtrags-Kapitel des Johannes-Evangeliums zurück in die galiläische Welt der ihre alte Fischerarbeit in alter Vergeblichkeit leistenden Jünger: Wer immer dem Johannes-Evangelisten das 21. Kapitel angehängt hat – er hat damit dem Wort des Auferstehungs-Engels: ›Er geht euch voran nach Galiläa‹ (Mk 16,7), eine erstaunliche Dimension des Auferstehungslebens gegeben: Es wird gesehen als Leben Jesu mitten in der Welt der Arbeit und des Kampfes um das tägliche Brot und den täglichen Fisch.«

Marquardt, 295f.

c) Jesus kommt zu den Seinen:
»Doch bei Johannes sagt Kommen noch mehr: Dreimal ›kam‹ Jesus als Auferstandener zu seinen verängstigten Jüngern (20,19), zu Thomas (20,26), zu den fischenden Freunden am See (21,13). Dies Kommen des Auferweckten reicht an das heran, was wir Sich-Offenbaren nannten. Jesus: ›Kommend‹ offenbart er sich lebendig.«

Marquardt, 323

## 3. Beobachtungen am Text

Auch wenn sich die Exegeten nicht einig sind, wie mit Kapitel 21 des Johannesevangeliums umzugehen ist, welche Bedeutung diesem Kapitel für das Johannesevangelium insgesamt beizumessen ist, so ist doch unstrittig, dass es sich um einen Nachtrag handelt. Zugleich ist festzuhalten, dass in keinem der alten Textzeugen das Johannesevangelium ohne Kapitel 21 überliefert ist. Kapitel 21 ist als Einheit konzipiert und bezieht sich auf das ganze Evangelium von Kapitel 1–20.

Ort des Geschehens ist Galiläa. Die Jüngerinnen und Jünger sind also nicht in Jerusalem geblieben, sondern haben sich nach den ersten Begegnungen mit dem Auferstandenen auf den »Heimweg« gemacht. Sie sind dorthin zurückgekehrt, wo sie herkamen und alles begann, wo sie sich in ihrem Leben und ihrem Alltag schon einmal eingerichtet hatten. Sie nehmen ihre alte Tätigkeit auf und arbeiten wieder als Fischer. Man mag sich fragen, ob die Freude über die Auferstehung sie wirklich ergriffen hatte. Lange kann sie offenbar nicht angehalten haben.

Anders als in den Erscheinungsgeschichten in Kapitel 20 mit Maria von Magdala und Thomas steht hier nicht im Mittelpunkt, dass sich Jesus als der Auferweckte zeigt. Vielmehr zeigt er sich als derjenige, der einfach da ist und der für die Seinen sorgt. Entscheidend aber ist, dass der Jünger, den Jesus liebte, auftritt und ihn als den Auferstandenen erkennt.

Der Text ist durch die Verse 1–14 klar abgegrenzt. Die handelnden Personen, sind alle bereits im Johannesevangelium eingeführt.

Nach der Einleitung in V 1, in der sowohl an die Erscheinungswunder aus Kapitel 20, als auch an das Speisungswunder aus Kapitel 6 angeknüpft wird, werden in V 2 die handelnden Personen eingeführt. Simon Petrus und der Jünger, den Jesus liebte, erscheinen gleichrangig. Durch die Namensnennung verschiedener Jünger kommt das ganze Evangelium in den Blick.

Simon Petrus zeigt sich in V 3 als der Wortführer, seine Ankündigung, er gehe jetzt fischen, wird von den anderen als Aufforderung verstanden, der sie nachkommen. Selbstverständlich wird das Wissen aus anderen Evangelienerzählungen vorausgesetzt, dass die Jünger von Beruf Fischer sind. Im Johannesevangelium wird das nicht erwähnt.

In V 4 wird der erfolglose nächtliche Fischzug zum einen kontrastiert durch die Erwähnung des Morgens, zum anderen wird die Erfolglosigkeit des Tuns verstärkt durch das Nicht-Erkennen Jesu am Ufer.

Jesus zeigt sich in V 5 ganz als der vertraute Lehrer. Die Anrede »meine Kinder« ist eine aus der rabbinischen Literatur bekannte Anrede des Lehrers an seine Schüler, so hat es Jesus im Johannesevangelium bereits in 13,33 getan. Die Antwort auf die Frage ist vorgegeben.

Wie auch in der Speisungsgeschichte Johannes 6 handelt Jesus hier sofort. Die Aufforderung an die Schüler ist zugleich mit der Zusage des Erfolgs verbunden. Auch wenn die Jünger Jesus nicht erkannt haben, so folgen sie doch, ohne zu zögern, seiner Aufforderung.

Nun hat der Jünger, den Jesus liebte, seinen Auftritt. Er erkennt den Herrn. Die vertraute Anrede des Lehrers, der große Fang auf das Wort hin werden ihm zum Zeichen der Gegenwart Jesu. Seine Erkenntnis teilt er aber zunächst nur Petrus mit. Mit dieser Szene wird die besondere Rolle der beiden Jünger für die erste Gemeinde vorbereitet.

Während Petrus sich, ohne sich zu besinnen, ins Wasser wirft (und erst wieder in V 11 auftaucht), bringen die übrigen Jünger den Fang an Land. Die Erzählung bleibt dabei ungenau. Wie die Anlandung vonstatten ging o. ä., wird nicht berichtet, erwähnt wird hingegen ein Kohlenfeuer, das sofort an die Erzählung aus Johannes 18,18 erinnert, als Simon Petrus am Kohlenfeuer im Hof des Hohen Priesters Jesus dreimal verleugnet hatte. Im zweiten Teil des Kapitels wird Petrus an diesem Kohlenfeuer dreimal seine Liebe Jesus beteuern.

Nun aber steht zunächst das gemeinsame Mahl im Mittelpunkt. Das wundersame Vorhandensein von Brot und Fisch wird konstatiert, ohne näher darauf einzugehen, wo Brot und Fische herkommen oder von wem sie gebracht wurden. Jesus sättigt die Seinen, er fragt nicht, was jeder dazu beitragen kann, er erwartet keine Mithilfe, sondern lädt die Seinen an seinen Tisch zum Mahl. Wer die Seinen sind, einen Hinweis darauf gibt die Zahl von 153, die als Bild für die Kirche und deren Vollkommenheit und Vollständigkeit verstanden werden kann.

## 4. Homiletische Konkretionen

Johannes erzählt diese Ostergeschichte als Alltagsgeschichte. Das leere Grab, der triumphierende Christus, das alles spielt keine Rolle. Wichtig ist der auferstandene Jesus, der sich auch weiterhin – wie zuvor – um seine Jüngerinnen und Jünger kümmert. Der ihre Nöte sieht, der weiß, an was es ihnen fehlt – *habt ihr nichts zu essen* (V 5). Und der gibt, was sie brauchen: Zuwendung – *meine Kinder* (V 5); Hoffnung – *Werft das Netz aus zur Rechten des Bootes, so werdet ihr finden* (V 6); Nähe – *Kommt und haltet das Mahl!* (V 12); Nahrung für Leib und Seele – *Da kommt Jesus und nimmt das Brot und gibt's ihnen, desgleichen auch die Fische* (V 13).

In meiner Predigt möchte ich ein Bild von Ostern nacherzählen, das die Gegenwart und die Geschichte mit all ihren Nöten und Grausamkeiten ernstnimmt, das nichts beschönigt und zugleich der Gegenwart des Auferstandenen mitten im Alltag nachspürt.

Ostern und damit ein neuer Anfang mitten im Alltag geschieht, wenn die Fülle des Lebens da und dort aufblitzt und wahrgenommen wird. Wenn diese Fülle nicht als Zufall, sondern als Gegenwart Gottes verstanden wird. Ostern geschieht, wenn Menschen zusammenkommen und sich um einander kümmern, wenn sie sich gegenseitig zuwenden und weitergeben, was sie haben. Ostern geschieht, wenn die grausame Gegenwart nicht die letzte Hoffnung ist, sondern Vertrauen besteht, dass auf die dunkle Nacht ein hellerer Morgen folgt.

Im ersten Teil der Predigt möchte ich Themen der Gegenwart aufnehmen. Während ich diese Predigtmeditation schreibe, sind Millionen Menschen auf der Flucht. Welche Risiken und Gefahren dies für die Flüchtenden birgt und welche Herausforderung diese Fluchtbewegung für aufnehmende Gesellschaften bedeutet, würde ich beschreiben. Auch wird dieser Tage die Frage nach der Zukunft Europas sehr kontrovers diskutiert. Ich kann mir vorstellen in einer Predigt darauf einzugehen, wie der Zusammenhalt und das Verständnis eines vereinigten Europa durch nationale und egoistische Interessen bedroht sind.

In diesem Teil der Predigt hat auch die Erinnerung an den Holocaust ihren Ort, mitsamt der Frage nach Gottes Gegenwart in dieser Welt.

Im zweiten Teil werde ich dann auf die mutmachenden und hoffnungsspendenden Erfahrungen im Alltag eingehen. Die vielen tausend Menschen, die sich für die Flüchtenden engagieren. Das Eingebettetsein in soziale Netze. Die tägliche Erfahrung des eigenen Wohlergehens und Reichtums. Vieles gäbe es hier aufzuzählen, da wird sicher auch jede Predigerin Unterschiedliches benennen.

Wer sich entscheidet, den Holocaust in der Predigt explizit zu thematisieren, kann hier darauf verweisen, dass Berlin für viele junge Israelis als Wohn- und Lebensort neue Attraktivität erfährt.

Zum Schluss möchte ich aufzeigen, dass diese Alltagserfahrungen als Zufälle bezeichnet werden können, aber genauso gut als Erleben der Gegenwart des Auferstandenen in einer mühsamen Welt.

## 5. Liturgievorschläge

Psalm 116

Lesungen: Lev 12,1–5; Jes 40,26–31

Lieder:
Frühmorgens, da die Sonn aufgeht (EG 111)
Mit Freuden zart zu dieser Fahrt (EG 108)
Wach auf, mein Herz, die Nacht ist hin (EG 114)

### Literatur

Marquardt, Friedrich-Wilhelm, Das christliche Bekenntnis zu Jesus, dem Juden. Eine Christologie, Bd. 2, München 1991.

Pausch, Robert, Israelis in Berlin: »Die Stadt macht einen zum Juden«, in: http://www.zeit.de/politik/deutschland/2015-03/israelis-in-berlin, abgerufen am 2016-06-06.

Wengst, Klaus, Das Johannesevangelium, Band 1 und 2, ThKNT 4,1/2, Stuttgart 2000/2001.

*Ursula Kannenberg*

# Misericordias Domini: Hes 34,1–2(3–9)10–16.31
# Hesekiel und Adorno – Prophet und Professor

## 1. Annäherung

Beide Männer schmeckten die Bitternis des Exils. Hesekiel wurde deportiert. Adorno gelang die Flucht. Beide Männer sahen die Katastrophe ihrer jeweiligen Gesellschaft aus weiter Ferne – und waren doch tief beteiligt an den Erfahrungen unfassbaren Grauens. Sie litten mit; sie analysierten; sie suchten Ursachen; sie hielten ihren Zeitgenossen den Spiegel vor; sie rangen um eine neue Perspektive. Selbstmitleidiges Lamentieren über das, was sie zu erleiden hatten, ist von beiden nicht zu hören. Aber in beiden brannte ein Feuer, welches selbst durch die Erfahrung unfassbaren Grauens nicht ausgelöscht werden konnte. So wurden beide Männer zu Hoffnungsträgern, die am Ende nicht verstummten, sondern Worte, Sätze, Gedanken hervorzubringen in der Lage waren, die immer noch wirken.

Hesekiels in den ersten 32 Kapiteln schwer zu ertragenes Buch ist Teil des biblischen Kanons geworden. Adornos schwer zugängliches Buch *Minima Moralia* gehört zum notwendigen Kanon derjenigen, die über das beschädigte Leben nachdenken wollen und auf der Suche nach guten Perspektiven sind – wenigstens nach Perspektiven guten Denkens in einer verkommenen Gesellschaft, von der die Kirchen nicht in jedem Fall ausgenommen sein dürften. In diesem Sinn sind Prophet und Professor Hirten. Dass der Fisch am Kopf zu stinken anfängt, ist beiden klar. Eine Funktion des biblischen Hirtenamtes ist es, um Worte und Gedanken zu ringen, die dem Volk die Möglichkeit eröffnen, Gerechtigkeit und Frieden leben zu wollen. Es braucht lichtvolle Narrative der Hoffnung, die allerdings übers Dunkle nicht hinweghuschen, sich aber auch nicht darin suhlen. Aus diesen Narrativen lassen sich Kriterien entwickeln, die das Handeln wenigstens in Richtung von Recht und Gerechtigkeit ausrichten.

## 2. Kontexte

a) Beide Männer erfuhren schmerzlich, dass Institutionen, die die Freiheit und die Würde des Menschen schützen sollten, und Amtsinhaber, die weitaus mehr zu repräsentieren haben, als die Verwirklichung der eigenen Interessen gnadenlos durchzusetzen, korrupt werden können. Wenn das geschieht, wüten sehr schnell Gott und die Menschen verachtende Gedanken und Strukturen in, unter und zwischen den Menschen. So wird das kritische Denken seines Kritisch-Seins beraubt; so wird versucht, Gott, das ewige Du, »das seinem Wesen nach nicht Es werden kann« (Buber, Ich und Du, 91), zu manipulieren. Die Vollendung dieser katastrophalen Entwicklung ist dann erreicht, wenn die eigenen Hervorbringungen, wenn die eigenen selbstsüchtigen Interessen auf Gott projiziert werden. Das Zwiegespräch zwischen Himmel und Erde kommt zum Erliegen. Der böse Hirte wird zum Verwalter seiner eigenen Philosophie oder Theologie. Das bedeutet, heilige Traditionen, die vor dem Missbrauch menschlicher Übergriffigkeit schützen sollten, werden zu Worthülsen degradiert und angefüllt mit eigenen Interessen.

Dieser Versuchung ist jeder Mensch ausgesetzt, der in besonderer Weise öffentliche Verantwortung trägt. Die Hoheit der traditionellen philosophischen Begriffe wird benutzt, um die Hörenden zu blenden. Die Heiligkeit der Tora wird eingesetzt, um die Nerven der hörenden Gemeinschaft zu beruhigen. Die Tora wird verstümmelt (Hesekiel 22,26). Gepredigt wird, was den Zuhörenden gefällt und was dem Prediger nützlich ist. So wird der Prediger zum Bestätiger, er wird »der lügenhafte Bestätiger eines Idols!« (Buber, Begegnung, 37) Er manifestiert seine Lebenslüge mit Hilfe theologischer Begrifflichkeit.

Was bleibt angesichts dieser in die Verzweiflung treibenden Situation. Da Hesekiel gebührend zu Wort kommen wird, sei nun Adorno Raum gegeben:
Aus dem 153. und letzten, »Zum Ende« überschriebenen Abschnitt seiner »Reflexionen aus dem beschädigten Leben« sei zitiert:
»Philosophie, wie sie im Angesicht der Verzweiflung einzig noch zu verantworten ist, wäre der Versuch, alle Dinge so zu betrachten, wie sie vom Standpunkt der Erlösung sich darstellten. Erkenntnis hat kein Licht, als das von der Erlösung her auf die Welt scheint … Perspektiven müssten hergestellt werden, in denen die Welt ähnlich sich versetzt, verfremdet, ihre Risse und Schründe offenbart, wie sie einmal als bedürftig und entstellt im Messianischen Lichte daliegen wird … Es ist das Allereinfachste, weil der Zustand unabweisbar nach solcher Erkenntnis ruft, ja weil die vollendete Negativität, einmal ganz ins Auge gefaßt, zur Spiegelschrift ihres Gegenteils zusammenschießt.«

Adorno, 283

b) Vielleicht eher ein spielerischer, aber sicher schöner Gedanke zur Zahl 153: Johannes 21,11 erzählt von 153 Fischen, die gefangen werden. Die Jünger hatten alle Hoffnung aufgeben müssen. Sie werfen auf Geheiß des Auferstandenen das Netz aus, das jene 153 Fische enthält. Wer die Gematrie bemüht, findet im Hebräischen eine von mehreren Möglichkeiten, diese Zahl zu deuten: HaPessach ergibt 153. Die Pessachtheologie ist der hermeneutische Rahmen, in dem die Christologie eine Funktion hat. Das muss von christlicher Seite ganz und gar nicht zur Abgrenzung des jüdischen Konzeptes führen, sondern kann zusammen gedacht werden. Die grundlegende Perspektive von Pessach kann mit Psalm 4,2b auf den Punkt gebracht werden: In der Enge weitetest du mirs (Übersetzung nach Buber, Schriftwerke); diese Befreiungsperspektive ist in der *Haggada schäl Pessach* universal gedacht. Die Christusverkündigung könnte doch hier in der Tat als ein Vehikel verstanden werden, mit dem Gott das Universal-Werden des Rettenden in die Welt der Völker transportiert. (So könnte man die Erklärung orthodoxer Rabbiner vom Herbst 2015 durchaus verstehen.) Und dass das messianische Licht, von dem Adorno schreibt, grundsätzlich etwas mit der Pessachperspektive zu tun hat, ist unstrittig. Hinter diesem Midrasch steckt keine Vereinnahmung Adornos. Durch den Zufall, die Zahl 153, kann dieser schöne Gedanke zu triggern beginnen.

c) Wer die prophetischen Verheißungen des Tanach als literarischen Niederschlag des Traumes Gottes hört und liest, wird in der Tat erkennen, dass diese Welt alles andere ist als erlöst. Gottes Traum offenbart den albtraumhaften Charakter der Realität. Gottes Traum offenbart aber auch eine Kriteriologie, die zwischen Besserem und Schlechteren zu unterscheiden lernt. Nicht vergessen werden darf, dass Gottes Traum noch etwas anderes möglich macht: Die guten Zeichen zu sehen und rettende Gedanken, Worte und Taten wahrzunehmen. Und wenn »die vollendete Negativität … zur Spiegelschrift ihres Gegenteils zusammenschießt«, dann wird das Urteil über korrupte Verantwortungsträger nicht besser, aber dann wird die beschriebene Katastrophe doch zu einem Ausgangspunkt für eine rettende Perspektive.

## 3. Beobachtungen am Text

Der Schlüssel zum Verständnis des zu bedenkenden Kapitels liegt in Hesekiel 22,23–31. Dort wird »die Schuld aller Stände im Lande« aufgedeckt (Überschrift in der Lutherbibel). Die vollendete Negativität wird dargestellt. Diese Aufzählung, bestehend aus Fürsten, Priestern, Oberen und Propheten, konkretisiert den Begriff des Hirten. Es geht also keineswegs darum, die Schuld des Versagens dem Königshaus zuzuschieben. Außerordentlich wichtig ist ferner, dass Hesekiel auch »das Volk des Landes« kritisiert. Daraus spricht mittelbar eine demokratische Perspektive: Es gibt keine Möglichkeit, die Verantwortung für die Katastrophe von sich wegzuschieben. Das zeigt die Wahrnehmung des 34. Kapitels in seinem Zusammenhang.

Besonders bedrängend sind die Vorhaltungen an die Priester (22,26) und Propheten (22,28). Über das gnadenlose Verhalten von Fürsten und Oberen, die durch ihre Macht korrumpiert wurden, wundert man sich kaum. Dass allerdings Priester der Tora Gewalt antun, um ihre Zwecke zu erreichen, ist niederträchtig. Es ist eine theologische Katastrophe. Denn so wird Gottes Heiliger Name entweiht. Heiligkeit und Reinheit dürfen nicht als archaische Kategorien aufgefasst werden. Es sind Freiräume, die durch Machenschaften nicht angetastet werden dürfen. Es geht um Beziehungsvorgänge, in denen Liebe und Achtung zweckfrei bleiben, um dann von dort aus den Alltag zu heiligen. Gottes Heiligkeit und Reinheit verhindern *letztlich* diesen unfassbaren Drang des Menschen, alles zu benutzen und sich den eigenen Zielen gefügig zu machen. Wenn der Mensch »heilig und rein« sagt, aber die Begriffe ihres dynamischen Gehaltes beraubt, dann bekommt die unfassbare Brutalität eine geistliche Begründung. Die Schändung des Gottesrechtes wird abgesegnet. Damit ist alles auf den Kopf gestellt. Analoges gilt für das Handeln der Propheten. Sie »schauen Wahn« (Buber, Kündung, 2,28) und geben ihre eigensüchtigen Einschätzungen als Wort Gottes aus. Wahn – hebräisch: *Schaw*; zu der Wurzel *Schin, Waw, Aleph* gehört das Wort *Schoa* … Die Projektion der eigenen Interessen auf Gott lässt das dynamische Geschehen zwischen Gott, Tora, Volk erstarren. Gottes Name wird entweiht. Die Kriterien für besseres oder schlechteres Handeln sind vollkommen verdunkelt und nicht mehr an die Frau und den Mann zu bringen. Hier bleibt Gott wohl tatsächlich nichts anderes übrig, als die solcherart ihre Verantwortung missbrauchenden Hirten zu richten und sie ihrer Ämter zu entheben.

Das wird in Hesekiel 34 mit einer eindeutigen Bildsprache angekündigt. Klar ist: Die Hirten sind die gesellschaftliche Oberschicht. Die Herde ist das Volk, bestehend aus den einfachen Menschen (die dennoch Verantwortung haben; VV 17–22).

Die Spiegelschrift der vollendeten Negativität bedeutet hier nicht, dass einfach bessere Menschen als bessere Hirten eingesetzt werden. Die Hoffnung entsteht nicht daraus, dass etwas Neues aus einem philosophischen Prinzip heraus entsteht. Die Hoffnung ist nicht ableitbar. Sie sprudelt einzig und allein aus dem Umstand, dass das ewige Du, das »seinem Wesen nach nicht Es werden kann« (Buber, Ich und Du, 91) sein Volk und die ganze Menschheit um SEINES Namens Willen nicht preisgeben wird. Vom Menschen wird nichts Rettendes mehr erwartet. Deshalb verheißt Gott sich selber! ER wird die Hirtenfunktion übernehmen.

Den Hirten, die sich selbst weiden, wird die Zukunft genommen (V 2).
Was heißt, sich selbst zu weiden? Die Herde wird brutal ausgebeutet und auf unfassbar gleichgültige Weise preisgegeben. Sie wird nur noch benutzt. Sie wird zum »Es« reduziert und vergegenständlicht; Menschen sind zum Humankapital degradiert und somit ihrer Freiheit und Würde beraubt; sie leben in einer Situation totaler Entfremdung; die Faktizität der Verhältnisse verhindert jeden Spielraum, der zur Veränderung beitragen könnte (VV 3–4).

Die Herde ist ohne jede Orientierung; wer kann nach der Erfahrung des Missbrauchs der Tora, mit deren Verstümmelung die Verhältnisse abgesegnet wurden, überhaupt noch vertrauen, wenn dann die Tora neu ins Spiel kommt? (VV 5–6).

Deshalb muss das angekündigte Ende dieser Hirten bekräftigt werden (VV 7–10).

Die vollendetet Negativität wurde schonungslos dargestellt. Die rettende Perspektive kann nie und nimmer in einer Restauration der Verhältnisse bestehen. Eine radikale Unterbrechung muss her. Eine Perspektive aus dem Blick der Erlösung muss her, Messianisches Licht!

Deshalb: Gott macht einen grundlegenden Neuanfang. ER nimmt sich seiner Herde an. ER geht von der vollendeten Negativität aus. Diese schießt durch ihn zur Spiegelschrift ihres Gegenteils zusammen. Die einzeln aufgezählten üblen Taten der Hirten sind für Gott der Ausgangspunkt, genau das Gegenteil zu tun. Rettendes entsteht durch die Entlarvung und Überwindung des Negativen und von da ausgehend durch das neue Tun des Rettenden! (VV 11–16). (Vgl. die Tabelle von Greenberg, 392.)

Gott, nur Gott ist das Subjekt des rettenden Handelns. Kein Mittlertum mehr! Kein »Wir knüpfen einfach an, wo wir damals aufgehört haben«! Wie Gott diese rettende Perspektive zu verwirklichen gedenkt, ist aus der vorgeschlagenen Abgrenzung der Perikope nicht ersichtlich. Gewiss: Dieser Vorschlag enthält in V 31 einen interessanten Abschluss: Ja, ihr sollt meine Herde sein, die Herde meiner Weide, und ich will euer Gott sein … Buber entscheidet sich nicht für eine Konjektur, die das *adam atäm* aus dem masoretischen Text streicht und der Septuaginta folgt. Dadurch kommt er geradezu zu einer universalistischen Lesart: O ihr meine Schafe, ihr Schafe meiner Weide, *Menschheit seid ihr*, ich euer Gott … Was zwischen IHM und Israel geschieht, ist exemplarisch und von allergrößter Aktualität für alle Menschen (im Sinne der dankbaren Abhängigkeit von Israel zu verstehen).

Aber wie wird Gott sein Hirte-Sein denn nun verwirklichen? Darüber lassen sich die VV 23–30 aus (VV 17–22 enthalten jenes demokratisierende Element).

Kurze Konzentration auf VV 23–24: EIN Hirte *(Roä Ächad)* wird durch Gottes Tun erstehen. Also wird nun doch wieder ein Mensch die Funktion übernehmen, die Gott für sich vorgesehen hatte? David wird hier als Gottes Knecht bezeichnet. So ist die Nähe dieses Hirten zu Gott unterstrichen. Dem Volk gegenüber tritt er nicht als König auf, sondern als Fürst. Steckt im Verzicht auf den Königstitel der Hinweis, dass aus prophetischer Sicht mit einer einfachen Restauration nicht zu rechnen ist? Hatten David und seine von ihm abstammende Dynastie die Negativität nicht ziemlich vollendet in die Tat umgesetzt, so dass David und seine Nachfolger allerhöchstens zur Spiegelschrift des Kommenden zusammenschossen?! Nein, der EINE Hirte bedeutet nicht eine platte Anknüpfung an David. Vielmehr steht er für die Verkörperung des idealen David. Oder noch anders: Der Traum Gottes soll in ihm dann eben doch seine menschliche, in der Geschichte stattfindende Verwirklichung finden.

Höhepunkt ist die Ankündigung des Friedensbundes (V 25) und seine konkrete Entfaltung (VV 25–29).

Wenn es bei David nicht einfach um David geht, wie soll der Hinweis auf David entfaltet werden?

Das Neue Testament nimmt den Hinweis auf David christologisch auf (Johannes 10). Walter Zimmerli führt das in seinem Kommentar zu Hesekiel aus. Wenn das im Lichtkegel von Hesekiel 34 geschieht, hat es seine Legitimation. Theologisch problematisch wäre es indes, ein zu lang eingeübtes Schema von Verheißung und Erfüllung zu bemühen, das den Verheißungsüberschuss christologisch domestiziert.

Das sich nach der Katastrophe der Tempelzerstörung neu konstituierende, von der Bewegung der Pharisäer längst vorbereitete rabbinische Judentum hält die messianische Idee offen. Allerdings setzt es für die zu gestaltende Gegenwart nicht auf den EINEN charismatischen Hirten, der alle offenen Fragen klärt und die Tora sozusagen einstimmig lehrt. Vielmehr wird das Lehrhaus zu einem Ort der Diskussion um die Tora (hier unbedingt Jürgen Ebach wahrnehmen). Die halachischen Entscheidungen werden diskutiert und gemeinschaftlich entschieden. Dekretiert wird hier nichts mehr. Diese Metamorphose – von dem Einen, der sagt wo es lang geht hin zur debattierenden und gemeinschaftlich entscheidenden Versammlung ist vermutlich verheißungsvoller, als der christliche Weg der Domestizierung der Verheißung. Das gilt vor allem dann, wenn der monarchische Episkopat damit beginnt, die Vielstimmigkeit der biblischen Perspektiven dogmatisch zu fesseln. Müsste dann die Ankündigung der Abschaffung der bösen Hirten nicht wieder von vorne beginnen?

Die Quantität dessen, was in der Kirchengeschichte als vollendete Negativität zu gelten hat, gerade was die Bewertung des Judentums und den unmenschlichen Umgang mit jüdischen Menschen betrifft, macht immer noch sprachlos.

Einzig und allein das neue Hören der umkehrenden Kirche bringt eine Sprache zur Welt, die aus dem Staunen geboren wird und zum Staunen führt. Staunen worüber? Staunen über die unfassbare Kreativität jüdischer Frauen und Männer, die durch die schweren Krisen hindurch gedankliche Konzepte zur Welt brachten, die mehr sind als interessant und hilfreich. Wenn der Kopf des Fisches aufhören soll zu stinken, braucht es keiner Gehirnwäsche. Aber es würde dann Segen freigesetzt, wenn die Idee des lebendigen Lernens im Lehrhaus auch zur Grundlage christlicher Entscheidungsfindung würde …

## 4. Homiletische Konkretionen

Um es *via negationis* zu sagen: Bitte nicht alles Elend der Welt aufzählen. Bitte nicht das Schwungrad einer Betroffenheitsrhetorik betätigen. Nicht erst die versammelte Gemeinde tief in die Verzweiflung stürzen und danach mit einer rettenden Perspektive kommen. Viele der am Sonntag zuhörenden Menschen sind verzweifelt genug. Alle haben die Nase voll von einer politischen, wirtschaftlichen Klasse, die das eigene Schäfchen ins Trockene bringt. Viele leiden unter dem kulturellen Verfall, den reines Effizienzdenken in so vielen Bereichen auf den Weg gebracht hat. Nicht klar ist allerdings, ob sich die Hörenden an dieser Stelle nur als Opfer der Oberen sehen, die als kleine Leute eh nichts ausrichten können, oder ob die selbstkritische Perspektive nach Hesekiel 34,17–22 Raum hat und Herberge im eigenen Nachdenken findet.

Das Andere gilt aber ebenso klar: Bitte nicht über das Elend der Welt hinweghuschen. Bitte die zum Himmel schreienden Verhältnisse nicht mit einer Rhetorik des Verzuckerns zum Schweigen bringen. Das bedeutete nämlich, am bösen Hirtentum aller Zeiten teilzuhaben.

Müsste dann die Ankündigung der Abschaffung der bösen Hirten unserer Tage nicht wieder von vorne beginnen?

Wie denn dann? Könnte es nicht gelingen, Narrative zu entwickeln, die die Spiegelschrift der vollendeten Negativität zum Sprechen und zum Strahlen bringen? Es gibt Menschen, die auch in allergrößter Not noch am Traum Gottes festhalten und die einfach durch ihr Vorbild Hirtin und Hirte sind. Das Buch des Hesekiel selber bietet viele Ansätze dazu, über Hesekiel ben Busi zu erzählen.

Warum ist das Buch in den ersten 32 Kapiteln so dunkel? Warum wird über lange Strecken der vollendeten Negativität so viel Raum gegeben?

Unter der Überschrift »Adorno im Gespräch mit Hesekiel« könnte ein Dialog entstehen, in dem Erfahrungen des Exils, das Entsetzen über die Korruption der Verantwortungsträger und das messianische Licht zur Sprache kommen.

Elementar wichtig ist die Perspektive der durchs Judentum vollzogenen Metamorphose: Von der Vision des Einen Hirten hin zur diskursiven Gemeinschaft. Nie wieder soll *ein* Mensch den anderen sagen, wo es lang geht.

Das Ringen um die Wahrheit im Sinne der Diskursivität ist nicht nur ein Mittel zum Zweck. Es gehört schon zu dem Ziel einer Welt, die immer noch durch diktatorische und fundamentalistische Strukturen gefährdet ist.

Zur Förderung der Gedächtniskultur sei ein letzter Gedanke gestattet: Es gibt m. E. nicht mehr allzu viele Menschen, die über die Geschichte des Grundgesetzes staunen können. Aber die Entstehung des Grundgesetzes verdankt sich doch zu einem guten Teil Männern und Frauen, die ihre Verantwortung im Sinne der guten Hirten wahrnahmen. Oft bezahlten sie einen hohen persönlichen Preis für ihren Widerstand in der Nazizeit. Auch das Grundgesetz lässt sich als Spiegelschrift der vollendeten Negativität verstehen. Wenn dieser dramatische Zusammenhang vergessen wird, wird die Wertschätzung dieses unfassbar wichtigen Werkes verdunsten.

## 5. Liturgievorschläge

Psalm 23
EG 813, Regionalteil Rheinland/Westfalen/Lippe, als Credo – ergänzt um den Satz: »Ich glaube, dass auch unsere Fehler und Irrtümer nicht vergeblich sind, und dass es Gott nicht schwerer ist, mit ihnen fertig zu werden, als mit unseren vermeintlichen Guttaten.«

Lieder:
Meine engen Grenzen (EG 600, Regionalteil Rheinland/Westfalen/Lippe) – ein Lied, in dem deutlich wird, dass Gottes verwandelnde Kraft im Negativen die rettende Perspektive der Spiegelschrift offenbaren kann.

### Literatur

Adorno, Theodor W., Minima Moralia, Reflexionen aus dem beschädigten Leben. Frankfurt a. M. [9]2014.
Buber, Martin, Ich und Du. Heidelberg [11]1983.
Ders., Begegnung, Autobiographische Fragmente. Heidelberg [4]1986.
Ebach, Jürgen, Des Treulosen Treue. Versuch über Jochanan ben Zakkai, in: Marquardt, Friedrich-Wilhelm u. a. (Hg.), Einwürfe 5. Umgang mit Niederlagen, München 1988, 28–39.
Greenberg, Mosche, Ezechiel 21–37, HThK-AT. Freiburg 2005.

*Ralph van Doorn*

# Jubilate: Joh 16,16(17–19).20–23a
# Frohe Botschaft

## 1. Annäherung

*»Ein Mensch ist in die Welt geboren«*. Ein starkes Bild am Ende des Predigttextes (16,21). Es erreicht, was es erreichen soll: Es lässt alle Angst und Schmerzen hinter sich. Aus Trauer und Trübsal wird vollkommene Freude. War was? Gab es Fragen, Irritationen, Verwirrung? Alles vergessen.

Die Leserinnen und Leser, Hörerinnen und Hörer, die gerade noch dem »Wir verstehen ihn nicht, was meint er bloß?« nachhingen oder an der »kurzen Zeit« rätselten, können sich mitreißen lassen und freudig einstimmen: Jubilate! Das Wunder des Lebens erfüllt die Welt. Solche Freude kann niemand nehmen.

*»Uns ist ein Kind geboren«*. Hannah Arendt nimmt am Ende des Kapitels über das Handeln in Vita activa »die frohe Botschaft« des Propheten Jesaja (9,5) auf, die ihr im Klang der Weihnachtsoratorien im Gedächtnis ist. Das immer wieder zu bestaunende »Wunder«, auch in dieser aus den Fugen geratenen und geschundenen Welt, bestehe darin, »daß überhaupt Menschen geboren werden und mit ihnen der Neuanfang«. Und wenig später lässt der Schlusssatz den hell strahlenden Jubel erklingen: »Daß man in der Welt Vertrauen haben und daß man für die Welt hoffen darf, ist vielleicht nirgends schöner ausgedrückt als in den Worten, mit denen die Weihnachtsoratorien ›die frohe Botschaft‹ verkünden: ›Uns ist ein Kind geboren.‹«

In Auseinandersetzung mit der Philosophie Martin Heideggers, ja ausdrücklich im Gegensatz zu seiner Gestimmtheit des »Seins zum Tode«, der alle gleich macht und das Leben als bodenlose Angst durchzieht, entwirft Arendt ihre Philosophie, die jeden Menschen einmalig macht. Nur wer einzigartig ist, besitzt die Fähigkeit, etwas Neues in die Welt zu bringen – und diese Gabe ist allein in der Tatsache des Geborenseins gegeben. Mitenthalten darin ist, dass das Leben als Geborene nur in der Pluralität möglich ist. Arendt verweist auf den Teil der biblischen Schöpfungsgeschichte, in der »der Mensch« zu zweit zur Welt kommt. Im Dialog mit anderen, im Sprechen und Handeln baut sich die Welt erst auf, und dazu ist es notwendig, sichtbar zu werden, sich zu zeigen, von anderen gesehen und erkannt zu werden.

*»Du siehst mich«* (Gen 16,3). Das ist die Losung des Kirchentags in Berlin und Wittenberg, der in gut zwei Wochen beginnt. Als wäre es eine Korrespondenz aus fernen Zeiten für unser heutiges Suchen lädt der Predigttext ein, unsere Möglichkeiten im Sehen und Nicht-Sehen und Wieder-Sehen zu betrachten. Wo sehen, sprechen und handeln wir miteinander? Was lassen wir an uns heran? Wo schauen wir weg? Wo wählen wir den bequemen Weg, sich immer schneller wechselnden Sichtweisen anzuschließen? Und schließlich auch: Was fehlt uns eigentlich, wenn wir Jesus nicht (mehr) sehen?

*»Ich werde euch wieder sehen«* (Joh 16,22). Der Predigttext gibt uns ein Versprechen, das tragen, halten, ermutigen kann – mit allen und trotz aller brennenden Fragen. Als Geborene haben wir die Chance zu immer neuen Anfängen. Und darum geht es am Sonntag Jubilate, der uns einlädt, in den Jubel über die Schöpfungskraft Gottes einzustimmen.

## 2. Kontexte

a) Gebürtlichkeit oder Natalität nennt Hannah Arendt ihren philosophischen Ausgangspunkt, der vor allem die Fähigkeit zu neuen Anfängen im politischen Handeln beschreiben soll:

»Das Wunder, das den Lauf der Welt und den Gang menschlicher Dinge immer wieder unterbricht und von dem Verderben rettet, das als Keim in ihm sitzt und als ›Gesetz‹ seine Bewegung bestimmt, ist schließlich die Tatsache der Natalität, das Geborensein, welches die ontologische Voraussetzung dafür ist, daß es so etwas wie Handeln überhaupt geben kann. (Daher liegt die spezifisch politisch-philosophische Bedeutung der Geschichte Christi, deren religiöse Signifikanz natürlich die Auferstehung von den Toten betrifft, in dem Gewicht, das seiner Geburt und Gebürtlichkeit beigelegt wird, so daß etwa Johann Peter Hebel auch den Christus, der als Auferstandener ›vom Himmel herabschaut und unsere Wege beobachtet‹, noch den ›Geborenen‹ nennen kann, und zwar deswegen, weil er nur als ›Geborener lebt‹. Das ›Wunder‹ besteht darin, daß überhaupt Menschen geboren werden, und mit ihnen der Neuanfang, den sie handelnd verwirklichen können kraft ihres Geborenseins. Nur wo diese Seite des Handelns voll erfahren ist, kann es so etwas geben wie ›Glaube und Hoffnung‹, also jene beiden wesentlichen Merkmale menschlicher Existenz, von denen die Griechen kaum etwas wußten … Daß man in der Welt Vertrauen haben und daß man für die Welt hoffen darf, ist vielleicht nirgends schöner ausgedrückt als in den Worten, mit denen die Weihnachtsoratorien ›die frohe Botschaft‹ verkünden: ›Uns ist ein Kind geboren.‹«

Arendt, Vita activa, 242f.

b) Die »Gebürtlichkeit« macht Menschen einzigartig und unterscheidet sie von allen anderen. Mit ihr ist das »Faktum der Pluralität« gesetzt, die Anwesenheit vieler Anderer, mit denen zusammen ich die Welt bilde und gestalte. Dazu muss ich meine Anonymität und Unsichtbarkeit überwinden und sprechend und handelnd in Erscheinung treten, um gesehen und so zu einem »Jemand im Miteinander« werden. Handeln und Weltgestaltung werden möglich

»durch die Begegnung mit anderen Menschen, die mich dadurch, dass sie mich als diesen Einen, Unverwechselbaren, Eindeutigen erkennen, ansprechen und mit ihm rechnen, in meiner Identität erst bestätigen. In ihren Zusammenhang gebunden und mit ihnen verbunden, bin ich erst wirklich als Einer in der Welt und erhalten mein Teil Welt von allen anderen.«

Arendt, Elemente, 729

c) In der »Verlassenheit« sah Arendt eine Ursache für die Flucht von Menschen in totalitäre Bewegungen; eine wichtige Frage angesichts heutiger Fluchten in Fundamentalismen:

»Verlassenheit entsteht, wenn … ein Mensch aus dieser Welt herausgestoßen wird oder wenn … diese gemeinsam bewohnte Welt auseinanderbricht und die miteinander verbundenen Menschen plötzlich auf sich selbst zurückwirft. … In der Verlassenheit sind Menschen wirklich allein, nämlich verlassen nicht nur von anderen Menschen und der Welt, sondern auch von dem Selbst … So sind sie … unfähig, die eigene, von den anderen nicht mehr bestätigte Identität mit sich selbst aufrechtzuerhalten. In dieser Verlassenheit gehen Selbst und Welt, und das heißt echte Denkfähigkeit und echte Erfahrungsfähigkeit, zugleich zugrunde. An der Wirklichkeit, die keiner mehr verläßlich bestätigt, beginnt der Verlassene mit Recht zu zweifeln; denn diese Welt bietet Sicherheit nur, insofern sie uns von anderen mit garantiert ist.«

Arendt, Elemente, 729

d) Der Fähigkeit, Versprechen zu geben, kommt wie dem Verzeihen die Aufgabe zu, die Risiken des Handelns mindern:
»Könnten wir einander nicht vergeben, d. h. uns gegenseitig von den Folgen unserer Taten wieder entbinden, so beschränkte sich unsere Fähigkeit zu handeln gewissermaßen auf eine einzige Tat, deren Folgen uns bis an unser Lebensende im wahrsten Sinne des Wortes verfolgen würden … Ohne uns durch Versprechen für eine ungewisse Zukunft zu binden und auf sie einzurichten, wären wir niemals imstande, die eigene Identität durchzuhalten; wir wären hilflos der Dunkelheit des menschlichen Herzens, seinen Zweideutigkeiten und Widersprüchen ausgeliefert, verirrt in einem Labyrinth einsamer Stimmungen, aus dem wir nur erlöst werden können durch den Ruf der Mitwelt, die dadurch, daß sie uns auf die Versprechen festlegt, die wir gegeben haben und nun halten sollen, in unserer Identität bestätigt, bzw. diese Identität überhaupt erst konstituiert.

Arendt, Vita activa, 232

e) Als Beigabe ein Auszug aus der Predigt Johann Peter Hebels:
»Der Augenblick in welchem der Mensch geboren ward, der seiner Brüder Erlöser und Richter werden sollte, war nach unsrer Empfindung wichtig genug, daß jeder, der es gewußt hatte, sich hatte freuen und zittern sollen. Der Trunkene hätte von seinem Taumel erwachen, der Mörder hatte den Dolch sollen fallen lassen und ein Engel werden. Aber dünkt euch der Augenblick nicht eben so wichtig, an welchem der Geborne lebt, und vom Himmel herab schaut, und unsre Wege beobachtet, und ist der Augenblick nicht jetzt noch und stets gegenwärtig da? … Und ob auch Menschen noch so kühn seinem Wort und seiner Verheißung widersprechen … er wird wiederkommen, wie er gesagt hat. – Oft in seinem Leben, war er da nicht, wo man ihn suchte, und kam nicht, wenn man ihn am sehnlichsten herbei wünschte, und stand mitten unter ihnen, wenn sie ihn nicht mehr erwarteten.

Hebel

## 3. Beobachtungen am Text

Abschied. Der letzte gemeinsame Abend, einen Tag vor dem Pessachfest. Am nächsten Abend bereits, noch vor Beginn des Festes, ist Jesus tot. Das wissen die, die im Raum versammelt sind, die Jesus zuhören, nachfragen, mit ihm sprechen, noch nicht. Erst nach und nach wird ihnen bewusst, was ihnen bevorsteht: allein und verlassen zurück zu bleiben. Traurigkeit ergreift ihre Herzen. Unruhiges Fragen entsteht: Was wird aus uns, wenn wir ihn nicht mehr bei uns sehen? Aber auch: wovon spricht er überhaupt?

Dieselben Irritationen, die die Jüngerinnen und Jünger erleben, übertragen sich zunehmend auf die Hörenden und Lesenden. Die wiederholten Fragen setzen sich fest und beginnen über die Erzählzeit hinaus in den Köpfen zu rotieren: Wie sollen *wir* das verstehen, erleben, erfahren, dass wir ihn sehen und nicht mehr sehen und wieder sehen? Jetzt, nach Ostern. In welchen »kurzen Zeiten« leben wir?

Der Text spielt mit der subjektiven Unbestimmbarkeit und Unverfügbarkeit der Zeit. *Mikron* – ungefährer als mit diesem Adverb geht es kaum. Ist es ein Tag? Sind es drei Tage? Oder vierzig oder viel mehr? Gezielt eingesetzt (vgl. nur 7,33; 12,35; 13,33; 14,19) trägt es zum Dringlichen und Drängenden bei. Die Zeit, die bleibt, bis der Tag oder die Stunde kommt: In 16,23.26 ist es der Tag, an dem die Fragen ein Ende haben, der Ostertag und über ihn hinaus die Zeit der Gemeinde. 16,32 nennt die Stunde der »Zerstreuung«, die Erfahrung, dass immer schon und immer wieder Menschen Jesus und die Gemeinschaft verlassen haben.

Keine Frage, die Bedrängnis ist da. »In der Welt habt ihr Angst« übersetzt Luther im Schlusssatz der Abschiedsreden (16,33) *thlipsis*, die in 16,21 für die Nöte und Schmerzen der gebärenden Frau steht. Damit ist zugleich an den Anfang des Kapitels (genauer: 15,18–16,4a) erinnert, wo Ausgrenzung, Benachteiligung, Diskriminierung auch für die Zukunft angesagt werden. Versehen mit solchen Erfahrungen können Nichtachtung und Feindseligkeit der Umwelt nicht nur als bitter-nüchternes Faktum, sondern regelrecht als deren Freude wahrgenommen werden. Mindestens im Predigttext ist damit kein Dualismus zur Welt, wohl aber die Welterfahrung einer zu »Anderen« gemachten Minderheit ausgesprochen. Solche Erfahrungen sind nicht einfach übertragbar. Die Verdrängung findet noch einmal statt, wenn die Sprache der an den Rand Gedrängten aus dem Mund der Mächtigen zu hören ist. Es ist klar, dass sich alles umkehrt, wenn sich die Mehrheitsverhältnisse ändern. Das galt sehr schnell im Blick auf die verschiedenen Facetten der Situation der ersten Lesenden: Ausschluss aus der Synagoge, Isolation und Verfolgung (16,1–4).

Doch auch dieses Leid und diese Trauer (*lype* in 16,20) haben nicht das letzte Wort. Sie gleichen der Not und den Schmerzen (ebenfalls *lype* in 16,21) einer Frau in den Wehen. Wenn das Kind geboren ist, sind alle Ängste und Mühen vergessen. Die Freude überstrahlt alles. Dabei geht es weniger um das zeitliche Nacheinander, mehr noch um »die innere Verbindung zwischen Schmerz und Freude«, wobei »die Umwandlung bzw. Aufhebung des einen im anderen« wesentlich ist (Hartenstein, 841). Mit einem Kind verändert sich die Welt, kommt Neues in die Welt. Bemerkenswert ist: Das ist Präsens! Also Gegenwart, denn geschildert wird eine ganz normale, glücklich verlaufende Geburt. Sie ist hier das Bild für Heilung und Heil. Weder geht es um eine besonders hervorgehobene Gestalt, die da geboren wird, noch kommen mögliche Komplikationen in den Blick, die das Gebären zu einem Zentralbild apokalyptischer Visionen machen. »Ein Mensch ist in die Welt geboren« (16,21 wörtlich). Menschen kommen zur Welt und schaffen damit einen Anfang, wie von Beginn der Schöpfung an. Mag die Welt auch voller Trauer und Leiden sein, dies bleibt die Schönheit und Hoffnung der Welt. Auch deshalb die Lesung aus dem Buch Genesis.

Das Bild der Geburt, Formulierungen und Erzählweise öffnen den Text hinein in einen weiten – wie Frank Crüsemann dies nennt – »Wahrheitsraum«: Das Johannesevangelium als Ganzes tritt vor Augen, die Bücher der Schrift in Tora, Neviim und Ketuvim stellen sich ein. Das sind die Bilder des Gebärens und der

Entstehung des Neuen aus der Prophetie Jesajas: 66,7–14 vor allem und natürlich 9,5 »Uns ist ein Kind geboren, ein Sohn ist uns gegeben«. Die Wendung des Johannesevangeliums »Ein Mensch ist in die Welt gekommen« steht von Beginn an für das Erscheinen und Wirken Jesu. Der abrupte Wechsel – oder die lebenserfahrene Gleichzeitigkeit – von Trauer und Freude erklingt im »Osterpsalm« 30: »am Abend – Weinen, und am Morgen – Jubel« (V 6) und »Da hast du mir meine Klage in Reigen verwandelt« (V 12).

Erhellend für den Aufbau und den inneren Zusammenhalt des Predigttextes ist es, ihn wie Klaus Wengst im Horizont des Johannesevangeliums selbst zu lesen, von der Begegnung des Auferstandenen mit Maria von Magdala und den Erscheinungsgeschichten in Johannes 20 her. »Sie sieht Jesus nicht mehr, nicht einmal seinen Leichnam, und weint am Grab (20,11; vgl. 16,20). Sie sieht ihn wieder, ohne es zunächst zu merken (20,14f.), und erkennt ihn erst, als sie von ihm mit Namen angesprochen wird (20,16; vgl. 10,3). Sie will sich zu ihm so verhalten, wie sie es vor seinem Tod gewohnt war; und genau das wird ihr verwehrt (20,17). Sie muss es lernen, loszulassen und die neue und andere Weise der Gegenwart Jesu wahrzunehmen, wie sie mit und seit Ostern gegeben ist.« (163)

Gesehen und angesprochen zu werden, bilden die Voraussetzung dafür, dass Maria neue Möglichkeiten sieht, in Bewegung gesetzt wird und handeln kann, um mit der Osterbotschaft Neues in die Welt zu bringen. Jesu »Ich werde euch wieder sehen« (16,22) – das ist ein Versprechen, sein Versprechen auch an uns.

## 4. Homiletische Konkretionen

»Du siehst mich«. Angesichts des bevorstehenden Kirchentags in Berlin und Wittenberg kann seine Losung der Einstieg in die Predigt sein – und so eine letzte Werbung für dieses Ereignis werden. Sonst hätte ich den Jubelruf »Uns ist ein Kind geboren«, verbunden mit Hannah Arendts Gedanken zur Gebürtlichkeit, für den Beginn bevorzugt.

Die Losung aus Genesis 16,3 trifft in eine Zeit, in der alles darum geht, sich darzustellen, zu inszenieren und zu veröffentlichen, um auf diese Weise Aufmerksamkeit und Anerkennung zu gewinnen. Es geht ums Gesehenwerden, das sich notgedrungen von anderen abhängig macht, um sich selbst Lebenschancen zu eröffnen und zu erhalten. Der Soziologe Heinz Bude beschrieb 2014 unsere Gegenwart als »Gesellschaft der Angst« und markierte die Veränderung zu früheren Zeiten darin, »dass wir heute einen Wechsel im gesellschaftlichen Integrationsmodus vom Aufstiegsversprechen zur Exklusionsdrohung erleben« (19).

Aus der Angst, ausgestoßen und ausgegrenzt zu werden, aus der Erfahrung, sich auf menschliche Beziehungen und die Solidarität in der Gemeinschaft nicht verlassen zu können, kommt auch der Predigttext. Zugespitzt werden diese Ängste durch den drohenden Verlust einer unmittelbaren Gegenwart Jesu. Das Gefühl der Verlassenheit greift Raum, und nichts ist furchtbarer, als von aller Welt verlassen zu sein. Hannah Arendt zitiert Luther, um die Gefahren für sich verlassen fühlende Menschen zu beschreiben: »Ein solcher Mensch folgert immer eines aus dem anderen und denkt alles zum ärgsten.« (Elemente, 728) Verlassenheit bedeutet: nicht mehr sehen zu können, die Wirklichkeit in ihren verschiedenen und auch widersprüchlichen Facetten nicht wahrnehmen und erkennen zu können. »Es ist, als breche alles, was Menschen miteinander verbindet, in der Krise zusammen.« (ebd., 729)

Was steht dagegen? Im Predigttext sind es ein Hoffnungsbild und ein Versprechen. »Ein Mensch ist in die Welt geboren«. Mit Hannah Arendt gesprochen: »Dieser Anfang ist immer und überall da und bereit.« (ebd., 730) Mit der Geburt eines jeden Menschen ist die Hoffnung auf Neues in die Welt gepflanzt. Ängste und Bedrängnis haben nicht das letzte Wort, auch wenn sie in der Welt bleiben und Verzweiflung und Leiden zum Leben gehören.

Gegen die Verlassenheit, gegen die Gefangenschaft im Räderwerk eindimensionaler Logiken und Zwangsgedanken steht das Versprechen: »Ich werde euch wieder sehen«. Es geht also nicht zuerst um mein Sehen – auch nicht um mein Sehen Jesu; da fehlt jeder fromme Leistungsdruck – oder um meine verzweifelte Suche nach Anerkennung. Sondern entdeckt, gesehen und angesprochen werde ich – wie Maria von Magdala – in eine Beziehung hinein, die mir einen neuen Blick auf die Wirklichkeit und Vertrauen in die Zukunft ermöglicht. Wahrzunehmen, wie uns Jesus sieht, das fehlte uns, wenn wir ihn ganz aus unserem Blick verlören. – »Du siehst mich«. Das ist die dankbare Antwort auf diese Erfahrung, die uns der kommende Kirchentag nahe bringt. Das ist die frohe Botschaft.

## 5. Liturgievorschläge

Psalm 66,1–9 (Wochenpsalm)
Psalm 30

Lesung: Gen 1,1–2,4a (oder in Auszügen: Gen 1,1–4a.26–31a; 2,1–4a)

Lieder:
Frühmorgens, da die Sonn aufgeht (EG 111,1.11–15)
Auf, auf mein Herz mit Freuden (EG 112,1.3.5)
Lobe den Herren, den mächtigen König der Ehren (EG 317)

### Literatur

Arendt, Hannah, Elemente und Ursprünge totaler Herrschaft, München 1986.
Dies., Vita activa oder Vom tätigen Leben, München 1981.
Bude, Heinz, Gesellschaft der Angst, Hamburg 2014.
Hartenstein, Judith, Aus Schmerz wird Freude (Die gebärende Frau). Joh 16,21f., in: Ruben Zimmermann (Hg.), Kompendium der Gleichnisse Jesu, Gütersloh 2007, 840–847.
Hebel, Johann Peter, Predigt am zweiten Christtage, 1796, http://hausen.pcom.de/jphebel/predigten/hebel_predig_2_christtag_1796.htm, abgerufen am 2016-05-24.
Prinz, Alois, Hannah Arendt oder die Liebe zur Welt, Berlin 2012.
Thürmer-Rohr, Christina, »Jede Sache hat so viele Seiten, als Menschen an ihr beteiligt sind«. Zur Bedeutung des Dialogs im politischen Denken Hannah Arendts, in: Conradi, Elisabeth/Plonz, Sabine, Tätiges Leben. Pluralität und Arbeit im politischen Denken Hannah Arendts, Bochum 2000, 45–66.
Wengst, Klaus, Das Johannesevangelium. Teilband 2, Kapitel 11–21, Stuttgart 2001.

*Katharina von Bremen*

# Gottes Gesalbte: Priester – Könige – Propheten
## Solus Christus neu gelesen

Alexander Deeg, Manuel Goldmann

*Zur Einführung*

»In Antiochia wurden die Jünger zuerst *Christen* genannt«, so berichtet die Apostelgeschichte (11,26). Seither nennen sich diejenigen, die Jesus von Nazareth als den *Christus* (gr. Χριστός), den *Messias* (hebr. משיח), den erwarteten *Gesalbten* erkannten und erkennen, mit zunehmender Selbstverständlichkeit *Christen*. Bisweilen so selbstverständlich, dass man Schülerinnen und Schülern erst erklären muss, dass Jesus nicht der Vorname und Christus nicht der Nachname ist, sondern *Jesus Christus* eines der kürzesten Bekenntnisse darstellt: *Jesus* ist der *Christus*, der Erwartete, der Gesalbte.

Es lohnt sich, so meinen wir, dieses Bekenntnis neu zu entdecken und es so aufzurauen, dass seine verstörende Merkwürdigkeit und heilsame Fremdheit neu erkannt werden können. Dies gilt gerade im Jahr des Reformationsjubiläums. Reformation – das ist vor allem die normative Zentrierung aller Theologie auf *Christus*, wie sie sich u. a. in der reformatorischen Grundformel *solus Christus* ausdrückt. Für Martin Luther ist klar, dass »Christum predigen und treiben« (WA 36,180) der »generalis scopus« der ganzen Bibel ist – die bewegende inhaltliche Mitte.

Ebenso erkannte Luther, dass die Konzentration auf Christus selbstverständlich in das Alte Testament hineinführt. 1522 beschreibt er in seinem »Kleyn unterricht, was man ynn den Euangelijs suchen und gewartten soll« (WA 10/I/1, 7–18) die neutestamentlichen Texte als »Zeiger« und »Hinweis in die Schrift der Propheten und Mosi«, in denen Christus materialiter erkannt werde.

> »Syntemal die Euangeli und Epistel der Apostel darumb geschrieben sind, das sie selb solche tzeyger seyn wollen und uns weyßen ynn die schrifft der propheten und Mosi des allten testaments, das wyr alda selbs leßen und sehen sollen, wie Christus ynn die windel thucher gewicklet und yn die krippen gelegt sey, das ist, wie er ynn der schrifft der propheten vorfassett sey. Da sollt unßer studirn und leßen sich uben und sehen, was Christus sey, wo tzu er geben sey, wie er vorsprochen sey, und wie sich alle schrifft auff yhn tziehe, als er selb [Joh. 5, 46] sagt Johan. 5: Wenn yhr Mosi glewbetet, ßo glewbetet yhr auch myr, denn [Joh. 5,39] von myr hatt er geschrieben. Item: forschet und suchet die schrifft, denn die [Röm. 1,2] selbige ists, die von myr getzeugniß gibt.«

Das neutestamentliche Christuszeugnis führt Lesende notwendig hinein in die Schriften Israels, diese Richtungsentscheidung des Reformators nehmen wir gerne auf – gerade in einer Zeit, in der über die Bedeutung und kanonische Geltung des Alten Testaments in der evangelischen Theologie wieder kritisch diskutiert wird und »Christus« in manchen Stellungnahmen zu einem abstrakten Erlösungs- und Freiheitsprinzip verdünnt zu werden droht. Gleichzeitig aber gilt es, Luthers dominant dogmatische Relektüre des Alten Testaments auf den dort »in Windeltücher gewickelten« Christus Jesus hin zu hinterfragen und die Texte des Alten/Ersten Testaments ungleich stärker als Luther es tut als »Wahrheitsraum« (Frank Crüsemann) des Neuen zu entdecken.

So stößt man bei der Relektüre keineswegs nur darauf, wie Jesus von Nazareth in der Schrift »vorfassett sey«, sondern vielmehr auf ein buntes und vielschichtiges Zeugnis in der Rede von dem/den »Gesalbten« und in der Erwartung des biblischen Israels auf das Kommen des Messias (bzw. der Messiasse). Das Wort *mashiah* begegnet im Alten Testament kaum im Sinne der eschatologischen Rettergestalt, sondern wird vor allem für Israels Könige verwendet, aber auch für (Hohe-)Priester und im prophetischen Kontext. Erst in der zwischentestamentarischen Zeit lässt sich von einem ›Messianismus‹ im Sinne einer auf ›den‹ Messias ausgerichteten eschatologischen Hoffnung auf Gottes Königtum sprechen. Gerade wenn im Neuen und im Alten Testament eben *nicht* dasselbe ausgesagt ist, wenn von »Messias« die Rede ist, erscheint eine Differenzen und neue Perspektiven eröffnende Relektüre verheißungsvoll. Wenn *Christen* von dem *Christus* reden, gilt es eine weithin übliche, Israel-vergessene Soteriologie zu überwinden, die eine Linie der Heilsgeschichte so konstruiert, dass darin zwischen dem ›Sündenfall‹ (Gen 3) und der Geburt Jesu kaum Relevantes zu verzeichnen ist. Jesus, der Christus, aber gehört hinein in eine Geschichte, die wieder und wieder zu erzählen ist.

Die kurzen Betrachtungen zu zentralen biblischen Texten, in denen explizit von dem/den Gesalbten die Rede ist, sollen dazu helfen, diese Geschichte wahrzunehmen und so unser Christusbekenntnis mit Hilfe biblischer Verfremdungen neu zu verstehen und zu profilieren. Sie können – so unsere Hoffnung – die Basis einer Predigtreihe im Jahr des Reformationsjubiläums werden oder für Gemeindegruppen bzw. den Religionsunterricht Verwendung finden. Eröffnet werden diese Bibelbetrachtungen durch weitere grundlegende Texte, in denen es erstens um Verortungen zur Christologie im christlich-jüdischen Kontext geht und zweitens gegenwärtige jüdische Stimmen zur Bedeutung des Bekenntnisses zu dem Messias bzw. zur Hoffnung auf die messianische Zeit gesammelt sind. Im Wechselspiel der drei Teile dieses *Plus* ergibt sich so, wie wir meinen und hoffen, ein materialreicher Diskursraum. Im Jahr des Reformationsjubiläums sollte klar sein, dass das Christusbekenntnis, das für die Reformatoren so zentral war, niemals fertig formuliert ist, sondern immer neu in seiner Bedeutung entdeckt werden muss. Die Dynamik des Christus Jesus selbst, der uns bleibend mit Jüdinnen und Juden verbindet, fordert dazu heraus, beständig neu zu entdecken und zu sagen, was er für uns, unser Bekennen und Glauben, unser Leben und Handeln bedeutet.

Alexander Deeg & Manuel Goldmann

# Predigmeditationen[Plus]

## Gottes Gesalbte: Priester – Könige – Propheten
## Solus Christus neu gelesen

### 1. Messias und Christus – grundsätzliche Überlegungen

| | |
|---|---|
| Barbara U. Meyer, Christologie nach der Schoah | v |
| Detlef Dieckmann, Hoffnungsträger. Der Gesalbte im Alten Testament und das Christusbekenntnis | x |
| Christl M. Maier, Jesus als Gesalbter vor dem Hintergrund alttestamentlicher und jüdischer Messiaserwartungen | xiv |
| Heinz Kremers, Christus und die Seinen. Ein neutestamentlicher Impuls | xx |
| Manuel Goldmann, Christusbekenntnis und Christusfrage | xxii |

### 2. Das Kommen des Messias – gegenwärtige jüdische Stimmen

| | |
|---|---|
| Joel Berger, ... dass die endgültige Herrschaft Gottes uns beide braucht | xxiv |
| Walter Homolka, Der Messias heute. Vom Bedeutungsverlust einer jüdischen Vorstellung | xxvi |
| Dalia Marx, Messias und Messianismus im traditionellen und Reformjudentum | xxxiii |
| Andreas Nachama, Was heißt es für mich heute, als Juden, mit vollständigem Glauben an das Kommen des Messias zu glauben? | xxxvi |

### 3. Der Christus und die Gesalbten – biblische Relektüren*

| | |
|---|---|
| Ex 40,12–16: Der eine und die vielen Gesalbten (Katharina Bach-Fischer) | xxxviii |
| 1Sam 16: Ein kleiner jüdisch-christlicher Wortwechsel (Yuval Lapide und Johannes Wachowski) | xl |
| 2Kön 9: Was für ein »Messias«! (Anna Karena Müller) | xlvi |
| Ps 2: Der Körper des Messias (Klara Butting) | xlviii |
| Jes 61: Ein Trostwort inmitten der Anklage (Ann-Kathrin Knittel) | l |
| Joh 1,35–51: Wie wird der Messias gefunden? (Sylvia Bukowski) | lii |
| Apg 10,38: Gesalbt mit Heiligem Geist und mit Kraft (Peter Bukowski) | liv |
| 2Kor 1,18–24: »Gott salbt uns« – Die Gemeinde als Messias (Marlene Crüsemann) | lvii |
| Alexander Deeg, Messianisch predigen. Ein Nachwort | lix |

\* »Zu dem in diesem Kapitel nicht aufgenommenen Salbungstext Mk 14,3–9 enthält der vorliegende Band eine eigene Predigtmeditation: S. 136–140.

# Christologie nach der Schoah

Barbara U. Meyer

Was bedeutet es – im 21. Jahrhundert –, Christologie unter die Zeitbestimmung dieser Überschrift zu stellen? Schließlich ist jegliche Rede von Jesus Christus heute ein Reden nach der Schoah. Doch inwiefern ist es ein anderes Reden, und was genau sollte anders sein? »Christologie nach der Schoah« beschreibt den Diskursrahmen spezifisch christlich-theologischer Fragestellungen, die nach der Schoah neu an Relevanz gewonnen haben.

»Christologie nach der Schoah« unterscheidet sich damit von der amerikanisch geprägten Disziplin der »Post-Shoah Theology«, die konfessionell nicht festgelegt ist und jüdische, christliche und post-christliche Stimmen umfasst. Als zentrales Charakteristikum für jüdisches Denken nach der Schoah hat Zachary Braiterman die »Anti-Theodizee« benannt; die entschiedene Weigerung, Gott angesichts der Schoah zu verteidigen.[1] In der siebenbändigen Dogmatik von Friedrich-Wilhelm Marquardt findet sich bereits in den Prolegomena ein christologischer Kernsatz, der dieser Haltung auf christlicher Seite entspricht: »Es kann nach Auschwitz auch keine Apologie Jesu Christi geben. Uns steht kein Wort zu seiner Verteidigung zu.«[2]

Doch wie ist eine solche ›Verteidigung‹ zu vermeiden? Dieser Frage werde ich in mehreren Schritten nachgehen und zugleich die Entwicklung der Christologie nach der Schoah in drei zeitgeschichtlichen Etappen nachzeichnen: In den siebziger Jahren diente ein christologischer Reduktionismus als Antwort auf den Vorwurf, die Christologie sei ohne Antijudaismus undenkbar. In den achtziger Jahren wurde das Substitutionsdenken vor allem mit der Rede vom ungekündigten Bund korrigiert. In den ersten beiden Jahrzehnten des 21. Jahrhunderts steht das Judesein Jesu im Mittelpunkt der Historischen Jesus-Forschung. In diesen sehr unterschiedlichen Diskursen wurden Antworten formuliert und verworfen, und neue Fragen entwickelt. Die Diagnose des Problems begann in der systematischen Theologie, erste Antworten wurden in den exegetischen Disziplinen herausgearbeitet und neue Fragen in der Historischen Jesus-Forschung gestellt, die jetzt an die zeitgenössische Christologie weitergegeben werden: Dort lautet die aktuelle Frage, wie der jüdische Jesus mit der Zwei-Naturen Lehre zusammenzudenken ist.[3]

## *Von Reduktion zu Differenzrespekt*

Im Horizont des jüdisch-christlichen Dialoges waren in den siebziger und achtziger Jahren reduktionistische Christologien tonangebend: Der traditionelle christliche Absolutheitsanspruch sollte zusammen mit der Göttlichkeit Jesu Christi reduziert werden, und die Betonung der Menschlichkeit Jesu sollte jüdischer Kritik am christlichen Glauben entgegenkommen. Diese populäre Form einer religiösen Selbstbegrenzung, zuweilen auch als »theologischer Besitzverzicht« bezeichnet, verfehlte aber das Ziel

---

1 Vgl. Zachary Braiterman, (God) After Auschwitz. Tradition and Change in Post-Holocaust Jewish Thought, Princeton NJ 1998, 4.

2 Friedrich-Wilhelm Marquardt, Von Elend und Heimsuchung der Theologie. Prolegomena zur Dogmatik, Gütersloh 1992, 139.

3 Vgl. Kayko Driedger Hesslein, Dual Citizenship. Two-Natures Christologies and the Jewish Jesus, London/New York 2015.

einer »Umkehr im Denken«, zu der Marquardt aufgefordert hatte.[4] Es mangelte an theologischer Präzision und an gedanklicher Klarheit: Denn weder war das Dogma der Göttlichkeit Jesu Christi für den kirchlichen Triumphalismus allein verantwortlich, noch beinhaltet die Fokussierung auf Jesu Menschlichkeit eine automatische Korrektur christlicher Überheblichkeit. Bis in die achtziger Jahre war die Bemühung, den universalen und göttlichen Anspruch Christi zu reduzieren, charakteristisch für Theologien im Horizont des jüdisch-christlichen Dialogs. Dies änderte sich erst in den neunziger Jahren, die in Philosophie und Kulturwissenschaften eine positive Haltung zur Differenz hervorbrachten. Unterschiede in der christlichen und jüdischen Haltung zu Jesus wurden nun nicht mehr als Hindernis interreligiöser Verständigung, sondern als beide Seiten bereichernder Diskussionsinhalt angesehen. Die von dem Philosophen Emmanuel Lévinas geprägte Sprache der Andersheit bot jetzt nämlich neue Möglichkeiten, das Eigene und das Andere zusammenzudenken, Andersheit zu bejahen und die Würde der eigenen Tradition wiederzuentdecken.[5]

Die Frage der angemessenen Korrektur christologischer Rede wurde damit allerdings nicht geklärt, und besonders in der deutschsprachigen systematischen Theologie wurde das Scheitern des Reduktionismus oft als Anlass genommen, unkritisch zu traditionellen Denkmustern christlicher Überlegenheit zurückzukehren. Dabei hatte Rosemary Radford Ruether in ihrem bahnbrechenden Buch »Faith and Fratricide« (dt.: »Nächstenliebe und Brudermord«) bereits 1974 eine präzise Diagnose der spezifischen Problematik von Christologie geboten, die sie als voreilig »realisierte Eschatologie« bezeichnet hatte.[6] Der Kern der Problematik bestehe in der Behauptung, die Versöhnung mit Gott in Christus sei im Wesentlichen bereits vollzogen. In dieser Haltung werden Erwartungen an die ferne Zukunft Gottes in die Vergangenheit verlegt. Der Kontrast zur offensichtlich unerlösten Gegenwart aber führt zu Aggression gegenüber denen, die die Ferne der Erlösung personifizieren, und damit zu Antijudaismus. Um dieses Aggressionspotential zu begrenzen, braucht die Christologie eine Zeitverschiebung: Die Versöhnung mit Gott, vor allem aber die Erlösung, gehört der Zukunft. Friedrich-Wilhelm Marquardt hat in seiner umfassenden Dogmatik drei der sieben Bände der Eschatologie gewidmet, und ist damit der Forderung nach mehr theologischer Zukunft in großem Stil nachgekommen.[7] Zu den Systematikern, die die Erlösungsbehauptung innerchristlich problematisiert haben, gehört auch Dietrich Ritschl: Für ihn bildet die »uneingelöste Rede von der Versöhnung« ein eigenes Kapitel der Christologie.[8]

Im christologischen Diskurs, der die Zeitbestimmung nach der Schoah ernstnimmt, finden sich weitere Gründe gegen die Behauptung bereits vollständig geschehener Versöhnung. Das wichtigste Argument besteht meines Erachtens im Hören auf kritische Anfragen der jüdischen »Holocaust-Theologie«. Der Philosoph Emil Fackenheim, der in den späten siebziger Jahren die ersten großen Denkanstöße für eine Theologie nach der Schoah gegeben hat, ist immer noch wegweisend mit seiner Frage an die

[4] Vgl. Marquardt (Anm. 2), 153.

[5] Vgl. Samuel Moyn, Origins of the Other. Emmanuel Levinas between Revelation and Ethics, Ithaca, NY 2005.

[6] Rosemary Radford Ruether, Faith and Fratricide. The Theological Roots of Anti-Semitism, New York 1974, 246.

[7] Friedrich-Wilhelm Marquardt, Was dürfen wir hoffen, wenn wir hoffen dürften. Eine Eschatologie, Gütersloh, Bd. 1,1993; Bd. 2, 1994; Bd. 3, 1996.

[8] Dietrich Ritschl, Zur Logik der Theologie. Kurze Darstellung der Zusammenhänge theologischer Grundgedanken, München 1988, 174.

Christen, ob Karfreitag etwa Ostersonntag überwunden habe.[9] Wohlgemerkt ist dies als Frage formuliert. Emil Fackenheim hat nicht etwa das Ende der Versöhnung oder die Auflösung der Osterbotschaft verkündet. Er hat nie verlangt, christliches Dogma zu ändern. Es ging ihm darum, dass Christen den Kontrast zwischen ihrer Behauptung eines prinzipiellen Sieges über den Tod und der unmittelbaren Erfahrung des Massenmordes im zwanzigsten Jahrhundert wahrnehmen und thematisieren.

Nur wenige zeitgenössische Christologien – wie die von Johann Baptist Metz und Paul van Buren – haben eine Sprache für das Leiden entwickelt, die nicht das Leiden Jesu Christi, sondern das Leiden der Anderen, nämlich jüdisches Leiden zur Matrix hat.[10] Van Buren ist es gelungen, die sonst einseitig zugunsten der christlichen Leidenserinnerung aufgelöste Spannung beizubehalten: Die Sache Gottes erfahre mit jedem jüdischen Tod einen Rückschlag, sei es der Tod Jesu oder einer der Millionen in der Schoah Ermordeten.[11]

Da die Erinnerung an Jesu Leiden ein Herzstück christlicher Glaubenstradition bildet, ist die Diskussion jüdischer Leidenserinnerung in der christlichen Theologie nicht optional, sondern notwendig. Es geht nicht um ein Randthema, sondern um die Mitte des christlichen Glaubens. Christologie nach der Schoah beschreibt daher keine spezielle theologische Disziplin, die etwa als Genitiv-Theologie marginalisiert werden könnte. Jesu Leiden mit zeitgenössischem jüdischen Leiden in Verbindung bringen, ist allerdings nicht unproblematisch. Es kann leichtfertig zu einer ›Christologisierung‹ der Schoah führen, wenn es als Affirmation christlicher Wahrheit nahegelegt wird.[12] Aber hat denn Jesu Leiden nichts zu tun mit jüdischem Leiden des 20. Jahrhunderts? Auch hier geht es in der Christologie nach der Schoah nicht um ein Denkverbot, geschweige denn ein Assoziationsverbot. Die Betonung der jüdischen Zugehörigkeit Jesu kann in diesem Zusammenhang kirchenkritisch zum Ausdruck gebracht werden. Nach der Schoah christologische Sätze zu formulieren, bedeutet nicht, neue Einsichten über das jüdische Leiden Jesu festzuschreiben. Vielmehr geht es um einen Diskurs, der sensibel macht für nicht-christliche Leidenserinnerung. In christlich selbstkritischer Reflexion geht es darum, Christus nicht als Antwort auf die Schoah zu interpretieren, und jüdische Leidenserinnerung nicht als direkte oder indirekte Bestätigung christlicher Glaubenswahrheiten zu missbrauchen.

---

[9] Vgl. Emil L. Fackenheim, To Mend the World. Foundations of Post-Holocaust Jewish Thought, Bloomington/Indianapolis 1994, 286.

[10] Vgl. Barbara Meyer, Die Wiederentdeckung der Anamnese in der christlichen Theologie. Von der Erinnerung des Eigenen und des Anderen Leid, in: Jens Mattern/Günter Oesterle (Hg.), Der Abgrund der Erinnerung. Kulturelle Identität zwischen Gedächtnis und Gegen-Gedächtnis, Berlin 2010, 93–108.

[11] Paul van Buren, Christ in Context (A Theology of the Jewish-Christian Reality, Vol. 3), San Francisco 1988, 166.

[12] Die voreilige Nutzung von Texten aus Elie Wiesels »Nacht« im Zusammenhang christlicher Theologie gehört zu diesem Phänomen, wie z. B. die Szene eines gehängten Kindes, zitiert mit der Frage nach Gott und der Antwort »dort hängt er.« Die behauptete Präsenz Gottes bezieht sich auf ein jüdisches Kind, assoziiert ist jedoch eine Kreuzigungsszene. Damit wird aktuellem jüdischen Leiden eine christliche Wahrheit übergestülpt. Die christliche Kreuzeserinnerung wird so als Erklärung eingesetzt für den Mord an einem jüdischen Kind im biographischen Werk Elie Wiesels. Vgl. das klassische (bereits hinreichend kritisierte aber leider vielfach imitierte) Beispiel bei Jürgen Moltmann, Der gekreuzigte Gott, München 1972, 262ff.

### *Von Substitution zum ungekündigten Bund*

Christologie nach der Schoah bot den theologischen Diskussionsrahmen, die schlechte Gewohnheit des Substitutionsdenkens zu überwinden: Demnach hatte Gott in Christus den neuen Bund geschlossen, der den alten Israelbund zu einem veralteten gemacht habe. Diese Auffassung wurde nun vor allem mit exegetischen Mitteln widerlegt: Paulus selbst verneint die Auflösung des Israelbundes ausdrücklich im Brief an die Römer 11,1. Revidierte paulinische Exegese galt in akademischer Theologie lange Zeit als widerständige Minderheitsmeinung, seit den neunziger Jahren hat sich aber vor allem in der angelsächsischen Literatur ein neuer Konsens gebildet, der die Kontinuität in Paulus' Gottesbeziehung ernstnimmt.[13] Das traditionelle Verständnis, Paulus' Unzufriedenheit mit dem Judentum habe ihn zum Christentum konvertieren lassen, wurde zu Recht als unhistorischer Anachronismus entlarvt.[14]

Eine Glaubenstradition durch eine andere abzulösen, vor allem aber eine Glaubensgemeinschaft als obsolet zu erklären, konnte auch vor dem 20. Jahrhundert nicht als tolerantes Denken bezeichnet werden. Nach der Schoah wird deutlich, dass die Idee, einen Bund durch einen anderen zu ersetzen, eliminatorisches Denken beinhaltet. Sicherlich wäre es abwegig, der kirchlichen Substitutionstheologie per se eine Tendenz zum Genozid zu unterstellen. Aber die Idee, dass eine bestimmte Glaubensgemeinschaft theologisch überflüssig geworden sei, kann nicht mehr grundsätzlich gedankliche Harmlosigkeit für sich in Anspruch nehmen.

Anders als in der Frage des Leidens hat die Alternative zur Substitutionstheologie eine eindeutige, positive Sprache entwickelt, und so wird in Christologien nach der Schoah die Bundestreue Gottes betont. Ironischerweise führt dies zu Spannungen mit jüdischer Theologie nach der Schoah, da die Beteuerung der Treue Gottes nicht genügend Platz für Protest lässt. Doch in den zahlreichen kirchlichen Erklärungen zur Erneuerung des christlichen Verhältnisses zum Judentum wird die theologische Aussage des ungekündigten Bundes als Affirmation des lebendigen Judentums ausgesprochen.

Nicht nur die Paulusforschung wurde am Ende des zwanzigsten Jahrhunderts auf den Kopf gestellt, sondern auch die Historische Jesus-Forschung: In ihrer jetzigen, der sogenannten dritten Phase wird der historische, religiöse und kulturelle Kontext Jesu und damit seine Einbindung in das Judentum der Epoche des Zweiten Tempels betont. Wie der ungekündigte Bund in der paulinischen Theologie stellt auch die Einbindung Jesu ins Judentum im einundzwanzigsten Jahrhundert nicht mehr widerständige Ideologiekritik dar, sondern kirchlichen und akademischen Konsens.

Was die jüdische Identität Jesus allerdings genau für den christlichen Glauben heute bedeutet, wurde bisher nur vage formuliert. Sicherlich birgt die jüdische Bindung Jesu Christi kritisches Potential für die christologische Diskussion. Die korrigierende Funktion ergibt sich allerdings nicht automatisch, und auch christliches Überlegenheitsempfinden und Substitutionsdenken kann grundsätzlich mit der historischen Tatsache des Judeseins Jesu zusammengedacht werden. Im Rahmen einer Christologie nach der Schoah intensiviert die jüdische Zugehörigkeit Jesu Christi die Herausforderung an eine revidierte christliche Haltung zum Leiden, insbesondere zum Leiden Anderer. Eine bleibende ethische und theologische Herausforderung für Post-Schoah Christologien im 21. Jahrhundert ist die Reflexion christologischer Sätze in Hinblick auf ihr

---

[13] Vgl. Ed P. Sanders, Paul: A Very Short Introduction, Oxford 2001.

[14] Vgl. John Gager, Reinventing Paul, Oxford 2002.

anti-genozidales Potential. Wie kann eliminatorisches Denken vermieden und die Affirmation von Andersheit bekräftigt werden? Diese Frage wurde bisher vor allem in Theologien der jüdisch-christlichen Beziehung traktiert. Gegenwärtig und zukünftig ist die kritische Schoah-Erinnerung relevant auch für Christologien im erweiterten interreligiösen Gespräch.

# Hoffnungsträger
# Der Gesalbte im Alten Testament und das Christusbekenntnis

Detlef Dieckmann

Er war für viele ein Hoffnungsträger. Manche nannten ihn sogar »Messias«.

Die Rede ist von Barack Obama. Schon vor seiner Wahl zum Präsidenten der USA und vor dem Erhalt des Friedensnobelpreises 2009 wurde er als »Messias« dargestellt. Obama mit Heiligenschein oder glühendem Herzen – solche Bilder brachten die Erwartung vieler Menschen auf den Punkt: Barack Obama wird sich als erster farbiger Präsident für die Überwindung des Rassismus und als »Messias des Wandels« (so der Fernsehsender n-tv) für eine friedlichere Welt einsetzen.

Inzwischen sind viele von der Amtszeit Obamas enttäuscht: »Er führt jetzt schon länger Krieg als Bush und jeder andere US-Präsident«, bemerkte am 15. Mai 2016 die New York Times. Dass das Problem des Rassismus keineswegs erledigt ist, zeigen nicht erst die Unruhen nach der z.T. tödlichen Polizeigewalt gegen Farbige. Es wird sogar vermutet, dass die Unzufriedenheit in der schwarzen Bevölkerung besonders groß ist, weil die Hoffnungen auf eine Verbesserung ihrer Lage derart hoch waren. Hat Obama als Brückenbauer und Friedensstifter versagt? Hatte er überhaupt eine Chance, die hohen Erwartungen zu erfüllen? Kann es in dieser Welt wirklich jemanden geben, der auf Dauer Frieden schafft?

Auch in alttestamentlicher Zeit haben die Menschen hohe Erwartungen mit den Regierenden verbunden, die sie als Garant für Gerechtigkeit, Frieden und Stabilität betrachteten. Bereits der israelitische König wurde dabei als »Gesalbter« bezeichnet, mit dem hebräischen Begriff: *maschiach,* aramäisch: *meschicha,* wovon sich die gräzisierte Form »Messias« ableitet. Doch war die Bezeichnung *maschiach* in alttestamentlicher Zeit noch deutlich weniger aufgeladen als der Messias-Titel zur Zeit Jesu, der sich in den »Heiligenbildern« von Obama widerspiegelt. Der gesalbte König in Israel wurde noch nicht als der Erlöser schlechthin betrachtet; es wurde noch nicht erwartet, dass mit ihm ein Reich beginnt, das nicht von dieser Welt ist. »Gesalbter« war noch kein endzeitlicher Herrschaftstitel wie später »der Messias«.

Dass in Israel ein König als »Gesalbter« bezeichnet wurde, geht letztlich auf einen alltäglichen und unscheinbaren Vorgang zurück. Denn das Verb *maschach* bedeutet eigentlich »Begießen«, »Einfetten«, »Streichen« oder »Schmieren«. Objekte dieser Handlung sind der menschliche Körper zum Zweck der Pflege oder Kosmetik (Amos 6,6), profane Gegenstände wie Holzschilde (Jes 21,5), Hauswände (Jer 22,14), Brotfladen (Ex 29,2), aber auch kultische Gegenstände wie Mazzeben (Gen 31,13), Altäre (Lev 8,11) oder verschiedene Geräte (Ex 40,9). Die kultisch-symbolische, über das Technisch-Mechanische herausgehende Bedeutung des Verbs *maschach* wird in den deutschen Übersetzungen mit dem Verb »salben« zum Ausdruck gebracht: profane Gegenstände werden eingeölt, Kultgeräte oder eben auch der König werden gesalbt.

Die Salbung des Königs war sichtbares Zeichen dafür, dass Gott einen Menschen aus Israel zum König auserwählt hat und dieser in sein Amt eingesetzt wurde. Als Subjekte dieser Salbung erscheinen Priester (1Kön 1,34.39.45), Propheten wie Natan (1Kön 1,34.45) oder Samuel, der Saul (1Sam 10,1) und David (1Sam 16,13) salbt, eine Gruppe von mehreren Personen (Richter 9,8.15) oder ADONAJ selbst (1Sam 10,1; 15,17).

Wie das Verhältnis zwischen Adonaj und seinem Gesalbten gesehen wird, lässt sich an Ps 2 ablesen: Danach adoptiert Gott den König, indem er ihn als sein Kind betrachtet, das er durch die Einsetzung »gezeugt« oder »geboren« hat (Ps 2,7) – je nach Übersetzung des Verbs *jalad.* Dies geschieht in einem Kontext, der den König als Gottes Sohn durch fremde Machthaber und Nationen bedroht sieht (vgl. Ps 2,2).

Dies macht auf einen Aspekt aufmerksam, der die Geschichte des israelitischen Königtums durchzieht: Die Menschen sind sich deutlich bewusst, dass ihr König immer wieder angegriffen werden kann und verwundbar bleibt wie jeder andere. Die Salbung verleiht zwar eine besondere Würde, macht aber nicht immun. Deswegen wird der König für unantastbar erklärt (vgl. 1Sam 24,7.11.; 26,9.11.16.23; 2Sam 1,14), und Gott wird gebeten, seinem Gesalbten einen besonderen Schutz zu gewähren.

So bittet das betende Ich Gott in Ps 132,10, das Angesicht des Gesalbten nicht zurückzuweisen. In ähnlicher Weise bittet Salomo in 2Chron 6,42 Gott, er möge sich an seine Erweise der Treue (*chäsäd* pl.) erinnern. Ein weiteres Beispiel: Der aus den Fängen Sauls gerettete David soll sich nach 2Sam 22,51 bzw. Ps 18,51 zu jenem Gott bekannt haben, der seinem König Hilfe oder Erlösung (*jeschu'ah*) schenkt und nicht nur David die Treue (*chäsäd*) erweist, sondern auch seinen Nachkommen bis in alle Zeit. Auch in Ps 20,7 wird David die Aussage in den Mund gelegt, dass Adonaj ihn erhören und mit machtvollen Taten seiner starken Rechten helfen (*jasch'ah*) werde.

Es sind also zwei Begriffe, die in diesen Texten das Verhalten Gottes zu seinem Gesalbten kennzeichnen: einmal *chäsäd* als Treue, Solidarität, Zuwendung, »Gnade«, und dann *jeschu'ah* als Hilfe, Rettung und Erlösung.

Dabei zeigt sich immer wieder die Überzeugung, dass das Ergehen des Volkes eng mit dem des Gesalbten zusammenhängt. So wird in Klgl 4,20 der Gesalbte Adonajs mit der *ruach,* dem Lebensatem, sogar gleichgesetzt. Die Verknüpfung des Schicksals des Volkes mit dem gesalbten König geht so weit, dass z.T. gar nicht mehr deutlich ist, ob die Texte noch vom König sprechen oder mit dem Gesalbten bereits das Volk selbst gemeint ist. In Ps 84,10 ist noch deutlich, dass sich die Menschen von ihrem Gesalbten einen Schutz für sich versprechen. In Ps 28,8 jedoch werden Volk und Gesalbter bereits parallel gesetzt, wobei wiederum der Begriff *jeschu'ah* verwendet wird: »Adonaj ist die Stärke seines Volkes – ein Hort von Erlösungen/Hilfen (*jeschu'ah* pl.) für seinen Gesalbten ist er« (Ps 28,8).

Einen ähnlichen Parallelismus benutzt der Prophet Habakuk, wenn er die Hilfe Adonajs kommen sieht: »Zur Rettung (*jescha'*) deines Volkes bist du ausgezogen, zur Rettung (*jescha'*) deines Gesalbten« (Hab 3,13a).

So steht die rettende Gnade Gottes gegenüber seinem Gesalbten für die rettende Gnade gegenüber seinem Volk. Doch gilt eben auch das Umgekehrte: Wird der Gesalbte bedroht, ist mit ihm das ganze Volk in Gefahr.

Wie sehr es bei dem Gesalbten um die Erlösung des Volkes aus der jeweiligen Notsituation geht, macht das Beispiel des Perserkönigs Kyros deutlich, der als einziger nicht-israelitischer König im Alten Testament als »Gesalbter« (Jes 45,1) bezeichnet wird – obwohl Kyros diesen Titel sicherlich nicht für sich in Anspruch genommen hat und gar nicht gewusst haben dürfte, dass er so tituliert wird. Kyros war der Hoffnungsträger für die Israeliten, weil er ihre Gefangenschaft in Babylon beendete und als Teil seiner toleranten Religionspolitik den Wiederaufbau des Jerusalemer Tempels ermöglichte.

Doch nicht nur Könige, auch Propheten wie Elischa (1Kön 19,16) und der Priester bzw. der Hohepriester (Ex 40,15; Lev 4,3) wurden in alttestamentlicher Zeit gesalbt. Ein spätes Beispiel dafür ist die Stelle in Dan 9,25f.: Hier sieht ein Engel einen Gesalbten kommen, der von den Feinden umgebracht wird. Bei diesem Gesalbten könnte es sich um den Hohenpriester Jeschua handeln, der nach dem Exil mit dem Wiederaufbau des Tempels befasst war (vgl. Sir 29,11f.; Esra 3,8ff.; Sach 4,14).

Auch in Jes 61,1f. werden die großen Hoffnungen deutlich, die Israel mit dem Gesalbten verbindet. Es ist nicht ganz deutlich, wer hier spricht (Ist es Zion selbst? Oder der Prophet?). In jedem Fall erinnern die folgenden Worte an die Reden des Dieners Gottes bzw. Gottesknechtes (vgl. Jes 42,1ff.):

> »Gesalbt hat mich ADONAJ,
> um den Elenden gute Neuigkeiten zu bringen;
> geschickt hat er mich,
> um die Wunden derer zu verbinden, die im Herzen gebrochen sind,
> um Freilassung auszurufen für die Gefangenen,
> die Öffnung des Gefängnisses für die Gefesselten,
> um ein Gnadenjahr ADONAJS auszurufen,
> einen Tag der Wiedergutmachung Gottes,
> um alle Trauernden zu trösten« (Jes 61,1f.).

Der Auftrag des Gesalbten wird also darin gesehen, dass er sich um die inneren Wunden der Menschen kümmert und denen Freiheit und Gerechtigkeit bringt, die beides entbehren. Andere Texte, die wir gewöhnlich ›messianisch‹ verstehen und die in den Weihnachtsgottesdiensten als Weissagungen eine Rolle spielen, wie Jes 7,14ff., 9,5f., 11,1ff., Hes 37,24ff., sprechen dagegen nicht von einem Gesalbten.

Somit richten sich die Hoffnungen, die die Menschen in alttestamentlicher Zeit mit dem gesalbten König oder Gesandten Gottes verbanden, auf die Gegenwart oder die unmittelbare Zukunft, auf das Hier und Jetzt, auf konkrete, äußerlich sichtbare und erfahrbare Veränderungen in oft notvollen und häufig verzweifelten Lagen. Insofern sind die Erwartungen gegenüber den israelitischen Königen, dem Perserkönig Kyros am Ende der Exilszeit und einem in schwieriger Zeit neu gewählten amerikanischen Präsidenten in der Tat nicht weit voneinander entfernt. Auch als es in Israel keinen König mehr gab, überlebten die Hoffnungen, die mit ihm verknüpft waren.

Im Neuen Testament wird der Messias mit dem griechischen *christos* gleichgesetzt (Joh 4,25) und als ein Titel verwendet, mit dem sich Jesus identifiziert (4,26). Indem Jesus in seiner Predigt in Nazareth Jes 61,1f. zitiert, bezieht er den Auftrag, die zu Unrecht Gefangenen zu befreien und sich um die Wunden der vom Leben Versehrten zu kümmern, auf sich. Als Gesalbter ist Jesus wie ein israelitischer König, der für sein Volk sorgt, wie ein Prophet, der zur Umkehr aufruft und Heil verkündigt, und wie ein Hohepriester, der (nach dem Hebräerbrief) sich selbst als Opfer darbringt. Insofern gründet die altprotestantische Lehre vom dreifachen Amt Jesu als König, Prophet und Priester letztlich im alttestamentlichen Begriff des Gesalbten.

Doch wie die Gesalbten im Alten Testament ist Jesus auch als Gottes Sohn verletzlich geblieben und dem Tod nicht entgangen. Damit stellte sich auch die Frage, ob seine Mission, der Welt Frieden zu bringen, nicht gescheitert ist. Und solange Menschen wegen ihrer Hautfarbe, ihres Glaubens, ihrer sozialen Stellung oder aus anderen beliebigen Gründen getötet werden, solange Menschen aus politischen Motiven eingesperrt werden, solange Kinder innere und äußere Wunden aus Kriegen davontragen und Menschen auf der Flucht vor solchen Kriegen im Meer ertrinken, stellt sich diese Frage jeden Tag neu.

Insofern lässt sich der Titel »Messias« bzw. »Christus« als Ausdruck einer Sehnsucht lesen, die immer noch lebendig ist. »Jesus Christus« heißt in dieser Perspektive: Jesus ist der Gesalbte, mit dem die Welt anders werden sollte, mit dem der Frieden beginnen sollte, nicht irgendwann, sondern hier und jetzt. Solange dieser Friede noch nicht die Welt beherrscht, warten wir Christinnen und Christen gemeinsam mit den Jüdinnen und Juden darauf, dass Gottes Messias die Welt rettet und erlöst.

Wir sind nicht zum Messias gesalbt wie er. Aber wir sind *en christo* (2Kor 5,17; Gal 3,28), wie wir in der Taufe feiern; wir gehören zum Gesalbten, sind in Gemeinschaft mit ihm, und sind durch ihn miteinander verbunden. Deswegen bin auch ich ein Hoffnungsträger und habe Anteil an dem, was den Messias ausmacht. Ich hoffe, ich glaube daran, dass mit Jesus Christus ein neuer Anfang gesät ist, der meinem Leben und der ganzen Welt eine neue Zukunft gegeben hat – auch wenn es mir manchmal schwerfällt, das zu sehen. Von Jesus, dem zur Hoffnung Gesalbten, höre ich: Ich muss nicht daran verzweifeln, dass alles beim Alten bleibt, dass sich nichts zum Positiven wenden kann, niemand ist verdammt, so zu bleiben, wie er ist. Nein, es kann jederzeit etwas Neues beginnen – in der Welt und mit mir, im öffentlichen Bereich wie im Privaten. Wenn es nicht längst schon begonnen hat.

# Jesus als Gesalbter vor dem Hintergrund alttestamentlicher und jüdischer Messiaserwartungen

Christl M. Maier

Das älteste überlieferte Evangelium im christlichen Kanon beginnt mit den Worten:

> »Anfang des Evangeliums von Jesus Christus, dem Sohn Gottes. Wie geschrieben steht beim Propheten Jesaja: ›Siehe, ich sende meinen Boten vor dir her, der deinen Weg bereiten wird.‹ ›Stimme eines Rufers in der Wüste: Bereitet den Weg des Herrn, ebnet seine Pfade!‹« (Mk 1,1–3)

Der vermeintliche Name »Jesus Christus« ist bereits ein Bekenntnis: »Jesus ist der Gesalbte«, d.h. der Messias. Der Evangelist Markus beginnt die Geschichte des »Gesalbten« mit einem Schriftzitat, das er zwar dem Propheten Jesaja zuschreibt, das eigentlich aber zwei Schriftverse kombiniert: die Sendung eines Boten aus Mal 3,1 (vgl. Ex 23,20) mit dem Heilsruf von Jes 40,3 nach der Septuaginta-Fassung. Gegenüber Jes 40,3 ergibt sich eine geringfügige, aber bedeutsame Verschiebung. Das griechische κύριος gibt in Jes 40,3, wie in der Septuaginta üblich, den hebräischen Gottesnamen wieder. In Mk 1 aber wird der »Weg des Herrn« zum Weg Jesu, denn der zur Wegbereitung aufrufende Gottesbote ist Johannes der Täufer, der in der Wüste »eine Taufe der Umkehr zur Vergebung der Sünden« (Mk 1,4) predigt.

In nuce wird hier deutlich, worum es Markus geht: Er bekennt Jesus als Messias und interpretiert sein Wirken und seinen Tod vor dem Hintergrund der Schrift, zeichnet ihn also in die jüdische Messiaserwartung ein. Dies ist jedoch angesichts des Todes Jesu am Kreuz keineswegs selbstverständlich. Zwar ruft der Begriff χριστός »Gesalbter« Bedeutungsgehalte auf, die durch bestimmte alttestamentliche Vorstellungen von einem »Gesalbten« und seinen Funktionen bzw. Aufgaben geprägt sind, unter denen die Erlösung Israels von der Fremdherrschaft an vorderster Stelle steht. Allerdings gilt gemäß der Schrift ein Gekreuzigter als von Gott verflucht (Dtn 21,23; vgl. Gal 3,10–14), d.h. aus alttestamentlicher und jüdischer Perspektive wird Jesus den traditionellen ›Messiaserwartungen‹ gerade nicht gerecht. Wie aber kommen die ersten Christinnen und Christen auf die Idee, dass ein nach dem Gesetz Gekreuzigter, von Gott Verfluchter und mit seinem Anspruch Gescheiterter »Gesalbter« genannt werden und eine Bedeutung für das im Glauben Israels gründende Bekenntnis der Kirche haben kann?

## *1. Einblicke in die Gesalbten-Traditionen des Alten Testaments*

Das griechische χριστός »Gesalbter« übersetzt in der Septuaginta das hebräische Nomen מָשִׁיחַ (*maschiach*). Das Einreiben mit Öl gehört im antiken Israel zunächst zur Körper- und Totenpflege. Daneben gilt die Salbung als Rechtsakt zur Einsetzung von Königen und zur Übertragung von Kraft, Macht und Ehre.[1] Hinsichtlich des Königs beziehen sich die meisten biblischen Stellen auf Saul und David.[2] Viele Psalmen preisen den irdischen König als von Gott Gesalbten und beschreiben sein machtvolles Wirken (z.B. Ps 2,2.6–9; 18,51; 132,10–18). Im Kontext des Kultes werden in nach-

---

1 Vgl. Martin Karrer, Der Gesalbte. Die Grundlagen des Christustitels, Göttingen 1990, 95–101.

2 Vgl. zu Saul 1Sam 24,7.11; 26,16; 2Sam 1,14 u.ö., zu David 1Sam 16,6.13; 2Sam 23,1; Ps 18,51 u.ö., daneben werden Jehu (1Kön 19,16; 2Kön 9,12) und sogar zwei ausländische Könige, Hazael von Damaskus (1Kön 19,15) und der persische König Kyros (Jes 45,1), als Gesalbte bezeichnet.

exilischen Texten auch die Salbung des Hohepriesters (Lev 4,3.5.16; 6,15; 8,12; vgl. Dan 9,25f.) und der Kultgeräte genannt (Lev 8,10–12). Zwei ebenfalls nachexilische Texte nennen die Salbung eines Propheten (1Kön 19,16; Jes 61,1).

Durch die Verschränkung der Vorstellung vom »Gesalbten Gottes« mit prophetischen Heilsorakeln über einen Retter aus dem Königshaus bekommt die Salbung eine besondere Bedeutung, obwohl diese Ankündigungen eine ganz andere Terminologie verwenden.[3] Ausgangspunkt dieser Hoffnung ist die Nathanweissagung in 2Sam 7,12–16, die David einen Nachfolger und den Bestand seiner Dynastie verspricht. Einige Orakel beziehen sich zunächst auf die nahe Zukunft. So kündet die Immanuel-Weissagung in Jes 7,14–16 an, dass die Gegner des Königs Ahas entmachtet sein würden, noch bevor ein demnächst im Königshaus geborener Junge lernen werde, das Böse zu verwerfen und das Gute zu wählen – also in einem Zeitraum von wenigen Jahren. Die Ankündigung eines »gerechten Sprosses« (צמח צדיק, *zämach zadiq*) in Jer 23,5f. hat sich wohl zunächst auf den König Zedekia bezogen. Die ins Jahr 520 v. Chr. datierten Ankündigungen über den »Siegelring JHWHs« (Hag 2,23) und den »Spross« (צמח, *zämach*, Sach 3,8; 6,12) spiegeln die Hoffnung auf die Wiedererrichtung des davidischen Königtums nach dem Bau des Zweiten Tempels. Die Vision Sacharjas vom Leuchter und den zwei Ölbäumen (Sach 4,1–12) bzw. den »Ölsöhnen« (בני־היצהר, *bene-hajizhar*, Sach 4,14) bezieht sich wahrscheinlich auf den Davididen Serubbabel und den Priester Josua (vgl. Sach 3,8; 4,9). Erst als sich gegen Ende des 6. Jahrhunderts v. Chr. abzeichnet, dass die Wiedererrichtung des davidischen Königtums politisch nicht durchsetzbar ist, werden diese prophetischen Heilsworte als Ankündigungen eines zukünftigen Herrschers gelesen – eine Relektüre, die deren Erfüllung auf die Zukunft verschiebt. So weitet die Ankündigung eines gerechten Herrschers aus dem Stamm Isais, des Vaters Davids, in Jes 11,1–9 die Verheißung von Jes 7 auf die Vorstellung eines paradiesischen Friedensreiches für Menschen und Tiere aus. Mit der Ankündigung eines davidischen »Sprosses der Gerechtigkeit«, der Recht und Gerechtigkeit aufrichten wird, knüpft Jer 33,14–18 an die Verheißung des »gerechten Sprosses« aus Jer 23,5f. an, vertritt aber mit der Dyarchie von König und levitischen Priestern eine modifizierte Version der Ölsöhne von Sach 4. Die prophetischen Heilsorakel lassen noch erkennen, dass sich die Erwartung eines königlichen Messias erst allmählich in einer Zeit fortgesetzter politischer Fremdherrschaft entwickelte. Ihr zur Seite gestellt ist die Vorstellung, dass der Jerusalemer Hohepriester ebenfalls ein Gesalbter und daher von Gott eingesetzt ist (Lev 4,3.5.16; 6,15; 8,12).

## *2. Transformationen in der jüdischen Tradition*

Die in späten Texten des Alten Testaments greifbaren Vorstellungen von Gottes Gesalbten werden unter dem Eindruck des kriegerischen zweiten Jahrhunderts v. Chr. und der Herrschaft der Hasmonäer (165–63/37 v. Chr.), die als Nicht-Davididen Königtum und Hohepriesteramt vereinen, neu belebt und neu arrangiert, sodass um die Zeitenwende verschiedene Messiaserwartungen im Umlauf sind.[4]

---

[3] Einen prägnanten Überblick bietet Otto Kaiser, Der Messias nach dem Alten und Neuen Testament, Berliner Theologische Zeitschrift 31 (2014), 64–107.

[4] Vgl. John J. Collins, The Messiah in Ancient Judaism, Berliner Theologische Zeitschrift 31 (2014), 17–40, sowie ausführlicher Stefan Schreiber, Gesalbter und König. Titel und Konzeptionen der königlichen Gesalbtenerwartung in frühjüdischen und urchristlichen Schriften, Berlin/New York 2000.

In den Psalmen Salomos (Mitte 1. Jh. v. Chr.) finden sich Hinweise auf die Ablehnung der hasmonäischen Herrschaft. So erinnert PsSal 17 an Gottes Verheißung für das davidische Königtum (V4), spricht von der gewalttätigen Inbesitznahme des Königtums (VV5f.) und bittet Gott, einen davidischen Herrscher zu senden, der die Frevler zerschmettern, Jerusalem von gottlosen Völkern reinigen sowie das heilige Volk versammeln und in Gerechtigkeit regieren soll (VV21–29). PsSal 18 bittet Gott, seinen Gesalbten heraufzuführen, damit dieser in der Weisheit des Geistes, der Gerechtigkeit und Kraft herrsche (VV5–8).[5]

In jüdisch-apokalyptischen Schriften aus dem ersten Jahrhundert n. Chr., wie dem syrischen Baruch, 4. Esra und den Bilderreden das äthiopischen Henochbuches (äthHen 37–71), wird ein Messias verheißen, der im Kampf gegen die herrschende Macht eine neue Welt heraufführt. In 4. Esra 12,31–32 wird dieser Gesalbte als Löwe beschrieben, der den Adler, das Symbol für Rom, überwindet. Unter Aufnahme von Dan 7,13f. wird in äthHen 46 und 48 der eschatologische Gesalbte als vergöttlichter Menschensohn charakterisiert, der schon vor aller Schöpfung bei Gott war und Israel befreien wird.[6]

Verschiedene Messiasvorstellungen spiegeln auch die in Qumran gefundenen Schriften wider. In der Gemeinderegel (1 QS IX 11) und der Damaskusschrift (CD XXI 23f.; XIV 19; XIX 10f.; XX 1) wird das Kommen je eines Gesalbten Aarons und Israels erwartet, also eine Herrschaft von Priester und König nach Art von Sach 4. In 1QSa II 11–22 wird jedoch dem hohepriesterlichen Gesalbten der Vorrang eingeräumt, der beim endzeitlichen Mahl der Gemeinschaft den Vorsitz einnimmt. Außerdem ist ein als Spross Davids bezeichneter, herrscherlicher Gesalbter belegt (4Q252 V1–7), der in 1QSB V20–29 und 4Q285 Fragm. 5 mit dem »Fürsten« der Gemeinde identifiziert wird, die sich als das wahre Israel versteht. Trotz der verschiedenen Gestalten, die mit Rückgriff auf unterschiedliche alttestamentliche Stellen charakterisiert werden, stützen die Qumranschriften die Erwartung eines göttlich erwählten, königlichen Retters davidischer Abkunft, wenngleich sie diesem einen priesterlichen Gesalbten bei- bzw. sogar überordnen.[7]

### *3. Die an Jesus herangetragenen und enttäuschten Erwartungen*

Um die Zeitenwende, insbesondere nach dem Tod Herodes des Großen im Jahre 4 v. Chr. und durch den steigenden Einfluss Roms in Palästina, erwarteten viele Menschen den Anbruch messianischer Herrschaft. Diese Erwartung dokumentiert der Historiker Flavius Josephus, der in seinen Schriften mehrere Messiasanwärter aufführt.[8] Die Ausrufung Bar Kochbas, des Anführers des zweiten jüdischen Aufstands gegen die Römer, zum Messias durch Rabbi Akiba ist ein weiteres Beispiel (vgl. jTa'anit 4,8). Die überwiegende Erwartung an diesen Gesalbten war politisch, d.h. er sollte Israel von römischer Fremdherrschaft befreien und das davidische Königtum wieder errichten.

Nach Ausweis einiger neutestamentlicher Stellen wurde eine solche politische Erwartung auch an Jesus herangetragen, der ihr jedoch weder im Hinblick auf seine Verkündigung noch mit seinem Weg in den Tod am Kreuz gerecht wurde. Sie ist

5 Vgl. Schreiber (Anm. 4), 161–190.
6 Vgl. Collins (Anm. 4), 33–38; Daniel Boyarin, Der Menschensohn in 1. Henoch und 4. Ezra. Andere jüdische Messiasse im 1. Jahrhundert, Berliner Theologische Zeitschrift 31 (2014), 41–63.
7 So das Fazit von Schreiber (Anm. 4), 239–245.
8 Vgl. Josephus, Jüdische Altertümer 17,271–276 und 278–285; 20,97f.; ders., Jüdischer Krieg 2,56 und 61f. sowie 2,433f. und 4,503.

beispielsweise in der Rede der Jünger in Lk 24,21: »Wir aber hofften, dass er es sei, der Israel erlösen werde«, impliziert und hat sich mit der Kreuzigung zerschlagen. Nach Apg 1,6 fragen die Jünger sogar noch den Auferstanden: »Herr, wirst du nun (endlich) die Königsherrschaft für Israel wieder aufrichten?« Der aber weist diese Erwartung zurück und gemahnt die Jünger an ihren Auftrag, seine Zeugen in aller Welt zu sein. Bereits die Frage des Täufers: »Bist du es, der da kommen soll oder müssen wir auf einen anderen warten?« (Mt 11,3/Lk 7,19), spiegelt die Hoffnung, dass Jesus Israel von der Fremdherrschaft befreie. Sie wird mit Verweis auf die tritojesajanische Prophetie abgewiesen (Mt 11,5f./Lk 7,22f. mit Bezug auf Jes 61,1): Die Herrschaft Gottes ist eine Herrschaft, die nicht auf politische Macht gerichtet ist, sondern auf die barmherzige Zuwendung zu denen, die nach dem geltenden Recht keinen Zugang zu den Heilsinstitutionen Israels haben.

Als weiteres Indiz für diesen politischen Hintergrund kann schließlich das Urteil des Pilatus über Jesus als »König der Judäer« angesehen werden (Mk 15,1–14 par.). Unabhängig davon, ob Jesus selbst diesen Anspruch hatte, konnte eine Anklage Jesu unter Unterstellung einer solchen Anmaßung vom römischen Präfekten als Aufstandsversuch gegen Rom verstanden werden.

### *4. Jesus als Messias anderer Art*

Wie kann Jesus angesichts dieser enttäuschten politischen Erwartungen und trotz seines Kreuzestodes dennoch als »Gesalbter« verstanden werden? Das konnte nur durch ein anderes Verständnis der Königsherrschaft Gottes und durch eine multiperspektivische Transformation der Messiaserwartung gelingen.

Das Zeugnis der Apostel über die Auferstehung Jesu und ihre Verkündigung des Evangeliums versteht Gottes Königsherrschaft als eine Herrschaft des Geistes der Barmherzigkeit, indem sie Jesus vor allem als prophetischen Gesalbten präsentiert. So lässt der Evangelist Lukas Jesus in der Synagoge von Nazareth Jes 61,1f. lesen: »Der Geist des Herrn ist auf mir, weil er mich gesalbt hat, um Armen frohe Kunde zu bringen; er hat mich gesandt, Gefangenen die Freilassung zu verkünden und Blinden die Heilung, Unterdrückte in die Freiheit zu entlassen, ein Gnadenjahr des Herrn zu verkünden« (Lk 4,18f.). Diese Salbung wird konkret durch die Gabe des Geistes Gottes, die Markus bereits bei der Taufe Jesu erzählt (Mk 1,9–11). Der Geist Gottes schwebt in Gestalt einer Taube auf Jesus herab. Gleichzeitig charakterisiert eine Himmelsstimme Jesus als Sohn Gottes mittels eines Zitats aus Ps 2,7, der Akklamation des israelitischen Königs bei der Thronbesteigung: »Du bist mein geliebter Sohn, an dir habe ich Wohlgefallen« (Mk 1,11). Das von Markus zugesetzte Adjektiv ὁ ἀγαπητός (»geliebt«) spielt wahrscheinlich auf den Gottesknecht aus Jes 42,1 an, denn auch er ist erwählt, geistbegabt und Gott wohlgefällig. Damit speist sich Jesu Messianität bei Markus aus königlicher und prophetischer Tradition und transformiert zugleich politisch-messianische Erwartungen.

Auch das Jesuswort »ich bin nur gesandt zu den verlorenen Schafen des Hauses Israel« (Mt 15,24; vgl. 10,6) trägt eine prophetische Konnotation, knüpft es doch an die Scheltrede gegen die Hirten in Ez 34 an, in der Gott sich selbst als Versammler der zerstreuten Schafe charakterisiert (VV 11–16) und schließlich einen neuen Hirten, seinen Knecht David, ankündigt (V 23). Der die Vertreibung der Händler aus dem Tempelhof erklärende Satz »Mein Haus soll ein Bethaus genannt werden für alle Völker« (Mk 11,17 par.) zitiert mit Jes 56,7 eine Heilsweissagung für die Zukunft Zions als

Zentrum der Anbetung JHWHs sogar durch Fremde. Beide Stellen verweisen darauf, dass Jesus wohl überzogene politisch-messianische Erwartungen zurückgewiesen hat, sich aber als von Gott Gesandten versteht.

Eine weitere Transformation der Messiaserwartung erfolgt durch die Aufnahme der Menschensohn-Tradition aus Dan 7,13f. In Daniels Traumvision werden vier furchterregende, über die Erde herrschende Tiere von einem hochbetagten Thronenden zur Rechenschaft gezogen und getötet. Danach kommt mit den Wolken des Himmels einer »wie eines Menschen Sohn« (aramäisch כבר אנש, *ke-bar änosch*, griechisch ὡς υἱὸς ἀνθρώπου), dem der Hochbetagte auf ewig Macht, Ehre und die Königsherrschaft über alle Völker verleiht. Während äthHen 46 und 48 im Anschluss an Dan 7 einen präexistenten, vergöttlichten Menschensohn beschreiben, verbinden die Evangelien den Menschensohn mit Niedrigkeitsaussagen, die sein Leben und Sterben deuten: »Der Menschensohn muss Vieles erleiden und von den Ältesten und den Hohenpriestern und den Schriftgelehrten verworfen und getötet werden und nach drei Tagen auferstehen« (Mk 8,31/Lk 9,22; vgl. Mk 9,12; Lk 24,7).

Nach Mk 14,62/Mt 26,64 (vgl. Lk 21,27) antwortet Jesus auf die Frage des Hohenpriesters, ob er der (politische) Messias sei, mit der Selbstbezeichnung als Menschensohn, der mit den Wolken des Himmels kommen und zur Rechten der göttlichen Macht sitzen werde. Diese Aussage verbindet die Vorstellung von Dan 7,13f. mit der Aufforderung an den König in Ps 110,1, sich zur Rechten Gottes zu setzen. Der König wird in Ps 110,4 als »Priester in Ewigkeit nach der Weise Melchisedeks« gepriesen. Demzufolge wird Jesus in den Evangelien als Gottes Gesalbter verstanden, der königliche, prophetische und priesterliche Traditionen eines endzeitlichen Retters verbindet und dessen Leiden und Sterben seiner Messianität gerade nicht entgegenstehen. Der Hebräerbrief nimmt diese Vorstellung explizit als Grundlage seiner Christologie auf (Hebr 8–10). Ohne den Bezug auf unterschiedliche alttestamentliche Traditionen und deren Kombination wäre eine Transformation der politischen Messiaserwartung unmöglich gewesen.

### *5. Fazit: Jesus als Christus der Kirche und Messias Israels*

So wenig die verschiedenen Erwartungen eines Gesalbten Gottes in den alttestamentlichen und jüdisch-hellenistischen Schriften auf einen Nenner zu bringen sind, so vielstimmig ist das neutestamentliche Zeugnis von Jesus als Messias. Angesichts der um die Zeitenwende aktuellen Hoffnung auf einen politischen Messias, der Israel von der Fremdherrschaft befreie und das Königtum Davids wiederbelebe, stellt der Tod Jesu am Kreuz ein fast unüberwindbares Hindernis für die Behauptung seiner Messianität dar. Die Deutung des Wirkens und Sterbens Jesu als des Gesalbten in den Evangelien lässt sich vor diesem Hintergrund als eine kreative Auslegung alttestamentlicher und frühjüdischer Traditionen verstehen, die aufgrund der Erscheinungen des Auferstandenen eine Umdeutung der Messiaserwartung vornimmt, indem sie königliche, prophetische und priesterliche Vorstellungen miteinander kombiniert, um die Bedeutung Jesu für den Gottesglauben zu erschließen. Das christliche Bekenntnis zu Jesus als Gesalbtem, Gottes Sohn und Menschensohn bleibt unter Absehung von solcher Schriftauslegung sowie der historischen und theologischen Tiefendimension dieser Titel unverständlich. Deshalb ist Peter von der Osten-Sacken zuzustimmen, der betont: »Der Titel ›Messias‹, auf Jesus bezogen, bindet *im recht verstandenen Sinne* die christliche Gemeinde sehr viel enger an die jüdische Gemeinschaft, als dass er Juden und Christen trennte.«[9]

Wer sich mit Martin Luther zum *solus Christus* bekennt, kann gar nicht anders, als die jüdische Identität des Gesalbten Gottes wahr- und ernst zu nehmen. Ein solches Wahrnehmen schließt die Kenntnis der alttestamentlichen und frühjüdischen Heilserwartungen ebenso ein wie die Einsicht, dass die Anerkennung Jesu als Messias nicht evident und objektiv ableitbar ist, sondern den Glauben an seine Auferweckung durch den Gott Israels voraussetzt. Ein solches Ernstnehmen impliziert, dass das jüdische Nein zur Messianität Jesu eine aus der Perspektive Israels legitime Deutung darstellt, weil die hebräischen Schriften de facto eine zweifache Nachgeschichte haben.

Wie das jüdische Nein und das christliche Ja zur Messianität Jesu vereinbar sind, hat Paulus bekanntlich in Röm 9–11 zu erklären versucht. Im Sinne von Röm 11,25–27 könnte der auferweckte Gekreuzigte als der Messias der Völker und erst der wiederkommende Christus als Messias Israels verstanden werden – allerdings in strikter Bezogenheit auf die Mahnung an die Christusgläubigen aus den Völkern: »Nicht du trägst die Wurzel, sondern die Wurzel trägt dich« (Röm 11,18). Der Glaube an Christus als Gesalbten und dessen enge Verbindung mit den an Israel ergangenen Verheißungen, die den ungekündigten Bund Gottes mit seinem Volk bezeugen, schließen deshalb sowohl die Abkehr der Kirche vom Alten Testament als Kanon als auch die christliche Mission an Jüdinnen und Juden aus.

---

[9] Peter von der Osten-Sacken, Jesus – Messias Israels?, in: Markus Witte (Hg.), Der Messias im interreligiösen Dialog. Christliche, jüdische und islamische Stimmen aus Vergangenheit und Gegenwart, Leipzig 2015, 33–47, 36.

# Christus und die Seinen
## Ein neutestamentlicher Impuls[1]

Heinz Kremers

Im Neuen Testament ist der Messias nie allein. Zum Messias gehört wesenhaft die Schar der messianischen Menschen hinzu.

Es fällt auf, dass Jesus erst öffentlich auftritt, nachdem er seine Jünger berufen hat. Im Neuen Testament handelt Jesus eben nie allein, er beruft zuerst seine Jünger und dann tritt er öffentlich auf. Denn er will sein Werk nicht alleine tun, er braucht die, die er in den Seligpreisungen als diejenigen preist, die jetzt schon Anteil am Gottesreich haben. Sie sollen in seiner Nachfolge und mit ihm zusammen das Heilswerk tun. Die Vollmacht Jesu zum messianischen Reden und Handeln ist eine Vollmacht, die er nicht für sich behält, sondern an der er den Jüngern Anteil gibt. Die Antwort Jesu auf die Anfrage Johannes des Täufers: Blinde sehen, Lahme gehen, Aussätzige werden rein, den Armen wird das Evangelium verkündigt, finden wir in Mt. 11,2–6 bzw. Lk. 7,18–22. Und daneben lesen wir im Neuen Testament: Blinde sehen auch durch die Jünger, Lahme gehen auch durch die Jünger und Tote werden lebendig auch durch die Jünger.

Das ist ein abendländisches Puzzlespiel, daß man die Wunder für den »Herrn Jesus« reserviert, der als der Gottessohn natürlich Wunder tun kann. Alle Wunder, die Jesus getan hat, haben im Neuen Testament auch seine Jünger getan – ohne Ausnahme. Und die Botschaft, die er gebracht hat, haben sie auch gebracht.

Zum Messias gehört wesenhaft die messianische Gemeinde. [...]

Wie nimmt Paulus das auf? Er spricht davon, wenn er aus der hellenistischen Tradition das Bild vom *soma christou* übernimmt, vom Leib Christi. Christus ist nie allein! Christus ist Christus nur mit seinem *soma*, mit seinem Leib, mit uns, mit seiner Kirche. Er ist immer mit den Seinen zusammen, auch in seinem Leiden – wie es im Kolosserbrief heißt: »Ich erstatte durch mein Leiden ab, was noch fehlt an den Leiden, die gelitten werden müssen für die Gemeinde Gottes« (Kol 1,24). Wie kann das einer sagen? »Ein für alle Mal« hat doch Jesus gelitten auf Golgatha. Ja und nein, denn diejenigen, die ihm nachfolgen, müssen auch das Kreuz tragen und bekommen Anteil an seinem Leiden.

Eine Christologie, die Jesus von den Seinen trennt, entspricht nicht dem Neuen Testament, und mag sie noch so schön sein. Mag sie Jesus so erhöhen, daß man ihn im Himmel beim Vater kaum noch sehen kann. Eine Christologie, die den Messias von den »Messiassen«, von den anderen messianischen Menschen, trennt, widerspricht dem neuen Testament und ist deshalb potentiell heidnisch. Im Neuen Testament wird die Ankunft des Messias und der Seinen verkündigt und das Wirken des Messias zusammen mit den Seinen und durch sie. David Flusser hat es »eine der verhängnisvollsten Entwicklungen der Christenheit« genannt, daß die Christen sich nicht mehr – wie am Anfang – als Mitakteure im Heilsdrama verstehen. Die Christen haben die Bühne verlassen, lassen Jesus ein Ein-Mann-Stück spielen, setzen sich ins Parkett, glauben an ihn, beten ihn an, aber schauen ihm nur noch zu. Das sagt *ein*

---

[1] Exzerpt aus: Heinz Kremers, Der Beitrag des Neuen Testaments zu einer nicht-antijüdischen Christologie, in: ders., Liebe und Gerechtigkeit. Gesammelte Beiträge, hg. v. Adam Weyer in Zusammenarbeit mit Thomas Kremers-Sper, Neukirchen-Vluyn 1990, 121–133. – Abweichend vom Original sind Transkriptionen griechischer Begriffe hier kursiv gesetzt.

*Jude*: Einer der gefährlichsten Brüche in der Geschichte des Christentums ist, daß die Christen angefangen haben, die Bühne zu räumen, auf die sie gehören, sie, die zum Messias gehören! [...]

Ich fasse zusammen: Weil der Messias nie ohne die messianische Gemeinde ist, haben Christen ihre Behauptung »Jesus ist der Messias« gegenüber Juden durch ihre messianische Existenz zu verifizieren. Eine andere Möglichkeit gibt es nicht (130–133).

## Christusbekenntnis und Christusfrage

Manuel Goldmann

Dass die Begegnung mit dem Judentum die Kirche vor die »Christusfrage« stellt und dass diese Frage bis auf weiteres ernstlich »offen« sein könnte – mit dieser kühnen These steht Dietrich Bonhoeffer nach wie vor weithin allein. Das Folgende ist ein Versuch, seine These in einem veränderten Kontext aufzunehmen.

1. Das wohl verbreitetste Element christlichen Halbwissens über das Judentum ist, dass ›die Juden Jesus ablehnen‹ – und zwar Jesus als den Christus, den Messias, den Bringer der neuen Welt Gottes.
2. Unter den Bedingungen einer kirchlich dominierten Leitkultur, die die dogmatischen und volkstümlichen Traditionen in Europa über Jahrhunderte geprägt hat, lag es nahe, dass die jüdische ›Ablehnung Jesu‹ als Messias nur auf die Ablehnenden zurückfallen konnte, also als ständiger Beweis für ihre ›Blindheit‹ und ›Verstockung‹ fungieren und ihre theologische und soziale Ausgrenzung verschärfen musste.
3. Ein kirchenkritischer Gehalt wurde dem jüdischen Einspruch gegen das Christusbekenntnis allenfalls im Blick auf unzureichende oder verfehlte missionarische Strategien der Kirche eingeräumt; die Substanz dieses Bekenntnisses selber in der Vielfalt seiner kirchlichen Gestaltwerdungen blieb davon letztlich unberührt.
4. Die schwindende Dominanz der kirchlichen Tradition in der westlichen Kultur der Gegenwart bietet Anlass und schafft Raum dafür, in neuer Weise auf jüdische Stimmen zu hören und sie in das kirchliche Lernen an den eigenen Bekenntnisgrundlagen einzubeziehen.
5. Eine der Entdeckungen, die da wartet, besagt: Die Auseinandersetzung um Jesus als den Christus ist für Juden viel weniger als für Christen von der Frage zu trennen, wie denn die Jesus Nachfolgenden den messianischen Anspruch ihres Bekenntnisses selber bewähren.
6. Die christliche Frage: ›Wie hältst du es mit dem Messias?‹ weckt jüdischerseits die Gegenfrage: ›Wie haltet ihr es mit der Torah?‹ – ein Muster, das schon in den Anfängen der urchristlichen Mission deutlich präsent ist (also zu einer Zeit, für die die Bezeichnung »christlich« und »jüdisch« im Grunde noch ein missverständlicher Anachronismus ist).
7. Diese Frage nach der Torah kann – etwa im Mund der galatischen »Eiferer« – so scharf und polarisierend gestellt werden, dass sie in eine ausschließende, das rechtfertigende Handeln Gottes verdunkelnde Alternative führt: Übernahme der jüdischen Kennzeichen oder Ausschluss aus der messianischen Gemeinschaft. Polarisierungen wie diese kann Paulus – etwa im Galaterbrief – nur mit entsprechender Schärfe zurückweisen.
8. Zugleich ist auch für Paulus klar: So wenig die Glaubenden aus der Völkerwelt auf die spezifisch jüdischen »Werke der Torah« festgelegt werden dürfen, so unbedingt gehört die Erfüllung der »Rechtsforderung der Torah« zu dem durch den Geist Gottes erneuerten Leben dazu, ja, diese Erneuerung zielt geradezu hierauf ab (Röm 8,4!).
9. Weil das Alte vergangen und »Neues geworden« ist (2Kor 5,17), kann es nicht anders sein, als dass dieses Neue im menschlichen Miteinander wahrnehmbare Gestalt gewinnt. Das einzig sinnvolle Werben für das Christusbekenntnis gegenüber jüdischen Menschen kann daher in dem bestehen, was Paulus »zum

Nacheifern reizen«, *parazelosai*, nennt (Röm 11,11.14): durch eine Lebensführung, in der Spuren der messianischen Zeit so glaubwürdig aufleuchten, dass Israel darin staunend seine eigene Hoffnung wiedererkennt und sich anspornen lässt, die universelle Reichweite seiner messianischen Tradition(en) nun auch selbst umso entschlossener zur Geltung zu bringen.

10. Die von der Kirche mitgestaltete nachapostolische Geschichte steht zu dieser paulinischen Perspektive des *parazelosai* über weiteste Strecken in einem abgründigen Gegensatz. Und die jüdische Abwehrhaltung gegen das kirchliche Christusbekenntnis wird darum erst dann theologisch ernsthaft bedacht, wenn sie – auch – als Ausdruck jüdischer Treue zur Torah und zu Gottes Bund mit Israel gewürdigt wird: eine Treue, in deren Licht die Kirche sich mit ihren geschichtlich gewachsenen Konkretisierungen des Christus-Bekenntnisses schwersten Fragen ausgesetzt sieht.
11. Im Licht dieser Fragen wird deutlich, dass die traditionelle kirchliche Christologie eben auch als »Legitimationswissenschaft« (Ernst Lange) gedient hat, die vom Torahversagen der Christenheit ablenkte und die diesbezügliche jüdische Kritik auf die ›Blindheit‹ der Juden abzuschieben versuchte.
12. Eine *nicht* als Legitimationswissenschaft gebrauchte Christologie wird sich daran zeigen, dass sie mit dem Unterschied rechnen lernt zwischen der Wirklichkeit Jesu Christi und der kirchlichen Lehre von ihr. So wenig es die Begegnung mit Christus ›an sich‹ gibt, sondern immer nur in Gestalt und im Horizont konkreter Sprachversuche, so sehr bleiben es eben auch Sprach*versuche* (und könnten sie sich auf noch so viele Konzilien stützen): und zwar höchst voraussetzungsvolle, von Jahrhunderten der Entfremdung vom Judentum mit geprägte Versuche. Wer sie für alternativlos ausgeben wollte, würde – pointiert gesagt – das theologisch zentrale »Solus Christus« mit einem die kirchliche Lehrgestalt absolut setzenden »Sola Christologia« verwechseln.
13. Die Arbeit an dieser Unterscheidung und ihren Konsequenzen steht der Kirche zum größten Teil noch bevor. Sie ist eine eminent reformatorische Unterscheidung, und gerade die Begegnung mit jüdischem Glauben und Leben hat hierfür schlüsselhafte Bedeutung. Denn so sehr die Botschaft vom Anbruch der neuen Welt Gottes in Jesus, dem Christus, das ist, was die Kirche zur Kirche macht, so sehr ist die Konkretisierung dieses Bekenntnisses eben Sache immer neuen Lernens – eines Lernens, das auch und gerade jüdische Fragen aushält, sie in ihrer Tragweite ernst nimmt und es sich so gefallen lässt, dass das jüdische Gegenüber zur Kirche in einer für diese existenziell wichtigen, verheißungsvollen Weise bis auf Weiteres tatsächlich die Christusfrage offen hält.

## Literatur

Eberhard Bethge, Jesus Christus – Christologie und das Erste Gebot, in: Edna Brocke/Jürgen Seim, Gottes Augapfel. Beiträge zur Erneuerung des Verhältnisses von Christen und Juden, Neukirchen-Vluyn 1986, 47–58.

Manuel Goldmann, »Die große ökumenische Frage«. Zur Strukturverschiedenheit christlicher und jüdischer Tradition und ihrer Relevanz für die Begegnung der Kirche mit Israel (NBST 22), Neukirchen-Vluyn 1997, 369–374.

Klaus Haacker, Paulus und das Judentum im Galaterbrief, in: Edna Brocke/Jürgen Seim, Gottes Augapfel. Beiträge zur Erneuerung des Verhältnisses von Christen und Juden, Neukirchen-Vluyn 1986, 95–111.

Klaus Wengst, »Freut euch, ihr Völker, mit Gottes Volk!« Israel und die Völker als Thema das Paulus – ein Gang durch den Römerbrief, Stuttgart 2008.

Michael Wolter, Paulus. Ein Grundriss seiner Theologie, Neukirchen-Vluyn 2011, 351–358.

# ... dass die endgültige Herrschaft Gottes uns beide braucht

Joel Berger

Die Gespräche zwischen Christen und Juden blicken auf eine schwierige und keineswegs leicht zu bewältigende Vergangenheit zurück. Die Disputation von Tortosa im 15. Jh. z.B. endete sogar mit dem Verbot des Studiums des Talmuds für Juden. Auf diese Weise wollte die Kirche das rabbinische Judentum eindämmen und zum Untergang bringen.

Desto wichtiger ist es, heraus zu kristallisieren, was uns, Juden und Christen, über die Zeiten hinweg verbindet: vor allem ein ethischer Monotheismus. Das heißt, dass die gesellschaftliche Moral aus dem Glauben an den einzigen G-tt abzuleiten wäre, dass unser Handeln, unser Leben auf den Glauben an den einzigen G-tt zurückgeht. Wenn auch die Kirche stets theologisch eine Trinität kennt, die wir Juden, weil wir Juden sind, in dieser Form ablehnen müssen, stelle ich dennoch eine »jüdische Trinität« entgegen, die eigentlich Christen und Juden ebenso verbinden müsste: zunächst der Glaube an den einen, einzigen, menschlich gesehen zeitlosen G-tt, dann der von G-tt geschenkte Ruhetag, der Schabbat, woraus dann der Sonntag wurde, und drittens die Nächstenliebe, deren Ursprünge nicht nur in der Bergpredigt liegen, sondern dort aus dem dritten Buch Mose zitiert werden (Lev 19,18). Dies sind die Grundsätze, die uns Juden und Christen, soweit wir aktive Vertreter unseres Glaubens sind, verbinden.

Es verbindet uns auch die Feststellung, dass es ohne die älteren jüdischen Überlieferungen keine Möglichkeit gibt, sachkritisch zu verifizieren, was die unbestreitbar älteste literarische Formel des Urchristentums aussagt: dass G-tt Jesus von den Toten auferweckt hat. Weiterhin können wir ohne die frühjüdischen Überlieferungen weder die christologischen Bekenntnisse der Urkirche noch die Gottheit G-ttes im Credo der Urkirche verstehen. Aus diesen Thesen und Bruchstücken ergibt sich ein Riesenpfad der Gemeinsamkeit und Verbindung zwischen Juden und Christen. Aber nicht weniger scharf und eindeutig möchte ich darauf hinweisen, was uns, Juden und Christen, voneinander trennt. Der Jude kann Jesus nicht als den *Christos*, als den Gesalbten G-ttes, als den Messias annehmen, weil er jeden Erlösungsanspruch an der Wirklichkeit der unerlösten Welt misst.

Man erzählt, dass ein chassidischer Rabbi in Jerusalem, dem Ölberg nahe, eines frühen Morgens den Ruf des großen Schofars, des Widderhorns, vernehmen konnte, der das Kommen des Messias einleiten sollte. Das bedeutete für den Rabbi eine große Hoffnung, die Zeit erleben zu können, für die Tausende gebetet, gehofft und geweint haben. Wie er das Fenster öffnete und in die Welt hinausblickte, da bemerkte er, dass sich im Übrigen nichts verändert hatte, die Welt noch beim Alten wäre, und da sagte er: »Schade, ich habe doch nicht richtig gehört. Wenn die Welt da draußen sich nicht verändert hat, dann war das nicht das Schofar des Herolds, des Messias.« So sagen wir ein Nein zur Erlösungsbotschaft des Christentums hier und heute, in dieser Welt, in der unserer Meinung nach diese umwälzenden Änderungen nicht eingetreten sind.

Wir sagen also ein Nein zur Erlösungsbotschaft des Christentums. Der Jude stellt die Erlösung, die die ganze Menschheit, das ganze Sein des Menschen zum Ziel hat, über die individuelle Erlösung.

Aber dahinter verbirgt sich ein großes Ja, eine Hoffnung, aus der man Kräfte schöpfen kann, eine Hoffnung aus unserer Zeit, dass die endgültige Herrschaft G-ttes uns beide braucht, uns Juden, die aus der Skepsis Kräfte ziehen und auf das Kommen des Messias täglich und niemals tatenlos warten, und die Christen, die von der Erfüllung ihres individuellen Erlöstseins ihr Handeln für diese Zeit freimachen können.

Nun noch etwas, was uns nicht nur voneinander trennt, sondern auch ein aufrichtiges und offenes Gespräch von Juden und Christen verhindern könnte: die Judenmission, die Vorstellung, dass Christen den Juden gegenüber ein Zeugnis ablegen müssen, um sie zu ihrem Glauben zu bekehren. Dahinter steht die Vorstellung, dass das Judentum eine vorübergehende Erscheinung ist und seine Stelle an das ›Neue Israel‹, an die Kirche zu übergeben habe. Ich darf gegen die Unhaltbarkeit dieser Gedanken nur eine einzige Frage stellen: Können sich Christen heute wirklich vorstellen, dass unser G-tt, der G-tt der Christen wie der Juden, die Schließung jeder Synagoge will, dass unser G-tt nach Auschwitz, Majdanek, Treblinka den völligen Untergang der jüdischen Menschen betreiben wollte?

So meine ich, dass die Kirche, wenn sie sich weiterhin um ein offenes Gespräch mit uns bemühen will, von der Vorstellung der Judenmission Abschied nehmen muss. Wir sollten davon ausgehen, dass die endgültige Herrschaft G-ttes uns Juden und Christen braucht. Juden und Christen sind durch das, was ihnen durch G-tt widerfahren ist, in unserer Welt zu einem gemeinsamen Zeugnis füreinander, aber nicht gegeneinander herausgefordert. Nicht nur uns, so glauben wir, sondern allen Völkern gilt der einladende Ruf, im Jerusalem des lebendig machenden G-ttes Leben, Heimat und Frieden zu finden, wie in Jes 2,1–5 und Jes 60 beschrieben, indem wir uns auf den Weg machen zu diesem Jerusalem als einer Stätte von Gerechtigkeit und Treue.

# Der Messias heute
## Vom Bedeutungsverlust einer jüdischen Vorstellung

Walter Homolka

Sind der »Messias« und die Erwartung seiner Ankunft noch zentrale Vorstellungen im gegenwärtigen Judentum? Auch im Kontext des jüdisch-christlichen Dialogs ist die Frage spannend, die Entwicklung des Messiasbegriffs im Judentum nachzuverfolgen und zu fragen, was diese Vorstellung heute noch leisten kann, um das Verhältnis zwischen Gott und den Menschen aus jüdischer Perspektive zu beschreiben.

Das konservative Judentum hat 1988 in seiner Grundsatzerklärung »*Emet Ve-Emunah*«[1] noch eine sehr umfassende, aber auch aufschlussreiche Beschreibung zum Messiasgedanken vorgelegt.[2] Dieser Versuch einer neuzeitlichen Beschreibung dessen, was unter »Messias« zu verstehen ist, spricht von der Utopie eines Endzeitideals ebenso wie von der Möglichkeit eines personalen Messias, um die Welt von allem Bösen zu erlösen. Er geht auf die Vorstellung ein, dass in der Eigenstaatlichkeit am Zion unsere Bestimmung als Juden liege. Vor allem aber betont der Text die Notwendigkeit jedes Einzelnen, dieses messianische Zeitalter durch persönliches Handeln herbeizuführen. Damit ist ein Bedeutungshorizont abgesteckt, der die Bandbreite der Anwendung der Messiasvorstellung in der Neuzeit aufzeigt, aber auch die Erosion dieser Vorstellung in der jüdischen Theologie deutlich macht.

Fakt ist nämlich auch, dass 2012 das konservative Judentum mit dem Band »The Observant Life – The Wisdom of Conservative Judaism for Contemporary Jews«[3] eine Gesamtschau seiner religiösen Lehre und Praxis auf 935 Seiten vorgelegt hat, die im Index die Begriffe »Messiah« oder »Mashiach« oder »Messianic Age« gar nicht enthält.

Damit stellt sich die Frage, welche Rolle die Messiasvorstellung eigentlich im zeitgenössischen Judentum hat: Ist sie ein zentrales Deutungsmuster für das Judentum mit klaren Aussagen über das Erlösungshandeln Gottes oder ist sie ein theologisches Relikt an der Peripherie?

»Ich glaube mit vollkommenen Glauben an das Kommen des Messias, und wenn er auch zögert, so harre ich doch jeglichen Tages seines Kommens«, lautet der zwölfte Glaubensartikel des Maimonides (1135–1204), der in der poetischen Form des *Jigdal* Eingang in den Morgengottesdienst gefunden hat und in orthodoxen Gebetbüchern

---

1 Robert Gordis (Hg.), Emet ve-Emunah. Statement of Principles of Conservative Judaism, New York 1988.

2 AaO., 27: »Since no one can say for certain what will happen in the Messianic era each of us is free to fashion personal speculation. Some of us accept these speculations are literally true, while others understand them as elaborate metaphors ... For the world community we dream of an age when warfare will be abolished, when justice and compassion will be axioms of all, as it is said in Isaiah 11: ›... the land shall be filled with the knowledge of the Lord as the waters cover the sea.‹ For our people, we dream of the ingathering of all Jews to Zion where we can again be masters of our own destiny and express our distinctive genius in every area of our national life. We affirm Isaiah's prophecy (2:3) that ›... Torah shall come forth from Zion, the word of the Lord from Jerusalem.‹ We do not know when the Messiah will come, nor whether he will be a charismatic human figure or is a symbol of the redemption of humankind from the evils of the world. Through the doctrine of a Messianic figure, Judaism teaches us that every individual human being must live as if he or she, individually, has the responsibility to bring about the messianic age. Beyond that, we echo the words of Maimonides based on the prophet Habakkuk (2:3) that though he may tarry, yet do we wait for him each day.«

3 Martin S. Cohen (Hg.), The Observant Life. The Wisdom of Conservative Judaism for Contemporary Jews, New York 2012.

bis heute am Schluss des Morgengebetes als Bekenntnis formuliert wird.[4] Maimonides verweist nicht auf einen utopischen Zustand von Frieden, Liebe und Gerechtigkeit im Sinne von Jes 2 und Micha 4, sondern zielt auf die Wiederherstellung des Reiches Davids ab:

> »Der gesalbte König wird einst auftreten und das Königtum Davids in seiner vormaligen Macht wiederherstellen. [...] Wenn er es dann mit Erfolg unternimmt, das Heiligtum an seiner näheren Stätte aufzubauen und die Verstoßenen Israels zu sammeln, so ist es erwiesen, dass er in der Tat der Messias ist.«[5]

In seinem Kompendium *Mischne Tora* heißt es dazu ferner: »Laß es dir nicht in den Sinn kommen, dass es dem gesalbten König (Messias) obliegt, Zeichen und Wunder zu wirken, dass er etwa neue Dinge in der Welt hervorrufen oder die Toten zum Leben erwecken wird und dergleichen mehr. So verhält es sich keineswegs.«[6]

Bei der sehr rationalen Vorstellung des Maimonides geht es also um die Rückkehr der Juden in ihr Land Israel und die Wiedererrichtung eines Staates unter Herrschaft eines Idealkönigs. Dieser weise sich weder durch Wunderhandlungen noch durch Totenerweckung aus, sondern einzig durch die erfolgreiche Durchsetzung der Eigenstaatlichkeit und durch die Wiederherstellung des Tempeldienstes. Damit hat die Erlösung bei Maimonides keine anthropologische, sondern eine politische Zielrichtung mit einer Orientierung an der Vergangenheit.

Ganz im Gegensatz dazu steht die Messiasvorstellung eines zeitgenössischen Denkers, des jüdischen Religionsphilosophen Schalom Ben-Chorin (1913–1999). Er verweist auf die Unterscheidung durch den Bibelwissenschaftler Shemaryahu Talmon (1920–2010) zwischen einem »restaurativen« und einem »utopischen« Messianismus.[7]

Beim restaurativen Messianismus werde die Vorstellung eines goldenen Zeitalters (hier das Reich Davids) an den Beginn der Geschichte gesetzt, es handelt sich sozusagen um eine »umgekehrte Eschatologie«. Dieses Verständnis sieht Schalom Ben-Chorin auch bei Maimonides, in einer säkularen Ausprägung aber auch im Zionismus. Er stellt diesem restaurativen Messianismus den utopischen Messianismus der Propheten gegenüber: als Chiffre für die Hoffnung.[8]

Das restaurative und das utopische Moment sind nicht auf den biblischen Messianismus beschränkt. Auch im Talmud und in der kabbalistischen Mystik entfalten beide ihre Wirkung.

Die Rabbinen formulierten im Talmud allerdings eine kollektive Mitwirkungsmöglichkeit: Israel könne den Beginn der messianischen Zeit aktiv mitbestimmen. Der Messias werde kommen, wenn ganz Israel zwei- oder auch nur einmal einen Schabbat halte oder ihn aber kollektiv entweihe (Schabbat 118b, Sanhedrin 98a, Schemot rabba 25,12).[9] Damit rückte man in der rabbinischen Literatur von der Wiedererrichtung eines Idealkönigtums als zentraler Idee ab, der Erlösungsgedanke tritt ins Zentrum. Gershom Scholem ist wichtig, dass es sich bei der Erlösung um einen Vorgang handelt,

---

4 Vgl. Ismar Elbogen, Der jüdische Gottesdienst in seiner geschichtlichen Entwicklung, Leipzig 1913, 88.

5 Mischne Tora 11,4, zitiert nach Moritz Zobel, Gottes Gesalbter. Der Messias und die messianische Zeit in Talmud und Midrasch, Berlin 1938, 88.

6 Zitiert nach Zobel (Anm. 5), 88.

7 Vgl. Schalom Ben-Chorin, Jüdischer Glaube. Strukturen einer Theologie des Judentums anhand des Maimonidischen Credo, Tübingen ²1979, 280f.

8 Vgl. aaO., 287.

9 Vgl. Schabbat 118b, Schemot rabba 25,12, Sanhedrin 98a.

»welcher sich in der Öffentlichkeit vollzieht, auf dem Schauplatz der Geschichte und im Medium der Gemeinschaft, kurz, der sich entscheidend in der Welt des Sichtbaren vollzieht und ohne solche Erscheinung im Sichtbaren nicht gedacht werden kann.«[10]

Die Französische Revolution von 1789 bis 1799 erschütterte die europäische Gesellschaft bis in die Tiefen ihrer Existenz. Neue philosophische und wissenschaftliche Ansätze stellten das alte System grundlegend in Frage. Die Anhänger der jüdischen Aufklärung (*Haskala*), die *Maskilim*, bemühten sich um eine zeitgemäße Neudefinition im Zusammenhang mit den Streben nach gesellschaftlicher Anerkennung. Der Mathematiker, Philosoph und Pädagoge Lazarus Bendavid (1762–1836) erklärte in diesem neuen Umfeld der Emanzipation,

> »dass die Erwartung eines Messias keinen wesentlichen Glaubensartikel der Juden ausmache. Kein Mensch verarge [...] es daher dem Juden, wenn er seinen Messias darin findet, dass gute Fürsten ihn Ihren übrigen Bürgern gleich gestellt, und ihm die Hoffnung vergönnt haben, mit der Erfüllung aller Bürgerpflichten, auch alle Bürgerrechte zu erlangen.«[11]

Die Frage nach dem Messias und dem Messianismus wurde mit der Gleichstellung der Juden in den europäischen Nationalstaaten zu einem Problem. Man sah die Notwendigkeit, »die Liturgie aller Elemente zu entkleiden, welche die Juden als Fremde kennzeichneten. [...] Außerdem konnte der moderne Jude nicht ernsthaft für seine Rückkehr nach Jerusalem, für den Wiederaufbau des alten Tempels und dessen Opferdienst beten«[12] (David Friedländer).

Unter dem Prediger und Pädagogen Eduard Kley (1789–1867) wurde 1817 der *Neue israelitische Tempelverein* gegründet. Das »Hamburger Tempelgebetbuch« folgt dem sefardischen Ritus und war die erste umfassende Reformliturgie. Es zeichnet sich durch Streichung oder Universalisierung messianischer Passagen aus: In der zweiten Benediktion des *Schma* (»Höre Israel«) wird aus »Und geleite uns aufrecht in unser Land« jetzt »Führe uns deinen Segen zu in allen Theilen der Erde.«[13] Mit der rechtlichen Gleichstellung wurde die Hoffnung auf einen personalen Messias und die Wiederherstellung Israels obsolet.

Abraham Geigers Haltung zu einer Rückkehr ist eindeutig:

> »Die Wiederherstellung der alten Zustände – das war die sehnsüchtige Erwartung für die Zukunft, das ist sie nicht mehr. Wir verlangen nicht wieder nach Palästina zurück, wollen nicht eine besondere Volkstümlichkeit darstellen, nicht einen eigenen Staat gründen, wir erkennen vielmehr in allen Gauen der Erde die große Heimat, lieben das uns zuertheilte Vaterland mit aller Seeleninnigkeit, blicken vertrauend der großen Verheißung entgegen, dass voll die Erde werde von der Erkenntnis Gottes [...].«[14]

---

10 Gershom Scholem, Zum Verständnis der messianischen Idee im Judentum, in: ders., Judaica, Frankfurt a. M. 1963, 7f.

11 Lazarus Bendavid, Über den Glauben der Juden an einen künftigen Messias (Nach Maimonides und den Kabbalisten), 2. Teil, in: Zeitschrift für die Wissenschaft des Judenthums 1 (1823), 224f.

12 Michael A. Meyer, Antwort auf die Moderne. Geschichte der Reformbewegung im Judentum, Wien 2000, 77; Stefan C. Reif, Judaism and Hebrew Prayer. New Perspectives on Jewish Liturgical History, Cambridge/New York 1993, 280. Vgl. David Friedländer, Ueber die durch die neue Organisation der Judenschaften in den preußischen Staaten nothwendig gewordene Umbildung 1) ihres Gottesdienstes in den Synagogen, 2) ihrer Unterrichts-Anstalten und deren Lehrgegenstände und 3) ihres Erziehungswesens überhaupt. Ein Wort zu seiner Zeit, Neudr. der Ausgabe von 1812, Berlin 1934.

13 Klaus Herrmann, Liberale Gebetbücher von 1817 bis 1929, in: Walter Homolka (Hg.), Liturgie als Theologie, Berlin 2005, 72.

14 Abraham Geiger, Unser Gottesdienst. Eine Frage, die dringend Lösung verlangt, Breslau 1868, 17.

Man kann also sagen: Seit dem 19. Jahrhundert erfuhr die Idee des Messias eine allgemeine Entpersonalisierung. Die Hoffnung auf eine einzelne Erlösergestalt verträgt sich nämlich für viele Juden heute nicht (mehr) mit dem Anspruch des Judentums, zwischen Gott und den Menschen keinen Mittler oder Vertreter treten zu lassen.

Mit der rechtlichen Emanzipation, der Verbürgerlichung und der jüdischen Reformbewegung im Zuge der jüdischen Aufklärung sah sich das traditionelle Judentum in Mitteleuropa zu Beginn des 19. Jahrhunderts vor die Herausforderung gestellt: Die Teilhabe an der Gesellschaft in der Diaspora musste mit den Vorstellungen einer Wiederherstellung des Königtums Davids durch den Messias in Einklang gebracht werden. Auf Grundlage von Talmud und Midrasch wurde die messianische Zeit als ein den Menschen ereilendes Ereignis verstanden, das ähnlich wundertätig in Erfüllung gehen werde wie die Befreiung aus Ägypten.[15] Dennoch gab es immer wieder Bemühungen zur Besiedlung des Landes, die eine konkrete Hoffnung auf die Ankunft des Messias in sich bargen: 1764 durch Schüler des Ba'al Schem Tov, 1808 die Gründung einer Jerusalemer Gemeinde durch Schüler des Wilnaer Gaon (Elija ben Salomon Salman, 1720–1797). 1840, als man für das jüdische Jahr 5600 die Ankunft des Messias erhoffte, folgten weitere Einwandererwellen (vgl. auch die gezielte Ansiedlung osteuropäischer Juden durch Sir Moses Montefiore, 1784–1885).

Wie stark diese Hoffnung auf eine Wiedererrichtung jüdischer Souveränität in einem eigenen Staat mit religiösen, messianischen Hoffnungen verbunden war, zeigt sich in den Schriften von Moses Hess (1812–1875): »Jeder Jude hat den Stoff zu einem Messias [...].«[16]

Bereits kurze Zeit nach der Konsolidierung der zionistischen Bewegung (1897) wurden jüdisch-orthodoxe Stimmen laut, die die Bedeutung der Neubesiedlung des Landes Israel als Möglichkeit zur Herbeiführung der messianischen Zeit propagierten. Abraham Jizchak Kook (1865–1935), der erste aschkenasische Oberrabbiner während der britischen Mandatszeit im damaligen Palästina, griff die These von der Ansiedlung als Vorbereitung auf Gottes Eingreifen auf und rechtfertigte jüdisch-orthodoxe Aktivitäten,[17] die sich in die allgemeine zionistische Bewegung einreihten. Die Verbindung von Messiasidee und Zionismus wurde durch den Existenzialisten Franz Rosenzweig (1886–1929) stark kritisiert:

> »Der Versuch, die Erlösung herbeizuführen, wie es der Zionismus versucht, gefährde das Judentum in seiner Existenz, denn nur in der Galut [Exil] habe es seine wahre Stärke bewiesen, hatte die Möglichkeit zur Erneuerung, die ihm in einem neuen Zentrum genommen werden würde.«[18]

---

15 Arie Morgenstern, Messianic Concepts and Settlement in the Land of Israel, in: Marc Saperstein (Hg.), Essential Papers on Messianic Movements and Personalities in Jewish History, New York 1992, 434.

16 Moses Hess, Rom und Jerusalem, die letzte Nationalitätsfrage. Briefe und Noten, Leipzig 1899, 2.

17 Vgl. Zwi R. J. Werblowsky, Messiaserwartungen, in: Julius H. Schoeps/Elke-Vera Kotowski/Hiltrud Wallenborn (Hg.), Handbuch zur Geschichte der Juden in Europa. Darmstadt 2001, 125. Rabbiner Kook gilt als einer der geistigen Väter der »*Gush Emunim*«-Bewegung, die die Besiedlung des biblischen Eretz Israel als Voraussetzung für die Ankunft des Messias propagieren.

18 Leo Trepp, Jüdisches Denken im 20. Jahrhundert von Hermann Cohen bis Abraham Heschel, in: Günter Mayer/Hermann Greive (Hg.), Das Judentum, Stuttgart 1994, 244.

Martin Buber (1878–1965) dagegen sah in der Idee eines jüdischen Staates einen wichtigen Teil der Erlösung, denn »die Gemeinschaft aus Freiwilligen« in Palästina solle der »ganzen Welt Exempel und Initial« sein.[19]

Rabbiner Emil Fackenheim (1916–2003) und Rabbiner Ignaz Maybaum (1897–1976) sind zwei typische Protagonisten dafür, dass der Fortschrittsglaube des Judentums auch durch die Schoa nicht erschüttert werden konnte. Die Essenz jüdischen Selbstverständnisses, so Fackenheim, besteht aus dem Gebot, Gottes Willen auf Erden standhaft durchzusetzen: »The Jew of today can endure because he must endure, and he must endure because he is commanded to endure.«[20] Hoffnung wird bei Fackenheim angesichts der absoluten Vernichtung zum 614. Gebot: »we are commanded to hope.«[21]

Rabbiner Ignaz Maybaum, ein Schüler Rosenzweigs, erklärte hingegen, dass jüdischer Messianismus Bewegung sei: »Der Mensch muß von einem Augenblick zum anderen auf den Wandel vorbereitet sein. Wir können nicht wissen, was Gott von uns unter den neuen Bedingungen eines neuen Tages verlangen wird [...].«[22]

Neil Gillman (geb. 1933), konservativer Rabbiner, sieht im Judentum eine Konzentration auf das Hier und Jetzt, die stärker sei als der Blick in eine eschatologische Zukunft. Er führt dies auf die Funktion der Halacha zurück, die die Struktur für das Alltagsleben vorgebe: »My sense is that Judaism has this realized eschatology in the here and now.«[23] Diese solle als Alltagserfahrung verstanden werden.

> »Jewish eschatology is ›true‹ because it teaches me that my individual life in history and society is infinitely valuable, that my body is integral to my sense of self; that I am accountable for who I am and what I do; that my own fulfillment is inconceivable without the simultaneous fulfillment of my people and of all humanity.«[24]

Der israelisch-amerikanische Religionsphilosoph und orthodoxe Rabbiner David Hartman (1931–2013) betonte wie Scholem die Diesseitigkeit, die den jüdischen Messianimus charakterisiere: »Jewish messianism is not an otherworldly category, not an offer of salvation to the individual, but a historical hope for a renewed community.«[25] Den Bund Gottes mit dem Volk Israel am Sinai sah er als Übertragung der Verantwortung auf die Menschen, eine Pflicht in der Geschichte zu erfüllen: »Jews have always had to ask themselves what expectations are fulfilled or disappointed«[26], denn der Bund Gottes sei untrennbar mit den Mizwot und dem göttlichen Versprechen verbunden. Das Scheitern der messianischen Bewegungen in der Geschichte sei der Beweis dafür, dass Gott nicht wundertätig interveniert und das Handeln der Menschen gelingen lasse. Gott habe den Menschen mit der Tora ein Werkzeug gegeben, durch das er das menschliche Handeln kontinuierlich beeinflussen konnte. »Creation and revela-

---

19 Vgl. Elke Dubbels, Figuren des Messianischen in Schriften deutsch-jüdischer Intellektueller 1900–1933, Berlin/Boston 2011, 384.

20 Emil L. Fackenheim, God's Presence in History. Jewish Affirmations and Philosophical Reflections, New York 1970, 92.

21 AaO., 88. Vgl. Emil Fackenheim, Jewish Return into History, New York 1978, 23.

22 Friedrich Lotter, Rabbiner Ignatz Maybaum. Leben und Lehre. Die Grundlagen jüdischer Diasporaexistenz, Berlin 2010, 137.

23 Neil Gillman, How Will it All End? Eschatology in Science and Religion, in: Cross Currents 1 (2007), 47.

24 Neil Gillman, Sacred Fragments. Recovering Theology for the Modern Jew, Philadelphia 1990, 271f.

25 David Hartman, A Living Covenant. The Innovative Spirit of Traditional Judaism, New York/London 1985, 206.

26 AaO., 204.

tion necessarily lead on to redemption.«[27] Zentral ist für Hartman, dass der Bund die Idee des Messias und der messianischen Zeit überflüssig werden lasse: »I am merely claiming that those eschatological beliefs are not constitutive of the Sinai covenant [...]. The covenant can retain its vitality even when those beliefs are not adduced in its support or when they are given a demythologizing reinterpretation.«[28]

Wir haben gesehen: Für die jüdische Messiashoffnung unserer Zeit ist eine personale Messiashoffnung nicht mehr allgemein vorauszusetzen. Im Zentrum steht die Erwartung einer messianischen Zeit. Umgekehrt gilt: Überall da, wo Hoffnungslosigkeit und ungerechte Behandlung die Menschen veranlasst hatte, sich nach Hilfe und Gottes Eingreifen zu sehnen, war die Vorstellung von einem ›Erlöser‹ nicht weit; und die Geschichte Europas bot für die jüdischen Gemeinden genügend Krisen, auf einen Messias zu hoffen. Diese Hoffnung wurde jedoch stets enttäuscht. Zwi Werblowsky kommt zu dem Schluss: »Messianische Bewegungen sind in der historischen Sphäre per definitionem zum Scheitern verurteilt.«[29]

Auf Euphorie folgte Ernüchterung und Verzweiflung. Eli Lederhendler stellt daher sogar fest, dass die Messiasidee geradezu ihre eigene Verneinung beinhalte.[30] Wer die Erfahrung gemacht hat, dass Hilfe von außen nicht zu erwarten ist, setzt eher auf das eigene Vermögen.

So zentral im Judentum heute die Vorstellung von der Berufung des einzelnen Menschen zur sittlichen Eigenverantwortlichkeit ist, so auffällig ist auch, dass dafür in der aktuellen jüdischen Theologie immer weniger die Zielformulierung verwendet wird, »das messianische Zeitalter herbeizuführen«. Vielmehr spricht man seit der amerikanischen Bürgerrechtsbewegung der fünfziger und sechziger Jahre des 20. Jahrhunderts davon, an der »Heilung der Welt« (*tikkun olam*) mitzuwirken. Dieser Begriff kommt bereits seit der Mischna vor, bei Maimonides im 12. Jahrhundert und ist seit dem 14. Jahrhundert Teil des Alenu-Gebets am Ende eines jüdischen Gottesdienstes. Auch in der lurianischen Kabbala sind wir ihm bereits begegnet und der Maharal (Rabbi Löw) von Prag verwendet ihn. Dabei durchläuft *tikkun olam* aber auch immer wieder einen Bedeutungswandel. Das Konzept des *tikkun olam* basiert auf den drei zentralen biblischen Säulen sozialen Lebens – der *zedaka* im Sinne von Gerechtigkeit, dem *mischpat* im Sinne einer sozialen Rechtsprechung und der *chesed*, der Güte. Die Einhaltung und Durchsetzung dieser ethischen Grundlagen des Zusammenlebens dient der Verbesserung der Welt auf dem Weg zu einer idealen (jüdischen) Gesellschaft. Mittlerweile hat sich *der tikkun olam*-Begriff so durchgesetzt, dass sich damit jegliches zivilgesellschaftliches und soziales Engagement jüdischer Gemeinden und Einzelpersonen beschreiben und theologisch einordnen lässt.[31] Besitzt die messianische Utopie einen universalen Unterton, so unterstreicht der »tikkun olam«-Begriff eher die spezifische Aufgabe des heutigen Judentums.

---

[27] AaO., 256.

[28] AaO., 257.

[29] Vgl. Zwi R. J. Werblowsky, Messianism in Jewish History, in: Marc Saperstein (Hg.), Essential Papers on Messianic Movements and Personalities in Jewish History, New York 1992, 45.

[30] Vgl. Eli Lederhendler, Interpreting Messianic Rhetoric in the Russian Haskalah and Early Zionism, in: Jonathan Frankel (Hg.), Jews and Messianism in the Modern Era. Metaphor and Meaning, Oxford/New York 1991, 14.

[31] Zum Konzept des *tikkun olam* in der jüdischen Theologie vgl.: Elliot N. Dorff, The Way Into Tikkun Olam, Woodstock 2005, 7–20; ders., The Jewish Approach to Repairing the World (Tikkun Olam). A Brief Introduction for Christians, Woodstock 2008.

Zusammenfassend lässt sich sagen: Die Messiasvorstellung ist im heutigen Judentum kein zentrales Deutemuster mehr.[32] Wo sich die Vorstellung eines personalen Messias und gar eine Naherwartung seines Kommens gehalten haben, führt sie vielmehr geradezu aus dem Judentum heraus (zum Beispiel in Teilen von Chabad Lubawitch). Der utopische Aspekt wird heute weitgehend vom *tikkun-olam*-Begriff überlagert; und der restaurative Messianismus mündet heute in den Zionismus als säkulare Antwort auf die Hoffnung nach der Sammlung aller Juden in einem eigenen Land. Damit gilt, was Rabbiner Louis Jacobs (1920–2006) formuliert:

> »[...] we affirm our belief that God will one day intervene, that no good deed goes to waste, that the human drama will somehow find its fulfillment here on earth, that we do right to long and pray for God's direct intervention. More than this we cannot say. We must leave it in God who alone knows all secrets.«[33]

Wer sich diese Entwicklung des Messiasbegriffs im Judentum vor Augen führt, wird schnell erkennen, dass er für die Interpretation des Wirkens Jesu aus jüdischer Perspektive nichts austrägt.

---

[32] Für eine vertiefte Behandlung des Themas siehe: Walter Homolka, Der Messias im gegenwärtigen Judentum, in: Der Messias – Jüdische und christliche Vorstellungen messianischer Figuren, Berliner Theologische Zeitschrift (BThZ) 31 (2014), H. 1, 108–143.

[33] Louis Jacobs, A Jewish Theology, New York 1974, 300.

# Messias und Messianismus im traditionellen und Reformjudentum

Dalia Marx

Als Herausgeberin des neuen Gebetbuchs des Reformjudentums in Israel sind meine Augen darauf trainiert, die Worte »Messias« (משיח) und »Erlöser« (גואל) im traditionellen Text des Gebetes zu finden und sie jedes Mal durch das Wort »Erlösung« (גאולה) zu ersetzen. Selbstverständlich bin ich nicht die erste, die das tut. Bereits im Hamburger Siddur aus dem Jahr 1819, einem der ersten reformjüdischen Gebetbücher, wurde bei der Übersetzung des Wortes »Erlöser« das Wort »Erlösung« verwendet. Die Grundlage dieser Veränderung war der tiefe und brennende Glaube an und das Warten auf eine messianische Zeit, einer Zeit der Gerechtigkeit und des Wohlverhaltens, eine Zeit der Wahrheit und Reinheit. Der messianische Glaube wurde von den ersten Reformern als Kern und Zentrum ihres religiösen Glaubens gesehen, der sie von dem Glauben in der säkularen Bewegung unterschied. Messianische Zeit – ja! Ein Messias aus Fleisch und Blut (und weitere traditionelle Kennzeichen der Erlösung) – nein! In vielen Predigten der Reformbewegung kam diese Glaubensüberzeugung zum Ausdruck. Die Ablehnung der Vorstellung eines menschlichen Messias war von Anfang an einer der Ecksteine der Reformbewegung. Um sie besser zu verstehen, werden wir kurz die Entwicklung der Idee eines Messias im Judentum betrachten.

*»... auch wenn er sich verspätet ...«*

Im *Tanakh*, der Hebräischen Bibel, werden die Vorstellungen von der Erlösung klar ausgedrückt, und es wird vor dem »Tag des Herrn« gewarnt, an dem Er die Menschheit richten wird. Die Vorstellung eines *Messias* aber erscheint nicht explizit im Tanakh. Dort lassen sich höchstens einige Andeutungen finden, beispielsweise in den Worten der Prophezeiung Jesajas über das »Reis aus dem Stamm Isais« (Jes 11,1), das zur Zeit der vollständigen Erlösung regieren wird (Jes 11,1-16). Der Glaube an einen Menschen, der am Ende der Tage als Gesandter Gottes erscheinen wird, der kämpfen wird gegen die, die das Volk Israel hassen, und der die Welt in einen guten und geheilten Ort verwandeln wird, taucht im Judentum in der Zeit des Zweiten Tempels auf. Dieser Glaube findet von Anfang an vielfältigen Ausdruck in der rabbinischen Literatur, und verbreitet sich von dort aus als feste Grundlage des Judentums.

In den dreizehn ›Säulen des Glaubens‹ (*Iqqarim*) von Maimonides (Rabbi Mosche ben Maimon, ca. 1135-1204), demjenigen Text, der innerhalb der Tradition Israels einem ›Glaubensbekenntnis‹ am nächsten kommt, erscheint der messianische Glaube als die zwölfte Säule. Bei Maimonides heißt es: »Ich glaube mit vollständigem Glauben an das Kommen des Messias, und auch wenn er sich verspätet, erwarte ich doch täglich seine Ankunft.« Dennoch versuchte Maimonides, die Glut des Glaubens an den Messias einzudämmen, und meinte, dass sich mit seinem Kommen nichts an den grundlegenden Ordnungen der Welt verändern werde.

In den Gebeten Israels, in denen sich die Glaubensüberzeugungen von Jüdinnen und Juden auf volkstümliche Art und weit verbreitet finden, kehrt die Idee des Messias immer wieder. Im 18-Bitten-Gebet (der *Amida*) z.B. wird die 15. Bitte dem »Spross Davids« gewidmet, d.h. dem Messias, der aus dem Stamm König Davids kommen wird. Demgegenüber findet sich der Glaube an eine messianische Zeit in weiteren Segenssprüchen der Amida, im Tischsegen, in der Pessach-Haggada und in vielen Gebeten und liturgischen Dichtungen (den *Pijutim*) für Schabbat und die Feste.

Grundlegend handelt es sich bei dem Glauben an einen Messias (und auch bei dem Glauben an eine messianische Zeit) um den Glauben an das Gute und Wiederhergestellte. Das heißt, dass in der Zeit, die kommen wird, die Welt erwartet wird als ein guter und gerechter Ort, und dass dann gemäß einiger Überzeugungen Israel, gemäß anderer die gesamte Welt gerettet wird. Daher verwundert es nicht, dass sich Jüdinnen und Juden ausgerechnet in Zeiten der Not und Bedrückung auf die Erwartung des Kommens des Messias, der die Welt erlösen wird, konzentrierten und glaubten, dass wir durch unser Handeln sein Erscheinen näher herbeibringen können – das Erscheinen dessen, auf den sie hoffen und der noch nicht gekommen ist. Es kann kein Zweifel daran bestehen, dass der jüdische Glaube an einen Messias, der noch nicht gekommen ist, im Gegensatz und Widerspruch steht zu einem christlichen Glauben an einen Messias, der bereits gekommen ist (und am Ende der Zeit zum zweiten Mal erscheinen werde).

### *Messias und Messianismus im modernen Judentum*

Im Zionismus mit seinen unterschiedlichen Strömungen lassen sich deutliche messianische Grundlagen finden, die in unterschiedlichen Formen und mit unterschiedlichen Akzentsetzungen auftauchen. Der säkulare Zionismus sah sich nicht selten als Vorbote einer allgemeinen menschlichen Erlösung. Im religiösen Zionismus gab es immer die Spannung zwischen einer politischen und auf das Land bezogenen Praxis und einem tiefen Glauben daran, dass wir mit unseren Taten den Messias herbeibringen. Diesen Glauben gab es insbesondere in den Kreisen von Rav Abraham Isaak Kook (1865–1935), und dieser steht bis heute im Hintergrund eines großen Teils der Versuche, die ›Westbank‹ zu besiedeln (und in der Vergangenheit auch den Gazastreifen). Im ultraorthodoxen Judentum war die messianische Erweckung besonders stark in den Kreisen der chassidischen Chabad-Bewegung – vor allem infolge des Holocaust. Die messianische Richtung in dieser Bewegung sieht in dem letzten Admor der Bewegung,[1] dem Rabbiner Menachem Mendel Schneerson (1902–1994), einen Messias, und weigert sich sogar, seinen Tod anzuerkennen. Diese messianischen Radikalisierungen riefen und rufen starke Gegenbewegungen im säkularen Lager und in anderen religiösen Gruppen hervor, so auch in der Reformbewegung, und stärken den Trend zur Ablehnung jedes Redens vom Messias oder einer messianischen Zeit.

Gegen den Trend, das Kommen des Messias durch eigene Leistung näher herbeiführen zu wollen (etwas, was in der Tradition »Herbeizwingen des Endes« [דחיקת הקץ] genannt wird), stellten sich religiöse Menschen wie z. B. der Denker Prof. Jeschajahu Leibowitz (1903–1994), der entschieden meinte, dass es zum Wesen des Messias gehört, dass er (in der Zukunft) kommen *wird*. Ich erinnere mich an Reden von Leibowitz, die ich in meiner Jugend hörte. Er liebte es, mit und zu Jugendlichen zu sprechen, seinen Finger heftig auf und ab zu bewegen und zu betonen: »Ein Messias wird auf immer derjenige sein, auf den ich jeden Tag warte«. Und dann erhob er seine Stimme und fügte hinzu: »Aber ein Messias, der tatsächlich kommt, kann nichts als ein falscher Messias sein.« Worte wie diese waren innerjüdisch gemeint – gegen die, die das Ende erzwingen wollen, und vor allem gegen die, die dies auf politischem Weg erreichen wollen. Es versteht sich von selbst, dass die Aussagen von Leibowitz heftig

1 »Admor« ist ein Ehrentitel für wundertätige Rabbiner in der chassidischen Bewegung.

umstritten waren. Dennoch stimmten sogar die Gegner seinen Worten zu, dass der jüdische Messianismus über einen immer zukünftigen Messias spricht.

### *»Die Welt zu heilen durch die Herrschaft des Allmächtigen ...«*

Wie der Glaube an eine Zukunft der Erlösung durch die Generationen hindurch eine motivierende und antreibende Kraft war, so etwas wie der Sauerteig im Kuchen, so war es auch der Glaube, dass das, was kaputt ist, wieder ›gerade‹ gemacht und wiederhergestellt werden kann. Dieser Glaube ist tief mit der Auffassung verbunden, dass es unsere Aufgabe als Erdenmenschen ist, die »Welt zu heilen durch die Herrschaft des Allmächtigen«, d. h. aktiv daran zu arbeiten, die Erlösung näherzubringen. Vielleicht kann dies erklären, warum so viele Jüdinnen und Juden aktiv sind in Reformbewegungen, denen es um gesellschaftliche Gerechtigkeit und um *Tikkun Olam* (die ›Wiederherstellung‹/Heilung der Welt) geht (wie zum Beispiel die Frauenbewegung, Bewegungen zur Unterstützung von Flüchtlingen und Minderheiten, der Bürgerrechtsbewegungen in Amerika, zum Schutz der Umwelt und für Nachhaltigkeit usw.).

Dies erklärt auch die unverzichtbare Notwendigkeit, die viele Reformjüdinnen und Reformjuden verspüren, zu unterscheiden zwischen dem konstruktiven und positiven Aspekt des Glaubens an die Verpflichtung, die Welt gerechter und besser zu machen, und den gefährlichen Formen dieses Glaubens. Grundlegend für alle diese ist die Überzeugung, dass das Gute möglich ist und dass es in unserer Kraft liegt, einen Unterschied zu machen und ihn herbeizuführen. Wie es in einem bekannten israelischen Lied heißt: »Sagt nicht ›Der Tag wird kommen‹, bringt den Tag herbei.«[2] Es gibt in diesen Worten eine Bewegung hin zum Guten, hin zum Glauben, dass wir eine Aufgabe in der Welt haben, und hin zu der Gewissheit, dass es in unserer Kraft liegt, einen Wechsel in unserer Welt herbeizuführen durch unsere Verpflichtung zum Guten.

Sehr viel hat sich in der Reformbewegung verändert, seit sie 1885 ihren ersten programmatischen Text in Pittsburgh formuliert hat. Einen weiten Weg sind wir gegangen in der Bewegung, für die »Reform« ein »Verb« ist und eine Tätigkeit. Dennoch aber scheint es, dass die folgenden Worte noch immer relevant sind:

> »Wir erkennen in der modernen Epoche einer universalen Kultur des Herzens und Verstandes das Näherkommen der Realisierung von Israels großer messianischer Hoffnung auf die Errichtung eines Königreichs der Wahrheit, der Gerechtigkeit und des Friedens unter allen Menschen.« (»We recognize, in the modern era of universal culture of heart and intellect, the approaching of the realization of Israel's great Messianic hope for the establishment of the kingdom of truth, justice, and peace among all men.«[3])

---

[2] Diese Worte stammen aus dem Lied für den Frieden (שיר לשלום) von Ja'akov Rotblit und Jair Rosenblum (1969). Es wurde auf besondere Weise berühmt, da es der Ministerpräsident Jizchaq Rabin nur wenige Minuten vor seiner Ermordung bei einer politischen Versammlung in Tel Aviv im Jahr 1995 sang.

[3] Declaration of Principles, »The Pittsburgh Platform« (1885), vgl. https://ccarnet.org/rabbis-speak/platforms/declaration-principles/ (Zugriffsdatum: 01.09.2016).

## Was heißt es für mich heute, als Juden, mit vollständigem Glauben an das Kommen des Messias zu glauben?

Andreas Nachama

Im Schlussgebet jüdischer Gottesdienste heißt es: »Dann wird der Ewige über die ganze Erde Gebieter sein. *An jenem Tage* wird der Ewige der einzige sein und sein Name der einzige.«[4] »An jenem Tag« – das hat mich schon als Kind interessiert, wann ist das?

Ich bekam zur Antwort: Es kommt jener Tag des Gerichtes, größer und ernster als jeder Jom Kippur. Vor jenem Tag kommt der Prophet Elias sichtbar, der zu biblischen Zeiten nicht verstorben, sondern auf einem Wagen zum Himmel gefahren sei, zur Erde zurück. Dann wird er bei einer Beschneidung einen Neugeborenen zum Messias bestimmen. Der Prototyp des Messias sei David, der als kleiner Junge mit einer Steinschleuder Goliath besiegt hat. Und dann, ja dann wird aus einem gewöhnlichen jüdischen Kind der Messias – der die Toten erweckt und dafür Sorge trägt, dass der Löwe neben dem Lamm liegt, ohne dass jede Stunde ein neues Lamm neben ihn gelegt werden muss. In anderen Worten: Das Kommen des Messias setzt die Regeln der Natur außer Kraft, Löwe und Lamm liegen nebeneinander, Menschen beuten nicht mehr andere Menschen aus, alle haben ihr Einkommen, alle sind glücklich und für immer gesund ...

Ich wurde gebeten auf knappem Raum zu skizzieren, was es für mich heute als Jude heißt, »mit vollständigem Glauben«, wie Maimonides es in seinen 13 Glaubensgrundsätzen formuliert hatte, an das Kommen des Messias zu glauben.

Dabei will ich mich auf Texte beschränken, die im Siddur stehen. Im Laufe der Jahre habe ich Elias, den Propheten, in vielen Gebeten für mich entdeckt: Im »Tisch(dank) gebet« nach dem vollendeten Mahl, heißt es z. B.: »Der Allbarmherzige sende uns den Propheten Elias, seligen Angedenkens, um uns allen gute und trostreiche Nachrichten zu verkünden.«[5] Dieser Gebetsteil wurde zu meiner Jugendzeit in einer getragenen Melodie gesungen, heute ›geht da der Zug ab‹: Es werden überschwänglichste Freudentöne angestimmt – wohlmöglich, weil doch eine jüdische Strömung mit dem Bild ihres Rebben suggeriert, der Messias wäre ebenhier – oder mit seinem Konterfei wirbt: »das Volk will den Messias jetzt«.

Auch habe ich fromme alte Damen gesehen, die am Schabbat neben den beiden Schabbatkerzen eine dritte für den Propheten Elias entzünden oder persönliche Gebete so formulieren, dass eben dieser Prophet ihr Gebet auf seinem Weg zwischen Himmel und Erde zu Gott bringen möge. Als Religionswissenschaftler könnte ich resümieren: Wie es sich christelt, so jüdelt es sich.[6] Vermittelt im Christentum Jesus zwischen Gott und Mensch, so ist es hier offenbar der Prophet Elias. Aber das Beeindruckende für mich ist: Hier findet sich ganz ernst praktizierte jüdische Volksfrömmigkeit.

Am Schabbatausgang, wenn tatsächlich die neue Woche beginnt, geht es um die freudige Erwartung des Messias bis zum nächsten Schabbat. Da erklingt immer ein choralähnlicher Gebetsgesang zum Wirken des Propheten Elias: »Elias, der Prophet, [...] er komme bald zu uns mit dem Messias, dem Sohn Davids.« Das hat mich schon

---

4 Hervorhebung von mir. Zitat nach: Sach 14,9; vgl. auch Andreas Nachama/Jonah Sievers, *Tefilot le-kol ha-shanah*. Jüdisches Gebetbuch. Schabbat und Werktage, Gütersloh 2009, 180.

5 AaO., 272.

6 Michael Hilton, Wie es sich christelt, so jüdelt es sich. 2000 Jahre christlicher Einfluss auf das jüdische Leben, Berlin 2000.

als Kind fasziniert: Jüdische Zukunft ist zutiefst mit dem Kommen und Wirken des Propheten Elias verknüpft. Bei der Beschneidungszeremonie für jeden Neugeborenen steht neben dem Stuhl für den סנדק, dem Paten, der das Kind hält, ein weiterer oft besonders verzierter und kostbarer Stuhl eben für den Propheten Elias, der bei dieser Zeremonie dabei sein soll, um dem Kind nach dem medizinischen Eingriff göttliche Genesung zu vermitteln, aber auch, weil mit der Anwesenheit des Propheten Elias das Kommen des Messias – es könnte doch das Neugeborene sein – verknüpft wäre.

Schließlich habe ich als Kind noch jenes Liedchen gelernt, es wird auch heute gern in Synagogen und bei anderen religiös begleiteten Anlässen gesungen: סימן טוב ומזל טוב (= »Ein gutes Zeichen und viel Glück«), um dann überzuleiten in den Refrain דוד מלך ישראל חי וקים (»David ist König über Israel, lebendig und bestehend«). Einmal abgesehen von der antichristlichen Note, die das Liedchen hat, wird doch die Genealogie Jesu von Nazareth auch auf David zurückbezogen,[7] wird hier mal eben so getan, als wäre der gute David eben nur mal kurz weggetreten, um gleich wieder zu kommen.

Wie unter einem Brennglas fasst der zweite Abschnitt der Segenssprüche nach der Prophetenlesung am Schabbat Messiasglauben, Davidologie und einleitendes Wirken des Propheten Elias zusammen. »Erfreue uns, Ewiger, unser Gott, durch Elias, den Propheten, deinen Knecht, und durch das Reich des Hauses Davids, deines Gesalbten. Möge er bald zu uns kommen, dann wird unser Herz frohlocken. Auf Davids Thron sitzt kein Fremder, und andere werden sich nicht seine Herrlichkeit teilen, denn bei deinem Heiligen Namen hast du geschworen, dass sein Licht in Zeit und Ewigkeit nicht verlöschen soll. Gelobt seist du, Ewiger, Schild Davids.«[8]

Die Eingangsfrage lautete, was es für mich heute als Juden heißt, mit vollständigem Glauben an das Kommen des Messias zu glauben. Dass also das davidische Reich wieder entstehe, zwischen Tyros im Norden, über Jerusalem bis Beer Schewa?[9] Das war schon den Rabbinern im Mittelalter zu belanglos, denn sie haben messianische Zeiten als Erlösung für die ganz Welt angesehen, als das Reich Gottes, das eben alle irdischen Konflikte und Gegensätze löst. So heißt es im berühmtesten rabbinischen Gebet, dem Kaddisch, das am Ende eines jeden Gottesdienstes gesprochen wird, auch am Ende einer Beerdigung, das aber eben nicht vom Tod handelt, sondern von der Verherrlichung Gottes und vom Kommen seines alle erlösenden Reiches: »... und sein Reich erstehe in eurem Leben und in euren Tagen und dem Leben des ganzen Hauses Jisrael, schnell und in naher Zeit. Sprecht: Amen!« Es ist das Reich des Schöpfers von Himmel und Erden, ohne Grenzen, ohne Gegensätze und mit einem David, der auch von allen Unzulänglichkeiten seines Lebens erlöst ist. Es ist die Vollendung der Schöpfung, an der wir freilich in unserem irdischen Leben als Gottes Gehilfen mitzuwirken haben. Bis zu dieser messianischen Vollendung erwarte ich, wie andere Juden auch, den Propheten Elias, wann immer etwas Neues beginnt: Am Beginn eines Lebens kurz nach der Geburt, am Beginn einer Woche und zu jedem Neubeginn, den wir selber setzen. »*An jenem Tage* wird der Ewige der einzige sein und sein Name der einzige.«[10]

---

7 Vgl. Mt 1.
8 Nachama/Sievers (Anm. 1), 221.
9 Vgl. z.B. Annemarie Ohler, DTV-Atlas Bibel, München 2004, 66.
10 Nachama/Sievers (Anm. 1), 180.

# Ex 40,12–16 – Der eine und die vielen Gesalbten[1]

Katharina Bach-Fischer

Mose wird von Gott beauftragt, die Priester für das Zeltheiligtum zu salben (Ex 40,12–16) – das Spezifische dieses Salbungsauftrags und mögliche Chancen für die christliche Rede vom Messias werden im Folgenden skizziert.

Die Anweisungen zur Priesterweihe stellen ein retardierendes Moment in der priesterschriftlichen Sinaiperikope (Ex 19–Num 10) dar. Israel erhält nach dem Bundesschluss (Ex 24) den Auftrag zum Bau der Stiftshütte (Ex 25–31), den es ausführt (Ex 35–40). Nach dem Abschluss der Arbeiten für die Stiftshütte und ihre Abnahme durch Mose (Ex 39,42f.) und noch vor der Einweihung des Heiligtums (Ex 40,17ff.) werden die Verse ergänzt. Sie lesen sich wie eine Kurzfassung der bereits erteilten Gebote zur Priesterweihe (vgl. Ex 29). Bevor Aaron gesalbt werden kann (VV 12f.), müssen diverse Vorbereitungen getroffen (VV 1–8) und die Stiftshütte und die Geräte gesalbt und geheiligt werden (VV 9–11). Im Anschluss an die Salbung Aarons sollen seine Söhne gesalbt werden und zwar *olam le-dorotam*, also zu einem ewigen Priestertum, das über die Generationen Bestand hat (VV 14f.). Zuletzt wird der auftragsgemäße Vollzug durch Mose festgestellt (V 16) und so der eigentliche Weihebericht (Lev 8) vorweggenommen.

Der Stamm *maschach*, salben, begegnet in der ganzen Perikope (VV 1–16) sieben Mal. Es ergehen detaillierte Anweisungen an Mose, das Heiligtum und die Priester durch Salben zu heiligen. Der Titel *ha-maschiach*, der Gesalbte, fällt weder für Aaron noch für seine Söhne. Das wundert wenig, denn der Hoheitstitel ist in der hebräischen Bibel weitgehend für den (davidischen) König reserviert. Nur einige apokalyptische Schriften und späte priesterschriftliche Texte lassen den Hohenpriester den Titel tragen, und die Priesterschrift verwendet den Titel insgesamt eher nicht.[2] Bemerkenswert ist aber, dass wir in den vorliegenden Versen auf eine Tradition stoßen, die damit rechnet, dass es mehrere Gesalbte zugleich geben kann und soll. Sowohl die Anweisungen zur Weihe Aarons in Kapitel 29 (bes. VV 7f.), als auch die Durchführung der Weihe in Lev 8 (bes. VV 12f.) gehen davon aus, dass nur Aaron, nicht aber seine Söhne gesalbt werden. Ganz anders Exodus 40,15 (vgl. auch Num 3,3): Zwar wird die Salbung Aarons als erste vollzogen, aber sie ist nicht einzigartig. Die Salbung der Söhne wird damit begründet, dass die Salbung ihnen ein ewiges Priestertum sein soll, von Generation zu Generation. Perspektive und Anspruch des Textes sind also denkbar weit. Ob gar die Vorstellung eine Rolle spielt, dass es sich bei ganz Israel um ein »Königreich von Priestern und eine heilige Nation« (Ex 19,6, vgl. Jes 61,6 u. a.) handelt, ist schwer zu sagen. Fest steht, Exodus 40,15 fordert eine »allgemeine Priestersalbung«[3], ob nun als Ätiologie[4] für eine bestehende priesterliche Praxis oder als Utopie.

---

[1] Für wertvolle exegetische Hinweise danke ich Andrea Beyer.

[2] Vgl. Klaus Dieter Seybold, Art. I *maschiach*, ThWAT 5, 46–59; Ernst-Joachim Waschke, Art. Messias (AT), in: Das Wissenschaftliche Bibellexikon im Internet (www.wibilex.de), 2008 (Zugriffsdatum: 01.07.2016), 1.1.

[3] Seybold (Anm. 2), 57.

[4] Eventuell hat die (veränderte) Kultpraxis am nachexilischen Tempel den Einschub in den Text notwendig gemacht; die Erwähnung eines Vorhofes des Heiligtums deutet jedenfalls auf eine nachträgliche Ergänzung hin. Vgl. Jörg Jeremias, Theologie des Alten Testaments, Grundrisse zum Alten Testament. Band 6, Göttingen 2015, 257f.

Versucht man die vorliegenden Verse mit der christlichen Rede vom Gesalbten, dem Christus, ins Gespräch zu bringen und dies für eine Predigt fruchtbar zu machen, stößt man auf einige Probleme. Grundsätzlich muss überlegt werden, ob davidisch-messianische Vorstellungen und der Akt der Priestersalbung zusammen passen können. Zwar kennt etwa der Hebräerbrief die Rede von Christus als dem Hohenpriester, doch ist diese kaum messianisch. Zudem grenzt der Hebräerbrief Jesus, den Judäer (Hebr 7,14), gegen die Leviten ab, indem er sich auf Melchisedek und ein Priestertum höherer Ordnung beruft (u. a. Hebr 5,7; 7,9.; vgl. Gen 14,17–20).

Verzichtet man auf die Identifikation Christi mit den vielen (!) Gesalbten in Exodus 40, stellt sich die Frage, inwiefern sich die Personen überhaupt zur christlichen Deutung eignen. Im engen Sinn ist einzig von den Aaroniden die Rede. Aaron und seine Söhne können zwar für Israel als Ganzes stehen (s. o.), dann gilt die Salbung zum ewigen Priestertum für das Volk Israel – bis heute. Dürfen sich Christinnen und Christen einfach auch hineinlesen (vgl. u. a. Offb 1,5ff.), z. B. im Sinne des allgemeinen Priestertums? Wie (un-)problematisch erweist sich die Traditionslinie Israel – Kirche hier?

M. E. ist es hilfreich, den Blick zu weiten und den biblischen Kontext sowie die universale Perspektive der Texte mit einzubeziehen. Nicht zufällig zieht der *kābōd*, die Herrlichkeit Gottes, am Neujahrstag in die Stiftshütte ein (Ex 40,17.34ff.), nachdem Mose diese besehen und für auftragsgemäß, sprich gut, befunden hat (s. o.). Mit der Einwohnung des Heiligtums hat nach priesterschriftlicher Überzeugung die Schöpfung ihr Ziel erreicht.[5] Das Geschehen ist Selbstkundgabe Gottes an die Welt und unterstreicht die uneingeschränkte Präsenz Gottes bei seinem Volk. Die Schöpfungsperspektive macht deutlich: »Wenn Gott primär an Israel handelt, meint er doch immer die Welt im Ganzen.«[6] Die gesalbten Priester sind geheiligt, ausgesondert für Gott, und dienen ihm und seinem Heilshandeln an der Schöpfung. Ein Gedanke, der durchaus (homiletisches) Potential birgt für eine soteriologische, messianische (?) Christologie, aber vor allem für die Rede vom allgemeinen Priestertum und der Gemeinschaft der Heiligen.

---

5 Vgl. aaO., 251.
6 AaO., 248.

# Ein kleiner jüdisch-christlicher Wortwechsel zu 1Sam 16

Johannes Wachowski und Yuval Lapide

### *1. Innensicht und Außensicht – Wie Gott seinen Gesalbten aus der Verborgenheit erwählt. Rabbinisch inspirierte Deutungen (Yuval Lapide)*

Die Geschichte der Erwählung und Salbung des unbekannten Hirtenjungen David, Sohns Jischais aus Bethlehem, ist eine exemplarische Erzählung der großen Maxime »der Mensch denkt und Gott lenkt«.

Nachdem im vorangegangenen Kapitel 15 das ergreifende Fiasko des noch regierenden Königs Schaul dargestellt wird, der sich dem göttlichen Willen egozentrisch widersetzt und somit von Gott als Regent über Israel verworfen wird, wird im vorliegenden Kapitel die Erwählung eines Aspiranten beschrieben, der dem »Geschmack« des Himmlischen Vaters vorbehaltlos entspricht. Wir lesen in Kapitel 16,1 (Buber-Rosenzweig, BR): »Er sprach zu Schmuel: Bis wann willst du trauern um Schaul, habe ja ich ihn verworfen, über Jissrael König zu sein! Fülle dein Horn mit Öl und geh, ich sende dich zu Jischaj dem Betlehemiter, denn unter seinen Söhnen habe ich mir einen König ersehn.« Wie andersartig klingen doch diese Erwählungsworte als jene, mit denen vormals König Schaul von Gott auf Drängen des ungestümen Volkswillens zum König gesalbt wird: »Er aber hatte einen Tag, bevor Schaul kam, Schmuels Ohre den Spruch offenbart: Um diese Stunde morgen schicke ich zu dir einen Mann aus dem Land Binjamin, ihn salbe zum Herzog über mein Volk Jissrael, er soll mein Volk aus der Hand der Philister befreien, denn ich habe mein Volk angesehn, denn sein Schrei ist zu mir gekommen« (1Sam 9,15f., BR). Wird Schaul – aus dem unbedeutenden Stamme Benjamin – noch zum salbenden Propheten Samuel (Schmuel) »geschickt« in Verbindung mit der pragmatischen Zweckbestimmung, er solle Gottes leidendes Volk aus der Hand seiner Unterdrücker befreien, so wird nunmehr der Prophet persönlich zum künftig Gesalbten »geschickt«, denn Gott hat justament ihn sich selbst – »mir als König« – erwählt. Wird der Regent Schaul mit »Nagid«, Fürst, bezeichnet, so erfährt der neue Gesalbte eine titularische Aufwertung durch den ihm zugemessenen Königstitel, der – wie erwähnt – in signifikanter Verbindung mit Gottes persönlicher Präferenz »mir als König« steht – bedeutet doch der hebräische Name David bezeichnenderweise »mein Geliebter« bzw. »mein Liebling«. Der Bethlehemiter David verkörpert somit den ureigenen Willen und das »persönliche« Wohlgefallen seines Gottes an diesem und keinesfalls lediglich das göttliche Zugeständnis an den nach einem Monarchen drängenden Volkswillen. Auch während der Salbungszeremonie erfahren wir von einem kleinen, aber wesentlichen Unterschied hinsichtlich des wesentlichen Utensils Salbungsgefäß: Wird der »Fürst« Schaul mit Öl aus einer einfachen Ölflasche gesalbt (hebr.: *pach schemen*; »Schmuel nahm die Ölflasche, er goss es ihm übers Haupt«; 1Sam 10,1, BR), so erfolgt »König« Davids Salbung mittels eines würdevollen krönungstypischen Salbungsgefäßes, das auf Hebräisch *keren schemen* genannt wird: »Schmuel nahm das Ölhorn, er salbte ihn im Kreis seiner Brüder« (1Sam 16,13, BR).

Die gesamte ›alternative‹ Salbungszeremonie Davids in unserem Kapitel ist geprägt von der entscheidenden Maxime aus Gottes Munde in 1Sam 16,7: »Er aber sprach zu Schmuel: Blicke nimmer auf sein Aussehn [auf das des großen Bruders Davids], auf seinen ragenden Wuchs, denn ich habe ihn verworfen, denn nicht was der Mensch sieht ists, denn: der Mensch sieht in die Augen, Er aber sieht in das Herz«

(BR). Sowohl der vormalige Fürst Schaul, der bei seiner Salbung primär durch seine äußerlichen Attribute besticht (1Sam 9,1f.), als auch alle sieben männlichen Geschwister Davids, die dem amtierenden Propheten Schmuel zwecks Salbung zum König vorgeführt werden, werden von Gott als oberster Entscheidungsträger verworfen – ausschlaggebend für Gottes persönliche Wahl ist nicht der äußere Eindruck, nicht der äußere Glanz, nicht der äußere Schein, sondern einzig Gottes Blick ins Innere, in den Sitz der Weisheit »*chochma*« und Gotteserkenntnis »*daat*« – das menschliche Herz. Mit unmissverständlicher Deutlichkeit und allgemeingültiger, weit über den Salbungskontext hinausreichender Verbindlichkeit proklamiert im zitierten Satz 16,7 der Weltenschöpfer Sein göttlich überragendes Vorrecht der höheren Innen-Sicht und Ein-Sicht im Gegensatz zur menschlich immer beschränkt bleibenden Außen-Sicht. In vergleichbar deutlichen allgemeingültigen Worten wird knapp drei Jahrhunderte später der Prophet Jeschajahu (Jesaja) in seiner Verkündigung des göttlich-universalen Willens Folgendes äußern: »Nicht sind meine Planungen eure Planungen, nicht eure Wege meine Wege, ist SEIN Erlauten. Denn: Hoch der Himmel über der Erde, so hoch meine Wege über euren Wegen, mein Planen über eurem Planen« (Jes 55,8.9, BR).

In bemerkenswert scharfer Verurteilung menschlicher Selbstgewissheit und Selbstgefälligkeit werden in den Versen 6–9 unseres Kapitels die von Vater Jischaj vorgeführten sieben Söhne, von denen drei mit sehr klangvollen, theologisch anspruchsvollen Namen namentlich bezeichnet werden (Eliaw = mein Gott ist Vater, Awinadaw »mein Vater ist großzügig und unterstützend«, Schama = »Sein göttlicher Name wohnt ihm inne«), allesamt von Gott mit dem niederschmetternden Urteil »diese hat ER nicht erwählt« (16,10, BR) abgewiesen. Der achte Sohn, »der Kleinste«, der unangesehene einfache Hirtenjunge, der die Schafe im Hinterland hütet ohne Renommee und gesellschaftliches Ansehen, findet bei Gott den Ausschlag und »Zuschlag«, so dass Samuel mit göttlicher Autorisierungsformel »*qum*« »Steh auf und handle« aufgefordert wird, diesen Achten – nach der Verwerfung der Sieben – zum König zu salben. In der jahrtausendealten Mystik des Judentums gilt die Acht als die Zahl der Transzendenz, die die Diesseitigkeit, die mit der Zahl Sieben endet, ins Überirdische überschreitet. David, der Geliebte Gottes, findet Gunst bei Gott im Gegensatz zu Schaul, wörtlich der Erwünschte, der Begehrte, der nur in des Volkes vordergründig betrachtenden Augen ein Gewollter, ein Begehrter war. Die Verse 13 und 14 bringen in markant kontrastiver Note zum Ausdruck, dass vom Augenblick der Salbung an Gottes belebender und wegweisender Geist »über David geriet« (BR), wohingegen dieser vom noch amtierenden König Schaul wich, ja, mehr noch, wie wir in V 14 lesen: »Als Sein Geistbraus von Schaul hinweg gewichen war, begann ein böses Geisten von Ihm aus ihn zu umgrausen« (BR). Der Erwählte Gottes wird von Stund an be-geist-et – der erwählende Gott wendet sich Seinem Erwählten mit der schöpferischen Geistkraft, die bereits im ersten Kapitel der Bibel als universell schöpferisch und grenzenlos überwölbend vorgestellt wird (»Braus – Geist – Gottes schwingend über dem Antlitz der Wasser«; Gen 1,1, BR), Beistand spendend und Autorität verleihend zu. Parallel hierzu entzieht Gott dem abgewählten Regenten diesen belebenden Geist und plagt ihn mit einem »bösen Geisten« – einem »Un-geist«, der das Vakuum, die spirituelle Leere des sich von Ihm abgewandten Fürst-Königs sichtbar werden lässt. Eine besondere Pointe der Salbungsgeschichte bildet die abschließende anekdotale Szene, in der die Hofbediensteten König Schauls dessen »bösen Geist« mit dem daraus resultierenden Leiden beobachten und dem Regenten den Vorschlag unterbreiten, einen leierspielkundigen Mann zu ermitteln, der durch seine be-geistete und be-geistende instrumentelle Virtuosität das »böse Gottesgeisten« von diesem nehme, wodurch »es besser mit dir werde« (16,14–16, BR).

Der Text will die göttliche Approbation des neuen Königs in der Salbungsszene durch eine im zwischenmenschlichen Handlungskontext sich ereignende Anschlussszene endgültig festigen und ratifizieren. Nicht nur Gott hat durch seine perfekte Innensicht den geeigneten Monarchen Seiner Wahl auserkoren, sondern auch der noch amtierende, nunmehr seelisch degenerierte Altkönig soll dem neuen Erwählten seinen Tribut zollen durch Heranziehung desselben an seinen Hof als seinen persönlichen ›Musiktherapeuten‹ erster Wahl. Die Bibel mit ihrer stets hintergründigen Weisheit und ihrem Esprit lässt auch den abdankenden König eine Wahl – eine »Herzenswahl« – treffen, indem dieser auf Empfehlung seiner Hofbediensteten einen Mann mit Charme und Charisma zu suchen anordnet, der des Königs heftige Melancholieschübe durch seine göttlich inspirierte Musikalität zumindest zeitweilig zu heilen imstande ist. Hören wir die Worte, mit denen die Schrift die umfassenden Fähigkeiten des frisch gesalbten hochtalentierten Bethlehemiters David zu beschreiben versteht: »Einer von den Knappen antwortete, er sprach: Da habe ich einen Sohn Jischajs des Betlehemiters gesehn, der ist spielkundig, ist wehrtüchtig, ein Kriegsmann, Rede erfassend, ein Mann von Gestalt, und ER ist bei ihm« (16,18, BR). Hier wird der neu gesalbte König David mit schillernden Attributen, die allesamt geistgetragene Fähigkeiten dokumentieren, porträtiert. Der Gesalbte nach Geschmack und Willen Gottes besticht nicht vorrangig durch sein äußeres vergängliches Erscheinungsbild, wobei dieses keinesfalls verleugnet bzw. vernichtet werden muss. Bei Gott zählen vielmehr die inneren unvergänglichen (geistigen) Qualitäten – wahre unvergängliche Herzens-Schönheit und wahre Überzeugungskraft kommen von innen. Die Liste der genannten bestechenden Attribute, mit denen sich der eben gekrönte David mit Sicherheit bereits vor seiner Erwählung und Salbung einen Namen machen konnte, so dass sein Ruf bis an den königlichen Hof vordrang, wird ›gekrönt‹ durch den beschließenden und besiegelnden Zusatz »und ER ist bei ihm« (BR) – Gottes Geist, Gottes »*Schechina*« (Einwohnung bzw. Präsenz) macht sich bei David in allem, was er aufgrund seiner herausragenden Eigenschaften unternimmt, unübersehbar bemerkbar. Davids Erwählung und Salbung durch Gott geschieht in deutlichem Kontrast zu derjenigen König Schauls in der familiären Zurückgezogenheit der Sippe Jischajs in der Kleinstadt Bethlehem völlig unauffällig und unpompös, aber die be-geistende Ausstrahlung von Davids Persönlichkeit bricht alle Barrieren kleinstädtischer Geschlossenheit und bahnt sich ihren Weg bis zum Hof desjenigen Mannes, der von Gott abgewählt wird.

David ist nicht nur der Geliebte Gottes – der Text lehrt uns in 16,21, dass auch der leidende und eines Helfers in der Not dringend bedürftige Alt-Monarch ihn unvermittelt aufgrund seiner Ausstrahlung und Talente, die er am Hof an ihm beobachtet, deutlich liebgewinnt. David wird somit auch des Menschen Geliebter: »So kam David zu Saul und diente vor ihm. Und Saul gewann ihn sehr lieb und er wurde sein Waffenträger« (BR).

Gottes transzendente Entscheidungskriterien bei der Wahl des geeigneten Königs über sein geliebtes Volk Israel sollen in der Realität irdisch-materiellen Geschehens sichtbar und überzeugend aufleuchten. Der Leser und die Leserin des Heiligens Textes sollen durch die Darstellung theozentrischer Intervention und Intuition die Gewissheit bekommen, dass der biblische Gott der Schöpfung stets ein wachsames und wachendes Auge auf seine berufenen Helden hält. Nach einer enttäuschenden Phase menschlicher Verirrung und Verblendung in Gestalt des menschengeforderten

Königs Schaul tritt nunmehr der gottgewollte und gottbestimmte Erwählte aus der Verborgenheit in die Arena des neuen gottinspirierten Geschehens ein.

### *2. »Oh Bethlehem, du kleine Stadt« – Christologische Anschlüsse (Johannes Wachowski)*

Christen singen an Weihnachten »O Bethlehem, du kleine Stadt« (EG 55), auch wenn das der lutherische Pfarrer von Bethlehem, Mitri Raheb, kritisiert, und erinnern an die Wurzel Jesse (EG 30.70). Sie predigen »Weihnachten ist Kleinachten« (Klaus Müller), auch wenn es ein Weltgeschehen ist und freuen sich, dass Gott nicht nur das kleine Kind in Bethlehem erwählt hat, dass er vielmehr im Kind von Bethlehem in der Welt anwesend ist, oder wie die Katholiken im römischen Martyrologium loben: »Nativitas Domini nostri Jesu Christi secundum carnem.« Manche Predigerinnen und Prediger legen noch eins politisch drauf und sagen: »Die Herren der Welt gehen. Unser Herr aber kommt!« Und mit »Klein-achten« ist das modische Thema »Achtsamkeit« dann auch an Weihnachten in die homiletische Großwetterlage des Protestantismus eingezogen.

So könnte ich gut an Deine Auslegung des Ha-Qatan, des Kleinen, wie David in V 11 genannt wird, anschließen. Und ich könnte auch die Entwicklung von Saul zu David, die Du philologisch schön herausarbeitest, aufnehmen und quasi Jesus als 9. Sohn mit Namen Jeschua vorbeiziehen lassen und sagen: »Und mit Jesus hat Gott die Wahl für die ganze Welt ein für alle Mal getroffen.«

So macht es Petrus zuerst in der Apostelgeschichte (Apg 10,34–43). Er hält eine lange heilsgeschichtliche Rede und betont mit Anspielung auf 1Sam 16,13, dass »Gott Jesus von Nazareth gesalbt hat mit Heiligem Geist und Kraft«. Ansonsten hat die Salbung Davids zum König in Bethlehem wenig neutestamentliche Spuren hinterlassen. Lediglich das Wort über die »Optik« Gottes hat nicht nur als Jahreslosung 2003 Karriere in der Einzelwortfrömmigkeit des Protestantismus gemacht, sondern ist auch mehrmals im Neuen Testament aufgenommen (Mt 22,16; Apg 10,34f.; 2Kor 5,12). Diese Anschauung Gottes gilt eben auch für Jesus (VV 34f. mit 38b) und so ist er Gottes Gesalbter (V 38a).

Leicht lassen sich dann auch hier adoptianistische Modelle der Christologie anschließen und Jesus als geistbegabten Menschen darstellen. Dessen ist sich der Verfasser der Apostelgeschichte vielleicht bewusst. Und so lässt er Petrus weiter sagen: »... denn Gott war mit ihm. Und wir sind Zeugen für alles, was er getan hat im jüdischen Land und in Jerusalem. Den haben sie an das Holz gehängt und getötet. [40]Den hat Gott auferweckt am dritten Tag und hat ihn erscheinen lassen, [41]nicht dem ganzen Volk, sondern uns, den von Gott vorher erwählten Zeugen, die wir mit ihm gegessen und getrunken haben, nachdem er auferstanden war von den Toten.« Und nach Petrus' Rede wird dann vom Wirken des Geistes Gottes erzählt: »Während Petrus noch diese Worte redete, fiel der Heilige Geist auf alle, die dem Wort zuhörten ...« (V 44). Die Heiden werden hier mit Gottes Geist begabt. Die Geistbegabung eines Anderen findet sich auch in der David-Saul-Geschichte, und ich denke, es wäre reizvoll, die Geschichte des Hauptmann Kornelius (Apg 10) mit der Salbung Davids zum König und dessen Kommen an Sauls Hof (1Sam 16) einmal vergleichend zusammenzusehen.

Gott ist aber mit Jesus noch einen ganz anderen Weg gegangen. Paulus spricht vom »Wort vom Kreuz« (1Kor 1,18ff.). Hier ist ein anderes Geschehen als eine Salbung zum König angesprochen. Und in der Dogmatik hat man das Wort vom »gekreuzigten Gott« (Moltmann) geprägt. Mit diesem Theologumenon wird dann mehr an den leidenden Gottesknecht des Alten Testaments (Jes 52,13–53,12 u. ö.) angeschlossen als an den Hirten mit den »schönen Augen und guter Gestalt« (1Sam 16,12), »der des Saitenspiels kundig, ein tapferer Mann und tüchtig im Kampf, verständig in seinem Reden und schön gestaltet, und der HERR mit ihm« (V 18) war. Dieses Aussehen passt weniger zum gekreuzigten Gott und der Rede, dass Gott auch kommt secundum carnem. Aber gerade das ist ja die Pointe der neutestamentlichen Christologie, wie es in der Taufagende dann heißt: »Gott befreit *uns* von der Macht des Bösen und schenkt *uns* ewiges Heil!« Gott geht den weitesten Weg zu uns, wie der Apostel Paulus unsere Abkehr von den Abgöttern und die Hinwendung zu dem lebendigen und wahren Gott (1Thess 1,9) predigt.

Die christliche Rede vom neuen Davididen ist also nicht nur eine Weitererzählung von Gottes souveränem Erwählungshandeln und seiner Geistbegabung. Indem er das Nichtige adelt und das Tote lebendig macht, bringt sie auch neue Motive für den Gesalbten Gottes: Gottes Gesalbter wird zum gekreuzigten Gottesknecht, zum victor quia victima. Und das ist wichtig für die Abgöttern und dem Tod verfallende Heidenwelt.

### *3. Zum Leiden des Erwählten (Yuval Lapide)*

Als Jude kann ich Deine christozentrisch gedachten Zeilen gut rezipieren und will Dir mitteilen, dass das von Dir erwähnte Narrativ des »victor quia victima« meinem jüdisch-biblischen Bild und Verständnis des gottgesalbten Königs Davids in vielen Zügen sehr entspricht. Wenn wir die Selbstaussagen des großen Gottgesalbten anhand der von ihm verfassten von Buber so bezeichneten »Preisungen«, der Psalmen, genau untersuchen, so finden wir eine Fülle sehr präziser Beschreibungen von Davids Leiden und tiefen Erniedrigungserfahrungen durch seine erbitterten irdischen Feinde – sowohl vor seiner Regentschaft über Israel als auch während derselben. Als drei markante Beispiele seien angeführt: »Vergessen bin ich wie ein Toter dem Herzen, wie ein verlornes Gerät bin ich worden« (Ps 31,13, BR). »Ja, du hast entwunden meine Seele dem Tod, mein Auge der Träne, meinen Fuß dem Anstoß« (Ps 116,8, BR). »Auch wenn ich gehn muß durch die Todschattenschlucht, fürchte ich nicht Böses, denn du bist bei mir, dein Stab, deine Stütze – die trösten mich« (Ps 23,4, BR). Keinesfalls dürfen wir den großen Psalm 22 vergessen, den sog. Sterbepsalm Jesu gemäß Mt 27,46, in welchem der Psalmist in detaillierten Selbstaussagen sein bitteres irdisches Leid vor seinem Gott klagt. Neben den berühmten Anfangszeilen »Eli, Eli, lama asabtani – mein Gott, mein Gott, warum hast du mich verlassen« finden sich schmerzgezeichnete Worte wie »Ich aber, Wurm und nicht Mensch, Hohn der Leute, verachtet vom Volk, – die mich sehn, spotten mein alle, verziehn die Lippe, schütteln den Kopf« (22,8). Dieser Psalm wird in der neutestamentlichen Johannespassion mehrfach typologisch herangezogen, um die enge Bindung des Leidens Davids im Ersten Testament mit dem Leiden des Rabbis von Nazareth im Zweiten Testament zu verknüpfen.

Du siehst, lieber Freund Johannes-Jochanan, dass der ›Leidenstopos‹ des Erwählten Gottes uns nicht per se auseinander treibt, sondern ganz im Gegenteil aneinander bindet, denn ohne die zahlreichen Schmerz- und Leidensaussagen des Gesalbten in seinen großen psalmischen Selbstzeugnissen und anhand der samuelischen Beschreibungen zu seinem turbulenten Leben hätte die christliche Leidens- und Auferweckungstheologie deines Heilands Rabbi Jehoschua zu keinem Zeitpunkt kreiert werden können. Als Jude konzediere ich Dir gerne, dass Gott mit dem großen Rabbi von Nazareth einen besonderen heilsspezifischen Weg gewählt hat – einen Weg, der hinsichtlich seines Leidenscharakteristikums übrigens nicht jüdischer hätte sein können. Aufgrund der großen göttlichen Allwissenheit wurde ausgerechnet dieser in einem tiefen jüdischen Glaubenskontext als Jude unter Juden gelitten habende pharisäische Jude (sic!) zum Eckstein deines christlichen Glaubensweges. Wie mein berühmter Vater Pinchas Lapide in seinen theologischen Glanzzeiten zu sagen pflegte: Das Christentum ist die einzige Religion auf Erden, deren Stifter zeitlebens einer anderen (der jüdischen) Religion angehörte.

## Literatur

Buber, Martin/Rosenzweig, Franz, Die Schrift, Verdeutscht von Martin Buber gemeinsam mit Franz Rosenzweig: Bücher der Geschichte, Stuttgart [8]1985.

Moltmann, Jürgen, Der gekreuzigte Gott. Das Kreuz Christi als Grund und Kritik christlicher Theologie, München 1972.

Müller, Klaus, Christfest I: Mi 5,1–4a, in: Predigtmeditationen im christlich-jüdischen Kontext. Zur Perikopenreihe III, hg. von Wolfgang Kruse, Berlin/Weihenzell 2004, 33–36.

# Was für ein »Messias«! – 2Kön 9

Anna Karena Müller

Was für ein Messias! Gesalbt durch einen Verrückten, einen »*Meschuga*« (V 11), zieht er eine Blutspur hinter sich her und wirtschaftet sein Land in wenigen Jahren politisch total ab.[1] Wir haben mittlerweile verstanden, dass die alttestamentlichen Vorstellungen, die mit dem Begriff des »Gesalbten« verbunden sind, nicht unbedingt die des neutestamentlichen *Christos* erklären. Aber ein wenig irritieren kann man sich doch immer wieder einmal lassen: So einer ist (auch) ein »Gesalbter«?!

Gesalbt wird der König: Die Salbung ist ein wichtiger Bestandteil des Krönungsrituals, allerdings allein nicht hinreichend. Der Gesalbte muss noch – etwa durch Akklamation – bestätigt werden. Dass die Salbung – und damit entweder die Fortführung der davidischen Dynastie (Südreich) oder die Auswahl durch einen Propheten (Nordreich) – kein Garant dafür ist, dass der Gesalbte auch das Gute tut, den Willen Gottes, zeigen Geschichten wie diese. Dass die durch die Salbung verliehene Macht auch missbraucht werden kann, zeigt die Gestalt des Nordreichkönigs Jehu.

Die Erzählung von seiner Revolte ersetzt den Eingangspassus des üblichen Königsrahmens[2], ist damit seine Beurteilung. Dass dieser Text, deuteronomistisch überarbeitet, die Nabotgeschichte schließt, dass die teilweise positive Beurteilung Jehus auf seinen Gewalttaten gegen Ahabs Familie, Isebel, die Baalspriester beruht und dass das eine (nachgetragene) theologische Wertung ist, macht die Sache nicht einfacher.

Aus rein historisch-politischem Blickwinkel müsste man Omri und seine Dynastie, der Jehu ein Ende macht, loben, Jehu nicht: Omri verschafft durch geschickte Heiratspolitik und moderate Religionspolitik dem Volk relative außen- und innenpolitische Ruhe, Jehu wirtschaftet das Land in Kürze herunter: Außenpolitisch führen seine Morde am judäischen König Ahasja und an seinen Brüdern sowie an Isebel und den Omriden zum Ende der Bündnispolitik mit Juda und Phönizien, innenpolitisch verschärfen sich die Gegensätze zwischen den kanaanäischen und den israelitischen Bevölkerungsgruppen durch das Massaker an den Baalsverehrern und die Zerstörung des Tempels in Samaria.

Ein paar Blicke auf den Text, teilweise auf Kleinigkeiten, erlauben vielleicht, schon in ihm selbst eine gewisse Kritik an Jehu zu entdecken, die auf einer anderen Ebene liegt als die der »Sünde Jerobeams«, die ihm von den Redaktoren der Könige-Bücher angelastet wird:

a) Es fällt auf, dass der Prophetenjünger nach Meinung der Offizierskollegen ein »*Meschuga*«, ein Verrückter, ist und auch von Jehu nicht positiv angesehen wird (»sein Geschwätz«, V 11). Auch Jehu selbst hat etwas ›Verrücktes‹ an sich: Sein Fahrstil ist bekannt als »wahnsinnig« (בשגעון, V 20). Ein Verrückter, ein Wahnsinniger – ob das hier alles wirklich gut und in Frieden zugeht? Für den Frieden jedenfalls interessiert Jehu sich nicht (VV 17–22).

---

[1] Vgl. 2Kön 10,32f. und dazu Winfried Thiel, Geschichtliche, innenpolitische und religiöse Entwicklungen in Israel im 9. Jahrhundert v. Chr., in: ders., Gedeutete Geschichte. Studien zur Geschichte Israels und ihrer theologischen Interpretation im Alten Testament, hg. Peter Mommer/Simone Pottmann/Andreas Scherer, BThS 71, Neukirchen-Vluyn 2005, 158ff.165f.

[2] »Im Jahr des Königs A von Juda wurde B König von Israel. Er tat was dem Herrn missfiel ... [kürzere oder längere Ausführungen über seine Regierungszeit] ... Und B legte sich zu seinen Vätern ...« – vgl. 1Kön 15,1–8; 9–24; 22,41–51 u.ö.

b) Es besteht eine deutliche Differenz zwischen dem Auftrag, den der Prophetenjünger in V3 bekommt, und seiner Ausführung in den Versen 6–10 (literargeschichtliche Gründe spielen dabei offenkundig hinein,[3] ändern aber nichts an der auf der Textebene bestehenden Spannung): Die aufgetragene Salbung zum »König über Israel« wird zu einem ausgewachsenen Mord- und Racheauftrag. (Ist er für Jehu und seine Leute nur so selbstverständlich, dass er ihn – V12 – nicht wiederholt, sondern ebenfalls den ursprünglich kürzeren ›Text‹ zitiert?)

c) Bemerkenswert ist eine textkritische Abweichung der Septuaginta – und zwar umso mehr, als diese in den beiden Kapiteln 9 und 10 womöglich einen dem masoretischen Text vorausgehenden Wortlaut überliefert: Der Auftrag des Prophetenjüngers in V7 beginnt im masoretischen Text mit der zweiten Person Singular »*Du* sollst schlagen ...«. Weiter geht es in der Gottesrede: »Ich will rächen ...«. Die Septuaginta hat hier weiterhin die zweite Person Singular: »Du [Jehu] sollst ...«. Erst in V9 bleibt die Septuaginta bei der ersten Person Singular.

   Ein wichtiger Grundzug, den man an der Gestalt Jehus, aber auch (aus teilweise anderen Gründen) an den anderen Nordreichskönigen sehen kann, findet hier einen sachten Niederschlag: Es ist zu unterscheiden zwischen der Tatsache, dass ein Mann zum König gesalbt wird, also von Gott bestimmt ein Amt bekommt, und seiner Weise, dieses Amt auszuüben. Anders gesagt: Dass einer der Gesalbte ist, impliziert nicht, dass er immer den Willen Gottes tut. Amt und Amtsführung, göttliche Aufgabe und menschliche Erfüllung wären hier zu thematisieren.

d) Auch der Begriff der »Verschwörung« (V14) ist nicht positiv besetzt: Jehu tut zwar, was er nach Auftrag des Prophetenjüngers soll, doch das wird von Anfang an kritisch gesehen.

Eine bis heute bedeutsame Frage: Wie geht ein mit Autorität und Macht Betrauter mit dieser Macht und Autorität um? Der Titel verbürgt hier wenig, noch nicht einmal die göttliche Erwählung. Es bleibt bei der immer wieder neuen eigenen Verantwortung, bei der Freiheit des Menschen. *Gerade angesichts der Erfahrung eigener Verwicklung in Gewalt sucht Israel einen Weg aus der Gewalt hinaus*: Von der Urgeschichte, in der der Mensch als gewaltanfällig erkannt wird, über die Prophetie, die ihr die »Gegenkraft der Gerechtigkeit«[4] entgegenstellt, bis hin zu der Auffassung, besser Opfer als der gewalttätige Sieger zu sein (Klagepsalmen, Hiob, Gottesknechtslieder). Die Erzählung der Jehu-Revolution könnte ein Baustein beim Bemühen der Überwindung von Gewalt sein, indem sie ihre Entstehung und Wirkungen darstellt – und zwar auch und gerade im Selbstverständnis des Gewalttäters als Erwählter.

---

3 VV7–10a ist eine Ergänzung, die einen »Stützpfeiler des Bogens« (Winfried Thiel) von 1Kön 21,23 zu 2Kön 9,36 bildet; und VV8b–10 sind fast wortgleich mit 1Kön 21,21–23: dass hier eine (gezielte) Klammer vorliegt, ist kaum zu übersehen (zum Ganzen vgl. Winfried Thiel, Könige, BK AT IX/2,7, Neukirchen-Vluyn 2014, 490). Thiel sieht in 1Kön 21, also der Geschichte, die hier ihren Abschluss findet, die Intention, »die Grenzüberschreitung des Königtums [...] aufzuzeigen und anzuklagen: der Versuch, die eigenen Wünsche mit Hilfe einer willfährigen Oberschicht [...] durchzusetzen – ein Handeln, das das von Gott dem König verliehene Mandat fundamental verletzte« (ders., Die Erkenntnisaussagen in den Elia- und Elisaüberlieferungen, in: ders., Gedeutete Geschichte [Anm. 1], 208).

4 Bernd Janowski, Ein Gott der Gewalt? Perspektiven des Alten Testaments, in: Gottes Namen(n). Zum Gedenken an Erich Zenger, hg. v. Ilse Müllner u.a., HBS 71, Freiburg 2012, 29f.

# Psalm 2: Der Körper des Messias

Klara Butting

Psalm 2 gehört zur Ouvertüre des Psalters. Er skizziert eine globale Bewegung gegen GOTTES Lebensregeln der Solidarität als Kontext des Buches (1. Strophe/2,1–3). Deregulierung heißt der Propagandaruf der globalen Eliten: Sie wollen die »Fesseln« Gottes und seines Messias »sprengen«. Sie propagieren die Freiheit, die den Leistungsträgern unbeschränkte Möglichkeiten bietet, für sich selbst zu sorgen. Ihr Freiheitsruf spiegelt die gesellschaftlichen Entwicklungen im nachexilischen Juda unter persischer und hellenistischer Vorherrschaft. Überregionale Handelsbeziehungen setzen Maßstäbe, gegenüber denen die lokale Gesetzgebung rückständig erscheint. Die Tora, die Akkumulation bremsen und Solidarität judäischer Familien organisieren will, wird zur Fessel. Sabbatgesetze, die die wirtschaftliche Entwicklung zur Förderung des lokalen Zusammenlebens regulieren, sind anachronistisch. Geld vermittelt Verfügungsmacht und gewährt Lebensqualität, unabhängig von einer Solidargemeinschaft.

Die Gegenmaßnahme Gottes ist der »König auf dem Zion« (2. Strophe/2,4–6). Den Redaktorinnen und Redaktoren der Psalterouvertüre steht keine historische Königsfigur vor Augen. Selbst wenn dem 2. Psalm ein altes Königslied zugrunde liegen sollte, war für die Frauen und Männer, die mit den beiden eng verzahnten Psalmen 1 und 2 eine Einleitung des Psalters geschaffen haben, das Königtum ein Phänomen der Vergangenheit. Die Lebensrealität ihrer Gegenwart wird in Ps 1 skizziert: Sie ist geprägt von Fremdbestimmung, die das ganze Leben erfasst. In dieser Situation ist der Messias eine Figur der Hoffnung, Garant der Grenze, die Gott der entfesselten Gewalt im internationalen Kräftespiel entgegen setzt.

Mit der Gegenüberstellung von »den Königen« (V2) und »Gottes König« (V6) zeichnet Ps 2 das messianische Projekt nach, wie es in den Samuelbüchern skizziert wird (1Sam 8–12). Das Königtum vertritt eine Gesellschaftsordnung, die den Rechtsordnungen der Gottheit Israels diametral entgegensteht. Mit dem Wunsch nach einem König verwirft Israel die Gottheit, die befreit. Gott aber reagiert auf diese Verwerfung mit Erwählung. Gott erwählt seinen König und erklärt die Politik zu seinem Kerngeschäft. Die Messiasfigur ist Gottes Versprechen, dass er die Welt nicht verfehlter Politik überlässt, sondern das Heil, das wir von Gott erwarten, eine irdisch konkrete Gestalt hat. Wenn Jesus bei der Taufe mit den Worten des 2. Psalms zum Christus berufen wird (Mk 1,11), steht angesichts der entfesselten Gewalt des römischen Imperiums dieses Versprechen Gottes im Raum.

Die Messiasfigur ist kein nationaler Kriegsheld. Er verkörpert eine universale Perspektive. Die Verheißung erfüllten Lebens, die Ps 1 einer bedrängten Minderheit zuspricht (»Glücklich die Frau, der Mann«, 1,1), trägt er unter die Völker (2,12). Der Messias ist mit der Vollmacht über Leben und Tod ausgestattet (3. Strophe/ 2,7–9), aber er schlägt nicht um sich, sondern wird Lehrer der Völker (4. Strophe/ 2,10–12). Unlöslich ist mit dem Titel Messias eine Auseinandersetzung verbunden, die den heutigen Konflikten um die Globalisierung ähnelt. Politik, die von den globalen Unrechtsstrukturen dominiert wird, soll Schauplatz für Gottesrecht und Menschenrechte werden. Das ist das messianische Vorhaben – eine Suche nach Auswegen in einer Sackgasse. Etwas, das nicht geht, soll gehen. Mächtig wie die globalen Eliten, aber ganz anders. Er verkörpert die Praxis des Lachens, das die Völker besiegen wird (2,4).

Aber wie? Wie will Gott mit seinen »Königlein« auf dem »Zionshügel« eine globale Machtelite stoppen? Ein Schlüssel zur Antwort, die der Psalter auf diese Frage sucht, liegt in dem »Ich« des Psalms. Wer ist das? In der 3. Strophe spricht der König. In der messianischen Umkehrpredigt der 4. Strophe wird die Königsrede fortgesetzt, doch auch das prophetische »Ich« aus der 1. Strophe könnte Sprecher/in sein. Beide Lektüremöglichkeiten changieren, sodass wir, die wir den Psalm lesen, zu diesem »Ich« werden und die Messiasfigur Gestalt annimmt in den Frauen und Männern, die sich mit den Psalmen auf den Weg machen. Frauen und Männer, die nicht mehr weiter können, lernen die provokante Frage: Wozu tosen die Völker? Was soll das Ganze? Es führt zu nichts. Wir werden Psalmen lesend zu Menschen, die die Welt nicht hinnehmen, wie sie ist. Wir lernen uns als Hoffnungsträger und -trägerinnen Gottes kennen, auf die es bei Gottes Veränderung der Welt ankommt. Der Psalter demokratisiert die Messiasfigur. Betend entsteht ein Erfahrungsraum, in dem jede und jeder einzelne seine/ihre Verantwortung erfährt. Emmanuel Lévinas hat im Nachdenken talmudischer Texte eine Definition von Messianismus formuliert, die ich im Psalter wiederfinde: »Der Messianismus ist also nicht die Gewissheit der Ankunft eines Menschen, der die Geschichte anhält. Er ist meine Fähigkeit, das Leid aller zu tragen. Er ist der Augenblick, in dem ich diese Fähigkeit und meine universale Verantwortung erkenne« (95).

Die Messiasfigur, die zu Beginn des Psalters vereinzelte, ohnmächtige Menschen in eine globale Auseinandersetzung hineinstellt, ist Berufung aller, die Psalmen beten. Betend, um eine Lebensperspektive ringend wird jede und jeder zu der messianischen Figur, die der Ewige den entfesselten Mächten dieser Erde entgegenstellt. Der Körper des Messias, den wir als Bild der Gemeinde aus den neutestamentlichen Schriften kennen, ist bereits in den Psalmen ein Bild der psalmenbetenden Gemeinde. Die Psalmen sind der Mantel des Messias. Wer sie liest, kleidet sich in diesen Mantel, und der Messias bekommt eine Gestalt.

## Literatur

Klara Butting, Erbärmliche Zeiten – Zeit des Erbarmens. Theologie und Spiritualität der Psalmen, Uelzen 2013.

Emmanuel Lévinas, Schwierige Freiheit. Versuch über das Judentum, Frankfurt a. M. 1992.

Markus Saur, Die Königspsalmen. Studien zur Entstehung und Theologie (BZAW 340), Berlin/New York 2004.

# Jes 61: Die Rede des Gesalbten – Ein Trostwort inmitten der Anklage

Ann-Kathrin Knittel

Nur wenige Texte des Tanach werden in den Evangelien so prominent platziert und christologisch gedeutet wie Jes 61,1–3. In Lk 4,14–21 erzählt der Evangelist, wie Jesus eben diesen Abschnitt (wenn auch etwas abgeändert und durch Jes 58,6 ergänzt) in einer galiläischen Synagoge verliest, nur um ihn anschließend auf sich selbst zu beziehen.

Doch wer schrieb einige hundert Jahre vor Jesus und stellte sich mit den Worten »Der Geist des Herrn JHWH ist auf mir, denn JHWH hat mich gesalbt« vor?

In Jes 61 meldet sich ein Gesalbter selbst zu Wort (V 1). Er weiß sich mit Gottes Geist begabt und eben auch von JHWH gesalbt. Den unmittelbaren Zusammenhang von Salbung und Geistbegabung kennen wir hauptsächlich aus dem Zusammenhang der Königssalbung (1Sam 9f.; 1Sam 16) und eben dann, wenn es um eine messianische Herrschergestalt geht (Jes 11,2). Der Geistbesitz zeichnet auch den Gottesknecht aus (Jes 42,1; 44,2f.). Im Kontext von Jes 61 scheint sich jedoch der hinter dem Text stehende Prophet selbst zu Wort zu melden. Immerhin sind sowohl Geistbegabung (Mose in Num 11,17.29) als auch Salbung (Einsetzung Elischas 1Kön 19,16) Auszeichnungen, die Propheten zu Teil werden. Handelt es sich hier also um einen »prophetischen Messias« oder sind »salben« und »einsetzen« hier einfach nur synonym zu verstehen?

Schnell wird der hier vorgestellte Messias als »Befreier und Heiland für die Armen«[1] bezeichnet. Doch der Gesalbte, der uns hier begegnet, ist zu allererst ein »Messias der Verkündigung«. Es ist einer, der ebenso ungetrübt wie Jes 40–55 vom Anbruch des Heils sprechen kann, ein Freudenbote (vgl. Jes 40,9; 41,27; 52,7). Er ist nicht der, der den neuen Zustand schafft, aber er ruft ihn herbei und eröffnet einen neuen Raum, eine neue Vision für die Zukunft. Seine Worte sind keine Vertröstung, sondern kraftvoller Trost und Befreiung. Er holt die Hörer aus ihrer Stagnation, sein Ruf lässt sie den gesenkten Blick wieder erheben: Auch das geknickte Rohr kann zur Terebinthe der Gerechtigkeit (V 3) werden. Sein Rufen und Gottes Handeln sind kaum voneinander zu trennen und in diesem Sinne ist er dann wohl auch ein »prophetischer Messias«.

Dabei bedient sich der Freudenbote einer Sprache, die den Ist-Zustand mit Bildern der Schuldsklaverei umschreibt. Wie in Jes 40–55 tritt Gott in diese Situation der Gefangenschaft, in die Zeit des Exils, als Auslöser, als Erlöser (Jes 42,20; 43,1; 48,20). Dabei ist der Tag der Zuwendung[2] und des Trostes Gottes aber eben auch ein Tag der Rache (V 2). Dass Heil und Rache hier so stark parallelisiert werden, weist uns an die Adressaten dieser Heilsbotschaft (vgl. Jes 35,4; 47,3): die Freudenbotschaft ergeht an die Trauernden Zions (V 3), jene, die in Asche sitzen, traurig und mit verzagtem Geist. So allgemeingültig die Rede von den »Armen« und denen, »die zerbrochenen Herzens sind«, klingt, so ist sie doch für Israel als Ganzes transparent: »Die von Jahwe geretteten Armen sind identisch mit dem von den Völkern zerstreuten und

---

[1] Vgl. Hans-Joachim Kraus, Das Evangelium des unbekannten Propheten. Jesaja 40–66, Neukirchen-Vluyn 1990, 212.

[2] Häufig wir das »Jahr der Huld« mit der Idee des Jubel-/Erlassjahrs (Lev 25,10; Dtn 15,1) in Verbindung gebracht.

unterdrückten Israel.«[3] Es ist gerade bemerkenswert, dass Lukas – wohl als Akt der Entgrenzung von Gottes Gnadenzuwendung – die Formulierung »zu verbinden die gebrochenen Herzens sind« weglässt!

Dennoch sind die Sprachbilder so offen gewählt, dass es hier genauso gut möglich ist, die Armen und Unterdrückten ganz konkret mit Notleidenden und in besonderer Weise Hilfsbedürftigen zu identifizieren.[4]

Insgesamt fällt auf, dass Jes 61 und sein unmittelbarer Kontext Jes 60–62 mit seinen Licht- und Trostworten dem verheißungsvollen Mittelteil des Jesaja-Buches (Jes 40–55) viel näher stehen, als den Kapiteln, die ihnen vorausgehen (Jes 56–59). Dort ist das Licht, die Rückkehr ins Land wieder verdunkelt durch die Sünden des Volkes, das Heil lässt auf sich warten.

Doch egal wie nah man Jes 60–62 (auch zeitlich) an die exilischen Trostkapitel Jes 40ff. heranrückt, spätestens in ihrem jetzigen Kontext sprechen sie bereits in eine Situation nach der Rückkehr ins Land. Damit kann die Rede von der Befreiung aus Knechtschaft und der Trost der Trauernden nicht mehr einfach auf das Exil übertragen werden. Vielmehr werden die Bilder frei für neue Deutungen. Das Exil wird zu einer dauerhaften Geisteshaltung.[5] Der Gnadentag JHWHs steht nahe bevor, aber eben noch aus. Es ist diese schon im Jesajabuch selbst angelegte Öffnung der Bilder, die durch die Rezeption prophetischer Passagen im Neuen Testament aufgegriffen und fortgeführt wird.

Die Predigt dieses alttestamentlichen Textes steht in eben dieser Linie. Sie kann und muss die freigewordenen Größen von Gefangenschaft, gebrochenen Herzen und Gnadenjahr wieder neu füllen. Sie muss dies im Bewusstsein tun, dass sowohl Kirche als auch Synagoge den Resonanzraum dieses Textes bilden. Eine christologische Deutung ist dabei keinesfalls zwingend. Gerade wenn man, vom Neuen Testament kommend, die Geistbegabung jedes Gläubigen ernstnimmt, konfrontiert uns Jes 61 mit dem Befreiungs- und Trostpotential, aber auch der Vielschichtigkeit unserer Verkündigung. Wo eröffnet unser Reden neue Räume und Zukunft? Wo ist unser Trost so stark, dass Asche gegen Kopfschmuck getauscht wird (V3)? Was ist unsere Freudenbotschaft?

---

3 Norbert Lohfink, Lobgesänge der Armen. Studien zum Magnifikat, den Hodajot von Qumran und einigen späten Psalmen. Stuttgart 1990, 114. (hier im Bezug auf Ps 146). Vgl. auch Ps 147,3.

4 Vgl. Kraus (Anm. 1), 213.

5 Vgl. Bradley C. Gregory, The Postexilic Exile in Third Isaiah. Isaiah 61,1–3 in Light of Second Tempel Hermeneutics, in: JBL 126 (2007), 488.

# Joh 1,35–51: Wie wird der Messias gefunden?

Sylvia Bukowski

Wie wird der Messias gefunden? Das erste Kapitel des Johannesevangeliums gibt dazu drei Hinweise.

### *1. ... wenn Orte zu Auslegern werden*

Die ersten beiden Männer, die Jesus nachfolgen, gehören zu den Anhängern von Johannes dem Täufer. Als Ort dessen Wirkens wird »Bethanien jenseits des Jordans« angegeben (V 28). Es ist bemerkenswert, dass gerade das Johannesevangelium, das an vielen Stellen so vergeistigt von Jesus erzählt, besonderen Wert auf genaue Orts- und Zeitangaben legt. Der amerikanische Neutestamentler Bruce Schein ist den beschriebenen Weg Jesu nachgewandert und hat in seinem Kommentar die Reden und Zeichenhandlungen Jesu mit der biblischen Tradition der jeweiligen Stationen zusammengebracht. Daraus ergeben sich ganz eigene, manchmal überraschende Bedeutungsdimensionen.

So liegt in der Nähe von Bethanien der Ort, von dem Elia, der Vorbote des Messias, mit einem feurigen Wagen in den Himmel gefahren ist. Zwar ist Scheins Lokalisierung von Bethanien nordwestlich von Jericho in der Exegese umstritten. Aber die unbestrittene geographische Angabe »jenseits des Jordans« reicht, um Erinnerungen an die Zeit vor dem Einzug ins Gelobte Land wachzurufen: an die letzte Rede von Mose, der dem Volk eine große Zukunft verheißen hat, und an die ersehnte Durchquerung des Jordan unter der Führung von Jehoschua, dessen Name das Bekenntnis enthält: »Gott rettet«.

Nun taucht ein Mann an diesem Ort auf, dessen Name genauso lautet, auch wenn deutsche Übersetzungen diese Übereinstimmung vernebeln, weil sie zwischen Josua und Jesus unterscheiden. Durch Jesu Auftreten in dieser geschichtsträchtigen Gegend werden die alten Hoffnungen, die mit diesem Ort verbunden sind, gewiss neu angefacht, jedenfalls bei denen, die die Schrift kennen. Da die Bibel Gottes Hinwendung zu seinem Volk als Geschichte erzählt, lohnt es sich, den Bedeutungsgehalt von Orten mitzuhören und mitreden zu lassen!

### *2. ... wenn der Wahrheitsraum der Schrift begangen wird*

Als Johannes Jesus getauft hat und den Heiligen Geist wie eine Taube auf ihn hat herabkommen sehen, bekennt er die Person Jesu als Gottes Sohn und sieht – in Aufnahme von Jes 53,7 – Jesu Mission darin, als Lamm Gottes der Welt Sünde zu tragen. Damit knüpft Johannes an zwei biblische Befreiungstraditionen an. Zum einen an die des Passahlamms, das mit seinem Blut die hebräischen Sklaven vor dem Todesengel bewahrt und den Aufbruch in die verheißene Freiheit ermöglicht hat. Zum anderen scheint in diesem Bekenntnis der Ritus des Versöhnungstags auf, an dem einem Bock die Sünden des Volkes auferlegt wurden, die er weit weg in die Wüste tragen musste.

Der Sohn Gottes hat in den Augen des Johannes also die konkrete Aufgabe, Israel und der Welt ein neues Leben in Freiheit zu ermöglichen. Die Schrift hilft ihm, das Besondere der Sendung Jesu zu verstehen und zu bezeugen!

### *3. ... durch erleuchtetes Sehen*

Auf das Bekenntnis des Täufers hin folgen zwei seiner Anhänger Jesus nach, ohne von Jesus selbst berufen zu sein. (Nur Philippus wird von Jesus aufgefordert: »Folge mir nach« [Joh 1,43].) Als Jesus sie sieht, fragt er sie, was sie suchen. Eine interessante Frage, die eine tiefgehende Antwort erwarten lässt. Die beiden wollen aber nur wissen, wo Jesu Herberge, wo seine Bleibe ist. Daraufhin lädt Jesus sie ein: »Kommt und seht! Und sie kamen und sahen und blieben diesen Tag bei ihm« (V 39). Danach teilt Andreas seinem Bruder Petrus mit: »Wir haben den Messias gefunden« (V 41).

Was haben sie gesehen? Darüber sagt Johannes nichts, wohl aber, dass es »um die zehnte Stunde« war (V 39). In der rabbinischen Tradition ist das diejenige Stunde im Schöpfungsvorgang, in der Gott den Menschen gebietet, was sie zu tun und zu lassen haben. Ist das der Schlüssel ihrer Erkenntnis, dass von Jesus göttliche Weisung ausgeht?

Das Sehen spielt in dem ganzen Abschnitt eine auffällige Rolle. Bei Jesus ist es ein Sehen, wie es die Schrift von Gott bezeugt. Jesus sieht Petrus, kennt dessen Namen und sieht ihn schon als Kephas. Bei dieser Begegnung denke ich an Jes 45,4, wo es heißt: »Ich rief dich bei deinem Namen und gab dir Ehrennamen, obgleich du mich nicht kanntest.« Wenn Jesus Nathanael als wahren Israelit anspricht, an dem kein Fehl ist, assoziiere ich 1Sam16,7: »Ein Mensch sieht, was vor Augen ist, aber Gott sieht das Herz an.« Jesus hat Nathanael unter einem Feigenbaum gesehen und erkennt dessen Sehnsucht nach Frieden und Gerechtigkeit, wie sie Micha 4,4 beschrieben ist.

Dass Jesus über diese besondere Seh-Kraft verfügt, erschließt sich aus seiner Zusammengehörigkeit mit Gott. Rätselhafter bleibt, was die Jünger zu sehen bekommen, so dass Andreas den Mann aus Nazareth als Messias erkennt, Philippus davon redet, dass sie den gefunden haben, von dem Mose in dem Gesetz und die Propheten geschrieben haben und selbst der skeptische Nathanael schließlich überwältigt ausruft: »Rabbi, du bist Gottes Sohn, du bist der König Israels!« Diese Einsichten stammen sicher nicht aus dem Sehen des Offensichtlichen. Denn Jesus ist ja ganz und gar Mensch.

Am Ende seines Evangeliums wird Johannes in seiner Darstellung der Kreuzigung Wert darauf legen, dass Jesus als Lamm Gottes erkennbar wird, und dass das Kreuz als Thron erscheint, den Jesus als König der Juden besteigt, um sein Werk endgültig zu vollbringen. Erst am Ende, erst in der Begegnung mit dem Auferstandenen, werden die Jünger Jesus tatsächlich als den zu sehen bekommen, der Himmel und Erde verbindet, wie er es ihnen am Anfang (V 51) in Anspielung auf Gen 28 verheißen hat.

Der Jünger anfängliches Sehen des erst am Ende Offenbaren will also besagen: Wer mit Jesus in Kontakt tritt, wird erfahren, was jeder Kontaktnahme mit ihm verheißen ist: Er selbst öffnet denen, die zu ihm kommen, die Augen für das Geheimnis seiner Person – erleuchtetes Sehen!

### *Wie wird der Messias gefunden?*

Die Kenntnis der Schrift bereitet den Boden für eine lebendige Hoffnung. Der Messias ist nur auf dem Hintergrund der Befreiungsgeschichte Israels zu erkennen. Und Jesus selbst öffnet die Augen für Gottes Wirklichkeit, die sich hinter dem Offensichtlichen verbirgt und durch ihn ans Licht kommt.

# Apg 10,38: Gesalbt mit heiligem Geist und mit Kraft

Peter Bukowski

Die Erzählung von der Bekehrung des Kornelius in Apg 10 umschreibt den für die noch junge Christenheit entscheidenden Zusammenhang von Bezogenheit und Entgrenzung ihres Auftrags: Der dem Volk Israel gesandte Jesus Christus ist zugleich der »Herr über alle« (V 36). In Ihm bekommen die Heiden Anteil am Heil Israels, denn dem Gott Israels sind die Gottesfürchtigen in jedem Volk »angenehm« (V 35). Ohne die Bezogenheit auf Israel verlöre das Christuszeugnis seine verlässliche Basis und seine inhaltlichen Konturen; ohne die Überschreitung der Grenze hin zu den Heiden seine Universalität.

Dass der von Gott zum Heil aller Gesandte nur im Kontext der Hebräischen Bibel Kontur gewinnt, mehr noch, dass sein Auftreten als »effektive Inkraftsetzung der Tora und der prophetischen Aufnahmen ihrer Worte« (Frank Crüsemann) verstanden werden will, machen die Schriftbezüge im lukanischen Doppelwerk eindrücklich sichtbar. Man denke nur an die Auslegung von Jes 61,1f. in der ›Antrittspredigt‹ Jesu: »Der Geist des Herrn ist auf mir, weil er mich gesalbt hat, zu verkündigen das Evangelium den Armen; er hat mich gesandt, zu predigen den Gefangenen, dass sie frei sein sollen, und den Blinden, dass sie sehen sollen, und den Zerschlagenen, dass sie frei und ledig sein sollen [...]. Heute ist dieses Wort erfüllt vor euren Ohren« (Lk 4,18.21b). Auf diese Predigt Jesu nimmt Petrus in seiner ersten an Heiden gerichteten Predigt Bezug, indem er in nuce von der Befreiungspraxis des Gesalbten erzählt: »Ihr wisst, was in ganz Judäa geschehen ist [...], wie Gott Jesus von Nazareth gesalbt hat mit heiligem Geist und Kraft; der ist umhergezogen und hat Gutes getan und alle gesund gemacht, die in der Gewalt des Teufels waren, denn Gott war mit ihm« (VV 37f.). Dies ist also das Erste, was die Heiden als gute Nachricht von Jesus Christus hören und sich zu Herzen nehmen sollen: Er »hat Gutes getan«. So schlicht und zugleich: so Hoffnung weckend. Wir ahnen: Dieses Evangelium bleibt nicht bei der Umdeutung von Lebensgeschichten oder -perspektiven stehen (»Der Mensch ist mehr als die Summe seiner Werke«), so hilfreich auch diese sein mögen. Denn das Lebenswerk des von Gott Gesalbten ist *Befreiungspraxis*. Zeichenhafte, aber reale Veränderung, die Menschen aus ihren krankhaften und niederdrückenden Notlagen befreit, sie aus der gewaltsamen Dynamik der sie beherrschenden Teufelskreise herausholt und ihnen neues Leben schenkt.

Die apostolische Befreiungsbotschaft fährt fort mit dem Zeugnis von der Auferweckung des Gekreuzigten (V 40) und der Vergebung der Sünden (V 43) sowie dem eschatologischen Ausblick, wenn einmal der von Gott Auserwählte Lebende und Tote zu Recht bringen wird (V 42). Im Folgenden konzentriere ich mich auf eine nähere Betrachtung von V 38, weil der gerade für Lukas bezeichnende Zusammenhang von Geist und Macht unser Verständnis des Gesalbten um eine heute bisweilen vernachlässigte, gleichwohl wesentliche Komponente zu bereichern vermag.

»Gott (hat) Jesus von Nazareth gesalbt mit heiligem Geist und mit Kraft« (V 38). Dass die Kraft (*dynamis*) hier eigens hinzugefügt wird, ist weder Zufall noch stilistisches Beiwerk. Schon bei der Ankündigung der Geburt Jesu wird neben dem heiligen Geist die »Kraft des Höchsten« eigens genannt (Lk 1,35). So auch im Bericht vom Beginn seiner Wirksamkeit: »Jesus kam in der Kraft des Geistes wieder nach Galiläa [...]« (Lk 4,14). Und was in Jesus wirksam ist, wird auch auf seine Boten übergehen: »Ihr werdet die Kraft des heiligen Geistes empfangen, der auf euch kommen wird, und werdet meine Zeugen sein« (Apg 1,8; vgl. 4,7). Diese Kraft versetzt sie in die Lage, »Zeichen und große Taten« zu vollbringen (Apg 8,13) und ihre Predigt zum wirksamen Wort werden zu lassen (Apg 6,8ff.; 10,44 u. ö.). All diese Belege (und sie sind ja nur eine schmale Auswahl aus einer viel größeren Fülle) erinnern uns daran, dass mit der Sendung des Gesalbten eine *Kraft* auf den Plan tritt, die den Mächten der Sünde und des Todes wirklich und wirksam entgegentritt und sie in die Schranken weist. Mit Paulus gesprochen: »Das Evangelium ist eine Kraft Gottes« (Röm 1,16). Nicht *wie* eine Kraft, sondern eine Kraft! Erfahrbar und wirksam.

Davon zu reden und mehr noch: sich für ihr Wirken zu öffnen, gar hoffend mit ihr zu ›rechnen‹ (im Sinne von: Kontakt zu ihr zu suchen) erscheint vielen landeskirchlichen Christen befremdlich, wenn nicht gar gefährlich. Dass in der Vergangenheit mit der Rede von der Kraft Gottes als Wirklichkeit auch Missbrauch getrieben wurde, vor allem, wenn sie (ihres göttlichen Geheimnisses beraubt) mechanistisch missverstanden und, damit zusammenhängend, pfäffisch verwaltet wurde – alles wahr. Aber ein Ausblenden der ›dynamischen‹ Seite des Gesalbten (mit dem Hinweis, solche Rede sei ›voraufklärerisch‹) kann die Lösung nicht sein – viele Passagen der Bibel müssten dann für uneigentlich erklärt, bzw. – gegen die Intention ihrer Autoren! – symbolisch verflüchtigt werden.

Dazu noch drei Anregungen.

1) Manfred Josuttis hat seit den 1990er Jahren begonnen, die dynamische und energetische Seite der biblischen Botschaft im Blick auf die pastoralen Vollzüge fruchtbar zu machen. Er hat dafür plädiert, die biblische Rede von der Kraft Gottes beim Wort zu nehmen und versteht Gottesdienst und Seelsorge als »Einübung zur Kontaktfähigkeit mit dieser Lebensmacht«. Sein Ansatz kann hier nicht differenziert nachgezeichnet werden (ebenso wenig, wie die z. T. bestürzenden Animositäten, die er in der eigenen Zunft ausgelöst hat). Aber als sein Anliegen bleibt festzuhalten: Wenn wir in Predigt oder Seelsorge das Wort wagen, tun wir das im Vertrauen darauf, dass eine Kraft auf dem Plan ist, welche die Grenzen hermeneutischer oder psychologischer Erklärungsversuche zu sprengen vermag. Denn sie stehen unter der Verheißung, dass sie sagen, was sie tun, und tun, was sie sagen.

2) Und damit zusammenhängend: Ich unterrichte jedes Jahr sechs Wochen lang in Butare (Ruanda). Dort, wie auch in anderen Gegenden südlich der Sahara, erlebe ich Gemeinden, für die das, was ich hier bedenke, selbstverständliche Grundlage ihres Glaubens und Horizont ihrer Hoffnung ist. Für sie ist Jesus eben der mit Geist und Macht gesalbte Herr über die bösen Mächte. Zu V 38 würden sie sagen: Genau das haben wir erlebt, bzw. darauf hoffen wir: Auf Heilung, auf Verwandlung, auf »empowerment«. Für »Rechtfertigung« gibt es in den meisten afrikanischen Sprachen kein Wort. Von 2017 erhoffen sich die Christen dort Vergewisserung der machtvollen Gegenwart des Befreiers. Zugespitzt: Manche unserer ›aufgeklärten‹ Engführungen und Ausblendungen sind im Blick auf die weltweite Ökumene ziemlich provinziell.

3) Mancher mag das für zu exotisch oder ›weit weg‹ halten. Deshalb noch eine letzte Annäherung: Das weltweit meist verbreitete und anerkannte Konzept einer erfolgreichen Suchttherapie ist das »12-Schritte-Programm« der Anonymen Alkoholiker (und entsprechender Gruppen für andere Süchte). Die drei ersten, grundlegenden Schritte auf dem Weg zur Heilung bestehen darin, (1) einzusehen, dass ich meiner Sucht gegenüber machtlos bin; (2) zum Glauben zu kommen, dass nur eine *Macht*, die größer ist als ich, mir helfen kann, die Gesundheit wieder zu erlangen; (3) den

Entschluss zu fassen, mich dieser Macht anzuvertrauen. Anders gesagt: Heilung setzt ein, wenn ich endlich einsehe: »Mit unsrer Macht ists nichts getan ...« (EG 362,2). Ich muss mich der Wahrheit stellen, dass ich die Kontrolle verloren habe: Das Suchtmittel hat das Steuer übernommen. Diese Einsicht wird aber nur durchzuhalten sein, wenn ich mich von dem »Stärkeren«, der es gut mit mir meint, getragen weiß und mich ihm anvertraue.

Es geht im Leben immer wieder um die Machtfrage. Sie entscheidet im Kleinen wie im Großen über Heil und Unheil. Der mit heiligem Geist und Kraft Gesalbte, von dem Petrus hier redet, ist die Macht, die gut tut und Teufelskreise zu sprengen vermag.

# »Gott salbt uns«: Die Gemeinde als Messias – 2Kor 1,18–24

Marlene Crüsemann

Eine erstaunliche Aussage findet sich fast beiläufig in 2Kor 1,21: ›Wir‹ sind Gesalbte und somit von Gott berufen wie Jesus Christus selbst!

Nicht in jeder Übersetzung ist diese Auszeichnung zu erkennen. Griechisch *Christos,* lateinisch *Christus* wie auch *Messias,* die gräzisierte Form des aramäischen Worts *Meschicha* und des hebräischen *Maschiach,* ist der »Gesalbte Gottes«, der in Gottes besonderem Auftrag Handelnde. Um die Sensation von 2Kor 1,21 gleich zu verstehen, kann »*Christos*« hier mit »der Gesalbte« übersetzt werden: »Gott salbt (*chrisas)* uns für unsere Aufgabe und stärkt uns im Gesalbten (*eis Christon)* zusammen mit euch.«[1]

Etwas Unerhörtes und gleichzeitig Selbstverständliches sagt Paulus seiner korinthischen Gemeinde: Ob er selbst bei ihnen ist oder nicht, ob sie sich je wiedersehen, im Guten zusammenkommen oder nicht, ihre Würde vor Gott ist davon nicht abhängig – sie sind begabt mit messianischer Kraft, sind gerufen, mit Jesus zusammen zu wirken. Sie haben damit quasi denselben Rang wie Paulus und alle Frauen und Männer, die von Gott gesandt sind, sind selbstständig mit dem Messias verbunden: »Nicht nur die Apostel, sondern alle Glaubenden werden durch die Salbung Gottes selbst zu ›Messiassen‹ und führen das Werk des Christus fort.«[2] Sie tragen das persönliche Siegel des Höchsten, stehen als Eigentum Gottes unter seinem Schutz, sind von Gottes lebendig machendem Atem beseelt, handeln selbst in seinem Namen (V 22).

Wenn die Gemeinde einen so hohen Rang hat, wird klar, dass Paulus ihnen nichts befehlen kann, er kein Chef ist, sondern von gleich zu gleich um ihre Zuneigung ringt. Er sieht in ihnen das Werk Gottes, ein Wunder der Schöpfung aus dem Nichts (1Kor 1,28).[3] Und könnten wir mehr von ihnen sehen, durch alle sozialgeschichtlichen Forschungen hindurch auf die realen Menschen, die hier den Gott Israels als den einen und einzigen zu rufen gelernt haben, stünde dieses Wunder an Analphabeten und Sklavinnen ohne große Erklärung vor unseren Augen: »Ungebildete, politisch Machtlose und Menschen, die schon durch ihre Herkunft auf die Verliererseite der Gesellschaft gehören; ›Nichtse‹ aus der Perspektive von oben [...]. Die Verwandlung, die Gottes Eingreifen gebracht hat, bedeutet für diese ›Nichtse‹, dass sie Leib Christi geworden sind [...] und Christi Weisheit in ihnen Gestalt gewonnen hat. Er hat ihnen Bildung, Gerechtigkeit, Heiligung und Befreiung gebracht.«[4]

Sie haben erfahren, dass die alles entscheidende Instanz Ja zu ihnen gesagt hat, endgültig und für immer: »Denn Gottes Sohn, Jesus Christus, der von uns unter euch verkündigt wurde, durch mich, Silvanus und Timotheus, existierte nicht als Ja und Nein zugleich, sondern in ihm wurde das Ja Wirklichkeit. Denn wieviel Verheißungen es auch gibt – in ihm sind sie bejaht« (2Kor 1,19–20a). Dass überhaupt nur eine einzige Gottheit auf der Erde und in den Himmeln existiert, die nach ihnen sucht, stellt ihre

---

1 Bibel in gerechter Sprache, Gütersloh [4]2011.

2 Thomas Schmeller, Der zweite Brief an die Korinther, EKK VIII/1, Neukirchen-Vluyn u. Ostfildern 2010, 112f. Damit hat Paulus teil an kollektiven Auffassungen des Messias im Judentum (Martin Karrer, Der Gesalbte. Die Grundlagen des Christustitels, FRLANT 151, Göttingen 1991, 217ff.), wie auch schon Jesaja und Deuterojesaja die Davidverheißungen auf das ganze Volk übertragen (Klara Butting/Rainer Kampling, Art. Messanismus, in: Sozialgeschichtliches Wörterbuch zur Bibel, hg. Frank Crüsemann u. a., Gütersloh 2009, 380–384, 381).

3 Das hat Luise Schottroff, Der erste Brief an die Gemeinde in Korinth, ThKNT 7, Stuttgart 2013, 43f., theologisch eindrucksvoll erschlossen.

4 Schottroff (Anm. 3), 41.

Welt auf den Kopf, die bisher von den verschiedenen Wirkbereichen miteinander kämpfender Gottheiten geprägt war. Mit der Botschaft von Jesus als Messias kommen sie dagegen mit der alleinigen göttlichen Macht in Berührung und damit den biblischen Schriften Israels, die begonnen haben, zu ihnen zu reden. Sie entziffern die Verheißungen Gottes (*epangeliai),* die dem Volk Israel geschenkt sind, lernen vom Exodus aus dem Sklavenhaus, von den Vätern und Müttern Israels, von Bundesschlüssen, Landverheißungen, vom Wasser des Lebens, vom Abwischen aller Tränen. Paulus macht hier klar, dass diese Verheißungen Israel zu eigen bleiben, *alle* Verheißungen werden gerade durch Jesus als Messias bekräftigt, aufgerichtet und bestätigt.[5]

Und doch haben diese Menschen aus den nichtjüdischen Völkern auf ihre Weise Anteil an der Gottesgeschichte bekommen. Das ganze Wirken des Paulus hat im Grunde nur dies zum Ziel. Er sagt auch hier im Zweiten Korintherbrief genau, wie sie eingewoben sind in Israels Erfahrungen mit Gott. Das Stichwort »Verheißung«/ *epangelia* taucht noch einmal in 2Kor 7,1 auf: »Das sind die Verheißungen, die wir haben, Geliebte«, und zuvor ist aufgezählt mit Zitaten aus Tora und Propheten, worin auch sie sich bergen dürfen, wenn sie den täglichen Exodus aus der Götter- und Dämonenwelt vollziehen und aus Herrschaftsverhältnissen, die ihnen Rom in besonders gewalttätiger Form auferlegt hat. Da heißt es: Gott wird unter ihnen wohnen und mit ihnen gehen in engster Gemeinschaft, *wenn* sie sich trennen von bisherigen Lebensvollzügen, die unheilvoll sind. Gott nimmt sie väterlich-mütterlich an, sie sind nun zu Söhnen und – ausdrücklich! – Töchtern Gottes geworden (2Kor 6,16–18; Zitate aus Lev, Jes, Jer, Ez, 2Sam).

In dieser Erklärung der Annahme zu Kindern geschieht so etwas wie eine Adoption, sie sind hineingenommen in die Befreiungsgeschichte des ersten Kindes Gottes, Israel.[6] Zusage und Gebot Gottes sind dabei eins. Paulus sieht sie auf einem Weg, der sie nach Jerusalem führt, wie es die Geldsammlung für die Armen dort, die unter ihnen läuft, auch bezeugen wird (2Kor 8f.). Er erkennt in der messianischen Gemeinde von Korinth ein Stück der großen Verheißung, dass die Völker der Welt zum Zion kommen werden (Jes 60).

Als Gesalbte, Teil der messianischen Wirklichkeit helfen sie dabei, Gottes Gegenwart zu zeigen, gütige Zuwendung, Heilung und Leben zu schenken, andere herauszuholen aus zerstörenden Entwicklungen, auch aus Selbstzerstörung und Verbreitung von Hoffnungslosigkeit, aus Armut und aus Trauer.

Was bleibt uns zu tun? Nicht mehr, als ›unsere‹ Gemeinde richtig zu erkennen, wie sie heute wirkt als Lebensausdruck des Messias.

---

5 Frank Crüsemann, Das Alte Testament als Wahrheitsraum des Neuen. Die neue Sicht der christlichen Bibel, Gütersloh ²2015, 102–107.

6 Marlene Crüsemann, Das weite Herz und die Gemeinschaft der Heiligen. 2 Kor 6,11–7,4 im sozialgeschichtlichen Kontext, in: dies., Gott ist Beziehung. Beiträge zur biblischen Rede von Gott, hg. v. Claudia Janssen/Luise Schottroff, Gütersloh 2014, 206–227.

# Messianisch predigen
## Ein Nachwort

Alexander Deeg

### *1. Das Messianische im Christusbekenntnis – und sein Verlust*

»Du bist Christus, des lebendigen Gottes Sohn«, so antwortet Petrus auf die Frage Jesu an seine Jünger: »Wer sagt denn ihr, dass ich sei?« (Mt 16,15f.). Jesus will auf diesen Felsen, auf dieses Bekenntnis des Petrus seine Gemeinde bauen, die *ekklesia* (V18). Überaus konkret wird das Bekenntnis später im Matthäusevangelium in der Geste einer namentlich nicht genannten Frau. Sie nähert sich mit kostbarem Salböl und gießt dieses auf Jesu Haupt (Mt 26,6–13).[7] Die Jünger verstehen nicht, was hier geschieht – und zeigen so, dass das einmal gesprochene Messiasbekenntnis keineswegs zu einer dauerhaften Erkenntnis führt.

Das Matthäusevangelium zeigt in besonderer Weise, dass dieses Bekenntnis nur *im Kontext* sinnvoll ist, im »Wahrheitsraum des Alten Testamentes«.[8] Das Buch von der »Geschichte Jesu Christi« ist das Buch des »Sohnes Davids«, der wiederum der »Sohn Abrahams« ist (Mt 1,1). Nur in diesem Zusammenhang lässt sich von Jesus Christus erzählen – im Zusammenhang mit all denen, die das erste Kapitel des Matthäusevangeliums nennt, und in Zusammenhang mit den anderen *Gesalbten*, von denen die Bibel erzählt: den Königen (in ihrer Ambivalenz zwischen Jehu und David), den Priestern und den Propheten. Die Relektüren biblischer Texte über den und die Gesalbten in diesem *Plus* geben einen Eindruck davon.

Vor allem die reformierte Seite der Reformation hat diesen Zusammenhang erkannt und betont. So fragt der Heidelberger Katechismus in seiner 31. Frage: »Warum wird er Christus, das heißt ›Gesalbter‹ genannt?« Und die Antwort lautet:

> »Er ist von Gott dem Vater eingesetzt und mit dem Heiligen Geist gesalbt zu unserem obersten Propheten und Lehrer, der uns Gottes verborgenen Rat und Willen von unserer Erlösung vollkommen offenbart;
> und zu unserem einzigen Hohenpriester, der uns mit dem einmaligen Opfer seines Leibes erlöst hat und uns alle Zeit mit seiner Fürbitte vor dem Vater vertritt;
> und zu unserem ewigen König, der uns mit seinem Wort und Geist regiert und bei der erworbenen Erlösung schützt und erhält.«

Im *munus triplex Christi*, in Christi dreifachem Amt laufen die drei biblischen Linien des Messianischen christologisch zusammen. Ohne das Alte Testament keine Christologie und kein Christusbekenntnis – dies wird eindrucksvoll klar. Bemerkenswert ist aber auch, dass – pointiert gesagt – *das Messianische* trotz der Relektüre und Bündelung der alttestamentlichen Traditionen des Messias faktisch aus dem Bekenntnis verschwindet. Die Antwort des Heidelberger Katechismus ist grundlegend soteriologisch orientiert. In allen drei Bestimmungen geht es um die *Erlösung*, die Christus offenbart (das prophetische Amt), mit seinem eigenen Opfer leiblich vollzieht (das priesterliche Amt) und bei der die Gläubigen durch Wort und Geist gehalten werden (das königliche

---

[7] Die Lukasfassung dieser Erzählung, in der die Frau als stadtbekannte Sünderin identifiziert wird, ist Predigttext am 11. Sonntag nach Trinitatis (Reihe V).

[8] Vgl. Frank Crüsemann, Das Alte Testament als Wahrheitsraum des Neuen. Die neue Sicht der christlichen Bibel, Gütersloh ²2015.

Amt). Die ein für allemal und ohne jedes Zutun des Menschen *erworbene Erlösung* war die große und befreiende Erkenntnis der Reformatoren.

Der jüdische Philosoph Jeschajahu Leibowitz hat mit Nachdruck darauf aufmerksam gemacht, dass der Messias *immer* der Kommende ist, solange wir auf dieser unvollendeten Welt leben. »Ein Messias wird auf immer derjenige sein, auf den ich jeden Tag warte«, so Leibowitz.[9]

Ausgerechnet die Bewegung, die sich *messianisch* nannte (also: die Christinnen und Christen), war immer wieder bedroht, das *Messianische*, die Dimension der Erwartung und der Hoffnung, zu verlieren. Anstatt mit Paulus zu erkennen, dass Christus Jesus das »Ja« ist auf »alle Gottesverheißungen« (2Kor 1,20), aber eben deshalb die *Bestätigung* und bestimmt nicht das *Ende* dieser Verheißungen bedeutet, konnte aus dem Messias ein Geheimnis individueller Erlösung werden, das mit der unerlösten Welt nichts mehr zu tun hat.

Rosemary Radford Ruether hat bereits vor mehr als vierzig Jahren von dem christlichen Grundproblem *realisierter Eschatologie* gesprochen:

> »Realisierte Eschatologie verwandelt jede Dialektik [...] – Gericht und Verheißung, Partikularismus und Universalismus, Buchstabe und Geist, Geschichte und Eschatologie – in einen Dualismus, wobei die eine Seite auf das ›neue messianische Volk‹, die Christen, und die negative Seite auf das ›alte Volk‹, die Juden, bezogen werden.«[10]

In *dieser* Formatierung des christologischen Bekenntnisses sah Ruether die Wurzel des Antijudaismus durch die Jahrhunderte. Denn mit diesem Bekenntnis wird es möglich, die Eschatologie als bereits geschehen zu denken und in christlicher Überheblichkeit auf die anderen herabzusehen, die zu dieser Einsicht aufgrund ihrer Schriften ebenfalls kommen könnten, aber sich aus Bosheit oder Dummheit dieser Erkenntnis verweigern. – Es gibt Spielarten des Messiasbekenntnisses, die *das Messianische* zerstören.

### *2. Das Messianische und die Unterbrechung der Zeit oder: »die kleine Pforte, durch die der Messias treten konnte«*[11]

Im Babylonischen Talmud (Sanhedrin 98a) wird die Frage gestellt, woran man denn erkenne, dass der Sohn Davids kommt. Und – wie im Talmud üblich – werden unterschiedliche Antworten gegeben, die sich allesamt auf biblische Zusammenhänge zurückbeziehen:[12] »Der Sohn Davids wird nicht eher kommen, als bis man für einen Kranken einen Fisch suchen und nicht finden wird ...« (vgl. Ez 32,14). Oder: »Der Sohn Davids wird nicht eher kommen, als bis es keine Hochmütigen in Israel geben wird ...« (vgl. Zeph 3,11). Oder: »Der Sohn Davids wird nicht eher kommen, als bis es weder Richter noch Befehlshaber in Israel geben wird ...« (vgl. Jes 1,25f.). Von Rabbi Jochanan findet sich die Aussage: »Wenn du ein Zeitalter siehst, das mehr und mehr verkümmert, so hoffe auf ihn, denn es heißt: ›und dem gedrückten Volk schaffst du Hilfe‹ (2Sam 22,28) ... Wenn du ein Zeitalter siehst, über das die Leiden

---

9 Vgl. dazu und zu diesem Zitat den Beitrag von Dalia Marx in diesem *Plus*.

10 Rosemary Radford-Ruether, Nächstenliebe und Brudermord. Die theologischen Wurzeln des Antisemitismus, Abhandlungen zum christlich-jüdischen Dialog 7, München 1978, 229.

11 Walter Benjamin, Über den Begriff der Geschichte, in: ders., Sprache und Geschichte. Philosophische Essays, ausgewählt von Rolf Tiedemann, mit einem Essay von Theodor W. Adorno, Stuttgart 1992, 141–154, 154.

12 Hier und im Folgenden zitiert nach: Der Babylonische Talmud, übs. v. Lazarus Goldschmidt, Bd. IX, Berlin 1930–1936, Nachdruck Frankfurt/M. 1996, 69–71.

sich wie ein Strom ergießen, so hoffe auf ihn, denn es heißt: ›denn der Bedränger bricht wie ein Strom herein ...‹ und darauf folgt: ›und es wird für Zion der Erlöser kommen‹ (Jes 59,19f.)«.

Diese Texte machen klar: Noch ist es nicht so weit! Und sie zeigen – wie auch die Geschichte der Messiaserwartung innerhalb des Alten Testaments und in seiner Nachgeschichte –, dass die Vorstellung des Kommens des Messias am ehesten dann Konjunktur hatte und hat, wenn die Zeiten schwierig und die Lage bedrohlich bis aussichtslos waren und sind. Messianischer Glaube in schweren Zeiten kann freilich durchaus problematisch sein. Darauf hat auf ebenso schlichte wie bewegende Art und Weise Natan Grossmann, Überlebender des Ghetto Lodz und des KZ Auschwitz, in einem Beitrag im ZEIT-Magazin im Sommer 2016 hingewiesen:

> »Was ich damals [in der Zeit im Ghetto] auch noch nicht wusste: welch fatale Rolle die Religion spielen kann. Der jüdische Klerus hatte uns Tausende Jahre lang gelehrt, der Messias werde uns erlösen. Mein Vater war sehr fromm. Also blieben wir nach dem Einmarsch der Deutschen in Polen, anstatt wie mein Onkel in die Sowjetunion zu fliehen. Mein Vater hatte Gottvertrauen, die Atheisten in der Sowjetunion waren ihm ein Graus. Mein Onkel überlebte. Ich habe nicht für die Ankunft des Messias gebetet. Ich habe gebetet: Die Rote Armee soll kommen! Die kam dann tatsächlich. Also wem sollte ich fortan glauben?«[13]

Glaube an den Messias und Hoffnung auf ihn kann zu einem Gottvertrauen führen, das untätig auf die göttliche Lösung der Probleme menschlicher Geschichte wartet. Aber ebendieser Glaube kann auch zu einer veränderten Wahrnehmung der Geschichte führen und zum Aufbruch aus der Resignation derer, die sich längst damit angefreundet haben, dass es eben so ist, wie es ist, und wahrscheinlich auch bleibt, wie es ist. Wenn aber doch Gott sich damit nicht abfindet? Und der Messias vielleicht schon heute kommt oder unter uns ist?

Im Zusammenhang der oben zitierten Talmudaussagen wird auch die wahrscheinlich bekannteste und m. E. zugleich abgründigste talmudische Geschichte vom Messias erzählt. Rabbi Jehoshua ben Levi trifft auf Elia (der im rabbinischen Kontext immer wieder einmal als Gesprächspartner begegnet und den Menschen Dinge offenbart, die mit dem Göttlichen zu tun haben; als Mensch, der nie gestorben, sondern direkt zum Himmel gefahren ist [vgl. 2Kön 2], erscheint er als Mittler zwischen himmlischer und irdischer Wirklichkeit überaus geeignet!). Rabbi Jehoshua ben Levi stellt die große Frage: Wann kommt der Messias? Und Elia gibt eine überraschende Antwort: Geh, frage ihn selbst.

Das folgende Gespräch zwischen Rabbi Jehoshua und Elia bzw. Rabbi Jehoshua und dem Messias gebe ich leicht verkürzt wieder:

> Rabbi Jehoshua: Wo befindet er sich? – Elia: Am Tore von Rom. – Rabbi Jehoshua: Woran erkennt man ihn? – Elia: Er sitzt zwischen den mit Krankheiten behafteten Armen; alle übrigen binden [ihre Wunden] mit einem Male auf und verbinden sie wieder, er aber bindet sie einzeln auf und verbindet sie, denn er denkt: vielleicht werde ich verlangt, so soll keine Verzögerung entstehen. – Hierauf ging er zu ihm hin und sprach zu ihm: Friede mit dir, Herr und Meister! – Dieser erwiderte: Friede mit dir, Sohn Levis! – Er fragte: Wann kommt der Meister? – Dieser erwiderte: Heute. – Darauf kehrte er zu Elia zurück, der ihn fragte: Was sagte er dir? – Er erwiderte: Friede mit dir, Sohn Levis! – Da sprach dieser: Er hat dir und deinem Vater die künftige Welt verheißen. – Jener entgegnete: Er hat mich belogen, denn er sagte mir, er werde heute kommen, und er kam nicht. – Dieser erwiderte: Er hat es wie folgt gemeint: »Wenn ihr *heute* auf seine Stimme hören werdet ...« (Ps 95,7).

---

[13] ZEIT-Magazin Nr. 34, 2016, 25.

Mindestens hinter vier Sätze dieser Erzählung müsste man ein dickes Ausrufezeichen setzen:[14]

- *Geh, frage ihn selbst!* – Sollte der Ersehnte und Erwartete also da sein? Unerkannt mitten unter seinem Volk wohnen? Und sollte ausgerechnet der große Rabbi Jehoshua ben Levi davon nichts wissen?
- *Am Tore von Rom!* – Die Stadt Rom steht für Fremdherrschaft und Exil, für den Nicht-Ort schlechthin. Der Messias hält sich nicht dort auf, wo er die Herrschaft Davids glanzvoll aufrichten könnte, sondern sitzt unter dem leidenden Volk.
- *... er aber bindet sie einzeln auf und verbindet sie!* – Der Messias ist ein Verwundeter – wie die anderen, die vor dem Tor Roms sitzen. Die Erzählung erinnert an Sach 9,9: Der kommende König ist »arm« und wird als einer bezeichnet, dem geholfen wird bzw. geholfen werden muss (gegen die falsche Übersetzung »Helfer«, die sich in den meisten Bibelübersetzungen findet). Aber als Verwundeter ist der Messias bereit, aufzubrechen und einzugreifen.
- *Dieser erwiderte: Heute!* – Die Struktur der Zeit bricht zusammen und gerät durcheinander, auch die religiöse Zeitstruktur. In dieser gibt es ein Denken, das *apokalyptisch*, aber nicht *messianisch* ausgerichtet ist. Auf *diese* Zeit folgt an deren Ende die *andere* Zeit, die klar von der vergehenden Zeit unterschieden ist. Nicht so, wenn der Messias sagt, er komme *heute*! Die neue Zeit, Gottes Zeit, ist da und bereit. Sie liegt gleichsam unter oder über oder neben der Zeit, in der Menschen leben und die sie als ihre Zeit begreifen. Aber *heute* geschieht es, dass diese Zeit, deren Kontinuum Menschen erleben, einen Riss erhält und die andere Zeit Gottes zur Wirklichkeit wird.

Die Unterscheidung der *messianischen Zeit* von den anderen Zeitkonstruktionen, in denen Menschen leben und die Menschen bestimmen, lässt sich im Talmud lernen und bei Walter Benjamin (1892–1940) wiederentdecken. In seinem letzten Essay »Über den Begriff der Geschichte« (1940) unterscheidet er die Fortschrittsgeschichte, an die Menschen neuzeitlich glauben, von der *messianischen Zeit*. Der Hintergrund ist ein radikal skeptischer, ein illusionsloser Blick auf den vermeintlichen Fortschritt und auf die Geschichtskonstruktionen und politischen Ideen, die sich damit verbinden. Der »Engel der Geschichte« wird im Sturm des Fortschritts rückwärts in die Zukunft getrieben – immer weiter vom Paradies weg und immer mit dem Blick auf den »Trümmerhaufen vor ihm«, der »zum Himmel wächst«.[15] Es ist für einen 1940 entstandenen Essay frappierend, wie klar Benjamin etwa die fortschrittliche »Naturbeherrschung« ebenso wie den technokratischen Faschismus als grundlegende Probleme entlarvt.[16] Stattdessen wäre Geschichte so zu schreiben, so Benjamin, dass in Konstellationen unserer Zeit mit Vergangenem deutlich würde, wie in der »Jetztzeit [...] Splitter der messianischen eingesprengt sind.«[17] Abschließend schreibt Benjamin:

---

[14] Vgl. zur Auslegung auch Michael Krupp, Der Talmud. Eine Einführung in die Grundschrift des Judentums mit ausgewählten Texten, Gütersloh 1995, 170–173.

[15] Benjamin (Anm. 11), 146. Benjamin interpretiert so das Bild »Angelus Novus« von Paul Klee, das sich in seinem Besitz befand und heute im Israelmuseum in Jerusalem zu sehen ist.

[16] Vgl. aaO., 148.

[17] AaO., 153.

Paul Klee, Angelus Novus (1920)[18]

> »Die Thora und das Gebet unterweisen sie [die Juden] [...] im Eingedenken. Dieses entzauberte ihnen die Zukunft, der die verfallen sind, die sich bei den Wahrsagern Auskunft holen. Den Juden wurde die Zukunft aber darum doch nicht zur homogenen und leeren Zeit. Denn in ihr war jede Sekunde die kleine Pforte, durch die der Messias treten konnte.«[19]

Der Messias ist – in meinen Worten – die Unterbrechung und Störung der Zeit, die das Leben schon jetzt verändert und die die Welt verändern wird. Problematisch wäre es hingegen, das Messianische als grundlegende Idee zu bestimmen und deren Verwirklichung als Fortschrittsprojekt in die eigenen Hände zu nehmen.

Freilich, es ist schwer, mit dieser anderen Qualifikation der Zeit umzugehen. Exemplarisch zeigt dies die Darstellung von Benjamins Essay bei Wikipedia. Da heißt es: »›Über den Begriff der Geschichte‹ ist ein postum erschienener, geschichtsphilosophischer Aufsatz von Walter Benjamin aus dem Jahre 1940, in welchem er [...] die historisierende Auffassung insbesondere der Sozialdemokratie kritisiert [soweit, so richtig!] und zugleich einen messianischen Standpunkt einnimmt.«[20] – Der letzte Teil des Satzes ist falsch oder wenigstens unglücklich formuliert. Denn einen messi-

---

[18] Gemeinfreie Abbildung nach Wikicommons: https://upload.wikimedia.org/wikipedia/commons/f/f3/Klee,_Angelus_novus.png (Zugriffsdatum: 01.09.2016).

[19] AaO., 153f.

[20] https://de.wikipedia.org/wiki/%C3%9Cber_den_Begriff_der_Geschichte (Zugriffsdatum: 01.07.2016).

anischen *Standpunkt* kann es nicht geben. Nur eine *messianische Zeit*, die erwartet und ersehnt, herbeigefleht und klagend vermisst werden kann.

Es gehört zur Geschichte des ›Messianischen‹, dass sie immer wieder in der Gefahr steht, gegenwärtige Menschen oder Projekte mit dem ›Messias‹ oder seiner Zeit zu identifizieren – und dabei die *messianische Unterbrechung* nicht mehr wahrzunehmen. Mit John J. Collins ist es möglich, die in Qumran überlieferte Erwartung eines *königlichen und priesterlichen Messias* als Kritik an der hasmonäischen Verbindung dieser beiden Linien zu lesen – und somit als den Versuch der kritischen Korrektur einer allzu präsentischen Deutung des Messias im hasmonäischen Reich und als neuerliche Öffnung und Unterbrechung in die Erwartung hinein.[21]

In dieser Hinsicht wird auch jede christliche Identifikation *Jesu* als *Christus* sich davor hüten müssen, mit der Aufnahme dieses Titels das *Messianische* paradoxerweise mit dem Bekenntnis zum Messias zu erledigen.

In diese Richtung kann die Fortsetzung des Messiasbekenntnisses des Petrus mit der ersten Leidensankündigung gelesen werden (vgl. Mt 16,21–23). Petrus, der Jesus eben noch als Christus bekannte, stellt sich dem Weg des Messias in das Leiden hinein in den Weg: »Das widerfahre dir nur nicht!« (V. 22). Und so wird Petrus mit seinem Bekenntnis, so wird der Fels, auf den die Kirche gebaut wird, als »Satan« bezeichnet, der Menschliches, nicht aber Göttliches denkt (V. 23).

### *3. Dogmatische Suchbewegungen auf der Spur des Messianischen – oder: Christologie »aus den jüdischen Konturen der Messiasverheißung«*[22]

Damit aber stellt sich grundlegend die Frage: Wie kann von Jesus als dem Christus so geredet werden, dass das Messianische dadurch nicht eliminiert, sondern eröffnet wird? Anders und mit einem (frühen!) Text Karl Barths formuliert: »Die Offenbarung Gottes in Christus erkennen, heißt sich in ihre Verheißung, nicht proleptisch in eine vermeintliche Erfüllung hineinstellen.«[23]

In diesem *Plus* ist deutlich geworden, dass dies nur im Dialog mit jüdischen Stimmen einerseits und durch die Relektüre biblischer Texte andererseits möglich ist. Die dogmatische Suchbewegung treibt in die Bibel und in deren dialogische Auslegung hinein.

Freilich, die in diesem *Plus* vorgelegten knappen Relektüren biblischer Texte genügen noch nicht, um diese Aufgabe zu *lösen*. Aber vielleicht ist genau dies auch etwas, das gerade wir als Christinnen und Christen immer neu lernen müssen: dass es nicht darum geht, Aufgaben zu *lösen*, sondern auf dem Weg der Suche zu bleiben. Das ›Ganze‹ lässt sich nicht in den Blick nehmen. *Das Messiasbekenntnis* lässt sich theologisch nicht greifen. Jede Lektüre wird durch die nächste verändert, und jeder Satz durch die Begegnung mit dem und der Nächsten herausgefordert.

Nur auf einen verweise ich, dessen theologisches Leben sich als eine Denkbewegung auf der Spur des *Messias* und des *Messianischen* lesen lässt: Jürgen Moltmann (geb. 1926). In seinem Vorwort aus dem Jahr 1997 zur Neuausgabe seiner »Theologie der Hoffnung« (1964) sieht Moltmann den »Messianismus« als Bewegung, die

---

[21] Vgl. John J. Collins, The Messiah in Ancient Judaism, in: BThZ 31 (2014), 17–40.

[22] Jürgen Moltmann, Der Weg Jesu Christi. Christologie in messianischen Dimensionen, Werke Bd. 6, Gütersloh 2016 [zuerst 1989], 92.

[23] Karl Barth, Die Auferstehung der Toten. Eine akademische Vorlesung über 1. Kor. 15, München 1924, 96.

Menschen »aus äußeren und inneren Gefängnissen zur Freiheit des kommenden Reiches Gottes befreien will«[24].

Den theologischen Existentialismus seiner Tage wollte Moltmann ebenso hinter sich lassen wie den »Atheismus im Christentum«. Beide Richtungen des Denkens sah er als Abstürze, die das Messianische verloren haben und mit ihm die Verbindung von Offenbarung, Verheißung und Geschichte. Im theologischen Existentialismus sah er den Rückzug aus der Geschichte in die Innerlichkeit einer überaus klug beschriebenen christlichen Existenz. Durch Ernst Blochs »Atheismus im Christentum« (zuerst 1968 erschienen) wurde umgekehrt eine Bewegung ausgelöst, die – sehr grob formuliert – den Tod Gottes verkündete und das Projekt Gottes zur Verbesserung der Welt den Menschen übertrug. Radikale Verinnerlichung und radikale Ethisierung – beides hat seinen Reiz und beides bleibt einseitig und vergisst letztlich die *messianische Bewegung Gottes*, die diese Welt verändert. Im Wort Gottes, so Moltmann, »ist die verborgene Zukunft Gottes zur Welt schon gegenwärtig. Aber sie ist gegenwärtig im modus der Verheißung und der erweckten Hoffnung.«[25]

In diese Bewegung zeichnet Moltmann 1975 die *Kirche* ein und umreißt eine »messianische Ekklesiologie«.[26] Darin sieht er die Kirche als »Exodusgemeinde«, die teilhat an der Geschichte Gottes in dieser Welt und so »an der *messianischen Sendung Christi* und an der *schöpferischen Sendung des Geistes*«.[27]

1989 entwirft er dann eine »Christologie in messianischen Dimensionen«, für die er vor allem die synoptischen Evangelien aufnimmt, die von der »*messianische[n] Sendung des irdischen Jesus*« erzählen.[28] Der Aspekt, der in der Bildung der altkirchlichen Lehre und in den Dogmen der Kirche zurückgedrängt wurde, das messianische Leben des Juden Jesus, erhält so neue Bedeutung und Jesus erscheint als »messianische Person im Werden«.[29] Dieses Kapitel seiner Christologie mündet sogar in den Vorschlag einer Ergänzung zum Credo:

> »Nach ›geboren von der Jungfrau Maria‹, bzw. ›und Mensch geworden‹ ist sinngemäß hinzuzufügen:
> ›getauft von dem Täufer Johannes,
> erfüllt vom Heiligen Geist:
> den Armen das Reich Gottes zu verkündigen,
> die Kranken zu heilen,
> die Ausgestoßenen anzunehmen,
> Israel zu erwecken zum Heil der Völker und
> sich alles Volkes zu erbarmen‹.«[30]

Man kann über Formulierungen streiten, m. E. aber nicht darüber, dass es darum gehen muss, die Weltwirklichkeit Jesu in ihren messianischen Konturen immer neu zu erzählen, damit auch uns als Christenmenschen die »Splitter der messianischen« Zeit in der »Jetztzeit« offenbart werden, von denen Walter Benjamin sprach.

---

[24] Nicht paginiertes Vorwort [Seite 2], in: Jürgen Moltmann, Theologie der Hoffnung. Untersuchungen zur Begründung und zu den Konsequenzen einer christlichen Eschatologie, Werke Bd. 1, Gütersloh 2016 [zuerst 1964].

[25] Moltmann (Anm. 24), 300.

[26] Vgl. Jürgen Moltmann, Kirche in der Kraft des Geistes. Ein Beitrag zur messianischen Ekklesiologie, Werke Bd. 3, Gütersloh 2016 [zuerst 1975].

[27] AaO., 81; vgl. zum Begriff der »Exodusgemeinde« aaO., 93–103.

[28] Moltmann (Anm. 22), 93.

[29] Vgl. aaO., 157–171.

[30] AaO., 171.

### *4. Messianisch predigen oder: »Heute, wenn ihr seine Stimme hört«*[31]

Folgt man dieser Spur des Denkens kann es keine andere homiletische Konsequenz geben als die: Es geht um ein *messianisches Predigen*. – Ach ja, könnte man nun seufzend sagen: Ist es nicht irgendwann auch einmal gut mit den vielen *Adverb-Homiletiken*: persönlich predigen und konkret predigen, rhetorisch predigen und dramaturgisch predigen[32] – und nun also auch noch *messianisch predigen*? Nein, so würde ich sagen: nicht auch noch, sondern grundlegend und zuerst. Also: *messianisch predigen* – und dies vielleicht rhetorisch oder persönlich, konkret oder dramaturgisch tun (wobei sich all das ja keineswegs ausschließen muss). Wenn das *solus Christus*, das die Reformatoren so energisch in den Mittelpunkt rückten, gilt, dann ist christliche Predigt *messianische Predigt* oder sie verliert ihren Sinn.

Und was heißt das nun, außer dass die Texte, die in diesem *Plus* aufgenommen und knapp ausgelegt werden, vielleicht zu einer *Predigtreihe* im Reformationsjubiläumsjahr 2017 werden?

Sieben Thesen dazu stelle ich vor, die lediglich andeuten und umreißen, was eine Ausarbeitung und Konkretion m. E. unbedingt verdienen würde.

Zunächst nochmals negativ formuliert:
(1) *Messianisch predigen heißt nicht, predigend Christus als den Messias zu behaupten.* – Genau dies wäre der inzwischen vielfach beschriebene und ein wenig paradoxe Verlust des Messianischen im Modus seiner Proklamation.

(2) *Es geht messianischer Predigt um die messianische Bewegung, nicht um die messianische Behauptung.* – Zu suchen wäre also nach einer Predigt, in der sich Predigende mit der Gemeinde ausstrecken nach dem Messias inmitten der Erfahrungen vor Ort, die Ernst Lange einst als »homiletische Situation« bezeichnete.[33] Die Bewegung messianischer Predigt weist weg von den Predigenden und hin auf den Erwarteten und Ersehnten, damit er sich neu zeige und *sein* »Heute« spreche. Auch so ließe sich das ikonographische Grundbild evangelischer Predigt, die Predella des Wittenberger Stadtkirchenaltars von Lucas Cranach dem Älteren, verstehen.[34] Wer in der Schrift liest (Luthers linke Hand) stößt auf die Spur des Messias, nach dem er sich folglich ausstreckt und auf dessen (verborgene) Gegenwart er zeigt.

(3) *Messianische Predigt unterbricht die Linearität der Zeit und weist hin auf die messianischen Risse in der Erfahrung unserer Zeit.* – Predigt ist Zeit-Ansage, so meinte bereits vor mehr als 30 Jahren der Erlanger Systematische Theologe Friedrich Mildenberger.[35] Als Ansage der Zeit Gottes, in die er Menschen einlässt, unterbricht sie die Zeit-Erfahrung, die unwiederbringliche Vergangenheit und ungewisse Zukunft kennt und der die Gegenwart beständig entflieht. Biblische Predigt in der Situation der Neuzeit steht dabei vor einem grundlegenden Problem. Sie hat Texte zu predigen, die selbstverständlich in historischem Sinne ›alt‹ sind und die von Ereignissen und

---

31 Hebr 3,7f.15; vgl. ähnlich Ps 95,7b.8.
32 Vgl. den noch immer lesenswerten Aufsatz von Henning Schröer, Von der Genetiv-Theologie zur Adverb-Homiletik. Zu den Tendenzen gegenwärtiger Predigtlehre, in: PrTh 17 (1982), 146–156.
33 Vgl. dazu Jan Hermelink, Die homiletische Situation. Zur jüngeren Geschichte eines Predigtproblems, Arbeiten zur Pastoraltheologie 24, Göttingen 1992.
34 Gemeinfreie Abbildung nach Wikicommons: https://upload.wikimedia.org/wikipedia/commons/a/ac/Lucas_Cranach_d.J._-_Reformationsaltar,_St._Marien_zu_Wittenberg,_Predella.jpg (Zugriffsdatum: 01.09.2016).
35 Vgl. Friedrich Mildenberger, Kleine Predigtlehre, Stuttgart u. a. 1984.

Lucas Cranach d. J., Reformationsaltar

Erfahrungen berichten, die sehr lange zurück liegen. Wenn Predigt so an diese Texte herangeht, bleibt der Predigtrede nur die – bereits von Rudolf Bohren als *traurig* charakterisierte – Frage: »Und was haben diese alten Texte *noch* mit uns heute zu tun?« Das traurige Wörtchen *noch* gehört aber einer linearen Wahrnehmung der Zeit an, die homiletisch durchbrochen werden kann. Martin Nicol hat seiner Programmschrift zur Dramaturgischen Homiletik den Titel »Einander ins Bild setzen« gegeben. Darin beschreibt er eine Predigt, die den brennenden Dornbusch aus Ex 3 nicht in der Vergangenheit der Steppe Midians, sondern mitten unter uns vermutet: »Wir brauchen die Worte, Bilder und Geschichten der Bibel. Wir brauchen sie, um Gott zu hören, wenn der Dornbusch brennt.«[36]

(4) *Messianische Predigt reduziert den Glauben nicht auf die Innerlichkeit, sondern ist eine Predigt mitten in der Welt und der Geschichte.* – Es geht um die Wiederentdeckung politischer Predigt. Dies kann – mit Walter Benjamins Überlegungen im Ohr – niemals bedeuten, Bewegungen der Geschichte einfach mit dem Etikett des Göttlichen oder Messianischen zu versehen. Das gab und gibt es in der Geschichte des Christentums, das gab und gibt es auch im Judentum, wie etwa die Beiträge von Dalia Marx und Walter Homolka in diesem *Plus* zeigen. Im Bild Benjamins geht es darum, so zu reden, dass »jede Sekunde« der Zukunft zu der »kleine[n] Pforte« wird, »durch die der Messias treten konnte«. Das bedeutet m. E. ein vorsichtiges, tastendes und zugleich erwartungsvolles Reden. Es geht darum, Vergangenes so zu erzählen, dass der Blick nach vorne frei und auf keinen Fall die Gegenwart verklärt wird (gerade im Jahr des Reformationsjubiläums eine überaus notwendige Aufgabe für evangelische Kirchen!).

(5) *Messianische Predigt konstituiert die messianische Gemeinde und schafft ein »Wir«, das handeln kann.* – Manche Predigt lässt Hörerinnen und Hörer allein – mit einem unbestimmten schlechten Gewissen, einer allgemeinen Handlungsaufforderung oder auch einem vage guten Gefühl. Messianische Predigt kann nicht von der Leiblichkeit des Messias absehen, die Klara Butting und Marlene Crüsemann in ihren Textwahrnehmungen so deutlich zur Sprache bringen und die auch Manuel Goldmann betont.

[36] Martin Nicol, Einander ins Bild setzen. Dramaturgische Homiletik, Göttingen $^{2}$2005, 66.

Der *Leib Christi,* der *Messiasleib* – das sind wir! Predigt hat die Chance, dieses *Wir* sprachlich zu konstituieren und die Gemeinde auf das anzusprechen, was sie *ist* und *sein wird.* Dass dieser *Christusleib* der Gemeinde zugleich mit Jüdinnen und Juden verbindet, ist eine der wunderbaren Entdeckungen des Paulus, die lange verdrängt oder vergessen wurden. Gemeinsam stehen wir in dieser Welt als *messianische Zeugen,* arbeitsteilig und aufeinander bezogen.

(6) *Messianische Predigt streckt sich auch in ihrer Sprache nach dem aus, was kommt.* – Gesucht werden muss immer wieder eine Sprache, die öffnet und dem Riss in der Zeit auch sprachlich Ausdruck verleiht. Walter Benjamin meinte in dem nun bereits mehrfach zitierten Essay »Über den Begriff der Geschichte«: »In jeder Epoche muß versucht werden, die Überlieferung von neuem dem Konformismus abzugewinnen, der im Begriff steht, sie zu überwältigen.«[37]

(7) *Messianische Predigt ruft nach einer messianischen Liturgie.* – Die Predigt ist eine Sprachbemühung, die – Gott sei Dank – nicht allein steht. Sie ist umgeben von Gesängen und Gebeten, vom Tisch des Wortes und vom Tisch des Mahles, von Lob und Klage, Kyrie, Gloria und Segen. Andreas Nachama hat in seinem Beitrag zu diesem *Plus* gezeigt, wie jüdisches Gebet messianische Kontur hat. Und Jürgen Moltmann hat bereits 1975 darauf verwiesen, dass der Gottesdienst »messianisches Fest« sein kann und sollte.[38] »Es ist das Fest der versammelten Gemeinde, die das Evangelium verkündet, auf die vernommene Befreiung antwortet, Menschen mit dem Zeichen des Aufbruchs tauft und am Tisch des Herrn die Gemeinschaft im Reich Gottes vorwegnimmt. [...] Die versammelte Gemeinde wird sich im messianischen Fest ihrer selbst als der messianischen Gemeinschaft bewußt.«[39]

***

Die Grundfrage messianischer Predigt lautet: Wann kommst du?
Und die Antwort? – Heute!
»Amen, Amen, das heißt: Ja, ja, so soll es geschehen«.[40]

---

[37] Benjamin (Anm. 11), 144.
[38] Moltmann (Anm. 26), 287–289.
[39] AaO., 287.288.
[40] Martin Luther, Auslegung des Vaterunser-Amens im Kleinen Katechismus (1529).

# Kantate: Mt 21,14–17
# Hosianna dem Sohn Davids!

## 1. Annäherung

*Singen und Schreien*
Die Perikope Mt 21,14–17 ist sperrig für den Sonntag Kantate, jenem 4. Sonntag nach Ostern, der dem musikalischen Gotteslob gewidmet ist. Beim ersten Lesen des Abschnitts erinnert rein gar nichts an wohlklingenden Lobgesang, vielmehr hören wir die Wehklage der Kranken, die aufgeregten Schreie der Kinder und, darunter, die entrüsteten Stimmen der Fragenden. Dissonanzen statt Harmonie – denn hier wird viel verhandelt: Dem Text geht es um Not und Heilung und um nichts weniger als die Frage, für wen Platz ist am heiligen Ort. Die Szene in Mt 21,14–17 ist ein Streitgespräch zwischen dem Juden Jesus hier und den Hütern der Tradition und den Wächtern der Gottesdienstordnung am Tempel dort; ein Streit also mit der institutionalisierten Deutungsmacht um die Frage nach dem wahren Gotteslob. Dieses Gotteslob »erklingt« in der Perikope in der Zuwendung Jesu zu den Blinden und Lahmen, den Stellvertretern für alle an den Rand der Gesellschaft gedrängten Gruppen. Gotteslob ist hier demnach keine leichte und eingängige Melodie, sondern zeigt sich im An- und Erhören der Wehklagen von Beladenen und im Geschrei der Unmündigen. Es »vollzieht sich«, so Rainer Stuhlmann (253), »im Schrei der Ohnmächtigen, im Lallen derer, die noch nichts anderes oder nichts anderes mehr können.«

## 2. Kontexte

a) Jesus als Nachkomme Davids
Der Bibeltext proklamiert Jesus als Sohn Davids (V 15) und zitiert verschiedene Psalmworte. Die Glasfenster von Max Hunziker in der Alten Kirche in Zürich-Wollishofen und die Meditation von Martin Cunz dazu empfinde ich als besonders geeignet, sich am Sonntag Kantate ein Bild von David und seinem Psalter zu machen und damit einen Bogen vom Matthäusevangelium zu ihm und den Psalmen als den Gebeten Israels zu schlagen. Zu einem Fenster Hunzikers und den entsprechenden Gedanken Cunz' schreibt Henning Schröer:
»Das Bild stellt David mit seiner Harfe dar, dem ein Engel zur Nacht liebevoll in die Saiten faßt. – *Cunz* erwähnt eine Stelle aus dem Talmud, wo jemand fragt ›Wie wusste David, daß Mitternacht war?‹ Antwort: ›Über dem Bett Davids hing eine Harfe, und wenn die Mitternacht herankam, wehte der Nordwind und blies über die Saiten der Harfe, und sie spielte von selbst: Da stand David sofort auf und befaßte sich mit der Thora bis zum Morgengrauen‹ (Berachoth 3b). Cunz: ›Wer Psalmen heute betet, bewegt in sich und außerhalb von sich ganze Welten, und zwar unabhängig davon, ob er alles versteht. Er arbeitet daran, daß die Brücke zwischen Adam und dem Messias, die David für uns gebaut hat, immer stärker wird.‹«

Schröer, 238

Das Hunziker-Fenster ist unter folgendem Link einzusehen:
http://www.kirchewollishofen.ch/content/e1893/
http://www.kirchewollishofen.ch/www.zh.ref.ch/gemeinden/wollishofen/content/e12720/e14284/e16345/e16346/73xFensterHunziker.pdf

b) Nachtherbergen
Der Evangelist Matthäus legt sowohl Jesus als auch den Kindern Psalmworte in den Mund. Er knüpft damit eine Verbindung zwischen Jesus, David, und den Psalmen und damit zwischen dem Ersten und dem Zweiten Testament. Die jüdische Dichterin Nelly Sachs bezeichnet in ihrem Gedicht *David* die Psalmen als Nachtherberge für »die Wegwunden«:

Aber im Mannesjahr
maß er, ein Vater der Dichter,
in Verzweiflung
die Entfernung zu Gott aus,
und baute der Psalmen Nachtherbergen
für die Wegwunden.

Sachs, 131

### 3. Beobachtungen am Text

*Der messianische Horizont*
Die Perikope steht im Kontext des messianischen Einzugs Jesu in Jerusalem (vgl. Mt 21,1–13). Die Erwartungen der Leserinnen und Leser waren schon von Kapitel 16,21 an auf den Einzug in Jerusalem gerichtet. Bereits in *V9* begegnet uns der Ruf »Hosianna dem Sohne Davids!«, der dann in *V15* von den Kindern wiederholt wird. Mit dem Einzug beginnt jedoch nicht zugleich die Passion, sondern zunächst stellen die Kapitel 21f. in Jesu Worten und Taten dessen messianische Würde heraus und erweisen ihn als den Nachfahren Davids, als der er schon im Stammbaum im zweiten Kapitel des Matthäusevangeliums beschrieben wurde. Der Zielpunkt des Evangeliums ist Jesu Auferstehung und damit die Bestätigung dieser messianischen Würde. Direkt vor der Perikope ist die sog. Tempelaustreibung beschrieben. Das Eintreten Jesu für die Heiligkeit des Tempels gehört zu seinem messianischen Auftrag. Ein weiteres Indiz für die christologischen Interessen Matthäus' ist der Umstand, dass die Jünger in der Textstelle völlig außen vor bleiben. Nach der »Reinigung« des Tempels demonstriert die Perikope des Sonntags in *V14* mit einem Sammelbericht über die Heilung von Kranken, als ihre Repräsentanten werden Blinde und Lahme genannt, für wen der heilige Ort in erster Linie gedacht ist und für wen der neu geschaffene Raum ist: für diejenigen, die sonst an den Rand der Gesellschaft gedrängt sind. Der Tempel soll nach Jesu Willen der Therapie und der Diakonie dienen und er wird in *V14* zu dem Ort, an dem Gott bedürftige Menschen – Blinde, Lahme, Kinder – umstandslos und in direkter Zuwendung begegnet. Durch die Heilung verkündigt Jesus das Evangelium des Himmelreiches (vgl. Mt 4,24; 8,16f.). Darüber hinaus hält er an der unangetasteten Heiligkeit der Stätte fest, an der Gott »seinen Namen wohnen lässt« (Dtn 12,11; vgl. 1.Kön 8,29). Mehr noch als an seinen Taten nehmen seine

Gegner Anstoß an der Proklamation Jesu zum Sohn Davids durch die Kinder, also an seiner Be- und Ernennung aus bzw. durch den Mund von Unmündigen (Ps 8,3). Der Abschnitt *V 1–17* wird durch die Stadt Jerusalem bestimmt und gerahmt: in *V 1* kommt Jesus nach Jerusalem, in *V 17* verlässt er sie wieder. Jesus geht nach Bethanien, dem Ort der »Aussätzigen«: erneut ein Zeichen der Zuwendung zu den Ausgestoßenen, denen, die am Rande der Stadt, am Rande der Gesellschaft wohnen.

*Mit den Psalmen Davids leben und predigen*

In Mt 21,14–17 spielen Psalmen eine entscheidende Rolle. Die Szene kann als Illustration und Midrasch der Psalmen durch den Evangelisten gelesen werden. Es lohnt sich daher für die Predigt einen genaueren Blick auf sie zu werfen:

Es ist die Hymne an den Davidsohn aus Ps 118,25a, die den Anstoß zum Konflikt gibt: »Bitte, Sohn Davids, befreie doch!« Mit diesem Vers wird Jesus als Sohn und Nachkomme Davids angeredet. Durch diese Proklamation wird er deutlich als Messias Israels benannt. Der messianische Titel »Sohn Davids« erlebt eine dreigliedrige Steigerung innerhalb der Heilungsgeschichten des Matthäusevangeliums: Wird in Mt 9,33f. noch gesagt, »Noch nie ist solches in Israel geschehen«, so fragt Kapitel 12,23 zweifelnd, »Ist dieser vielleicht der Sohn Davids?«, während Mt 21,15 schließlich mit »Hosianna dem Sohn Davids!« deutlich Jesus als Messias benennt. Damit kristallisiert sich im Evangelium schrittweise heraus, dass Jesus der Sohn Davids, der Messias und darin für die matthäische Gemeinde die Hoffnung Israels, nämlich der Heiland ist, der das Leid wendet und die Kranken heilt. Die Anrede »Sohn Davids« zielt auf das besondere Verhältnis zwischen Jesus, dem Gott Israels und seinem Volk. Wie der davidische König vermittelt auch Jesus zwischen Gott und seinem Volk. Mit dem »Sohn David«-Titel hält Israel an der Hoffnung fest, dass ein Leben als selbstständige Größe im Land keine Utopie ist, sondern dass selbstbestimmtes Zusammenleben trotz aller Konflikte in Raum und Zeit gestaltet werden kann. Mit seinem Namen verbindet sich die messianische Erwartung: Von einer Person aus dem Geschlecht Davids ist bei den Propheten die Rede, die endlich Gerechtigkeit schafft und die Einigung des zersplitterten und verstreuten Volkes möglich macht (z. B. Jer 33,14–18). Die Figur des Messias erneuert das Versprechen, dass Gott sein Recht in dieser Welt durchsetzt.

Nahezu die Hälfte aller Psalmen werden David zugeschrieben – dies ist keine historische, sondern eine theologische Zuschreibung. Hossfeld und Zenger machen deutlich, dass den Psalmen durch den Davidbezug die Kraft zugesprochen wird, dass Israel in und mit diesen Psalmen seine ›davidisch-messianische‹ Würde bzw. Sendung einüben und realisieren kann (vgl. Hossfeld und Zenger, 16). Dagegen wird in der christlichen Auslegungstradition diese messianische Davidfigur der Psalmen oft entpolitisiert. Aus dem König David, dem Befreier, wird dann eine Privatperson, ein Vorbild für das individuelle Gebet. Aber David ist im Psalter der Beter der Tora (vgl. Psalm 1), so wie in der eingangs zitierten Talmudstelle. Die Tora zielt auf Befreiung von Schuld, Gewalt, Elend; auf Frieden mit Gott, den Menschen und den Völkern; auf Gerechtigkeit vor allem für Rechtlose und Schwache und auf Liebe zu Gott und zum Nächsten.

Im Zentrum des Textes steht ein weiteres Psalm-Zitat aus Ps 8,3: »Aus dem Mund von Kindern und Säuglingen hast du eine Macht geschaffen gegen alle, die dich bedrängen, auf dass Feindschaft und Rache verstummen.« Psalm 8 formuliert in diesem Satz den Kern der biblischen Gottesoffenbarung: in »der Bedürftigkeit von Menschen stellt Israels Gottheit sich dar« (Butting, 45). In den Schwächsten der Gemeinschaft zeigt die Gottheit ihr Wesen und ihre Macht: sie meldet sich aus dem Schrei der Kinder und Säuglinge zu Wort. Dieser Schrei der Säuglinge, der Kleinsten ist ein Ruf zur Mitmenschlichkeit und Verantwortung. Das Schreien der Kinder ist im Matthäusevangelium Anlass zum Ärger der Hüter der Tradition und der Wächter der Gottesdienstordnung, also der etablierten und institutionalisierten Macht. Das griechische Verb *krazo* entspricht dem deutschen ›Krächzen‹ und bedeutet mit rauer und lauter Stimme schreien und kreischen. Jürgen Moltmann setzt in seiner Befreiungstheologie dieses Schreien zur politischen Realität in Bezug: »Was Metz und später auch mich tief bewegte, war jene lateinamerikanische ›Landschaft aus Schreien‹. Das war die ›Autorität der Leidenden, in der sich die Autorität des richtenden Gottes in der Welt für alle Menschen manifestiert‹.« (Moltmann, 326) Jesu Antwort auf diesen Ärger mit der Macht der Kinder ist eine pointierte Provokation. Sie erinnert aber auch an seine Aussage in Mt 18,1–5: Die Kinder sind Vertreter_innen der eschatologischen Gottesgemeinde. In der Kindwerdung Gottes liegt ein geheimes Zentrum des Textes. Das Schreien der Kinder korrespondiert außerdem mit den Schreien Jesu am Kreuz (vgl. Mt 27,50; Mk 15,39). Der Evangelist erzählt Jesu Geschichte selbst als die eines Kindes und einer Kindwerdung (vgl. Mt 2,8ff.). Auf die Dimension der Klage im *krazein* weist nicht zuletzt auch die Traditionsvariante in Lk 19,40 hin: das Schreien der Steine ist Metapher für die Klage über die Zerstörung Jerusalems und des Tempels.

## 4. Homiletische Konkretionen

*Schreien und Singen*

Die Schreie der Kinder, der Schrei Jesu am Kreuz und die Schreie der Steine dürfen und sollten in der Predigt am Sonntag Kantate erklingen. Es sind die Schreie der Ohnmächtigen und der Unmündigen, also derjenigen, die an den Rand der Gesellschaft gedrängt sind. Diese zum Thema der Predigt zu machen, ist eine Herausforderung am Sonntag Kantate, aber eine, die sich meiner Meinung nach lohnen kann. Der Text passt sich zunächst nur schwer in einen Gottesdienst zum Thema Gesang und Kirchenmusik ein, zwischen Kantorei und Kinderchor, zwischen Orgelmusik und Posaunenchor. In dieser homiletischen Spannung zwischen den unmelodischen Weh- und Aufschreien der Lahmen, Blinden und der Kinder einerseits und den bequemen, den »Harmonie«-Erwartungen an den Sonntag Kantate andererseits liegt aber genau die Chance der Predigt. Wie im Text helfen auch im Gottesdienst Störung und Irritation, den Blick auf das Wesentliche zu richten. Dies kann schon im Kleinen anfangen: Wie offen sind wir für die Schreie von Kindern in unseren Gottesdiensten? Wo ist an unseren heiligen Orten der Raum für das Ächzen und Stöhnen und Kreischen der Ohnmächtigen? Diese Töne treten in der Perikope an die Stelle der liturgischen Gesänge.

Dietrich Bonhoeffer erinnert uns als Christenmenschen daran, dass »nur wer für die Juden schreit, [...] auch gregorianisch singen darf« (Bonhoeffer nach Bethge, 685). Dies ist angesichts einer antijüdischen Auslegungstradition des Textes, die sich zum Teil auch heute noch in den Kommentaren findet, eine heilsame Erinnerung. Der Text stellt eine Hilfe und Ermutigung dar, gerade an diesem Sonntag nicht nur den bekannten und selbstvergewissernden Melodien des (angeblich) »Eigenen« zu lauschen, sondern sich auch den »fremden«, den vergessenen, und deshalb sperrigen und schmerzhaften Tönen zu stellen.

Eine Brücke zwischen dem Thema des Sonntags Kantate und der Perikope kann die Davidtradition sein, als dessen Nachkomme Jesus im Text angesprochen wird. In der Figur des Davids, dem Musiker und Psalmendichter, dem König und Hoffnungsträger Israels, können sich die Kirchenmusik und die Hoffnung auf den Messias und damit die Hoffnung auf eine gerechtere Welt begegnen. Die Pfeiler dieser Brücke sind die im Text zitierten Psalmworte. Die Stimmenlosen und Unmündigen und auch Jesus selbst leihen sich Worte bei den Psalmen. Es sind Protest- und Hoffnungsworte, es sind »Nachtherbergen für die Wegwunden«.

Wenn wir heute in unseren christlichen Gottesdiensten Jesus als Messias und Sohn Davids besingen und bekennen, dann sind wir mit dem jüdischen Volk und seiner Geschichte durch Jesus, den Juden, den Sohn Davids verbunden und gleichzeitig sind wir durch Jesus bleibend vom Judentum getrennt. Christliche Standortbestimmung ist und muss hier komplex und spannungsgeladen sein, indem sie einerseits die Abgrenzung vom Judentum beinhaltet und andererseits die bleibende Bezogenheit auf das jüdische Gegenüber zum Ausdruck bringen muss.

Ein möglicher Bezugspunkt der Predigt zum heutigen Judentum kann sein, von dem jüdischen Fest Lag ba-Omer zu erzählen, da der Sonntag Kantate 2017 genau mit diesem zusammen fällt. In der jüdischen Gemeinde wird an diesem Sonntag etwas Anderes als Schrei und Singen gefeiert. Lag ba-Omer ist ein Halbfeiertag zwischen Pessach und Schavuot und stellt eine Unterbrechung der Trauerzeit dar. So sind verschiedene, einschränkende Gebote, die für die 49 Omer-Tage zwischen Pessach und Schavuot gelten, an diesem Tage aufgehoben. Kinder und Erwachsene veranstalten Picknicks und versammeln sich um Lagerfeuer. Vor allem aber können an diesem Tag Hochzeiten durchgeführt werden. Man darf sich wieder rasieren und sich auch die Haare schneiden lassen. Der Ursprung des Festes geht auf den Bar-Kochba-Aufstand gegen die Römer 132–135 n. Chr. zurück: an diesem Tag soll eine Epidemie zu Ende gegangen sein, die viele Schüler Rabbi Aqibas sterben ließ.

## 5. Liturgievorschläge

Psalm 98

Lieder:
Lob Gott getrost mit Singen (EG 243)
Ich lobe meinen Gott, der aus der Tiefe mich holt (Regionalteil Rheinland/Westfalen/Lippe)

### Literatur

Bethge, Eberhard, Dietrich Bonhoeffer, München 1967.
Butting, Klara, Erbärmliche Zeiten – Zeit des Erbarmens. Theologie und Spiritualität der Psalmen, Biblische Erkundungen 8, Uelzen 2013.

Fiedler, Peter, Das Matthäusevangelium, ThKNT 1, Stuttgart 2006.
Hossfeld, Frank-Lothar/Zenger, Erich, Psalmen I 1–50, NEB 29, Würzburg, 1993.
Moltmann, Jürgen, Gottesrede in dieser Zeit. Das Erbe der Politischen Theologie, Ev.Kom. 6 (1996), 325–327.
Sachs, Nelly, Das Leiden Israels. Eli. In den Wohnungen des Todes. Sternverdunkelung, Frankfurt a. M. 1966.
Schröer, Henning, Kantate, in: GPM 87/88 (1998/99), 233–239.
Stuhlmann, Rainer, Kantate, in: GPM 69/70 (1980/81), 250–257.

*Marie Hecke*

# Rogate: Lk 11,5–8(9–13)
## (Gottes-)Freund_innenschaft – Lebensraum für un-verschämt bedürftig Bittende

### 1. Annäherung

*Betend nicht nur Gottes Kinder, sondern auch Gottes Freund_innen*
Die »(Unser) Vater«-Anrede des Gebets, das Jesus seine Jünger_innen gelehrt hat (Lk 11,2; Mt 6,9), versteht die Beziehung zwischen betendem Menschen und gebetenem Gott nach dem Modell der Eltern-Kind-Beziehung – ganz unabhängig davon, ob Jesus mit diesem Gebet einer Bitte seiner Schüler_innen, die beten lernen möchten, nachkommt (Lk 11,1) oder es polemisch als Alternative zu pervertierten Formen heuchlerischen oder geschwätzigen Betens einführt (Mt 6,5–8). Jesus lässt die, die er im Beten unterrichtet, partizipieren an seiner eigenen Gottesbeziehung als einer Vater-Sohn-Beziehung. Gotteskindschaft – eine Rechtsbeziehung des Erbes, in die das jüdische Volk zuerst berufen ist und um Jesu willen auch alle, die in seinem Namen zu Gott beten.

So liegt es nahe, auch in der erläuternden Fortschreibung des in Sprechakt und Inhalt ganz und gar jüdischen (Unser-)Vater-Gebets die Gleichnisfähigkeit der Vater-Kind-Beziehung wieder aufzunehmen. Dies geschieht in dem zweiten »*Wer von euch …?*«-Gleichnis unseres Predigttextes in Lk 11,11–13, das die unübertreffliche Güte des gebenden Gottes bezeugt: Wenn schon irdische Väter ihren um Lebensmittel bittenden Kindern keine giftigen, Tod bringenden Gaben geben, dann enthält umso mehr Gott denen, die ihn bitten, die gute Gabe schlechthin, den Geist Gottes, nicht vor.

Umso auffälliger ist es, dass im ersten »*Wer von euch …?*-Fragegleichnis in VV 5–8, auf das sich diese Meditation in »komplexe[r] Einseitigkeit« (Homiletische Richtlinien, 2) fokussiert, nicht Verwandtschaft, sondern Freundschaft, genauer: un-verschämt belastbare zwischenmenschliche Gastfreundschaft gleichnisfähig für den freigiebigen Gott wird. Das Gleichnis von den bittenden und gebetenen Freunden nimmt Motive der antiken Freundschaftsethik auf und transformiert sie zugleich – aus jüdischen Quellen schöpfend – *theo*logisch, »indem es die Topik der Freundschaft auch auf das Verhältnis von Gott und Mensch anwendet« (von Bendemann, 2011, 89). Stand für Aristoteles noch fest, dass es zwischen Mensch und Gott keine Freundschaft geben kann, denn ist »der Abstand sehr groß, wie bei Gott, so kann keine Freundschaft mehr sein« (Aristoteles, 1159a), so sind es in der jüdischen Tradition vor allem verwegen und hartnäckig Betende wie Abraham (etwa Jes 41,8; 2.Chr 20,7; Jak 2,23; Jub 19,9) und Mose (Ex 33,11 u.a.), die Freunde Gottes genannt werden.

### 2. Kontexte

a) Keine Autarkie der Menschen und Gottes: Bitten aus Bedürftigkeit
Geschöpfliche Bedürftigkeit: »Ein chassidischer Frommer fragte einmal den Rabbi

Bunam nach einer Schriftstelle, die er nicht verstehe. Es war der Fluch über die Paradiesschlange, die, weil sie die Menschen dazu verführte, Gott gleich sein zu wollen, fortan auf dem Boden kriechen und Erdstaub fressen soll, wie es in 1Mose 3 zu lesen ist. Das sei doch keine Strafe, sagte der Mann, das sei doch eher ein Segen, denn wenn die Schlange Erdstaub fressen solle, dann sei sie doch das einzige Lebewesen, das immer genug zu essen habe. Ja, gab ihm Rabbi Bunam zu verstehen, sie werde nie um etwas bitten müssen. Das sei ihre Strafe.«

Ebach (im Anschluss an Buber, 758f.)

Wenn sich auch Gott des Bittgebets bedürftig zeigt: »Rabbi Jochanan sagte im Namen Rabbi Joses: Woher, dass der Heilige, gesegnet sei ER, betet? – Es heißt: ›ICH werde sie nach MEINEM heiligen Berge bringen und sie in MEINEM Bethaus erfreuen.‹ Es heißt nicht ›*ihrem* Bethaus‹, sondern ›*MEINEM* Bethaus‹, woraus zu entnehmen ist, dass der Heilige, gesegnet sei ER, betet. – Was betet ER? R. Zutra b. Tobia erwiderte im Namen Rahbs: ›Es möge MEIN Wille sein, dass MEINE Barmherzigkeit MEINEN Zorn bezwinge, dass MEINE Barmherzigkeit sich über MEINE Beziehungsweisen [des Rechts] wälze, auf dass ICH mit MEINEN Kindern nach der Beziehungsweise der Barmherzigkeit verfahre und auf dass ICH ihretwegen innerhalb der Rechtsgrenze gehe.‹ Es wird gelehrt: Rabbi Jischmael ben Elischa erzählte: Einst trat ich in das Allerinnerste ein, um die Spezereien zu räuchern, und sah Ochteriel, Jah, Adonaj Zebaoth, auf einem hohen und erhabenen Thron sitzen. Da sprach ER zu mir: ›Jischmael, MEIN Sohn, segne MICH!‹ Ich sprach zu IHM: ›Möge es DEIN Wille sein, dass DEINE Barmherzigkeit DEINEN Zorn bezwinge, dass DEINE Barmherzigkeit sich über DEINE Beziehungsweisen [des Rechts] wälze, auf dass DU mit DEINEN Kindern nach der Eigenschaft der Barmherzigkeit verfahrest und dass DU ihretwegen innerhalb der Rechtsgrenze gehst.‹ Da nickte ER mir zustimmend zu.«

Babylonischer Talmud Berachot 7a

b) Gebotenes Beten

»Am Morgen sagt ein Mensch aufrichtig und ehrlich im Gebet ›Der Du die Kranken deines Volkes Israel heilst‹; aber wenn er – er selbst oder eines seiner Kinder – an demselben Tag erkrankt, wird er dennoch zum Arzt gehen, genauso wie der Atheist, der nicht betet. Es besteht in dieser Hinsicht keinerlei Unterschied zwischen den beiden! […] Daher erhebt sich nun die Frage, warum jemand jeden Morgen aufsteht und in die Synagoge zum Gebet geht, obwohl er genau weiß: Das Gebet ist kein Mittel zum Zweck – nicht zum Erwerb von Gesundheit, von Lebensunterhalt oder Sicherheit. Die einzig gültige Antwort hierauf ist meines Erachtens die folgende: Ich steh an jedem Morgen früh auf und gehe in die Synagoge, um das Gebot des gemeinschaftlichen Gebetes zu erfüllen.«

Leibovitz, 153f.

»Eben das ist doch der wahrhaftige *Gottesdienst*: daß der Mensch nehmen will und nimmt, wo Gott gibt, daß er also bittet, sucht und anklopft, um es wirklich zu empfangen. Dieses *Empfangen* ist das christliche Gebet in seinem zentralen Charakter als *Bittgebet*. Es stammt gerade in dieser Gestalt nicht aus der Willkür des Christen, wie denn die ganze ihm gegebene Freiheit keine Willkürfreiheit ist.

Es stammt vielmehr aus dem, was der Christ von Gott *empfängt*: aus dem ihm eben damit gegebenen *Gebot*.«

Barth, 306

»Des Gebetes Vorgebot:
Du sollst Gott nicht bestechen.«

Benyoëtz, 144

c) Beten als Praxis der Gottesfreund_innenschaft

»Das ist die *Gnade* Gottes gegenüber dem sündigen Menschen, daß er gerade ihm als erhörlicher Gott begegnet, daß er ihn nicht nur zur Demut des Knechtes und nicht nur zur Dankbarkeit des Kindes, sondern zur Vertraulichkeit und Kühnheit seines Freundes beruft, an die Seite seines Thrones, an seine eigene Seite [...] Und eben Gnade schafft und wirkt da dies, daß der Christ bei Gottes Weltherrschaft als Gottes Freund *aktiv* dabei sein darf: [...] als *Subjekt*, das in dieser Sache an seinem Ort und in seinen Grenzen mitzureden hat und auch mitverantwortlich ist.«

Barth, 323f.

d) Unverschämtheit in der (Gottes-)Freund_innenschaft

»Soll man denn Gott drängen? Ja, sagt Christus, ihr sollt Gott drängen! Ihr sollt nicht nur so ein bißchen stöhnen. Ihr sollt ihn bestürmen und bedrängen und an der Tür rütteln und euch berufen auf seine Verheißung, euch berufen auf sein Versprechen und nicht nachgeben. Wir fragen ihn. Soll man Gott um alles drängen? Hier müssen wir ihn nun allerdings recht verstehen. *Bitten* dürfen wir Gott um *alles*, was nicht gegen sein Gebot ist. Die kleinsten wie die größten Nöte dürfen ihm vorgelegt werden. Aber *drängen* sollen wir Gott nur um das, was er verheißen hat.«

Gollwitzer, 74

e) Unbedingte Gastfreund_innenschaft

»Es ist, als wäre Gastfreundschaft unmöglich: als würde das Gesetz der Gastfreundschaft diese Unmöglichkeit selbst definieren, als könne man es nur übertreten, als würde *das* Gesetz der absoluten, *unbedingten*, hyperbolischen Gastfreundschaft, als würde der kategorische Imperativ der Gastfreundschaft erfordern, all *die* Gesetze der Gastfreundschaft zu übertreten, das heißt die Bedingungen, Normen, Rechte und Pflichten, die sich sowohl Gastgebern und Gastgeberinnen als auch Gästen, denen, die Aufnahme gewähren wie denen, die Aufnahme finden, auferlegen. Es ist, als würden *die* Gesetze der Gastfreundschaft, indem sie Grenzen, Befugnisse, Rechte und Pflichten markieren, darin bestehen, *das* Gesetz der Gastfreundschaft herauszufordern und zu übertreten, jenes Gesetz, das fordert, dem *Ankömmling* bedingungslos Aufnahme zu gewähren.

Sagen wir ruhig *dem Ankömmling*, vor jeder Bestimmung, vor jeder Antizipation, vor jeder *Identifizierung*, ob es sich nun um einen Fremden, einen Einwanderer, einen eingeladenen Gast, einen unerwarteten Besucher handelt oder nicht [...]
Es gäbe da eine Antinomie, eine unauflösbare, nicht dialektisierbare Antinomie zwischen *dem* Gesetz der Gastfreundschaft, dem unbedingten Gesetz der uneingeschränkten Gastfreundschaft (dem Ankömmling sein ganzes Zuhause und

sein ganzes Selbst zu geben, ihm sein Eigenes, unser Eigenes zu geben, ohne ihn nach seinem Namen zu fragen, ohne eine Gegenleistung oder die Erfüllung auch nur der geringsten Bedingung zu verlangen) auf der einen und *den* Gesetzen der Gastfreundschaft auf der anderen Seite […].«

Derrida, 59f.

## 3. Beobachtungen am Text

*(Gottes-)Freund_innenschaft ohne Verschämtheit und Beschämung*
Der mehrgliedrige, einen »dramatisch-episodischen Zusammenhang« (von Bendemann, 2001, 210f.) darstellende Predigttext gehört zur Eröffnung der Jünger_innen-Instruktion in Lk 11,1–18,30, die mit einer Gebetsdidache beginnt (Lk 11,1–13): Es ist die eigene Gebetspraxis Jesu, die bei seinen Schüler_innen den Wunsch weckt, von ihm im Beten unterwiesen zu werden (V 1). Auf ihre Bitte hin lehrt Jesus sie zunächst das – nach der Anrede – aus lauter Bitten bestehende Vater-Gebet (VV 2–4) und damit den Inhalt des Betens, um dann mit einem ersten *»Wer von euch …«*-Fragegleichnis (VV 5–8), zwei Weisheitssprüchen (VV 9f.) und einem zweiten Fragegleichnis (VV 11–13) die betwilligen Jünger_innen ins Gespräch zu verwickeln über das schwierige Problem der Gebetserhörung, denn: »Dem Betenden ist der Glaube kein Problem mehr, dem Gläubigen aber das Beten« (Benyoëtz, 147). Während Matthäus unmittelbar im Anschluss an das Vaterunser (6,9–13) die Vergebungsbitte vertieft (6,14f.), greift Lukas die Brotbitte – *»Das Brot, das wir nötig haben, gib uns Tag für Tag.«* (V 3) – auf und veranschaulicht die Gewissheit ihrer Gewährung mit zwei lebensweltlichen Gleichnissen, die zugleich zwischenmenschliches Erhören von entsprechenden Bitten um das Lebensnotwendige motivieren.

Zeigen der Wortlaut des Vatergebets und der weisheitlichen Sentenzen, dass das *Bittgebet* der grundlegende Sprechakt des Betens (vgl. Barth, 301–326) und dass es als solcher geboten ist (s. Kontexte b), so zielen die beiden Fragegleichnisse, die die Jünger_innen mittels rhetorischer Fragen direkt adressieren, auf die Vergewisserung, dass das Bittgebet, wenn es an Gott als Freund_in und als Vater/Mutter gerichtet ist, nicht ins Leere gehen wird.

Das erste Fragegleichnis (VV 5–8) weckt unsere Aufmerksamkeit nicht nur dadurch, dass es die Brotbitte in der Alltagssituation der Gastfreundschaft verortet und dabei ein dichtes Geflecht von Beziehungen zwischen *drei* Freunden spinnt (wobei mit Emmanuel Lévinas zu bedenken wäre, dass der/die Dritte immer stört), sondern auch insofern, als es – anders als VV 11–13 – keine explizit theologische Schlussfolgerung zieht, also nicht ausdrücklich den mitternächtlich gebetenen Freund mit Gott analogisiert. Damit aber eröffnet es eine mehrdeutige Transparenz des Gleichnisses auf Gott hin: Wie sich die fragend angesprochenen Jünger_innen nicht nur mit dem Bittenden, der seinen Freund nachts aus dem Bett holt, identifizieren sollen, so lässt sich auch Gott nicht einseitig auf die Rolle des um Brot bedrängten Freundes festlegen. Wie der unverschämt *bittende* Freund ja selbst ein *gebetener* Freund ist, nämlich von jenem dritten Freund, der ihn zu später Stunde heimsucht, so kann auch Gott in der Rolle des Bittstellers (siehe Kontexte a) und damit als Empfangender und nicht nur als Gebender begegnen –

unter dem Vorbehalt, dass wir Gott nur das geben können, was wir empfangen haben, also – wie es in 1.Chr 29,14b heißt – Gott aus SEINER/IHRER Hand geben.

Predigende tun gut daran, die Szene, die Jesus vor den Augen seiner Jünger_innen entwirft, möglichst wörtlich und vor allem Schritt für Schritt wahrzunehmen (auch um der komplizierten griechischen Syntax, die der Sache selbst entspricht, gerecht zu werden) und mit Erfahrungen aus den Lebenswelten ihrer Gemeinden zu vernetzen (ich empfehle die Übersetzung aus Ebach, 135):

Wichtig ist, von vornherein wahrzunehmen, dass es sich in VV 5–7 um eine rhetorische Frage handelt, die eindeutig mit »nein« zu beantworten ist: Einen solchen Freund, wie er da beschrieben wird, hat selbstredend niemand. Also – es kommt bei rhetorischen Fragen ja darauf an, dass die selbstverständliche Antwort auch praktiziert wird – sollte sich in der Nachfolgegemeinschaft Jesu auch niemand so verhalten. Mag die mitternächtliche Störung eines Freundes und seiner schon schlafenden Kinder wegen dreier Brote für sich gesehen völlig »daneben« und überflüssig sein, so erhält sie doch durch die Begründung, dass der störende Freund das Brot nicht für sich, sondern für einen unverhofft bei ihm eingetroffenen Freund braucht, eine solche Dringlichkeit, dass der gebetene Freund gar nicht anders kann, als dieser Bitte nachzukommen: Er wird ihm das tägliche Brot für seinen Gast borgen, würde er doch sonst seinen ihn belästigenden Freund gegenüber dem Dritten beschämen, dem er keine angemessene Gastfreundschaft gewähren könnte. Es gibt also eine Verpflichtung des gebetenen Freundes auch dem Dritten, dem ihm vermutlich Fremden, gegenüber.

Ist die erste Reaktion des Freundes (V 7) als der Freundschaft unangemessen ausgeschlossen, so zeigt die zweite Reaktion (V 8) das im Horizont der Freundschaft Gebotene und ist so bereits »Teil der Gleichnisanwendung« (von Bendemann, 2001, 213): »*Wenn er schon nicht aufstehen und es ihm geben wird, weil er sein Freund ist, so wird er doch wegen seiner Un-Verschämtheit aufstehen und ihm alles geben, was er braucht.*« Zweierlei vor allem ist hier zu beachten: Jesus spielt mit dieser zweiten Reaktion nicht Freundschaft und Un-Verschämtheit gegeneinander aus – nach dem Motto: die Freundschaft hat für die Gewährung der Bitte nichts gebracht, also musste der Bittende unverschämt und dreist werden, damit ihm der Freund, um ihn endlich loszuwerden, gibt, was er haben will. So wird der un-verschämt bittende Freund nicht selten parallel zur hartnäckig bittenden Witwe (Lk 18,1–8) interpretiert (Schottroff, 247–255).

Doch es ist gerade die Freundschaftsbeziehung, in der die negativ konnotierte Unverschämtheit (*anaideia*) ihren berechtigten Ort hat und als Un-Verschämtheit eine Art von Umkodierung erfährt: »Auszugehen ist von dem eindeutig negativen Verständnis des Wortes *anaideia*, das mangelndes Gefühl für oder bewusstes Ignorieren von Grenzen aussagt, die Scham und Anstand im menschlichen Miteinander gebieten. […] Wohl aber darf man im Interesse eines Freundes die Grenzen des Anstands überschreiten! […] Die Forderungen der Freundschaft müssen und werden in jedem Fall erfüllt werden. Selbst wenn der gebetene Freund nicht erkennt, was die Freundespflicht von ihm fordert und die Störung als schamlose Durchbrechung einer Grenze interpretiert […], so setzt sich doch eben in dieser Schamlosigkeit die Freundschaft (des Bittenden zu seinem Gast) durch.« (Merz, 560)

Es ist der Kontext von Lk 11,1–13, der die im Raum der Freundschaft wirkkräftige Un-Verschämtheit für die Gottesbeziehung transparent macht: Bitten, die zwischen Gott und Mensch unerhört sind, dürfen gleichwohl un-verschämt geäußert werden und auf Erhörung hoffen: »Beten heißt Gott als Freund bitten und ihn dabei bis zur Unverschämtheit bedrängen dürfen.« (von Bendemann, 2011, 90) Gott zu bedrängen, heißt nicht, Gott zu bestechen. Das Kirchenlied weiß um die Erlaubnis zu solch un-verschämtem Beten, wenn es sich im Abendlied »Abend ward, bald kommt die Nacht« – gegenüber Jesus – herausnimmt: »[...] tu mit Bitten dir Gewalt« (EG 487,3).

## 4. Homiletische Konkretionen

*Un-verschämt erbittliche Gastfreund_innenschaft*
Statt den Sonntag Rogate zum Anlass *allgemeiner* Aussagen über das Gebet und insbesondere über die Schwierigkeiten des Bittgebets und seiner (Nicht-)Erhörung zu nehmen (siehe Striet), lädt die lukanische Gebetsdidache insbesondere mit VV 5–8 dazu ein, die Bitte und mit ihr das Bittgebet in der in die Krise geratenen (VV 6f.) Gastfreundschaft, die es zu bewähren gilt (V 8), zu verorten und damit eine hochaktuelle Adaption der Brotbitte des (Unser)Vater-Gebets zu entfalten: Gastfreund_innenschaft als Sitz im Leben von Bitte und Bittgebet!

1) Die Predigt kann dabei in ihrer Eröffnung an lebensweltliche Situationen anknüpfen, in der sich die Gemeinde in der Rolle des bittenden Freundes (erste Identifikation) befindet, weil sie – aus menschlicher Sicht immer zur Unzeit – heimgesucht wird von bedürftigen Menschen, die kein Dach über dem Kopf und nicht einmal das Brot für heute haben. Schon hier besteht die Möglichkeit, mit Derrida auf die unbedingte Gastfreundschaft, die nicht nur dem Freund, sondern auch und gerade dem Fremden gilt, aufmerksam zu machen – eine Gastfreundschaft, die niemanden *beschämen* will und um die darum keiner *verschämt* betteln muss.

2) Sodann ist die Perspektive zu wechseln: Zur Identifikation für die Jünger_innen und also für die Gemeinde lädt jetzt nicht die Person des bittenden Freundes, sondern die des gebetenen Freundes ein: Es gibt gute Gründe für seine erste Reaktion (V 7), die zu nennen und nicht zu denunzieren sind. Aber ebenso ist deutlich zu machen, warum solch abweisendes Verhalten im Rahmen der dreigliedrigen Freundschaftsbeziehung unangemessen ist.

Im Blick auf die zweite Reaktion (V 8) ist die Neubewertung der Unverschämtheit als Un-Verschämtheit im Horizont der Freundschaft zu bedenken, denn analog zu 1.Joh 4,17b soll als Antizipation eschatischer Schamfreiheit gelten: Scham ist nicht in der Freundschaft: Freund_innen sollen um nichts verschämt bitten müssen und einander (unter sich und gegenüber Dritten) nicht beschämen.

3) Durch den lukanischen Kontext des Gebetsunterrichts für die Gemeinde wird dieses Freundschaftsgefüge transparent für Gott, wobei nicht nur eine Analogie zwischen Gott und dem gebetenen Freund zu entfalten ist, sondern – im Sinne eines (asymmetrisch) reziproken Verhältnisses zwischen Gott und Mensch – Gott in allen drei Freunden begegnen kann. Die Pointe mag dann darin liegen, dass auch und gerade in der Gebetsbeziehung Gott gegenüber und Gott uns gegenüber un-verschämtes Bitten geboten ist.

Im Gebet gibt es ein Zusammenwirken von Gott und Mensch, bei dem nicht mehr zu unterscheiden ist, wo das menschliche Tun aufhört und das göttliche anfängt – und umgekehrt: »Was kommt von wem? Wer Beziehung lebt, braucht hier keine letzte Klarheit. Er kennt das *Nicht ohne* aus eigener Erfahrung; und es ist ihm liebgeworden. [...] Dieses *Nicht ohne* ist die Signatur des Geistes, der uns so innerlich miteinander verbindet, dass sich im Letzten nicht mehr auseinanderdividieren lässt, was das Meine und was das Ihre und was das Seine ist.« (Werbick, 47)

4) Nicht nur sind zwischenmenschliche (Gast-)Freundschaften gleichnisfähig für Gott als (Gast-)Freundin, sondern die göttliche Gastfreundschaft, die allen Menschen, ja allen Geschöpfen gilt – »*Aller Augen warten auf* DICH*, und* DU *gibst ihnen Speise zur rechten Zeit.* DU *tust* DEINE *Hand auf und sättigst alles, was lebt, mit Wohlgefallen*« (Ps 145,15f.) –, dient umgekehrt auch als Maßstab für das, was Gastfreund_innenschaft auf Erden heißen soll, spiegelt sich in ihr doch etwas wider von jenem Gesetz »unbedingter Gastfreundschaft« (s. Kontexte e), die je und je neu zu wagen ist, damit unsere menschlich-allzumenschliche Praxis der Gastfreundschaft nicht in den engen Grenzen des Rechts und des Faktischen verkommt.

So kann die Predigt am Ende sogar – auf dem *theo*logischen Grund der Gottesfreundschaft – über das Fragegleichnis in Lk 11,5–8 hinausgehen, indem sie die Bitte und das Bittgebet nicht nur im Gastrecht für Freund_innen, sondern für alle Menschen (und alle Geschöpfe) verortet, auf dass aus Fremden Freundinnen werden, auf dass die Hungrigen und Elenden, die in Angst und Not sind, bei denen zuhause sein können, die ihnen als Gastgeber zu Freundinnen werden. So können sie am eigenen Leib die unbedingte Gastfreundschaft des freigiebigen Gottes Israels erfahren.

## 5. Liturgievorschläge

Lesungen:
Evangelium: Lk 1,1–13; Altes Testament: Ex 32,7–14; Psalm 145,1–2.9–19 (statt des Wochenpsalms).

Lieder:
Vater unser im Himmelreich (EG 344,1–9 – verteilt über den Gottesdienst oder anstelle des gesprochenen Vaterunser)
Aller Augen warten auf dich, Herre (EG 461 – zur Psalmlesung)
Halleluja. Suchet zuerst Gottes Reich (EG 182,1–6 – nach dem Halleluja-Vers)
Brich dem Hungrigen dein Brot (EG 418,1–5 – als Sendungslied)

Fürbittgebet (s. Frettlöh, 7f.)

### Literatur

Aristoteles, Nikomachische Ethik. Auf der Grundlage der Übersetzung von Eugen Rolfes, hg. von Günther Bien (Philosophische Bibliothek 5), Hamburg [4]1985.
Barth, Karl, Die Kirchliche Dogmatik III/3, Zollikon-Zürich 1950.
Bendemann, Reinhard von, Frühchristliche Freundschaftsethik, in: Isolde Karle (Hg.), Lebensberatung – Weisheit – Lebenskunst, Leipzig 2011, 80–99.

Ders., Zwischen doxa und stayros: eine exegetische Untersuchung der Texte des sogenannten Reiseberichts im Lukasevangelium (BZNW 101), Berlin/New York 2001.

Benyoëtz, Elazar, Scheinhellig. Variationen über ein verlorenes Thema, Wien 2009.

Buber, Martin, Erzählungen der Chassidim, Zürich [10]1987.

Derrida, Jacques, Von der Gastfreundschaft. Mit einer ›Einladung‹ von Anne Dufourmantelle. Übertragung ins Deutsche von Markus Sedlaczek, hg. von Peter Engelmann, Wien 2001.

Ebach, Jürgen, Der un-verschämte Freund: Lukas 11,5–13, in: Marlene Crüsemann u. a. (Hg.), Gott ist anders. Gleichnisse neu gelesen, Gütersloh 2014, 135–146.

Frettlöh, Magdalene L., Unverschämt erbittliche (Gottes-)Freundschaft. Predigt zu Lukas 11,5–8, www.bernermuenster.ch/de/kirchgemeinde/kirchliches-leben/Predigten/2016/Rogate-Predigt-Lukas-1158.pdf, abgerufen am 2016-07-25.

Gollwitzer, Helmut, Zuspruch und Anspruch. Predigten, München 1954.

Leibovitz, Jeshajahu, Gespräche über Gott und die Welt. Mit Michael Shashar. Übersetzt von Michael Schmidt, hg. von Michael Shashar, Frankfurt a. M. 1990.

Merz, Annette, Freundschaft verpflichtet (Vom bittenden Freund) Lk 11,5–8, in: Ruben Zimmermann (Hg.), Kompendium der Gleichnisse Jesu, Gütersloh 2007, 556–563.

Schottroff, Luise, Die Gleichnisse Jesu, Gütersloh 2005.

Werbick, Jürgen, In Gottes Ohr? Notizen zu Bittgebet, Theodizee und zum Dialogcharakter des Betens, in: Magnus Striet (Hg.), Hilft beten? Schwierigkeiten mit dem Bittgebet, Freiburg i. Br. 2010, 31–57.

*Magdalene L. Frettlöh*

# Christi Himmelfahrt: 1.Kön 8,22–24.26–28
# Wo ist die Transzendenz zu finden?

## 1. Annäherung

Wer verlangt in den »Himmel« zu kommen? Eine solche Frage klingt naiv, kindlich. Fragen wir also anders: Haben wir irgendeine, und doch begründete Sehnsucht, die die Zwischenzeit zwischen Geburt und Tod übersteigen würde? Haben wir sie nicht, was fangen wir mit der Spannung zur Auferstehungshoffnung an, auf die der Apostel Paulus im 1. Korintherbrief insistiert (1.Kor 13,12–22)?

Mit dieser Fragestellung kann uns z. T. eine Überlegung über die den Menschen in der Welt umgebende Perspektive helfen. Ist nämlich Gott nicht in dieser Perspektive eingeschlossen, dürfen wir seine Transzendenz denken, die ihm als einem Gründer dieser Perspektive zukommt.

Es gibt ja mehrere Verbindungslinien zwischen Judentum und Christentum, und zwar dank der biblischen Literatur, wo u. a. das Thron-Motiv vorkommt als ein Symbol für die göttliche Macht und Majestät. Dieses Symbol wurde auch von der Apokalyptik und von der daran anknüpfenden jüdischen Mystik aufgenommen. Die zweitgenannte Strömung ist in ihrer ältesten Form sogar eine »Thron-Mystik«, weil die mystische Schau den präexistenten Gottes-Thron als ihren äußersten Gegenstand hatte (Scholem, 47). Dahinter findet sich wohl eine Sehnsucht nach dem Seelenaufstieg im Sinne der Erkenntnis, Vervollkommnung und/oder des Heils (durch das Gebet und Meditation).

Das Thron-Motiv in seinem biblischen Kontext überrascht uns nicht. Als ein Moment der biblischen Symbolik geht es von der Analogie zwischen der göttlichen und königlichen Macht aus, die nur längst nicht mehr politisch so bestimmend ist. Dabei assoziiert der Gottes-Thron keine Thronbesteigung und Dynastie, aber doch einen Ort und Thronsaal, die die irdische Perspektive transzendieren und trotzdem nicht für absolut unzugänglich gehalten werden.

## 2. Kontexte

a) Mehrere frühjüdische apokalyptische Schriften (z. B. das äthiopische Henochbuch, das slawische Henochbuch, das Testament Abrahams, die griechische Baruch-Apokalypse) schildern die Himmelfahrten biblischer Persönlichkeiten und beschreiben die himmlische Welt, die unter Umständen mehrere Sphären umfasst (die bekanntesten sind die sieben Himmel, z. B. slawHen 1–20), wo Gott seinen Sitz hat und wo auch die Gerechten wohnen. Verschiedene Analogien finden wir dann auch in der christlichen Literatur, mit der Offenbarung des Johannes angefangen (Gott sitzt auf seinem Himmelsthron, umgeben von seinem Himmelshof, vgl. Offb 21,1; 22,5), wovon auch die späteren populären Himmelsvorstellungen ausgegangen sind.

3 Und in jenen Tagen riss mich ein Sturmwind von der Erde hinweg und setzte mich nieder an dem Ende der Himmel. 4 Und daselbst sähe ich ein anderes Gesicht: die Wohnungen der Heiligen und die Ruheplätze der Gerechten. […] 6 Und an

jenem Orte sahen meine Augen den Auserwählten der Gerechtigkeit und Treue, und Gerechtigkeit wird in seinen Tagen herrschen, und zahllos wird (die Menge) der Gerechten und Auserwählten vor ihm sein in alle Ewigkeit. [7] Und ich sah seine Wohnung unter den Fittichen des Herrn der Geister, und alle Gerechten und Auserwählten strahlten vor ihm wie der Glanz des Feuers, und ihr Mund war des Lobes voll, und ihre Lippen priesen den Namen des Herrn der Geister; und die Gerechtigkeit vergeht nicht vor ihm, und das Recht hört nicht auf vor ihm. [8] Dort wünschte ich zu wohnen, und mein Geist trug Verlangen nach jener Wohnung, daselbst ist mir ein Anteil (schon) zuvor ausgemacht worden, denn so war es über mich bestimmt vor dem Herrn der Geister.

Slawischer Henoch 39,3f.6–8

b) Für den mittelalterlichen Chassidismus ist die Gebetsmystik und Gebetslehre kennzeichnend. Dabei konnte Gott als König angerufen werden, wobei das *endliche* menschliche Gebetswort auf die *unendliche* göttliche Glorie zielt, wie Rabbi Eleazar ben Juda aus Worms (ca. 1165–ca. 1230) schreibt:
»Gott ist unendlich und ist alles; würde er daher nicht in den Visionen der Propheten Gestalt annehmen und ihnen als König auf dem Thron erscheinen, so würden sie nicht wissen, zu wem sie beten.«

Scholem, 125

c) Aus einer Reflexion der Eschatologie kommt die rabbinische Vorstellung der Erlösung als einer Tat, deren Würde der Name Gottes entspricht. So wie Gott seinen Namen inmitten des alten Israels verweilen lassen hat, um selbst in einer transzendenten Fremde nicht als absolut unzugänglich zu verschwinden, so wird er auch später in die Nähe seiner transzendenten Sphäre die erlösten Menschen erhöhen:
»V. 1. Danket dem Ewigen, denn er ist gütig und ewiglich währt seine Gnade. V. 2 *So sollen die vom Ewigen Erlösten sprechen, die er erlöst hat aus der Hand des Feindes*. Das ist, was die Schrift sagt: *Meinetwegen, meinetwegen thue ich es* (Jes. 48,11). *Meinetwegen thue ich es* [...] heißt es nicht, sondern: *Meinetwegen, meinetwegen* [...]. Der Heilige, geb. sei er! sprach: Ich thue es nur, damit mein Name nicht entheiligt werde. – Warum heisst es zweimal: *[...] meinetwegen, meinetwegen?* Der Heilige, geb. sei er! sprach: Zur Zeit, da ihr in Aegypten waret, erlöste ich euch wegen meines Namens, auch in Edom [= Rom] werde ich es thun wegen meines Namens, wie es heißt: *Und er wird sie erretten um seines Namens willen* (Ps 106,8). Und so, wie ich euch in dieser Welt erlöst habe, so erlöse ich euch auch in der künftigen Welt. Daher heißt es zweimal: *Meinetwegen, meinetwegen*. Und warum? *Und meine Ehre gebe ich keinem anderen* ...«

Midrasch zu Psalm 107,1 § 1 [231a]

## 3. Beobachtungen am Text

Zum Kontext: Unsere Perikope gehört zur Überlieferung von der Jerusalemer Tempelweihe durch König Salomo im 8. Kapitel des zweiten Königsbuches (VV 14–66) und darüber hinaus von Gottes Antwort auf das Gebet Salomos in 9,1–9; vgl. 2.Chr. 5,5–7,22. Es ist eine relativ umfangreiche und komplizierte Größe. Davon bestehen allerdings VV 22–53 aus einem königlichen Gebet, das dann durch das königliche Segnen in VV 54–61 ergänzt ist. Den ältesten Kern bilden vermutlich VV 14–26.28 (Würthwein, 95).

Am Kapitelanfang findet sich der Bericht über die Überführung der Lade in den Tempel (VV 1–13), dessen Kern wohl altertümlich ist (Noth, 175). Er wird mit dem rhythmischen Einweihungswort (VV 12f.) abgeschlossen, das der Platzierung der Lade im Allerheiligsten folgt. Sein Alter ist Noth gemäß unbestimmt und es bezeugt eine Jerusalemer »Tempel-Theologie« (Noth, 175.181). Der König spricht hier mit Verweis auf den göttlichen Willen (»im Wolkendunkel wohnen«) als ein Baumeister, dessen Bauwerk Gott verwalten und bewohnen will. Der Bericht knüpft selbst an eine Anmerkung über die Vollendung der Bauarbeiten (7,51) an. Wir bemerken hier einen Übergang vom Wohnen Gottes in der Wolke zu seiner Anwesenheit im Tempel (vgl. V 12) – und so auch einen definitiven Abschluss der Geschichte des in einer schon längst vergangenen Epoche durch die Wüste wandernden Israels.

In VV 22–28 finden wir ein Gebet Salomos um Erhaltung der Dynastie. Es weist in V 25 auf die Davidsverheißung (2.Sam 7,12.14–16; im Vergleich damit hängt hier die Verheißung von dem Handeln der Nachkommen Davids ab) zurück, also auf einen breiteren Kontext. Die Königtumsgeschichte und die Religionsgeschichte Israels fallen so in eins.

*V 22*: Der Name Salomo am Versanfang signalisiert einen neuen Abschnitt. Der König tritt hier als ein Subjekt des Geschehens und des Gebets auf. Kein Priester oder Hohepriester, sondern der König! Und er vollzieht ein Ritual: a) er steht vor dem Altar des Herrn, b) gestikuliert und c) betet. Auf diese Ritualschilderung knüpfen dann VV 54.62–66 an und schaffen einen Gebetsrahmen mit.

*V 23*: Der königliche Lobpreis spricht den Herrn als einen Nationalgott an (»Herr, Gott Israels«, vgl. VV 15.17.20.23.25, bzw. »Gott Israels«, vgl. V 26). So ist das Motiv des Königtums und der Dynastie mit dem nationalen Motiv verbunden. Das königliche Heiligtum erscheint zugleich als ein Nationalheiligtum. Außerdem wird Israel beim Einweihungsakt durch die Ältesten als Repräsentanten der Zwölf Stämme vertreten. Und zum Schluss knüpft an das nationale Motiv an die Erweiterung des persönlichen Gebets Salomos durch die Bitten für die Nation (VV 29–51).

Nach der Anrede (V 23aa) folgt die zweifache Adoration. Die erste (V 23ab) verweist auf die Unvergleichbarkeit Gottes, und zwar in Bezug auf Himmel und Erde, auf die Welt (ohne Unterwelt). Diese Sphären wurden gerne mit relevanten Gottheiten assoziiert – und deshalb wird hier gesagt, dass sich keine solcher Gottheiten mit dem Gott Israels vergleichen lässt. Bemerken wir die vertikale Perspektive (oben – unten).

Die zweite Adoration (V 23b) bestimmt näher den Grund der Unvergleichbarkeit Gottes. Sie preist die Zuverlässigkeit Gottes in der Beziehung zu seinen »Dienern« (Israeliten), die mit einem intakten »Herz« handeln (vgl. Jer 24,7; 2.Chr. 6,14.38). Die Größe Gottes ist also erfahrungsgemäß überprüfbar.

Diese Zuverlässigkeit manifestiert sich durch die Einhaltung des Bundes und durch das, was darüber hinaus, aus »Gnade« den Menschen geschenkt wird. Es geht um einen Geschichtszusammenhang der Verheißung und Erfüllung, der so die Erhabenheit Gottes aufweist.

*V 24* erinnert an die Erfüllung der Verheißung, an das, was König David gesagt wurde. Sie wird von Salomo selbst verkörpert. Die Versstruktur ist chiastisch (vgl. die Verben *dabar* und *male'* in V 24b). V 24b korrespondiert so mit V 24a, doch betont er die Anschaulichkeit und bedient sich deshalb anthropomorpher Symbolik (Mund – Hand).

*VV (25.)26–28*: Eine Zäsur wird durch »Und nun …« in V 26 (wie im vorangehenden Vers) angedeutet. Im Rückverweis auf die vorangehenden Adorationen kommt nun die Bitte um Erfüllung. Sie wird jedoch durch die Frage in V 27 unterbrochen. Und darüber hinaus übersteigt V 27 die Vorstellung von dem Thronen Gottes im Himmel (vgl. Ps 104,1–5). Gott transzendiert hier auch die Himmel, und das heißt, dass wir es hier mit einem – im Vergleich zu dem deuteronomistischen Element des größten Teils des Gebets Salomos – späteren Gedanken zu tun haben (Hartenstein, 30).

*V 26*: Während in VV 23b.24 die Zuverlässigkeit Gottes gepriesen wird, wird in der Bitte in V 26 auf sie appelliert, als ob sie noch nicht ganz erfüllt wurde, obwohl Salomo selbst davon überzeugt ist (vgl. V 24). Der Appell weist auf David (vgl. V 24) hin, und zwar a) als auf den Gottesdiener und b) als auf den Vater Salomos. Angesichts dieser Dreiseitigkeit (Gott – Salomo – David) und auch angesichts von V 25 geht es hier um die Erhaltung der Dynastie durch die Nachkommen Salomos. Diesem Anliegen entspricht auch eine andere Verheißung Davids über das Verhältnis von Vater und Sohn (vgl. 2.Sam 7,14a; dazu Noth, 184).

*V 27*: Angesichts seines Kontextes wirkt V 27 ungewöhnlich, was Vermutungen über seinen besonderen Ursprung erweckt (Würthwein, 97: eine »heterogene Randbemerkung«). Zu seinem Kontext steht er sogar im Widerspruch, weil es dort um die Tempeleinweihung geht.

Die rhetorische Frage in V 27 bezweifelt jedoch – und darüber hinaus akzentuiert (»wirklich«) – die Möglichkeit einer irdischen Residenz Gottes. Sie verabschiedet sich also von der alten hebräischen Tradition. Gott ist hier nur mit dem Appellativum »Gott« bezeichnet – als Gott überhaupt, nicht etwa als der Nationalgott (wie in VV 23.25.26, vgl. Noth, 185).

Trotz seiner Eigenart korrespondiert V 27 mit der Adoration aus V 23, die die Unvergleichbarkeit Gottes hervorhebt. Ist Gott nämlich unvergleichbar, überragt er die Götter und dann kann auch kein irdischer Tempel ihm angemessen sein. Die Inadäquatheit ist hier allerdings räumlich ausgedrückt – Gott kann vom Himmel, und auch von dem höchsten Himmel nicht umfasst oder begrenzt werden (vgl. Dtn 10,14). Der Himmel ist kein Übergott. Wir begegnen hier drei, bzw. vier Vergleichsstufen: der Tempel – die Himmel (der höchste Himmel) – Gott. Ein ähnlicher Gedanke, der den irdischen Tempel relativiert, findet sich auch in Jes 66,1, an einer postexilischen (tritojesajanischen) Stelle des Jesajabuches, wo der Himmel einen Thron Gottes darstellt, so dass Gott den Himmel transzendiert. Die Gottesvorstellung hat hier zugleich einen spatialen und transspatialen Charakter.

*Der Tempel als Wohnsitz Gottes in 1.Kön 8*

In diesem Kapitel variiert die Tempel-Auffassung, was aus seinem allmählichen Werden hervorgeht. Infolgedessen kann man grundsätzlich drei historische Kontexte unterscheiden: 1) die frühe Monarchie, 2) die Zeit nach der Tempelzerstörung, 3) die nachexilische Zeit (ähnlich Rohde, 180).

1 a) Der Tempel repräsentiert den Wohnsitz Gottes, bzw. die untere Sphäre seiner Präsenz für die Königtumsgeschichte (vgl. Ps 46,5; 76,3; 84,2; 132,7; 1.Kön 8,12). Darauf weisen VV 12f. indirekt hin, wonach Gott selbst im »Wolkendunkel« wohnt (vgl. 2.Chr 6,1). Das kontrastiert mit seiner Rolle als Schöpfer der Sonne, die im griechischen Text der Septuaginta erwähnt wird (»er hat die Sonne im Himmel erscheinen lassen«), wohl mit einer Anspielung auf den Sonnenkult im vorjudäischen Jerusalem.

Das »Wolkendunkel« deutet hier einen Übergang von der »Wolke Gottes« an, die den Tempel erfüllt hat (V 10). Es selbst stellt jedoch keine Finsternis dar, sondern einen meteorologischen Aspekt der göttlichen Macht – und die Verborgenheit und Unberechenbarkeit Gottes in seiner Überlegenheit über die kosmischen Mächte (auf sie spielt V 23 an) wie etwa die Sonne, die Dinge und Wesen sichtbar macht. Hatte dieser Aspekt eine Entsprechung im Allerheiligsten? Symbolisierte sein Innenraum das Wolkendunkel (Rohde, 170)? Das Allerheiligste war ein Audienzsaal Gottes, dessen Thron bis in den Himmel reichte (vgl. Jes 6; Ps 96) (Hartenstein, 28) – und sein Thronen gehörte so in die Verborgenheit.

Der Tempel soll dabei der Wohnsitz Gottes »für immer« sein (zum göttlichen Wohnsitz im Tempel vgl. Jes 8,18bb; Ps 76,3b; 132,13f. usw.), was wieder auf die Königszeit hinweist, und VV 12f. also zu den ältesten Bestandteilen der ganzen Überlieferung gehören (Noth, 175) und im Kontext der gesamten Kapitel dem historischen König Salomo am nächsten stehen.

1 b) Im Blick auf den (eigentlich »literarischen«) König Salomo scheint hier die Demut des Herrschers zum Ausdruck gebracht zu sein: Er hat den Tempel im Respekt zum Gott Israels ausgebaut.

2 a) Im Gebet Salomos wurde der Tempel zum dauerhaften Medium der göttlichen Präsenz angesichts dessen, dass Gott im Himmel wohnt (VV 32.34.39.43.49). Der Himmel ist eine dynamische Sphäre der Erscheinungen, die die wirkende Heiligkeit Gottes symbolisieren. Daneben gibt es dort seinen Palast, doch Gott kann auch zur Erde hinabsteigen (vgl. Gen 11,5.7; Ex 19,18; Jes 64,3).

Der Tempel ist zwar wünschenswert, aber nicht ganz angemessen. Das Gebet in VV 14–53 bringt eine Neuinterpretation der Tempelweihe in der Perspektive der Zeit nach der Tempelzerstörung, sodass ein traditioneller Respekt zum Ort und zugleich zur Ehre Gottes beibehalten werden könnte. Durch die starke Assoziierung Gottes mit dem Himmel wurde nicht nur seine Distanz, sondern auch seine Ehre bestärkt. Daraus folgen Anmerkungen zur Tempelfrage.

2 b) Zur Perspektive der Exilszeit Israels ist anzumerken, dass die Ehre Gottes nicht vom Tempel abhängt. Die Zerstörung des Heiligtums entscheidet nicht über das Sein Gottes. Umgekehrt ist es Gott, der über den Bau oder die Zerstörung des Tempels entscheidet. So erscheinen dem Leser Anfang und Ende, und damit auch die ganze Geschichte des Tempels vor seinen Augen.

Die Erfahrung mit der Tempelzerstörung hat wohl eine große Trauer, Unsicherheit und Infragestellung hervorgebracht – doch diese hat dann zu einer positiven Antwort Anlass gegeben, und zwar in Form der theologischen Hervorhebung des göttlichen Namens (Namenstheologie), wonach Gott in Jerusalem nur in seinem Namen »kultisch anwesend« ist (Albertz, 352), und in seiner »Himmlichkeit«. In jener Zeit wurde Zion zu einem Ort, wo der Name Gottes wohnt, was in V 29 gemeint ist. Die Intention des Gebets besteht darin, dass Gott diesem Ort seine unaufhörliche Aufmerksamkeit widmen soll, und in Richtung desselben Ortes soll auch der König beten. Dann wird in V 30 über den Ort gesprochen, zu dem hin die Menschen sich orientieren sollen, und daneben auch über den Himmel, wo Gott eigentlich wohnt, wo er »hört« und »vergibt«. In unserem Kapitel wird der Thron nirgendwo ausdrücklich erwähnt, doch er wird vorausgesetzt (zum himmlischen Thron vgl. Jes 66,1; Ps 2,4).

Die Erfahrung mit der Tempelzerstörung war nicht nur substituiert, sondern überhöht – durch die Vorstellung von Gott, der über Konstruktionen und Destruktionen steht. Strukturell betrachtet ist eine solche Auffassung nicht entfernt von der Vorstellung des Herrn über Leben und Tod.

3) In der Exilszeit schien es, als ob nicht nur Tempel, sondern auch die Erde und der Himmel Gott beschränken könnten (V 27). In der Welt gibt es keine Entsprechung des Göttlichen. In diese transkosmische Perspektive passt auch das Schöpfertum Gottes, sowie der universalistische Blick auf die *oikoumene*, die auch zu einem Moment des apokalyptischen und eschatologischen Denkens wird.

*V 28: Die Bitte um Erfüllung der Bitte*

Lassen wir V 25 beiseite, spricht Salomo Gott nun zum dritten Mal an, diesmal »mein Gott« – die Aufmerksamkeit wird vom König zur Nation übertragen.

In dieser »vorbereitenden« Bitte geht es um die Erfüllung des im Folgenden entworfenen Gebets, die im Interesse des Königs (V 29) und des gesamten Volkes (V 30) sowie im Blick zum Tempel vorgetragen werden soll. Akzeptiert Gott den Tempel als seinen Wohnsitz, dann ist er auch bereit, die Gebete der Menschen zu erhören, die seine Göttlichkeit sowie seine Anwesenheit anerkennen und ihre Anerkennung in ihrer eigenen Situation äußern.

## 4. Homiletische Konkretionen

1. Die ganze hebräische Bibel ist von der mehrschichtigen Frage durchdrungen, die den Einzelnen, Familien, dem Volk sowie den Königen gilt: Wie soll man unter der göttlichen Majestät und aus der göttlichen Macht leben? Diese Frage hat das Bewusstsein der göttlichen Herrschaft und den Respekt zu ihr immer wieder geweckt, sowie die sittliche Aufgabe motiviert. Die Vorstellungen von der göttlichen Macht variierten je nach dieser oder jener Perspektive und entwickelten sich dabei. Wir können zwar diese Umwandlungen mit verschiedenen modernen Mitteln analysieren, doch dürfen wir immer in den erwähnten Bildern Spuren der wirkenden göttlichen Macht sehen – Spuren, keine exakten Beweise. Wir haben manche Momente der Geschichte Israels als Vorgang beobachtet, der bezeugt, wie Gott in seinem Tempel verblieben und sich dann in seinen himmlischen Sitz zusammengezogen und das Feld seiner Wirksamkeit für die Augen der Israeliten erweitert hat, später auf seine Transkosmizität hinweist und endlich den Himmel für die Auferstandenen zugänglich macht. Gerade in dieser Geschichte liegt die Ursache einer gewissen Schwierigkeit, die sich z. B. zeigt, wenn wir unseren Kindern die Frage beantworten sollen: »Wo wohnt Gott?« (Rohde, 182).

2. Im alten Israel wurde Gott nicht als ganz von der Welt entfernt angesehen, sondern als die menschliche Sphäre transzendierend. Eine solche Vorstellung behalf sich noch ohne Metaphysik und ohne Überlegungen über das Sein Gottes. Für sie wichtig war das Wissen von der wirkenden Macht Gottes, die als die Grundbedingung des menschlichen Daseins Respekt und Ehr-Furcht erregte. Dieses Wissen konnte nicht ohne irgendeine Verbindung mit dem Gottesdienst leben – und der Gottesdienst brauchte auch einen prominenten Ort, der der Anwesenheit Gottes würdig war unter der Bedingung, dass Gott sich nicht durch den Tempel zügeln ließ.

3. Gottes Gegenwart, wie sie in der frühmonarchischen Zeit verstanden wurde, bekam in der Exils- und Nachexilszeit neue Manifestationen, die die Distanz und Andersheit im Verhältnis von Gott und Mensch hervorhoben. Diese Distanz musste keineswegs eine Kühle bedeuten, sondern vielmehr den Unterschied zwischen Gott und Mensch, wobei sie auch das Unheil assoziieren konnte, und deshalb drohte die Spannung zur Vorstellung der göttlichen Anwesenheit als der Garantie des glücklichen Lebens und der Hoffnung. Vor allem war sie eine Aufforderung zu Ehr-Furcht und Respekt nach einer bitteren Geschichte der babylonischen Ära. So zeigte sie auch die Unbestreitbarkeit der Göttlichkeit Gottes angesichts der erlebten Katastrophe: Gott selbst thront hoch oben, von den irdischen Geschehnissen unverletzt. Es ist nicht leicht eine solches Zeugnis zu erklären, weil jemand einwenden könnte, dass ein Sklave die Hand eines Tyrannen küsst. Dabei geht es um keine Negation der Menschen, sondern um die Öffnung eines neuen geschichtlichen Weges, einer neuen Perspektive und Prospektive.

Das war zu sagen gerade im Hinblick auf die Tempelweihe-Tradition. Wird nicht der Tempel als solcher und die mit ihm verbundene davidische Dynastie durch die Ruine des Tempels bezweifelt? Gott hat seinen Wohnsitz durch den Himmel abgegrenzt und auf der Erde seine geistige Repräsentation in Form seines Namens gelassen. Vergleichen wir die Zeit des Königtums (der Wohnsitz Gottes in Jerusalem) und die der exilischen Interpretation (sich im Himmel auf Distanz haltender, aber dabei mächtig wirkender Gott), dann zeigen sich die geschichtlichen Bewegungen der Distanzierung und Zuneigung.

Wir müssen auf die Vorstellung des Himmels als eines Symbols nicht verzichten, falls wir seine Symbolik im Grundsatz verstehen. Wegen des Vaterunsers ist sie sogar nötig. Wir sehen allerdings, dass sich schon in der hebräischen Bibel eine Relativierung des Himmels in Bezug auf die Souveränität Gottes findet. Das ist lehrhaft auch heute. Gott ist nicht lokalisierbar, auf einer Lokalität beobachtbar und danach beschreibbar. Und das ist keine seiner Schwächen oder ein Nachteil, sondern umgekehrt ein Vorteil, der Vorteil seiner absoluten Unabhängigkeit.

4. So können wir in unserer Überlieferung die Perspektivenüberschreitung beobachten. Salomo weiht das königliche Heiligtum ein – und dabei folgt die Vertikale (Erde – Himmel). Sein Gebet betont an mehreren Stellen die himmlische Dimension, und expliziert so die gestärkte Distanz zwischen Himmel und Erde. Gott erscheint nicht nur in seiner Unvergleichbarkeit, sondern auch in seiner Entferntheit und aus der Distanz handelnd. Im Gebet findet sich fast ein Katalog der Möglichkeiten, wie Gott Israel helfen kann, und das entzieht jener Distanz ihre Fremdheit und Abgründigkeit.

Der ferne (und dabei nicht entfremdete) Gott öffnet und erweitert die schon gegebene Perspektive des Lesers. Doch reißt er ihn nicht in einen leeren Raum herein, sondern in das geschichtliche Geschehen, und zugleich bezieht er ihn auf den kosmischen Raum. In der späteren eschatologischen Perspektive zeigt sich dann, dass es noch etwas Unbeantwortetes geblieben ist, was die letzten Ziele des Menschen und der Welt betrifft, was jedoch in unserem Text noch nicht thematisiert und auch nicht vorausgesetzt wurde.

5. Können wir überhaupt wieder die einstige hebräische Ehrfurcht dem Namen Gottes gegenüber erfahren? Wie kann auch uns das Bild vom Gottesthron Respekt abverlangen? Der Name Gottes ist keine bloße Benennung, sondern eine Form der Anwesenheit Gottes, die Gott von sich selbst in die Welt hineingesetzt hat (vgl. Ex 3,14). Durch die Anrede »Gott« können auch wir uns ihr nähern, ohne sie ergreifen zu können. So können wir der weitgehenden Vagheit des Wortes »Gott« wehren, das sich dabei auf nichts Endliches bezieht.

Wurde der Name Gottes gerade nach der Tempelzerstörung mit Zion neu verbunden, bedeutet das, dass er kein Gebäude braucht, um seine Identität beizubehalten. Er repräsentiert aktuell die Anwesenheit Gottes und zwar auch für den geographisch entfernten Blick. Nicht als eine der menschlichen Vorstellungen, sondern als ein Selbstausdruck Gottes, als eine Form seiner Erscheinungen.

Zwei Jahrtausende nach der definitiven Tempelzerstörung scheint jedoch der Name Gottes schon längst ortlos zu sein, weil er eine Beziehung zum Kult an einem Ort verloren hat (Leuze, 290). Wo auch immer auf der Erde, kann er so zum Gegenstand der Ehrfurcht und Zurückhaltung, welche für das Judentum so typisch sind, von neuem werden?

6. Das spannungsvolle und paradoxe Verhältnis von Gott und Mensch wurde in der biblischen sowie in der späteren Tradition auch durch die Vorstellungen über den Aufstieg von der Erde in den Himmel (die Himmelfahrt) entfaltet. Sie sind u.a. mit Henoch, Elia und Jesu nach Lk 24,36–53; Apg 1,1–12 verbunden und, im Frühjudentum angefangen, eschatologisch entfaltet. Die Eschatologie entwirft das Transzendieren der Geschichte und relativiert die Gebundenheit des Menschen an bestimmte Orte (z.B. durch das Bild des himmlischen Jerusalems): unser »wo« ist ja immer relativ. Eine Vorbereitung dazu war die Entfaltung und Revision des göttlichen Verhältnisses zu Zion.

7. Das Christentum, das die jüdische Hoffnungsindividualisierung aufgenommen hat, kennt auch die Hoffnung für die Nation, besser gesagt: für die Nationen. In unserer Überlieferung stellt der König ein Individuum dar, das eine individuelle Hoffnung (in Bezug auf die Dynastie und das königliche Heiligtum) verkörpert, deren Intention sich nicht nur auf es selbst beschränkt, weil sie auch auf das Königtum bezogen wurde, und das gewisse Bedingungen für die Verehrung des schon anwesenden Gottes vorbereitet. Deshalb können wir allgemein darauf hinweisen, dass der Mensch kein bloß passives Objekt der göttlichen Wirksamkeit darstellt, dass Gott seine Perspektive aufspannt – doch auch der Mensch bezieht sich zu ihm und bereitet auch die Mittel dazu vor. Er »schafft« nicht Gott, sondern die Kultur des Verhältnisses zu ihm.

## 5. Liturgievorschläge

Psalm 75

Lesungen: Apg 1,3–11; Eph 1,17–23; Lk 24,46–53

Lieder:
Christus fuhr gen Himmel (EG 120)
Wir danken dir, Herr Jesu Christ (79)
Es wird sein in den letzten Tagen (EG 426)

### Literatur

Albertz, Rainer, Religionsgeschichte Israels in alttestamentlicher Zeit, GAT 8/1, Göttingen 1996.
Flemming, Johannes/Radermacher, Ludwig (Hg.), Das Buch Henoch, Leipzig 1901.
Hartenstein, Friedhelm, Weltbild und Bilderverbot. Kosmologische Implikationen des biblischen Monotheismus, in: Christoph Markschies/Johannes Zachhuber (Hg.), Die Welt als Bild: Interdisziplinäre Beiträge zur Visualität von Weltbildern, AzK 107, Berlin 2008, 15–37.
Midrasch Tehillim oder Haggadische Erklärung der Psalmen. Nach der Textausgabe von Salomon Buber zum ersten Male ins Deutsche übersetzt und mit Noten und Quellenangaben versehen von August Wünsche, Trier 1892.
Noth, Martin, Könige. 1. Könige 1–16, BK.AT 9.1, Neukirchen-Vluyn 1968.
Rohde, Michael, Wo wohnt Gott? Alttestamentliche Konzeptionen der Gegenwart Jahwes am Beispiel des Tempelweihgebets 1.Könige 8, BthZ 1/2009, 165–183.
Scholem, Gershom, Die jüdische Mystik in ihren Hauptströmungen, Frankfurt a. M. 41991.
Würthwein, Ernst, Die Bücher der Könige. 1.Kön. 17–2.Kön. 25, ATD 11,2, Göttingen 1984.

Diese Studie entstand im Rahmen des Forschungsvorhabens »Geschichte und Interpretation der Bibel« (GA ČR P401/12/G168), gefördert von der Forschungsagentur der Tschechischen Republik (Czech Science Foundation).

*Jiří Hoblík*

# Exaudi: Joh 7,37–39
# Die Freude in der Zeit zwischen den Jahren

## 1. Annäherung

Für Gottesdienstteilnehmerinnen und -teilnehmer, die den Ablauf des Kirchenjahres bewusst wahrnehmen, liegt dieser Sonntag Exaudi in einer eigenartigen Zeit – in den Tagen zwischen Christi Himmelfahrt und Pfingsten. Jesus Christus ist in seiner Himmelfahrt in den Bereich Gottes aufgestiegen. Er weilt und wandelt somit nicht mehr auf der Erde, befindet sich nicht mehr in der Form in dieser Welt, in der er den Seinen nach seiner Auferstehung erschienen war. In Gestalt des auferstandenen Jesus Christus ist Gott *nicht mehr* in dieser Welt. In Gestalt des Heiligen Geistes ist er jedoch *noch nicht* in dieser Welt, denn der kommt erst im Rahmen des Pfingstfestes in diese Welt. Diese Tage zwischen Christi Himmelfahrt und Pfingsten sind somit gleichsam eine Zeit zwischen den Jahren; das Bisherige ist nicht mehr da und das Neue noch nicht.

Ist es also eine Zeit des Abwartens, eine Zeit, die womöglich in gedämpfter Stimmung verbracht werden sollte? Der Predigttext für diesen Sonntag vermittelt jedoch keine gedämpfte Stimmung, sondern vielmehr überschwängliche Freude.

Was ist das für eine Freude; worüber bzw. worauf können wir uns in dieser Zeit freuen?

## 2. Kontexte

a) Die Verheißung der Ströme lebendigen Wasser (V 38) erinnert an die tritojesajanische Verheißung:

»Und der HERR wird dich immerdar führen und dich sättigen in der Dürre und dein Gebein stärken. Und du wirst sein wie ein bewässerter Garten und wie eine Wasserquelle, der es nie an Wasser fehlt.«

Jes 58,11

b) Das Fest, bei dem Jesus aufgetreten ist, ist Sukkot. Dieses Fest ist von Freude darüber geprägt, dass der Mensch all das erhält, was er zum Leben benötigt. Das verdeutlicht ein Text aus dem ersten der beiden Bände ›Die Feiertage Israels‹ von Rabbiner Ahron Daum:

»Wann ist Freude vollkommen und angebracht?

Wenn geistige und materielle Integrität besteht.

An welchen der drei Wallfahrtsfesten treffen diese Voraussetzungen zu?

Am *Sukkotfest*. Wir feiern dieses Wallfahrtsfest, nachdem das Getreide und die Früchte geerntet wurden und in die Speicher, Tennen und Scheunen eingefahren wurden.

Erst wenn neben der geistigen Zielsetzung auch die materielle und leibliche Grundlage eines Volkes gesichert ist, hat die Freude ihre höchste Vollendung gefunden.«

Daum, 392

c) Die Freude dieses Festes ist untrennbar verbunden mit dem Brauch des »Wasserschöpfens«, der im Rahmen dieses Festes seinen Ort hat. Denn Zugang zu Wasser zu haben ist Grund zur Freude. So heißt es im Babylonischen Talmud: »Wer die Lustbarkeit bei der Wasserprozession nicht gesehen hat, hat im Leben keine Lustbarkeit gesehen.«

Babylonischer Talmud Sukka 51a,
zit. nach: Goldschmidt, Bd. III, 396

d) Über dieses »Wasserschöpfen« im Rahmen des Sukkot-Festes schreibt Rabbiner Dr. Walter Rothschild:
»Es scheint, dass in Tempelzeiten *Sukkot* ebenfalls mit einer Zeremonie begangen wurde, in der an jedem der sieben Tage während des Morgengottesdienstes (d. h. beim Morgengrauen) Wasser in Becken seitlich des Altars gegossen wurde. In der Mischnah (*Sukkah* 4,9) wird uns erzählt, dass die Leviten in einer Prozession zum Frauenhof hinunterzogen, der eigens dafür hergerichtet war (*Sukkah* 5,2). Eine goldene Amphore wurde mit drei *Log* (entspricht etwa 6 Eimern) vom Wasser der Schiloachquelle gefüllt, über das Wassertor hinauf zum Tempel getragen, mit *Schofar*signalen und großem Jubel begrüßt, in einer Zeremonie zum Becken neben dem Altar getragen und dort ausgegossen. Man musste sehr achtsam sein, um nichts zu vergießen, und es wird erzählt, dass ein eher nachlässiger Hohepriester (Alexander Jannaeus 103–167 ndZ – er war auch König und dachte wahrscheinlich, deshalb könne er es sich leisten) von erbosten Gläubigen mit *Etrogim* beworfen wurde, als er das Wasser über seine Füße verschüttete.

Es gibt keine Grundlage für diesen Brauch in der Bibel, auch wenn es nicht nur einen Rabbiner (Rabbi Nehunja) gab, der behauptete, es sei ein von Gott an Mose gegebenes Gesetz, das dieser nur vergessen hatte aufzuschreiben.«

Rothschild, 122

## 3. Beobachtungen am Text

Jesus ist auf dem Sukkot-Fest in Jerusalem und lehrt. Damit löst er sowohl Zustimmung wie auch Ablehnung aus (s. VV 40–52).

Das Sukkot-Fest dauert einschließlich des Schlussfestes acht Tage. Es stellt sich die Frage, ob in V 37 mit dem »letzten Tag« der siebente oder der achte Tag des Festes gemeint ist. Wahrscheinlich ist es der siebente Tag, da der achte Tag, Schemini Azeret, als Festtag seine eigene Bedeutung hat und zudem davon auszugehen ist, dass im Hintergrund der Verheißung Jesu der Brauch des »Wasserschöpfens« steht, der an den ersten sieben Tagen des Sukkot-Festes seinen Ort hat (s. Kontexte c und d). Das ist zwar nicht eindeutig zu klären – so wird in dem von Amy-Jill Levine und Marc Zvi Brettler herausgegebenen Buch ›The Jewish Annotated New Testament‹ vorsichtig formuliert: »The Johannine material suggests that these practices may have been known to the author in the first century.« (173) Aber die Wasserspende wird dem Verfasser des Johannesevangeliums sowie seinen Leserinnen und Lesern bekannt gewesen sein. »Sie gehörte zur typischen Allgemeinkenntnis vom Fest und war wohl auch noch dort bekannt, wo man wie im Falle der johanneischen Gemeinde längst abseits des jüdischen Kultes lebte (4,21–24).« (Becker, 275; vgl. Freund, 14)

Bei VV 37f. stellt sich die Frage der Interpunktion. Es gibt zwei Möglichkeiten (s. Becker, 272f.):

- »Wenn jemand Durst hat, komme er zu mir! Und es trinke, wer an mich glaubt!«
  und
- »Wenn jemand Durst hat, komme er zu mir und trinke! Wer an mich glaubt, wie die Schrift sagt: ›...‹«

Diese Frage zieht eine weitere nach sich: Von wessen Leib werden Ströme lebendigen Wassers ausgehen? Bei der zuerst genannten Möglichkeit ist dies eindeutig Jesus, bei der zuletzt genannten gibt es auch die Interpretationsmöglichkeit, dass diese Ströme von denen ausgehen, die an Jesus glauben.

Aus dem Hinweis »wie die Schrift sagt« in V 38 kann nicht geschlossen werden, dass hier eine Stelle aus der Hebräischen Bibel zitiert wird. Es handelt sich vielmehr um eine Anspielung auf Jes 44,3, Jes 58,11 (s. Kontexte a) und Spr 18,4 (vgl. Amy-Jill Levine; Marc Zvi Brettler [Hg.], 173).

In V 39 wird zur Sprache gebracht, dass die Verheißung Jesu erst dann ihre Erfüllung finden wird, wenn er verherrlicht sein wird, also nach seinem Tod am Kreuz. Die Gabe des Geistes wird somit erst nach seinem Tod erfolgen. Dem entspricht, dass nach Joh 20,22 erst der auferstandene Jesus seine Jünger anblies und zu ihnen sagt: »Nehmt hin den Heiligen Geist!«

## 4. Homiletische Konkretionen

Zwar ist keineswegs klar, ob die Wasserströme nun von Jesus oder von den Glaubenden ausgehen (s. o.), aber diese beiden Verstehensmöglichkeiten sollten nicht gegeneinander ausgespielt werden. Das Entscheidende ist die Aussage, dass diejenigen, die Durst haben, von Jesus Wasser bekommen, dieses Wasser ihren Durst stillt und zugleich gleichsam durchströmt und auf diese Weise auch anderen zugänglich wird. Das sollte in der Predigt entfaltet werden.

Es gibt das Sprichwort, dass demjenigen, dem das Herz voll ist, der Mund überläuft. In diesem Predigttext wird verheißen, dass Jesus Christus das Herz auf eine so umfassende Art und Weise füllt, dass Christinnen und Christen gar nicht anders können, als andere an dieser Fülle teilhaben zu lassen. Das Mitteilen dieser Freude an andere, das Teilen dieser Freude mit anderen hat dabei ganz gewiss nicht zur Folge, dass sie dadurch weniger Freude haben. Um noch einmal aus dem Schatz der Sprichwörter zu schöpfen: »Geteilte Freude ist doppelte Freude.«

Und diese Verheißung wird am Sonntag Exaudi, dem Sonntag zwischen Christi Himmelfahrt und Pfingsten, zu Gehör gebracht. Dabei wird im letzten Vers des Predigttextes gesagt, dass die Erfüllung dieser Verheißung nicht umgehend zu erwarten ist. Denn die verheißene Freude wird durch den Heiligen Geist ausgelöst, der noch nicht da war, als Jesus diese Verheißung aussprach, da er erst dann kommen wird, wenn Jesus verherrlicht wird, mit anderen Worten: wenn er am Kreuz stirbt. Somit geht es hier noch nicht um die Freude über den bereits angekommenen Geist, sondern um die Vorfreude auf ihn.

Diese Verheißung gilt es am Sonntag Exaudi zu verkündigen – in der Zeit zwischen den Jahren, in der das Bisherige nicht mehr und das Neue noch nicht da ist. Denn diese Verheißung galt nicht nur denjenigen, denen Jesus in diesem Predigttext das Kommen des Geistes verheißen hat; sie gilt auch ihren heutigen Hörerinnen und Hörern, da die in einer durchaus vergleichbaren Situation sind, wenn sie sich auf das Pfingstfest und somit auf das Kommen des Geistes vorbereiten. Und so können auch sie sich von der Aufforderung Jesu ansprechen lassen: »Wen da dürstet, der komme zu mir und trinke!« Auch sie dürfen darauf vertrauen, dass Jesus ihnen den Weg zu der Quelle eröffnet, die ihnen das Wasser des Lebens bereithält, wenn sie sich an ihn wenden.

In der Predigt sollte deutlich werden, dass sich jede und jeder von dieser Verheißung ansprechen und stärken lassen kann.

## 5. Liturgievorschläge

Biblisches Votum: Joh 12,32

Psalmgebet: Ps 27 (EG 714)

Lesungen:
Altes Testament: Jer 31,31–34
Epistel: Eph 3,14–21

Lieder:
O Lebensbrünnlein tief und groß (EG 399)
Lobe den Herren (EG 317, ökumenische Fassung: EG 316; besonders Strophe 4: »Ströme[n] der Liebe«)
Jesus ist kommen, Grund ewiger Freude (EG 66, besonders Strophe 7: »Jesus ist kommen, die Quelle der Gnaden: / komme, wen dürstet, und trinke, wer will! / Holet für euren so giftigen Schaden / Gnade aus dieser unendlichen Füll! / Hier kann das Herze sich laben und baden. / Jesus ist kommen, die Quelle der Gnaden.«)
Ich singe dir mit Herz und Mund (EG 324, besonders Strophe 2: »Ich weiß, daß du der Brunn der Gnad / und ewge Quelle bist, / daraus uns allen früh und spat / viel Heil und Gutes fließt.«)
Heilger Geist, du Tröster mein (EG 128, Lied der Woche)

Nach den biblischen Lesungen bieten sich folgende Lieder an:
Wohl denen, die da wandeln (EG 295, im Anschluss an die alttestamentliche Lesung)
Christus ist König, jubelt laut! (EG 269, im Anschluss an die Epistellesung)

### Literatur

Becker, Jürgen, Das Evangelium des Johannes. Kapitel 1–10 (Ökumenischer Taschenbuch-Kommentar zum Neuen Testament, Bd. 4/1), Gütersloh und Würzburg 1979.

Daum, Rabbiner Ahron, Die Feiertage Israels. Die jüdischen Feiertage in der Sicht der Tradition. Religionsgesetze und Bräuche – Erklärungen zur Liturgie – Homiletische Exegese – Historische Zusammenhänge, Folklore und Volksfrömmigkeit sowie Predigten und Vorträge, Erster Band, Frankfurt a. M. 1993.

Eißler, Friedmann, Exaudi: Joh 7,37–39, in: Predigtmeditationen im christlich-jüdischen Kontext. Zur Perikopenreihe III (2004), 180–185.

Freund, Annegret, 6. Sonntag nach Ostern (Exaudi) – Joh 7,37–39, in: Calwer Predigthilfen, Jahrgang 1998/1999. Reihe III, 2. Halbband. Exaudi bis Ende des Kirchenjahres, Stuttgart 1999, 11–18.

[Goldschmidt, Lazarus] Der Babylonische Talmud. Nach der ersten zensurfreien Ausgabe unter Berücksichtigung der neueren Ausgaben und handschriftlichen Materials ins Deutsche übersetzt von Lazarus Goldschmidt, Band III, Frankfurt a. M. 1996.

Heidrich, Andreas, Exaudi: Joh 7,37–39. Von Sukkot und dem Wasser des Lebens im Vertrauen auf Jesus, in: Predigtmeditationen im christlich-jüdischen Kontext. Zur Perikopenreihe III (2010), 235–240.

Levine, Amy-Jill; Brettler, Marc Zvi (Editors), The Jewish Annotated New Testament. New Revised Standard Version Bible Translation, Oxford 2011.

Rothschild, Walter L., Der Honig und der Stachel. Das Judentum – erklärt für alle, die mehr wissen wollen, Gütersloh 2009.

*Hans-Christoph Goßmann*

# Pfingstsonntag: Joh 16,5–15
# Ist meine Wahrheit die ganze Wahrheit?

## 1. Annäherung

Die Abschiedsreden des Johannesevangeliums enthalten Geistverheißungen, die auf das nachösterliche Wirken des Geistes durch die Jünger vorausblicken. Der Predigttext spricht von einem Gerichtsprozess des Parakleten (Fürsprecher, Beistand), der die hassende Welt ihres Irrtums überführen wird. Auch der Abschnitt aus den Prophetenbüchern, den Juden an dem Schabbat vor Pfingsten lesen, enthält eine Verheißung, die mit dem Geist verbunden ist: »Es soll nicht durch Heer oder Kraft, sondern durch meinen Geist geschehen, spricht der HERR Zebaoth« (Sach 4,6). Nicht durch weltliche Macht, die Widerstand von außen bricht, sondern durch Gottes Geist, der von innen verwandelt, erfüllt sich die Verheißung Gottes.

Ich muss an die Talmuddisputationen des Mittelalters denken, die ähnlich wie Gerichtsprozesse verliefen. Als Anklagepunkt auf christlicher Seite galt, dass die Juden nicht an Jesus Christus glaubten. Zwar durfte die jüdische Seite ihren Standpunkt verteidigen, doch ergebnisoffen waren die Debatten nicht. Dass das Christentum die Wahrheit vertrat, stand von vornherein fest. Das Ziel war vielmehr, die Juden des Irrtums zu überführen. Einige dieser Disputationen endeten mit der Verbrennung von jüdischer Traditionsliteratur (z. B. 1242 in Paris). Von vergleichsweise großer Redefreiheit war die Disputation zwischen dem judenchristlichen Dominikanermönch Pablo Christiani und dem jüdischen Gelehrten Nachmanides geprägt, die 1263 in Barcelona stattfand. Drei Fragen wurden diskutiert: Ist der Messias bereits erschienen oder nicht? Ist der von den Propheten verheißene Messias ein göttliches oder ein menschliches Wesen? Haben die Christen oder die Juden den rechten Glauben? Nachmanides argumentierte, Jesus könne nicht der Messias gewesen sein, da er nicht das messianische Friedensreich gebracht habe. Ferner könne das Christentum nicht wahr sein, da es in sich widersprüchlich sei. Der König von Aragon war beeindruckt von Nachmanides' Argumentation. Doch in den Augen der christlichen Mehrheitsgesellschaft konnte es nicht sein, dass Gottes Geist auf der Seite eines Juden stand, und so half man mit »Heer und Kraft« nach: Nachmanides musste Spanien verlassen. Hier zeigt sich geradezu eine Umkehrung der Situation, die der Predigttext vor Augen hat: Nicht die Juden, sondern die Christen sind die hassende Welt. Nicht die Christen, sondern die Juden benötigen einen Fürsprecher, der ihren Glauben gegen Verfolgung verteidigt.

Bis heute steht die Christologie zwischen Christen und Juden. War Jesus von Nazareth der Messias oder ein falscher Prophet? Ist der Kreuzestod Jesu die Bestätigung seines Auftrags oder die Strafe für Sünden? Ist das Gericht schon geschehen und die messianische Zeit schon angebrochen oder nicht? Von »den Juden« des Johannesevangeliums wurden christliche Deutungen der Person Jesu genauso abgelehnt wie später von Nachmanides oder heutigen Juden – und zwar mit guten Argumenten, wie auch viele Christen mittlerweile nachvollziehen können. Doch wie können wir die Einwände von jüdischer Seite als berechtigt anerkennen und gleichzeitig an unserem christlichen Bekenntnis festhalten?

## 2. Kontexte

a) Eine Theologin, die sich intensiv mit dieser Frage beschäftigte, ist Rosemary Ruether. In ihrem Buch »Faith and Fratricide« deckte sie den Zusammenhang zwischen Christusglaube (*faith*) und Antijudaismus bzw. Brudermord (*fratricide*) auf. Ruether zeigte, dass der christliche Antijudaismus keineswegs ein historischer Zufall, sondern eine theologische Konsequenz der Christologie war. Dabei sei das zentrale Problem, dass im Christentum das eschatologische Ereignis historisiert werde, indem angenommen werde, in Jesus und in der Kirche seien die eschatologischen Hoffnungen historisch erfüllt worden. Indem im Judentum die Hoffnungen lebendig blieben, die ursprünglich mit dem Kommen des Messias verbunden waren und die sich in Jesus und der Kirche eben nicht erfüllt hatten, wurde den Christen der Spiegel vorgehalten. Zu sehen war darin die unerlöste Seite der christlichen Existenz, die zugunsten des Christusglaubens ständig unterdrückt werden musste. Diese Unterdrückung entlud sich in der Projektion der eigenen Unerlöstheit auf das Judentum. Laut Ruether gilt es, die Wahrheit im jüdischen Nein zu Jesus als dem Christus zu erkennen. Gleichzeitig müsse auch die Wahrheit der jüdischen Erfahrungen mit Jesus wahrgenommen werden, die eben nicht in dem Horizont von messianischen Hoffnungen, sondern in zahlreichen Verfolgungs- und Leidenskontexten stattgefunden haben. Dazu aber müssten Christen ihre Erfahrungen mit Jesus und ihren Christusglauben nicht verleugnen. Sie könnten an der Bedeutung Christi als ihrem Heilsereignis festhalten. Allerdings müsse diese in einem proleptischen und paradigmatischen Sinn gefasst werden. Jesu Bedeutung für Christen liege darin, dass er so einen Ausblick auf die messianische Zukunft gibt, dass er diese in den gegenwärtigen Erfahrungshorizont holt, ohne sie bereits vollständig zu verwirklichen. Gleichzeitig sei die Heilsbedeutung Jesu beispielhaft zu verstehen. Sie sei gerade keine universale, sondern eine partikulare Erfahrung. Sie lasse Raum für andere Heilserfahrungen und ersetze oder überbiete diese nicht. »Die Christen müssen die These akzeptieren lernen, daß es für Juden nicht notwendig ist, die Geschichte von Jesus zu haben, um eine Glaubensgrundlage und Erlösungshoffnung zu haben. Die Geschichte von Jesus geht der Exoduserzählung parallel, sie negiert die andere nicht. Es ist eine andere Geschichte, die, aus der Abrahamsverheißung geboren, zum Heilsparadigma für Christen wird. In jedem Fall wird die Erlösungserfahrung der Vergangenheit als beispielgebend für weiterbestehende Hoffnung immer wieder erzählt, Hoffnung, die in der Gegenwart erfahren wird und auf jene letzte Hoffnung zeigt, die noch vor den Juden und vor den Christen liegt. Wenn Ostern nicht als Verdrängung oder Erfüllung des Exodus gesehen wird, sondern als ›Verdoppelung‹ und Bekräftigung, dann kann der Christ seinen Glauben durch Jesus auf eine Weise bekennen, die nicht länger droht, dem Juden die Vergangenheit zu rauben, seine Zukunft auszulöschen und seine Gegenwart mit rivalisierender Feindschaft zu beengen.«

Ruether, 239

b) Für Ruether ist wichtig, den Wahrheitsanspruch des Christentums nicht mit einem Pseudo-Universalismus zu verbinden, der die Heilserfahrungen anderer Religionen negiert. Stattdessen gilt es die Wahrheit des christlichen Glaubens partikular zu fassen, d.h. als eine wahre bzw. angemessene Sprache von Gott neben anderen.

»Um diesen christlichen Drang zum Imperialismus zu kritisieren, müssen wir den erfüllten Messianismus in Frage stellen, der die endgültige Perspektive der Gottesherrschaft über die Welt als bereits in der Geschichte offenbart, inkarniert und erreichbar ansieht und so den Grund für die Assimilation aller Völker an die endgültige messianische Einheit der Menschheit legt. Dieser Standpunkt nimmt in seiner Mission die unabhängige Geschichte und Identität anderer Völker nicht ernst, noch viel weniger akzeptiert er diese als autonome Heilswege. Dies bedeutet nicht, daß das Christentum und tatsächlich jede partikulare Sprache von den letzten Dingen nicht eine Sprache ist, die über das Letzte und Universale wahr spricht und uns mit ihm verbindet. Doch wir müssen erkennen, daß dies unsere partikulare Sprache vom Universalen ist, nicht die eine universale Sprache vom Universalen, die alle Völker sprechen müssen, um überhaupt gültig davon sprechen zu können. Es gibt viele Sprachen, die mehr oder weniger angemessen über das Universale sprechen. Doch es gibt keine universale Sprache. Auch sind diese Sprachen selbst nicht einfach austauschbar, selbst wenn jemand, der wirklich zwei- oder dreisprachig geworden ist, tiefe Übereinstimmung zwischen ihnen erkennen kann. Jede ist das Produkt eines Volkes, seiner Geschichte und Offenbarungserfahrungen. Die universale Sprache, die alle Menschen vereinigt und doch jede dieser Traditionen berücksichtigt, kann nicht im Besitz einer einzigen dieser Traditionen sein. Noch ist es bereits bekannt, wie sie alle an einem künftigen Punkt wahrer Einheit zusammenkommen können. Dieser zukünftige Punkt der Einheit besteht jetzt nur in der transzendenten Universalität Gottes und seines eigentlichen Werkes als Schöpfer, das uns den Grund gibt, die universale menschliche Bruderschaft zu bekennen.«

Ruether, 222

c) Der jüdische Philosoph Martin Buber konnte sich Jesus nicht als Messias denken, v.a. deshalb, weil die Unerlöstheit der Welt für ihn offenkundig war.

»Sie schreiben, daß ›doch nichts im Wege stände, Jesus als den Messias der Welt anzusehen, der das geläuterte Judentum der aus ihrem Götzendienst zu befreienden Welt gebracht habe‹. Das ist ein durchaus lutherischer Gedanke, den ich auf das entschiedenste verwerfen muß. Schon die Formulierung, daß ›nichts im Wege stände‹, finde ich auf religiöse Entscheidungen völlig unanwendbar; der religiöse Mensch ergreift eine Glaubenswahrheit, nicht weil ihr nichts im Wege steht, sondern weil seine Seele von ihr überwältigt und erleuchtet ist. Wichtiger aber ist das Inhaltliche. Wer ›die Welt‹, richtiger einen Teil der Menschheit vom Götzendienst befreit, heiße er nun Jesus oder Buddha, Zarathustra oder Laotse, hat keinen Anspruch auf den Namen des ›Messias der Welt‹; der käme nur dem zu, der die Welt erlöste. Läuterung der Religiosität, Monotheisierung, Christianisierung, all das bedeutet nicht Erlösung – das ist eine Verwandlung des ganzen Lebens von Grund aus, des Lebens aller Einzelnen und aller Gemeinschaften. Die Welt ist unerlöst – fühlen Sie das nicht wie ich in jedem Blutstropfen? Fühlen Sie nicht wie ich, daß das Messianische nichts Geschehenes, nichts an einem bestimmten Fleck der geschichtlichen Vergangenheit Lokalisiertes sein kann, sondern einzig das, dem wir ins Unendlich entgegenblicken, in die Ewigkeit entgegenharren, als

Ideal überempirisch, als das, an dessen Verwirklichung wir allstündlich arbeiten können, uns unmittelbar gegeben, unberührbar wie Gott selber und unanzweifelbar lebendig wie er, – die absolute Zukunft? [...]«

Buber, Briefwechsel, 512f.

d) Buber hat in seinen Schriften die Unverfügbarkeit Gottes betont. Diese gelte auch für Religionsgemeinschaften. Buber verwendet das Bild von Exilen und Heimat, um die Beziehung der verschiedenen Religionen zu dem einen Gott zu verdeutlichen.

»Jede Religion hat ihren Ursprung in einer Offenbarung. Keine Religion ist die absolute Wahrheit, keine ist ein auf die Erde herabgekommenes Stück Himmel. Jede Religion ist eine menschliche Wahrheit. Das heißt, sie stellt die Beziehung einer bestimmten menschlichen Gemeinschaft als solcher zum Absoluten dar. Jede Religion ist ein Haus der nach Gott verlangenden Menschenseele [...]; Jede Religion ist ein Exil, in das der Mensch vertrieben ist; hier ist er es deutlicher als sonstwo, weil in seiner Beziehung zu Gott von den Menschen anderer Gemeinschaften geschieden; und nicht eher als in der Erlösung der Welt können wir aus den Exilen befreit und in die gemeinsame Gotteswelt gebracht werden.«

Buber, Nachlese, 110f.

## 3. Beobachtungen am Text

Der Predigttext steht im zweiten Teil der johanneischen Abschiedsreden (13,31–14,31; 15,1–16,33) und umfasst die letzten beiden einer Reihe von Geist- bzw. Parakletverheißungen (14,16f.; 14,25f.; 15,26; 16,7–11; 16,12–15).

Die zwei Verheißungen im Predigttext sind parallel aufgebaut und bestehen aus einer Einleitung (16,7; 16,12), der jeweiligen Kernaussage (16,8; 16,13) und einer Explikation (16,9–11; 16,14f.). 16,5f. bieten mit der Aktualisierung der Abschiedssituation bereits die Vorbereitung. Durch die temporale Bestimmung »jetzt aber« (im Unterschied zu V 4b »zu Anfang«) sowie den Verweis auf den bevor liegenden Tod Jesu (»Weggang«) wird die Situation als Ende des irdischen Wirkens Jesu qualifiziert (V 5). Dieser Abschied ruft bei den Jüngern Trauer hervor (V 6). Wie bereits in 15,18ff. durchscheint, wird sich die nachösterliche Gemeinde von Jesus verlassen und dem Hass der feindlichen Welt ausgesetzt fühlen. Demgegenüber entfaltet V 7 den Sinn des Todes Jesu: Erst der »Weggang« Jesu ermöglicht das Kommen des Parakleten.

*V 8* enthält die Kernaussage der ersten Verheißung und benennt die Tätigkeit des Parakleten: Er wird die Welt überführen. Gedacht ist hier an den Kontext eines Gerichtsprozesses, bei dem der Welt ihr Irrtum bzw. ihr Unrecht nachgewiesen wird. Der Paraklet tritt dabei als Ankläger auf. In VV 9–11 wird näher ausgeführt, worauf sich der Irrtum der Welt bezieht: Sünde, Gerechtigkeit und Gericht. Wie das Fehlen des Artikels anzeigt, geht es nicht um konkrete Fälle von Sünde, Gerechtigkeit und Gericht, sondern um die Sachverhalte als solche. Die Welt täuscht sich in ihrem Verständnis dieser Sachverhalte. Durch den Parakleten soll es dementsprechend zu einer Umkehrung der Perspektive der Welt kommen: Sünde besteht nicht darin, an Jesus zu glauben (vgl. Blasphemievorwurf in 5,18;

10,33), sondern darin, nicht an Jesus zu glauben. Die Gerechtigkeit besteht nicht darin, dass Jesus am Kreuz die gerechte Strafe als Sünder erhielt, sondern darin, dass er am Kreuz seinen Auftrag als Gesandter vollendete und zum Vater zurückkehrte. Das Gericht liegt nicht in der Zukunft, sondern hat sich bereits ereignet und zwar so, dass im Tod Jesu (proleptisches Perfekt) der Fürst der Welt, nicht aber die Welt selbst gerichtet ist. Die Anrede »ihr« in V 9 zeigt, dass, obwohl das Wirken des Parakleten der Welt gilt, die Jünger Adressaten der Verheißung sind. Die Verheißung hat insofern Bedeutung für die Jünger als sie Ausblick darauf gibt, dass ihre Perspektive von Sünde, Gerechtigkeit und Gericht im Wirken des Parakleten Bestätigung finden wird. Angesichts des Hasses der Welt ist dies eine hoffnungsvolle und stärkende Aussicht.

*V 12* leitet die nächste Verheißung ein indem darauf verwiesen wird, dass noch viel zu sagen wäre, es aber in der schmerzvollen Abschiedssituation für die Jünger nicht zu ertragen wäre. Das, was zunächst ungesagt und unangekündigt bleibt, wird der Geist der Wahrheit reden (V 13). Dabei wird der Geist der Wahrheit nicht aus sich selbst reden, sondern auf einen anderen hörend. In diesem Gehorsam ist er Geist der Wahrheit und wird die Jünger in die ganze Wahrheit führen. VV 14f. explizieren die Bezogenheit des Geistes in christologischer (V 14) und theologischer (V 15) Hinsicht: Der Geist nimmt seine Verkündigung von Christus und verherrlicht ihn dadurch. Aufgrund der Eintracht von Sohn und Vater bleibt er dabei auch auf den Vater bezogen.

Beide Verheißungen sind komplementär zueinander zu verstehen: Während VV 8–11 die »kritische Aktivität des Parakleten gegenüber der Welt« ankündigen, verheißen VV 12–15 seine »konstruktive Tätigkeit gegenüber der Jüngergemeinde« (Dettwiler, 237). Doch auch die Kritik an der Welt hat eine konstruktive Funktion für die Jüngergemeinde: Diese wird durch den Beistand des Geistes in ihrer christologisch fundierten Identität gestärkt. Der Paraklet ist damit nicht nur Ankläger der Welt, sondern zugleich Anwalt der Gemeinde, deren Existenzrecht er gegen die sie hassende Welt verteidigt.

## 4. Homiletische Konkretionen

Beim Pfingstwunder gelangte die Botschaft von Jesu Tod und Auferstehung durch den Geist zu Diasporajuden, danach auch zu den Völkern. Pfingsten steht damit am Beginn der Ausbreitung des christlichen Glaubens in die Welt. Der Predigttext entwirft die Vision, dass der Geist irgendwann die ganze Welt überführen wird. Gemeint ist hier die feindliche Welt, die Christen aufgrund ihres Glaubens hasst und verfolgt. In der Predigt sollte herausgestellt werden, dass es in der abendländischen Geschichte geradezu zu einem Rollentausch gekommen ist. Christen sprachen jüdischen Gemeinden mit theologischen Argumenten ihr Existenzrecht ab und verfolgten Juden wegen ihres Glaubens. Christen versuchten Juden mit Gottes Geist zu missionieren und, wenn es nicht gelang, griffen sie häufig auf Repressionen und Gewalt zurück. In diesem Zusammenhang kann man sich auf Sach 4,6 beziehen, der in den jüdischen Gemeinden Teil der Prophetenlesung am Schabbat und bei uns der Wochenspruch ist. Nachdem die Problematik der Parakletverheißung von 16,7–11 deutlich geworden ist, kann man auf die Geistverheißung von 16,12–15 als Verstehenshilfe zurückgreifen: Auch wir haben nicht die ganze Wahrheit. Diese wird uns vielmehr als das Ziel eines Weges vor Augen gestellt, auf dem der Geist uns führen wird. Trotz Jesu Tod und Auferstehung, trotz der Ausgießung des Geistes an Pfingsten sind wir noch nicht angekommen. In der Erinnerung an Jesu Tod und Auferstehung blicken wir voraus auf die endzeitliche Versöhnung und das ewige Leben. In der Erinnerung an Pfingsten blicken wir voraus auf die Heilszeit, in der alle durch Gottes Geist vereint sein werden. Ostern und Pfingsten sind unsere Paradigmen für diese Hoffnungen. Andere Religionen haben andere. So feiern Juden Pessach und Schawuot in Erinnerung an die Befreiung aus der Sklaverei in Ägypten und die Gabe der Tora am Sinai, die die geschenkte Freiheit in der Gemeinschaft erhalten soll. Das Pfingstwunder kann uns als Bild für die Vielfalt der verschiedenen religiösen Hoffnungsparadigmen dienen. Damals hörten Diasporajuden die Apostel in ihrer jeweiligen Sprache reden. Die Mehrsprachigkeit der Diasporajuden zeigt zunächst die Vielfalt des Judentums an, deutet aber auch auf die Vielfalt des Christentum voraus. Zu der einen Kirche gehören heute Menschen mit verschiedenen Sprachen und aus verschiedenen Kulturen. Dieses Bild lässt sich von der Vielfalt innerhalb einer Religion auch auf die Vielfalt der Religionen übertragen: Die Menschen sind in verschiedene Religionen zerstreut wie in Exile, bleiben aber in ihren jeweiligen Exilen auf die eine göttliche Heimat bezogen (Buber). Sie sprechen in ihren eigenen Sprachen von Gott. Angesichts dieser Vielsprachigkeit von der einen Wahrheit gilt es die Partikularität der eigenen Wahrheit zu erkennen und so auch die partikulare Wahrheit der anderen anzuerkennen. Gleichzeitig bleibt auch die Parakletverheißung von Joh 16,7–11 eine wichtige Hoffnungsvision: Auch die anderen werden eines Tages meine partikulare Wahrheit anerkennen.

## 5. Liturgievorschläge

Psalm 118,24–29

Lesungen: Apg 2,1–18; Ex 19,1–9

Lieder:
Großer Gott, wir loben dich (EG 331,1–5)
Zieh ein zu deinen Toren (EG 133, in Auswahl)
O Heiliger Geist, o heiliger Gott (EG 131)
Geist des Glaubens, Geist der Stärke (EG 137, in Auswahl)
Zu Ostern in Jerusalem (EG 569, Regionalteil Rheinland/Westfalen/Lippe)
Nun singe Lob, du Christenheit (EG 265)
Bewahre uns, Gott (EG 171)

### Literatur

Ben Sasson, Haim Hillel, Art. Disputations and Polemics, in: EJ² 5 (2007), 686–699.
Buber, Martin, Nachlese, Heidelberg 1965, 108–112.
Ders., Briefwechsel aus sieben Jahrzehnten, Bd. 1: 1897–1918, Heidelberg 1972, 512f.
Dettwiler, Andreas, Die Gegenwart des Erhöhten. Eine exegetische Studie zu den johanneischen Abschiedsreden (Joh 13,31–16,33) unter besonderer Berücksichtigung ihres Relecture-Charakters, FRLANT 165, Göttingen 1995, 213–237.

Hoegen-Rohls, Christina, Der nachösterliche Johannes. Die Abschiedsreden als hermeneutischer Schlüssel zum vierten Evangelium, WUNT 2,84, Tübingen 1996, 164–220.
Limor, Ora, Art. Religionsgespräche III. Jüdisch-christlich, in: TRE 28 (1997), 649–654.
Ruether, Rosemary, Nächstenliebe und Brudermord. Die theologischen Wurzeln des Antisemitismus, Abhandlungen zum christlich-jüdischen Dialog 7, München 1978.
Schmidt-Leukel, Perry, Gott ohne Grenzen. Eine christliche und pluralistische Theologie der Religionen, Gütersloh 2005, 307–348.

*Christiane Bramkamp*

# Pfingstmontag: Gen 11,1–9
# Sprachstörung

## 1. Annäherung

Nimmt man die Perikope vom Turmbau zu Babel für sich, ohne ihr näheres und weiteres Umfeld zu berücksichtigen, dann stehen die Verse einsam und störend in der Landschaft – vergleichbar dem Turm, von dem sie handeln. Zu einem Leuchtturm, der Orientierung bietet statt Verwirrung zu stiften, wird der Text erst, wenn er selbst von vorn und hinten angestrahlt wird.

Isoliert betrachtet, begegnet in der Turmbau-Erzählung das Bild eines eifersüchtigen und schwachen Gottes. Gegen die ihm zu mächtig werdende Menschheit weiß er sich, so scheint es, nicht anders zu helfen, als Zwietracht zu säen (Gen 11,7). Dabei ist zum ersten und womöglich zum letzten Mal die Menschheit einmütig: Gemeinsam sprechen sie, gemeinsam siedeln sie und gemeinsam möchten sie bauen (Gen 11,1f.6). Die Kontexte (z. B. Kontexte b) wissen, dass das nicht gut gehen wird. Die Zukunft der Menschheit liegt in ihrer Vielfalt.

## 2. Kontexte

a) Der Ungehorsam und die erste Sprachstörung

Gottes Intervention beim Turmbau wirkt willkürlich. Doch das bereits in Qumran belegte Jubiläenbuch erkennt wichtige Parallelen zwischen den »Strafen« in Gen 3 und Gen 11. Durch fast gleichlautende Formulierungen stellt das Jubiläenbuch einen Zusammenhang her: Bis zur Vertreibung aus dem Paradies in Gen 3,24 hatten alle Tiere und die Menschen eine einzige Sprache und Zunge (Jubiläenbuch III,28; vgl. Gen 11,1.6).

Die Sprachgemeinschaft zwischen Tieren und Menschen wurde mit der Vertreibung aus dem Paradies aufgehoben (Jubiläenbuch III,27); die gemeinsame Sprache der Menschen endete erst mit dem Bau des Turms (Gen 11,7).

So wie die Sprachstörung beim Turmbau die Verbreitung des Menschengeschlechts bewirkte, so diente auch die Sprachdifferenzierung nach dem Auszug aus dem Garten Eden dem Wohl der Menschen: Die Menschen breiteten sich aus (Jubiläenbuch III,29) und Einflüsterungen, wie die der Schlange in Gen 3,1–4, wurden unmöglich.

Das Buch der Jubiläen

III,27 Und an diesem Tag, als Adam herausging aus dem Garten Eden, opferte er zu schönem Wohlgeruch […] 28 Und an diesem Tage verstummte der Mund aller Tiere und des Viehs und der Vögel und derer, die gehen und sich bewegen, vom Reden. Denn sie alle hatten geredet, einer mit dem anderen, eine Lippe und eine Zunge. 29 Und er schickte aus dem Garten Eden alles Fleisch, welches im Garten Eden war, und alles Fleisch wurde zerstreut je nach ihrer Art und je nach seiner Beschaffenheit an den Ort, der für sie geschaffen war.

Jubiläenbuch, zit. nach: Berger, 338

b) Der Ungehorsam und die zweite Sprachstörung

Gott nimmt nach der Sintflut (Gen 6–9) einen zweiten Anlauf, alles zum Wohle der Schöpfung und insbesondere des Menschen, seines Ebenbilds, zu ordnen. Die Welt wird wiederhergestellt. Damit Tier und Mensch sich darin neu einrichten, ist es erforderlich, dass sie »die Erde erfüllen«, d.h. sich ausbreiten (Gen 9,1.7; vgl. 1,22.28).

Im zehnten Kapitel der Genesis ist die aus den Familien der drei Söhne Noahs hervorgegangene Menschheit schon ein gutes Stück vorangekommen. Eine hohe Zahl an Geschlechtern bevölkert vielerlei Länder. Vor dem Turmbau begegnet bereits eine beachtliche Sprachenvielfalt. Gen 10,5.20.31 benennen eine Reihe von Sippen, Ländern und Nationen mit ihren je eigenen Sprachen.

Doch dann in Gen 11 der Rückschritt: Die Menschheit rottet sich zusammen (Gen 11,1f.). Man beargwöhnt Gott und unterstellt laut Antiquitates I,111, er wolle den Menschen Übles. Statt einer Ausbreitung in der Vertikalen, versuchen sie mit dem Turm eine Konzentration in der Horizontalen. Einfalt statt Vielfalt: Die wieder einsprachige Menschheit setzt sich über Gottes Anordnung zur Ausbreitung hinweg:

»110 Obgleich nun Gott ihnen befahl, um der Vermehrung der Menschen willen sich in anderen Gegenden anzusiedeln, damit sie nicht untereinander in Streit gerieten und durch Bebauung größerer Flächen reichere Ernten erzielten, gehorchten sie ihm in ihrem Unverstande nicht und gerieten ins Elend. 111 Und als sich ihre Jugend sehr vermehrte, gab ihnen Gott wiederum den Rat, sie in Kolonien zu verpflanzen. Sie aber, im Glauben, den Genuss des Lebensglückes nicht Gottes Güte, sondern eigener Kraft zu verdanken, gehorchten Gott wiederum nicht. Ja, sie wähnten sogar, er wolle wie nur darum in andere Wohnsitze locken, um sie zerstreuen und leichter unterdrücken zu können. [...].«

Gottes Reaktion auf den Turmbau:

»116f. Obgleich nun Gott ihr unsinniges Benehmen sah, wollte er sie doch nicht vertilgen [...], sondern er verwirrte ihre Sprache.

120 Also zerstreuten sie sich der Verschiedenheit der Sprache halber. Die einen nahmen dieses Land in Besitz, die anderen jenes, wie Gott sie führte.«

Josephus Flavius, Jüdische Altertümer I,110f.116f.120,
zit. nach: Clementz, 25f.

c) Der Gehorsame spricht Gottes Sprache

Noch bevor mit dem Bau des Turms begonnen wird, formulieren seine Bauherren dessen Zweck: Man traut nur noch seinen eigenen Fähigkeiten. Himmelstürmend wollen die Menschen sich selbst einen großen und ewigen Namen machen, statt Gottes Namen zu heiligen und ihm die Ehre zu geben. Wie schon in der Paradiesgeschichte möchten sie selbst sein wie Gott. Nur zwölf Getreue verweigern sich, darunter Abraham.

Sie werden eingekerkert. Doch als den Zwölfen eröffnet wird, wenn *sie es wollten*, könnten sie sich befreien, da fliehen nur elf. Abraham verweigert sich abermals. Er stellt sein Ergehen dem *Willen Gottes* anheim. Er gibt Gott allein die Ehre (vgl. Mt 6,9: »*Dein Name* werde geheiligt [...], *dein Wille* geschehe«).

Abraham als einziger achtet Gottes Worte. Als Folge wird er gewürdigt, auf Gottes Befehl ausziehen und der Stammvater eines großen Volkes zu werden. Abrams / Abrahams Name ist groß gemacht worden – von Gott (Gen 12,2; 17,5).

VI,1 »Diejenigen, die damals geteilt worden waren, (nämlich) alle Bewohner der Erde, versammelten sich nachher und wohnten zusammen. [... Und sie sprachen:] ›Darum kommt jetzt und laßt uns für uns selbst einen Turm bauen, dessen Spitze bis zum Himmel reichen wird und laßt uns einen Namen uns machen und Ruhm auf der Erde.‹ 2 Und sie sprachen, ein jeder zu seinem Nächsten: ›Laßt uns Steine nehmen und auf die Steine, ein jeder einzelne, unsere Namen schreiben und laßt uns sie mit Feuer brennen, und es soll, was ganz gebrannt ist, zu Lehm und Ziegelstein dienen.‹
Und sie nahmen, ein jeder einzelne, ihre Steine, ausgenommen zwölf Männer, die (sie) nicht nehmen wollten. [3 Darunter Abraham ...]. 4 [... Diese Zwölf sprachen: ›Wir] verbinden nicht unseren Willen mit euch. EINEN Gott kennen wir (nur), und ihn beten wir an.‹ [5–11 ... Und man drohte sie zu verbrennen, sperrte sie ein und gewährte ihnen sieben Tage Bedenkzeit. Als sich die Möglichkeit zur Flucht bot, flohen Elf von ihnen ins Gebirge, Abraham blieb]. 11 Und es antwortete Abraham, und sprach: ›[...] Aber jetzt lebt der, auf den ich mich verlasse, darum will ich mich nicht fortbewegen von meinem Ort, an den sie mich gestellt haben. Und wenn etwa meine verzehrende Sünde da sein sollte, so daß ich verzehrt werde, so geschehe der Wille Gottes.‹ [... 12–15].
16 [... Und man] nahm Abraham und warf ihn mit den Ziegelsteinen in den Feuerofen. 17 Gott aber erregte ein großes Erdbeben, und es ergoss sich das Feuer aus dem Ofen und [...] es verbrannte alle ringsum Stehenden vor dem Ofen. [...] Dem Abraham aber geschah nicht einmal eine geringe Verletzung bei dem Feuerbrand. [... VI,18–VII,3].
VII 4 [... Und Gott sprach:] ›Und vor diesen allen will ich meinen Knecht Abraham erwählen, und ich will ihn herausbringen aus ihrem Gebiet und will ihn in ein Land führen, das mein Auge von Anfang her ersehen hat.‹

Pseudo-Philo, Liber Antiquitates Biblicae VI,1–VII,4,
zit. nach: Dietzfelbinger, 114–118

### 3. Beobachtungen am Text

Die Erzählung vom Turmbau wirkt wie ein Fremdkörper in der Urgeschichte. Gerade haben sich die Nachkommen Noahs mit ihren Familien und mit ihren jeweiligen Sprachen nach der Vernichtung durch die Sintflut gemäß dem Willen Gottes über die ganze Erde ausgebreitet (Gen 10). Doch als ob der Autor des 11. Kapitels davon nichts weiß, heißt es: »Die ganze Erde hatte ein und dieselbe Sprache und gemeinsam brachen sie auf und siedelten in einer Ebene« (Gen 11,1f.).

G. v. Rad schreibt (Buch, 123) pars pro toto für die, denen dieser (scheinbare) Widerspruch ins Auge gefallen ist: »Hat man in der Völkertafel von der Verzweigung des Stammes Noahs in viele Völker gehört, so stimmt damit der Anfang von Kap. 11 nicht recht zusammen, weil er noch einmal die Einheit und Einsprachigkeit der Menschheit voraussetzt.« Ähnlich abrupt geht es im Anschluss an den Turmbau (Gen 11,1.9) ohne besondere Anknüpfung weiter mit Abram, seinem Stammbaum (Gen 11,10–32) und seiner Berufung (Gen 12,1–4). Vor allem im vergangenen Jahrhundert legten sich für viele Exegetinnen und Exegeten literarkritische Lösungen nahe. Ohne wirkliche Antwort blieb jedoch die Frage: Warum war die Erzählung an dieser Stelle eingefügt?

Die beiden Kontexte b und c erklären, warum die Turmbauerzählung notwendig am Beginn des elften Kapitels der Genesis ihren Platz hatte: Während Josephus die Verknüpfung zum vorangehenden zehnten Kapitel der Genesis herstellt (Kontexte b), macht Pseudo-Philo die Anbindung an die nachfolgenden Abschnitte und dabei konkret an den Stammbaum Abrahams und seinen Auszug nach Kanaan plausibel (Kontexte c).

Alle drei hier vorgestellten Kontexte bieten neben Begründungen für die Platzierung des Turmbaus (Kontexte b und c) auch Antworten auf inhaltliche Fragen, die der Turmbaubericht provoziert: Wurde einem eifersüchtigen Gott eine einige und einsprachige Menschheit zu mächtig (Kontexte b)? Warum bedient sich Gott ausgerechnet einer Sprachenverwirrung zum Stopp eines Bauprojektes (Kontexte a und b)? Hätten nicht Stürme oder Erdbeben zur Vereitelung näher gelegen (b und c)? Was qualifiziert Abraham zum Stammvater für das von Gott gewählte Volk (c)?

Zur Beantwortung dieser Fragen verweist Kontexte a auf den größeren Zusammenhang: Die dem Turmbau vorangehende Noahgeschichte Gen 6–9 ist bewusst parallel zur Schöpfungsgeschichte in Gen 1 und 2 gestaltet: Nur in Gen 1,22.28 und 9,1.7 begegnet das Gebot, sich zu mehren und die Erde zu erfüllen. Die Tiere werden »jedes nach seiner Art« erschaffen (Gen 1,21 etc.) und in der Arche bewahrt (Gen 6,20). Beide Erzählkreise beinhalten Berichte über menschliches Versagen (Sündenfall und Turmbau), und in beiden Fällen bewirkt die »Strafe«, dass sich die Menschen dem Willen Gottes entsprechend ausbreiten (Gen 5–6,1 und 11,9). Für die Autoren des Jubiläenbuches [a)] war klar, dass die »Strafe« in beiden Fällen parallelen Charakter haben musste: Den Tieren wurde ihre menschliche Sprache genommen (Jub III,28) und die Sprache der Menschen wurde differenziert (Gen 11,7).

Beide »Sprachstörungen« dienten dem Wohl der Menschen. Tiere würden nie wieder mittels einer gemeinsamen Sprache Menschen von Gott trennen, und die Sprachvielfalt der Menschen erwies sich als geeignetes Mittel, die Erde gleichmäßig zu besiedeln (Kontexte a und b).

Einer Erzählung, die wie der Turmbaubericht in Gen 11,1–9 den Ungehorsam und die Auflehnung gegen Gott in ihren Mittelpunkt stellt, ist die Frage nach einem positiven Gegenstück inhärent. Da im Anschluss in Genesis 11,10 der Abrahamzyklus beginnt, liegt es nahe, nach einer Verbindung der beiden Passagen zu fragen und bereits im Kontext des Turmbaus nach den Gründen für die Erwählung Abrams / Abrahams zu suchen. Wenn die Menschheit unmittelbar vor Abrams Stammbaum (Gen 11,10–32) und seiner Berufung in Gen 12,1 noch gemeinsam an einem Ort wohnt, bedarf es der Klärung, wie er selbst sich zu dem Bauprojekt und zu dem Versuch seiner Umwelt, sich einen Namen zu machen, verhalten hat. Eine Plausibilisierung bietet Kontexte c.

## 4. Homiletische Konkretionen

Den Predigthörerinnen und -hörern wird der Turm in Gen 11,1–9 als das dargestellt, was er ist: Ein Stein des Anstoßes. Er ist im Weg. Die Rezipientinnen und Rezipienten sollen zu den oben genannten Fragen provoziert werden. Die offenen Fragen gehören konstitutiv zum Predigttext.

Während die Erzählung vom Turmbau der Mehrzahl der Gottesdienstbesucherinnen und -besucher bekannt sein dürfte, ist nicht zu erwarten, dass auch die biblische Einbindung der Perikope vertraut ist.

Die Kontexte [a)-c)] beantworten Fragen, die durch bewusst gesetzte Unstimmigkeiten der Erzählung gestellt werden. Die Predigt sollte diese unausgesprochenen Fragen ernst nehmen und artikulieren. Im Ergebnis erscheint Gott nicht als eifersüchtig und destruktiv, sondern sein Handeln ist von Beginn an den Menschen gnädig zugewandt [b)].

Ziel der Predigt ist es also nicht, ein negatives Gegenbild zur Pfingstgeschichte, mit ihrer durch den Geist gewirkten Einmütigkeit zu zeichnen. Stattdessen ist die Parallele zu verdeutlichen: So wie sich die Menschheit zu ihrem Besten nach der Sintflut über alle Welt ausbreiten sollte, so macht sich auch der Geist von Pfingsten aller Welt bekannt.

Wenn sich die Hörenden durch die Predigt am Pfingstmontag in ihren Hörgewohnheiten gestört fühlen sollten, dann entspricht das durchaus dem Geist der Turmbau-Erzählung und des Pfingstwunders (Apg 2). Ein wesentliches Medium zur Ausbreitung der Menschen ist die Sprache. Die Voraussetzung dafür bildet die Sprachstörung zwischen Mensch und Tier nach dem gemeinsamen Auszug aus dem Paradies [a)]. Hier reihen sich die Vielsprachigkeit nach dem Turmbau und das Pfingstgeschehen in Apg 2 ein. Bei Letzterem handelt es sich um eine Sprachstörung gegenteiliger Art, die aber ebenfalls der Verbreitung dient – der Ausbreitung des Heiligen Geistes.

Laut Pseudo-Philo bietet der Turmbau das Motiv für die Wahl Abrams durch Gott und seinen Auszug nach Kanaan [c)]. Abraham wollte sich nicht wie die Bauleute (Gen 11,4) selbst einen Namen machen, sondern allein Gottes Namen heiligen – Abrahams Namen »machte« Gott (Gen 12,2; 17,5; vgl. Lk 10,20). Abraham war laut Kontexte c bereit, sein Leben hinzugeben, wenn es Gottes Wille gewesen wäre. Doch Gott bewahrte ihn.

Gottes Wille war die Ausbreitung und sein Wille geschah: Letztlich wurde der Turm zu Babel zum Sprungturm für das, was wir an Pfingsten feiern: Die Ausbreitung des Wortes Gottes in alle Welt durch Abraham und den Abrahamssohn Jesus von Nazareth.

## 5. Liturgievorschläge

Psalm 113

Lesungen: Apg 2 (Auswahl) und Lk 10,20–24

Eingangslied: Du hast uns, Herr, gerufen (EG 168,1–3)
Stern auf den ich schaue (EG 407)

Wochenlied: Freut euch, ihr Christen alle (EG 129)
Predigtlied: Vertraut den neuen Wegen (EG 395)

Weitere Lieder: O dass doch bald dein Feuer brennte (EG 255)
Du hast uns, Herr, gerufen (EG 168,4–6)

### Literatur

Berger, Klaus, Das Buch der Jubiläen (JSHRZ II,3), Gütersloh 1981.
Dietzfelbinger, Christian, Pseudo-Philo: Antiquitates Biblicae (JSHRZ II,2), Gütersloh 1979.
Ginzberg, Louis, The Legends of the Jews. Vol. 1 und 5, Baltimore (Maryland) 1998.
Gradwohl, Roland, Bibelauslegungen aus jüdischen Quellen, Band 1. Die alttestamentlichen Predigttexte des 3. Jahrgangs, Stuttgart 1986.
Jacobs, Benno, Das Buch Genesis, Nachdr. der Orig.-Ausg. Berlin 1934, Stuttgart 2000.
Josephus, Flavius, Jüdische Altertümer. Übersetzt und mit Einleitung und Anmerkungen versehen von Dr. Heinrich Clementz, Wiesbaden ²2006.
Rad, Gerhard von, Das erste Buch Mose. Genesis (ATD 2/4), Göttingen ⁶1961.
Radday, Yehuda T. (Hg.), Auf den Spuren der Parascha. Ein Stück Tora. Zum Lernen des Wochenabschnitts. Arbeitsmappe 2, Frankfurt a. M. 1991.
Schaller, Rahel, Pfingstmontag. Gen 11,1–9; in: Predigtmeditationen im christlich-jüdischen Kontext. Zur Perikopenreihe III (2004), 190–193.
Zander, Gabriele, Pfingstmontag. Gen 11,1–9. Lob der Vielsprachigkeit, in: Predigtmeditationen im christlich-jüdischen Kontext. Zur Perikopenreihe III (2010), 246–253.

*Karl-Heinrich Ostmeyer*

# Trinitatis: Jes 6,1–13
# »Hier bin ich, sende mich!«

## 1. Annäherung

Mit einer beeindruckenden Schau Gottes beginnt die Vision des Propheten Jesaja, die der Predigttext für das Trinitatisfest 2017 ist. Mächtig erscheint Gott auf seinem Thron, über sich die himmlischen Seraphim, deren Gesang die Mauern des Tempels erbeben lässt. Ihr »Heilig, heilig, heilig« wird in der christlichen Tradition auf die heilige Dreieinigkeit von Vater, Sohn und Heiligem Geist bezogen. In der jüdischen Tradition gibt es vielfältige Deutungen. Sie stellen die Erhabenheit Gottes, aber auch seine Verbindung zur Welt ins Zentrum.

Angesichts der Herrlichkeit Gottes umso erschütternder ist die Botschaft, die dieser mächtige Gott dem Propheten mit auf den Weg gibt. Er soll sein Volk verstocken, bis die Städte und das Land verwüstet und verödet sind. Und doch bleibt am Ende der prophetischen Audition ein Schimmer Hoffnung, ein heiliger Same wie der Wurzelstock einer gefällten Terebinthe. Auffallend ist auch hier die große Differenz zwischen traditionellen christlichen und jüdischen Auslegungen. Während in der jüdischen Tradition die Botschaft Gottes fast ausschließlich als Ruf zur Umkehr und Ankündigung zukünftiger Heilung verstanden wird, wird dieselbe Botschaft in der christlichen Tradition allzu oft als Ankündigung des endgültigen Gerichts über das verworfene Volk Israel verstanden und das zukünftige Heil allein auf die christliche Kirche bezogen.

Zwischen beeindruckender Vision und erschütternder Audition fällt mir der Prophet selbst ins Auge. Was für ein Mensch, der angesichts von Gott seine Schuld bekennt und sich ohne Zaudern als dessen Bote zur Verfügung stellt! Der angesichts von Gottes Zorn sein Mitgefühl mit dem leidenden Volk zum Ausdruck bringt!

## 2. Kontexte

a) Die Übersetzung von Jesaja 6,3 im Targum Jonathan lautet folgendermaßen:
»Heilig in den Himmeln der obersten Höhe, dem Haus Seiner Gegenwart, heilig auf Erden, dem Werk Seiner Macht, heilig in Ewigkeit und in Ewigkeit der Ewigkeiten.«

Targum Jonathan, zit. nach: Gradwohl, 158

b) Leo Baeck betont den Zusammenhang von Gott und Welt:
»Alle Welt, dieser Bezirk des Irdischen, ist doch die Welt Gottes; er ist der Heilige und ist doch der Gott der Welt.«

Baeck, 106

c) In der rabbinischen Auslegungstradition ist die heilsame Zukunft der prophetischen Botschaft wesentlich. So wird im Traktat Megilla der Auftrag des Jesaja entgegen der wörtlichen Bedeutung verstanden.
»Weshalb setzten sie [den Segensspruch] von der Buße hinter den von der Einsicht? – Es heißt: *und sein Herz einsichtig werde und Buße tue und Heilung erfahre.* – Demnach sollte man ja [den Segen] von der Heilung hinter den von

der Buße setzen!? – Dies ist nicht einleuchtend, denn es heißt: *er möge sich zum Herrn bekehren, so wird er sich seiner erbarmen, und zu unserem Gotte, denn er wird reichlich vergeben.* – Was veranlaßt dich, dich auf diesen Schriftvers zu stützen, stütze dich auf jenen!? – Es gibt noch einen zweiten Schriftvers: *der dir alle deine Schuld vergab, alle deine Gebrechen heilte und dein Leben aus der Grube erlöste.* – Demnach sind [der Segen] von der Erlösung und der von der Heilung hinter den von der Vergebung zu setzen, während es ja heißt: und *Buße tue und Heilung erfahre*!? – Dies gilt nicht von der Heilung [physischer] Krankheit, sondern von der Vergebung.«

Babylonischer Talmud Megilla 17b, zit. nach: Goldschmidt, 74

d) Der Religionsphilosoph Abraham Joshua Heschel wünscht sich in jedem Menschen etwas vom empathischen Handeln der Propheten.
»In gewissen Sinn kann man den Propheten als Anwalt sehen, der für die spricht, die zu schwach sind, um ihre eigene Sache zu vertreten. Ja, die Haupttätigkeit der Propheten bestand in Einmischung; sie wiesen Unrecht zurück, das anderen Menschen angetan wurde, sie mischten sich in Dinge ein [...]. Der Prophet ist ein Mensch, der nicht duldet, daß anderen Unrecht zugefügt wird; die Wunden anderer Menschen kränken ihn. Er fordert sogar andere auf, Vorkämpfer für die Armen zu werden. Jesaja wendet sich nicht nur an die Richter, sondern an alle Glieder der Gemeinschaft [...]. Der Prophet ist ein Mensch, der selbst das Unrecht erleidet, das anderen angetan wird. Wo immer ein Verbrechen begangen wird, ist es, als ob der Prophet selbst das Opfer wäre. Die zornigen Worte des Propheten klagen an. Gottes Zorn ist eine Klage. Die ganze Prophetie ist eine einzige Verkündigung: Das Böse ist Gott nicht gleichgültig! Es geht Ihn immer an. Er selbst ist betroffen durch das, was der Mensch dem Menschen antut. Er ist ein Gott, der leiden kann. [...] Ein Prophet ist ein Mensch, der Gott und Mensch in einem einzigen Gedanken gleichzeitig und allezeit zusammendenkt. [...] Daß doch in jedem Menschen etwas von einem Propheten wäre!«

Heschel, 79–83

e) Das »Hier bin ich« hat eine zentrale Bedeutung für die dialogische Philosophie von Franz Rosenzweig.
»Der Mensch, der auf Gottes ›Wo bist Du?‹ noch als trotziges und verstocktes Selbst geschwiegen hatte, antwortet nun, bei seinem Namen, doppelt, in höchster, unüberhörbarer Bestimmtheit gerufen, ganz aufgetan, ganz ausgebreitet, ganz bereit, ganz – Seele: ›Hier bin ich‹. Hier ist das Ich. Das einzelne menschliche Ich. Noch ganz empfangend, noch nur aufgetan, noch leer, ohne Inhalt, ohne Wesen, reine Bereitschaft, reiner Gehorsam, ganz Ohr. In dieses gehorsame Hören fällt als erster Inhalt das Gebot.«

Rosenzweig, 196

f) Auch in Lévinas' Philosophie vom Ruf des Anderen hat das *hineni* eine zentrale Bedeutung.
»Der Zeuge legt von dem Zeugnis ab, was durch ihn gesagt wird. Denn er hat vor dem Anderen gesagt ›Hier bin ich!‹, und weil er angesichts des Anderen die Verantwortlichkeit anerkennt, die ihm obliegt, hat er in diesem Ereignis

dem Ausdruck verliehen, was das Antlitz des Anderen für ihn bedeutet hat. Die Herrlichkeit des Unendlichen offenbart sich durch das, was sie beim Zeugen auszulösen vermag. […] Die Herrlichkeit Gottes, das ist das ›Anders-als-Sein‹ […]. ›Die Idee des Unendlichen, die bei Descartes in einem Denken beheimatet ist, das sie nicht enthalten kann, drückt die Disproportion zwischen der Herrlichkeit und der Gegenwart aus – Disproportion, die die Inspiration selbst ist. Unter dem Gewicht, das meine Fähigkeit übersteigt, eine Passivität, die viel passiver ist als jegliche Passivität, welche mit Handlungen verbunden ist, bricht meine Passivität heraus, in dem sie sagt: ›Hier bin ich!‹ Das Außerhalbsein des Unendlichen wird in gewisser Weise ›Innerlichkeit‹ in der Aufrichtigkeit des Zeugnisses‹.«

Lévinas, 82f.

g) Admiel Kosmann, Professor für Talmudische Studien an der Universität Potsdam, beschreibt den Ruf Gottes für die Gegenwart.
»Wichtig ist mir der Weg, der mir gezeigt wird. In jedem Augenblick den Ruf Gottes zu vernehmen. Das will nicht heißen, dass wir das immer schaffen, aber der Versuch gibt unserem Leben mehr Authentizität. Das ist übrigens auch in der Akeda, der Geschichte um die Bindung Isaaks enthalten […] in der Aufforderung ›Lech lecha‹, – gehe zu dir selbst. Es ist eine andere Lebensqualität, du spürst das Geführtwerden von einer größeren Macht, selbst bei kleinsten Entscheidungen. In einer kabbalistischen Terminologie nennt man es auch ›Beracha‹, blessing, Segen. Du siehst und hörst Zeichen. Die Akeda, die Bindung, die wirkliche Bindung, meint diese Fähigkeit. […] Wenn du etwas als unrecht erkannt hast, dann sprich es aus. […] Versuche den Weg positiv anzugehen, mit einem positiven Blick auf den anderen. Sieh den anderen als Subjekt, das ist ein Gebot Gottes. […] sieh dem Anderen in die Augen, versuche zuzuhören, mehr zu hören als zu reden. Der Rest ist in Gottes Hand. Nimm das Risiko auf dich, Herzen zu öffnen. Das ist alles, das ist Mizwa, ein göttliches Gebot. […] Wenn du das ›Ich und Du‹ als einen Platz ansiehst, Gott zu finden, werden sich Dinge ändern. […] In der Theorie, die ich im Kopf habe, stellt jede Religion ein Netz dar und jedes Netz hat, von einem ›Ich und Du‹-Standpunkt aus gesehen, Löcher. Unterschiedliche Löcher. […] Um diese Löcher zu stopfen, müssen die Religionen miteinander sprechen. […] Überall müssen Brücken gebaut werden. Und ich sehe diesen Brückenbau als einen Ruf von Gott. […] Es ist die Frage Gottes, ob die Menschen auf der Brücke einander zuhören, voneinander lernen.«

Kosman, 17

h) Propst Reinhard von Kirchbach, der dem interreligiösen Dialog durch interreligiöses Miteinander-Leben weitreichende Impulse gegeben hat, hat seine Sendung mit den Worten des Jesaja beschrieben, wie in der Einführung in sein Leben und Werk berichtet wird:
»Unvermittelt war da eine Stimme: ›Wen soll ich senden?‹ Und augenblicklich hat er sich bereiterklärt. Nie war es für ihn zweifelhaft, dass Gott selbst ihn zu seinen Menschen gesandt hat. Welche Ausmaße das annehmen würde, sollte sich erst später zeigen. In seinen eigenen Worten sagte er viel später: ›Weil Gott mich gerufen und ich ihm geantwortet habe, lebe ich von Seiner Barmherzigkeit, Seiner Geduld im Sturm Seines Wirkens und aus der Kraft Seiner Wahrheit.‹ […] Als

seine Frau Margarete 1975 starb und er sich 1976 im Alter von 63 Jahren pensionieren ließ, nahm er das in Angriff, was in all den Jahren in ihm gereift war: die Idee eines gelebten interreligiösen Dialogs, für den s. E. im Zuge von Gottes universalem Schöpfungsprozess die Zeit jetzt gekommen war. Die ihn dabei leitenden grundlegenden Gedanken lassen sich folgendermaßen zusammenfassen: [...] Nun ist Gott dabei, die Menschheit durch ihr explosionsartiges Wachstum so zusammenzudrängen, dass sich die Religionen nicht länger aus dem Wege gehen können. Etwas Neues ist im Entstehen. In dieser erzwungenen Begegnung haben wir Christinnen und Christen heute die Aufgabe, einen Dialog zu führen, bei dem wir in noch einmal erweiterter Weise dem Gebot Jesu folgen: Liebe deinen Nächsten wie dich selbst. Mit Menschen der anderen Religionen als wirklichen Schwestern und Brüdern zusammenleben in Liebe – ohne Heuchelei: Daraus wird ein neues Bewusstsein der Menschheit entstehen.«

von Kirchbach, zit. nach: Goßmann, 12 und 14f.

## 3. Beobachtungen am Text

Die autobiographische Erzählung des Jesaja ben Amoz, die uns im 6. Kapitel des Jesajabuches überliefert ist, lässt sich in drei Abschnitte gliedern. Im ersten Teil ›sieht‹ Jesaja Gott und die himmlischen Seraphim (VV 1–4). Im zweiten Teil beklagt er seine Verlorenheit, woraufhin ein Seraphim seine Lippen mit einer glühende Kohle vom Altar berührt (VV 5–7). Im dritten Teil ›hört‹ Jesaja die Stimme Gottes, bietet sich als Bote Gottes an und erfährt die Botschaft desselben an sein Volk (VV 8–13). Andere Ausleger teilen den Bericht in die zwei Abschnitte der Vision (VV 1–7) und der Audition (VV 8–13).

Die Erzählung des Jesaja wird traditionell als Bericht über seine Berufung verstanden. Mit der Gottesbegegnung, der Sendung, der inauguralen Handlung und der weiterführenden Frage weist sie einige formgeschichtliche Elemente auf, die in den Berufungserzählungen anderer Propheten vorkommen. Einige Exegeten jedoch sprechen statt ›Berufung‹ von ›Beauftragung‹, da nicht explizit von einer berufsmäßigen Bestimmung des Jesaja als Prophet berichtet wird. Für sie empfängt Jesaja lediglich einen besonderen Auftrag von Gott.

Die Berufung bzw. Beauftragung des Jesaja wird im Text selbst auf das »Todesjahr des Königs Usija« (V 1) datiert, vermutlich um das Jahr 734 v. d. Z. Damit fällt diese in die Zeit des syrisch-ephraimitischen Krieges, als der assyrische Großkönig Tiglat-Pileser III in Palästina einfiel, Israel (›Ephraim‹) unter assyrische Aufsicht gestellt wurde und Juda Vasallenstatus erhielt.

Im Zentrum der Vision steht das Trishagion, das dreimalige »heilig« der Seraphim. Rabbiner Roland Gradwohl verweist mit Bezug auf den Midrasch Levitikus Rabba 24,2 zu Levitikus 19,2 auf das rabbinische Verständnis von *kadosch* als »abgesondert vom profanen Bereich, einer bestimmten Aufgabe geweiht« (Gradwohl, 153). Zugleich betont er im Einklang mit der jüdischen Tradition, dass Jesaja Gott prophetisch schaut und nicht wirklich sieht, weil nach Exodus 33,19f. kein Sterblicher den Schöpfer sehen kann.

Angesichts von Gott klagt Jesaja: »Weh mir, ich bin verloren!« (V 5) *Nidmeti* kann ›vernichtet sein‹ oder auch ›stumm‹ bedeuten. Als Gründe dafür nennt Jesaja die Unreinheit seiner Lippen und der Lippen des Volkes, in dessen Mitte er lebt, sowie dass er Gott gesehen hat. Mit einer glühenden Kohle vom Altar des Tempels wird er durch den Seraph gereinigt. Sünde und Schuld werden getilgt (VV 6–7). Ob hier an eine bestimmte Sünde des Jesaja gedacht wird, wird in der Auslegung unterschiedlich gesehen. Bemerkenswert ist die Auslegung des Midrasch Pesiqta Rabbati 34,3, nach der Jesaja vorgeworfen wird, Israel als Volk ›mit unreinen Lippen‹ verleumdet und so alle Israeliten pauschal verurteilt zu haben.

Auf die Frage Gottes, wen er senden könne oder wer für sie gehen würde (im *plural majestatis* oder an die himmlischen Heerscharen gewandt), meldet Jesaja sich freiwillig: »Hier bin ich, sende mich!« (V 8) Dies unterscheidet ihn von den anderen Propheten, die sich zum Teil sogar geweigert haben. Der Midrasch Jalqut Schim'oni (II, 443) betont das Außergewöhnliche von Jesajas Verhalten. Er beschreibt, wie Jesaja trotz Gottes Warnung vor der Widerspenstigkeit seiner Kinder und im Wissen um seine Verfolgung (Jes 50,6) den Auftrag übernimmt.

Zum *hineni* des Jesaja gibt es verschiedene innerbiblische Parallelen. An den meisten Stellen handelt es sich auch um eine Antwort auf Gottes Ruf oder auf Gottes Engel. Aber *hineni* kann auch die Antwort eines Menschen auf den Ruf eines anderen Menschen sein, auf Väter, Propheten und Könige, aber auch auf den eigenen Sohn. Schließlich ist es im Kontext der jesajanischen Heilsverheißungen Gott selbst, der seinem Volk *hineni* verheißt. »Darum soll an jenem Tag mein Volk meinen Namen erkennen, daß ich es bin, der da spricht: Hier bin ich!« (Jes 52,6; vgl. 58,9; 65,1)

Die Botschaft, die Jesaja seinem Volk überbringen soll, lässt viele Fragen offen. Fordert Gott sein Volk auf, nicht zu verstehen? Oder sieht er dessen Unverständnis voraus? Gradwohl übersetzt die doppeldeutigen Verbformen futurisch: »Hört – doch ihr werdet nicht verstehen. Seht hin – doch ihr werdet nicht erkennen.« (Gradwohl, 151) (V 9)

Was beabsichtigt Gott mit dem Auftrag zur ›Verfettung‹ der Herzen, zum ›Schwermachen‹ der Ohren und zum ›Verkleben‹ der Augen seines Volkes, so dass dieses nicht sieht und nicht hört? Der Auftrag wird in vielen christlichen Auslegungen bis heute als ›Verstockungsbefehl‹ verstanden, in dem Sinne, dass der Prophet Herz, Ohren und Augen seines Volkes behindern soll, damit es nicht umkehrt, sondern verdirbt. In Abgrenzung dazu verweist Gradwohl auf die Lehre der jüdischen Weisen (Jalqut Schim'oni II, 448; Seder Elijahu Rabba, XVI), dass Gott sein Volk durch Provokation zur Umkehr anspornen will. Entsprechend übersetzt er: »Verstünde es mit seinem Herzen, so könnte es umkehren und Heilung finden.« (Gradwohl, 151) (V 10)

Die Warnung Gottes nimmt die verheerenden Folgen des Krieges in den Blick: Vertreibung und Zerstörung (VV 11–12). Das Verb *schaah* (verheert sein, V 11) hat dieselbe Wurzel wie das Wort *Schoa*, das im modernen Hebräisch die Vernichtung des europäischen Judentums durch die Nationalsozialisten bezeichnet.

In der Warnung des Jesaja wird selbst das letzte Zehntel (das Südreich Juda?) nicht verschont (V 13). Und doch bleibt am Ende ein »Samen der Heiligkeit« (V 13). Wie beim Fällen von Eiche und Terebinthe bleibt der Stamm erhalten und bringt neuen Samen (V 13).

## 4. Homiletische Konkretionen

Die Vielschichtigkeit von Jesaja 6 bietet vielfältige Möglichkeiten für eine Predigt am Sonntag Trinitatis. Denkbar ist zum einen eine Predigt über die Dreieinigkeit Gottes. Hier können die unterschiedlichen jüdischen und christlichen Auslegungen des Trishagions zur Sprache kommen. Auch dessen Bedeutung in der jüdischen und christlichen Liturgie bietet interessante Einsichten. Ein Verständnis der Trinität als innergöttliche Gastfreundschaft einer Gottheit, die »anders als anders als anders« ist, bietet Anknüpfungspunkte für die Gastfreundschaft vieler Gemeinden für Flüchtlinge (Magdalene L. Frettlöh, xviii).

Zum anderen ist an eine Predigt über die Brisanz von Jesajas Auftrag zu denken. Hier würde ich die unterschiedlichen jüdischen und christlichen Auslegungen ins Zentrum stellen und unter dem Hinweis auf die Wirkungsgeschichte die Problematik der christlichen Auslegungen herausarbeiten, die das Judentum bis heute als von Gott ›verstockt‹ und ›verworfen‹ diskreditieren. Ein Blickwechsel von der Zuweisung der ›Verstockung‹ zu anderen hin auf die Frage, wo unsere eigenen Augen ›verklebt‹ sind und unser Herz ›verfettet‹ ist, kann Bezüge zu gegenwärtigen Situationen in der eigenen Gemeinde, in der Kirche oder in der Gesellschaft eröffnen, beispielsweise in Fragen der Klimagerechtigkeit.

Ich entscheide mich für eine dritte Möglichkeit und stelle den Propheten Jesaja selbst ins Zentrum der Predigt. Ein Predigteinstieg kann hier die beeindruckende Vision Gottes inmitten der Seraphim sein. Auf die Schau Gottes folgt der Blick auf den Propheten. Jesaja bekennt angesichts von Gott seine Schuld und die seines Volkes. Er erfährt Reinigung durch einen Boten Gottes und wird selbst zum Boten Gottes. Die Umkehr des Propheten wirft die Frage auf, wo wir und unsere Gesellschaft angesichts von Gott unsere Schuld zu bekennen haben. Die Befreiungstheologie liefert hier eine hilfreiche Unterscheidung zwischen individueller Sünde und struktureller Sünde, an der wir als Glieder einer Gesellschaft Anteil haben. Wo leben wir auf Kosten anderer Menschen, auf Kosten von Gottes Schöpfung? Das Schuldbekenntnis des Jesaja zeigt den ersten Schritt zu einer Umkehr, für sein Volk und auch für uns heute.

Der zweite Schritt liegt in Jesajas *hineni*. Seine mutige Antwort auf den Ruf Gottes lässt sich entfalten vor dem Hintergrund der zentralen Bedeutung des *hineni* in der jüdischen Tradition bis hin zu Emanuel Lévinas' Ruf des Antlitzes des Anderen. Hier geht es um eine Identität, deren Selbstbezogenheit durch den Anruf des Anderen durchbrochen wird. Jesaja lässt sich von Gott senden zu seinem Volk. Auch wir sind von Gott gerufen. Auch wir können zu Boten Gottes werden. Was dies heißen kann, lässt sich anschaulich mit den Kontexten beschreiben. Es gilt, auf den Ruf Gottes zu hören, die Menschen mit den Augen Gottes zu sehen und für die Unterdrückten Partei zu ergreifen. Der Ruf Gottes verbindet uns über die Grenzen der unterschiedlichen Religionen und Weltanschauungen hinweg. Unser gemeinsames Engagement in der Flüchtlingsarbeit ist ein großartiges Beispiel, wie Gott uns heute zusammenruft.

»Wie lange noch?« Jesajas Frage macht seine Empathie mit dem Volk deutlich, das Gott durch sein Handeln zur Umkehr bewegen möchte. Als Bote Gottes gilt es zu widersprechen, Einspruch zu erheben, gegen Krieg und Umweltzerstörung, vielleicht auch gegen Gott selbst. Im Mitgefühl für den Anderen und für die leidende Schöpfung liegt der Samen zum Neuanfang. Daher steht für mich am Ende der Predigt die Hoffnung. Sie ist möglich, wo wir unsere Schuld erkennen und umkehren, wo wir Gottes Ruf hören und uns einfühlen in die Menschen, zu denen wir gesandt sind, wo wir prophetisch Einspruch erheben für Gottes gute Zukunft.

## 5. Liturgievorschläge

Wochenspruch: Heilig, heilig, heilig ist der Herr Zebaoth, alle Lande sind seiner Ehre voll (Jes 6,3)
Psalm 145,1.3–4.8.13–16.18–19 (EG 756, Regionalteil Nordelbien)

Lesungen:
Hebräische Bibel: Jes 6,1–13
Epistel: Röm 11,(32)33–36
Evangelium: Joh 3,1–8(9–15)

Lieder:
Komm Gott Schöpfer, Heiliger Geist (EG 126)
Gelobet sei der Herr, mein Gott (EG 139)
Hineh ma tow uma naim (EG 584, Regionalteil Nordelbien)
Von guten Mächten wunderbar geborgen (EG 65)

Eine Art Selbstbekenntnis (nach Reinhard von Kirchbach, 257f.):
Weil Gott mich gerufen,
und ich Ihm geantwortet habe,
lebe ich von Seiner Barmherzigkeit,
von Seiner Geduld
im Strom Seines Wirkens
und aus der Kraft Seiner Wahrheit.
Dieses Leben hat ein zeitliches Ende,
aber für mich keine erkennbare Begrenzung.

### Literatur

Der Babylonische Talmud. Nach der ersten zensurfreien Ausgabe unter Berücksichtigung der neueren Ausgaben und handschriftlichen Materials ins Deutsche übersetzt von Lazarus Goldschmidt, Band IV, Frankfurt a. M. 1996.

Baeck, Leo, Das Wesen des Judentums, Wiesbaden [6]1995.

Beuken, Willem A. M., Jesaja 1–12. Übersetzt und ausgelegt von Willem A. M. Beuken. Unter Mitwirkung und in Übersetzung aus dem Niederländischen von Ulrich Berges, HThKAt, Freiburg/Basel/Wien 2003.

Deeg, Alexander/Goldmann, Manuel, Den (Drei-)Einen predigen. Die Trinitätslehre vor dem Hintergrund christlich-jüdischer Begegnung, in: Predigtmeditationen im christlich-jüdischen Kontext. Zur Perikopenreihe I (2014), i–xivi.

Eine Einladung zum Gespräch. Admiel Kosman und Edith Lutz über die dialogische Philosophie Martin Bubers im Alltag, in: Jüdische Zeitung Nr. 91, September 2013, 17.

Evangelisches Gesangbuch. Ausgabe für die Nordelbische Evangelisch-Lutherische Kirche, Hamburg/Kiel 1994.

Frettlöh, Magdalene L., »Du Liebe, Schönheit, Rätsel, du teurer Edelstein …«. Ein briefliches Plädoyer für die Lehre von der immanenten Trinität, in: Predigtmeditationen im christlich-jüdischen Kontext. Zur Perikopenreihe I (2014), xiv–xviii.

Goßmann, Hans-Christoph, Aufeinander-Zuleben. Reinhard von Kirchbach und sein Weg des interreligiösen Dialogs, Nordhausen 2015.

Gradwohl, Roland, Bibelauslegungen aus jüdischen Quellen, Band 1: Die alttestamentlichen Predigttexte des 3. und 4. Jahrgangs, Stuttgart, 2. veränderte Auflage 1995.

Heschel, Abraham Joshua, Religion und Rasse, in: Ders., Die ungesicherte Freiheit. Essays zur menschlichen Existenz. Aus dem Englischen übersetzt von Ruth Olmesdahl, Information Judentum 6, Neukirchen-Vluyn 1985, 72–84.

Lévinas, Emmanuel, Ethik und Unendliches. Gespräche mit Philippe Nemo. Aus dem Französischen von Dorothea Schmidt, hg. v. Peter Engelmann, Wien $^{4}$2008.

Rosenzweig, Franz, Der Stern der Erlösung. Mit einer Einführung von Reinhold Meyer und einer Gedenkrede von Gershom Scholem, Frankfurt a. M. 1988.

Vahrenhorst, Martin, Gift oder Arznei? Perspektiven für das neutestamentliche Verständnis von Jes 6,9f. im Rahmen der jüdischen Rezeptionsgeschichte, in: ZNW 92 (2001), 145–167.

Von der Osten-Sacken, Peter, Katechismus und Siddur, Aufbrüche mit Martin Luther und den Lehrern Israels, 2., überarbeitete und erweiterte Auflage, VIKJ 15, Berlin 1994.

Von Kirchbach, Reinhard, Dialog aus Glauben. Vorträge und Aufsätze zum Zusammenleben der Religionen, hg. v. Hans-Christoph Goßmann und Michael Möbius, Nordhausen 2011.

*Michaela Will*

# 1. Sonntag nach Trinitatis: Joh 5,39–47
# Streit um die Schrift – Streit um die zukünftige Welt

## 1. Annäherung

Der Herr tue mir dies und das, aber bitte doch nicht den Evangelisten Johannes an. So stoßseufzte ich auf die Nachricht hin, dass es dieser Streit sein soll, den ich meditieren soll. Ungereimt heute, ungereimt für mich, was da gewaltsam auf Liebe gegen Buchstaben hin gereimt wird, auf präsentes liebendes Leben gegen schriftversessene Wirklichkeits- und Menschenferne. Aber wie geht der Reim auf jesuanische Polemik wie diese: Ihr erforscht die Schriften nach zukünftigem Leben und seht nicht, dass sie von mir spricht.

Die ganze lutherische Verengung auf den allein christologischen Schriftsinn der hebräischen Bibel kann sich hier Bahn brechen: »Wer nicht an Jesus Christus glaubt, verstößt gegen das erste Gebot.« Diese Figur ist hier bei Überspringen geschichtlicher Abständigkeit bedrängend präsent. Und damit verschafft sich auch die absurde Position der Nicht-Zugehörigkeit des »AT« zum christlichen Kanon in ihrer Form des 21. Jahrhunderts Zutritt zur Debatte. Der diesem absurden Eintrag folgende Streit immerhin scheint mir produktiv und selbstklärend auf der Seite der jüdisch-christlich Engagierten, wie auch der verfassten Kirche, ein Streit übrigens, der auch mit harten Bandagen geführt wurde. Ich meine zu Recht. So finde ich dann doch Zugang zu dem Ton des Textes und auch zur Frage, wie denn das Verhältnis der Schriften zum Leben Jesu, später dann das der Kirche zur Synagoge nach diesen kirchlich wenig messianisch geladenen Jahrtausenden zu definieren, zu bestimmen oder eben auch in Fluss zu bringen sei.

## 2. Kontexte

a) Die folgenden drei Kontexte markieren die ungeheure Spannung, die das Johannesevangelium in sich trägt oder beim Rezipienten auslösen kann und wohl auch muss.

»Das Vierte Evangelium ist am antijüdischsten gerade an den Punkten, an denen es am jüdischsten ist.«

Meeks, 168

»Das Verständnis des johanneischen Christentums ›ist nur aus ihm selbst zugewinnen, wenn auch nur um den Preis gänzlicher Lossagung von ihm, um den Preis der Erkenntnis, wie fern man ihm steht.‹

Overbeck, zit. nach: von der Osten-Sacken, 81

»So etwa können wir verstehen, was da auf dem Golan damals los war: ein Streit von Juden mit Juden, von Abrahamskindern mit Abrahamskindern, Judenchristen mit Mehrheitsjuden und umgekehrt – und Jesus mittendrin als Unruhestifter.«

Marquardt, 156

b) Peter Schäfer versucht hier im Widerspruch zu Daniel Boyarin herauszuarbeiten, was denn innerhalb des Judentums, zu dem die jesusgläubige jüdische Gemeinde

gehörte, gemeinsamer Glauben und was konfliktbeladen gewesen sein mochte.
»›Judaism‹ and ›Christianity‹ in the first centuries C. E. from a historian's point of view, we need to stay away from the dogmatic notion of two firmly established religions, the one defined by its ultimate triumph over Judaism after it became the religion of the Christian state—with all its horrible consequences for the Jews—and the other defined by the victory of the rabbis over their enemies from within and from without. In doing so, we will discover that there is no single line or single point in the first centuries of the Christian era that distinguished Judaism and Christianity once and forever. There are several lines and several points. The binitarian idea of two divine powers does not constitute a definite line of demarcation between the faiths—but the Trinitarian idea of three divine powers does. The vicarious suffering of the Messiah, or even his death, does not constitute an impassable boundary—but the scandal of his death on the cross, so much emphasized by Paul, does.«

Schäfer, https://newrepublic.com/article/103373/jewish-gospels-christ-boyarin

c) Für Tom Veerkamp ist das Johannes-Evangelium die unbedingte Aufforderung zur Solidarität in einer feindlichen Welt und attackiert mit Vehemenz alles, was sich aus der Perspektive des Schreibers als unsolidarisch mit der jesusgläubigen Gemeinde geriert.
»Der Messias ist aber keine Utopie, sondern eine Perspektive, *zoe aionios* [kursiv und Umschrift, d. Verf.]. Unsere Übersetzung weicht von der traditionellen Vorstellung ›ewiges Leben‹ (was ist das?) ab. Wir schreiben ›Leben der kommenden Weltzeit‹, der messianischen Epoche. Sie kommt. … Johannes begreift die vor ihm liegende Zeit als die Epoche des Römischen Reiches, tatsächlich war das zweite Jahrhundert die große Zeit des Reiches. Er erahnt die Situation des frühen Christentums und verweist die Schüler in die Katakomben, in den Untergrund. Im Untergrund kann man nur überleben, indem und solange man solidarisch mit den Gesinnungsgenossen ist.«

Veerkamp, 7

d) Nach dem Deuteronomium soll die Schrift Gottesgeschichte mit Israel und Gottes Weisung für Israel gegen Korrumpierung sichern. Sie ist Zeugin und kann angerufen werden gegen Halsstarrigkeit und menschliche Selbstermächtigung: Sola Scriptura?!
24 Als Mose damit fertig war, die Worte dieser Tora vollständig in ein Buch zu
schreiben, 25 wies er die mit dem Levirat betrauten Personen an, die den Schrein
der Bundesverpflichtung Adonajs trugen: 26 »Nehmt dieses Torabuch und legt es
an die Seite des Schreins der Bundesverpflichtung Adonajs, eurerm Gott. Es soll
dort unter euch ein Zeuge sein. 27 Ich kenne dein Widerstreben und deine Halsstarrigkeit. Siehe, noch während ich heute mit euch lebe, widerstrebt ihr Adonaj
immer wieder – um wie viel mehr, wenn ich gestorben bin! 28 Versammelt zu
mir alle Ältesten eurer Stämme und eure Führung: Ich werde vor ihren Ohren
all das zur Sprache bringen und mitten unter ihnen Himmel und Erde als Zeuge
und Zeugin anrufen […].

Dtn 31,24–28, zit. nach: Bibel in gerechter Sprache

e) Die Wertschätzung der Tora ist in der rabbinischen Tradition unbestritten.
»Woher in Bezug auf die Tora (daß vor und nach der Beschäftigung mit ihr ein Lobspruch zu sprechen ist)? R. Jischmael (gest. um 135) sagte: Das folgt aus einem Schluß vom Leichteren auf das Schwerere: Wenn man wegen der Speise, die das Leben der flüchtigen Stunde erhält, zum Lobspruch vorher und nachher verpflichtet ist, um wieviel mehr gilt das dann von der Tora, in der die zukünftige Welt (= das ewige Leben) ist, daß man ihretwegen zu einem Lobspruch vorher u. nachher verpflichtet ist.«

Mekhilta Ex 13,3 (24a), zit. nach: Strack/Billerbeck II, 467

f) Ein Versuch, sich die Beziehung von Juden und Christen heute zu denken und damit der Gefahr zu wehren, dass sich Christen für das neue Israel halten, beschreibt dieser Rosenzweigsche Gedanke. Die Christen brauchen die Juden, weil sie das greifbare Handeln Gottes manifestieren. Diese Dimension dieser Beziehung sollte Predigerinnen daran hindern, in christliche Überheblichkeit zu verfallen.
»Und dennoch: Der Jude tuts [sc. der geschichtlich siegreichen christlichen Religion etwas entgegenhalten]. Nicht mit Worten – was wären in diesem Bereich des Schauens noch Worte! Aber mit seinem Dasein, seinem schweigenden Dasein. Dieses Dasein des Juden zwingt dem Christentum in alle Zeit den Gedanken auf, dass es nicht bis ans Ziel, nicht zur Wahrheit kommt, sondern stets – auf dem Weg bleibt. Ob Christus mehr ist als eine Idee – kein Christ kann es wissen. Aber daß Israel mehr ist als eine Idee, das weiß er, das sieht er. Denn wir leben. … An uns können die Christen nicht zweifeln. Unser Dasein verbürgt ihnen ihre Wahrheit.«

Rosenzweig, 460f.

g) Warum aber steht soviel schwierig gegeneinander Stehendes in der Schrift? Kann damit nicht jede und jeder das machen, was ihm und ihr gerade einfällt? Das Widersprüchliche ist aufeinander und auf diese Welt bezogen und gibt die Suche nach Gerechtigkeit und Wahrheit nicht auf.
»›Ich bin der Weg, die Wahrheit und das Leben‹, lässt Joh 14,6 Jesus sagen. Die ›Wahrheit‹ ist hier von ›Weg‹ und ›Leben‹ umschlossen und kann darum keine kalte, abstrakte, absolute Wahrheit sein. Wichtige biblische und jüdische Begriffe sind Weg-Worte – Tora, die Wegweisung, Halacha, der Lebensweg. ›Auf dem Weg der Gerechtigkeit ist Leben‹ (*beorach-zedaka chajim* [kursiv, d. Verf.]), heißt es in Prov 12,28. Eine Lektüre der Bibel als Kanon, welche dessen vielfältige und spannungsvolle Wege wahr nimmt und ihre Gegensätze nicht harmonisiert, ist ›schriftgemäß‹, indem sie, der ›Schrift‹ selbst gemäß, auf manche Fragen eben mehr als nur eine Antwort hat.«

Ebach, http://www.reformiert-info.de/14267-0-12-2.html

h) Neugier und Wissensdurst wären eine sinnvolle Folgerung dieser beschriebenen Spannung.
»Deshalb ist es ein verheißungsvoller Beginn, wenn ein wesentlicher Teil des begonnenen [sc. jüdisch-christlichen] Gesprächs heute in folgendem besteht: Nicht mehr zu verklagen: Ihr versteht euer eigene Bibel nicht, sondern zu fragen: Wie legt *ihr* jenes Wort des *einen* Gottes aus, an den wir beide – jeder auf seine Weise – glauben? … Die 10 Gebote begegnen in der Bibel an zwei Stellen, und

beide Male ist ihr Wortlaut zum Teil etwas anders. Wie soll man mit dieser Verschiedenheit umgehen? Die jüdischen Bibelausleger zur Zeit Jesu haben es mit Hilfe eines Wortes aus den Psalmen so gedeutet: *Ein* Wort hat Gott geredet, *zwei* haben wir Menschen gehört.«

von der Osten-Sacken, 166f.

## 3. Beobachtungen am Text

Das 5. Kapitel des Johannesevangeliums – in der Jerusalemer Bibel überschrieben: Erster Widerstand gegen die Offenbarung (!) – beginnt mit der Heilung des Kranken am Teich Bethesda am Sabbat. Als Jesus erkannt oder bekannt gemacht ist, zieht diese Heilung den Hass »der Judäer« (*iudaioi*) auf sich und Tötungsabsichten nach sich. Hier bietet es sich an, über die Frage, wer denn ›mit denen‹ gemeint ist, denen dann eine lange Anklage und Selbstverständnisrede von Jesus entgegengeschleudert wird, kurz nachzudenken. Wir haben es von Marquardt gehört, können es bei Veerkamp, von der Osten Sacken und natürlich auch bei Wengst nachlesen: Ausgehend von einer sehr viel späteren klaren institutionellen Trennung der Kirche von der Synagoge, wie sie auch Schäfer (s. Kontexte) feststellt, müssen wir eine heftige innerjüdische Auseinandersetzung zwischen JesusanhängerInnen, Mehrheitsjuden und ehemaligen JesusanhängerInnen voraussetzen, die auch dadurch verschärft wurde, dass die politischen Bedingungen alles andere als entspannt waren. Der Tempel liegt in Trümmern – es ging um ein heftiges Ringen um die Schritte auf ein zukünftiges Leben hin. Schwindelerregend vollmundig betont der johanneische Jesus schon in V 37, den ich mit dazu nehmen würde, dass der Vater, von dem er gesandt, dessen Ehre Jesu Leben und Sterben gewidmet ist, den Gegnern unbekannt ist. Sie glauben nicht an ihn, weil sie dem Boten nicht glauben. Als wäre das nicht schon aggressiv genug, beginnt nun der Predigttext mit dem Vorwurf, dass sie zwar die Schriften auf der Suche nach dem zukünftigen Leben (*zoe aionios*), der zukünftigen Welt, dem messianischen Neuen in dieser Welt nachspüren, aber falsch lesen, weil sie Jesus dort nicht finden. Schlag auf Schlag geht es weiter, die Gegner suchen die eigene Doxa, die doch allein Gott zusteht, und nach dieser strebt Jesus. Sie haben keine Liebe und fallen wahrscheinlich auch noch auf andere rein. Und als Klimax wird Mose angerufen, der mit Verweis auf Dtn 31,24 zum Ankläger der gegnerischen Gebotsübertreter wird. Die einzige Legitimation, die Jesus für seine Positionierung und Autorität anführt, ist seine eigene Rede, kein Schriftbeweis, sondern nur Verweise. Seine Existenz, die schon im Furor gegen die Tempelhändler bzw. in der nachfolgenden Debatte selbst zum Tempel wurde (Joh 2,21), ist ihm Beleg für seine Gottergebenheit und Gottgesandtheit. Es scheint als sei das Argumentieren mit der Schrift an ein Ende gekommen. Es reichen Verweise. Im Kern des Streites geht es um die Messiasfrage, um die Legitimität des jesuanischen Anspruchs und der Frage nach dem Erfolg seines Weges und seiner Gemeinde. Es ist nicht nur an dieser Stelle zu spüren, dass es in der johanneischen Gemeinde um Existentielles ging. Veerkamp nennt das Solidarität. Beide Seiten, »Mehrheitsjuden« und Gemeinde, haben Angst vor Repression des Römischen Reiches. Aufruhr und Uneinigkeit ist das letzte, was sie brauchen können. Der Druck wuchs so stark, dass der berühmte

Synagogenbann in Kraft trat und wohl schon praktizierende JesusanhängerInnen verunsicherte und zurück in ihre alte Gemeinde trieb.

Dieser Druck findet sich in der harschen Rede wieder. Es geht um etwas. Es geht vielleicht um alles. Ergebnisse falscher oder zumindest höchst umkämpfter Strategien und Glaubensentscheidungen lassen sich am zerstörten Tempel ablesen. Neue Wege müssen gefunden werden, neue Wege aus Zerstörung und Gewalt. Was lässt sich aus den Schriften lesen für diese Wege, welche Abhängigkeiten sehen wir im Andern, in den Anderen? Der Vorwurf der Selbstbezogenheit, des Verrates an der »gemeinsamen« Sache, die je unterschiedlich verstanden wird, aber auf demselben Grund steht, überrascht da nicht.

## 4. Homiletische Konkretionen

So kann es also nicht um das Kleinreden dieser Situation in der johanneischen Gemeinde gehen, also auch nicht um das Denunzieren dieser Jesusdarstellung. Deshalb sollte bildhaft die Situation nach der Zerstörung des Tempels ausgemalt werden, der Verlust des Bezugs, das Ausbleiben des Messias, den schon Paulus zu seinen Lebzeiten erwartete, die unerträgliche Dehnung der Zeit, die mögliche Ungeduld, die existentielle Bedrohung. Wie reden wir, wenn es um das Ganze geht? Und wie suchen wir das zukünftige Leben in den Schriften und im Leben? Darum könnten die PredigerInnen kreisen und dabei ein kräftiges Wort für ein streitbares Suchen der Wahrheit in Lehre und Leben bei gleichzeitiger Offenheit für die anderen mit den Bekenntnisgrenzen – nein, nicht jede Position ist in der Gemeinde erlaubt, zugelassen oder toleriert –, die uns die Heilige Schrift bei aller Mehrdeutlichkeit nahelegt.

a) Konstellation

In manchen Predigtmeditationen christlich jüdischer Provenienz wird das Bild der streitenden Geschwister mobilisiert, um die Heftigkeit der Auseinandersetzung in dieser Phase innerjüdischer Konflikte in und mit der johanneischen Gemeinde zu erklären. Ich denke, es wäre angemessener, wirkliche politische gesellschaftliche Krisensituationen zu schildern, die Menschen verzweifelt machen. Je nach Gemeindesituation kann das variieren. Eine Situation könnte die DDR-Wirklichkeit in den achtziger Jahren sein. In evangelischen Gemeinden – nicht nur dort, aber eben auch dort – waren heftige Auseinandersetzungen um die Frage entbrannt, flüchten oder standhalten. Aber es kann jede Situation aufgerufen werden, wo es bekenntnishaft um ja oder nein geht, eben um Existenz, um Krieg und Frieden, um Gewaltfreiheit versus *ultima ratio*. Da darf dann auch schon mal votiert werden für einen kräftigen Diskussionsstil, der aber den oder die anderen nicht auf Dauer aggressiv besetzt.

b) Lesen oder Leben

Falsch eingängig ist die Alternative, die der Text nahelegt, wenn wir die Polemik für die Wahrheit nehmen. Da wäre nun wirklich das Schrift- und Weg- und Praxisverständnis des rabbinischen Judentums in die Predigt zu bringen. Sei es mit Franz Rosenzweig, »Der Jude tuts«, sei es mit anderen jüdischen und christlich wertschätzenden Stimmen. Das Tun und Hören als zentrale Elemente des

Judentums herauszuarbeiten und auf die antijüdische Wirkungsgeschichte der unhistorischen Adaption des Textes und der zugespitzten Polemik zu verweisen und zu insistieren, dass die übergeschichtlich für wahr gehaltenen Texte tödlich sind, scheint mir ein weiterer wichtiger Predigtgang.

Etwas riskant, aber auch reizvoll schiene mir, die damals innere Polemik auch in kirchlichen Kontexten nach innen zu wenden: Wie steht es denn mit der Nachfolge, wie mit dem Tun von Theologie? Versteckt sie sich nicht lieber im Elfenbeinturm sogenannter Wissenschaft und will alles Mögliche sein, aber nicht alltagsrelevant? Oder besser noch die Wirklichkeitsprüfung: Wo ist sie alltagsrelevant, wo hat sie gesellschaftlich etwas Zukunftsträchtiges zu sagen? Das ist durchaus als echte Frage gemeint und wiederum nicht rhetorisch. Denn ja, das gibt es wohl, wenn auch nicht ernsthaft in großen Mehrheiten. Wieviel Pathos, Energie und Lust haben wir, engagiert in unserer Kirche zur Sache zu gehen und über den Sinn der Schrift zu streiten? Denn das ist ja der jesuanische Vorwurf: Nicht dass sie nach der zukünftigen Welt in den Schriften suchen, sondern dass sie das Falsche darin finden. Wie gesagt, das verlangt etwas Vorsicht und eben doch die Vorabklärung, dass es hier nicht um Antijüdisches gehen kann und übrigens auch nicht um Antiintellektualismus.

c) Die Wahrheit beginnt mit Zwei

So könnte dann am Ende Bezug genommen werden auf die beiden Bewegungen, die sich nach der Zerstörung des Tempels gebildet haben, Christentum und rabbinisches Judentum. Das Explosive und auch die mögliche Perspektive dieser Beziehung deutet Rosenzweig an: Die bleibende Existenz des jüdischen Volkes ist der Christen Wahrheitsbeweis und leider wirksamer noch Stachel für die Kirche. Erst langsam entstand die Einsicht auf den Wegen bis heute, dass ohne Israel, ohne das jüdische Volk unser Glaube ins Leere liefe. Und die Einsicht verschwindet leider noch zu oft.

Durch die Welt der Bibel die Zeitung lesen hieße dann, sich dem ganzen Reden von Alternativlosigkeit zu widersetzen und eher in Rede und Gegenrede zu denken und zu handeln, wahlweise zumindest mit dem Wissen, dass es andere mit meinem Tun ausgeschlossene, aber vielleicht wirkmächtigere Handlungsformen gebe. Sie sind so dann eben nicht für immer ausgeschlossen und bleiben eine Option.

Aus diesen drei Zugängen ergibt sich hoffentlich ein Zugang zu dem Denken und Handeln der verheißenen zukünftigen Welt, in der es für alle gut ist zu leben.

## 5. Liturgievorschläge

Wochenspruch: Wer in der Liebe bleibt, der bleibt in Gott und Gott in ihm. 1.Joh 4,16b
Psalm 34

Lieder:
Von Gott will ich nicht lassen (EG 365)
Ich steh vor dir mit leeren Händen, Herr (EG 382)

Glaubensbekenntnis

Glaubensbekenntnislied nach Gerhard Bauer (Melodie EG 184)
Wir glauben Gott ist in der Welt, der Leben gibt und Treue hält.
Gott fügt das All und trägt die Zeit, Erbarmen bis in Ewigkeit.
Wir glauben, Gott hat ihn erwählt, den Juden Jesus für die Welt.
Der schrie am Kreuz nach seinem Gott, der sich verbirgt in Not und Tod.
Wir glauben Gottes Schöpfermacht hat Leben neu ans Licht gebracht,
Denn alles, was der Glaube sieht, spricht seine Sprache, singt sein Lied.
Wir glauben, Gott wirkt durch den Geist, was Jesu Glaube uns verheißt:
Umkehr aus der verwirkten Zeit und Trachten nach Gerechtigkeit.
Wir glauben, Gott ruft durch die Schrift, das Wort, das unser Leben trifft.
Das Abendmahl mit Brot und Wein lädt Hungrige zur Hoffnung ein.
Wenn unser Leben Antwort gibt darauf, dass Gott die Welt geliebt,
Wächst Gottes Volk in dieser Zeit, Erbarmen bis in Ewigkeit.
Amen

zit. nach: Marquardt, Predigt, 11

**Literatur**

Ebach, Jürgen, Sola scriptura – zwei Testamente – siebzig Gesichter, http://www.reformiert-info.de/14267-0-12-2.html, abgerufen am 2016-05-22.

Marquardt, Friedrich-Wilhelm, Johannes 8,37–44 in: Predigtmeditationen, TuK, Nr. 118–120, 31. Jg. Heft 2–4 (2008), 152–157.

Ders., Predigt zum 10. Todestag von Gerhard Bauer, in: Godel, Rainer (Hg.), Jüdisch-Christliches Gespräch und Kirchenreform, Berlin 1997, 11–21.

Meeks, Wayne A., »Am I a Jew?« Johannine Christianity and Judaism, in: Christianity, Judaism and other Greco-Romano Cults, Studies for M.Smith at sixty, ed. By J. Neusner, Leiden 1975, I, 163–186.

Osten Sacken, Peter von der, »Ein Wort hat Gott geredet…«. Lehrpredigt über Johannes 5,39–47, in: Dorothee Sölle (Hg.), Für Gerechtigkeit streiten. Theologie im Alltag einer bedrohten Welt, Gütersloh 1994, 163–167.

Overbeck, Franz, Das Johannesevangelium, Tübingen 1911, 391, zitiert bei: Peter von der Osten-Sacken, Jesus – Tempel im Tempel. Exegese zu Johannes 2,13–22, in: Wolfgang Raupach, (Hg.), Weisung fährt vom Zion aus, von Jerusalem Seine Rede, Berlin 1991, 69–83.

Rosenzweig, Franz, Der Stern der Erlösung, Frankfurt a. M. 1968.

Schäfer, Peter, The Jew Who Would Be God, May 18, https://newrepublic.com/article/103373/jewish-gospels-christ-boyarin, abgerufen am 2016-05-25.

Strack, Hermann/Billerbeck, Paul, Das Evangelium nach Markus, Lukas, Johannes und die Apostelgeschichte, Band 2, München 1923/3.

Veerkamp, Ton, Das Evangelium nach Johannes, TuK Sonderheft, Nr. 3, Berlin 2015.

*Christian Staffa*

# 2. Sonntag nach Trinitatis: Mt 22,1–14
# Gott – ein jähzorniger König?

## 1. Annäherung

Diese Perikope gehört zu den merkwürdigsten Abschnitten der Bibel. Luther soll gesagt haben, das sei »ein schrecklich Evangelium« (zitiert nach Klaiber, 122). Es ist eine Geschichte, in der sich Katastrophe an Katastrophe reiht. Und das Schlusszitat macht dieses Gleichnis noch schrecklicher. Wer will mit solch einem Gott zu tun haben? Am Ende wird abgerechnet. Und zähneklappernd und wimmernd stehen wir schließlich da, wenn wir diese Geschichte gehört haben. Wer kann da eigentlich bestehen? Verunsicherung allerorten. Und die Frage steht im Raum: Wie bekomme ich einen gnädigen Gott? Ich weiß ja, dass ich auch nicht besser bin als meine Väter. Mein Schicksal scheint darum klar zu sein, denn von Versöhnung oder vom Heilswerk Christi ist in dieser Parabel nicht die Rede.

Die Geschichte kann aber auch ganz anders gelesen werden. Mich erinnert dieses Gleichnis nämlich an den Beginn des Ester-Buches. Auch dort will der König – Ahasveros – ein großes Fest feiern. Er schickt nach seiner Frau Waschti. Diese aber will nicht kommen. Das erzürnt Ahasveros und er verstößt seine Frau. Als Folge müssen aus dem ganzen Reich junge Mädchen herangeschafft werden, die er eine Nacht in Besitz nimmt. Darauf werden sie verstoßen. Das ist verheerend für diese jungen Frauen. Ihr Leben ist nun Heulen und Zähneklappern. Wessen sich der König bedient, die ist für den Rest ihres Lebens tabu. Sie hat ihr Auskommen im Frauenhaus, das aber für diese vermutlich wie ein Gefängnis ist, dort, wo es am finstersten ist. Bis dann Ester kommt, die diesen Kreislauf durchbricht. Sie opfert sich für das Volk, nicht nur das Volk der Juden, sondern für alle Untertanen des Reiches des Königs Ahasveros. Die Schreckensherrschaft für die jungen Frauen hat ein Ende. Sie bringt Erlösung für die Bedrängten.

Vielleicht ist das ein Zugang zu dieser blutrünstigen Perikope.

## 2. Kontexte

a) Wie sich römische Kaiser willkürlich ihren Untertanen gegenüber verhielten.
»Der Sohn eines angesehenen römischen Ritters mit Namen Pastor wurde vom Kaiser Caligula (Gaius) gefangen genommen. Der Vater setzte sich für seinen Sohn ein. Dies nahm Caligula zum Anlass, den Sohn zu ermorden. ›Um dennoch nicht völlig unmenschlich gegenüber dem Vater zu handeln, lud er ihn an diesem Tage zu Tische. Pastor kam, sein Gesicht zeigte keinen Vorwurf. Es ließ ihm der Kaiser einen halben Liter Wein servieren und setzte neben ihn einen Wächter: Es hielt der Arme durch, nicht anders, als wenn er seines Sohnes Blut tränke. Salböl und Kränze schickte (Gaius) und befahl zu beobachten, ob er sie nehme: Er nahm sie. An diesem Tag, an dem er den Sohn begraben, vielmehr, an dem er ihn nicht begraben hatte, lag er bei Tische als hundertster Gast und schlürfte Getränke, kaum angemessen den Geburtstagen seiner Kinder, der gichtkranke alte Mann, ohne unterdessen eine Träne zu vergießen, ohne den Schmerz mit irgendeinem

Zeichen hervorbrechen zu lassen: Er speiste, als habe er mit der Bitte für den Sohn Erfolg gehabt. Du fragst, warum? Er hatte noch einen zweiten.‹«

Seneca, de ira, II, XXXIII 3–5, zit. nach: Schottroff, Verheißung, 481

b) Der Mensch ist auf Gottes Erbarmen angewiesen. Vergleiche dazu folgende Parallele: Esra setzt sich für die Rettung seines Volkes ein wie Mose. Kein Mensch kann vor Gott bestehen ohne die große Barmherzigkeit Gottes. Der Bitte voraus geht der Satz, der wortgleich mit V 14 unserer Perikope ist (4.Esra 8,3).

[20] Anfang der Gebetswortes Esras, bevor er entrückt wurde. Er sagte: Herr, der du in Ewigkeit wohnst, dessen Höhen hoch erhoben und dessen Söller in den Lüften ist, [21] dessen Thron unschätzbar und dessen Herrlichkeit unfassbar ist, […] [24] erhöre, (Herr), das Gebet deines Knechtes und vernimm die Bitte deines Geschöpfes! Achte auf meine Worte! [25] Denn solange ich lebe, muss ich reden, und solange ich denke, erwidern. [26] Schau nicht auf die Sünden deines Volkes, sondern auf die, die dir in Wahrheit dienen. [27] Achte nicht auf die Machenschaften der Übeltäter, sondern auf die, die deine Bündnisse unter Leiden hielten! [28] Denk nicht an die, die trügerisch vor dir gewandelt sind, sondern gedenke derer, die aus freiem Willen darauf bedacht waren, dich zu fürchten. [29] Wolle nicht die zugrunde richten, die sich wie das Vieh benommen haben, sondern schau auf die, die dein Gesetz deutlich gelehrt haben. [30] Zürne nicht denen, die schlimmer als die Tiere zu erachten sind, sondern liebe die, die immer auf deine Herrlichkeit vertrauten. [31] Denn wir und unsere Väter haben in sterblichen Werken dahingelebt. Du aber wirst wegen uns Sündern der Barmherzige genannt. [32] Denn wenn du dich unser, die wir ja keine Werke der Gerechtigkeit haben, erbarmen willst, wirst du der Erbarmer genannt. [33] Denn die Gerechten, denen viele Werke bei dir hinterlegt sind, werden aus den eigenen Werken den Lohn empfangen. [34] Was ist denn der Mensch, dass du ihm zürnst, oder das vergängliche Geschlecht, dass du auf es so erbittert bist? [35] In Wahrheit gibt es nämlich niemand unter den Geborenen, der nicht böse gehandelt, und unter den Gewordenen, der nicht gesündigt hätte. [36] Denn dadurch wird deine Gerechtigkeit und deine Güte offenbart, Herr, dass du dich derer erbarmt hast, die keinen Bestand an guten Werken haben.

4.Esra 8,20–36, zit. nach: Lütge

c) Die Tradition der antijudaistischen Auslegung dieser Perikope findet sich bei Chrysostomos in deutlicher Form. Dies führt dann zwangsläufig zur Vernichtung des jüdischen Volkes, wenn Gott mit dem König des Gleichnisses gleichgesetzt wird. »Die härteste Strafe hätten sie verdient (wegen der Ermordung Jesu), und doch ladet er sie noch zur Hochzeit ein und zeichnet sie besonders aus. … Gibt es wohl eine abscheulichere Undankbarkeit, als dass sie sich weigern, zur Hochzeit zu kommen, an der sie geladen sind? […] Weil sie sich weigerten zu erscheinen und sogar die Boten umbrachten, so steckt der Herr ihre Städte in Brand und entsendet seine Heere, um sie zu vernichten. In diesen Worten weissagt Christus, was später unter Vespasian tatsächlich geschah …; darum ist es auch er (= Gott) selbst, der strafend gegen sie einschreitet. Die Belagerung erfolgte daher auch nicht unmittelbar, sondern erst vierzig Jahre später … Gott offenbarte dadurch seine Langmut.«

Schottroff, 2007, 486

## 3. Beobachtungen am Text

Eine absurde Geschichte, Satire pur! Oder ist es eine Geschichte, die mitten aus dem Leben gegriffen ist (vgl. Kontexte a)? Gnilka zumindest meint, dies »von vornherein« verneinen zu können (Gnilka, 234).

Auf der Erzählebene reiht sich hier Katastrophe an Katastrophe. Im ersten Teil der Einladung werden alle Eingeladenen vernichtet, im zweiten Teil nur einer. Vielleicht kamen diejenigen, die dem Einladenden die kalte Schulter gezeigt haben, mit dem Leben davon. Die dann zur Hochzeit Geladenen haben sicher weniger fröhlich gefeiert. Vielmehr werden sie eher gezittert haben. Dass man dann keinen Ton herausbekommt, wenn man von diesem Despoten direkt angeherrscht wird, ist nachvollziehbar. Eine blutrünstige Geschichte, eine Geschichte voller Gewalt und Terror. Und stünde sie nicht im Neuen Testament und würde sie nicht von Jesus erzählt werden, die Ausleger würden sagen: Typisch alttestamentlicher Rachegott. Denn dass dieser jähzornige König Gott ist, scheint (fast) allen Auslegern fraglos zu sein. Gnilka kann darum formulieren: »Im Bild des Königs werden die Züge Gottes erkennbar.« (Gnilka, 237) Matthäus hat dieses Gleichnis wohl bewusst als drittes nach den Gleichnissen von den ungleichen Söhnen und den Weingärtnern gesetzt. Zunächst wird die Parallelität zwischen dem Schicksal der Knechte beim Weinbergbesitzer und beim König festgestellt (vgl. Frankemölle, 340f.). Gnilka will eine »sich steigernde Anklagerede gegen die Hierarchen« feststellen. Deshalb sieht er in der Perikope auch »ein Kompendium der Heilsgeschichte« (Gnilka, 233). Ist das aber wirklich »Heils«-Geschichte? Entspricht diese Parabel wirklich dem Erlösungswerk Christi? Rechtfertigungslehre kann man in ihr nicht erkennen. Deshalb war sie für Luther ein »schrecklich Evangelium«.

Chrysostomos dagegen hatte in seiner Auslegung keine Skrupel (vgl. Kontexte c), diesen Text antijudaistisch auszulegen, ebenso wenig die Ausleger und Prediger bis in die jüngste Vergangenheit auch. Der israelische Historiker Israel Yuval aber weist darauf hin, dass erst Origenes und Eusebius einen Zusammenhang zwischen dem Tod Jesu und der Zerstörung Jerusalems hergestellt haben und dies dann im 4. Jh. in der Kirche bleibend Eingang gefunden hat (Yuval, 54). Matthäus dagegen hat diesen Zusammenhang nicht beabsichtigt. Spätere Ausleger haben dies in diese Geschichte hineingelesen haben und dies unreflektiert tradiert.

Zusammengefasst: Wer die Parabel klassisch auslegt, kommt um einen Antijudaismus kaum herum. Das Wesen Gottes ist zornig und unbeherrscht. Wer sich ihm widersetzt, wird auf ewig verdammt. Es gibt keine Erlösung für die, welche am Tod Jesu schuldig geworden sind oder sich Gottes Gnade nicht würdig erweisen.

Ganz anders dagegen und m. E. stimmiger legt Luise Schottroff dieses Gleichnis aus. Sie geht von der sozialgeschichtlichen Wirklichkeit der Zeit Jesu aus. Die Gleichnisse sind Ausdruck von »Jesu Kritik an der Gewalt, die das Volk erleidet und ausübt. [...] [Dies] führt zum Konflikt mit Menschen aus der pharisäischen Gruppe und den Hohenpriestern; dieser Konflikt eskaliert weiter durch diese Parabel«. (Schottroff, 2007, 480) Dass ein solch despotisches Verhalten durchaus an der Wirklichkeit Maß genommen hat, zeigt Seneca (vgl. Kontexte a). Auch innerbiblisch – auch bei Matthäus – finden sich solche Exzesse (vgl. das Ende des Täufers, Mt 14,1–12). Und dass Despoten Städte vernichten und mit ihr weite Teile der Bevölkerung, nur um zu zeigen, wer das Sagen hat, ist immer noch Gegenwart. Aleppo 2016 oder Coventry 1940 sind nur Beispiele aus jüngerer Vergangenheit.

Ist der König in diesem Gleichnis wirklich mit Gott gleichzusetzen, wie die Auslegungstradition vorgibt? Passt diese Gottesvorstellung in das Gottesbild des Evangelisten? Schottroff untersucht matthäische Rede über imperiale Herrschaft. Mt 20,25 sagt Jesus über die Herrschenden aus, dass sie ihre eigenen Völker unterdrücken. Mt 23,9 lehnt er den Vater-Titel der römischen Kaiser als Ausdruck der Ehrerbietung unter seinen Jüngern ab. Gottes Gerechtigkeit ist eine andere als die der Herrschenden dieser Welt. Unterstützt wird diese Sicht vom Textbestand. Das Himmelreich gleicht nach dem griechischen Wortlaut nicht einem König, sondern nach V 2 einem »Menschenkönig« (*anthropo basilei*). Dadurch wird der Leser schon gleich am Anfang darauf hingewiesen, dass dieser König nicht Gott sein kann. Diese Lesehilfe wird dem aufmerksamen griechischen Leser gegeben, dem deutschen leider nicht. Deshalb ist es offensichtlich, dass diese Geschichte nicht vom Vergleich der Parabel lebt, sondern von ihrer Entgegensetzung: Gott ist eben nicht so, wie der Menschenkönig, der das, was ihm missfällt, drakonisch bestrafen lässt. Gottes Königtum ist der Gegensatz zur irdischen Herrschaft eines Königs. Kessler führt in seiner Auslegung zum Gleichnis Bibelstellen an, in denen Menschen im Matthäusevangelium der Zugang zum Königtum Gottes zugesprochen wird: den Armen (Mt 5,3), den Verfolgten (Mt 5,10), den Kindern (Mt 19,14) oder den Zöllnern und Prostituierten (Mt 21,31). Schwierigkeiten haben dagegen die Reichen (Mt 19,23–24). (Kessler, 165) Zugang zum Reich Gottes erhalten nach dem Matthäusevangelium alle, die in der Perikope als »böse« bezeichnet werden. Im bisherigen Verlauf des Matthäusevangeliums war ihr Zugang zum Himmelreich nicht an Bedingungen geknüpft. Warum sollte dies jetzt plötzlich der Fall sein?

Darum ist die von Schottroff vorgeschlagene Deutung der Parabel einerseits als Herrschaftskritik sehr plausibel. Nicht von ungefähr erzählt Matthäus nach diesem Gleichnis die Frage nach der Steuer für den Kaiser. Die Pharisäer und die Herodesleute wollten mit ihrer Frage Klarheit darüber bekommen, ob Jesus Kritik an den politischen Zuständen in recht scharfer Form äußern wollte. Jesus aber ging es gar nicht darum. Vielmehr wollte er die Barmherzigkeit Gottes und die Bedeutung seines eigenen Kommens formulieren. Hier wird die bessere Gerechtigkeit formuliert. Dies geschieht auf dem Weg der Satire. Auch an anderen Stellen, die auf Gottes Gerechtigkeit hinweisen, argumentiert Matthäus satirisch (vgl. z.B. Mt 5,29f.; 7,3). Andererseits wird gerade durch die Entgegensetzung die Barmherzigkeit Gottes desto deutlicher. Gott geht es nicht um Vernichtung, sondern um Rettung. Dazu ist Jesus gekommen, damit alle Welt gerettet würde.

*V 14* entscheidet darüber, wie diese ganze Parabel interpretiert wird. Man kann sie in klassischer Form interpretieren, wie es wohl auch im evangelikal-pietistischen Kontext gemacht wird. V 14 zeigt m.E. jedoch, dass die Geschichte anders gelesen werden muss, nämlich im Zusammenhang von 4. Esra (vgl. Kontexte b). Dieser Vers führt zum Verständnis, dass die Parabel ein Antigleichnis ist. Die Einladung Jesu gilt allen. Sie gilt auch dem »reichen Jüngling«. Jesus lässt ihn ziehen. Gewalt wendet er nicht an. Darum sind viele berufen, aber nicht alle nehmen die Einladung an. Jesus selbst ist es, der die Gewalt durchbricht und das Erbarmen Gottes lebt.

## 4. Homiletische Konkretionen

Die Predigt werde ich in fünf Teile gliedern.

1. Seneca
Vor der Bibeltextverlesung lese ich unkommentiert die Geschichte des römischen Ritters vor (Kontexte a). Die Aufmerksamkeit am Anfang ist groß. Die Gemeinde wird etwas verwirrt sein, weil eine gewohnte Hörerwartung durchbrochen wird. Am Ende der Geschichte wird diese Verwirrung thematisiert. Wie kann sich ein König so verhalten? Ein solcher König verhält sich despotisch. Gerechtigkeit und Vertrauen sehen anders aus.

2. Bibeltext
Dann leite ich zum Bibeltext über. Hierbei zitiere ich Luthers Aussage (s. Anfang der Annäherungen) Ich nehme die Bibel sichtbar in die Hand, so dass deutlich wird, dass diese Geschichte aus der Bibel stammt. Nach Verlesung des Predigttextes stelle ich die Frage, ob in dieser Parabel wirklich Gott der Handelnde ist.

3. Vergleich und Anfragen
Hier gehe ich der Frage nach dem Unterschied der beiden Geschichten (Seneca – Mt 22) nach. Welches Gottesbild wird in der Perikope vermittelt? Ist das der Gott, der uns im Neuen Testament vorgestellt wird? Die klassische Bibelauslegung meint dies. Doch ich distanziere mich von dieser Auslegungstradition. Es geht nicht darum, den »lieben Gott« zu verkündigen, sondern den *liebenden Gott*. Den Gott, der genau dieses Handeln von menschlichen Königen durchbrechen will und durchbrochen hat.

4. Barmherzigkeit Gottes
Was ist das Wesen Gottes? Es ist der sich erbarmende Gott, der sich den Ausgestoßenen zuwendet. Es ist der Gott, der auch die Reichen und Saturierten zu sich ruft. Aber im Gegensatz zur Welt zeigt sich Gottes Erbarmen darin, dass er den Menschen Freiheit zugesteht. Wen Gott eingeladen hat, den stößt er nicht hinaus.

5. Das Heilswerk Jesu
Jesus knüpft seine Einladung zum Reich Gottes nicht an Bedingungen. Er ist gekommen, die Gewaltherrschaft der Welt zu beenden, indem er sich der Menschengewalt aussetzt und sie überwindet. Hier trage ich den Beginn der Esther-Erzählung vor. An ihr zeigt sich, dass Gewalt unterbrochen werden kann und für alle Menschen Leben ermöglicht wird. Jesus lädt alle Menschen ein. Wer nicht kommt, den verurteilt er nicht. Aber jeder ist würdig, am Fest teilzunehmen, das Jesus gibt. Gott ist ein liebender Gott und kein wütender Despot oder jähzorniger König. Er setzt sich vielmehr den Despoten aus, um deren Macht zu beenden. Menschen können Gott angstfrei begegnen.

## 5. Liturgievorschläge

Psalm 130

Lesung: Jes 55,1–5

Lieder:
Eingangslied: Wie lieblich schön, Herr Zebaoth (EG 282,1.2.5.6)
Wochenlied: Ich lobe dich von ganzer Seelen (EG 250)
Lied nach der Predigt: Gott liebt diese Welt (EG 409,1–4)
Schlusslied: Es wolle Gott uns gnädig sein (EG 280,1–3)

### Literatur

Fiedler, Peter, Das Matthäusevangelium, Stuttgart 2006.
Frankemölle, Hubert, Matthäus. Kommentar 2, Düsseldorf 1997.
Gnilka, Joachim, Das Matthäusevangelium II. Teil. Kommentar zu Kap. 14,1–28,20, Freiburg 1988.
Kessler, Rainer, Das Königtum Gottes und der Menschenkönig. Das Gleichnis vom königlichen Hochzeitsmahl, in: Ulrike Metternich (Hg.), Gott ist anders. Gleichnisse neu gelesen, Gütersloh 2014, 160–169.
Klaiber, Walter, Das Matthäusevangelium. Teilband 2: Mt 16,21–28,20, Neukirchen-Vluyn 2015.
Lütge, Michael, 4. Esra, http://homepage.ruhr-uni-bochum.de/michael.luetge/Himmelsr2.html#_Toc256248601), abgerufen am 2016-05-02.
Luz, Ulrich, Das Evangelium nach Matthäus (Mt 18–25). EKK 1/3, Neukirchen-Vluyn 1997.
Schottroff, Luise, Verheißung für alle Völker (Von der Königlichen Hochzeit), in: Zimmermann, Ruben (Hg.), Kompendium der Gleichnisse Jesu, Gütersloh 2007, 479–487.
Dies., Die Gleichnisse Jesu. Gütersloh 2005.
Yuval, Israel, Zwei Völker in deinem Leib. Gegenseitige Wahrnehmung von Juden und Christen in Spätantike und Mittelalter, Göttingen 2007.

*Johannes Gruner*

# 3. Sonntag nach Trinitatis: Lk 15,1–7(8–10)
# Vom Glück des Wiederfindens

## 1. Annäherung

Finderglück. Glück des Wiederfindens. Diese Leitworte schenkt mir Werner Kraft in seiner Anthologie deutscher Poesie und Prosa »Wiederfinden«. Aus einem Kinderbuch von Janosch hatte ich gelernt, besser »Pilze finden« als »Pilze suchen« zu gehen, um etwas von dem Finderglück schon beim Suchen vorauszuspüren. Was aber ist das Finderglück im Vergleich zum Glück des *Wieder*findens?! Etwas, das man hatte, das immer da war, Teil eines Ganzen, plötzlich zu vermissen und auch nach gründlicher Suche, zuerst im eigenen Gedächtnis, dann an konkreten Stellen, zu denen man zurückkehrt (!), nicht mehr zu finden, lässt einen zweifeln am eigenen Verstand, am Erinnerungsvermögen, an Grundsätzen und Gewohnheiten. Ich habe eine Menge gelernt, um aus dem Suchen eine Strategie des Wiederfindens zu machen. Und doch verspüre ich bei jedem Wiederfinden neben der Zufriedenheit, wie oft die Strategie funktioniert, das Glück, dass sie tatsächlich funktioniert, und die Freude, dass der vermisste Gegenstand wieder bei mir ist.

Dann gibt es noch das Wiederfinden von Menschen. Da ist es das höchste Glück, wenn nicht nur die eine den andern, sondern wenn beide einander wiederfinden. Christen und Juden zum Beispiel.

## 2. Kontexte

a) David Flusser hält die lukanische Rahmenkonstruktion mit den murrenden »Pharisäern und Schriftgelehrten« in Lk 15,1–2 für ein ideologisches Vorurteil: »Es wird postuliert, dass das Verhältnis Jesu zu den Sündern sich diametral vom Standpunkt des pharisäisch-rabbinischen Judentums unterscheidet. Man soll hier nicht zu früh von Zeugnissen einer moralischen Revolution reden, wo doch eher vulgäre Verzeichnungen dahinter stehen. Ich wage das deshalb zu sagen, weil ich die Revolution Jesu kenne und anerkenne. Sie wurde erst durch pharisäisch-rabbinische Voraussetzungen ermöglicht. Darum war das Gleichnis von Gottes Barmherzigkeit den Verirrten gegenüber für die meisten ›Pharisäer und Schriftgelehrten‹ ohne Einschränkung akzeptabel. Für den Verfasser des Rahmens war es dagegen selbstverständlich, dass sich das Gleichnis gegen die Pharisäer und Schriftgelehrten richtet. Er hatte also eine vorgefasste Meinung. … Das ideologische Vorurteil steht also bei der Einleitung des Doppelgleichnisses zu Pate.«

Flusser, 120

b) Von Mose als dem guten Hirten erzählt der Midrasch Rabba zum 2. Buch Mose: »Unsere Rabbinen sagten: Als Mose die Schafe seines Schwiegervaters Jethro in der Wüste weiden liess, lief einmal ein junges Böckchen davon, er setzte ihm nach, bis es an einem abschüssigen Ort anlangte, wo es eine Quelle (Teich) fand, um zu trinken. Als Mose zu ihm kam, sprach er: Ich wusste nicht, dass du wegen des Durstes davon gelaufen warst, nun wirst du wohl müde sein! Mit diesen Worten nahm er es auf seine Schulter und trug es zurück. Da sprach Gott: Du hast Mitleid bewiesen, die Schafe von Fleisch und Blut (eines Menschen) zu leiten, bei deinem Leben, du sollst auch meine Schafe, die Israeliten weiden. Das soll nun auch hier mit den Worten gesagt sein: ›Mose weidete‹.«

Midrasch Schemot Rabba Par. II Cap. III,1, zit. nach: Wünsche, 31

c) Auch im Talmud wird, abgeleitet aus Jesaja 57,19, der Umkehrende höher geschätzt als der Gerechte:
»… R. Abahu sagte, wo die Bußfertigen stehen, vermögen auch die vollkommen Gerechten nicht zu stehen, denn es heißt: *Friede, Friede dem Fernen und dem Nahen*, zuerst dem Fernen, nachher dem Nahen.«

Babylonischer Talmud Berakhot 34b, zit. nach: Goldschmidt I, 155

d) Im Talmud findet sich das Thema Umkehr in Verbindung mit einer Relation von 1:999:
»Folgende sind die Fürsprecher des Menschen: Buße und gute Werke. Selbst wenn neunhundertneunundneunzig über ihn zu Ungunsten sprechen und einer über ihn zu Gunsten spricht, wird er gerettet, wie es heißt [Hiob 33,23]: *wenn dann ein Engel als Fürsprecher für ihn da ist, einer von tausend, dem Menschen seine Rechtlichkeit zu verkündigen, so erbarmt er sich seiner und spricht: Erlöse ihn, laß ihn nicht in die Grube hinabfahren.*«

Babylonischer Talmud Schabbat 32a, zit. nach: Goldschmidt I, 526

e) Maimonides führt den Satz Rabbi Abahus aus dem Talmud-Traktat Berakhot weiter aus:
»Keiner, der umkehrt, soll glauben, daß er ferngehalten ist von der Stufe (dem Rang) der Gerechten um der frevelhaften Tat und der Sünde willen, die er getan hat. So verhält es sich keineswegs, vielmehr ist er geheilt und höchst willkommen vor seinem Schöpfer, wie wenn er niemals gesündigt hätte. Und nicht nur dies, vielmehr ist sein Lohn groß; denn wiewohl er die Sünde gekostet hat, hat er sich von ihr getrennt und hat seinen Trieb überwunden. Die Weisen haben gesagt: An dem Ort, an dem die Umkehrenden stehen, vermögen die vollkommenen Gerechten nicht zu stehen, das heißt: Ihre Stufe (Rang) ist größer als die Stufe derer, die seit jeher nicht sündigten; denn sie überwinden ihren (bösen) Trieb weit mehr als jene.«

Maimonides, Hilchot Tschuwa 7,4, zit. nach: von der Osten-Sacken, 261

## 3. Beobachtungen am Text

»Zwillingspaare von Gleichnissen« wie das vom verlorenen Schaf und verlorenen Groschen, so David Flusser (41), sollte man in ihren Variationen beachten, deren Bedeutung aber auch nicht übertreiben. Zusammen mit dem Gleichnis vom verlorenen Sohn, das nicht zur Perikope, aber zum selben Kapitel gehört, bildet es eine Abfolge von drei Gleichnissen über Verlieren, Wiederfinden, Umkehren, sich Freuen – Bovon (13) überschreibt alle drei mit »Gleichnisse über das Erbarmen«. Im lukanischen Rahmen sagt Jesus »dieses Gleichnis«, d.h. die drei sind eins. Seine Adressaten sind »alle Zöllner und Sünder«, die ihn umgeben und hören, und die Pharisäer und Schriftgelehrten, die »murren«, dass Jesus Sünder annehme und mit ihnen esse.

Ungewöhnlich ist, dass beide Gleichnisse des »Zwillingspaares« mit einer die Zuhörer direkt anredenden Frage beginnen und nicht etwas Vergangenes erzählen. Die Gleichnisse sind parallel mit einigen Unterschieden aufgebaut, das zweite ist deutlich kürzer als das erste, sowohl im erzählenden als auch im deutenden Teil, der jeweils mit »so« (*houtos*, V 7/V 10) eingeleitet wird. Leitworte des Textes sind »finden« (6x), »verlieren« (5x), »(mit)freuen« bzw. »Freude« (5x), »Sünder« (4x, davon 2x in der Rahmenerzählung). Vier Mal erscheint das Zahlwort »eine/-es/-en«. »Umkehren« bzw. »Umkehr« kommt drei Mal vor. Das Wort »suchen« steht nur einmal da (V 8), das Suchen wird mit verschiedenen Worten beschrieben.

Ein Mann (VV 4–7) bzw. eine Frau (VV 8–10) verlieren etwas aus ihrem Besitz und setzen alles daran, es wiederzufinden, der Mann eines aus hundert Schafen, die Frau eine aus zehn Drachmen. Diese Szene wird jeweils in einen einzigen Fragesatz gefasst, der die Hörer anspricht (»Wer von euch?« V 4 – »Welche Frau?« V 8) und mit den Worten endet: »bis er es findet?« bzw. »bis sie sie findet?«. Im Fall der Frau, die im Haus mit Licht und einem Besen sorgfältig (!) sucht, wird etwas kürzer erzählt als im Fall des Mannes, der neunundneunzig Schafe in der Wüste zurücklässt um das eine »verlorene« (hier einmal mehr erwähnt als im zweiten Gleichnis) zu finden. Auch der jeweilige Folgesatz, der vom Finden erzählt (V 5/V 9), ist beim Mann länger und inhaltlich reicher: »freudig« (hier einmal mehr erwähnt als im zweiten Gleichnis) nimmt er das wiedergefundene Schaf auf seine Schulter und trägt es heim; Mann und Frau rufen beide ihre Freunde und Nachbarn und sagen ihnen fast übereinstimmend: »Freut euch mit mir, denn ich habe das verlorene Schaf gefunden bzw. die Drachme gefunden, die ich verloren hatte«.

Dann gibt Jesus, hervorgehoben durch »ich sage euch«, jeweils seine Deutung (V 7/V 10), die ebenfalls im ersten Gleichnis länger ausfällt als im zweiten. Aus den in den beiden Gleichnissen vorkommenden Leitworten greift Jesus die »Freude« heraus. Er spricht von der Freude, die im Himmel bzw. bei den Engeln Gottes herrschen wird über *einen* Sünder, der umkehrt.

Das Wort »Sünder« nimmt Jesus aus der wörtlichen Rede der Pharisäer und Schriftgelehrten, also aus dem Rahmen. Er fügt dem Wort Sünder ein weiteres Wort hinzu, das die Pharisäer und Schriftgelehrten nicht gesagt haben: »umkehren«. Es ist in beiden Gleichnissen das letzte Wort seiner Deutung. Es benennt den entscheidenden Unterschied zwischen dem, was die Pharisäer beanstanden, und dem, was Jesus tut: Jesus nimmt nicht die Sünder an, sondern die *umkehrenden* Sünder. Offenbar nehmen die Pharisäer und Schriftgelehrten nicht wahr, was in V 1 erzählt wird: Zöllner und Sünder nähern sich Jesus, *um ihn zu hören*. Dieses Hören steht in Beziehung zu dem Umkehren in Jesu Deutung. Indem die Zöllner und Sünder sich Jesus nähern um ihn zu hören, *kehren sie um*.

Die Pointe der Zwillingsgleichnisse scheinen jedoch nicht die umkehrenden Sünder zu sein. Das Schaf und die Drachme wurden gefunden, sie können nicht umkehren wie ein Mensch. Als Pointe steht vielmehr die Freude im Zentrum. Die Freude über das Wiederfinden, über das Finderglück des Schafbesitzers und der Drachmenbesitzerin, gibt das Bild für die Freude, die im Himmel und, dort sich ausbreitend, unter den Engeln Gottes herrscht über die Umkehr *eines*

Sünders. Verlieren, finden, sich freuen – diese sind die häufigsten Leitwörter des Textes.

Mit der Freude über *einen* Sünder, der umkehrt, müssen wir nochmals die anderen Zahlenwerte des Textes in den Blick nehmen. Die zehn Drachmen und hundert Schafe bilden jeweils eine Gesamtheit, die durch den Verlust einer Drachme bzw. eines Schafes nicht mehr ist, was sie zuvor war. Allerdings macht Jesus in seiner Deutung des ersten Gleichnisses aus den verbliebenen Neunundneunzig eine neue Einheit: die Gerechten, die die Umkehr nicht nötig haben. Jesus stellt sie in eine Relation zu dem einen umkehrenden Sünder: über ihn wird *mehr* Freude sein als über sie. Über sie ist also auch Freude im Himmel. Nur – die Umkehr eines Sünders wird als etwas so Besonderes geschildert, dass die Freude hierüber die Freude über neunundneunzig Gerechte überwiegt.

In den neunundneunzig Gerechten sollen sich nach der Rahmenkonstruktion des Lukas wohl die »murrenden« Pharisäer und Schriftgelehrten wiederfinden. Nur noch einmal kommt dieses »Murren« im NT vor, ebenfalls im Lukasevangelium: Über Zachäus (19,7) murren »alle«, weil Jesus bei dem Zöllner von Jericho einkehrt. Der Vorwurf, Jesus esse mit Zöllnern und Sündern, wird von Lukas bereits bei der Berufung des Zöllners Levi eingeführt (5,30). In keinem der genannten Fälle (5,30; 15,2; 19,7) erkennen die Murrenden, dass die Zöllner bzw. Sünder umkehren, indem sie Jesus nachfolgen bzw. zuhören. Die Perikope stellt nicht und beantwortet nicht die Frage, welche Freude unter den Gerechten sein wird, wenn ein umkehrender Sünder ihre Zahl wieder auf hundert rundet. Vielmehr geht sie noch weiter mit der schier unglaublichen Zahlenangabe, zu Jesus kämen »alle« Zöllner und Sünder, um ihn zu hören. Und so stehen »alle Zöllner und Sünder, die ihn hören« aus V 1 und der »eine Sünder, der umkehrt« aus V 10 einander gegenüber als die, die das ganze Zwillingsgleichnis rahmen und die Ungeheuerlichkeit dessen veranschaulichen, was da gerade geschieht, nämlich dass Jesus *alle* Zöllner und Sünder als Hörende und Umkehrende annimmt und den Himmel mit Freude erfüllt.

Bleibt nur der schale Nachgeschmack über die Verzeichnung der »Pharisäer und Schriftgelehrten« durch Lukas und über die bereitwillige Akzeptanz dieser Verzeichnung seitens der Christenheit durch zwei Jahrtausende. Welche Freude lösen die Umkehr der Kirche, die Veränderung der Theologie durch den christlich-jüdischen Dialog und das einander Wiederfinden von Christen und Juden in den Himmeln aus?

## 4. Homiletische Konkretionen

Je mehr ich besitze, umso leichter – so stelle ich mir vor – könnte ich auf das meiste verzichten. Manches aber will ich auf keinen Fall missen: weil es wertvoll oder mit guten Erinnerungen verbunden ist oder weil es mir täglich gute Dienste leistet. Wenn ich eines dieser mir wichtigen Dinge verliere, habe ich keine Ruhe. Ich muss es wiederfinden. Dafür habe ich mit der Zeit eine Strategie entwickelt: Zuerst versuche ich mich zu erinnern. Wenn das nicht hilft, wiederhole ich die zuletzt zurückgelegten Wege. Wenn das nicht hilft, überlege ich mir, wohin ich den Gegenstand, den ich vermisse, aufräumen würde. Wenn das auch nicht hilft, lege ich eine Pause ein und hoffe, dass sie sich kreativ auswirken wird. Meistens finde ich das Verlorene, manchmal ganz unverhofft.

Ein Verlust kann einen so richtig aus dem Konzept bringen. Alles andere rutscht auf der Prioritätenliste nach hinten. Zuerst muss das Verlorene gefunden werden. So lange fehlt es spürbar. Darum lässt der Mann die Herde zurück und geht auf die Suche nach seinem verlorenen Schaf. Darum durchsucht die Frau ihr Haus gründlich nach ihrer verlorenen Drachme. Beide finden das Verlorene. Und beide reagieren gleich: mit großer Freude, die sie mit ihren Nachbarn und Freunden teilen möchten.

Wenn ich an das eine oder andere Wiederfinden zurückdenke, spüre ich jetzt noch das Echo jener Freude in mir. Manchmal lässt mich erst ein Verlust spüren, wie sehr mir etwas ans Herz gewachsen war. Ist es wieder da, so ist die Welt wieder in Ordnung.

Jesus erzählt diese Zwillingsgleichnisse, um uns die Freude vor Augen zu führen, die im Himmel und unter den Engeln über die Umkehr eines einzigen Sünders ausbricht. Jesus meint mit diesen Geschichten nicht verlorene Gegenstände, sondern zerrissene Beziehungen zwischen Menschen. Ein erwachsener Mensch kann eigentlich nicht verloren gehen. Und doch schließt sich an unsere Zwillingsgleichnisse als drittes das bekannte Gleichnis vom verlorenen Sohn an. Der geht aus freien Stücken in die Fremde und merkt selbst nur sehr langsam, wie verloren er ist. Als er umkehrt, empfängt ihn sein Vater mit großer Freude. Aber da ist ein Bruder, der unwirsch reagiert auf die Rückkehr dieses »Verlierers«.

Auch in unserer Perikope reagieren einige unwirsch: »Pharisäer und Schriftgelehrte«. Sie denken, Jesus nehme die Sünder an. Jesus antwortet ihnen: einen Sünder, *der umkehrt*. Lukas erzählt sogar: *alle* Sünder, die zu ihm kommen um ihm zuzuhören. Jesus heilt zerrissene Beziehungen.

Den »Gerechten«, den Pharisäern und Schriftgelehrten, macht Jesus keinen Vorwurf. Sie haben Umkehr nicht nötig. Aber die Christenheit hat an ihnen dennoch kein gutes Haar gelassen. Das beginnt schon in den Evangelien. Unsere Vorfahren haben die Beziehung zu ihnen abgebrochen und ihnen und ihrem ganzen Volk Israel das Leben schwer gemacht. Sie gingen uns und wir gingen ihnen verloren. Erst übergroße Schuld ließ Christen und Kirchen umkehren und begreifen: ohne Juden können wir nicht Christen sein. Heute sind wir dabei uns wiederzufinden und spüren, wie die Freude wächst, weil wir einander wieder begegnen, miteinander feiern und lernen. Wie groß muss erst die Freude im Himmel und bei den Engeln sein!

## 5. Liturgievorschläge

Lesung: Hesekiel 18,1–4.21–24.30–32
Tora-Wochenabschnitt: Balak, Num 22,2–25,9.
Haftara: Mi 5,6–6,8

Lieder:
Gott des Himmels und der Erden (EG 445)
Jesus nimmt die Sünder an (EG 353, Wochenlied)

In dir ist Freude (EG 398)
Herr, gib mir Mut zum Brückenbauen (EG 649, Regionalteil Württemberg)
Psalm 103 (EG 742, Regionalteil Württemberg; Wochenpsalm)

**Literatur**

Der Babylonische Talmud, neu übertragen durch Lazarus Goldschmidt, Nachdruck der 2. Aufl. (Berlin 1964) Königstein/Ts. 1980.
Bovon, François, Das Evangelium nach Lukas, EKK Bd. 3, Düsseldorf/Zürich/Neukirchen-Vluyn 2001.
Flusser, David, Die rabbinischen Gleichnisse und der Gleichniserzähler Jesus, 1. Teil: Das Wesen der Gleichnisse, Judaica et Christiania Bd. 4, Bern 1981.
Kraft, Werner, Wiederfinden. Deutsche Poesie und Prosa, Heidelberg $^{2}$1962.
von der Osten-Sacken, Peter, Katechismus und Siddur. Aufbrüche mit Martin Luther und den Lehrern Israels, VIKJ Bd. 15, Berlin $^{2}$1994.
Schweizer, Eduard, Das Evangelium nach Lukas, NTD Bd. 3, Göttingen $^{19}$1986.
Wünsche, August, Der Midrasch Schemot Rabba. Das ist die haggadische Auslegung des zweiten Buches Mose, Nachdruck der Ausgabe Leipzig 1882, mit Zufügung des hebräischen Textes zusammengestellt von Michael Krupp, Ein Karem-Jerusalem 2013.

*Michael Volkmann*

# 4. Sonntag nach Trinitatis: Gen 50,15–21
# Vergebung und Kontinuität

## 1. Annäherung

Die Geschichte von Jakob und seinen Kindern (Gen 37–50) ist vielerlei: Sie ist Abschluss der vielen Gewaltgeschichten zwischen Geschwistern, die mit Kain und Abel begonnen haben, sie steht am Übergang zum Buch Exodus, dem Buch, in dem das Volk Israel zur Welt kommt und sie ist – da streiten sich die Geister (gut so!)– die Geschichte, die uns besonders gut erzählt, was Vergebung heißt. Unser Predigttext ist voll mit Erinnerungen an viele Einzelheiten der Josefsnovelle, an die Zerrissenheit der Familie Jakobs, das Verbrechen der 10 Brüder, die Josef in die Sklaverei verkauften, aber auch an die beispielhafte – nach rabbinischer Tradition erste – Vergebungsgeschichte, die geschieht, als die Brüder sich nach Ägypten begeben müssen, weil sie in der Hungersnot Korn zum Überleben brauchen.

Deutlich macht die Geschichte, dass die verletzten Beziehungen zwischen Menschen, die so stark und lebensentscheidend sind, letztlich nicht die Zukunft bestimmen müssen. Versöhnung und Vergebung lassen Menschen aufatmen und frei werden. Die Vergangenheit muss nicht wiederholt werden.

## 2. Kontexte

a) Rabbi Akivas Spruch (Mishna Avot III, 16): klingt wie ein Kommentar zu Gen 50,20. Als die Brüder Josef verkauften, hatten sie die Wahl, das Böse zu unterlassen. Im Verlauf der Josefsgeschichte zeigt sich, dass die Brüder später andere Wege beschreiten und eine gute freie Wahl treffen können (s. u.: Baal Teschuva).
»Alles ist vorhergesehen und die freie Wahl ist gegeben.«

Mischna Avot III,16, eigene Übersetzung

b) Das Jubiläenbuch, ca. 150 v. Chr. auf hebräisch verfasst, auch »kleine Genesis« genannt, ist für unseren Zusammenhang deshalb interessant, weil es die Josefsgeschichte mit dem Jom Kippur verknüpft, beispielhaft in Kapitel 34,12ff.:
»Die Söhne Jakobs aber schlachteten einen Ziegenbock, bespritzten Josephs Gewand mit seinem Blut und schickten es ihrem Vater Jakob am zehnten des siebten Monats. [13] Er klagte nun diese ganze Nacht – sie hatten es nämlich am Abend ihm gebracht – und fieberte in der Trauer um seinen Tod …
[18] Deshalb ist es den Israeliten anbefohlen, am zehnten des siebten Monats zu trauern, an dem Tag, wo die Nachricht, die ihn um Joseph weinen ließ, zu seinem Vater Jakob kam; sie sollten sich an ihm durch einen jungen Ziegenbock entsühnen, am zehnten des siebten Monats, einmal des Jahres, wegen ihrer Sünde; denn sie kränkten die Liebe ihres Vaters zu seinem Sohn Joseph.
[19] Dieser Tag ist dafür festgesetzt, daß sie an ihm sich über ihre Sünde, überhaupt über all ihr Vergehen und Verirrungen betrüben, so daß sie sich an diesem Tag einmal des Jahres reinigen.«

Buch der Jubiläen 34,12ff., zit. nach: Rießler, 630f.

Die Josefsgeschichte ist, wie unten zu zeigen ist, die erste Vergebungsgeschichte der Bibel.

c) Maimonides' Dictum stellt den vollkommenen dritten Schritt der Umkehr (*Teschuva*) dar, den Juda beispielhaft vollzieht (s. u.):
»Wer hat komplette Teshuvah erreicht? Eine Person, die mit der gleichen Situation, in der sie gesündigt hat, konfrontiert ist, und das Potenzial hat, die Sünde wieder zu begehen, sich aber dennoch enthält und sie nicht begeht allein wegen der Umkehr, und nicht aus Angst oder aus einem Mangel an Kraft oder wegen irgendeines anderen Umstands, …«

Mischne Tora, Gesetze der Umkehr 2,1, eigene Übersetzung

d) Sir Jonathan Sacks, ehemaliger Chief Rabbi of the United Hebrew Congregations of the British Commonwealth« vertritt den Standpunkt:
»The first act of forgiveness in the Torah is Joseph forgiving his brothers, to teach us that only when we forgive one another does God forgive us. Only when we confess our wrongs to one another does God hear our confession to Him. Only when we repent and show we are worthy of being forgiven, do we show that we have learned the responsibility that goes with freedom,…«

zit. nach: Sacks, xxviii

e) Die Herleitung des Jom Kippur als erstem Schöpfungstag ist eine Meisterleistung des Midrasch:
»Rabbi Yannai sagte: Von Anbeginn der Schöpfung an sah Gott die Taten der Gerechten und der Ungerechten voraus. *Die Erde war wüst und leer* – das bezieht sich auf die Taten der Ungerechten. *Und Gott sprach: Es werde Licht* – das bezieht sich auf die Taten der Gerechten. *Und Gott trennte das Licht von der Finsternis* – das bedeutet, er trennte die Taten der Gerechten von den Taten der Ungerechten. *Gott nannte das Licht ›Tag‹*, – das bezieht sich auf die Taten der Gerechten. *Die Finsternis nannte er Nacht* – Taten der Ungerechten. *Und es ward Abend* – die Tage der Ungerechten. *Und es ward Morgen* – die Taten der Gerechten. *Ein Tag* – das bedeutet, Gott gab beiden einen einzigen Tag. Welcher das ist? Es ist der Jom Kippur.«

Midrasch Bereschit Raba 3,8, eigene Übersetzung

## 3. Beobachtungen am Text

Im Gebetbuch zum Jom Kippur, dem Teilband des »Mishkan HaNefesh« (wörtlich: »Wohnstatt der Seele«) der »Central Conference of American Rabbis« der Reform Bewegung (2015) für die »Days of Awe«, die hohen heiligen Tage, wird für den Jom Kippur-Nachmittagsgottesdienst Gen 50 als Toralesung vorgesehen. Unter der Überschrift »Vergebung und Kontinuität« werden einige Gründe genannt, warum dieses Kapitel so gut zum Versöhnungstag passt.

a) Der Versöhnungstag beginnt mit einem heiligen Gesang, dem Kol Nidre, in dem die Versprechen, Gelübde und Schwüre annulliert werden, die nicht gehalten werden können. Gen 50 ist gerahmt von Versprechen, die gehalten wurden: Mit Josefs Versprechen, die Knochen seines Vaters im verheißenen Land zu beerdigen, beginnt das Kapitel, mit dem Versprechen, das Josef seinen Brüdern entlockt, dasselbe mit seinen Knochen zu tun, schließt es. Josua 24,32 bezeugt, dass dieses Versprechen eingelöst wurde.

b) Gen 50, so die Autoren, bezeugt die Macht der Vergebung, um emotionale Wunden zu heilen.

In der Nacherzählung der Josefgeschichte im Jubiläenbuch (s. Kontexte) wird bestimmt, dass der Tag, an dem das Verbrechen der Brüder geschah und die Trauer des Vaters begann, ein Jom Kippur war, der 10. Tag des siebten Monats: »Dieser Tag (der Jom Kippur) ist dafür festgesetzt, daß sie an ihm sich über ihre Sünde, überhaupt über all ihr Vergehen und Verirrungen betrüben, so daß sie sich an diesem Tag einmal des Jahres reinigen.« (Jub 34,19) Die tiefe Verbindung zwischen dieser Geschichte und dem Jom Kippur ist die Suche nach Vergebung, aber auch die Verheißung, dass Vergebung gewährt wird. In Gen 50 wird die Vergebung, die schon einige Kapitel vorher (Gen 45) gewährt wurde, noch einmal zum Thema gemacht. Diese frühere Vergebung war so ungeheuerlich, dass die Brüder es nicht ganz glauben können. In unserem Predigttext fürchten sie Josefs Vergeltung. Eine Erinnerung, die diese Angst nährt, ist aufbewahrt in Gen 27,41: »Und Esau war Jakob gram um des Segens willen, mit dem ihn sein Vater gesegnet hatte, und sprach in seinem Herzen: Es wird die Zeit bald kommen, dass man um meinen Vater Leid tragen muss; dann will ich meinen Bruder Jakob umbringen.«

Ganz wichtig zum Verständnis des Textes scheint mir zu sein, dass an einem Jom Kippur Gott selbst vergibt und reinigt. Zuvor haben sich nach jüdischem Verständnis die Menschen untereinander zu vergeben. Dieser Zusammenhang wird in der Josefsgeschichte deutlich: Bevor Gott vergibt, muss der Mensch vergeben.

Josef ist der erste Mensch in der Bibel, der anderen Menschen ihr Unrecht vergibt. Diese Geschichte muss noch einmal kurz erinnert werden als Geschichte der Buße (vgl. Sacks, Yom Kippur, xxiii–xxviii).

Der Vizepharao Josef, nach Ägypten gelangt durch das Verbrechen seiner Brüder, erkennt, dass diese Brüder wegen einer Hungersnot nach Ägypten gekommen sind. Sie sind in seiner Gewalt und wissen nicht, wer er wirklich ist. Josef beschuldigt sie, Spione zu sein, nimmt Simeon als Geisel und befiehlt den anderen, Benjamin, den Jüngsten, zu holen. Josef zwingt seine Brüder in eine frühere unvergessene Geschichte zurück, denn sie müssen wieder vor ihren Vater treten und den anderen Lieblingssohn fordern. »Sie sprachen aber untereinander: Das haben wir an unserem Bruder verschuldet! Denn wir sahen die Angst seiner Seele, als er uns anflehte, und wir wollten ihn nicht erhören; darum kommt nun diese Trübsal über uns. … Sie wussten aber nicht, dass es Josef verstand; denn er redete mit ihnen durch einen Dolmetscher.« (Gen 42,21–23). Sie erinnern sich und gestehen ohne äußeren Zwang, ohne zu wissen, wer Josef ist, dass sie damals ihrem Bruder schreckliches Leid zufügten. Sie erleben es wieder. Das ist der erste Schritt der Buße: etwas zugeben können.

Die Geschichte geht weiter. Benjamin taucht auf. Er wird bevorzugt von Josef – so wie er selbst früher bevorzugt wurde von Jakob. Beispielhaft geschieht das, als Benjamin »fünfmal so viel« wie seine Geschwister erhält (Gen 43,34). Als der kleine Bruder wenig später als vermeintlicher Dieb entlarvt wird, springt Juda in die Bresche und sagt: »Was sollen wir meinem Herrn sagen oder wie sollen wir reden und womit können wir uns rechtfertigen? Gott hat die Missetat deiner Knechte gefunden. Siehe, wir und der, bei dem der Becher gefunden ist, sind meines Herrn Sklaven.« Das – so die Tradition – ist die zweite Stufe der Buße: das Bekenntnis. Juda spricht hier von kollektiver Verantwortung. Als die Brüder Josef in die Sklaverei verkauften, waren alle verantwortlich. Doch dann erklärt sich Juda mit bewegenden Worten bereit, persönlich an Stelle Benjamins in die Sklaverei zu gehen.

Benjamin, der Bevorzugte, der Liebling des Jakob, hier verwöhnt vor aller Augen mit unfassbar viel Essen, kann die Eifersucht in Juda nicht mehr wecken. Juda ist geläutert, er ist in einer Situation, die der alten sehr ähnlich ist. Diesmal aber entscheidet er sich für das Gute und tritt an die Stelle Benjamins (Gen. 44,30–34).

Die dritte Stufe der Buße ist erreicht: die Verhaltensänderung. Juda ist der erste »Baal Teschuva«, das erste moralisch veränderte Individuum der Geschichte, einer, der die Umkehr geschafft hat. Josef kann ihm und den Brüdern vergeben: An diesem Punkt offenbart Josef seine Identität und vergibt seinen Brüdern.

Sacks schreibt sinngemäß: Vergebung kann nur in einer Kultur geschehen, in der auch die Buße existiert. Buße setzt den freien Menschen voraus (vgl. Machzor Yom Kippur, xxvii). Die Brüder hätten ihr Verbrechen von damals wiederholen können, sie hatten Anlass zu allen negativen Gefühlen wie Eifersucht und Hass. Aber Juda wählt beispielhaft den guten Weg.

Buße gibt es nur da, wo wir frei sind und moralisch verantwortliche Leute, die zu einer Änderung fähig sind. Die Zukunft ist dann nicht prädestiniert. Der Mensch kann die Zukunft ändern: Juda kann es, und Josef kann es, indem er vergibt und damit nicht dem erst besten Zorn-Reflex folgt und Vergeltung übt. Vergeben bricht die Unveränderbarkeit der Vergangenheit. Es ist das Annullieren dessen, was getan wurde. Es ist die Rettung aus der Tragödie.

Das erste Vergeben ist das des Josef, um uns zu vergeben, wie Gott uns vergibt. Nur wenn wir unsere Taten einander bekennen, hört Gott unser Bekenntnis. Nur wenn wir bekennen und zeigen, dass wir es wert sind, dass uns vergeben wird, zeigen wir, dass wir die Verantwortung, die die Freiheit gibt, auch wirklich übernehmen können.

Die Menschlichkeit Josefs hat den Tag verändert, als er vergab. Jetzt erst, mit Erreichen dieser Vergebung und der Versöhnung, kann das Drama des Exodus beginnen und der erste vom Menschen begangene Jom Kippur in der Wüste kommen.

Die Vorgeschichte der Vergebung reicht nach rabbinischer Tradition noch weiter zurück. Bis an die Anfänge.

Im Midrasch Bereschit Raba 3,8 (s. Kontexte) wird der eine Tag geschaffen – es steht nicht der »erste« Tag (*jom rischon*) im Text, was zu erwarten gewesen wäre, sondern der »eine« Tag (*jom ächad*). Der eine Tag ist der Jom Kippur. Er wird im Midrasch als der Schöpfungstag gesehen, an dem die bösen und gerechten Taten als von Anfang unterscheidbar benannt werden. Da es aber der »eine« Tag, der Versöhnungstag, ist, macht der Midrasch klar: Vergebung und Versöhnung ist der gesamten Schöpfung zugrunde gelegt, ist gewissermaßen das Fundament. Vergebung kommt vor der Erschaffung des freien Menschen. Da Gott die Freiheit der Menschen will, muss er auch mit dem Bösen rechnen und eine Vorkehrung treffen, damit das Böse nicht überhand nimmt. So schafft er zuerst die Vergebung und dann den freien Menschen.

Zurück zu Gen 50: Die Angst der Brüder, dass sich Josef wandelt vom vergebenden zum vergeltenden, dass Josef sie nur deshalb aufgenommen hat, weil es ihr Vater so wollte, aber nicht aus freien Stücken, diese Angst der Brüder sieht Josef deutlich. Er macht klar, ich denke auch mit seinen Tränen: Ich habe vergeben und das war echt. Ich habe eure Buße gesehen und die war echt und ihr sollt wissen, auch mein Vergeben war echt.

Aber Josef steht nicht an Gottes Stelle, wie er selbst sagt. Gott ist es, der von Anfang an das Gute wollte, die Vergeltung abwandte und Menschen ermöglichte, in Freiheit wieder aufeinander zuzukommen. Er nimmt die Angst vor der Vergeltung und er hilft das Schwere zu tragen. Ist das nicht auch seine Rolle, das, was Menschen nicht tragen können, zu tragen, oder tragen zu helfen? Ist das nicht das, was am Jom Kippur geschieht?

Jürgen Ebach bringt einen anderen Begriff der Vergebung ins Spiel, der das unterstreicht. Im Text taucht der Begriff für »Vergeben«, (*lisloach*), nicht auf, er wird in der Hebräischen Bibel nur benutzt, wenn Gott vergibt, wohl aber wird das Verb für »tragen« benutzt. Die damit ausgedrückte Aktion macht deutlich, was die Brüder von Josef verlangen: Die Last der Schuld mittragen. Dem verweigert sich Josef in unserem Text. Ebach formuliert das so: »Schuld kann weder ›aufgearbeitet‹ noch ›bewältigt‹ werden – sie muss getragen werden – und zwar von freien Menschen. … Keine Vergebung konnte Josef den Brüdern gewähren, wohl aber Versorgung und Trost. Dabei empfiehlt es sich, das Verb *nacham* im Pi'el (wörtlich: leiblich) als ›aufatmen lassen‹ zu verstehen. Die Brüder können von ihrer Schuld an Josef nicht entbunden werden, aber sie können mit dieser Schuld leben und atmen, als freie Menschen.« (Ebach, 35–37).

Die Haltung des Josef, sich die Last nicht aufladen zu lassen, ist sehr vorbildlich.

Wie oft versuchen Täter immer wieder, die begangene Tat bei den Opfern zu lassen. Die sollen mittragen. Macht sich das nicht daran bemerkbar, dass Opfern immer wieder eine Mitschuld eingeredet wird.

Nur wenn wir bekennen und zeigen, dass wir es wert sind, dass uns vergeben wird, zeigen wir, dass wir die Verantwortung, die die Freiheit gibt, auch wirklich übernehmen können.

In Bezug auf unsere eigene Vergangenheit ist dieser Vorschlag ein Denkmodell, das uns hilft, die Schuld unserer Väter und Mütter zu verstehen, die sich nicht von den Opfern mittragen lässt, die uns aber auch nicht erdrücken soll. Wir sollen freie Menschen werden, die aufatmen können und die mit der Schuld leben können. Freie Menschen sind unbedingt wichtig, damit sie verantwortlich leben können. Das gilt auch noch für uns, die Kinder der Täter: »… wir erben nicht die Verfehlungen unserer Vorfahren, als würden diese uns verhängnisvoll anhaften. Wir erben aber sehr wohl die Tatfolgen ihrer Verfehlungen. … Und d.h., dass wir verantwortlich sind dafür, wie über unsere Vergangenheit geredet wird und was mit unserer Geschichte geschieht. Wir sind verantwortlich dafür, dass diese Verbrechen wieder und wieder als Verbrechen benannt werden und dass die Geschichte der Opfer immer wieder erzählt wird und unser Tun und Lassen in der Gegenwart richtet – das heißt: ihm Richtung gibt.« (Butting, 73)

## 4. Homiletische Konkretionen

*Josef weint*

Warum sollen wir das Ende einer Geschichte erzählen, ist das, was vorher war, so bekannt? Wie so oft werden uns Sinnsprüche zitiert, das, was aber die Geschichte ausmacht, was so schwer ist, nicht.

Stellen wir uns doch einfach mal vor: Ein Konflikt taucht in einer Familie auf, in einer Beziehung, in einer Gemeinde, was ja durchaus vorkommen soll. Hilft es dann weiter zu sagen: Einer trage des anderen Last …! Oder: »Verurteilt einander nicht …«? Es ist überdeutlich, dass Konflikte so nicht gelöst werden, höchstens werden sie unter der Decke gehalten.

Deshalb ist es nötig, auch in der Predigt zu diesem Predigttext genau das anzusprechen und dann den Konflikt in kurzen Worten zu erzählen, die Widersprüche zu sehen, offenzulegen.

Beginnen wir damit, dass Josef schon einmal vergeblich versucht hatte, die furchtbare Gewalt zu vergessen, die ihn und seine Familie getroffen hatte. Das war, bevor seine Familie in Ägypten auftauchte:

»Und er (Josef) nannte den (seinen) ersten (Sohn) Manasse; denn Gott, sprach er, hat mich vergessen lassen all mein Unglück und mein ganzes Vaterhaus.« (Gen 41,51).

Josef aber kann seiner Familie nicht entkommen. Es bleibt so viel, was wir am liebsten vergäßen, aber es kommt wieder, es will angesehen und angenommen werden. Immer wieder ist das so.

In Kapitel 50 kommen alle Themen der Josefsgeschichte wieder zusammen. Das Thema Vergebung und Vergangenheitsbewältigung taucht wieder auf, ebenso wird wieder das Verhältnis zwischen Opfer und Tätern angedacht. Obwohl schon einmal vergeben wurde, ist die Erinnerung an die Gewalttat, die die Familie zerriss, in der Angst vor der möglichen Vergeltung höchst präsent. Die Erinnerung an die Tat lässt sich nicht verdrängen. Auch die den Josef bevorzugende Liebe des Jakob, die besondere Verbindung zwischen Josef und seinem Vater, wird erinnert. An sie knüpfen die Brüder an, um vor der Vergeltung davon zu kommen. Diese Liebe des Jakob ist aber ein Beispiel dafür, dass es auch ein Zuviel an Liebe geben kann, eine tragische Seite der Liebe. In der Josefsgeschichte ist sie sicherlich ein Baustein für die Gewalt. Das Kapitel Gen 50 zeigt, wie immer wieder unentrinnbar das Vergangene die Menschen quält.

Josef weint, er lernt durch seine Tränen. »… for our tears teach all of us what we really feel and who we really are.« (Riskin, 290) Josef weint oft: Das erste Mal als seine Brüder, in der Annahme, dass er, der »Ägypter«, sie nicht versteht, sich eingestehen, dass sie die Strafe verdient haben, weil sie damals ihren Bruder Josef in die Sklaverei verkauften (Gen 42,24).

Das zweite Mal nach Judas aufwühlender Bitte um Barmherzigkeit (Gen 45,1.2).

Das dritte Mal ist in Gen 45,14.15 verzeichnet, dass Josef unter Tränen seine Brüder küsst.

Sind die ersten drei Male Reaktionen auf zum Teil nicht bewusste Annäherungen der Brüder, so ist das vierte Mal die Begegnung mit dem Vater der Auslöser, mit Jakob, der sich aus seiner Erstarrung gelöst hat. Über dem toten Jakob weint Josef auch. Und dann weint Josef wieder in unserem Predigttext: Josef weint wieder, als seine Brüder ihn über einen Mittelsmann – hier gibt es die Thomas Mann-Variante, dass dieser Mensch Benjamin sei – im Namen ihres verstorbenen Vaters bitten, keine Vergeltung zu üben. Sein Weinen animiert sie, selbst zu kommen und sich niederzuwerfen.

Josefs Erstarrung löst sich immer mehr, er ist in der Lage, wahre Gefühle, die er jahrzehntelang begraben hatte, wieder zuzulassen. Josef zeigt sich unverstellt in einer authentischen, ehrlichen Begegnung mit seinen Gefühlen.

Für Gen 50 bedeutet das Weinen, dass die Brüder erkennen: Josef ist auf ihrer Seite, er will nicht den Weg der Vergeltung gehen. Die Vergangenheit, besonders auch der alte Traum, in dem sich die Brüder vor Josef niederwerfen, wird hier endgültig verändert: Josef will die Brüder nicht als Sklaven, er lehnt ab, was der Traum vorhersagte, er will nicht, dass sie sich vor ihm beugen.

Josef hat sich anrühren lassen und sich in die Vergangenheit begeben, die er eigentlich los sein wollte. Die nicht angerührte Vergangenheit birgt Gefahren, wenn sie doch aufgewühlt wird: Von welchen Emotionen lasse ich mich mitreißen, wie gehe ich mit meiner Geschichte um? Lasse ich mich vom Zorn hinreißen, oder bin ich auf der Suche nach dem, was mich aufatmen lässt?

Josef hat es geschafft, er hat sich der Vergangenheit gestellt und er konnte vergeben; er hat die anderen nicht festgelegt auf die Vergangenheit, auf das, was da geschehen ist. Sie können sich am Ende der Genesis leben lassen, alle können aufatmen. Die Brüder erkennen, dass sie keinen brauchen, auf dem sie die Last abladen können, aber sie werden seine alten Knochen irgendwann nach Hause tragen: Versprochen! Und Josef hilft, indem er sich nichts auferlegen lässt, aber indem er den anderen Luft zum Atmen gibt.

»Ihr gedachtet es böse mit mir zu machen, aber Gott gedachte es gut zu machen, um zu tun, was jetzt am Tage ist, nämlich am Leben zu erhalten ein großes Volk.« Man beachte die Druckweise der Lutherbibel, die noch nicht mal den ganzen Vers erfasst.

Am Leben zu erhalten ist ein großes Volk. Können wir Christen uns hier einfach so einklinken?

Mit den neutestamentlichen Texten, die uns nahelegen, auf Vergeltung zu verzichten, um eine Gemeinschaft zu erhalten, die sich für das Reich Gottes einsetzt, können wir das.

Auch in unserer Gemeinschaft zeigen wir – hoffentlich – beispielhaft der Welt, eine andere Art des Umgangs miteinander und mit der Vergangenheit. Mir scheint, dass wir dem auf die Spur kommen können, vor dem die Brüder Angst haben: Dass ihnen immer wieder aufs Brot geschmiert wird, was sie falsch gemacht haben, dass Vergebung nicht ehrlich gemeint ist, dass sie die Vergangenheit immer wieder einholt. Ich frage mich, ob wir das nicht oft genug entdecken in rachsüchtigen Bemerkungen, in nickeliger Rechthaberei oder in der kleinkarierten Besserwisserei, in der jemand betont, dass er – oder sie – schon immer gewusst hat, dass sich der andere nicht ändert.

Und ist es nicht eine Art von Vergeltung und Rachsucht, wenn ich mich auf Kosten der anderen immer darstelle als der, der alles richtig macht? Es gibt so viele Strategien, die das Zeug haben, eine Gemeinschaft, eine Partnerschaft zu zerstören.

Wie groß ist da der, der vergeben kann, wie ein Josef, der gleichzeitig weiß, was er tragen kann und was nicht, der weiß, dass er keineswegs an Gottes Stelle ist. Josef hat erkannt, dass es Gott auch um Größeres ging, um die Zukunft seines Volkes, er erkannte, dass sich die Welt nicht um ihn dreht. Diese Großherzigkeit und gleichzeitig Bescheidenheit wird Gemeinden, Ehen, Partnerschaften Perspektive geben.

## 5. Liturgievorschläge

Zu dem für den Sonntag angegebenen Psalm 42 (z. B. EG 722, Regionalteil Rheinland/Westfalen/Lippe) gibt es keine Alternative.

Alle angegebenen Lesungstexte eignen sich. Ganz besonders passend scheint mir die Epistel Röm 12,17–21, zu sein. Die beiden Evangelientexte fügen sich je nach Schwerpunkt gut ein. Ich würde Lukas 6,36–42 vorziehen.

Spannend sind für die erste Lesung die Vorschläge aus dem KLAK-Perikopenmodell zum Sonntag: Sach 7,7–14 über Gottes Gericht über verweigerte Geschwisterlichkeit oder Rut 3: Rut und Boas auf der Tenne.

Lieder:
Wenn das Brot, das wir teilen (EG 667, Regionalteil Rheinland/Westfalen/Lippe)
Komm in unsere stolze Welt (EG 428)
So jemand spricht, ›ich liebe Gott‹ (EG 412)

Sehr zu empfehlen sind die Gebete von Sylvia Bukowski. Hier das zum 4. Sonntag nach Trinitatis:

Gott, es gibt so viel ungestillte Sehnsucht,
Sehnsucht nach Beachtung
nach Anerkennung, nach Liebe,
Sehnsucht nach dir.

Es gibt so viele unbeantwortete Fragen,
Fragen nach dem Sinn des Lebens
und nach dem Sinn unbegreiflichen Sterbens,
Fragen nach unserer Zukunft,
Fragen nach dir.

Es gibt so viel Schuld,
Schuld, die wir kennen,
Schuld, die wir verdrängen,
Schuld, die uns verzweifeln lässt,
weil sei uns trennt
von anderen Menschen
und von dir.

Gott, sieh hinter die Masken,
die wir tragen.
Still unsere Sehnsucht.
Antworte auf unsere Fragen
und vergib uns unsere Schuld.

Bukowski, 95

## Literatur

Bukowski, Sylvia, Du bist der Gott, den ich suche. Gebete für Gottesdienst und Alltag, Neukirchen-Vluyn 2014.

Butting, Klara, Schuld und Sündenvergebung. Überlegungen zu 2 Samuel 12,1–15, in: Ebach, Jürgen u. a. (Hg.), »Wie? Auch wir vergeben unsern Schuldigern?« Mit Schuld leben, Gütersloh 2004, 59–73.

Central Conference of American Rabbis (Hg.), »Mishkan haNefesh. Machzor for the Days of Awe. Yom Kippur«, New York 2015.

Ebach, Jürgen, Mit *Schuld* leben – mit Schuld *leben*. Beobachtungen und Überlegungen zum Anfang und zum Schluss der biblischen Josefsgeschichte, in: Ders. u. a. (Hg.), »Wie? Auch wir vergeben unsern Schuldigern?« Mit Schuld leben, Gütersloh 2004, 19–39.

Rießler, Paul, Jubiläenbuch oder kleine Genesis, https://de.wikisource.org/wiki/Jubil%C3%A4enbuch_oder_Kleine_Genesis, abgerufen am 2016-05-27.

Riskin, Shlomo, Rabbi, Torah Lights. A Biblical Commentary. Bereshit: Confronting Life, Love and Family, Jerusalem 2009.

Sacks, Jonathan, Rabbi, Covenant and Conversation. A Weekly Reading of the Jewish Bible. Genesis: The Book of Beginnings, Jerusalem 2009.

Ders., Introduction, in: The Koren Yom Kippur Mahzor, Jerusalem 2014, xiii–lxxviii.

*Michael Schäfer*

# 5. Sonntag nach Trinitatis: Joh 1,35–42
# Sehen und gesehen werden

## 1. Annäherung

»Kommt und seht?« – »Gib's auf! In der Welt, in der wir leben, gibt es nichts zu sehen. Die Welt ist voller Oberflächlichkeit, die meisten sehen nur sich selbst und durchschauen nichts. Die Gotteshäuser sind leere Orte geworden, und am Ende ist jeder mit seinem Tod allein.«

Derart kafkaesk empfinden nicht wenige Menschen, die, obgleich materiell nicht unbedingt schlecht gestellt, in ihrem Leben insgeheim Sinn und Tiefe vermissen. Was würden sie finden, wenn sie sich noch einmal ernsthaft auf die Suche machten? Können wir sie ermuntern, die Oberflächlichkeit des Alltäglichen hinter sich zu lassen, vom eigenen Ego abzusehen, den Gottesdienst zu besuchen und auf die Kraft des Lebens zu vertrauen? Was werden wir ihnen dann sagen, wenn wir am 5. Sonntag nach Trinitatis mit Jesus rufen: »Kommt und seht«?

## 2. Kontexte

a) Jean Zumstein macht in seinem Kommentar des Johannesevangeliums deutlich, dass die Offenbarung von Joh 1,35–42 »nicht in der Enthüllung göttlicher Geheimnisse, sondern des Geheimnisses des menschlichen Daseins« besteht (Zumstein, 109). Wir Menschen suchen nach Leben, nach Sinn, nach Heil. Aber wer sieht uns schon, wie wir sind? Wer nimmt ernst, wonach wir suchen? Wer erkennt uns in unserer Sehnsucht? Franz Kafkas Parabel »Gibs auf!« benennt dies exemplarisch:
»Es war sehr früh am Morgen, die Straßen rein und leer, ich ging zum Bahnhof. Als ich eine Turmuhr mit meiner Uhr verglich, sah ich, daß es schon viel später war, als ich geglaubt hatte, ich mußte mich sehr beeilen, der Schrecken über diese Entdeckung ließ mich im Weg unsicher werden, ich kannte mich in dieser Stadt noch nicht sehr gut aus, glücklicherweise war ein Schutzmann in der Nähe, ich lief zu ihm und fragte ihn atemlos nach dem Weg. Er lächelte und sagte: ›Von mir willst du den Weg erfahren?‹ ›Ja‹, sagte ich, ›da ich ihn selbst nicht finden kann.‹ ›Gibs auf, gibs auf‹, sagte er und wandte sich mit einem großen Schwunge ab, so wie Leute, die mit ihrem Lachen allein sein wollen.«

Kafka, 87

b) Jesus erweist sich für die als Messias, die sich in ihrem Suchen als von ihm Gesehene erleben; und wer bei ihm bleibt, erkennt in ihm Gott selbst. Das erfahren die Jünger nach Joh 1,35–42. Was genau sie sehen und erleben, wird nicht erzählt. Es kann nicht erzählt werden. So Franz Rosenzweig in einem Brief aus dem November des Jahres 1924:
»Wie ich darüber nachdachte, fiel mir eine andere Grenze ein; die zwischen dem, was von Gott aussprechbar und erfahrbar ist. Aussprechbar, objektiv formulierbar ist da bekanntlich höchstens das Allerallgemeinste, nämlich dass er ›ist‹, erfahrbar aber ist sehr viel, unendlich viel. Jenes Aussprechbare, etwa gar Beweisbare,

verhält sich zu dem andern wie die leere Mitteilung. dass zwei Leute verheiratet sind, oder gar der vorweisbare Trauschein, zu der allstündlichen Wirklichkeit der Ehe. Davon ist keinem Dritten Mitteilung zu machen, sie geht niemanden etwas an, und dennoch ist sie das Eigentliche, und jenes Objektive bekommt erst durch dieses ganz Private, Unmittelbare überhaupt Inhalt. So dass schließlich selbst jene allgemeinste Tatsache der Ehe erst da wirklich wird, wo sie aus der objektiven Aussprechbarkeit heraus und in das Geheimnis der Fest- und Erinnerungstage des Privatlebens hineintritt. Genau so ist das, was der Mensch von Gott erfährt, zwar schlechthin unmittelbar, und wer davon erzählt, macht sich lächerlich; die Scham muss auch diese Zweieinsamkeit umhüllen; und dennoch weiß jeder, dass dies Unaussprechliche keine Selbsttäuschung ist, sondern die eigene Erfahrung in ihrer Unaussprechlichkeit ist erst, auch hier, die Erfüllung und Verwirklichung der aussprechbaren Wahrheit. Man muss sie nur – machen.«

Rosenzweig, 1002

c) Was die Jünger gesehen und erlebt haben, kann nicht erzählt, es kann nur selbst gesehen und erlebt werden. Das relativiert unsere christologisch-dogmatischen Objektivierungen. Wer aber zu sehen bereit ist, findet, sogar wenn der Tod mitten im Leben lauert, neues Leben mitten im Tod. So wie junge Juden im Berlin unserer Tage:

»Als er zum ersten Mal an die Spree kam, ging Netter ins Jüdische Museum. ›Um es abzuhaken‹, sagt er. Dann öffnete der Besuch ihm die Augen: ›In der Schule sprachen wir immer nur über die toten Juden, im Museum sah ich zum ersten Mal ihr Leben. Da war mir klar, dass ich hier bleiben werde. Und wenn ich jetzt die Berliner Straßen entlanglaufe und die goldfarbenen Gedenksteine im Pflaster sehe, dann berührt mich das und gleichzeitig habe ich diesen starken Gedanken: Das wird mir nicht passieren!‹«

Ludigs

## 3. Beobachtungen am Text

Im Predigttext vollzieht sich eine doppelte Bewegung, die von der Initialzündung des johanneischen Christusbekenntnisses ausgeht: von der Nachfolge der Jünger über Jesu Einladung zu ihrem Bleiben und Sehen, das sie erneut in Bewegung versetzt. Auf Johannes' Proklamation des »Lammes Gottes« hin suchen die Jünger in Jesus einen Lehrer. Er aber lädt sie ein, mehr als das zu sehen. Was sie sehen, wird nicht gesagt. Aber es gibt den Jüngern den Anstoß, ihrerseits den Messias zu proklamieren. Das führt Simon zu Jesus. Der erkennt ihn und kündigt einen neuen Namen für ihn an, was auf die andere Wirklichkeit hinweist, die mit Jesus angebrochen ist.

Dieser doppelten Bewegung entspricht eine »Isotopie des ›Sehens‹«: Jesus sieht die Johannesjünger als Suchende, diese erkennen in ihm den »eschatologischen Retter« (Zumstein, 105). Im einzelnen:

*VV 35f.*: Die Zeitangabe »am nächsten Tag« weist auf das vorhergehende Zeugnis Johannes des Täufers hin. Bereits am Vortag ist er Jesus begegnet und hat ihn als das »Gottes Lamm, das der Welt Sünde trägt« bezeichnet. Die Anspielung auf das vierte Gottesknechtslied (Jes 52,13ff.) verbindet der Evangelist hier mit dem Taufgeschehen: Jesus hat sich als der Sohn Gottes erwiesen, auf dem der Geist Gottes ruht (Joh 1,29–34).

*VV 37f.*: Johannes' Jünger, die bei ihm stehen, scheinen den Wink zu begreifen: Nun ist die Zeit gekommen, sich von ihm zu lösen und einem Bedeutenderen nachzufolgen. Oder ahnen sie schlicht, dass Jesus all das repräsentiert, wonach sie suchen? Der Text schildert lapidar, dass sie Johannes reden hören und Jesus folgen. Jesus aber wendet sich zu ihnen um und fragt sie: »Was sucht ihr?« Die Tatsache, dass dies das Erste ist, was er im Johannesevangelium sagt (Wengst, 87), macht deutlich, dass es hier um eine tiefergehende Suchbewegung geht: um das Suchen »nach Sinn und Lebensfülle« als Wesenszug der menschlichen Existenz (Zumstein, 107). Den Jüngern selbst scheint das noch gar nicht bewusst zu sein. Sie sprechen ihn als Rabbi an, fragen nach seiner Lehre. Als seine Schüler wollen sie bei ihm bleiben, um von ihm zu lernen. Darum fragen sie ihn nach seiner Herberge.

*V 39*: Jesus jedoch verkündet keine irdische Lehre. Die Jünger sollen etwas Anderes sehen. Und ähnlich den Emmausjüngern (Lk 24,31) gehen ihnen die Augen auf. Was sie sehen, wird nicht gesagt. Aber sie bleiben den ganzen Tag bei ihm. Sie spüren: »Heil ist: Da zu sein, wo Jesus ist (14,2)« (Zumstein, 107). Die Zeitangabe »ungefähr die zehnte Stunde« spielt in einer Tradition der jüdischen Überlieferung auf Gottes Gebot gegenüber dem gerade erschaffenen Menschen an: »Wie Gott dem ersten Menschen gebot, so gebietet Jesus als sein endzeitlicher Beauftragter, als messianischer Lehrer seinen Schülern.« (Wengst, 88)

*VV 40f.*: Erst jetzt wird einer der beiden Jünger mit Namen genannt, beginnt seine persönliche Geschichte. Andreas drängt es, von dem zu erzählen, was er erlebt hat. Seine Nachfolge hat sich verändert: Aus der Such- ist eine Zeugnisbewegung geworden. »Wir haben den Messias, den Gesalbten gefunden«, verkündet er seinem Bruder Simon, der ihm als erster über den Weg läuft.

*V 42*: Sogleich führt er ihn zu Jesus. Der, ohne ihn zu kennen, erkennt ihn und prophezeit ihm einen neuen Namen: »Kephas, der Fels«. Damit erweist er sich als jener *theios anthropos* (Bultmann, 71), den Johannes angekündigt hatte. Und Simon wird ein Teil der Gemeinschaft derer, die Jesus mit Namen ruft (Joh 10,3). Auch für ihn beginnt nun eine neue Lebensgeschichte: Er wird seinerseits Jesus als den Christus bekennen (Mk 8,29; Mt 16,16; vgl. Joh 6,68) und Gründer der Gemeinde Jesu Christi sein (Zumstein, 109).

## 4. Homiletische Konkretionen

Franz Kafkas kleine Parabel »Gibs auf!« ist die Gegengeschichte zum Predigttext: Es ergibt keinen Sinn, nach dem richtigen Weg zu fragen, und am Ende will jeder mit seinem Lachen allein sein. »Kommt und seht!«, sagt dagegen Jesus. Und denen, die auf ihrer Suche bei ihm bleiben, gehen die Augen auf. Sie erkennen, dass sie den Messias gefunden haben.

Im Kontrast zur von Kafka beschriebenen Alltagserfahrung der Welt, in der wir leben, kann die Predigt Joh 1,35–42 als Erzählung nachbuchstabieren, wie wir die Gegenwart Gottes in dieser Welt erleben können. Homiletisch bietet sich dabei ein Dreischritt an: suchen und gesehen werden – bleiben und sehen – das Leben neu beginnen. Dass und inwiefern die Nachfolge der Johannesjünger Ausdruck eines ganz existentiellen Suchens ist und dass Jesus genau das sieht, wäre in einem ersten Schritt zu entfalten. »Ihr folgt einem Menschen, aber *ti zäteite* – was sucht Ihr eigentlich?« Indem die Predigt die innere Verschränkung dieses Geschehens – suchen und gesehen werden – aufdeckt, kann sie zur Konkretion dessen anleiten, wo wir uns in der Suche der Jünger wiederfinden können: Wie Jesus erst durch seine Ansprache offenbar macht, dass die Jünger auf der Suche sind, so fordert er auch uns zu einer Antwort auf die Frage danach, was wir suchen, heraus.

In einem zweiten Schritt könnte umrissen werden, was es heißt, bei Jesus zu bleiben und Gott in ihm zu sehen. Hierbei müsste, möglicherweise mithilfe der Überlegungen von Franz Rosenzweig, deutlich werden, dass es bei dem »Bleiben und Sehen« um eine geradezu intime Erfahrung geht, die nicht dogmatisch oder lebensweltlich objektiviert, sondern nur gemacht werden kann. Was die Jünger sehen, sagt die Schrift nicht! Das Messianische erweist sich hier in der konkreten Begegnung, nicht in einem theologischen Bekenntnissatz oder in einer christologischen Festlegung. Dies könnte die Predigt (auch) für das Gespräch mit Jüdinnen und Juden öffnen.

Die Jünger gehen aus der Begegnung mit Jesus persönlich verwandelt hervor und beginnen ein Leben, das im Zeichen des Messias steht. Wie ein solches Leben heute aussehen kann, sollte die Predigt in einem dritten Schritt zu konkretisieren versuchen. Die Jünger, jedenfalls Andreas und später auch Simon, drängt es offenbar, anderen von ihrer Erfahrung zu erzählen und selbst neue Lebenserfahrungen zu machen. Am Beispiel des jungen Juden Netter könnten sie als Erfahrungen eines Lebens beschrieben werden, das nicht auf den Tod zulaufende Geschichten abhakt, sondern mit Mut zum Widerstand gegen alles Lebensfeindliche geführt wird. Vor allem aber könnten sie so verkündigt und auf uns heute bezogen werden, dass sie dazu animieren, mit unserem Lachen nicht allein zu bleiben, sondern mit anderen die Freude über die Gegenwart Gottes in unserer Welt teilen zu wollen.

## 5. Liturgievorschläge

Psalm 73 – vom Bleiben bei Gott – oder Psalm 34 – über das Sehen der Freundlichkeit Gottes

Lesung: Jer 29,1–23 – Gott lässt sich suchen und finden (gewissermaßen als vorgezogene Antwort auf Jer 2,4–28; 3,4, die Haftara des folgenden Schabbats)

Lieder:
Er ist das Brot, er ist der Wein (EG 228)
Suchen und fragen, hoffen und sehn (Gotteslob 457)

### Literatur

Bultmann, Rudolf, Das Evangelium des Johannes, Kritisch-exegetischer Kommentar über das Neue Testament, Göttingen [10]1968.

Kafka, Franz, Gibs auf!, in: Ders., Beschreibung eines Kampfes. Novellen, Skizzen, Aphorismen aus dem Nachlaß, hg. von Max Brod, Frankfurt a.M. 1969, 87.

Ludigs, Dirk, Das neue jüdische Berlin, in: http://www.merian.de/deutschland/berlin/artikel/das-neue-juedische-berlin, abgerufen am 2016-05-28.

Rosenzweig, Franz, Gesammelte Schriften I. Briefe und Tagebücher. 2. Teilband (1918–1929), hg. von Rachel Rosenzweig und Edith Rosenzweig-Scheinmann unter Mitwirkung von Bernhard Casper, Haag 1979.

Wengst, Klaus, Das Johannesevangelium. 1. Teilband: Kapitel 1–10, Theologischer Kommentar zum Neuen Testament 4.1, Stuttgart / Berlin / Köln 2000.

Zumstein, Jean, Das Johannesevangelium, Kritisch-exegetischer Kommentar über das Neue Testament 2, Göttingen 2016.

*Martin Fricke*

# 6. Sonntag nach Trinitatis: Dtn 7,6–12
# Erwählt, weil ich dich liebe

## 1. Annäherung

Gott hat dich erwählt, Israel! Diese verheißungsvolle Zusage enthält einerseits Hoffnung und Zukunft, andererseits ist sie, bedenkt man, was traditionsgeschichtlich aus ihr geworden ist, schwer belastet. Gerhard von Rad nennt die Erwählung aus der Völkerwelt ein »theologisches Grunddatum Israels« (von Rad, 49), das sein Selbstverständnis und seine Identität von Anfang an bestimmt. Das provoziert. Geht mit der Erwählung der einen einher, dass die anderen nicht erwählt oder gar verworfen sind? Wird durch Erwählung in Gang gesetzt, was wir heute als eine *verletzende religiöse Intoleranz* in einer multikulturellen und multireligiösen Welt empfinden?

Diese unvollständige Stichwortsammlung lässt die Weite des Themas ahnen. Im Zusammenhang vor und nach dem Abschnitt Dtn 7,6–12 ist von Gewalt und Ausrottung, von Abgrenzung und Zerstörung die Rede. Die Probleme und Abgründe sind andeutungsweise benannt. Die nachfolgende Auslegung beschränkt sich jedoch auf das, was in der Perikope steht.

## 2. Kontexte

a) Erwählung und die Gabe der Tora sind aufs Engste miteinander verbunden. Dies zeigt sich z. B. in folgendem liturgischen Element des synagogalen Gottesdienstes: »Wenn ein Jude während des Gottesdienstes ›aufgerufen‹ wird, zur Lesung aus der Tora hinzutreten, so spricht er vor der Rezitation den Segensspruch: ›Gepriesen seist du, Herr, unser Gott, König der Welt, der uns ›erwählt‹ aus allen Völkern und uns Seine Tora gegeben hat. Gepriesen seist Du, Herr, der die Tora gibt.‹«

Gradwohl, 123

b) Auf der Suche nach einem verantwortlichen theologischen Umgang mit der Perikope in ihrem Kontext wirft Albrecht Grözinger einen Blick auf ihre historische Konstellation, eine Mischung aus Texten und Bearbeitungen in mehreren Schichten, und sagt: »Es ist eindeutig so, daß diese Worte [sc. Dtn 7,6–12] aus der Rückschau niedergeschrieben wurden. […] Es geht um eine Selbstvergewisserung Israels in nachexilischer Zeit in der Gestalt einer historischen Rück-Projektion. […] Ein Verfahren, das wir auch aus unserer Gegenwart vielfältig kennen. Man spricht von der Vergangenheit und meint die Jetzt-Zeit. Damit wird der theologische Gehalt dieser Perikope nicht geschmälert, eher ist das Gegenteil der Fall.«

Grözinger, 77f.

c) Im Blick auf das Reformationsjahr 2017 passt es ins Bild, wie Martin Luther Gottes Erwählung wiederholt mit den Alleinstellungsmerkmalen *sola scriptura* und *sola gratia*, »allein durch das Wort und allein aus (freier) Gnade« verknüpft. In seinen Wochenpredigten über den Text äußert er sich von V 7 her kritisch zu den Bilderstürmern über Macht und Gewalt:

»Einen solchen Gott hast du, der nicht darnach fraget, wie starck, wie gros, reich und gewaltig jemands sey, sondern das man sein wort und seine gnade ansehe und nichts anders. Er wil nicht feiren, sondern gefeiret sein, Er fragt nach der ding keines.

Es gilt nichts bey ihm denn seine gnade und barmhertzigkeit, welche er dir verheisset. Er achtet nicht dein geld oder freundschafft, Er wils nicht ansehen, es sol bey dir kein gut, krafft, macht noch vermögen gelten, sondern über alles und alleine seine gnade.«

Luther, zit. nach: Heymel, 331

d) Die bleibende Erwählung Israels wurde in der Erweiterung des Artikels 1 der Kirchenordnung der Evangelischen Kirche von Westfalen trinitarisch so definiert:
$_1$ Die Evangelische Kirche von Westfalen [...] gibt sich ihre Ordnung im Gehorsam gegen das Evangelium von Jesus Christus, dem Herrn der Kirche. $_2$ Sie tut dies im Vertrauen auf den dreieinigen Gott, der Himmel und Erde geschaffen hat, der Israel zu seinem Volk erwählt hat und ihm die Treue hält, der in dem Juden Jesus, dem gekreuzigten und auferstandenen Christus, Menschen zu sich ruft und durch den Heiligen Geist Kirche und Israel gemeinsam zu seinen Zeugen und zu Erben seiner Verheißung macht.

Kirchenordnung der Ev. Kirche von Westfalen, Artikel 1

e) Das privilegierte Verhältnis zu Gott beschreibt die jüdische Soziologin Eva Illouz in ihrem Essay »Warum Israel keine Israelis kennt« folgendermaßen:
»Die Juden bilden eine bemerkenswerte und völlig einzigartige soziologische Gruppe, die mit Einfallsreichtum und Hartnäckigkeit zwei Haupthindernisse ihrer Fortexistenz überwand: das der räumlichen Zerstreuung und das der Bedrohung ihrer zeitlichen Kontinuität.
*Räumliche Zerstreuung*: Das babylonische Exil, das die Juden über die ganze Welt verteilte, stellte eine einschneidende Herausforderung für sie dar. Und doch gelang es keinem Volk so gut wie den Juden, sich trotz Exil und Zerstreuung in so vielen Ländern zu etablieren, so wandelbar zu sein, so viele kulturelle Formen anzunehmen und sich zugleich weiterhin als eine einzige Gemeinschaft zu begreifen, und das über mehr als 2500 Jahre. [...]

*Bedrohte zeitliche Kontinuität*: Noch bemerkenswerter ist allerdings, dass die Juden trotz der unablässigen Gewalttätigkeit anderer Religionen – des Christentums und in gewissem, wenn auch geringerem Ausmaß des Islams – an ihrer religiösen und ethnischen Identität festhalten konnten. [...] Was es den Juden ermöglichte, [dies] ... zu überstehen, war ihr zentraler metaphysischer Glaube an ihre eigene Ewigkeit, der seinerseits eine Folge der Vorstellung war, sie stünden in einem privilegierten Verhältnis zu Gott. Selbst Paulus [...] war davon überzeugt, dass Gott die Juden auserwählt hatte, um der Welt das Gesetz zu bringen. [...] Dieses Narrativ verhalf ihnen dazu, sich jenseits der Zufälligkeiten von Zeit und lokaler Verwurzelung zu verorten und ein metaphysisches Bewusstsein ihrer Identität jenseits von Raum und Zeit auszubilden.«

Illouz, 72f.

### 3. Beobachtungen am Text

Gott erwählt sein Volk Israel. Dadurch wird es ein *heiliges* Volk aus allen Völkern auf der Erde. V 6 betont seine Sonderstellung. Die Heiligkeit ist von Gott gegeben. Israel hat sie nicht aus sich selbst heraus, nicht als Leistung oder Eigenschaft, sondern sie entsteht in der Begegnung mit Gott und ist eine Beziehungskategorie (Grözinger), was zugleich bedeutet, dass man aus ihr immer auch herausfallen kann. Die Absonderung einer Person oder Sache für einen bestimmten Zweck gilt in der Bibel als »heilig« (*qadoš*). Dies trifft z. B. für die Geräte zu, die man nur im Tempel benutzte und die vom alltäglichen Gebrauch ausgeschlossen waren. Auch das Volk Israel wird in einigen Zusammenhängen als heilig bezeichnet: Ex 19,5–6; Lev 19,2; Num 15,40; Dtn 7,6 u. ö.

A. M. Böckler folgert daraus: »Stets wird deutlich: Israel ist dann heilig, wenn es die Gebote hält, bzw. es soll heilig sein, [...] um seiner Zugehörigkeit zu Gott zu entsprechen. [...] Israel wurde dazu gewählt, Gottes Gesetze zu empfangen, um verpflichtet zu werden, sie zu halten. Der Prophet Amos ließ Gott sprechen: ›Ich habe euch erwählt aus allen Erdenvölkern, darum ahnde ich an euch all eure Sünden‹ (Amos 3,2). Erwählung ist die Berufung zu gesellschaftlicher Verantwortung.« (Böckler, 59) In demselben Sinn umschreibt R. Gradwohl Israels »Erwählung«: eine Gabe wird zur Aufgabe (vgl. Kontext 2 a).

»Der Gedanke der ›Erwählung‹ Israels ist die theologische Antwort auf ein grundlegendes Problem, das im Laufe der Glaubens- und Theologiegeschichte Israels entstanden war: Zunächst war JHWH der Gott Israels, so wie auch jedes andere Volk seinen eigenen Gott hatte. Aber nachdem sich in Israel die Einsicht durchgesetzt hatte, daß nur dieser eine wirkliche Gott ist (vgl. V. 9a) – wie konnte er dann zugleich der Gott eines einzelnen Volkes sein? Die Antwort der deuteronomischen Theologen: Er hat Israel zu seinem Volk erwählt – aus allen Völkern, die alle sein Eigentum sind, weil er der Schöpfer der Welt und aller Menschen ist.« (Rendtorff, 78f.) Der Israel erwählende Gott ist ein Gott zugunsten der ganzen Welt: Am Anfang wird ihre Erschaffung erzählt, danach folgt die Erwählung, in dieser Reihenfolge. »Der einzige Grund für die Erwählung ist Gottes eigener, freier Entschluß« (ebd.), ist seine Liebe. Wer liebt, macht sich abhängig von dem – im Sinne von »anhängig an den« –, den er liebt. K. Wengst zeigt in seiner Predigt diese schöne sprachliche Beobachtung an einer Liebeserklärung: »Ich hänge an dir« heißt, ich hänge von dir ab (Wengst, 39). Darum findet er, dass die Lutherübersetzung »Euch hat der Herr *angenommen*« viel zu blass ist. »Das hier gebrauchte hebräische Wort meint ein starkes inneres Bewegtsein, ein heftiges Verlangen: aus großer Liebe sich an jemanden hängen.« (ebd.)

Gottes Erwählung wird in VV 7f. zunächst mit einer Negation begründet, bevor die positive Aussage folgt: »Nicht weil ihr zahlreicher wäret als alle anderen Völker, ... – denn ihr seid das kleinste Volk von allen –, sondern weil Gott euch liebte ...«. Diese Formulierung will scheinbar einem Missverständnis der Sonderstellung Israels vorbeugen. Es liegt nicht an der Größe oder Stärke oder militärischen Potenz des Volkes, sondern allein an Gottes Liebe, seiner freien Entscheidung und seiner Treue zur Verheißung, die er den Erzeltern versprach. VV 8f. erinnern an diese Vorgeschichte. »Die Herausführung aus Ägypten ist der erste Teil der Verwirklichung der Zusage Gottes (V. 8b). Dann läuft alles hin auf den »Bund« ($b^{e}$rît, V. 9b).« (Rendtorff, 79 ) Mit der Gabe und dem Bewahren des Bundes erwartet Gott von Israel, seinerseits den Bund zu bewahren. Beide Male steht das hebräische Verb *šamar* (bewahren) in dieser Wechselbeziehung.

In VV 10f. wird Gottes Bundestreue kontrastiert mit der Vergeltung an den Bundesgegnern, die seine Tora nicht halten, bevor »euch, die ihr seine Rechte hört, sie haltet und danach handelt« erneut seine Bundestreue in Aussicht gestellt wird (V 12). Die Mahnung am Schluss der Perikope veranschaulicht, dass Erwählung kein Anlass zur Überheblichkeit ist und »nichts mit Lorbeerkranz und Glorienschein zu tun hat: ›Denn als Privileg des Dienstes, nicht des Verdienstes, der Pflicht, nicht des Vorrechts, ist sie zu verstehen, als Gabe, die immer zur Aufgabe wird‹« (Gradwohl, 123).

Rendtorff merkt an: »V. 12 könnte, isoliert gelesen, so verstanden werden, als sei das Halten der Gebote die Vorbedingung dafür, daß Gott seinen Bund hält« und entsprechend dem verbreiteten christlichen Vorurteil »bestätigen, daß man sich im Judentum das Heil durch Gesetzeserfüllung verdienen müsse. Aber schon der unmittelbare Kontext macht zweifelsfrei deutlich [...]: Am Anfang steht immer und ausschließlich Gottes Tun, seine Zusage, sein erwählendes Handeln, seine Selbstverpflichtung.« Er verspricht durch sein Wort Bundestreue und erwartet von Israel eine entsprechende Antwort: Die Erfüllung der Tora »ist immer Antwort auf ein vorhergehendes Handeln Gottes, nie umgekehrt« (Rendtorff, 79).

## 4. Homiletische Konkretionen

Entgegen unserer grundsätzlichen Auffassung, dass ein Text in seinen Kontext eingebunden zu predigen sei, empfehlen wir hier davon abzusehen. Der Kontext über die Vernichtung der fremden Völker ist zu schwergewichtig, um am Rande benannt zu werden. Deshalb sollte es reichen, den Sitz im Leben zu benennen. Der Predigttext ist ein Teil der langen Abschiedsreden des Mose an das Volk, bevor es (nach seinem Tod) in das verheißene Land einzieht.

Schwerpunkt der Predigt ist die Erwählung des Volkes Israel. In Zeiten der Globalisierung, die Toleranz und Respekt für unterschiedliche Völker, Kulturen und Religionen zur Überlebensfrage macht, stellt die exklusive Erwählung des einen Volkes die Frage nach der Gerechtigkeit Gottes. Ist Gott nicht der Schöpfer und Liebhaber aller Menschen? Wo bleiben die anderen Völker, wenn Gott nur Israel »aus allen Völkern der Erde für sich erwählt als sein eigenes Volk« (V 6)?

Uns überzeugt in dieser Frage der Vorschlag von Huber und Wengst, die Erwählung am Bild der Ehe bzw. Lebenspartnerschaft zu erklären. Die Entscheidung für den einen Menschen, an den ich mich binde, bedeutet ja keineswegs eine Abwertung der anderen. Ich erwähle ihn unter tausenden von ähnlich liebenswerten Menschen, aus denen andere für sich erwählen, an wen sie sich binden. Es ist eine Entscheidung allein aus Liebe, die niemand zu hinterfragen hat. Da ist jeder Mensch sein eigener Souverän.

Der Vergleich macht es leicht(er), diese Souveränität auch Gott zuzugestehen. »Dich hat der HERR, dein Gott, aus allen Völkern der Erde für sich erwählt als sein eigenes Volk, ... weil der HERR euch liebte.«

Nicht weil dieses Volk besonders groß oder verdienstvoll wäre, sondern weil Gott sich selbst treu bleibt und den Eid hält, den er den Vorfahren geschworen hat, erwählt er das kleinste unter den Völkern als sein Eigentum.

Liebe und Gegenliebe gehören zusammen. Letztere erweist das erwählte Volk durch das Halten der Tora. So eng sind Erwählung und Tora aneinander gebunden, dass in der Synagoge nach jedem Aufruf zur Rezitation der Tora vor der Lesung der Segensspruch steht: »Gepriesen seist Du, Herr, König der Welt, der uns erwählt aus allen Völkern und uns seine Tora gibt. Gepriesen seist Du, Herr, der die Tora gibt.« (siehe Kontext 2 a)

Die Tora ist Gabe und Aufgabe zugleich. Nach ihrer Weisung zu leben, ihre Rechtsetzungen einzuhalten, ist die Weise des Volkes, auf Gottes Liebe und Erwählung zu antworten. Dadurch wird das ganze Leben unter den Anspruch Gottes gestellt: die persönliche Beziehung zu Gott, der Umgang mit den Mitmenschen und Mitgeschöpfen, die Verantwortung für die Gemeinschaft. Nach Gottes Recht und Gesetz zu leben, lässt Gottes Verheißung unter den Menschen wahr werden: Gott wird »den Bund halten und die Gnade bewahren« bis zur tausendsten Generation.

Dass dieses Versprechen an das erwählte Volk bleibend auch gilt, nachdem in Christus Menschen aus den Heiden hinzugekommen sind, wurde dem Apostel Paulus nach schmerzlichem Ringen zur bleibenden Gewissheit: »Gott hat sein Volk nicht verstoßen!« (Röm 11,2).

Das hat auch Jesus gepredigt. Die Erwählung und die Antwort des Menschen bindet er zusammen, wenn er zu seinen Jüngern sagt: »Nicht ihr habt mich erwählt, sondern ich habe euch erwählt und dazu bestimmt, dass ihr euch aufmacht und Frucht bringt ...«. (Joh 15,16) Frucht bringen werden auch die, die Jesus nachfolgen, indem sie nach Gottes Weisungen handeln.

Es bleibt eine gemeinsame Aufgabe für Juden und Christen, auf Gottes Liebe zu antworten, indem sie ihr Leben unter dem Anspruch und Zuspruch der Rechtsetzungen Gottes leben.

## 5. Liturgievorschläge

Psalm: 139 in Auswahl (Wochenpsalm)

Lesung: Mt 28,16–20 / Jes 43,1–7

Lieder:
Lobt Gott den Herrn, ihr Heiden all (293)
Wohl denen, die da wandeln (295)
Ich bin getauft auf deinen Namen (200, Wochenlied)

### Literatur

Böckler, Annette, Mirjam, 5. Mose 7,6–12, in: Junge Kirche 2/2005 (66. Jg.), 58-61.

Dörrfuß, Ernst Michael, 6. Sonntag nach Trinitatis: Dtn 7,6-12, in: Predigtmeditationen im christlich-jüdischen Kontext. Zur Perikopenreihe III (2004), 229–233.

Gradwohl, Roland, Israels »Erwählung«: Eine Gabe wird zur Aufgabe. Dtn 7,6-12, in: Ders., Bibelauslegungen aus jüdischen Quellen, Band 1, Die alttestamentlichen Predigttexte des 3. Jahrgangs, Stuttgart 1986, 118-128.

Grözinger, Albrecht, 6. Sonntag nach Trinitatis – 5. Mose 7,6-12, in: Calwer Predigthilfen 1998/99, 2. Halbband. Exaudi bis Ende des Kirchenjahres, Reihe III/2, Stuttgart 1999, 76-83.
Heymel, Michael, 6. Sonntag nach Trinitatis, in: Göttinger Predigtmeditationen, 3. Reihe (1999), 328-335.
Huber, Wolfgang, Predigt über Dtn 7,6-12, gehalten in der St.-Marienkirche Berlin am 3.7.2005, https://www.ekd.de/predigten/huber/050703_huber_marienkirche.html [abgerufen am 2016-06-27]
Illouz, Eva, Israel. Soziologische Essays, Berlin 2015.
Kirchenordnung, Sonderdruck aus »Das Recht der Evangelischen Kirche von Westfalen«, Bielefeld 2009.
Rad, Gerhard von, Das 5. Buch Mose. Deuteronomium, ATD Bd. 8, Göttingen $^{3}$1978, 47–49.
Rendtorff, Rolf, 6. Sonntag nach Trinitatis: Dtn 7,6-12, in: Baumann, Arnulf H. / Schwemer, Ulrich (Hg.), Predigen in Israels Gegenwart, Predigtmeditationen im Horizont des christlich-jüdischen Gesprächs, Gütersloh 1986, 77-85.
Wengst, Klaus, 5. Mose 7,6-12, in: Dem Text trauen. Predigten, Stuttgart 2006, 39-41.

*Andreas Smidt-Schellong* und *Christa Kronshage*

# 7. Sonntag nach Trinitatis: Joh 6,30–35
# Hunger nach Brot und Gerechtigkeit

## 1. Annäherung

Was ist wirkliches Leben? Wenn ich das Wort Leben immer wieder laut vor mich her sage, klingt es wie eines, das eigentlich gar nicht *da ist*. Es wundert mich nicht, wenn Attribute herangezogen werden, um irgendwie greifbarer zu machen, worum es da geht. Um nichts mehr und nichts weniger als ein pochendes Herz – und doch: Lebendiges Leben, Lebenslust, erfülltes Leben – eine erweiterbare Aufzählung.

Und was ist wirkliches Brot? Das Wort scheint ähnlich überstrapaziert zu sein. Wir bitten darum im Vater Unser – oft ohne zu wissen, was wirklicher Hunger ist. Und wir machen uns schuldig, weil wir denen, die es wissen, kein Brot geben. Und wie oft wurde in missionarischem Eifer die Bibel als neues Leben und geistige Nahrung übergeben, was dann wiederum todbringende Folgen hatte. Ich denke etwa an die Inquisition in Spanien im 16. Jahrhundert. Die Kirche hat so viel folgenlos oder aber mit gewaltigen Folgen von Brot und Leben geredet, dass sie davon doch mal schweigen könnte. Oder?

An dieses *Oder* knüpft meine Predigtmeditation an. Nicht nur, weil Schweigen ein schlechter Rat für ein Buch ist, auch, weil es etwas zu sagen gibt zu der für den 7. Sonntag nach Trinitatis ausgewählten Perikope. Die metaphorische Fülle der Worte Leben und Brot eröffnet interessante Predigtwege, wobei bei der Erfassung des Sinngehaltes nicht materialisierende und spiritualisierende Deutung gegeneinander ausgespielt werden sollten (vgl. Kontexte 2 a und b).

Was ist wirkliches Leben? Die Verheißung am Ende der Perikope verspricht das Aufhören von Hunger und von Durst. So kann Gottesdienst gefeiert werden, indem Lebensbedürftigkeit ernst genommen und die Sehnsucht wachgehalten wird, dass die Welt nicht bleibt, wie sie ist.

## 2. Kontexte

a) Das Jesus-Wort »Ich bin das Brot des Lebens« (V 35) lässt sich in Verbindung mit der jüdischen Vorstellung vom »Wort des Lebens« verstehen (vgl. Dtn 30,11–20): »›Rabbi Alexander ließ ausrufen: Wer wünscht Leben, wer wünscht Leben? Da versammelte sich die ganze Welt und kam zu ihm, indem sie sprachen: Gib uns Leben‹ (bAwoda sara 19b). Unter dem Markennamen ›Leben‹ lässt der Rabbi seine Tora auf dem Weltmarkt ausrufen … Und zwar dies für ›die Vielen‹, also für die ›ganze Welt‹ … Wer von uns dächte dabei nicht an jene Jünger, die einen anderen Juden baten: ›Du hast Worte des Lebens‹ (Joh 6,68)«.

Marquardt, 236

b) Das Bild von Jesus als Brot des Lebens lässt sich gerade nicht in Konkurrenz, sondern vielmehr in Kongruenz zur jüdischen Vorstellung von der Tora als Brot für die Menschen verstehen:
Nach Jakobs Traum von der Himmelsleiter macht er sich auf den Weg und wünscht, dass Gott ihm »Brot zu essen gibt und Kleidung anzuziehen« (Gen 28,20). Darauf

bezieht sich die Geschichte in Bereschit Rabba 70,5 »Er begann, ihm freundlich zuzureden: Brot – das ist die Tora. Denn es steht geschrieben: ›Kommt, esst Brot von meinem Brot!‹ (Spr 9,5). Gewand – das ist der Tallit (Gebetsmantel). Hat ein Mensch die Tora erlangt, hat er den Tallit erlangt.«

Theodor/Albeck, 802f., zit. nach: Wengst, 244

c) »Was dem Juden die Tora ist, ist für den Christen Jesus als der Christus.« (Zwi Werblowsky)
Der 7. Sonntag nach Trinitatis liegt im Jahr 2017 in zeitlicher Nähe zu Tisch'a be-Aw (1.8.), dem Gedenktag an die Zerstörung des Jerusalemer Tempels. Es bietet sich an, den jüdischen Trauer- und Fastentag und die vorausgehende dreiwöchige Trauerzeit auch im christlichen Gottesdienst zu bedenken. Mit der Zerstörung des Tempels beginnt die Entstehung des rabbinischen Judentums. Im Zentrum stehen jetzt, da das Tempelopfer unmöglich geworden ist, das Gebet (*avoda*), das Lernen der Tora und das Tun der Mizwot (›Gebote‹).

Das, was für das rabbinische Judentum die Tora wird, wird für die entstehenden christlichen Gemeinden Jesus Christus. Die Parallelen zwischen jüdischer Tora-Theologie und christologischen Aussagen der Kirche sind von Marquardt im Anschluss an Zwi Werblowskys Ausführungen während der Rheinischen Synode 1980 bedacht worden. Tora und Christus sind nicht gegeneinander auszuspielen, sondern Christus wäre von den Christen so zu verstehen wie die Tora von Israel. So zeigt sich etwa in den Versen »Du hast Worte des Lebens« (Joh 6,68) und »der der Welt das Leben gab« (Joh 6,33) die Parallelstruktur von Tora und Jesus Christus. Jesus und die Tora sind zum Leben gegeben, nicht als Wettbewerb, sondern als Gemeinsamkeit:
»Er und der Vater sind im Wirken und Leben Jesu so eins wie Gott und Israel in der Tora. […] Jesus ist der Weg und das Leben, wie Israels Tora die Halacha seines Lebens ist.«

Marquardt, 253

d) Die ›Füllung‹ des Begriffs Leben (Joh 6,35ff.) schließt die Perspektive des Tuns der Gerechtigkeit ein. Der Prolog der Regel des Ordens der Benediktiner, der Psalm 34,13–16 aufgreift, denkt Lebenshunger und das Tun des Gerechten zusammen:
»›Wer ist der Mensch, der das Leben liebt und gute Tage zu sehen wünscht?‹ Wenn du hörst und antwortest: ›Ich‹, dann sagt Gott zu dir: Willst du wahres und unvergängliches Leben, bewahre deine Zunge vor Bösem und deine Lippen vor falscher Rede! Meide das Böse und tue das Gute! Such Frieden und jage ihm nach! Wenn ihr das tut, blicken meine Augen auf euch, und meine Ohren hören auf eure Gebete; und noch bevor ihr zu mir ruft, sage ich euch: Seht, ›Ich bin da‹.«

aus dem Prolog der Ordensregel der Benediktiner

e) Beim Nachdenken über den Sinngehalt der Rede vom Brot ist die Feier des Abendmahls eine naheliegende Assoziation. Hier lohnt ein Blick in die Geburtsstunden des Christentums. In der Didache, der wohl frühesten Kirchenordnung, findet sich die Weisung, am Tag des Herrn zum Brotbrechen zusammenzukommen. Hier gibt es noch keine mit dem Mahl verbundenen Lehren über eine Messiasvorstellung und den Tod Jesu. Ganz in jüdischer Sabbattradition folgt auf die Segnung des Weins die des gebrochenen Brotes:

»Wir danken dir, unser Vater, für den heiligen Weinstock Davids, deines Knechts, den du uns offenbart hast durch Jesus, deinen Sohn. Dir sei die Herrlichkeit in Ewigkeit! […] Wir danken dir, unser Vater, für das Leben und die Erkenntnis, die du uns kundgemacht hast durch Jesus, deinen Sohn. Dir sei die Herrlichkeit in Ewigkeit. Wie dieses (gebrochene Brot) zerstreut war auf den Bergen, und zusammengebracht ist es eins geworden, so soll deine Kirche zusammengebracht werden von den Enden der Erde in dein Reich. Denn dein ist die Herrlichkeit und die Kraft durch Jesus Christus in Ewigkeit.«

aus dem 9. Kapitel der Didache

## 3. Beobachtungen am Text

Der Inhalt des 6. Kapitels des Johannesevangeliums ist räumlich und zeitlich abgegrenzt von seinem Umfeld. Die Leserinnen und Leser werden zu Beginn an das andere Ufer des galiläischen Sees geführt. Es ist die Zeit kurz vor Beginn von Pessach. Vergleichbar zu den anderen Evangelien wird von der so genannten Speisung der 5000 erzählt. Brot wird dabei wundersam vermehrt, um dann – unterbrochen von der Erzählung über das Staunen der Jüngerinnen und Jünger, als sie Jesus auf dem See begegnen – in seiner *lebensspendenden* Kraft grundsätzlicher diskutiert zu werden.

*V 35*: Leben als Schlüsselwort bei Johannes bezeichnet in der Regel ewiges Leben. Es geht dabei jedoch nicht um ein Leben über den physischen Tod hinaus. Ton Veerkamp übersetzt »Leben der kommenden Weltzeit«, worin die Erwartung einer kommenden messianischen Epoche deutlicher anklingt. Mit dem ewigen Leben wird wahrhafte Veränderung der Verhältnisse im Leben selber angekündigt. Das gegenwärtige Leben soll für den Evangelisten aus der Inspiration der messianischen Perspektive gelebt werden (Veerkamp, 7). Es geht in der Perikope um menschliche Sehnsucht nach Orientierung für gelingendes, erfülltes Leben im Hier und Jetzt (vgl. Kontexte 2 a).

Dass die Anhängerinnen und Anhänger Jesu nach der Brotvermehrung seine Nähe suchen, scheint ihn eher zu stören als zu freuen. Jesus wirkt fast genervt davon, wenn er, eingeleitet durch ein nachdrückliches *Amen, Amen,* geradezu schroff auf ihre dringliche Suche nach ihm reagiert (V 26). Sie würden ihn nur deshalb suchen, weil sie von den vermehrten Broten satt geworden wären, sollten sich doch aber besser um die Frage nach dem ewigen Leben kümmern. Anstatt von dem Vorwurf gekränkt zu sein, zeigen die Anhängerinnen und Anhänger Jesu die von ihm wohl intendierte Wirkung: Sie wollen wissen, was sie *tun* sollen, um die Werke Gottes zu bewirken (V 28). Jesus aber antwortet, es gehe darum, dem von Gott Gesandten zu *glauben* (V 29). Die Menge aber fordert Zeichen und Werke, obwohl sie diese ja gerade schon einen Tag vorher erlebt hat. Die Aussageabsicht des Evangelisten wird deutlich: Wunder sind hilfreich, können den Anspruch Jesu aber nicht letztlich legitimieren (vgl. Wengst, 248). So erscheint es folgerichtig, dass die letzten Worte Jesu im Evangelium sind: »Glücklich, die nicht gesehen haben und doch zum Glauben kommen« (Joh 20,29). Und wir können auch Ben Gurion im Ohr haben mit seinem hoffnungsvollen Satz: »Wer nicht an Wunder glaubt, ist kein Realist.« (vgl. Kontext 2 d zum Verhältnis von Glauben und Tun).

Es ist viel darüber geschrieben worden, dass für die Hungernden Himmelsbrote keine Rettung seien – das weiß auch der Evangelist Johannes sehr genau. Naheliegend ist die Anmerkung von Wengst, dass nur die Satten eine Geringschätzung der konkreten Materialität von Nahrung in den Versen lesen könnten (vgl. Wengst, 243). Biblisch sind mit der Rede vom Brot vielfältige Assoziationen aufgerufen (vgl. zur Verwendung der Brot-Metapher Kontext 2 e).

Brot als thematischer Schwerpunkt des Kapitels wird bereits zu Beginn (Joh 6,4) angekündigt mit dem Hinweis auf das nahende Pessach-Fest. Ungesäuertes Brot wird hier gegessen in Erinnerung an die Flucht und Befreiung aus Ägypten. Das rettende Eingreifen Gottes in der Not wird erinnert und aktualisiert in der Speisungsgeschichte und dem Rückgriff auf das Manna in der Wüste. Das Wort vom Brot des Lebens kommt also nicht aus dem luftleeren Raum und trifft auf Menschen, die bereits Sättigung und Hilfe erlebt haben. Das Wort von Jesus als Brot des Lebens trägt dabei wie die Rede vom auferstandenen Christus etwas Ausstehendes in sich. Christliche Hoffnung nährt sich aus der angebrochenen und eben noch nicht erfüllten Verheißung. Menschen schreiben gemachte Gotteserfahrungen in die Zukunft fort, ohne dabei Gott vorschreiben zu können, wie er oder sie einst handeln soll.

In vielen Kommentaren zur Perikope findet sich der Hinweis, das Manna würde der Intention des Textes gemäß durch Jesus als Brot des Lebens in seiner Heilsqualität übertroffen werden. Die Anknüpfung an das Manna ist jedoch positiver Art: Gott hat schon einmal satt gemacht und wird es wieder tun. Es handelt sich mit der schriftorientierten Typologie von Manna und Brot um typisch johanneische Hermeneutik. Wertlos ist das Manna mitnichten geworden. Doch die antijüdische Lesart des Johannesevangeliums ist nur allzu oft universitäre und gemeindliche Wirklichkeit. Wichtig ist daher zu verstehen, dass Manna- und Brotwunder auf derselben Ebene liegen. Es geht mit V 32 gerade nicht darum, Gott als Manna-Geber und Gott als Brot-Geber gegeneinander auszuspielen. Aus einer für das jüdisch-christliche Gespräch sensiblen Perspektive ist zu betonen, dass biblische Heilszeiten (eine alte und eine neue Zeit) nicht gegeneinander stehen, sondern Vergangenheit, Gegenwart und Zukunft im Wechselspiel entfaltet werden. Jesus steht mit seinem Brotwort in jüdischem Kontext (vgl. Kontexte 2 a und b). In ihm ist die Tora lebendig. »Brot« meint Tora-Worte des Lebens.

## 4. Homiletische Konkretionen

Menschen sind hungrig, Lebenshunger und Lebensatem hängen dabei eng aneinander. Eine Predigt kann dem menschlichen Lebenshunger auf verschiedene Weise Futter geben, ihn stimulieren, hungrig und satt zugleich machen – genauso wie es Jesus in der Bewegung der Erzählung tut. Die Kunst ist, Lebenshunger und Lebenslust mit dem Tun der Tora, also dem Tun des Gerechten, zu verbinden, wie es in der Benediktiner-Regel (Kontexte 2 d) geschieht.

Für eine Predigt schlage ich vor, der Verbindung der ›Figurationen‹ Jesus und Tora nachzugehen (vgl. Kontexte 2 a und b). Im Folgenden nenne ich Impulse für eine Predigt:

*Überhörtes neu sehen*
Die Kirche hat so viel folgenlos oder aber mit gewaltigen Folgen von Brot und Leben geredet, dass sie davon doch mal schweigen könnte – oder? An diese Eingangsfrage meiner Meditation anknüpfend frage ich, wie wir mit den Worten im Gottesdienst umgehen, an denen wir uns vielleicht sattgehört haben. Vielleicht kommen wir gegen das Überhörte am besten unter Zuhilfenahme unseren Augen an. Ich schlage daher eine Bildmeditation vor. Auf den Gottesdienstblättern könnte das Bild »Engel, noch tastend« von Paul Klee abgedruckt sein. Der Engel auf dem Bild strahlt eine Sehnsucht aus, die um die Verletzlichkeit der Welt weiß und sich ihr nicht entzieht. Er sieht aus wie jemand, der weiß, was er sucht. Wie bei den Jüngern Jesu ist ein bisher vielleicht unbekannter Lebenshunger in ihm wach geworden. Doch die Suche ist tastend, der Weg zum Brot des Lebens muss erst noch gefunden werden. Gerade bei einem Predigttext mit so großen Metaphern und dadurch entstehender Bedeutungsschwere kann mit dem Bild ins Offene gegangen werden: Welches Leben hat der Engel erlebt? In welches Leben geht er? Geht er schnell? Was erhofft er von der Zukunft?

*Lebensexpertinnen/Lebensexperten suchen: ein Gottesdienst der besonderen Art, der die Begriffe in ungewöhnlichen Perspektiven und Konfigurationen ins Blickfeld rückt.*
In dem von Thomas Hirsch-Hüffell am Gottesdienst-Institut der Nordkirche entwickelten Modell lernen Theologinnen und Theologen mithilfe von Lebensexpertinnen und Lebensexperten neu sehen und die Welt anders geistlich lesen. Es inszenieren drei Menschen zu einem abgestimmten Gesamtthema eine Art offenes Kunstwerk. Zu unserem Text bieten sich an: Brot, Hunger und Durst. Diese Menschen sind in einem Teilbereich des Lebens besonders bewandert, haben besondere Abgründe, Höhen und (Un-)Fähigkeiten erlebt. Mut zum Ungewöhnlichen ist hier dran: die Brezel-Lieferantin von Empfängen in einer Großstadt? Der Werbetexter eines Getränkekonzerns? Die Hebamme? Der Koch der Diakonie? Als Predigt gestalten sie im Gottesdienst eine Collage.

*Reden in einer satten Kirche*
Nicht zuletzt stellt mich der Predigttext vor ein für mich ungelöstes Dilemma: Wie das Evangelium predigen in satten Kirchen? Wenn mit Unterprivilegierten von Ungerechtigkeit geredet wird, dann kann es nur darum gehen, Wege aufzuzeigen, aus Unrecht Recht zu machen. Wie aber geht das, ohne moralischen Druck zu erzeugen? Wenn wir glaubten, dass Gott allein bei den Hungrigen wäre, müssten wir wohl viele unser Gottesdienste noch vor Beginn beenden, ja könnten selber nicht einmal mehr als Pfarrerinnen und Pfarrer arbeiten. Diese Spannung muss im Gottesdienst nicht gelöst, aber besprochen und ausgehalten werden. Dies kann geschehen, indem die Verheißung ins Zentrum gerückt wird: Wer zu Jesus Christus kommt, wird weder hungern noch dürsten.

*Was für Zeichen tust du, dass wir glauben?*
In lutherischer Tradition wird der Glaube oft als Heilsweg verstanden. Die Vorstellung, *durch* den Glauben gerechtfertigt zu sein, kann Menschen unter Druck setzen: Glauben, wie geht das eigentlich? Doch so wie die Tora ist Glauben Gabe. In der Forderung, an Jesus als das Brot des Lebens zu *glauben*, darf *Glauben* nicht

nomistisch missverstanden werden. Der Glaube selber ist kein Heilsmittel. Wie bei den Geboten der Tora ist das *Wenn des Glaubens* ein Ausdruck des Verlangens, das nicht zuerst den glaubenden Menschen, sondern Gott selbst unter Bedingung stellt. Gebote und auch Glauben sind im Anschluss an Marquardt zu verstehen als Sehnsuchtsäußerungen Gottes. »Wie der Tuende der Tora in seinem Tun das Leben hat, so der dem Christus Glaubende in seinem Glauben – ohne daß wir sagen dürften, es wäre der Glaube der Inhalt dieses Lebens. Denn beide Male: im Tun des Gebotenen wie im Trauen auf Christus ist das schlechthin Belebende, daß Gott hier seine Sehnsucht stillt, endlich Gott und uns gut, also Gott-mit-uns sein zu können.« (Marquardt, 244)

## 5. Liturgievorschläge

Lesung von Teilen der Parascha des auf den Sonntag folgenden Schabbat Dtn 3,23–7,11. Passend zur herausgestellten Bedeutung der Tora als Brot des Lebens bietet sich die Lesung von Dtn 4,1–10 an.

Psalm 105

Lieder:
Ich glaube, dass die Heiligen (EG 253)
Wach auf, mein Herz, und singe (EG 446,1.2.4.8.9)
Brich mit den Hungrigen dein Brot (EG 420)

*Abendmahl feiern*
Im Gottesdienst kann Abendmahl gefeiert werden, am besten mit richtigem Brot, im Kreis in einer spürbaren Gemeinschaft. Jesus macht seinen Körper zu einem Zeichen. Die Perikope kann ermuntern, Formenreichtum und Bedeutungshorizonte des Mahles zu entdecken. Die Emmaus-Jünger erkennen Jesus an der Geste des Brotbrechens.

### Literatur

Die Benediktiner-Regel findet sich unter: http://www.benediktiner.de/index.php/die-ordensregel-des-hl-benedikt.html, abgerufen am 2016-05-25.
Die Didache. Die Lehre des Herrn durch die zwölf Apostel für die Heiden. Übersetzung nach der Bibliothek der Kirchenväter, Band 35: Die Apostolischen Väter, München 1918 (übers. von Franz Zeller), http://www.englbauer.de/theol/download/texte/diddeut.htm, abgerufen am 2016-06-21.
Hirsch-Hüffell, Thomas, Ausführungen zu Gottesdienst mit Lebensexpertinnen und Lebensexperten und Abendmahl, www.gottesdienstinstitut-nordkirche.de, abgerufen am 2016-05-25.
Das Bild von Paul Klee ist u. a. hier abrufbar: https://commons.wikimedia.org/wiki/File:Paul_Klee_~_Engel,_noch_tastend_~_1939.jpg, abgerufen am 2016-05-25.
Marquardt, Friedrich-Wilhelm, Auf einem Schul-Weg. Kleinere christlich-jüdische Lerneinheiten, Berlin 1999.
Veerkamp, Ton, Das Evangelium nach Johannes, Texte und Kontexte 3/2015.
Wengst, Klaus, Das Johannes-Evangelium, 1. Teilband: Kapitel 1–10, ThKNT 4,1, Stuttgart 2000.

*Aline Seel*

# 8. Sonntag nach Trinitatis: Jes 2,1–5
# Wenn Berge schweben

## 1. Annäherung

Der Predigttext ist ein Zentraltext in den Jahrhunderte andauernden Kontroversen zwischen Christen und Juden um die Messianität Jesu gewesen (vgl. Kontexte c und d). Die eine Seite hielt die Verheißung für erfüllt, weil das neue Gesetz Jesu doch vom Zion (bzw. von Golgata) ausgegangen war. Die andere hielt die nicht erfolgte Völkerwallfahrt und den nicht eingetretenen Frieden dagegen. Diese Hypothek lastet auf dem Nachdenken über den Text für eine Predigt. Ist die beschriebene messianische Zeit bereits angebrochen oder nicht? Ist Jesus der hier verheißene Messias oder nicht? Darf ich die Gemeinde mit hineinziehen in die Zweifel um eine richtige Antwort? Ist der messianische Friede, der in dem Text verheißen wird, nur eine Utopie? Wie steht es um das Miteinander der Völker im gegenwärtigen Jerusalem?

## 2. Kontexte

a) Der Superintendent i. R. und heutige Studienleiter des christlichen Begegnungszentrums Nes Ammim in der Nähe von Akko, Rainer Stuhlmann, hat seine bisherigen Beobachtungen und Erfahrungen in Israel und Palästina tagebuchartig niedergeschrieben und in einem kleinen Büchlein veröffentlicht. An einer Stelle berichtet er über eine moderne Palmsonntagsprozession, die in ihrer ganzen Darstellung wie eine moderne Interpretation der Völkerwallfahrt zum Zion wirkt: »Wem gehört Jerusalem? Diese Frage stand mit einem Schlag im Raum und machte mich plötzlich hellwach. Unsere naive Antwort ›allen‹ ist nicht die Antwort aller Bewohner dieser Stadt der zwei Nationen und drei Religionen. Die schwarzen Männer [30 zuvor beschriebene streng religiöse, jüdisch-orthodoxe *Haredim*] protestierten nicht nur gegen die christliche, sondern auch gegen die palästinensische Prozession. Denn natürlich sind die dort wohnenden Christen mehrheitlich Palästinenser. Es ist ihre Palmsonntagsprozession – und erst in zweiter Linie die der Pilger. Und dann kam sie. Zunächst harmlos folkloristisch eröffnet mit palästinensischen Kindern und Jugendlichen in farbenprächtigen Pfadfinderuniformen. Die Erwachsenen, die folgten, trugen ein Plakat vor sich her, das mich aufmerken ließ. ›Wir sind die Gemeinde von Beit Jala, nur 8 km von Jerusalem entfernt. Palästina‹. Und später ein gleichaussehendes Plakat: › … Gemeinde von Beit Zahour, nur 12 km …‹ Und dann kam Gemeinde für Gemeinde, jede mit ihrem Namen und der Entfernung von Jerusalem […]. Allmählich verstand ich die Botschaft. ›Wir sind hier. Denn der Weg ist nicht weit. Aber zu unserer Gemeinde gehören sehr viel mehr Menschen. Die würden gerne heute mitgehen und Ostern in der Grabeskirche feiern. Aber sie dürfen nicht. Sie sind ausgesperrt. Und das ist Unrecht. Himmelschreiendes Unrecht.‹ Das ist gewaltfreier Widerstand. Indirekte Kommunikation. Ohne Polemik. Umso wirkungsvoller. Nicht die Spur von anti-israelischer Haltung. Gerade als Freund Israels, des demokratischen Israels, das der jüdischen Tradition und darum den Menschenrechten verpflichtet ist, konnte ich dem nur aus vollem Herzen zustimmen. Und dann nahm ich wahr, dass nicht nur palästinensische Christen mitzogen, sondern viele, viele Menschen aus Europa und Amerika. Vielleicht deshalb die Medienpräsenz? Einen Moment lang hatte ich den Eindruck, sie zu kennen. Von zu Hause. Von unseren Ostermärschen und Demonstrationen für Frieden und Gerechtigkeit der letzten Jahrzehnte. Da wurde ich vom Schaulustigen zum Sympathisanten, vom Zuschauer zum Teilnehmer. Da wusste ich, wo ich hingehöre. Ich ging mit bis durch das Löwentor.«

Stuhlmann, 53f.

b) In einem mehrfach abgedruckten Vortrag hat der Wuppertaler Systematiker Bertold Klappert eine wichtige Begriffsbestimmung vorgenommen, mit der er auf die Ambivalenz des Bilds von der Völkerwallfahrt zum Zion hinweist:
»Eine Christologie der Völkerwallfahrt zum Zion ist eine Absage an eine uns Heidenchristinnen und Heidenchristen von Haus aus geläufige *Christologie des Völkeransturms* gegen *den Zion.*«

Klappert, 65

c) In einer Predigt zitiert Rainer Stuhlmann eine nicht unbekannte chassidische Geschichte, die das christlich-jüdische Messiasproblem, das auch mit dem Predigttext verbunden ist, auf den Punkt bringt:
»Den Streit zwischen einem christlichen Priester und einem Rabbi über die Frage, ob der Messias schon gekommen sei, beendet der Rabbi damit, dass er dem Priester den Rücken zukehrt und schweigend aus dem Fenster schaut. ›Warum redest du nicht weiter?‹, fragt der Priester nach einer Weile. ›Ich schaue in die Welt hinaus‹, antwortet der Rabbi. ›Warum?‹ ›Ich prüfe, ob der Messias schon gekommen ist, ob der Säugling gefahrlos mit der Giftschlange spielt (Jes. 11,8), ob Wolf und Lamm sich liebevoll umarmen (Jes. 11,6; 65,25), ob die Schwerter zu Pflugscharen geschmiedet sind (Jes. 2,4), ob alle satt werden und niemand stirbt, bevor er die Hundert erreicht hat (Jes. 65,20–23).‹«

Stuhlmann, 144

d) In einem mittelalterlichen Religionsdialog des 11. Jahrhunderts, der zu einer Zeit stattgefunden hat, zu der der Talmud noch nicht in ganz Europa zur Geltung gekommen war, äußert der jüdische Gesprächspartner sehr deutliche Kritik an dem christlichen Messiasverständnis, indem er den Jesajatext – verknüpft mit der eigenen Messiashoffnung – folgendermaßen paraphrasiert:
»Und damit du weißt, an welchem Zeichen seine Ankunft erkannt werden kann, höre [...] auch noch, was über die Ankunft des Christus bei Jesaja folgt: *Und sie werden ihre Schwerter zu Pflugscharen umschmieden und ihre Lanzen zu Sicheln. Kein Volk wird gegen ein anderes Volk das Schwert ziehen, und sie werden nicht weiter zum Krieg rüsten* (Jes 2,4). Ja, schmiedet denn etwa unser [gemeint ist: ein jüdisches] Heer in unserer heutigen Zeit *seine Schwerter zu Pflugscharen und seine Lanzen zu Sicheln um* (Jes 2,4)? Die Handwerker reichen kaum aus, das Eisen reicht kaum aus, um alle Kriegswaffen herzustellen. Wo gibt es das auf der Welt: *Kein Volk wird gegen ein anderes Volk das Schwert ziehen und sie werden sich nicht weiter für den Krieg rüsten* (Jes 2,4)? Überall auf der Welt stellt ein Nachbar dem anderen nach, überfällt ihn, tötet ihn; ein Volk kämpft mit aller Kraft und allem

Einsatz gegen das andere; ein Königreich wird gegen ein anderes aufgehetzt; und schon von frühester Jugend bereitet sich jeder darauf vor, in den Kampf zu ziehen. Es steht also fest, dass ihr Christen weit weg vom Christus [= dem erwarteten Messias] und seinem Kommen umherirrt.«

Crispin, 49 (Übersetzung leicht überarbeitet durch G. K. H.)

e) Johannes Calvin hebt hervor, dass der Ruf der Völker zueinander einen wichtigen praktischen Aspekt hat; beider Kritik erscheint zeitlos:
»Ferner zeigt Jesaja: Wer das Amt der Lehre und Ermahnung auf sich nimmt, darf nicht im Sitzen anderen Vorschriften machen wollen, sondern muss sich mit ihnen auf gleichen Fuß stellen, auf dass sie alle eines Sinnes wandeln. Leider muss man ja sehen, dass einige gar gestrenge Schulmeister und scharfe Treiber sind und dabei selber keinen Fuß rühren. Hier aber befehlen nicht die Gläubigen den Brüdern: ›Steigt!‹, sondern zeigen lieber mit ihrem Beispiel den rechten Weg.«

Calvin zu Jes 2,3, dt. Ausg., 59

## 3. Beobachtungen am Text

Zu der Predigtperikope gibt es eine bekannte Parallele im Buch Micha (Mi 2,1–3); hier sollen weder die Frage nach der Authentizität der jeweiligen Texte noch der Primat einer Tradition noch die philologischen und theologischen Differenzen zwischen beiden Texten interessieren. Von Interesse ist für die Predigt allein die Komposition des Jesaja-Textes, die in sich schon bemerkenswert ist.

Zum einen sticht die Verwendung des Tetragramms ins Auge: in V 2 in Verbindung mit dem Haus (*bet*), also dem Tempel, das als zukünftig existierend beschrieben wird. In V 3 erscheint der Gottesname in Konstruktus-Verbindung mit dem Berg (*har*) sowie dem Wort (*davar*). In V 5 wird der Gottesname zum vierten Mal, diesmal in Verbindung mit dem Licht (*'or*) verwendet.

Zum anderen und in enger Verbindung mit dem Vorherigen fällt die Verwendung des »Wortes« auf: Es eröffnet den Text als das Wort, das Jesaja profezeit hat. An der zentralen Stelle der Perikope ist es das Wort, das von Jerusalem ausgehen soll (V 3) – formuliert in einem Parallelismus mit der Weisung (*torah*), die vom Zion ausgehen soll (V 3).

Auch das »Haus« wird in dreierlei, allerdings aufeinander bezogener Form verwendet: Es ist das Haus Gottes (V 2) bzw. das Haus des Gottes Jakobs (V 3), sowie schließlich die Bezeichnung für Israel als »*bet Ya'aqov*« in V 5.

Zum vierten wechselt der Gebrauch vom *goy* und *'am/mim* zur Bezeichnung der Völker, die zum Zion ziehen. Es sind die Völker (*'ammim*), die zum Berg ziehen (als eine große Anzahl: *rabbim*, V 3). Das Gericht wird unter den Nationen (*goyim*) abgehalten werden und die »vielen Völker« (wie V 3) richten (beides V 4).

Zudem zu den einzelnen Versen:

*V 1*: Der Name des Profeten wird zum zweiten Mal im Jesajabuch genannt; es folgen vierzehn weitere Nennungen, die letzte in Jes 39,8. Gemessen an dem Umfang des Buches und der Zahl der Nennungen in anderen Büchern (ebenfalls sechzehn Mal) ist das erstaunlich selten. Darüber hinaus sticht ins Auge, dass Jes 1,1 und dieser Vers fast gleich formuliert sind, allerdings mit unterschiedlichem

Fokus: einmal wird eine Offenbarung (*chazon*) geschaut, einmal ein Wort (*hadavar*). Die Profezeiung ist über Judah und Jerusalem.

*V 2*: Der Zeitpunkt für die profezeiten Tage wird benannt: in den letzten Tagen. Die Begründung des mittelalterlichen jüdischen Exegeten Abraham ibn Ezra: weil die Kriege noch kein Ende gefunden haben (vgl. auch Kontexte c). Nach Meinung aller christlichen wie jüdischen Exegeten handelt es sich um die messianische Zeit; fraglich ist nur, ob der Messias schon gekommen ist.

Die Positionierung der Berge und Hügel ist auffällig: Der Tempel wird auf der Spitze der Berge stehen, der Berg selbst soll über die anderen erhoben sein, – oder wie es Ibn Ezra ausdrückt: gleichsam schwebend (vgl. Ibn Ezra zur Stelle), also losgelöst von den physikalischen Bedingungen. Rashi fügt hinzu, dass das Wunder »größer ist als die Wunder auf dem Sinai, dem Karmel und dem Tabor«, d. h. größer als die Gabe der Tora (Sinai), das Feuerwunder Elijahus (Karmel) und der Sieg Devorahs und Baraks über Sisera.

*V 3*: Zwei Bewegungen werden hier miteinander verbunden. Die Völker, die bereits in V 2 als zum Berg strömend (wie Wasser!) benannt wurden, sind nun im Gespräch untereinander und ermutigen sich, zum Tempel zu ziehen und Gottes Wege (*derakhav*) und seine Pfade (*'or<sup>e</sup>chotav*) zu gehen (*nel<sup>e</sup>khah*; man beachte die Nähe zu Halacha!). Mit der Begründungspartikel *ki* angeschlossen folgt der Hinweis auf das schon genannte Ausgehen der Tora und des göttlichen Wortes vom Zion.

*V 4*: Gott oder sein Messias werden richten. Folge des Gerichts wird sein, dass die Kriegswaffen zu Werkzeugen für die Kultivierung der Grundnahrungsmittel werden: Schwerter zu Pflugscharen (in der antiken Landwirtschaft der unterste Teil derselben), um Getreide für Brot anzubauen, und Speerspitzen zu Winzermessern, um Weinstöcke bearbeiten zu können. Die Folge ist ein messianischer Frieden.

*V 5*: Erneuter Wechsel der Perspektive: Das Haus Jakobs wird aufgefordert, zum Licht des Herrn zu gehen – entweder von den Nationen (so Rashi) oder sie sprechen untereinander (die meisten übrigen jüdischen Exegeten). In der christlichen Exegese wird dies oft für eine Triumphgeste missbraucht, die dem Text nicht gerecht wird (exemplarisch Calvin zur Stelle, vgl. Kontexte e).

## 4. Homiletische Konkretionen

Während ich die Meditation schreibe, ist dasjenige Thema, das in den Medien und auch vor Ort mit am meisten beschäftigt, die anhaltende Migration von Kriegsflüchtlingen aus Syrien und von Wirtschaftsflüchtlingen aus Afrika. Das Thema steht aber auch in der Gefahr, zum Überdrussthema zu werden, denn noch und dennoch ist auch die Hilfsbereitschaft ungebrochen. Zu bedenken ist zudem: Eine Assoziation, die bei den älteren Gemeindegliedern beim Hören des Predigttextes kommen mag, ist, dass das Wort von den »Schwertern zu Pflugscharen« eines der Schlagworte der – auch kirchlichen – Friedensbewegung der 1980er Jahre war; beim Kirchentag 1983 in Wittenberg kam es zu einem spektakulären »Event« (ein Schmied trat feierlich zum Schmieden an), an den die EKD mit einem Denkmal erinnern will, das im März 2017 präsentiert werden soll.

Der Einstieg der Predigt kann über eine Erinnerung hieran erfolgen. Es sollte hier aber auch auf die Differenz zwischen dem berechtigten Anliegen der Friedensbewegung und dem Kontext der Prophezeiung Jesajas verwiesen werden. Die Predigt selbst ließe sich dreiteilig aufbauen.

In einem ersten Schritt wird die Eröffnung der Perikope: »Es handelt sich um ein göttliches Wort!« entfaltet. Hier kann auf den rätselhaften Gegensatz zwischen den beiden ersten Kapiteln des Jesajabuches verwiesen werden: Die Offenbarung von 1,1 verkündet da Gericht, das Wort von 2,1 eröffnet die Perspektive auf die Heilszeit. Es ließe sich auch sagen, dass das Auge in die Irre geleitet wird, das Ohr bzw. der Verstand auf das Heil hingeführt wird.

Das Heil ist das Evangelium, das in der Vision entfaltet wird. Deswegen ist der zweite und zugleich ausführlichste Schritt eine schrittweise Entfaltung der Bildwelt der Predigtperikope, gerne auch in der Form einer Homilie. Als erstes Bild bietet sich an, die Beschreibung der Berge zu beleuchten: Das Arrangement der Berge und der Platz des Tempels werden anders sein. Hier lässt sich das Bild Rashis von den drei Bergen (zu V 2) anbringen. Als zweites Bild kommt die Völkerwallfahrt zum Zion, die ja selbst in utopische Bilder gefasst ist – die Massen fließen wie Wasser den Berg hinauf. Hier lässt sich mit Kontexte a verdeutlichen, welchen Schwierigkeiten »Wallfahrten« heute begegnen können. Möglich ist hier auch, einen Bezug darauf zu nehmen, dass der Weg der Kirche auch immer etwas von der Wallfahrt zum Zion hat(te). Mit Kontexte b lässt sich jedoch auf die Gefahr verweisen, dass es immer auch auf die Dosierung ankommt. Die Völker auf dem Weg ermuntern sich gegenseitig, es bleiben aber immer auch welche auf der Strecke bzw. wenden sich ab (vgl. auch Kontexte e). Hier lässt sich auch das Evangelium der Erwählung und der freien Annahme (oder Ablehnung) desselben thematisieren. Das dritte Bild ist das von der Umkehr der Bewegungsrichtung in der Beschreibung der Völkerwallfahrt: Von Zion wird das Wort ausgehen; hier sollte auf den doppelten Charakter dieses Bildes verwiesen werden: Hier geht es einerseits um die Tora für die Völker, d.h. die Noachidischen Gebote, deren Frühform ja auch schon dem jungen Christentum auf den Weg gegeben wurde (vgl. Apg 15,20.29) und die aus jüdischer Sicht spätestens seit Moses Maimonides verbindlich für alle zum Bund Gottes Hinzukommenden ist, und andererseits um die christlicherseits entfaltete Theologie von Jesus als dem einen Wort Gottes. Hier wird am stärksten deutlich, dass Gesetz und Evangelium in unlöslichem Zusammenhang stehen und durch das Band der durch den Heiligen Geist geschenkten Gnade verbunden werden. Als viertes Bild lässt sich hiervon ausgehend darstellen, dass es in dem messianischen Reich auch um gerechte Gerichte gehen wird; hier lässt sich daran erinnern, dass ein Grundmerkmal von Religion Gerechtigkeit ist. Als Folge von diesem endzeitlichen Gericht und der Schaffung einer Gerechtigkeit für alle Menschen wird das Reich des Friedens anbrechen. Das Kriegswerkzeug hat ausgedient und wird zum Werkzeug für den Anbau der Grundnahrungsmittel Brot und Wein. Brot und Wein lassen sich, sollte im Gottesdienst Abendmahl gefeiert werden, hier auch sinnhaft als Zeichen der anbrechenden messianischen Zeit deuten, und es kann auf die Gemeinschaftsfeier nach der Predigt verwiesen werden.

Als dritter Teil der Predigt lässt sich ausgehend von dem letzten Vers eine Handlungsanweisung für die christliche Gemeinde im Lichte des Evangeliums entfalten: Die Gemeinde ist immer wieder neu auf den Weg gerufen! Christus eröffnet ein »Wandeln im Licht«, das aber noch der Erfüllung harrt. Es sollte allerdings darauf verwiesen werden, dass die Sprechrichtung des Verses zwar von den Neuberufenen in Richtung Israel geht, es sich aber nicht um eine wie auch immer gestaltete, gegenwärtig zu praktizierende Judenmission handelt, sondern dass es sich um einen Ruf für ein geschwisterliches Miteinander in der messianisch vollendeten Zukunft handelt (vgl. Kontexte b)!). Es lässt sich hier auch noch einmal auf den Einstieg zurückkommen und daran erinnern, dass das messianische Zeitalter mehr ist als nur ein Umschmieden von Schwertern zu Pflugscharen.

## 5. Liturgievorschläge

Psalm 48 (Wochenpsalm); 119 i. A.

Lesungen: Dtn 10,10–22; Mt 5–7 i. A.; Eph 2,11–22

Lieder:
All Morgen ist ganz frisch (EG 440)
Gott hat das erste Wort (EG 199)
Wohl denen, die da wandeln (EG 295)
O gläubig Herz (EG 318) (Wochenlied)
Jerusalem, du hochgebaute (EG 150)
Bewahre uns, Gott (EG 171)

Wenn der Gottesdienst mit Abendmahl gefeiert wird:
Er ist das Brot (EG 228)

### Literatur

Calvin, Johannes, Auslegung des Propheten Jesaja, 1. Hälfte übers. u. bearb. von Wilhelm Boudriot, Neukirchen (Kr. Moers) 1941.

Crispin, Gilbert, Disputatio iudaei et christiani; Disputatio christiani cum gentili de fide Christi. Religionsgespräche mit einem Juden und einem Heiden, übers. u. eingeleitet von Karl Werner Wilhelm u. Gerhard Wilhelmi, HBPhMA 1, Freiburg u. a. 2005.

Klappert, Bertold, Eine Christologie der Völkerwallfahrt zum Zion, in: Ders. u. a., Jesusbekenntnis und Christusnachfolge, München 1992, 65–91.

Miqra'ot Gedolot, Isaiah, vol. I. A New English Translation; [With] Translation of Text, Rashi, and Other Commentaries by A. J. Rosenberg, New York 1997 [= 1982].

Stuhlmann, Rainer, Zwischen den Stühlen. Alltagsnotizen eines Christen in Israel und Palästina, Neukirchen-Vluyn 2015.

*Görge K. Hasselhoff*

# 9. Sonntag nach Trinitatis: Mt 7,24–27
## Die Welt ist Kommunikation: die Macht des Hörers – er erschafft eine Welt

### 1. Annäherung

Wenn zu Goethes Zeit vom Bau einer Straße oder von der Einrichtung einer neuen Postkutschenstrecke berichtet wird, die nun zwei Städte verbindet, so ist die Rede von einer neuen ›Kommunikation‹. Die lateinische Wurzel dieses Wortes umfasst die Bedeutung teilen, mitteilen, gemeinsam tun, mit der Ausgangsbedeutung ›worin man sich abwechselt‹, ›wofür man gemeinsam Verantwortung trägt‹.

Viele Legenden (*Haggadot*) der jüdischen Schriftauslegung beschreiben die Entstehung der Welt als Akt der Kommunikation, fußend auf Gen 1,3.6.9 usw. Dabei wird die Tora Bauplan (Blueprint) genannt, mit dem sich Gott berät bei der Erschaffung der Welt (Harvey, Warren, 1236). Die Tora in ihrer schriftlichen und mündlichen Form ist sein wertvollstes, geliebtes Mittel, mit dessen Hilfe die Welt erschaffen wurde (Rabbi Aqiba, Mischna Aboth III, 15). Tora lernen und leben, die Tora hören und tun baut mit an der Welt. Die Bergpredigt ist mündliche Tora!

Gute Lehrer und Lehrerinnen lehren ihre Schülerinnen und Schüler, so zu hören, dass eine gute Welt entsteht (vgl. Urbach, 287: Die ersten und wichtigsten Lehrer sind die Eltern, dann der Weise, der Pädagoge; zum Titel Rabbi und seinem griechischen Äquivalent *didaskale* vgl. Theißen, 317). Tora bedeutet in der Hifil-Konjugation (causativ) lehren im Sinne von ›jemanden veranlassen zu …‹, Mischna (Sammlung der Auslegungen zur Tora für das tägliche Leben zur Zeit Jesu gesammelt u. a. durch Rabbi Aqiba) heißt wiederholen, lernen. Talmud von *lamad* ebenso. Die Lehrer, zu denen auch Jesus gehört, heißen Tannaim, *tanna* steht im Aramäischen für lernen.

So lehren, reden, vortragen, dass der Hörer eine Welt schaffen kann, so hören und lehren, dass das Hören zu Herzen geht und wirkt, dass es veranlasst, eine gute Welt zu schaffen, das tun heute die Kommunikationswissenschaften. Sie lehren z. B., dass es vier Weisen zu hören gibt (Schulz von Thun, 45) und jede Weise erst zur Selbsterforschung anleitet, ehe eine besonnene Antwort, überlegtes Tun eine gute Welt schafft. Sie lehren, mit zu bedenken, wie der andere fühlt und denkt, dass Empathie zum Schaffen einer guten Atmosphäre, einer guten Welt unabdingbar ist. Zusammen mit den psychologischen Disziplinen, zu denen auch Pädagogik und Philosophie gehören leiten sie an, üben sie mit den Schülern, mit den Klienten, den Hörerinnen und Hörern Selbstwahrnehmung, Selbsterkenntnis, Selbstdisziplin, Selbstlenkung, Selbstkritik (Reue), Selbsttranszendenz, Selbstwert, Perspektivwechsel (Umkehr, *teschuwa*).

Tora lernen übt den Sinneswandel ein, Tora hören berührt das Herz und lässt Wesentliches tun für den Erhalt oder die Erneuerung einer Gemeinschaft, einer ›Kommunikation‹, einer guten Welt. Lernen bildet eine reife Persönlichkeit, schult Tugenden, stärkt den Mut, übt Umgangsformen ein, eröffnet Raum für Liebe und Gerechtigkeit.

## 2. Kontexte

a) In den Kommunikationswissenschaften wird versucht, das Phänomen Kommunikation so zu beschreiben, dass die Komplexität dieses Sachverhalts wieder spürbar wird:
»Die Erfahrung glückender Kommunikation reicht tiefer. Ihr Wesen besteht in einer energetischen Verbindung, die etwas entstehen lässt, das man alleine gar nicht zustande bringen könnte.«

Pörksen/Schulz von Thun, 52

b) Annette von Droste-Hülshoff beobachtet fein und genau die Gefahren des Tuns ohne Selbstreflexion und Selbsterkenntnis in ihrer dichterischen Verarbeitung der Seligpreisungen:
Die Barmherzigen sind selig,
So nur auf die Wunde sehen,
Nicht erpressend, kalt und wählig
Wie der Schaden mocht' entstehen,
Leise, schonend und allmählich
Lassen drin den Balsam gehen:
So nur nach der Wunde sehen,
Die Barmherzigen sind selig.

von Droste-Hülshoff, 156

c) Lehren und Lernen, Hören und Tun basieren auf geschenkten, unbezahlbaren, kostbaren, Leben schaffenden, sozusagen präexistenten Werten, vergleichbar mit der präexistenten Tora, die die Bauvorlage für die Erschaffung der Welt ist:
Werte
Die guten Dinge des Lebens sind alle kostenlos:
Die Luft, das Wasser, die Liebe.
Wie machen wir das bloß,
Das Leben für teuer zu halten, wenn alle Hauptsachen kostenlos sind?
Das kommt vom zu frühen Erkalten.
Wir genossen nur damals als Kind die Luft nach ihrem Werte
Und das Wasser als Lebensgewinn,
Und Liebe, die unbegehrte, nahmen wir herzleicht hin.
Nur selten noch atmen wir richtig und atmen die Zeit mit ein,
Wir leben eilig und wichtig und trinken statt Wasser Wein.
Und aus der Liebe machen wir eine Pflicht und Last.
Und das Leben kommt dem zu teuer, der es zu billig auffasst.

Strittmatter, 105

d) Jesu Aufforderung zum Tun des Gehörten übersetzt nach Erich Kästner:
Moral
Es gibt nichts Gutes,
außer: man tut es!

Kästner, 30

e) Was es mit dem Tun in Wirklichkeit auf sich hat:
Keiner blickt dir hinter das Gesicht
(3. Strophe)
Manchmal schaut dich einer an,
bis du glaubst, dass er dich trösten werde.
Doch dann senkt er seinen Kopf zur Erde,
weil er dich nicht trösten kann.
Und läuft weiter mit der großen Herde.

Kästner, 18

f) Was zu tun wäre:
Der Blinde an der Mauer
(5. Strophe)
Tretet näher! lasst euch nieder,
bis ihr ahnt, was Blindheit ist.
Senkt den Kopf und senkt die Lider,
bis ihr, was euch fremd ist, wisst.

Kästner, 212

g) Hören und Tun bedeutet, Verantwortung zu übernehmen; die Talmuddiskussion zeigt die charakteristische Selbstironie und den hintergründigen, selbstreflektierenden Humor beim Lehren und Lernen:
»Unsere Meister lehrten: Zwei und ein halbes Jahr gab es Meinungsverschiedenheiten zwischen denen vom Lehrhause Schammais und denen vom Lehrhause Hillels. Die einen sagten: Es wäre dem Menschen dienlicher, wenn er nicht erschaffen worden wäre, als daß er erschaffen worden ist. Und die anderen sagen: Es sei dem Menschen dienlicher, daß er erschaffen worden ist, als daß er nicht erschaffen worden wäre. Sie stimmten ab und kamen zum Schluß: Es wäre dem Menschen zwar dienlicher, wenn er nicht erschaffen worden wäre, als daß er erschaffen worden ist; jetzt aber, da er erschaffen worden ist, untersuche er sein Tun [sc. in der Vergangenheit]; es wird auch gesagt: erwäge er sein Tun [sc. in der Zukunft].«

Babylonischer Talmud, Erubin 13b, zit. nach: Mayer, 79

h) »Resch Lakisch sagte nämlich: Was bedeutet es, dass geschrieben steht: *Abend ward und Morgen ward – der sechste Tag?* Was soll mir dies überschießende *der?* [sc. Die anderen Datierungen im Schöpfungsbericht kommen ohne Artikel aus]. Es lehrt, daß der Heilige, gelobt sei er, mit dem Schöpfungswerk die Bedingung absprach: Wenn Israel die Weisung [sc. Tora] annimmt [sc. tut], sollst du [sc. die Schöpfung] bestehen bleiben, wenn aber nicht, führe ich dich zurück in Wüste und Leere«.

Babylonischer Talmud, Sabbath 88a, zit. nach: Mayer, 80

## 3. Beobachtungen am Text

Mit der Bergpredigt befinden wir uns in der Entstehungszeit der Mischna, der Sammlung der mündlichen Thora (Ginzel, 21,122–127). Auch im Hintergrund der Lehre Jesu, von Matthäus gesammelt, geordnet und redigiert, lässt sich das Murmeln und Rascheln, das Plätschern und Fließen, das Sammeln und Ordnen, das Diskutieren, Abwägen und Entscheiden auf dem Weg zur Mischna und auf dem Weg zum Neuen Testament heraushören. Man kann erlauschen, wie eine neue Welt entsteht, nachdem der jüdische Lebensmittelpunkt, der Tempel zerstört ist und die neuen Mittelpunkte jüdischen Lebens in Javne, Sura, Pumbedita und Nehardea und die ersten christlichen Gemeinden in Jerusalem, Ephesus, Korinth, Galatien und Syrien entstehen.

Jesus bleibt mit seiner Rede auf dem Berg den Ordnungskategorien der entstehenden Mischna eng verbunden (gegen Stegemann, 49). Er setzt eigene Akzente und ›spielt‹ mit den Themen. Wie Rabbi Aqiba, einer der ersten Sammler und Sichter mischnischer *Halachot* (*halacha*: Lehre des zu gehenden Weges) bearbeitet Jesus die entscheidenden, lebensnotwendigen Themen einer »Kommunikation«, einer *communio,* einer Gemeinschaft: Während jedoch die Mischna in ihrer 1. Ordnung *seraim* (Saaten, es geht um das Gebet) mit den *berachot* (Segenssprüche) beginnt und danach alle Formen und Anlässe des Gebets behandelt, beginnt Jesus mit Seligpreisungen (*aschrei),* mit Zuspruch und Ermunterung zum Tun, beschreibt mit seinen Makarismen ethische Verhaltensweisen, die dem Hören immanent sind (Wengst, 34.44.46). Auffallend ist, dass der *Tenach* nur 46 Makarismen zählt, in den rabbinischen Sammlungen zur Toraauslegung jedoch über 1600 *Aschrei* zu finden sind (Wengst, 55, Hengel, 334). Jesus ist Teil dieser Welt des neuen Hörens und sich Zurecht-Findens in schwerer Zeit. Allerdings ist seine *Halacha*, seine Lehre zum Gebet in seiner Rede auf dem Berg an verschiedenen Stellen eingestreut, Gebet ist selbstverständliche beiläufige Haltung beim Tun im Alltag, die Gebetshalacha ist nicht die eröffnende erste Ordnung einer großen Sammlung von Weisungen, wie die Mischna sie vorsieht.

Auch zur 2. mischnischen Ordnung *Moed* (Feste) steuert Jesus seine Lehre bei. Es geht um Opfer (Mt 5,23), Yom Kippur (Mt 5,24–26), Fasten (Mt 6,16–18).

Zur 3. Ordnung *Naschim* (Frauen) nimmt er mit der Ehebruchfrage Stellung (Mt 5,27–32). In der 4. Ordnung *Nesikin* (Schädigungen, zu Fragen Eigentum und Besitz betreffend) platziert Jesus seine Position zu Wiedergutmachung in Anlehnung an seinen geistigen Lehrer Hillel (Mt 5,38–48), zum Schätzesammeln (Mt 6,17–34), zu Kapitalverbrechen (Mt 5,21f.) und Schwören (Mt 5,33–37). Zur 5. und 6. Ordnung *Qodaschim* (Tempelordnung) und *Toharoth* (Unreinheit) findet sich naturgemäß keine Notiz mehr: Der Tempel ist nicht mehr und Jesu Ansicht zu rein und unrein trennt unüberbrückbar vom traditionellen Lehrgut.

Die Tora, in mündlicher und schriftlicher Überlieferung, auch die Bergpredigt bilden den Bauplan für Gottes Schöpfung (siehe unter *Annäherung*). Zu Hören und Tun ermutigende Lehre erschafft eine neue gute Welt.

*V 24: hostis akouei … kai poiei: D*as Relativpronomen verklammert die beiden Verben zu einer Einheit. Mitzuhören ist das *Sch'ma* (Dtn 6,4–9), das immer verbunden ist mit der Heiligung des täglichen Lebens (Lev 19). Es geht darum, sich die Worte der Tora zu Herzen zu nehmen und eine empathische, menschenfreundliche, wertschätzende Haltung einzuüben (*Habitus*), sich selbst zu prüfen und an sich zu arbeiten zum Wohl einer anvertrauten Gemeinschaft. Hörend tun und tuend hören formt ein humanes, weitsichtiges, sich selbst zurücknehmendes Benehmen, bildet einen reifen besonnenen Lebensstil. Tora lernen »führt zu Gottes- und Menschenliebe« (Rabbi Meïr, Mischna Aboth I, 12 zit. nach: Theißen, 343).

Hören und Tun muss man ständig wiederholen (*thora, mischna, tanna*), üben, lernen. Dies geschieht nicht nur im religiösen Kontext, beim Lernen der Heiligen Schriften und der Heiligung des alltäglichen Lebens, sondern auch in der gesamten »symbolischen Ordnung einer Gesellschaft«, worin sich die »Werteorientierungen von Menschen in ihrer sozialen Lebenspraxis manifestieren« (Stegemann, 277).

*VV 24.26*: *oikodomesen* wird im Griechischen sehr oft im eigentlichen wie im übertragenen Sinn gebraucht: ein Haus bauen und gleichzeitig in der Bedeutung aufbauen, fördern, stärken, eine Familie oder Gemeinschaft gründen (Eph 2,1), die Kirche bauen (Mt 16,18), mit lebendigen Steinen ein geistliches Haus bauen (1.Petr 2,5), das die Liebe baut (1.Kor 8,1).

*VV 25.27: brochä, elton hoi potamoi, epnoisan hoi anemoi, prosepesan* und *prosekopsan* erinnern an Noah und den Untergang der Welt und an ihre Rettung und Neuwerdung durch den Hörenden und Tuenden.

*Hä ptosis autäs megalä*: Es ist mehr zerstört als ein materielles Haus, nämlich eine ganze Existenz, eine Gemeinschaft, eine ›Kommunikation‹.

## 4. Homiletische Konkretionen

I. Der Wochenspruch verlangt viel! Als Gott mit der Erschaffung der Welt fertig war, wollte er den Bauplan, die Tora an die Menschen weitergeben. Doch niemand wollte sie (»wem viel gegeben ist …«). Schließlich ließ Israel sie sich aushändigen. (Nachzulesen ist diese Geschichte aus den Midraschim in deutscher Übersetzung in der Jüdischen Allgemeinen vom 9.2.2016). Das Gute hören und tun ist anstrengend, es stellt das eigene Lebensmodell in Frage, verlangt Disziplin und Selbsterkenntnis, Freude am Lernen und Freude an einer empathischen Haltung.

II. Wo und wie man heute Kommunizieren lernt – es gibt z. B. begehrte Fortbildungsseminare, Grundkurse der Gymnasien in der Schweiz (PPP, download) mit folgenden Inhalten:

- Hören, wahrnehmen, beherzigen.
- Eine wertschätzende Haltung einüben.
- Weniger reden, mehr hören und mitempfinden.
- Etwas oder jemanden von einer neuen Seite kennen lernen.
- An sich selbst arbeiten.
- Üben und wiederholen (empathisch spiegeln).
- Eine neue Welt entstehen hören.
- Die große Freude und Ermutigung, an einer neuen (gewaltfreien) Welt mit bauen zu dürfen (Kontexte h)
- Barmherzigkeit (siehe Kontexte b, e, f)

III. Wie Jesus sein Haus baut:

- Stärken, kräftigen, ermutigen, wertschätzen, anhören, verstehen (Mt 5,3 – 14), Gerechtigkeit üben (mit einem Beispiel aus den Heilungen, Gleichnissen, oder aus den Streitgesprächen unter Gleichgesinnten illustrieren).
- Jesus spricht sitzend (Wengst, 106), er hört selbst gut zu, ist *paidagogos und didaskalos,* hält die Hierarchie flach, spricht dennoch als Autorität gemäß der orientalischen Symbolik sitzend (thronend).

IV. Vor allem menschlichen Hören und Tun hört Gott mit Gnade und Liebe, nach allem menschlichen Hören und Tun hört Gott mit all seiner Barmherzigkeit.

## 5. Liturgievorschläge

Psalm 119

Lesung: Jes 30,18–21

Lieder:
All Morgen ist ganz frisch und neu (EG 440)
Ich weiß, mein Gott, dass all' mein Tun (EG 497)
Die ganze Welt hast du uns überlassen (EG 360)
Wohl denen, die da wandeln (EG 295)

Gebet:
Spender des Lebens, gib mir Kraft,
dass ich meine Arbeit mit Überlegung tue,
getreu dem Ziel, das Leben jener zu hüten,
die meiner Versorgung anvertraut sind.
Halte rein meine Lippen von verletzenden Worten,
gib mir klare Augen, das Gute der Anderen zu sehen.
Gib mir sanfte Hände, ein gütiges Herz und eine geduldige Seele.
Dass durch deine Gnade Schmerzen gelindert werden,
kranke Körper heilen, Gemüter gestärkt werden,
der Lebenswille wieder wachse.

Florence Nightingale, EG Seite 913, Regionalteil Württemberg

### Literatur

Der Babylonische Talmud, Ausgewählt, übersetzt und erklärt von Reinhold Mayer, München 1963.
Droste-Hülshoff von, Annette, Gesammelte Werke, Vaduz 1948.
Ginzel, Günther, Bernd (Hg.), Die Bergpredigt: jüdisches und christliches Glaubensdokument, eine Synopse, Heidelberg 1985.
Harvey, Warren, Thora, Encyclopaedia Judaica, Band 15, Jerusalem 1972.
Hengel, Martin, Zur matthäischen Bergpredigt, Theologische Rundschau 52, 1987.
Kästner, Erich, Doktor Kästners lyrische Hausapotheke, München [15]1999.
Jüdische Allgemeine vom 9. Februar 2016, http://www.juedische-allgemeine.de/article/view/id/19266, abgerufen am 2016-02-11.
Mischnajot, Die sechs Ordnungen der Mischna, Teil I–VI, übersetzt und erklärt von Ascher Sammter, Basel [3]1968.
PPP, Philosophie, Pädagogik, Psychologie, Lehrplan für Gymnasien der Schweiz: www.kswillisau.ch/download/lp_ppp_sf.pdf, abgerufen am 2016-02-11.
Pörksen, Bernhard/ Schulz von Thun, Friedemann, Kommunikation als Lebenskunst, Heidelberg 2014.
Schulz von Thun, Friedemann, Miteinander reden, Band 1, Allgemeine Psychologie der Kommunikation, Hamburg 2001 (Sonderausgabe).
Stegemann, Wolfgang, Jesus und seine Zeit, Biblische Enzyklopädie Band 10, Stuttgart 2010.
Strittmatter, Eva, Die eine Rose überwältigt alles, Berlin [4]1980.
Theißen, Gerd / Merz, Anne, Der historische Jesus, Göttingen [4]2011.
Urbach, Ephraim E., The Sages, Band I, Jerusalem 1979.

*Susanne Schöllkopf*

# 10. Sonntag nach Trinitatis: Ex 19,1–6
# The Dignitiy of Difference

## 1. Annäherung

»Ihr sollt mein Eigentum sein vor allen Völkern; denn die ganze Erde ist mein.« Hier tut sich der Spannungsbogen zwischen der besonderen Erwählung Israels und der Universalität Gottes auf. Die Synoden aller Landeskirchen haben sich inzwischen zur bleibenden Erwählung Israels bekannt. Dennoch haben Christinnen und Christen oft Mühe mit dem Gedanken eines auserwählten Volkes. Die Auserwählung eines anderen Volkes, Israels, wird als Zurücksetzung verstanden. Was soll dieser biblische Gedanke einer besonderen Erwählung eines Volkes durch den Schöpfer der ganzen Welt? Gerne wird der Gedanke der Partikularität als antiquiert und überholt dargestellt, eben alttestamentlich. Dieser Gedanke sei dann endlich im Neuen Testament überwunden worden, das sich allen Menschen zuwende.

Am Israelsonntag soll es darum gehen, der Gemeinde den Gedanken von der Erwählung Israels neu nahezubringen und nach der Rolle der Kirche im Gegenüber zum erwählten Volk zu fragen.

## 2. Kontexte

a) Die jüdische Auslegung fragt, weshalb es nach der Befreiung aus Ägypten so lange (zwei Monate) dauert, bis das Volk endlich am Sinai die Tora erhält:
»Sprach R. Isaak: Die Israeliten hätten verdient gehabt, dass ihnen die Tora gleich nach ihrem Auszug aus Ägypten gegeben wurde. Aber der Heilige – gelobt sei sein Name – sprach: Die Leuchtkraft meiner Kinder ist noch nicht da (dh: sie haben ihren Mut noch nicht wieder). Sie sind aus der Knechtschaft von Lehm und Ziegeln gekommen und können die Tora nicht sofort empfangen. Wem gleicht die Sache? Einem König, dessen Sohn sich gerade von Krankheit erholt. Sprach der Lehrer zu ihm: Lass deinen Sohn in die Schule gehen! Sprach der König: Mein Sohn hat seine Leuchtkraft noch nicht zurückgewonnen und du sagst: Lass ihn wieder zur Schule gehen! Vielmehr lass ihn zwei, drei Monate gutes Essen und Trinken und Ruhe genießen, danach mag er wieder zur Schule gehen. So sprach auch der Heilige – gelobt sei sein Name – meine Kinder haben ihre Leuchtkraft noch nicht wieder erlangt; aus der Knechtschaft von Lehm und Ziegeln sind sie gekommen, und da soll ich ihnen meine Tora geben? Lass meine Kinder zwei, drei Monate das Manna, den Brunnen und die Wachteln genießen und danach werde ich ihnen die Tora geben. Wann? »im dritten Monat« (2. Mose 19,1).
Midrasch Kohelet Rabba zu 2. Mose 19,1, zit. nach: Fiehland van der Vegt, 219f.

b) Anhand der Frage nach der besonderen Betonung *desselben Tages (bajom hassä)* (V 1) verweist Raschi auf die Aktualität der Tora bis heute:
»An demselben Tag …« – An demselben Tag? Es hätte heißen müssen: An jenem Tage. Das kann nur bedeuten, dass der Tag, an dem die Tora übergeben wurde,

nie vergehen kann; jener Tag ist heute, ist jeden Tag. Was immer wir in der Tora lesen, es muss für uns sein, »als wäre sie uns heute gegeben worden.«

Raschi zu 2. Mose 19,1, zit. nach: Dessauer, 160

c) In dem wunderschönen Bild des Getragenwerdens auf Adlerflügeln (V 4b) wird die Befreiung aus Ägypten gezeichnet und als besondere Liebestat Gottes gedeutet: »Wie ein Adler, der seine Jungen auf den Flügeln trägt; denn die meisten Vögel nehmen beim Fliehen ihre Jungen zwischen die Füße, weil sie den Angriff eines vorüberfliegenden Raubvogels fürchten, der Adler hingegen, der am höchsten fliegt, fürchtet bloß den Schuß der Menschen, daher nimmt er sie auf sich, als wollte er damit ausdrücken: eher soll der Pfeil mich als meine Jungen treffen. Auch ich (Gott) habe so getan: Es zog ein Engel Gottes daher … die Ägypter schossen Pfeile und Schleudersteine auf Israel ab, und die Wolkensäule fing diese auf.«

Raschi zu 2. Mose 19,4, 161f.

d) Martin Buber betont, dass es dem Adler darum geht, dass die Jungen selbst frei und flügge werden:
»Die geschlüpften Jungen trauen sich noch nicht zu fliegen und kauern sich in ihr Nest. Der Adler hebt das Nest an und bringt seine Jungen zum Fliegen … Er breitet seine Schwingen aus, nimmt eines seiner Jungen darauf, trägt es fort, wirft es in die Luft und fängt es wieder auf. So lehrt er es, frei zu fliegen …«

Buber, zit. nach: Leibowitz, 291f.

e) Schon Benno Jacob stellt den möglichen Missverständnissen der Erwählung Israels entgegen, dass es hier nicht um eine materielle Übervorteilung oder einen Machtvorsprung gehe, sondern allein um die besondere Beziehung zu dem Gott, der dieses Volk erwählt, hat und um die Verpflichtung, die daraus folgt:
»Es ist auch zu beachten, was in dieser Bestellungsurkunde und magna charta Israels *nicht* steht. Kein Wort von sonst genannten irdischen Verleihungen, Vorteilen und Gütern wie Nachkommen und völkischem Bestand, Segen, Wohlstand und Reichtum, dem Besitz eines Landes, Sieg und Obmacht über die Feinde, weltliche Ehre, Macht und Herrschaft. In dieser Stunde am Sinai handelt es sich ausschließlich um das innerste Verhältnis zwischen Gott und Israel. Es ist die Gesinnung des Psalmisten: »Ich aber bin stets bei dir, du fassest meine Rechte, mit deinem Rate leitest du mich und nimmst mich zu dir jenseits aller Ehren. Wen habe ich im Himmel und neben dir begehre ich nichts auf Erden« (73,23) und überhaupt aller individuellen Frömmigkeit. Das ist die Auffassung Israels von seiner Auserwähltheit: das Bewusstsein, das höchste Gut zu besitzen, wenn es der Pflicht nachlebt, von der dieser Besitz abhängt: auf SEINE Stimme zu hören und SEINEM Bunde treu zu bleiben. Nirgends kann klarer hervortreten, dass im Letzten beides identisch und die Erfüllung von Gottes Gebot selbst ihr eigentlicher Lohn ist. Denn anders ist eine innere Gewissheit, Gottes eigenstes Eigentum zu sein, nicht zu gewinnen.«

Jacob, 538

f) Samson R. Hirsch schreibt zu dem Spannungsverhältnis der *besonderen* Erwählung Israels durch den Schöpfer der *ganzen* Welt:
»Die Grundbedingung, die mit diesem Wort (*segulla/Eigentum, ergänzt durch die Verfasserin)* für unser Verhältnis zu Gott gefordert wird, ist daher, dass wir in

*jeder* Beziehung unseres Wesens, mit unserem ganzen Sein und unsrem ganzem Wollen, ganz und ausschließlich *sein* Eigentum werden, unser ganzes Sein und all unser Wollen nur von ihm abhängig sein, von Ihm gestalten lassen und keiner anderen Macht und keinem anderen Wesen einen Einfluss auf die Lenkung unserer Geschichte und auf die Leitung unserer Thaten einräumen. *Ki li kol haarez / denn mir gehört die ganze Erde*: denn dies Verhältnis, in das ihr zu mir treten sollt, ist kein Ausnahmeverhältnis, ist vielmehr nur der erste Wiederbeginn des normalen Verhältnisses, in welchem die ganze Erde zu mir stehen soll; alle Menschen und alle Völker sind ihrer Bestimmung nach mein und werden von mir zu mir erzogen.«

Hirsch, 194

## 3. Beobachtungen am Text

*V1: Am ersten Tag des dritten Monats nach dem Auszug aus Ägypten* kommt das Volk am Sinai an. Die Zeitrechnung beginnt also mit der Befreiung aus Ägypten! Sie steht am Anfang. Mit ihr wird ein neues Buch aufgetan.

Auf die Frage, weshalb Israel die Tora nicht sofort nach dem Auszug aus Ägypten gegeben wurde, gibt es verschiedene Antworten: Gott wollte den hebräischen Sklavinnen und Sklaven erst einmal eine Phase der Erholung von der auszehrenden Sklaverei gönnen und ließ sie deshalb drei Monate Manna und Wachteln genießen, bis sie wieder genügend Lebenskraft hatten (vgl. Kontexte a). Eine andere Deutung sagt, dass die Sklaverei sie so stark geprägt und deformiert habe, dass sie eine gewisse Zeit brauchten, um Gottes Tora nicht mit Diktatur zu verwechseln. Eine dritte Deutung ergibt sich aus der genauen Beobachtung des Wechsels vom Plural zum Singular. Am Anfang heißt es: *sie* zogen, *sie* kamen zum Sinai, aber erst als es heißt: dort schlug Israel sein Zelt auf (*Singular!*), also erst als aus den Vielen eine Einheit geworden ist, erst dann sei das Volk reif für die Tora (Leibowitz, 297f.)

Durch die Betonung *genau an diesem Tag* wird nach Raschi die Aktualität, die lebendige Gegenwart der Tora bis heute hervorgehoben (vgl. Kontexte b).

*V2*: Die Mekhilta hebt hervor, dass das Volk in der *Wüste* lagerte und hier die Tora gegeben wurde, denn hiermit wird deutlich, dass die Tora an einem öffentlichen Ort, der allen zugänglich war, gegeben wurde. Denn wäre die Tora im Land Israel gegeben worden, hätten die Israeliten den anderen Völkern den Zugang zur Tora bestreiten können. Aber dass sie an einem Ort gegeben wurde, der allen zugänglich ist, zeigt, dass jeder, der die Tora annehmen möchte, dies tun kann. Deshalb wurde sie auch am Morgen gegeben (Vers 16) und nicht in der Nacht, nicht in Stille, sondern mit Blitz und Donner. Vgl. Jes 45,19f.: »Ich habe nicht im Verborgenen geredet an einem finstern Ort der Erde … Versammelt euch und kommt miteinander herzu, ihr Entronnenen der Heiden.« Denn Gerechtigkeit und Recht, von denen Gott redet, sollen *allen* zugänglich sein.

*Wajichan/Und lagerten sich dort in der Wüste* steht hier im Singular, nachdem vorher immer die Pluralform benutzt wurde. Der Singular wird so gedeutet, dass es nach einer langen Zeit des Dissenses zur Einmut und Einigkeit gekommen sei. Nach Benno Jakob wird das ganze Volk hier als eine religiöse Einheit dargestellt – ein Ideal, wie es niemals wiedergekehrt sei.

*V 4: Ihr habt gesehen*: Es geht hier um eine unmittelbare Gotteserfahrung, die nicht durch Worte oder Zeugenaussagen vermittelt wurde, sondern selbst *gesehen* wurde – eine geradezu mystische Erfahrung! Aviva Zornberg erklärt hier, dass die Israeliten in der Bestrafung der Ägypter einen Ausdruck der Liebe Gottes für sie selbst erkennen, denn schon vorher hatten die Ägypter ungerecht an anderen gehandelt, aber erst, als ihr Verhalten sich gegen Israel richtet, greift Gott ein. Vor der Offenbarung Gottes am Sinai steht also die Liebe Gottes zu seinem Volk.

Im Babylonischen Talmud Schabbat 88a heißt es, dass das Überleben der Welt abhängig sei von der Erfüllung dieses Momentes.

Das Bild der *Adlerflügel* weckt Assoziationen von Nähe und Schutz, Stärke und Liebe, Furchtbarkeit und Zartheit, die in Gottes Wesen vereinigt sind. »Stolz über allem Getier schwebt der König der Lüfte und nimmt sich dennoch mit Hingebung seiner Jungen an, die er auf seinen Fittichen trägt, so dass von oben kein Feind höher flöge, und von unten kein Pfeil sie treffen kann.« (Jacob, 536) Das Bild von der enormen Kraft des Adlers, der seine Jungen ohne Anstrengung durch die Lüfte trägt, weckt eine Empfindung der eigenen Leichtigkeit, der Leichtigkeit des Seins. Jedem möglichen Hochmut wird der Boden entzogen, da hier das Angewiesensein auf Gott hervorgehoben wird: die eigene Kavod (»Schwere«, Ehre), das eigene Gewicht, die eigene Gewichtigkeit wird unwichtig. Die Schwere persönlicher Erfahrung und Identität wird in diesem Flug auf Adlerflügeln für einen Moment aufgehoben. Allerdings kann dieser Moment der Transzendenzerfahrung nicht andauern, denn irgendwann kommt die Landung, die erforderliche Erdung, die Konfrontation mit der Realität. Worauf kommt es nun nach der Landung an?

*V 5*: Das Sehen, das unmittelbare Erleben der göttlichen Liebe, die mystische Erfahrung soll mit Hören und damit auch mit Interpretation des Gesehenen beantwortet werden. Das Volk soll auf *Gottes* Stimme hören: »Höre Israel, Schma Israel« – so lautet das zentrale jüdische Gebet. Andere Stimmen haben ihre Autorität verloren: es geht um *Gottes* Stimme allein!

*»So sollt ihr mein Eigentum sein vor allen Völkern, denn die ganze Erde ist mein.«* Eigentum bedeutet: sein persönlicher, ihm kostbarer Besitz. Aber der Satz bleibt nicht bei der partikularen Erwählung stehen, sondern nimmt die Universalität des Schöpfers in den Blick. Schon Raschi weist auf die Weite hin, die in dieser partikularen Erwählung eines Volkes mitgedacht wird: »Ihr dürft aber nicht glauben, dass nur ihr allein und sonst niemand mir gehöre.« (Raschi, zit. nach: Dessauer, 162)

Auch Samson Raphael Hirsch warnt vor einem falschen Verständnis des Erwählungsgedankens: »Ein einziges Volk unter den Völkern, das nicht dem eigenen Ruhm, der eigenen Größe, der eigenen Verherrlichung, sondern der Begründung und Verherrlichung des Reiches Gottes auf Erden angehört, und auch dies wieder eben dadurch, dass es seine Größe nicht in der Macht, sondern in der absoluten Herrschaft des göttlichen Sittengesetzes sucht.« (Hirsch, 195).

Es geht nicht um den eigenen Machtausbau, sondern es geht um das Leben nach den Geboten Gottes, um die Verwirklichung Seines Reiches.

Benno Jacob schreibt: »Es ist der universale Gott, der Israel auserwählt hat. Israel gehört IHM allein, aber IHM gehört nicht Israel allein.« (538)

*V 6*: Wenn hier vom *Königreich von Priestern* gesprochen wird, ist hier auch schon das »Priestertum aller Gläubigen« gedacht: jede_r einzelne soll ein_e Priester_in sein, sein/ihr Leben dem Gottesdienst weihen. Und das Volk als Ganzes soll dem Rest der Menschheit dienen.

*Heilig* bedeutet dem Wortsinn nach »abgesondert«. Heilig ist, was Gott geweiht d. h. zugeeignet ist, und wird von Profanem unterschieden. Das Heiligtum repräsentiert die Gegenwart Gottes auf der Erde und bildet das Zentrum, auf das hin alles orientiert wird. Als heilig gilt, wer an der Heiligkeit Gottes Anteil bekommt.

## 4. Homiletische Konkretionen

Ich gehe davon aus, dass viele Gemeindemitglieder Schwierigkeiten mit den Gedanken der Erwählung Israels haben – allen Synodalerklärungen und Grundartikelerweiterungen zum Trotz.

So möchte ich den Israelsonntag nutzen, um die Chance dieses partikularen Erwählungsgedankens angesichts universaler Herausforderungen aufzuzeigen.

Bei Joel Kaminsky habe ich gelernt, unsere mit der Aufklärung aufgekommene Bewertung von Partikularität und Universalität infrage zu stellen. Universalismus wird positiv mit Toleranz und Inklusion assoziiert, während Partikularismus negativ mit Nationalismus, Ethnozentrismus, Exklusion und Intoleranz in Verbindung gebracht wird. Kaminsky stellt allerdings infrage, ob universale, inklusive Texte toleranter sind. Denn gerade ein universales, inklusives Denken neigt dazu, anderen die eigene Glaubensüberzeugung aufzuzwingen, wie ja die rege Missionstätigkeit des Christentums zeigt, während ein partikulares Denken den anderen durchaus in seinem Anderssein belassen kann. Je stärker das Bewusstsein der eigenen Partikularität ist, desto besser kann ich den/die andere anders sein lassen. Das zeigt Kaminsky z. B. an der Idee von der Schaffung des Menschen als Ebenbild Gottes. Dieser Gedanke wurde in der Priesterschrift entwickelt, einer Schrift, die ja immer wieder den besonderen Status des heiligen Volkes betont.

Wenn man Partikularismus und Universalismus gegeneinander ausspielt, steckt dahinter die Vorstellung, dass Universalismus nur möglich ist, wenn Partikularismus abnimmt, aber das Gegenteil könnte der Fall sein: je bewusster man sich seiner eigenen Identität und Partikularität ist, desto weiter könnte auch das universale Bewusstsein sein.

Jonathan Sacks weist in seinem sehr lesenswerten Buch »The Dignitiy of Difference« darauf hin, dass eine Ethik, die allen Menschen ihre Würde zuspricht, nur partikular, in der konkreten Begegnung gelernt werden kann. So vergleicht er das Verhältnis Israels zu Gott als seinem Vater mit dem Verhältnis, das ein menschlicher Vater (und auch Mutter) zu ihrem Kind/ihren Kindern haben. Es ist eine ganz besondere Beziehung, Verbundenheit, die hier entsteht. Und erst aus dieser besonderen Beziehung lerne ich auch das Eintreten für die Rechte und die Würde aller Kinder bzw. Eltern, die ihre Eltern lieben. Der Weg zu menschlicher Solidarität geht über die konkrete Erfahrung und Begegnung, über die Erkenntnis, was es heißt, Kind, Vater, Mutter, Nachbar_in, Freund_in zu sein. Die Liebe zur Menschheit kann nur über die Liebe zu einzelnen Menschen gelernt werden.

Die Hebräische Bibel ist Ausdruck eines partikularen Bewusstseins, das sich dieser Partikularität bewusst ist. Es ist das Glaubenszeugnis der Beziehung des Volkes Israel zu seinem Gott, der durchaus als der Gott der anderen Völker, als der Schöpfer aller gedacht werden kann, sich bei anderen aber eben anders zeigt. Dabei geht es weniger darum, die Macht Gottes in der Welt zu demonstrieren (vgl. Kontexte f), als vielmehr sein Befreiungshandeln in der Welt zu bezeugen.

Sara und Abraham sind aus Mesopotamien ausgezogen, Mose und die Israeliten aus Ägypten – den jeweiligen Weltreichen ihrer Zeit. Sie sind ausgezogen, um dem dort herrschenden Totalitarismus und Fundamentalismus, der alles seiner Ideologie und seinem Staatssystem unterwerfen wollte, eine Alternative entgegenzustellen: die Wahrung der Besonderheit einzelner Völker, Raum für Unterschiede und Diversität, »the dignity of difference«! Der Glaube Israels proklamiert die Einheit Gottes und die Pluralität der Menschheit. Deswegen sind in Israel auch die Gebote, den Fremden zu achten, so wichtig. Denn in seiner Andersheit ist er das Ebenbild Gottes, ohne dass er gleichgeschaltet werden muss.

So geht es bei der Erwählung dieses Volkes vor allem um die Verpflichtung zu ethischem Handeln (Lev 19–20). Heiligkeit und Gerechtigkeit gehören in der Beschreibung Gottes eng zusammen. Und das gilt dann eben auch auf der menschlichen, gesellschaftlichen Ebene: Das Königreich von Priestern verpflichtet sich zu gerechtem Handeln untereinander und gegenüber den Fremden. Der Dienst an Gott besteht in Taten der Gerechtigkeit und der Solidarität!

Ein christliches Missverständnis ist es, Auserwähltheit mit Erlösung gleichzusetzen. Das Judentum glaubt zwar an den Einen Gott, aber nicht an einen exklusiven Weg der Erlösung. Einen Satz wie »extra ecclesiam non est salus – außerhalb der Kirche gibt es kein Heil« gibt es im Judentum nicht. Dagegen findet sich schon bei den Rabbinen der Gedanken, dass die Gerechten der Völker Anteil an der kommenden Welt haben werden. Wer gerecht handelt, hat teil am Reich Gottes. Der Gott Israels ist eben nicht nur der Gott Israels, sondern auch der Gott Melchisedeks, des Priesters von Salem, der Gott Jitros, des Priesters von Midian, und der Gott Ruths, der Moabiterin, die zur Urahnin von König David wird. Die Beziehung der anderen zu ihrem Gott, der derselbe Gott wie der Gott Israels ist, wird mitbedacht und anerkannt.

Betonenswert finde ich auch die oben genannte Beobachtung, dass die Erwählung Israels nicht aufgrund besonderer Vorzüge erfolgte, sondern weil es besonders gepeinigt und geplagt war. Als Gott das Schreien seines Volkes hört, befreit er es aus der Knechtschaft durch die Großmacht Ägypten. Hier wäre die Frage zu stellen, wer heute die Geplagten und Gedemütigten sind. Die Stärke und gleichzeitige Zartheit des Bildes der befreienden Adlerflügel, die schwerelos und leicht, ihre Jungen durch die Luft tragen (vgl. Kontexte c und d), würde ich in der Predigt auf alle Fälle hervorheben.

Bleibt noch die Frage, wer die Kirche denn nun im Gegenüber zum erwählten Volk Israel ist.

Frank Crüsemann weist darauf hin, dass die Rede vom Volk Gottes in Bezug auf die Kirche anders zu verstehen ist als in Bezug auf Israel, nämlich bildlich. Wo im Neuen Testament von der Kirche als Volk Gottes gesprochen wird, handelt es sich um eine Metapher, denn Christ/Christin wird man anders als im Judentum nicht durch Geburt, sondern durch den Glauben und die Taufe. Die Kirche ist also eine Gemeinschaft der Glaubenden. Dass sich die Kirche neu in einem Gegenüber zum Volk Gottes und nicht selbst als Volk Gottes sieht, nimmt ihr nichts von ihrer Würde. »Als Versammlung der Glaubenden und Körper des Messias kann sich die Kirche neu als das messianische Projekt Gottes begreifen, das mit allen Hoffnungen der gesamten Menschheit verbunden ist.« (Crüsemann, 212)

## 5. Liturgievorschläge

Für die Gebete verweise ich auf die Vorschläge von Sylvia Bukowski, die sich auf der Website des Reformierten Bundes finden: http://www.reformiert-info.de/7430-0-84-9.html

Psalmlesung: Psalm 122

Lieder:
Lobe den Herren, besonders Strophe 2: der dich auf Adelers Fittichen sicher geführet (EG 217)
Nun danket Gott, besonders Strophen 3 und 6: ewiger Bund (EG 290)
Lobt Gott den Herrn, ihr Heiden all (EG 293)
Der Herr ist noch und nimmer nicht von seinem Volk geschieden (EG 326, besonders Strophe 5)

### Literatur

Bukowski, Sylvia, 10. Sonntag nach Trinitatis, in: Studium in Israel (Hg.), Predigtmeditationen im christlich-jüdischen Kontext. Zur Perikopenreihe III (2010), 307–312.
Dessauer, Julius, Thora. Die fünf Bücher Mosche mit wortgetreuer Übersetzung nebst dem Raschi-Commentare, Schemot, Tel Aviv 1962.
Crüsemann, Frank, Das Alte Testament als Wahrheitsraum des Neuen, Gütersloh 2011.
Fiehland van der Vegt, Astrid, 10. Sonntag nach Trinitatis, in: Predigtmeditationen im christlich-jüdischen Kontext. Zur Perikopenreihe III (1998), 216–221.
Hirsch, Raphael Samson, Der Pentateuch. Zweiter Teil: Exodus, Frankfurt a. M. 1903.
Jacob, Benno, Das Buch Exodus, Stuttgart 1997.
Kaminsky, Joel, Yet I loved Jacob, Oregon 2007.
Leibowitz, Nehama, Studies in Shemot, Jerusalem 1983.
Mekhilta De-Rabbi Ishmael, transl. by Jacob Z. Lauterbach, Vol. 2, Philadelphia 1961.
Plaut, W. Gunther, Die Tora in Jüdischer Auslegung, Band 2: Schemot, Gütersloh 2000.
Sacks, Jonathan, The Dignity of Difference, London 2003.
Zornberg, Avivah, The Particulars of Rapture. Reflections on Exodus, New York 2001.

*Gabriele Zander*

# 11. Sonntag nach Trinitatis: Mt 21,28–32
# Die eigentliche Sonntagsfrage

## 1. Annäherung

Der Liturgische Kalender, den die Evangelisch-Lutherische Kirche in Bayern und die VELKD im Internet anbieten, präsentiert nicht nur liturgische Lesungen, Lieder und Gebete zu den Sonn- und Feiertagen, sondern stellt diese mit einem sogenannten Steckbrief kurz vor (http://www.kirchenjahr-evangelisch.de, abgerufen am 2016-03-28).

Beim 11. Sonntag nach Trinitatis geht der Steckbrief aus vom Vers: »Ich danke dir, Gott, dass ich nicht bin wie die anderen Leute«. Der stammt aus dem Sonntagsevangelium Lk 18,9–14. Die Gedanken kreisen um die Frage, welche Rolle die eigene Leistung für die Anerkennung vor Gott spielt. Die Antwort ist wenig überraschend: Sie spielt keine Rolle. Und ebenfalls erwartbar lautet die Schlussfolgerung, dass die Gemeinschaft, die Jesus mit Zöllnern und Prostituierten als den exemplarischen Sünderinnen und Sündern sucht, deutlich macht, dass vor Gott keine persönlichen Errungenschaften und Leistungen zählen.

Ist damit wirklich die Frage gestellt (und beantwortet), die die biblischen Lesungen dem 11. Sonntag nach Trinitatis geben? Ich finde in Mt 21,28–32 eine andere Pointe: Es ist nie zu spät innezuhalten, über das eigene Leben nachzudenken und zu überlegen, was sich vielleicht ändern muss und was ich selbst ändern kann. Als Botschaft Jesu höre ich, dass Gott den »Weg der Gerechtigkeit« bis zuletzt und für alle offen hält.

Auch im Sonntagsevangelium Lk 18,9–14 geht es nicht darum, wie wir zu Gott kommen, und was uns bei Gott Anerkennung verschafft. Die Akteure sind alle Juden, sind also schon zur Gemeinschaft mit Gott berufen. Jesus schärft ein, dass sie nicht nur trotzdem, sondern gerade deshalb zu echter Selbstprüfung und Umkehr verpflichtet sind. Auch in Mt 21,28–32 stellt Jesus die Frage nach einer angemessenen Umkehr, die die Gemeinschaft mit Gott erhält oder neu belebt. Und auch die Epistel fragt nicht danach, wie wir einen gnädigen Gott kriegen, sondern wie wir als Gottes Werk in diesem Freiraum, den der Glaube schenkt, unserer Bestimmung entsprechen können: Nämlich die guten Werke zu tun, die uns sein Christus Jesus zutraut.

Die eigentliche Sonntagsfrage lautet dann: Was hilft uns, unserer Bestimmung gerecht zu werden? Was hilft uns dabei, unsere Sünde zu erkennen und umzukehren?

## 2. Kontexte

a) Der 11. Sonntag nach Trinitatis am 27. August ist nach jüdischer Zählung der 5. Elul 5777. Der Monat Elul ist der letzte Monat des jüdischen Jahres und gilt als Zeit der Selbstreflexion vor dem neuen Jahr. Das jüdische Jahr beginnt mit dem Ruf zur Umkehr. Der Umkehrruf, der das Matthäusevangelium durchzieht und der auch im Gleichnis von den beiden Söhnen durchschimmert (VV 29.32), spielt auch in der jüdischen mündlichen Lehre eine wichtige Rolle:

»Rabbi Elieser pflegte zu sagen: ›Kehre um, einen Tag vor deinem Tode.‹ Da fragten ihn seine Schüler: ›Welcher Mensch weiß denn, an welchem Tage er sterben wird?‹ Er antwortete ihnen darauf: ›Darum muss er tagtäglich Einkehr halten, vielleicht stirbt er morgen, und so wird er sein ganzes Leben in *Teschuwa*, in Umkehr zubringen.‹«

Babylonischer Talmud Schabbat 153a, zit. nach: Lengyel, 239

b) Maimonides hat die Umkehr in seinen Hilchot Tschuwah (Regeln der Umkehr) folgendermaßen beschrieben:
»Sie besteht darin, dass der Sünder seine Sünde lässt, sie aus seinem Denken und Sinnen entfernt und beschließt, sie nie wieder zu begehen; denn so heißt es: ›Es verlasse der Schlechte seinen Weg und der Mann des Unrechts seine Gedanken‹. (Jes 55,7) Nach der Umkehr bereue man das Vergangene; denn so heißt es: ›Nach meiner Umkehr bereute ich‹. (Jer 31,18) Der Allwissende wird dann für ihn Zeugnis ablegen, dass er die Sünde niemals wieder tun wird; denn so heißt es: ›Wir wollen nicht mehr sprechen, unser Gott, zu dem Werk unserer Hände‹. (Hos 14,4) Ferner muss man ein Sündenbekenntnis in Worten ablegen und die Dinge aussprechen, die man im Herzen beschlossen hat.«

Hilchot Tschuwah, II, 2

c) Der Wochenabschnitt *Ki Teze*, der am 2. September 2017 in den Synagogen gelesen wird, enthält mehr als 70 der 613 Ge- und Verbote, die die Tora nach jüdischer Zählung überliefert – und damit die größte Zahl in allen Wochenabschnitten. Er regt dazu an, Querverbindungen zum »Weg der Gerechtigkeit« (V 32) zu entdecken, wie ihn das Matthäusevangelium – nicht nur in der Bergpredigt – entfaltet:
»Wenn du deines Bruders Rind oder Schaf irregehen siehst, so sollst du dich ihrer annehmen und sie wieder zu deinem Bruder führen. Wenn aber dein Bruder nicht nahe bei dir wohnt und du kennst ihn nicht, so sollst du sie in dein Haus nehmen, dass sie bei dir bleiben, bis sie dein Bruder sucht, und sollst sie ihm dann wiedergeben. So sollst du tun mit seinem Esel, mit seinem Kleid und mit allem Verlorenen, das dein Bruder verliert und du findest; du darfst dich dem nicht entziehen. Wenn du deines Bruders Esel oder Rind unterwegs fallen siehst, so sollst du dich ihrer annehmen und ihnen aufhelfen.« (Dtn 22,1–4)

Der emeritierte Landesrabbiner von Mecklenburg-Vorpommern, Rabbiner William Wolff, verknüpfte diese Verse in einer Auslegung vom 31. August 2012 mit der Frage Gottes an Kain: »Wo ist dein Bruder Abel?« Wolff schlussfolgerte aus beiden Passagen, dass die Tora das Wegschauen nicht erlaubt, sondern jeder »der Hüter seines Nachbarn« sei, Jude wie Nichtjude:
»Es war Februar und ich lag alleine zu Hause mit einer Grippe. Plötzlich hörte ich eine Stimme, die von unten rief: ›Willy, bist du oben?‹ Es war unsere Nachbarin. Sie hatte gesehen, dass mein Wagen vor der Tür stand zu einer Stunde, zu der ich eigentlich bei der Arbeit sein musste. So hatte sie geahnt, dass ich krank war und brachte mir etwas zu essen. […] Und zweitens denke ich zurück an einen Anruf von einem neuen Nachbarn. Der Nachbar rief an, um mir zu sagen, dass eine Wasserleitung in meinem Häuschen gebrochen und die Decke daraufhin eingefallen war. Aber, sagte er mir, deine Bücher konnte ich noch retten. […]

Keiner der Nachbarn brauchte sich um mich zu kümmern. Das war, nach heutigem Verständnis, nicht ihre Pflicht. Beide waren religiöse Menschen, religiöse Christen. Und sie kümmerten sich um mich und mein Eigentum besser als um Rind oder Esel, und somit brachten sie eine Wärme in mein Leben, die mich nie verlassen hat. Die Frage Kains: ›Bin ich der Hüter meines Bruders?‹ hätten sie als überflüssig betrachtet. Denn für sie gab es nur eine Antwort: ›Jawohl. Allerdings und zu jeder Stunde.‹«

Wolff

## 3. Beobachtungen am Text

Ohne den Kontext lässt sich Matthäus 21,28–32 kaum verstehen. Mit der Erwähnung von Johannes dem Täufer verweist Matthäus zunächst auf die Gegenfrage Jesu an die Hohepriester und Ältesten nach der Herkunft der Johannestaufe, nachdem sie ihn nach seiner Vollmacht befragt hatten (Mt 21,23–27).

Mit der Erwähnung des Weinbergs – der für Israel steht (vgl. Jes 5,1–7 u. ö.) – verzahnt Matthäus das Gleichnis von den beiden Söhnen nicht nur mit dem folgenden, aus Markus 12,1–12 stammenden Winzergleichnis. Vielmehr lässt der Ruf zur Arbeit im Weinberg die Erinnerung an das Gleichnis von den Arbeitern im Weinberg wach werden (Mt 20,1–16). Die Diskrepanz zwischen Reden und Handeln, die das Gleichnis kennzeichnet, hatte Matthäus bereits in 7,21 thematisiert. Für ihn ist demnach eindeutig das Handeln gemäß dem Willen des Vaters entscheidend. Hier, im Zuge von Diskussionen Jesu im Tempel, spitzt Matthäus die prinzipielle Kritik der Bergpredigt am Auseinanderklaffen von Worten und Taten ganz auf das Verhalten der religiösen Autoritäten des jüdischen Volks zu.

Die Übersetzung von V 31 in Luther 1984 (»Die Zöllner und Huren kommen eher ins Reich Gottes als ihr.«) ist zwar mehrdeutig, wäre aber nach dem griechischen Verb temporal (»[…] gehen voran […]«) zu verstehen. Ob sich nach den Zolleintreibern und Prostituierten und vor den Hohepriestern und Ältesten die Pforten des Reiches Gottes verschließen (nein: Fiedler, 330; ja: Konradt, 331), lässt V 31 offen. Die Frage muss hier auch nicht abschließend beantwortet werden, weil das Gleichnis und die anschließende Anwendung die Notwendigkeit und die Kraft der Umkehr bzw. Reue und Buße ins Zentrum rücken. Damit geht freilich auch die Warnung einher, dass die Konsequenzen tragen muss, wer nicht umkehrt.

Von Johannes dem Täufer ausgehend (3,2), hat Jesus den Ruf zur Umkehr angesichts der Nähe des Himmelreichs wiederholt (4,17) und auch seinen Jüngern (10,7) aufgetragen, diese Nähe zu bezeugen. Hieran scheint auch das Gleichnis anzuknüpfen. Matthäus beschreibt den Umkehrprozess des ersten Sohnes (wie den der Zöllner und Huren) nicht mit dem Verbum *metanoeo* – umkehren, Buße tun –, sondern mit *metamelomai* – bereuen, leid tun, in sich gehen. Es geht ihm offenbar darum, dass der Glaube an die Umkehrbotschaft des Johannes bei den paradigmatischen Sünderinnen und Sündern eine veränderte innere Einstellung und Selbstprüfung – Reue – hervorgerufen hat, die dann in der Tat eine veränderte Wahrnehmung der Wirklichkeit und faktische Umkehr bewirkt.

Als Richtschnur auf diesem Weg dient die Gerechtigkeit. *Dikaiosyne* bedeutet im Matthäusevangelium Gehorsam gegenüber dem Willen Gottes und durchzieht in dieser Bedeutung das Evangelium wie ein roter Faden. (Beispiele bei JANT, 7) Der »Weg der Gerechtigkeit« (Luther 1984: »der rechte Weg«) ist dann ein Wandel, der den Geboten Gottes entspricht, wie Jesus sie in der Nachfolge des Täufers und im Licht des nahe herbeigekommenen Himmelreichs bzw. der Gottesherrschaft aktualisiert (Mt 4,17; 5,17–20 am Anfang des öffentlichen Auftretens Jesu). Das Gleichnis vom Weltgericht (Mt 25,31–46), mit dem die öffentliche Wirksamkeit Jesu vor seiner Passion endet, legt diesen »Weg der Gerechtigkeit« als Sorge für alle Notleidenden aus (vgl. dazu Konradt, 392).

## 4. Homiletische Konkretionen

Gerechtigkeit ist für Matthäus – wie für Paulus – kein Weg, sich Anerkennung bei und Zugang zu Gott zu verschaffen, sondern die Norm für ein Leben, das sich dem vorangehenden Ruf Gottes bzw. dem Ruf Jesu verdankt. Es geht also nicht darum, zu Gott zu kommen, sondern die Gemeinschaft, die Gott schenkt, durch eine entsprechende Lebenshaltung zu bewahren: Jesus macht deutlich, dass diese immer die kritische Selbstreflexion und Umkehr einschließt. Darauf zielt letztlich auch das Evangelium des Sonntags, Lk 18,9–14, als Rektor des 11. Sonntags nach Trinitatis ab. Der Blick auf das gesamte Matthäusevangelium zeigt, dass der Evangelist von den religiösen Autoritäten und den Jesusgläubigen gleichermaßen Gerechtigkeit fordert und Heuchelei und Bigotterie grundsätzlich kritisiert. Es geht also eigentlich nicht in erster Linie um die Gefahren einer Leistungsfrömmigkeit, die dann auch noch im Judentum mit seinen Kapazitäten und Autoritäten ihre Projektionsfläche findet, gegenüber der sich das sündenbewusste (evangelische) Christentum abhebt. Insofern ermutige ich zu einer Predigt, die intertextuelle Bezüge (nicht nur) im Matthäusevangelium in den Blick nimmt.

Die antijudaistische Tradition, die sich an die Texte des 11. Sonntag nach Trinitatis angelagert hat und auch im Wochenlied ihren Niederschlag gefunden hat in der Vorstellung vom »Israel rechter Art, der aus dem Geist erzeuget ward« (EG 299,4), würde ich in der Predigt nicht explizit erwähnen, sie aber bei meinen Predigtvorbereitungen reflektieren.

Stattdessen empfehle ich, auf der Basis von Mt 21,28–32 zu entfalten, was Christen und Juden eint: Da ist zunächst die Einsicht, dass Buße und Umkehr lebenslang nötig sind, und da ist die weitere Erkenntnis, dass es Zeiten im christlichen wie jüdischen Kalender gibt, die in besonderer Weise der kritischen Selbstreflexion, der Reue und der Umkehr gewidmet sind.

Wenn Martin Luther davon spricht, den »alten Adam« – und selbstverständlich gilt das auch für die »alte Eva« – täglich zu ersäufen und neu aus der Taufe zu kriechen, dann korrespondiert das durchaus der Aufforderung des Rabbi Elieser (Ende 1./Anfang 2. Jh.) im Talmud, tagtäglich in sich zu gehen.

Wenn etwa die christlichen Katechismen, Orientierungshilfen und Choräle den »Weg der Gerechtigkeit« – also das Befolgen der Gebote und das Gestalten des Zusammenlebens – in zeitgemäßen Formen skizziert haben und skizzieren, dann passiert strukturell Ähnliches in der mündlichen Lehre des Judentums, die die Ge- und Verbote der Tora für die jeweilige Gegenwart erschließen will. Peter von der Osten-Sacken hat seinem Buch »Katechismus und Siddur« schon vor vielen

Jahren den Untertitel »Aufbrüche mit Martin Luther und den Lehrern Israels« gegeben – nach wie vor können wir noch zu Vielem aufbrechen, aufeinander hören und voneinander lernen.

Die Anwendung des Gleichnisses im Matthäusevangelium schärft nicht nur die Notwendigkeit ein, auf die Rufe zur Umkehr zu hören und in sich zu gehen. Sie zeigt auch, dass es möglich ist, auf den Weg der Gerechtigkeit einzubiegen – und wenn die Einsicht erst am letzten Lebenstag gereift ist (man denke an den »guten Schächer« am Kreuz in der lukanischen Tradition). Die Selbstprüfung zu verdrängen oder den Ruf in Gestalt der Mitmenschen zu überhören, ist eine Scheinlösung. Auch fliegt irgendwann auf, wenn das, was ich sage, nicht zu dem passt, was ich tue. Bevor jetzt aber die Bürde zu groß erscheint: Es müssen nicht immer heroische Taten sein, die die Welt verändern, wie die Beispiele von Rabbiner Wolff zeigen. Es reicht, die Mitmenschen und sich selbst im Auge zu behalten. Auch Luther hat in seinen Katechismen die Gerechtigkeit in den alltäglichen Gesten, Pflichten und Freuden aufgewertet. Die »Arbeit im Weinberg« fängt im Kleinen an und sie bringt immer wieder Früchte: Worte und Taten.

Ich denke an die Anfänge der Fair-Trade-Bewegung: Von einem bisschen Kaffee und Honig im Eine-Welt-Verkauf nach dem Gottesdienst hin zu Weltläden mit einem breiten Sortiment von der Schokolade bis zum T-Shirt und mit Cafébetrieb, und das Ende ist noch nicht erreicht. Immer mehr Supermärkte bieten Faires an und selbst im Elektronikbereich tut sich etwas. Es zeigt sich, dass wir alle als Konsumentinnen und Konsumenten mit unserer Entscheidung Einfluss nehmen und die Hüterinnen und Hüter unseres Bruders oder unserer Schwester sein können.

Wo das Evangelium liegt? Ich sehe es in zwei Dimensionen: Dass Gott uns die Möglichkeiten und Gelegenheiten gibt umzukehren. Matthäus mag in seiner Situation manchmal ziemlich drastisch werden und bewegt sich damit ganz und gar in der Tradition der Propheten Israels, aber sein Evangelium und sein Jesus sind von der Gewissheit durchdrungen, dass es nie zu spät ist, zur Besinnung, zur Umkehr, zur Gerechtigkeit zu rufen und diesen Ruf zu hören.

Das zweite ist, dass Gott uns Orientierung verspricht für diesen Weg der Gerechtigkeit. Da mag mir vieles in meinem Leben unklar erscheinen, und ich unterliege Fehleinschätzungen oder gehe in die Irre, einen Neuanfang hält Gott bis zum letzten Atemzug offen. Die Weg-Metapher setzt keinen Besitz bzw. Status voraus, sondern die Beweglichkeit, die auch ein Vorwärtstasten und Mäandern nicht ausschließt.

## 5. Liturgievorschläge

Ps 19,8–15; 2.Sam 12,1–15 (einschließlich der in der Leseordnung ausgesparten Unheilsankündigung VV 11f.); Eph 2,4–10

Lieder:
Wohl denen, die da wandeln (EG 295).
Erneure mich, o ewigs Licht (EG 390).
Lass uns in deinem Namen, Herr (EG 634, Regionalteil Bayern-Thüringen).
Lass uns den Weg der Gerechtigkeit gehn (Kommt, atmet auf. Liederheft für die Gemeinde 064).

Tagesgebet:
Ewiger Gott,
in Jesus, deinem Christus, hast du bestätigt, dass du der Gott Israels bist, der sein Volk auf dem Weg der Gerechtigkeit leitet und begleitet.
In Jesus, deinem Christus, hast du auch uns aus den Völkern zu dir auf den Weg der Gerechtigkeit gerufen.
Schenk uns die Freiheit, uns selbst zu prüfen,
hilf uns, dass uns reut, was uns von dir entfernt,
gib uns Orientierung, damit wir deinen Willen erkennen und tun.
Das bitten wir durch Jesus, deinen Sohn und Christus,
der mit dir und dem heiligen Geist lebt und regiert von Ewigkeit zu Ewigkeit.
Amen.

## Literatur

Fiedler, Peter, Das Matthäusevangelium (THKNT 1), Stuttgart 2006.

Hilchot Tschuwah, II, 2, zit. nach: http://www.hagalil.com/judentum/feiertage/kippur/tshuva.htm, abgerufen am 2016-03-21

Konradt, Matthias, Das Evangelium nach Matthäus (NTD 1), Göttingen 2015.

Lengyel, Gabor, Betrachte nicht den Krug, sondern dessen Inhalt. Ausgewählte Predigten, Ansprachen und Vorträge, Hannover 2016.

Levine, Amy-Jill/Brettler, Marc Zvi (Hg.), The Jewish Annotated New Testament [zit. JANT], New York 2011.

Von der Osten-Sacken, Peter, Katechismus und Siddur. Aufbrüche mit Martin Luther und den Lehrern Israels (VIKJ 15), Berlin $^{2}$1994.

Wolff, William, http://a-r-k.de/paraschat/154/, abgerufen am 2016-03-21.

*Axel Töllner*

# 12. Sonntag nach Trinitatis: Jes 29,17–24
# Nur noch ein bisschen

## 1. Annäherung

Familienspaziergang am Sonntagnachmittag und ich habe keine Lust mehr. Ich bin 8 Jahre alt und meine Schwester ist 6, mein Bruder liegt noch im Kinderwagen und es gibt wahrlich Spannenderes als durch den Wald zu laufen. Es wird außerdem kalt, und ich habe Hunger, und die Eltern unterhalten sich seit Ewigkeiten über Dinge, die ich nicht verstehe.

Und obwohl ich schon weiß, dass der Spaziergang dadurch nicht kürzer wird, frage ich meinen Vater: »Wie lange ist es noch?« »10 Minuten und ein bisschen«, sagt er, und meine Mutter fügt hinzu: »Zu Hause gibt es Abendbrot.«

»10 Minuten und ein bisschen?«, denke ich, »das lässt sich aushalten; das klingt nicht viel und dann gibt es Abendessen.«

Meine kindliche Erinnerung vermag nicht mehr herzugeben, wie lange der Weg noch dauerte, aber ich weiß: Das »Bisschen« war mehr als die 10 Minuten, und so waren wir insgesamt doch noch länger unterwegs, als ich es vermutet hatte und als ich aus den Aussagen meiner Eltern geschlossen hatte. Noch lange, auch als ich selbst längst die Uhr lesen und Entfernungen abschätzen konnte, wurde ich skeptisch, wenn mein Vater die Zeitansage »ein bisschen« gebrauchte. Es suggerierte mir eine Konkretion und eine Nähe, die meist doch nur verschleiern sollte, dass es eben unklar war und eher noch länger dauern sollte, als es mir lieb war.

»Noch eine kleine Weile« – so beginnt der Predigttext und ruft dadurch zugleich Hoffnung und Argwohn hervor. Hoffnung ob der Nähe dessen, was das kommt und Argwohn, ob der Unbestimmtheit dieser Nähe. Diese Zeitangabe ist eine Art Vorzeichen vor allen folgenden Aussagen des Predigttextes, die Visionen davon entwickeln, wie eine umgestaltete Welt aussehen wird. Diese Visionen und auch das, was wir von ihnen heute lernen können, stehen immer in der Spannung unmittelbarer und doch ungreifbarer Nähe. Die Herausforderung besteht darin, sich von der Nähe motivieren und nicht von ihrer Unbestimmtheit frustrieren zu lassen.

## 2. Kontexte

a) Diese chassidische Überlieferung macht – im Kontext von Hochzeitsvorbereitungen – deutlich, was es im Alltag heißt, mit dem jederzeit möglichen Kommen des Messias zu rechnen:
Als man den Hochzeitskontrakt für den Sohn des Rabbi Levi Jizchak von Berditschew aufsetzte, schrieb man, wie es Brauch ist, hinein, die Hochzeit werde an dem und dem Tag in Berditschew sein. Da zerriss der Berditschewer wütend den Kontrakt und rief: »Wieso in Berditschew? Schreibt: Die Hochzeit wird an dem und dem Tag in Jerusalem sein. Nur für den Fall, dass der Messias an diesem Tag noch nicht gekommen ist, wird die Hochzeit in Berditschew sein.«

Ebach, 77

b) Witz zur Warnung vor Triumphalismus
Am Ende der Tage wird der Messias auf die Erde kommen und sofort werden Rabbi Akiba und Petrus auf ihn zulaufen und fragen: Herr, sag doch nur dieses: »Warst du schon einmal hier?« Da wird Martin Buber leise an ihn herantreten und sagen: »Wenn ich Ihnen einen Rat geben darf: Sagen Sie jetzt einfach nichts.«
mündliche Überlieferung

c) Der Philosoph John Rawls hat in seiner Gerechtigkeitstheorie einen Zustand entworfen, in den Menschen in einem Entscheidungsprozess versetzt werden, um unabhängig von ihrer eigenen Stellung über die Zukunft des eigenen Systems nachdenken zu können. Dieser Schleier des Nichtwissens (veil of ignorance) versetzt sie seiner Meinung nach in eine Position, aus der heraus sie die größtmögliche Gerechtigkeit für eine Gesellschaft kreieren können. Für Rawls heißt das: »Gerechtigkeit als Fainess«:
»Die Grundsätze der Gerechtigkeit werden hinter einem Schleier des Nichtwissens festgelegt. Dies gewährleistet, daß dabei niemand durch die Zufälligkeiten der Natur oder der gesellschaftlichen Umstände bevorzugt oder benachteiligt wird. Da sich alle in der gleichen Lage befinden und niemand Grundsätze ausdenken kann, die ihn aufgrund seiner besonderen Verhältnisse bevorzugen, sind die Grundsätze der Gerechtigkeit das Ergebnis einer fairen Übereinkunft oder Verhandlung. Denn in Anbetracht der Symmetrie aller zwischenmenschlichen Beziehungen ist dieser Urzustand fair gegenüber den moralischen Subjekten, d.h. den vernünftigen Wesen mit eigenen Zielen und – das nehme ich an – der Fähigkeit zu einem Gerechtigkeitsgefühl. Den Urzustand könnte man den angemessenen Ausgangszustand nennen, und damit sind die in ihm getroffenen Grundvereinbarungen fair. Das rechtfertigt die Bezeichnung ›Gerechtigkeit als Fairneß‹.«
Rawls, 29

### 3. Beobachtungen am Text

Jesaja 29,17–24 ist ein komplex gestalteter Text, und der Kontext, in dem er steht, hat der Forschung einige Rätsel aufgegeben, auch weil die Fülle der Bilder so disparat ist und doch auf ein Thema, nämlich die kommende Welt, hinweist.

Der Kontext, in dem der Predigttext steht, ist ein Wechselgesang aus Weherufen und Verschonungszusagen gegen verschiedene Völker, der von Kapitel 28–35 reicht. In zehn Wogen wird in den Kapiteln je eine Katastrophe angesagt, um diese dann durch eine Wiederherstellungs- oder Schonungsverheißung gleichsam abzufedern. Es ist für das Verständnis des Textes wichtig, diese Dynamik zu beachten und zu erkennen, dass der vorliegende Textzusammenhang lediglich eine Seite der Medaille beschreibt. Dem Predigttext voraus geht eine Mahnrede gegen das Volk (29,9–16), die in der Aussage gipfelt, dass das Volk zwar mit Mund und Lippen Gott ehrt, nicht aber mit dem Herzen (29,13). Vor diesen schweren Vorwürfen erscheint dann der Predigttext als eine fast schon irrige Hoffnung, dass »schon bald« eine neue Zeit anbrechen soll. Daran, dass der vorliegende Abschnitt anders gestaltet ist als die umliegenden, haben sich lange form- und literarkritische Diskussionen angeschlossen, die für die Predigthilfe nicht näher betrachtet werden sollen, da diese sich dem Endtext in der heute vorliegenden Form zuwendet.

Die Struktur des Predigttextes bietet zugleich einen ersten Zugang zu dessen Pragmatik: Der Text lässt sich in drei Teile gliedern, wobei der mittlere Teil erneut dreigeteilt ist: Als eine Art Vorzeichen vor dem Text steht 29,17a, die Zeitansage: »nur noch eine kurze Zeit«. Dem folgt der dreigeteilte Mittelteil (29,17b–21), der beschreibt worin die Neuerungen und Umwandlungen bestehen, bevor der Text mit einem deutenden Ausblick (29,22–24) schließt, der vor allem durch die explizite Nennung der Namen Abraham und Jakob eine enge Verbindung zur Tradition des Volkes herstellt und das Gesagte in einer letzten Prophezeiung bündelt (29,24). Der prophetische Mittelteil gliedert sich in drei Themenkomplexe: Die kommende Welt wird zuerst anhand von Bildern der Natur beschrieben: Der Libanon wird zum Garten und der Garten zum Wald. Man beachte an dieser Stelle unbedingt die semantische Doppelung (*karmel - Garten)* im Hebräischen, die im Deutschen nur in wenigen Übersetzungen, z. B. Buber/Rosenzweig, hervorkommt.

Der zweite Teil wechselt zu Bildern körperlicher Veränderung und beschreibt diese in Formen der Übertreibung: Selbst geschriebene Worte werden von ehemals Tauben gehört und selbst in der Dunkelheit wird von vorher Blinden gesehen.

Der dritte Teil beginnt in 29,19 und erweitert die Ebenen der Natur und des Körpers um eine soziale Dimension. Auch Hierarchien und Zuständigkeiten, Rechte und Pflichten werden einer Neuordnung unterworfen. Fast schon juristisch anmutenden Begriffe beschreiben das, was »bald« geschehen wird. Im Gegensatz zum ersten Teil werden nun Aspekte benannt, die nicht im eigentlichen Sinn über das, was real möglich ist, hinausgehen. Sie beschreiben Verhältnisse menschlichen Lebens, die in der Verantwortung der Menschen selbst liegen. Während Blindheit ein hinzunehmendes Schicksal ist, dessen Gründe zwar vielfältig sein können, das aber nicht veränderbar ist, sind Spott, Gewalttätigkeit und unrechtmäßiges Richten im Allgemeinen menschengemacht. Dass sie aber in dieser Liste an Verheißungsbildern für die kommende Welt mit genannt werden, zeigt, wie unerreichbar eine derartige Veränderung auch in dieser Welt zu sein scheint.

Diesen beiden Teilen ist eine theologische Deutung angefügt. Mit prägnanten Bezügen auf die Tradition des Volkes Israel, wie die Nennung der Namen Abraham und Jakob und dem Verweis auf die Nachkommenschaft, werden die Verheißungen in einen Kontext gestellt, in dem sie überhaupt erst ihre Gültigkeit und ihren Wert erhalten.

Der Eindruck, den der Text durch die spezifisch klingende und doch so unkonkrete Zeitangabe zu Beginn erweckt, wird verstärkt durch die vielen futurischen Verben. Während die Verheißungen bildhaft und konkret sind und dadurch in greifbare Nähe rücken, macht die Syntax des Textes doch immer wieder deutlich, dass all dies hoffenswert ist, aber noch nicht geschieht.

Beachtenswert ist vielleicht, dass Jesus in Joh 16,16f. eine ganz ähnliche Formulierung verwendet. Das hebräische *od me'at* wird in der Septuaginta mit dem griechischen *mikron* übersetzt. In dieser Form wird es auch dem johanneischen Jesus in den Mund gelegt und bildet damit eine Reminiszenz an Jesaja 29 und vergleichbare Stellen – ob beabsichtigt oder nicht.

## 4. Homiletische Konkretionen

Aus homiletischer Sicht sind es zwei Aspekte, die mir besonders ins Auge fallen und die ich in der Predigt berücksichtigen würde.

Diese sind die Zeitangabe zum Anfang des Textes und die vielen Bilder, welche die bevorstehende Umwälzung und Neuordnung ankündigen und beschreiben.

Mit der Zeitangabe wird den Hörenden das Gefühl vermittelt, etwas stünde kurz bevor und zugleich muss niemand Theologie studiert haben, um zu wissen, dass die Entstehung des Jesajabuches schon einige Zeit zurückliegt und dass gläubige Menschen auf Neuerungen dieser Art noch immer warten. Die Zeitansage ist zwiespältig: Sie ruft auf zu der dauernden Wachsamkeit, die sich mit der unberechenbaren Möglichkeit des Einbruchs der kommenden Welt verbindet, wie sie sich fast schon sprichwörtlich auch im Neuen Testament findet (1.Thess 5,2). Diese ist eine Wachsamkeit, die das Potential hat, das Zukünftige in die Gegenwart zu übertragen. Ich nehme aus der Predigtmeditation von Gerhard Ulrich gerne den Hinweis auf die adventliche Stimmung auf, die in diesem Text vermittelt wird (Ulrich, 171.) Adventlich vor allem dann, wenn diese Stimmung nicht als Jahreszeit, sondern als Einstellung, als eine Art aktiven Wartens verstanden wird.

Zugleich spiegelt sie aber auch das schale Gefühl des Hingehalten-Werdens, des bewussten Verschleierns. Die Anekdote aus der Hinführung versucht kenntlich zu machen, dass die subjektive Ansage temporaler Nähe (nicht nur) für Kinder irreführender sein kann als das pure Nichtwissen.

Aus der Flut der Bilder gilt es einige wenige, vielleicht sogar nur ein einzelnes auszusuchen und anhand dessen die nahende Wandlung zu beschreiben. Die Exegese hat gezeigt, dass die Bilder drei Themenkomplexe beschreiben: Sie benennen Veränderung in der Natur, an Menschen und in der Gesellschaft. Eine Predigt, die sich besonders den Bildern zuwendet, die sich mit den Veränderungen an Menschen beschäftigen, sieht sich mit der Herausforderung und Chance konfrontiert, dass solcherlei Geschehnisse auch in der Jesus-Christus-Geschichte erzählt werden. Christliche Hörerinnen und Hörer, gerade solche, die in der selbstverständlichen Wahrnehmung des zeitgenössischen Judentums sowie den jüdischen Wurzeln des heutigen Christentums nicht geübt sind, könnten Gefahr laufen, einem Triumphalismus zu erliegen und den Jesajatext als exklusiven Hinweis auf Jesus zu lesen. Auch die Aufnahme des Jesajazitates in Markus 7,6 kann in diesem Kontext beachtet und thematisiert werden. Es gilt in der Predigt vorschnellen Schlüssen entgegenzuwirken und zugleich natürlich die Wirkungsgeschichte, die dieser Text auch im Neuen Testament genommen hat, aufzunehmen. Es gilt, beides zu bewahren: den eigenen Glauben an Jesus als den Christus und das Wissen um das Warten des Judentums. Der Witz unter Kontexte b versucht auf humoristische Art, diese Spannung auszuhalten.

Ich würde mich auf den dritten thematischen Komplex konzentrieren, weil er meines Erachtens der herausforderndste für Predigende und Hörende ist. Während die Natur und die (meisten) Krankheiten kaum in der Menschen Hand liegen, sind gesellschaftliche Strukturen und Ordnungen ein Faktor, anhand dessen durchaus auch schon jetzt größere Gerechtigkeit in die Welt einziehen könnte. Ähnlich wie in der Zeitangabe auch scheint der vorliegende Textzusammenhang von konkreten Menschen zu sprechen, doch bei näherer Betrachtung ist die Frage durchaus erlaubt, wer eigentlich mit den Spottenden, den Unterdrückenden und denen, die falsches Recht sprechen, gemeint ist. Es sind gerade die abstrakten Begriffe, die pars pro toto für Verhalten stehen, das es so in der kommenden Welt nicht mehr geben soll und wird. Was es aber dann geben wird und welche Rollen wir einnehmen werden, ist unklar. John Rawls hält eine solche Unklarheit, einen solchen Schleier des Nichtwissens (Kontexte c), für die ideale Voraussetzung dafür, über neue Gesellschaftsformen nachzudenken. Nur wenn wir uns bewusstmachen, dass wir Teil dieser kommenden Welt sein werden, aber nicht wissen, in welcher Position wir sein werden, sind wir im Stande fair über die Gestaltung einer solchen Welt nachzudenken.

Wie lang die kleine Weile noch dauern wird, wissen wir nicht. Und wie konkret die kommende Welt gestaltet sein wird, wissen wir auch nicht.

Aber wir haben starke Bilder, die Hoffnungen vermitteln, und andererseits auch sagen, dass es so wie es ist nicht gut ist. Mit dem Wissen um die kommende Welt leiden wir an der bestehenden Welt.

In diesem Leiden besteht zugleich eine Kraft, aus der heraus schon jetzt gehandelt werden kann und auf die es homiletisch aufmerksam zu machen gilt. Die kleine Weile muss nicht mühsam verstreichen wie die zweite Hälfte eines für Kinder qualvollen Spaziergangs. Sie kann vielmehr in der Hoffnung auf das Kommende genutzt werden, um schon jetzt an den Stellen anzusetzen, die in unseren Händen liegen.

Ähnlich dem Bräutigamsvater in Kontexte b, der mit dem Eintreten der kommenden Welt jederzeit rechnet und sein Leben darauf ausrichtet, können aus den Visionen für die kommende Welt Pläne für die hiesige entstehen.

## 5. Liturgievorschläge

Sowohl der Evangeliumstext (Mk 7,31–37) wie auch der Psalm 147 nehmen die im Predigttext anklingenden Themen auf je eigene Weise auf und entfalten von dorther ihre Wirkung. Auch die Heilsansage in Jes 60, die zur gleichen Zeit am Shabbat in der Synagoge gelesen wird, greift ähnliche Bilder und Themen auf. (Vgl. z. B. Jes 60,21: Und dein Volk sollen lauter Gerechte sein. Sie werden das Land ewiglich besitzen als der Spross meiner Pflanzung und als ein Werk meiner Hände mir zum Preise.)

Als Lieder bieten sich an:
Wachet auf, ruft uns die Stimme (EG 147)
Wenn das Brot, das wir teilen (EG 667, Regionalteil Rheinland/Westfalen/Lippe)

### Literatur

Beuken, Wilhelm, Herders Theologischer Kommentar zum Alten Testament, Jesaja 28–39, Freiburg 2010.
Ebach, Jürgen, Schriftstücke, Gütersloh 2011.
Kilian, Rudolf, Die neue Echter Bibel, Jesaja 13–39 Würzburg 1994.
Rawls, John, Eine Theorie der Gerechtigkeit, Frankfurt a. M. [8]1994.
Ulrich, Gerhard, 12. Sonntag nach Trinitatis, in: Predigtstudien 11 (2010), 2. Halbband, 170–174.

*Milena Hasselmann*

# 13. Sonntag nach Trinitatis: Mk 3,(28–30)31–35
# Gutes aus Bösem – Gedeihen aus Verderben

## 1. Annäherung

Man nennt uns Menschen die Krone der Schöpfung – was uns Menschen ausmacht ist jedoch unsere Fragmenthaftigkeit, unsere Schwäche, unser Unvermögen, unsere Begrenztheit, unsere Fehler. Die Bibel weist darauf bei Kain und Abel bereits hin. Mose wird im rabbinischen Denken als der erste Erlöser Israels betrachtet, der Messias als letzter. Jesu Kindheit und Teile seines Lebenslaufs nach Lukas werden den Traditionen des ersten Erlösers nachempfunden (Aus, 14–44). Und auch Mose erhält in der Bibel (2. Mose 34,29) eine doppeldeutige Charakterisierung: *qäran;* mit der zweifachen Bedeutung »Strahlen« und »Hörner«. Sinnbildlich trägt der erste Erlöser das Gute, Starke, Gedeihliche und gleichzeitig das Schwache, Fehlbare, Böse auf seinem Haupt und in seinem Leben. Die Kunstgeschichte betont meist die Schwäche und gestaltet Mose mit Hörnern, dem Teufel ähnlich. Auch diese mosaische Tradition wird auf Jesu Leben übertragen.

Neues, Fruchtbares, Leben Schaffendes, Gutes entsteht oft durch einen Fehler, eine Schwäche, durch ein böses Ereignis, durch Verletzendes: sei es eine Mutation der DNA in der Natur, eine weitreichende Erfindung durch eine Fehlprogrammierung des PC, durch eine falsche Entscheidung der Regierung, eine Fehleinschätzung eines Menschen.

Wie viel Wirken des Heiligen Geistes, wie viel Wirken wider den Heiligen Geist steckt dahinter? (Mk 3,29).

Träger des Heiligen Geistes (in der hebräischen Bibel *schechina, bat kol, ruach hakodesch)* wie Mose, wie Jesus verbinden Gott und die Menschen, verbinden die Menschen untereinander, über festgefügte Verwandtschaftsstrukturen, profilierte Kulturen und eigenwillige, selbständige Sprach- und Denkstrukturen hinweg.

Jesus liebt seine Familie, es schmerzt ihn, wie viel Leid er ihr zufügen muss (Joh 19,26). Mit seiner brüskierenden Frage, wer denn seine Mutter, seine Brüder und Schwestern seien, wendet er sich nicht von seiner Familie ab, er erweitert sie über alle festgefügten Strukturen von Sippe und Familie, auch über die Grenze von profilierter Ethnie und eigenständiger Religion hinweg. Eine teuflische Zumutung?

## 2. Kontexte

a) Eine Schwäche wird zur Stärke, zum neuen Leben: Jacques Lusseyran beschreibt seine Erblindung als strahlend, als ein besonderes Licht, beginnend mit Schrecklichem:
»Meine Blindheit war für mich eine große Überraschung, glich sie doch in keiner Weise meinen Vorstellungen von ihr; auch nicht den Vorstellungen, welche die Menschen um mich herum von ihr zu haben schienen. Sie sagten mir, Blindsein bedeute Nichtsehen. Aber wie konnte ich ihnen Glauben schenken, da ich doch sah? Nicht sofort, das gebe ich zu […]. Denn anfangs wollte ich noch meine Augen gebrauchen, mich von ihnen leiten lassen. Ich blickte in die Richtung, in

die ich noch vor dem Unfall zu blicken pflegte, von dort aber kam nur Schmerz, Empfinden des Mangels, etwas wie Leere. Von dort kam, was die Erwachsenen, glaube ich, die Verzweiflung nennen [...]. Ein Instinkt – ich möchte fast sagen: eine Hand, die sich auf mich legte – hat mich damals die Richtung wechseln lassen. [...]. Unversehens verdichtete sich die Substanz des Universums wieder, nahm aufs neue Gestalt an und belebte sich wieder. Ich sah, wie von einer Stelle, die ich nicht kannte und die ebenso gut außerhalb wie in mir liegen mochte, eine Ausstrahlung ausging, oder genauer: ein Licht – das Licht. Das Licht war da, das stand fest. Ich fühlte eine unsagbare Erleichterung, eine solche Freude, dass ich darüber lachen musste. Zuversicht und Dankbarkeit erfüllten mich, als ob ein Gebet erhört worden wäre. Ich entdeckte das Licht und die Freude im selben Augenblick.«

Lusseyran, 19f.

b) Hilde Domin beschreibt die Angst davor, den vertrauten Lebensrahmen, z. B. die Familie zu verlassen, weil er Leben hindert. Sie beschreibt die Angst, den Traum zu verwirklichen, den eine neue Zeit hervorlockt. Wer es wagt ist unendlich schwach. Für einen Augenblick, bis der neue Rahmen sich bildet, ist er wie ohne Leib (tot?) und ohne Weg (ohnmächtig?):

*Das Wachsen von Träumen*
Das Wachsen von Träumen
macht Angst
als fehlten die Flügel
diese Mauern
zu überfliegen.
Schrei nach
einer Hand, einer Tür,
aus Fleisch, aus Holz.

Domin, 275

Wie mutig und wie gefährlich es ist, die Dinge beim Namen zu nennen und das Richtige zu tun einem von diesen, meinen geringsten Brüdern (Wochenspruch), oder: Wie schwer es ist, der Schwäche zu trauen, weil dort von Gott das Erlösende, das Neue, das Gedeihende kommt:

Dies ist unsere Freiheit
die richtigen Namen nennend
furchtlos
mit der kleinen Stimme

einander rufend
mit der kleinen Stimme
das Verschlingende beim Namen nennen
mit nichts als unserem Atem

*salva nos ex ore leonis*
den Rachen offen halten
in dem zu wohnen
nicht unsere Wahl ist.

Domin, Umschlagrückseite

c) Über die messianische Idee, ihre Größe, die zugleich ihre Schwäche ist, auch im Christentum, weil sie nicht real werden kann, weswegen Jesus verteufelt wird: »Ich will aber zum Abschluß dieser Erörterungen noch ein Wort über einen Punkt sagen, der bei Diskussionen über die messianische Idee, soweit ich sehe, im allgemeinen zu kurz gekommen ist. Ich meine damit den Preis des Messianismus, den Preis, den das jüdische Volk für diese Idee, die es der Welt geschenkt hat, aus seiner Substanz hat bezahlen müssen. Die Größe der messianischen Idee entspricht der unendlichen Schwäche der jüdischen Geschichte [...]. Sie hat die Schwäche des Vorläufigen, Provisorischen, das sich nicht ausgibt. Denn die messianische Idee ist nicht nur Trost und Hoffnung. In jedem Versuch ihres Vollzugs brechen Abgründe auf, die jede ihrer Gestalten ad absurdum führen. In der Hoffnung leben ist etwas Großes, aber es ist auch etwas tief Unwirkliches. Es entwertet das Eigengewicht der Person, die sich nie erfüllen kann, weil das Unvollendete an ihren Unternehmungen gerade das entwertet, was ihren zentralen Wert betrifft. So hat die messianische Idee im Judentum *das Leben im Aufschub* erzwungen, in welchem nichts in endgültiger Weise getan und vollzogen werden kann. [...]. Es gibt, genau verstanden, jenes Konkrete gar nicht, das von nichterlösten Wesen vollzogen werden könnte. Das macht die Größe des Messianismus aus, aber auch seine konstitutionelle Schwäche.«

Scholem, 73f.

## 3. Beobachtungen am Text

*VV 31–35* sind die Fortsetzung von Mk 3,20–22. Markus realisiert hier zum ersten Mal seine spannende, heuristisch zu nutzende Verschachtelungstechnik, die er insgesamt 7 Mal verwendet (z. B. 5,21–43; Dschulnigg, 121). Eine Rahmengeschichte erschließt eine Binnengeschichte und umgekehrt. Die Komposition lenkt das Verstehen des Hörers und legt den Interpretationsrahmen beider Geschichten fest.

Das Thema der Rahmengeschichte VV 20–22 und 31–35 lautet: Die Familie Jesu und ihr Verhältnis zu Jesus. Die Binnengeschichte lenkt das Augenmerk auf die schwierige Frage, ob und wie der Heilige Geist in Jesus wirkt und dass die Geistfrage zu beantworten verlangt, über bisher gelebte Denkweisen und Werte hinaus zu denken und einen Wertewandel anzustoßen.

Um besser zu verstehen, weshalb Jesus gerade im Zusammenhang mit einem Problem, das ihn und seine Familie betrifft, in den Wirkungskreis des Teufels gerückt wird, können gegenwärtige ethnologische Studien und sozialgeschichtliche Forschung hilfreich sein. Die Person Jesu wird dort im Kontext der mediterranen Kultur untersucht: »Grundsätzlich gilt: Jesus und seine Zeitgenossen lebten in *nicht-individualistischen* Gesellschaften, in denen die *Unterschiede zwischen den Geschlechtern* ebenso wie die Zugehörigkeit zu bestimmten *Familien, Clans* und *Ethnien* von grundlegender Bedeutung für die Möglichkeit der Partizipation an den wirtschaftlichen, sozialen und kulturellen Gütern waren. Von ausschlaggebender Bedeutung für die Einschätzung eines Menschen war neben seiner familiären, ethnischen bzw. geographischen Herkunft und seinem sozialen Status vor allem seine Orientierung am *Wertekodex von Ehre und Schande*, der das Verhalten von Frauen und Männern (je nach sozialem Status) regelte. [...] sodass sie geradezu als *Honor-Societies* (Ehr-Gesellschaften) bezeichnet werden können (Stegemann, 238f.). In einer agonistischen Gesellschaft ist die Ehre ständig herausgefordert und muss erwidert werden. Es geht um Kräftemessen, auch um Konkurrenz im Gutsein. Wer nicht antwortet auf eine Ehrforderung, verliert sein Gesicht, seine Ehre und seine Macht. Jesus wird gesellschaftlich beobachtet, auch sein Verhalten angesichts großer Demütigungen. Er antwortet mit großer Würde. Er besteht die Ehrprüfung über seinen Tod hinaus.

Die Familie Jesu sieht ihre Ehre gefährdet durch den ›verrückt‹ gewordenen Sohn. Sie will ihn nach Hause holen und verstecken. Jesus verteidigt die Familienehre und beantwortet den Angriff der Schriftgelehrten auf seinen Stand und seine Sippe mit seiner rhetorischen Eloquenz, einer Gleichnisgeschichte und mit dem geschickten Schachzug der Erweiterung seines Clans um alle, die Gottes Willen tun, d.h. um alle, die Tora lernen und sich durch ihn von Gottes Wort berühren und zum Tun ermutigen lassen. Damit erzwingt er Respekt und ihm wird die Ehre gegeben. Er konkurriert mit im ›Tun des Guten‹ und besteht. Allerdings erweitert er den Wertekodex erheblich. Die festen, handlungsleitenden Grenzen des Clan- und Sippendenkens wanken. Das ist gewöhnungs- und kritikbedürftig. Jesus definiert neu, wer ›dazu gehört‹, und er legt neue (gewaltfreie, wertschätzende, friedensbewahrende) Methoden der Ehrverteidigung vor. Die Frage ist, ob sie von Gott sind oder vom Teufel.

*VV21.31*: Es fällt auf, dass die Familie Jesu nicht direkt mit ihm spricht; sie ›hören davon‹ und sie ›lassen Jesus rufen‹. Die in dieser Weise beschriebene Beziehung illustriert die oben genannten Erschütterungen im bisher sicheren Sippensystem der Gesellschaft.

*V21 exestä*, aor.: aus der Fassung, außer sich sein, in einen anderen Zustand kommen, etwas verlieren, aus dem geistigen Gleichgewicht kommen. Doppeldeutig ist Jesu Zustand. Für die einen ›verrückt‹, für die anderen ›ein neuer Zustand‹, den neuen Verhältnissen angemessen, das neue Reich ahnen lassend.

*VV31.32.33.34 mätär*: Vier Mal wird Jesu Mutter an erster Stelle genannt, ein Vater wird nicht erwähnt. Das in der Clanstruktur so wichtige patriarchale Familienoberhaupt, die handlungsleitende Autorität fehlt.

*VV32.35 adelphai*: Zwei Mal werden Jesu Schwestern extra erwähnt, etwas Besonderes in einer Kultur, in der Frauen eher übergangen und unsichtbar gemacht werden (Schottroff/Wacker, 501f.). Eine neue Kraft, *dynamis* ist am Werk, Traditionen, Sichtweisen, Grenzen hinterfragend. Der Hörer entscheidet, ob er eine heilige Kraft wahr nimmt oder eine dämonische, wenn er Frauen in einer den Männern vorbehaltenen Öffentlichkeit wirken sieht.

*V21 hoi par autou* meint hier noch Jesu Familie, in

*V34 periplepsamenos tous peri auton kyklow* in fast derselben Formulierung, aber ganz im selben Bild ist jetzt Jesu Hörerschaft gemeint, die gelernt hat (im Sinne von *tora* hifil), beide Geister wahr und ernst zu nehmen, eine Hörerschaft, die jedoch das Geschehen auf das Gute hin durchschauen kann (siehe unter *Annäherung*: Der Mose mit den Hörnern erscheint ihnen nun mit von Gott her glänzendem Angesicht). Gegen viele Kommentare zu dieser Stelle: Jesus stellt sich nicht gegen seine Familie, er überlässt es ihr, ob sie es wagen will, die Clan – und Ehrgrenzen zu überschreiten. Er lockt sie eher zu sich und vertraut dem Heiligen

Geist. Auch er durchschaut die Seinen auf das Gute hin! Mutter Maria und Jesu Brüder werden immerhin in Apg 1,14 zu den Gemeindegründern der Jerusalemer Urgemeinde gezählt!

*Ruach ha kodesch, schechina, bat kol*: Im rabbinischen Denken ist der Heilige Geist der prophetische Geist, der den Menschen einen Blick in den Willen Gottes und in die Zukunft gewährt, die die Folgen ihres gegenwärtigen Tuns bringt. Alle Schriften des Tenach außer der Tora wurden unter der Wirkung des Heiligen Geistes verfasst. Als die letzten Propheten Haggai, Sacharja und Maleachi starben, erlosch der Heilige Geist (Babylonischer Talmud Yoma 9b; aus dem Englischen nach Unterman, 364f., 1350f.). Der Heilige Geist wird auch denen zugesprochen, die öffentlich Tora lehren und denen, die auch nur eine einzige Mizwa im vollkommenen Glauben vollziehen. *Bat Kol* ist nach rabbinischer Auffassung ausschließlich in biblischer Zeit zu hören, Hillel jedoch schreibt ihr eine wichtige Rolle in talmudischen Entscheidungen zu. Seine Gegner betonen, dass die Tora nicht im Himmel, sondern auf der Erde sei, man deshalb keine weitere Gottesstimme brauche (Asher, 324f.). Das Streitgespräch mit den Schriftgelehrten in Markus 3,20–35 ist ein Nachhall dieser Diskussion der Lehrhäuser Hillel und Schammai. Es geht darum, ob die Tora die einzige Instanz der Stimme Gottes ist oder ob es neben ihr noch eine weitere (z.B. Jesu Stimme) geben kann. Die halachische Entscheidung der Lehrhäuser fiel so aus: In der Zeit Hillels und Schammais gab es noch eine weitere Stimme Gottes, damit die richtigen Weisungen in den beiden Lehrhäusern festgelegt werden konnten, danach nicht mehr. Jesu Wirken führt also auch hier zu Erschütterungen, Verunsicherung und Werteverschiebungen. Teufelswerk oder Geisteswirken? Letzter Erlöser nach Mose oder nicht?

## 4. Homiletische Konkretionen

I. Die Rahmengeschichte unseres Lebens ist die unserer Familie, ihre Traditionen und Werte. Sie prägt uns und gibt Orientierung. Unsere persönliche Lebensgeschichte ist das »Bild« in diesem Rahmen, die »Binnengeschichte«, ist meine Geschichte als Mensch, Krone der Schöpfung und meine Geschichte als schwacher Mensch mit Fehlern, mit Scheitern, mit Unzulänglichkeiten.

Beispiel:
- Ein Vorstellungsgespräch, eine Bewerbung, Prägung durch die Familie.
- Moses Leben mit Stärken und Schwächen.

II. Jeder Mensch erfährt in seinem Leben, dass der Familienrahmen und die bewährten guten Traditionen Gedeihen behindern. Um zu leben, muss man den Familienrahmen verlassen, ihn verändern, erneuern. Das ist zerstörend, verwirrend, böse.

III. Rahmen und Binnengeschichte bei Jesus und was geschieht, wenn der den bewährten Rahmen verlässt: Die verschachtelten Episoden über Jesu Familie und der Diskussion um den Heiligen Geist und den Satan, Beelzebul, obersten Dämon. Der Autor lenkt den Blick auf die nötigen Einstellungsänderungen, gesellschaftliche Umbrüche, auf die dringend gebotene Möglichkeit, Fremdes, Unhinterfragtes,

Tabuisiertes auf ihr Gutes hin zu durchschauen unter Mitwirkung des Heiligen Geistes. Es sind unscheinbare Dinge, die dann geschehen können: die Erweiterung eines Clans unter neuen Zugehörigkeitskriterien (umschrieben im Wochenspruch, den 7 Werken der Barmherzigkeit); neue Wertschätzung der Frauen, der Mutter, der Schwestern; Hinterfragen der bisherigen absoluten Autorität und Hierarchie (z. B. Hannah Arendt: »Keiner hat das Recht zu gehorchen«).

IV. Dass das Schmerzhafte, Zerstörte, Unvollkommene zum Guten hilft und doch fragmenthaft bleibt (Kontexte c): Es gibt bis heute Gottes Stimme (*bat kol*): unser Gewissen, das die Schwäche fruchtbar machen kann, dem Teufel die Stirn bieten, das Böse verwandeln (Mt 25,40), Leben wieder gedeihen lassen, den Rachen offen halten kann. Leben mit dem Geist ist schmerzhaft und heilsam, er lässt aus Hörnern Strahlen wachsen, aus Fragmenthaftem Kronen der Schöpfung, aus Tod Leben, aber auch umgekehrt (Kontexte b).

## 5. Liturgievorschläge

Psalm 51

Lesung: Ex 34,29–35

Lieder:
Komm, o komm du Geist des Lebens (EG 134)
Ich ruf zu dir, Herr Jesu Christ (EG 343)
Ich bin getauft auf deinen Namen (EG 200)
Komm Herr, segne uns (EG 170)

Wider das Lästern des Heiligen Geistes:
»Ich glaube an den Geist,
der mit Jesus in die Welt gekommen ist,
an die Gemeinschaft aller Völker
und unsere Verantwortung für das,
was aus unserer Erde wird:
ein Tal voll Jammer, Hunger und Gewalt
oder die Stadt Gottes.
Ich glaube an den gerechten Frieden,
der herstellbar ist,
an die Möglichkeit eines sinnvollen Lebens
für alle Menschen,
an die Zukunft dieser Welt Gottes.
Amen«.

Sölle, 79

**Literatur**

Asher, Robert, Bat Kol, Encyclopaedia Judaica, Band 4, Jerusalem 1972.
Aus, Roger David, Weihnachtsgeschichte, Barmherziger Samariter, Verlorener Sohn, Studien zu ihrem jüdischen Hintergrund, Berlin 1988.
Christie, Agatha, Wiedersehen mit Mrs. Oliver, Herrsching 1980.
Domin, Hilde, Gesammelte Gedichte, Frankfurt a. M. ³1991.
Dschulnigg, Peter, Das Markusevangelium, ThKNT, Band 2, Stuttgart 2007.
Lusseyran, Jacques, Das wiedergefundene Licht, Stuttgart 1987.
Scholem, Gershom, Judaica 1, Frankfurt a. M. ¹⁰1981.
Schottroff, Luise / Wacker, Marie-Theres, Kompendium feministische Bibelauslegung, ²1999.
Sölle, Dorothee, Gegenwind, Erinnerungen, München 1999.
Stegemann, Wolfgang, Jesus und seine Zeit, Biblische Enzyklopädie Band 10, Stuttgart 2010.
Unterman, Alan, Ru'ah Ha-Kodesh, Shekinah, Encyclopaedia Judaica, Band 14, Jerusalem 1972.

*Susanne Schöllkopf*

# 14. Sonntag nach Trinitatis: Mk 1,40–45
# Der überforderte Heiland

## 1. Annäherung

Ärzte sind gefragt. Sogar unter den Bedingungen unseres modernen Gesundheitswesens; auch mit der Assistenz von zahlreichen inzwischen entdeckten und entwickelten Heilmitteln und -methoden, von Medikamenten und High-Tech-Medizin sind die Wartezimmer der Arztpraxen immer noch rappel-voll, klagen die Mitarbeitenden im Gesundheitswesen über chronische Arbeitsüberlastung. Aller medizinischer Fortschritt, alle Vorsorgeanstrengungen, auch das Internet mit seinen vielen Foren, in denen Ratschläge für die Gesundheit ausgetauscht werden, können anscheinend die »Nachfrage« nach Heilung keineswegs mindern.

Insofern erstaunt es überhaupt nicht, dass im 1. Kapitel des Markusevangeliums, sobald sich herumspricht, was Jesus für Kranke tut, ein großer Ansturm auf seine Hilfe einsetzt.

Was dagegen erstaunt, ist – wie Markus darstellt –, dass Jesus überfordert scheint, dass er sich entzieht. Sieht so der Heiland aus, von dem uns das Evangelium erzählen will? Speziell nach der Erzählung von der Heilung des Aussätzigen am Schluss des 1. Kapitels des Markusevangeliums scheint die Situation dem Erlöser völlig zu entgleiten.

## 2. Kontexte

a) Leviticus 14 enthält die detaillierten Beschreibungen der Prüfungsschritte und Reinigungsriten, wenn ein von Lepra oder einer sonstigen Hauterkrankung Geheilter zur Dokumentation seiner Reinheit die Priester aufsucht. Die Priester sind sozusagen das »Gesundheitsamt«, das begutachten muss, ob eine Ansteckungsgefahr vorliegt. Zwar sind nicht alle Formen von Hauterkrankungen, die in den antiken Quellen als hebr. »*zara'at*«/griech. »*lepra*« bezeichnet werden, ansteckend. Aber der Ausbreitung der ansteckenden Lepra konnte man eben nur durch Quarantäne aller Erkrankten, die ähnliche Symptome zeigten, begegnen. Daher die sorgfältige Prüfung, ob noch Ansteckungsgefahr vorliegt, um möglichst sicher zu stellen, dass durch Rückkehr der Geheilten in die Gemeinschaft die Gemeinschaft auch wirklich nicht in Gefahr kommt.

Die erforderlichen Opfergaben kann man als eine Art Gebühr bezeichnen, die die Patientinnen und Patienten zu erstatten haben – abgesehen davon, dass sie den Dank an Gott zum Ausdruck bringen, der als Verursacher der Heilung gilt (s. dazu unten).

b) Gott gilt auch als Urheber der Erkrankung. Beleg ist die Episode um die Aussatz-Erkrankung Miriams: Weil Aaron und Miriam Mose kritisierten, nachdem er ein kuschitische Frau geheiratet hatte, werden sie von Gott zur Rede gestellt, und Miriam wird für ihre Mose-Kritik mit Aussatz gestraft. Aufgrund der Fürbitte des Mose wird die Strafe auf 7 Tage beschränkt (Num 12,1–15).

In der rabbinischen Literatur (Midrasch Sifrei Dvarim) wird die Bestrafung Miriams als Beleg dafür genommen, dass Aussatz als göttliche Strafe für *leschon hara'* (Verleumdung, üble Nachrede o. ä.) angesehen wird:

Im Anschluss an Dtn 24,8, wo die Beachtung der Anweisungen der Priester im Falle von Aussatz eingeschärft wird, heißt es in Dtn 25,9 weiter: »Erinnere dich an das, was Adonaj, dein Gott, an Miriam getan hat.«

Das kommentiert Sifrei Dvarim § 275: »Und warum steht diese Angelegenheit (Erinnerung an Miriam, T. K.) unmittelbar nach jener (Einschärfung der Aussatzregeln, T. K.)? Sie (die AutorInnen von Dtn, T. K.) haben diese Erinnerung deshalb hierhin gestellt, um dich zu lehren, dass Hauterkrankungen von nichts anderem herkommen als von *leschon hara'*. Mit einem Schluss vom Leichteren aufs Schwerere: Wenn schon Miriam, die sonst nur in Gegenwart von Mose und zum Nutzen Moses und zum Lob des Ortes (d. h. Gottes, T. K.) und zur Auferbauung der Welt geredet hat, so gestraft wurde, um wieviel mehr wird der gestraft werden, der in aller Öffentlichkeit über seinen Nächsten herzieht.« (Für eine lange Liste weitere Gründe für Bestrafung mit Aussatz vgl. Billerbeck, IV., 747–750.)

Midrasch Sifrei Dvarim §275, eigene Übersetzung

c) Dementsprechend kann allein Gott Aussatz heilen. In Midrasch Leviticus Rabba heißt es dazu:

»Rav Huna und Rav Judan (sagen) im Namen Rav Achas: Bei dem Vers ›den in der Ferne und den in der Nähe, spricht Adonaj, will ich heilen usw. (Jes 57,19b)‹ handelt es sich um den Aussätzigen (denn Aussätzige sind isoliert und »fern« von der Gemeinschaft und kehren nach der Heilung zurück aus der Isolation – sind also wieder »nah«, T. K.). Arzt bin ich für ihn vollkommen, wie es heißt: ›Heile mich, dann werde ich heil, hilf mir, dann ist mir geholfen‹ usw.

Midrasch Leviticus Rabba, eigene Übersetzung

d) 2.Kön 5: Die Erzählung von der Heilung des syrischen Militärs Naaman vom Aussatz durch den Propheten Elisa.

Dies ist die einzige Erzählung von der Heilung eines Aussätzigen im Alten Testament. Sie gehört zum Elia/Elisa-Erzählzyklus, den zahlreiche Wundergeschichten auszeichnen. Elia: Mehl- und Ölvermehrungswunder (1.Kön 17,8–16), Auferweckung des gestorbenen Kindes (17,17–24). Elisa: Ölvermehrungswunder (2.Kön 4,1–7), Auferweckung eines gestorbenen Kindes (4,8–37), Speisungswunder und Brotvermehrungswunder (4,38–44) und weitere Wundergeschichten.

Die Verwechslung Jesu mit dem wiedererwarteten Elia (Mk 6,15; 8,28 parr.) hat in der Ähnlichkeit des Wunderwirkens Jesu mit Elia/Elisa ihren Grund.

Bei Naaman ist die Ursache das Aussatzes nach rabbinischer Auffassung »*Nesut HaRuach*« (Hochmut, Überheblichkeit). In Tanchuma Buber heißt es (Abschnitt *Metzora'*, § 10, im Rahmen einer langen Liste von Ursachen für Aussatz): »Und es gibt welche, die sagen: Hochmut. Von Naaman her: ›Und Naaman war der Generalstabschef des Königs von Aram usw. und der Mann, ein starker Krieger, war leprös.‹ (2.Kön 5,1) Weil er hochmütig war.« (Eigene Übersetzung)

Die Aufzählung von Naamans vielen Verdiensten in diesem Vers (bedeutend, angesehen, durch ihn hatte Adonaj Aram geholfen) wird als Ausdruck von Hochmut gewertet.

e) In der Liste der Messiasmerkmale, die Jesus auf die Täuferanfrage aufzählt, findet sich auch die Heilung von Aussätzigen *(leproi katharitzontai* Mt 11,5; Lk 7,22), obwohl sich in den alttestamentlichen Vorlagen dieser Liste (Jes 29,18f.; 35,5f.; 42,7.18) Heilung von Leprakranken nicht findet.

## 3. Beobachtungen am Text

Das erste Kapitel des Markusevangeliums erzählt knapp das Auftreten Johannes des Täufers (1–8), die Taufe Jesu (9–11), seinen Wüstenaufenthalt (12), wie Jesus nach dessen Verhaftung die Nachfolge Johannes des Täufers als Verkünder der nahen Gottesherrschaft antritt (14f.), die Berufung der ersten Jünger am See Genezareth (16–20), die Heilung des Besessenen von seinem Dämon in der Synagoge von Kapernaum (21–28) und die Heilung der Schwiegermutter des Petrus (29–31). Am selben Abend schon hat sich ganz Kapernaum vor dem Haus versammelt und Jesus heilt viele und vertreibt Dämonen. (32–34) Es ist eine atemlose Tour de Force. Und man kann sehr gut verstehen, dass Jesus am nächsten Morgen früh, bevor ihn die Menge wieder belagert, in die Einsamkeit der Wüste geht, um dort zu beten. (35) Doch die neugewonnenen Jünger lassen ihm keine Ruhe und stören ihn in der Einsamkeit auf. (36f.) Daraufhin bricht Jesus in die umliegenden Dörfer auf, um auch dort zu verkünden und zu heilen (38f.)

*V 40*: Dort kommt es dann zu der Begegnung mit dem Aussätzigen (*lepros*). Der fällt auf die Knie (*gonüpetein;* nicht *proskünein* – es ist also nicht die Geste des anbetenden Niederfallens vor Gott, sondern eine Geste, mit der der Kranke um Erbarmen bittet) und drückt sein Vertrauen in Jesu Fähigkeiten aus: Wenn du willst, kann du mich rein machen.

*V 41*: Die Geste verfehlt ihre Wirkung nicht, denn Jesus hat Erbarmen (*splanchnitzein*). Er berührt ihn mit der Hand und erwidert: Ich will es, werde rein.

Auffallend ist, dass die genaue Symmetrie zwischen den sich entsprechenden Redeteilen »er fiel auf die Knie« – »er hatte Mitleid« sowie »wenn du willst …« – »ich will …« durch den Einschub der Berührung mit der Hand in der Reaktion Jesu aufgelöst wird. Der »Unberührbare« beachtet den aufgrund der Ansteckungsgefahr gebotenen Abstand. Jesus dagegen überbrückt den aus Gründen des Selbstschutzes und der Eindämmung der Ansteckungsgefahr vernünftigerweise zu haltenden Abstand und riskiert die körperliche Berührung des Ansteckenden.

*V 43*: Der besondere Charakter der Erzählung bei Markus im Vergleich mit den anderen Synoptikern: Das Atemlose und Drängende und Bedrängende wird unterstrichen dadurch, dass Jesus den Gereinigten/Geheilten anherrscht (*embrimäsamenos*) und ihn auf der Stelle hinauswirft *(euthüs exeballen)*. Beides fehlt in den Versionen bei Matthäus und Lukas.

*V 44*: Die Aufforderung, die Vorschriften der Tora für die Untersuchung, ob der Geheilte auch wirklich frei von Ansteckungsgefahr ist, einzuhalten. Jesus besteht auf Einhaltung des von der Tora vorgegebenen Wegs. Er nimmt für sich nicht in Anspruch, aufgrund seiner Fähigkeit, den Leprakranken zu heilen, die normale Prozedur überflüssig zu machen.

*V 45*: Der Geheilte aber hält sich nicht an Jesu Anweisung, sondern verbreitet die Kunde von seinem Geschick, so dass es Jesus unmöglich wird, in aller Öffentlichkeit in eine Stadt hineinzugehen, sondern sich an wüsten Orten verbergen muss. Und trotzdem strömen die Menschen von überall her (*pantote*) zu ihm.

Von dieser äußerst belastenden Entwicklung ist bei Matthäus überhaupt keine Rede; bei Lukas klingt es viel weniger dramatisch: Es kommt eine große Volksmenge zusammen, Jesus aber weicht in die Wüste aus um zu beten.

Jesu Mitleid mit dem Leiden der Menschen zieht für ihn selber eine ungeheure Belastung nach sich, der er sich nicht zu entziehen vermag. So wie Markus die Jesusgeschichte erzählt, empfindet man beim Lesen diesen ungeheuren Druck, unter dem die Menschen stehen und der auf Jesus lastet. Und man hat den Eindruck, Jesus ist diesem Druck nicht gewachsen: Die Not ist so groß, dass seine Kräfte nicht ausreichen, sich ihr entgegen zu stemmen. Am Ende dieses ersten Kapitels fragt man sich als Leser und Leserin: Kann diese Geschichte gut ausgehen? Was hat Jesus sich da angetan, als er die Nachfolge des inhaftierten Täufers antrat?

## 4. Homiletische Konkretionen

Lepra ist in unserer Zeit kein medizinisches Problem mehr. In den hochindustrialisierten Ländern mit funktonierendem Gesundheitswesen ist die Krankheit nahezu gänzlich verschwunden; sie ist heutzutage heilbar, denn es gibt wirksame Medikamente gegen sie. Wo die Krankheit noch vorkommt, ist sie eine Folge von Armut. Die WHO arbeitet darauf hin, sie weltweit auszurotten.

Um die Erzählung von der Heilung des Aussätzigen zu verstehen, ist es allerdings nötig, den Charakter dieser Krankheit als einer Ansteckungserkrankung und die daraus folgende Vorkehrungen in der Tora zu kennen (vgl. dazu Kontexte a). Festzuhalten ist auf jeden Fall, dass Jesus die Vorkehrungen der Tora unhinterfragt und minutiös befolgt.

Nur zu vertraut ist dagegen auch uns Heutigen das Gefühl, vor zu vielen, zu großen, geradezu unüberwindbaren Aufgaben zu stehen – das Gefühl, diesen Aufgaben nicht gewachsen zu sein, kennt wohl jede und jeder: berufliche Überlastung, Überlastung durch die Addition von beruflichen und familiären Verpflichtungen – sei es als Eltern, sei es als Kind alter Eltern; besonders auch im kirchlichen Bereich: die Situation, den gesellschaftlichen Trend zur Entkirchlichung nicht umkehren zu können, selbst bei bester Öffentlichkeitsarbeit und sorgfältigster Konzipierung und Durchführung unserer Angebote. Und ich kann mir lebhaft vorstellen, wie z. B. Angela Merkel sich fühlen muss, wenn sie innenpolitisch wie außenpolitisch mit ihrer »Wir-schaffen-das«-Einstellung gegenüber Flüchtlingen selbst bei Koalitionspartnern und Parteifreunden, erst recht bei vielen europäischen Staatschefs aufläuft; oder die vielen freiwilligen Helfer und Mitarbeiterinnen von Hilfswerken und Behörden, die den Ansturm der Menschen zu bewältigen hatten; oder die Menschen im Management ebenso wie die Mitarbeitenden bei VW oder der Deutschen Bank, die das Unternehmen aus dem Scherbenhaufen retten müssen, das ihnen von früheren Entscheidungsträgern hinterlassen wurde.

Ja, das ist eine tägliche Erfahrung von Menschen – erst recht in unserer so vernetzten, globalisierten Gegenwart: Wie sollen wir all die Probleme lösen?

Aber der Heiland der Welt? Derjenige, der – wie vor ihm einzig Elisa – einen Leprakranken heilt (vgl. Kontexte d)? Der damit eine besondere Verbindung mit Gottes ureigener Kraft zeigt (vgl. Kontexte c)?

Für mich war es überraschend, in diesem ersten Kapitel des Markusevangeliums Jesus so dargestellt zu finden: So unter Druck, dass selbst er überfordert wirkt. Die Not ist so groß, die Menschen, die bei ihm das Heil suchen, sind so verzweifelt, dass sie ihn mit ihrer Erwartung auf Hilfe geradezu überrollen. Und wenn er hilft, dann ignorieren sie seine Anweisungen, widersetzen sie sich seinem Willen.

Wie passt das zum gängigen Jesusbild des allmächtigen Gottessohnes?

Die Predigt über den Text bietet die Chance, diesem Bild ein anderes Jesusbild an die Seite zu stellen: Das Bild des wahren Menschen, der seine Grenzen hat – und der sich sogar abgrenzt gegen die Not und die Erwartungen, die an ihn gerichtet werden.

Es ist nicht das einzige Jesusbild im Neuen Testament – und ich bin nicht dafür, es zum alleinigen zu machen, womöglich in der Absicht, anderen Jesusbildern etwa bei Johannes oder bei Paulus den Abschied zu geben. Sondern ich plädiere dafür, diese Seite an Jesus – dogmatisch gesprochen eben seine menschliche Natur in eins mit seiner göttlichen Natur, seine wahre Menschheit in eins mit seiner wahren Gottheit – nicht zu unterdrücken oder weg zu interpretieren. Von seinem Anspruch, Gott vollmächtig unter die Menschen zu bringen, erzählt ja auch im Markusevangelium gleich die nächste Episode von der Heilung des Gelähmten.

Das Leben Jesu endete bekanntlich so, dass man es nach allem menschlichen Ermessen für katastrophal gescheitert halten muss – für Juden ein Ärgernis und für Griechen eine Torheit, wie Paulus sich ausdrückt.

Mit Ostern wird das nicht einfach rückgängig gemacht. Sondern die Hoffnungsperspektive, die durch Ostern eröffnet wird, setzt die Frauen am Grab in Bewegung, durch das Scheitern hindurch, mit der nicht zu verleugnenden menschlichen Schwäche neuen Anfang zu versuchen. Nur so – nur durch Scheitern und Vergeblichkeit hindurch, nicht an ihnen vorbei, nicht indem man vor ihnen fest die Augen verschließt – lässt sich Leben fördern. Oder um es wieder mit einer Formulierung des Paulus zu sagen: Gottes Kraft ist in den Schwachen mächtig.

So ist nicht Weniges auf diesem Weg bis heute ja auch gelungen: Wenn man etwa nur bedenkt, dass die Krankheit, die für die Zeitgenossen Jesu noch eine solche Qual war, ja inzwischen heilbar ist – bei uns sogar ausgerottet. Aber die Aufgaben gehen uns niemals aus: Die Flüchtlinge, die in so großer Zahl bei uns Zuflucht suchen, sind da nur ein Beispiel.

Das Markusevangelium endet ja auch nicht mit diesem hier erzählten Rückzug, sondern Jesus stellt sich weiter seiner Aufgabe und setzt immer wieder Zeichen gegen Krankheit und Elend, Zeichen für Leben und Befreiung. Aber die Jesusgeschichte kennt eben kein »Happy-End« wie in einem Hollywood-Film, nach dem dann der Abspann kommt und die Zuschauer den Abend zufrieden abhaken können. Denn sie ist nicht zur Erbauung gedacht, sondern sie ist eine fortdauernde Geschichte, die uns Hörende zur Nachfolge anhält: In Anerkenntnis unserer Grenzen können wir dennoch Gottes Ruf zum Leben weitergeben und uns, durch Schwäche und Unzulänglichkeiten, durch Scheitern und Vergeblichkeit hindurch, für die Förderung von Leben einsetzen.

## 5. Liturgievorschläge

Lieder:
Ich weiß, mein Gott, dass all mein Tun (EG 497), bes. Strophen 9–11, in denen darum gebeten und gebetet wird, vor der Schwere der gestellten Aufgaben nicht zu verzagen.
Von Gott will ich nicht lassen (EG 365), Strophen 1, 3
Wer nur den lieben Gott lässt walten (EG 369), bes. Strophen 1, 2, 7
Gib dich zufrieden und sei stille (EG 371), bes. Strophen 3, 5, 9, 13
Aus der Tiefe rufe ich zu dir (EG 655, Regionalteil Rheinland/Westfalen/Lippe)
Da wohnt ein Sehnen tief in uns (z. B. »Wortlaute – Liederheft zum Evangelischen Gesangbuch, erarbeitet für die EKiR, EKvW, Lipp LK, ERK« 85; auch in diversen Kirchentagsliederheften)
Durch das Dunkel hindurch (»Wortlaute« 19)

Unter EG 856, Regionalteil Rheinland/Westfalen/Lippe findet sich folgendes Gebet, das mir im Blick auf die Problemstellung des Predigttextes aus dem Herzen spricht:

Gott, dir vertraue ich,
dir kann ich es sagen:
Ich soll antworten und weiß nicht was.
Ich soll Probleme lösen und weiß nicht wie.
Ich soll Menschen verstehen und kann es nicht.
Ich fühle mich überfordert und habe Angst zu versagen.

Du kannst mir helfen:
Nimm mir die Angst.
Gib mir ein ruhiges Herz.
Schenke mir klare Gedanken.

### Literatur

Billerbeck, Paul/Hermann L. Strack, Kommentar zum Neuen Testament aus Talmud und Midrasch, IV. Bd.: Exkurse zu einzelnen Stellen des Neuen Testaments, 2. Teil, München [4]1965.
Midrasch Rabba al Sefer Vajiqra uMegillat Shir HaShirim, Jerusalem 1965.
Siphre ad Deuteronomium, H. S. Horovitsii schedis usus cum variis lectionibus et adnotationibus edidit Dr. Louis Finkelstein, Berlin 1939.

*Tobias Kriener*

# 15. Sonntag nach Trinitatis: Lk 18,28–30
# Lass fahren dahin?

## 1. Annäherung

Was soll man nun dazu sagen? Etwa: »Geh hin und tue desgleichen!«? Fremdeln kann man angesichts dieses Predigttextes. Erfreulich finde ich immerhin, dass dieser Text – wie viele in der Jesusüberlieferung – der bei den Kirchen beiderlei Konfession derzeit so beliebten Rede vom Wert der Familie (in welcher Konstellation auch immer) kräftig zuwiderläuft. Aber reicht der Gedanke, dass es Wichtigeres geben könnte als Familie – so gut er mancher Gottesdienstbesucherin vielleicht täte – für eine ganze Predigt?

Die übrigen Lesungen für diesen Sonntag legen mir nahe, mich nicht zu sorgen (Mt 6,25–34) – und wenn schon, dann meine Sorge auf Gott zu werfen, der auch für mich sorgt (1.Petr 5,5–11). Darüber ließe sich leichter sprechen. Oder wie wäre es mit der schönen zweiten Schöpfungserzählung mit dem Garten, den es zu bebauen und zu bewahren gilt, mit der Freude die Adam empfand als er zum ersten Mal einer Frau gegenüberstand (Gen 2,4bff.)? Auch das vom Gottvertrauen zeugende Wochenlied lädt dazu ein, bedacht zu werden (EG 345 oder 369). Wie passt Lukas 18,28–30 in diese Reihe hinein? Ist das ein Lehrstück über vorbildlich gelebtes Vertrauen? Das sollen diese Verse nach der Perikopenordnung wohl sein: Die Schüler Jesu haben alle Brücken hinter sich abgebrochen, alle Bande zerschnitten, sich ohne Netz und doppelten Boden nur mit dem Vertrauen auf Jesus auf den Weg gemacht – und sie bekommen vielfach erstattet, was sie zurückgelassen haben. »Loslassen können«. Wäre das die Tugend, die in dieser Predigt zu preisen wäre?

Aber: Es ist etwas anderes, sich an den Lilien auf dem Feld oder den Vögeln unter dem Himmel ein Beispiel zu nehmen, als an Familienvätern, die ihre Familien im Stich gelassen haben, an Söhnen, die ihre alten Eltern unversorgt oder gar unbestattet zurücklassen. Was wird aus den Frauen, deren Männer – in einem modernen Bild gesprochen – nur mal eben Zigaretten holen gingen, die von jetzt auf gleich ohne Mann auf sich gestellt sind, was in der Antike kein Zuckerschlecken war – vom emotionalen Flurschaden einmal ganz abgesehen. Vertrauen ist gut, Verantwortung ist besser, möchte ich sagen.

## 2. Kontexte

a) Die Mischna diskutiert, für wie lange Angehörige unterschiedlicher Berufsgruppen ihren Frauen den Geschlechtsverkehr vorenthalten dürfen. Falls die Männer die gesetzte Frist überschreiten, haben sie ihrer Frau den Brautpreis auszuhändigen und sie freizulassen, damit sie eine neue Ehe eingehen kann:
»Die Gelehrten gehen (von Zuhause) fort, um Tora zu studieren: Ohne Erlaubnis (ihrer Frauen), drei Wochen.«

Mischna Ketubim 5,6, Übersetzung und Kommentierungen, auch im Folgenden: Verf.

b) Rav Rechumi kommt nur einmal im Jahr nach Hause, und zwar am Vorabend des Jom Kippur. Solange es noch nicht dunkel ist, hat er Zeit, mit seiner Frau zu schlafen, sobald die Nacht und damit der Jom Kippur angebrochen ist, ist Geschlechtsverkehr untersagt. Das »Zeitfenster« ist also sehr klein:
»Rav Rechumi befand sich (das Jahr über) im Lehrhaus von Raba in (der Stadt) Mechosa. Er pflegte an jedem Vorabend vom Jom Kippur nach Hause zu kommen. (Hier und in den folgenden Geschichten ist »Haus« zugleich ein Synonym für die Ehefrau. ) Eines Tages zog ihn das Studium (so) in den Bann, (dass er nicht nach Hause kam). Seine Frau wartete auf ihn: »Jetzt wird er kommen, jetzt wird er kommen.« Er kam nicht. Da wurde sie traurig und ließ eine einzige Träne aus ihrem Auge rinnen. Er (Rechumi) saß (zur gleichen Zeit) auf dem Dach. Da brach das Dach ein und er starb.«

Babylonischer Talmud Ketubim 62b, Übersetzung: Verf.

Die Knessetabgeordnete Ruth Kalredon hat in ihrer ersten Rede diesen Text ausgelegt. Sie weist darauf hin, dass der Talmud bewusst so formuliert, dass die Träne nicht von alleine rollt. Die Frau lässt dies geschehen (»nachdem sie ein ganzes Jahr nicht geweint hat« [Ruth Calderon]). Die Rede (mit englischen Untertiteln) ist zu finden unter

http://www.alma.org.il/content.asp?lang=he&pageid=435
(abgerufen am 2016-05-03)

c) Exodus 25,8 wird so verstanden, als habe Gott geplant zuerst das Volk ins Land zu führen und dort ansässig zu machen, bevor man ihm ein Heiligtum errichtet. Ex 25,8 spricht aber davon, dass Gott schon in der Wüste ein Heiligtum haben wollte, um bei seinem Volk wohnen zu können. Er hat – so lesen die Rabbinen – im Laufe des im Buch Exodus erzählten Geschichte seine Meinung geändert. So auch der Sohn, von dem die Geschichte erzählt:
»Rabbi Chijja verheiratete seinen Sohn in das Haus von Rabbi Josse ben Simra. Man vereinbarte, dass er ([der Sohn] vor dem Vollzug der Ehe) zwölf Jahre ins Lehrhaus ginge. Man stellte (dem Sohn die Braut) vor. Da sagte er zu ihnen: ›Es sollen sechs Jahre sein.‹ Man stellte sie ihm noch einmal vor. Da sagte er: ›Ich will zuerst die Ehe mit ihr vollziehen und danach (ins Lehrhaus) gehen.‹ Dann aber schämte er sich vor seinem Vater. Der sagte: ›Mein Sohn, du hast den Willen deines Schöpfers verstanden, denn zuerst steht geschrieben: Du brachtest sie hin und pflanztest sie ein …‹ (Ex 15,17) und später steht geschrieben: Macht mir ein Heiligtum und ich will unter ihnen wohnen‹ (Ex 25,8; Ex 15,17 wird hier nur an-zitiert, man muss aber die Fortsetzung mithören: »eine Wohnstatt hast du dir gemacht«.). Da ging er hin und lebte zwölf Jahre im Lehrhaus. Als er wiederkam, war seine Frau unfruchtbar geworden. Da sagte Rabbi: ›Was sollen wir tun? Wenn er sie fortschickt, dann wird man sagen: Die Arme, umsonst hat sie gewartet, wenn er zusätzlich eine eine andere heiratet, wird man sagen: Diese ist seine Frau und jene seine Hure.‹ Da betete er (Rabbi) für sie um Erbarmen und sie wurde gesund.«

Babylonischer Talmud Ketubim 62b; Übersetzung: Verf.

d) Im gleichen Zusammenhang wird von einem Mann namens Chachinai erzählt, der ebenfalls zwölf Jahre nach der Eheschließung im Lehrhaus verbrachte, ohne nach Hause zu kommen. Die Fortsetzung seiner Geschichte lautet:

»Als er wiederkam, hatten sich die Straßen in der Stadt verändert, und er wusste nicht, wie er nach Hause kommen sollte. Er ging hin und setzte sich ans Flussufer. Da hörte er, wie man ein Mädchen rief: ›Tochter Chachinais, Tochter Chachinais, füll deinen Eimer, komm und lass uns gehen!‹ Er sagte: ›Daraus folgt, dass das meine Tochter sein muss.‹ Er ging ihr nach. Seine Frau saß und war gerade dabei, Mehl zu durchzusieben. Als sie ihren Blick erhob, sprang ihr Herz (vor Freude) – und sie starb. Der Mann sagte (zu Gott): ›Herr der Welt, die Arme! Das soll ihr Lohn sein?‹ Er bat für sie um Erbarmen, und sie wurde wieder lebendig.«

Babylonischer Talmud Ketubim 62b; Übersetzung: Verf.

Aus Platzgründen muss ein zusätzlicher Hinweis auf die äußerst vielschichtige Geschichte von Rabbi Akiva und seiner Frau Rahel genügen (bKet 62b–63a; bNed 50a). Rahel hat ihren Mann (freiwillig) zunächst 12 und danach (möglicherweise weniger freiwillig) weitere 12 Jahre studieren lassen. Die Geschichte ist in Übersetzung nachzulesen bei Meyer, R., Der Talmud, München 1980, 428f.

## 3. Beobachtungen am Text

Unser Text steht in einem Zusammenhang, der ihn sprechen lässt. In Lukas 18,18 tritt ein Mann in leitender Stellung an Jesus mit der Frage heran, was er denn tun müsse, um das ewige Leben zu ererben. Jesus verweist ihn in aller Kürze auf die zweite Tafel der Zehn Gebote. Diese Antwort scheint dem Mann offenbar zu banal zu sein. So einfach kann es doch nicht sein. Und damit gibt er Jesus die Gelegenheit nachzulegen. »Eines fehlt dir noch …«. Diese Eine hat es in sich: Alles soll der Mann verkaufen, den Erlös den Armen schenken und sich dann in die Nachfolge Jesu begeben. Schien dem guten Mann Jesu erste Antwort zu einfach, so empfindet er die zweite als Überforderung. Das kann er nicht leisten. Was ihm von der Begegnung mit Jesus bleibt, ist Traurigkeit.

Wenige Verse später greift Petrus den Faden auf. Mit einem betonten »Wir« hebt er an: »Wir haben« – im Gegensatz zu diesem – »alles verlassen und sind dir dann nachgefolgt«. Das erinnert an Szenen wie Lk 5,11 und 28, in denen Lukas zeigt, wie Simon, Jakobus und Johannes, oder der Zöllner Levi tatsächlich »alles« verlassen und sich Jesus angeschlossen haben.

Anders als dort – und den synoptischen Parallelen zu unserem Text – schreibt Lukas an unserer Stelle jedoch nicht »alles«, sondern »*ta idia*« – das Eigene oder das Eigentum, wie man übersetzen könnte. Dies »umfasst die sachliche, personale und räumliche Gesamtheit der sozialen Lebenswelt eines Menschen« (Wolter, 602). Hier geht es also um Menschen und Dinge, zu denen man eine Beziehung hat. Die Menschen, die sich in die Schülerschaft Jesu begeben haben, haben diese Beziehungen radikal gekappt. In Lk 14,26 wird die emotionale Komponente deutlich, die dabei mitschwingt.

Auf welchem der berühmten Schulz von Thunschen Ohren Jesus die Aussage Petri gehört hat, mag der Leser oder die Leserin selbst entscheiden. Anders als Matthäus, der die Frage ergänzt »Was werden wir davon haben?«, lässt Lukas das offen.

Jesus antwortet – nicht nur Petrus, sondern den anwesenden Schülern – mit der für seine Redeweise so typischen Bekräftigungsformel »Wahrlich, ich sage euch«.

Von der Richtigkeit und Verlässlichkeit dessen, was er sagt, gibt er sich also restlos überzeugt. Die nun folgende Aufzählung unterscheidet sich von ihrer markinischen Vorlage: Brüder und Schwestern fasst Lukas zu Geschwistern zusammen, Vater und Mutter zu Eltern, auch lässt er die Äcker weg. Vor allem aber ergänzt er die Ehefrau. Michael Wolter schreibt dazu: »Lukas nimmt das ›Haus‹ als Leitbegriff und nennt aus der Sicht des verheirateten Mannes alle familiären Relationen« (602). Jesus-Nachfolge reißt also aus wirklich allen »familiären Relationen«, auch aus der intimsten, heraus. In diesem Zusammenhang mag es interessant sein, dass Lukas die Perikope von der Möglichkeit der Ehescheidung (Mk 10,2–12) bzw. den legitimen Scheidungsgründen (Mt 19,3–9) nicht überliefert. Wohl kennt er deren Schluss (Lk 16,18). Damit aber reduziert sich das, was er Jesus zu diesem Thema sagen lässt, darauf, dass es Ehebruch gleichkommt, wenn einmal Geschiedene wieder heiraten. Davon, dass der Mensch das, was Gott zusammengespannt hat, überhaupt nicht (oder nur in ganz bestimmten Fällen) trennen kann, weiß er nichts – oder er lässt es seine Leserschaft nicht wissen.

Der Konflikt »Ehe versus Nachfolge« begegnet in der rabbinischen Welt in der Fassung »Ehe versus Torastudium« (vgl. Kontexte). Und anders als im Neuen Testament wird dort zumindest in Ansätzen die Stimme der Frauen hörbar, die ein Jahr, zwölf Jahre oder gar vierundzwanzig Jahre auf ihre Männer warten mussten, die sich dem Studium und dem Leben im Lehrhaus ergeben hatten. Und obgleich diese Welt keinen höheren Wert als das Studium der Tora kennt, können die Rabbinen nicht umhin, mehr oder weniger deutlich einzuräumen, dass diesen Frauen großes Unrecht angetan wurde. Der Evangelist Lukas kennt keinen höheren Wert als die Königsherrschaft Gottes, um deren Willen man alles verlassen muss (V 29) – und zwar ohne zuvor den verstorbenen Vater zu begraben oder das Haus zu bestellen (Lk 9,59–62). Die Königsherrschaft Gottes duldet keinen Aufschub – und kein Fünkchen Mitleid mit den Zurückbleibenden: »Lass die Toten ihre Toten begraben …«.

Das ist aber nur die halbe Antwort. Jesus fährt fort. Nachfolge lohnt sich – und zwar für jeden, das zeigt die Wendung: »Es gibt keinen […], der nicht …«. Und sie lohnt sich nicht erst in der kommenden Welt, sondern schon in dieser Zeit. (In Vers 31 findet sich das präzise griechische Äquivalent zum rabbinischen *Olam HaBa*: die kommende Welt). In der Gegenwart nämlich empfängt man (wieder): Wenn die textkritische Entscheidung für *apolambano* zutrifft, dann geht es nicht nur um ein einfaches empfangen, sondern darum, dass man etwas wiederbekommt (regain) oder dass man bekommt, was einem zusteht (receive what is one's due [LSJ s. v. *apolambano* {http://stephanus.tlg.uci.edu/lsj/} abgerufen am 2016-04-29]). Aber man empfängt nicht einfach das, was man aufgegeben hat, sondern »vielfach«; auf das präzisere markinische »hundertfach« scheint Lukas sich nicht festlegen zu wollen. Was das konkret bedeutet, führt Lukas anders als Markus nicht aus. Bei letzteren empfängt man hundertfach genau das wieder, was man verlassen hat. Das könnte Lukas aber gar nicht schreiben, denn wenn man einmal eine Frau verlassen hat, dann kann man nach seiner Halacha keine andere heiraten, wie wir sahen.

Konkreter wird es im Blick auf die kommende Welt, denn in dieser empfängt man dann das ewige Leben. Damit wird der Bogen zur Frage des Leitenden zurückgeschlagen, was man denn tun muss, um das ewige Leben zu ererben. Die

Antwort lautet: Alle Brücken hinter sich abbrechen und Jesu Schüler werden.

»So gehe hin und tue desgleichen«, lässt Lukas Jesus im Anschluss an das Gleichnis vom barmherzigen Samariter sagen (Lk 10,37). Hier spricht er eine solche Empfehlung nicht aus. Stattdessen schreibt er ein zweites Buch. Auf das Evangelium, in dem Jesus Menschen solche Ungeheuerlichkeiten zumutet, lässt er die Apostelgeschichte folgen. Und in der finden wir z. B. Philippus mit seinen vier Töchtern. Da finden wir die Lydia mit ihrem erfolgreichen Zulieferunternehmen für die Modebranche, da finden wir den Gefängniswärter in Philippi, der sich mit seiner ganzen Familie der Gemeinde anschließt. Wir finden das kinderlose Paar Chananias und Saphira, wir finden das Zeltmacherpaar Aquila und Priszilla aus Rom – kurzum: Wir finden Menschen, die in stabilen Kontexten leben und mit ihren Lebensgefährten verantwortungsvoll umgehen. Und trotzdem bezeugt jeder auf seine Weise und an seinem Ort Jesus (Apg 1,8).

Auch wenn Hans Conzelmanns These von der lukanischen Unterscheidung dreier Zeiten (Zeit Israels, Zeit Jesu, Zeit der Kirche) etwas aus der Mode gekommen ist, bleibt daran doch richtig, dass Lukas allein dadurch, dass er dem Evangelium die Apostelgeschichte folgen lässt, die Jesusgeschichte zu einer vergangenen Geschichte gemacht hat (vgl. Marxsen, 158). Diese vergangene Geschichte endet mit der Aufnahme Jesu in den Himmel (vgl. Apg 1,1f.). Damit endet auch die Möglichkeit so zu handeln »wie Jesus und die Schüler begonnen hatten« (Apg 1,1).

## 4. Homiletische Konkretionen

Für die Predigt entscheidend ist die Erkenntnis, dass also schon Lukas nicht daran gelegen war, seiner Leserschaft das Verhalten der Schüler, die Jesus zu seinen irdischen Lebzeiten nachgefolgt sind, als nachahmenswert anzuempfehlen. So hat man in der Zeit, als Jesus auf der Erde weilte, handeln sollen. Für die Gegenwart gilt das aber nicht mehr.

So steht die Predigt vor der spannenden Aufgabe, einerseits aufmerksam mit dem Text mitzugehen, um anschließend zu sagen: »So nicht!«. Beim Mitgehen mit dem Text kann die Gemeinde mit hineingenommen werden in die Begegnung mit dem – gelinde gesagt – sperrigen Jesus. In Schule und Gemeinde besteht vielfach die Tendenz, Jesus und seine Rede von Gott – bei allem, was man zusätzlich über ihn sagen mag – als Vorbild hinzustellen. Mag die Radikalität seiner Forderungen im Blick auf seine Erwartung der sich unmittelbar durchsetzenden Gottesherrschaft historisch nachvollziehbar sein, so sind bei näherem Hinsehen die sozialen Folgeschäden, die sein Verhalten in den Kontexten angerichtet haben müssen, aus denen er seine Schülerschaft herausgerissen hat, nicht zu übersehen. Und von diesen Folgeschäden darf auch ruhig einmal geredet werden. Es gibt in Jesu Verhalten und Lehre Züge, angesichts derer man durchaus dankbar sein kann, ihm nicht persönlich begegnet zu sein. Mit einem Lukas hätte man es da einfacher gehabt.

Deutlich wird im Vergleich seiner beiden Bücher: Nachfolge funktioniert nicht mehr so wie zu Jesu Zeiten – aber sie funktioniert unter veränderten Vorzeichen immer noch. Das könnte die Predigt (vielleicht anhand von Beispielen aus der Apostelgeschichte) herausarbeiten. Nachfolge lässt sich in ganz unterschiedlichen Relationen und Berufen (!) leben.

Im Laufe der Geschichte des Gottes Israels mit seinen Anhängern aus Juden und den Völkern hat es jedoch immer auch wieder Situationen gegeben, in denen Menschen um der Treue zu ihrem Gott willen alles verlassen mussten – auch ihre Familien. Die Abschiedsbriefe der wegen ihres Widerstandes gegen Hitler hingerichteten Menschen legen davon ein beredtes Zeugnis ab. Vielleicht wäre es in der Predigt angebracht, nicht immer nur auf die vorbildliche Treue dieser Menschen hinzuweisen, sondern dankbar dafür zu sein, dass uns in aller Regel solche Entscheidungen erspart geblieben sind.

Schließlich könnten die Predigenden und ihre Hörerschaft sich solidarisch an die Seite derer stellen, die bei den Worten »Kind und Weib« im Abgesang der berühmten vierten Strophe von Luthers »Ein feste Burg ist unser Gott« (EG 362) schweigen. Erinnert werden könnte an Jochen Klepper, der am 8. Dezember 1942 in sein Tagebuch schrieb: »Gott weiß, dass ich es nicht ertragen kann, Hanni und das Kind in diese grausamste und grausigste aller Deportationen gehen zu lassen. Er weiß, dass ich ihm das nicht geloben kann, wie Luther es vermochte: ›Nehmen sie den Leib, Gut, Ehr, Kind und Weib, lass fahren dahin …‹.« (Klepper, 1131) Ich stelle mir vor, dass Lukas ihm die Hand auf die Schulter gelegt und gesagt hätte: »Nein, das kannst du nicht, und das musst du auch nicht«. Und noch einmal können wir dankbar dafür sein, dass wir nicht an Kleppers Stelle standen.

## 5. Liturgievorschläge

Lieder:
Die güldne Sonne (EG 449), Strophen 1.8–10
O Gott, du frommer Gott (EG 495), Strophen 1–3
Such wer da will ein ander Ziel (EG 346)
Mein schönste Zier und Kleinod (EG 473)

## Literatur

Klepper, Hildegard (Hg.), Unter dem Schatten deiner Flügel – Aus den Tagebüchern der Jahre 1932–1942 von Jochen Klepper, Stuttgart 1956.
Marxsen, Willi, Einleitung in das Neue Testament. Eine Einführung in ihre Probleme, Gütersloh [4]1978.
Wolter, Michael, Das Lukasvangelium, HNT 5, Tübingen 2008.

*Martin Vahrenhorst*

# Erntedankfest: Jes 58,(6)7–12
# Eine Vision, auch für Europa

## 1. Annäherung

In diesen Tagen, da ich mich an die Arbeit zum Text mache, ist die sog. Flüchtlingswelle bei uns schon wieder stark zurückgegangen – nicht aber die Probleme und die gesellschaftliche Polarisierung in dieser Frage. Dabei ist die Ansage des Textes deutlich und klar: Tu was Gutes! Übertragen auf heute: Gestalte eine Willkommenskultur! Wie Du deinem Nächsten gegenüber bist, fällt es durch Gottes Gnade auf Dich zurück! Wer sich in religiösen Fragen auskennt, weiß sofort, worum es geht, jüdisch, christlich und muslimisch.

2015 wurde in Bochum vor der Christuskirche neben dem Rathaus der »Platz des Europäischen Versprechens« nach langem Hin und Her eingeweiht: ein partizipatives Kunstwerk zum Thema Europa, gestaltet von vielen. Die Namen aller, die ein persönliches Versprechen für Europa gaben, wurden dort in Stein geschrieben. Bis zu seiner Verhaftung und Überführung ins Konzentrationslager durch die Nazis 1938 und der Emigration nach Großbritannien hatte an dieser Kirche Hans Ehrenberg als Pfarrer gearbeitet: ein evangelischer Theologe und Philosoph mit jüdischen Wurzeln, 1883 in eine liberale jüdische Familie hineingeboren und 1909 zum Christentum konvertiert. In seinen späteren Überlegungen spielte Europa eine zentrale Rolle (vgl. Kontexte)

Ich habe lange nach meinem Namenszug auf einer der Steinplatten gesucht, ihn aber nicht gefunden. Es gehört zum Konzept dieses von dem Künstler Jochen Gertz entworfenen Projektes, dass die von rund 10.000 Menschen gemachten Versprechen nicht öffentlich sind. Vielmehr geht es ihm um den lebendigen Diskurs, die andauernde, manchmal schwierige Suche nach guten Lösungen.

Angesichts der vielen Krisen des Kontinents Europa (Finanzkrisen, Flüchtlinge, Terroranschläge, der Austritt Englands aus der EU, Beziehungen zur Türkei, nationalistische Tendenzen etc.) droht der Kern der europäischen Identität verloren zu gehen. Dabei wird in verschiedenen weltanschaulichen und religiösen Lagern ja immer wieder die jüdisch-christliche Tradition beschworen. Ist der Text ein möglicher Hohlspiegel für eine ernsthafte Reflexion dazu? Insbesondere die Fragen der Gerechtigkeit scheinen mir von fundamentaler Bedeutung zu sein. Das Konkrete des Textes ist ansprechend und unmittelbar.

## 2. Kontexte

a) Im Midrasch Exodus Rabba 31,3 (Erkl. zu Ex. 22,25) wird unter Bezugnahme auf unseren Text das Verhältnis von Reich und Arm thematisiert:
»Heil dem Menschen, der in seiner Versuchung steht! Es gibt kein Geschöpf, welches Gott nicht versucht. Er versucht den Reichen, ob seine Hand offen gegen den Armen sei und er versucht den Armen, ob er die Leiden ohne Murren auf sich zu nehmen vermag, wie es heißt in Js 58,7: ›Verfolgte Elende führe in dein Haus.‹ Besteht der Reiche in seiner Versuchung und ist er wohltätig, siehe, so

genießt er sein Geld in dieser Welt und der Stamm (das Kapital) verbleibt ihm in jener Welt, und der Ewige errettet ihn von dem Strafgericht der Hölle, wie es heißt Ps. 41,2: ›Heil dem, der sich des Elenden annimmt! Am Tage des Unglücks rettet ihn der Ewige.‹ Besteht der Arme in seiner Versuchung und zeigt sich nicht widerspenstig, so empfängt er das Doppelte in jener Welt, wie es heißt in Ps. 18,28: ›Denn dem armen Volke hilfst du.‹«

Midrasch Exodus Rabba 31,3 zit. nach: Wünsche, 403

b) Der Talmud bringt die Nächstenliebe in Zusammenhang mit der Anwesenheit Gottes:
»Die Rabbanan lehrten: Über den, der seine Nachbarn liebt, sich seiner Verwandten annimmt, die Tochter seiner Schwester heiratet und dem Armen in seiner Not Geld borgt, spricht die Schrift (Jes 58,11),: ›Dann wirst du rufen, und der Herr wird antworten, du wirst schreien, und er sprechen: Da bin ich.‹«

Babylonischer Talmud Jebamot 62b/63a, zit. nach: Goldschmidt, Bd. IV, 321f.

c) Martin Luther schreibt in der Erklärung des Vaterunser über das »tägliche Brot«:
»Tägliches Brot ist alles, was Not tut für Leib und Leben, wie Essen, Trinken, Kleider, Schuh, Haus, Hof, Acker, Vieh, Geld, Gut, fromme Eheleute, fromme Kinder, fromme Gehilfen, fromme und getreue Oberherren, gut Wetter, Friede, Gesundheit, Zucht, Ehre, gute Freunde, getreue Nachbarn und desgleichen.«

Luther, 27

d) Gerechtigkeit/*Zedaka* ist eine der Grundkategorien der biblischen Schriften, insbesondere der Propheten:
»Die menschliche Fähigkeit, sich in Sachen Gerechtigkeit zu einigen, wird nie Schritt halten mit dem menschlichen Hang, Unrecht zu begehen. Wir müssen daher nicht nur urteilen, bevor wir uns geeinigt haben … Wir müssen auch in Einklang mit diesen Urteilen *handeln*. Die Schrift ruft uns ständig dazu auf, nicht so sehr über Gerechtigkeit nachzudenken, als sie zu üben. Die Prophetenbücher sind voller Appelle, das ›Recht zu wahren‹ (Hosea 12,7), das ›Recht zur Geltung zu bringen‹ (Amos 5,15) und ›Recht zu üben‹ (Micha 6,8). Denken Sie an die berühmten Worte des Amos: Das Recht ströme wie Wasser, die Gerechtigkeit wie ein nie versiegender Bach (5,24). Jesajas Vision vom rechten Gottesdienst ist nicht minder aktivistisch: Nein, das ist ein Fasten wie ich es liebe: Die Fesseln des Unrechts zu lösen, die Stricke des Jochs zu entfernen, die Versklavten freizulassen, jedes Joch zu zerbrechen (58,6). Indem es Gerechtigkeit übte, eiferte Israel seinem Gott nach, der ›den Bedrängten Recht verschafft‹ (Psalm 103,6). Recht zu üben und gegen Unrecht zu kämpfen, war keine Zusatzoption des Glaubens Israels, es stand in seiner Mitte. … Folglich muss *die Reflexion über Gerechtigkeit dazu führen, dass Gerechtigkeit geschieht.*«

Volf, 289f.

e) 2015/16 war das Jahr, in dem sich im Blick auf die Hilfsbereitschaft viel verändert hat:
»Seit vergangenem Herbst reden alle von der Willkommenskultur, Bettina Spahn tut das schon länger. ›Wir haben hier am Hauptbahnhof seit 120 Jahren Willkommenskultur‹, sagt die Leiterin der katholischen Bahnhofsmission. 120 Jahre – so

lange gibt es die Organisation am Gleis 11 schon. Und seitdem kümmern sich die Helfer um alle, die sie brauchen. Um Obdachlose, psychische Kranke, Menschen mit Suchtproblemen – und eben auch um Flüchtlinge. Die kommen hier seit Jahren an, nicht erst seit September 2015. ›Man darf wegen der Flüchtlinge aber die anderen Gruppen nicht aus dem Blick verlieren‹, sagt Spahn. Um das Angebot aufrecht zu erhalten, brauche es Durchhaltevermögen. ›Das ist vielleicht nicht immer so prickelnd wie eine arbeitsreiche Nacht bei den Neuankommenden, aber genauso wichtig.‹ 130 Ehrenamtliche arbeiten bei der Bahnhofsmission. Spahn glaubt, dass durch die Flüchtlingsthematik einige Münchener sensibilisiert wurden. Einen großen Anstieg bei den Helferzahlen spüren sie trotzdem nicht. Sie bekämen ohnehin immer viele Anfragen – und den meisten ist klar, dass sie dann auch Flüchtlingen helfen. Aber nicht nur.«

Britzelmeier/Bierl

f) »Ich spreche also nicht weniger als die Behauptung aus, dass Europa nur durch das Christentum, und zwar durch das um das östliche Christentum vergrößerte und wieder hergestellte Christentum, nicht also etwa allein durch das ›europäische‹ Christentum gerettet werden kann.«

Ehrenberg, 337

## 3. Beobachtungen am Text

Der dritte Teil der Prophetenschrift Jesaja (Kapitel 56–66) ist eine Sammlung von Texten, die von unterschiedlichen Autoren verfasst und redaktionell zusammengefügt wurde. Über den Kernbereich des Tritojesaja gibt es unterschiedliche Meinungen (vgl. Höffgen, 94). Rechnet man Kapitel 60 – 62 hierzu, ist eine klare Konzentration auf Jerusalem mit einer damit verbundenen Heilsansage zu erkennen, »ein eigenes theologisches Profil der Aussage über Zion als kollektive Größe« (Höffgen, 96). Entsprechend ist Kap. 58 bei einer konzentrischen bzw. progressiven Struktur ein Teil der Rahmung, die auf das Zentrum verweist. Vorauszusetzen ist jedenfalls die Situation von Exil und Rückkehr: Seit ca. 50 Jahren ist die Oberschicht des Volkes Israel in Babylonien im Exil in fremder religiöser und kultureller Umgebung gewesen, als im Jahr 538 der neue König Kyrios einer größeren Zahl die Rückkehr nach Jerusalem und den Wiederaufbau des Tempels gestattete. Die Elite kehrt zurück, reich an Wissen und Erfahrung in Bedrängnis und Unsicherheit. Ganz Israel erwartet den Anbruch einer neuen Zeit mit neu erblühendem Wohlstand. Doch von alledem ist nichts zu spüren und zu sehen, vielmehr gibt es Not und Armut und Ungerechtigkeit. In diese Situation hinein spricht der Text Jes. 58 mit einem gewissen drohenden bzw. auf Veränderung drängenden Grundton des Appells. Der Abschnitt 58,1–4 ist »clearly distinguished from what preclearly delineated by ›this is what YHVH has spoken‹ (58:14). The mention of Jacob at the beginning and end of both 58 and 58–59, rare in chs. 56–66 … forms a kind of inclusion or bracketing.« (Blenkinsopp, 176)

Der Text ist im engeren Sinne ab Vers 6 symmetrisch strukturiert, das gibt Anlass, hier die Perikope beginnen zu lassen.

Vergleichbar mit Mt 25,35f. werden in VV 6f. die sozial Benachteiligten vorgestellt: Gefangene, Unfreie, Hungernde, Obdachlose, Heimatlose, Frierende.

Das ist sehr konkret. Die verwendeten Verben wie »loslassen«, »freigeben« oder »zerreißen« spiegeln die Erfahrungen der aus der Gefangenschaft im babylonischen Exil Befreiten.

In VV 8–10 wird in drei Bildern der Zusammenhang von Handlung und Handlungsfolge geschildert. Zunächst wird der Kontrast zwischen Finsternis und Licht aufgemacht, der nicht zuletzt an die Schöpfungssituation erinnert (Gen 1). Das Wort »*arukd*« (Heilung) wird entweder verwendet, um die Reparatur an einem Haus zu beschreiben (vgl. Neh 4,7) oder die körpereigene, allmähliche Heilung durch die Bildung neuer Haut bei tödlicher Verwundung (vgl. Jer 8,22 u. ö.): Hier wird angespielt auf das »Haus Israel« bzw. die existentielle Bedeutung dieser Handlungen. Schließlich wird auf die notwendige Kommunikation, auf das Wechselspiel von Ruf und Antwort angespielt: Mensch und Gott stehen in ständiger dialogischer Beziehung zueinander. Wenn ich Gott in mein Denken einfallen lasse (Lévinas), wird etwas Gutes aus meinen Handlungen.

VV 10–12 stellen den Bezug zur Situation des Wiederaufbaus von Stadt und Tempel in Jerusalem nach der Rückkehr aus dem Exil her. Das zu bewässernde Wüstenland steht als Bild für Israel als dem immer wieder zu erneuernden und zu erhaltenden Garten Gottes, wofür die Eliten, die Wissenden, eine besondere Verantwortung zu tragen haben.

## 4. Homiletische Konkretionen

Die im Predigttext vorgestellten Empfänger der guten Tat dürfen nicht zu Objekten des Altruismus werden. Es ist daher ratsam, sich zunächst der Realität ungleicher Verteilung von Teilhabemöglichkeiten in unserer Gesellschaft anzunähern. Das Problem des Mangels an Gerechtigkeit und der Ungleichheit ist aktuell im Kleinen wie im Großen: Dies ist eine der hintergründigen Ursachen für Krisen wie die im Europa unserer Tage. Nur der gesamtgesellschaftliche Zusammenhang bietet eine angemessene Grundlage, um die hier angesprochene Problematik richtig zu verstehen. Wie die Gesellschaft zur Zeit der Abfassung des Jesaja-Textes ist auch unsere Gesellschaft von Krise und Ungerechtigkeit geprägt.

Die sehr konkret benannten Probleme sind ein guter Anlass, selbst konkret zu werden. Wie ist die Situation im Umfeld der Gemeinde? Gibt es Projekte, die der Ungerechtigkeit gegensteuern? Der Dank für die Ernte ist der Dank an Gott für die prinzipiell mögliche (!) reichhaltige Versorgung der Menschen weltweit.

Der Wiederaufbau einer Gesellschaft nach einer Krise ist eine sensible Angelegenheit. Eliten, Wissende, daher auch die gestärkte Gottesdienstgemeinde, haben besondere Verantwortung. Dabei haben Fehler auch langfristige Wirkung, die ungünstig auf die Verantwortlichen zurückfallen. Es gelingt, wenn der Aspekt der Gerechtigkeit von Vornherein im Blickfeld bleibt und entsprechend geplant wird.

Zwei Tage nach Erntedank wird der »Tag der Deutschen Einheit« begangen. Die Ereignisse vor, während und nach 1989 haben nachhaltig geprägt. Die Kirchen waren in unterschiedlicher Weise daran beteiligt: Als Gastgeber, Mahner und Vermittler haben sich viele verstanden, um den Prozess der Veränderungen zu unterstützen, in Ost- und in Westdeutschland. Eine Vision nicht nur für das, was nun neu entstehen sollte, sondern auch für Europa insgesamt wurde entwickelt.

Zusammenhalt, Teilhabe/Inklusion, Gerechtigkeit, Menschenrechte waren und sind wichtige Stichworte. Davon kann erzählt werden wie auch von der ebenfalls durch die Kirchen geprägten Willkommenskultur gegenüber den Flüchtlingen seit dem Sommer 2015, die insbesondere auch ökumenisch getragen und gelebt wurde und wird.

Alternativ kann auch auf Hans Ehrenberg/Christuskirche Bochum und die Idee des »Europäischen Versprechens« auf dem gleichnamigen Platz eingegangen werden, auf dem vor Fertigstellung u. a. ein »White Dinner« stattfand.

Die Ausführungen im Text sind unzweideutig und konkret. Entsprechend kann in der Predigt die Situation der Heimkehrer und ihre Verantwortung für die sich neu aufbauende Gesellschaft auch deutlich benannt werden. Vielleicht kommen im Gottesdienst Menschen zu Wort, die von solchen Erfahrungen berichten können. Der im Text deutlich werdende inklusive Gedanke umfasst alle Menschen. Teilhabemöglichkeiten werden eingefordert.

Der Text ist zum Erntedankfest zu predigen, das vielleicht auch ökumenisch oder interreligiös begangen werden kann, indem sich die Gemeinden nach den jeweiligen Gottesdiensten an einem zentralen Ort (Marktplatz!) zu einem gemeinsamen liturgischen Abschluss und dem konkreten Teilen der aus den Kirchen mitgebrachten Speisen treffen. Falls die Gemeinde in der Hilfe für Geflüchtete oder andere Menschen mit Unterstützungsbedarf engagiert ist, liegt es nahe, dies auch im Gottesdienst und in der Predigt sicht- und hörbar werden zu lassen. Die Künstlerin Gabi Erne (Marburg) beschäftigt sich in ihren Performing-Art-Aktionen mit verschiedenen Speise-Varianten. Brot als Grundnahrungsmittel ist dabei ein häufiges Thema. So werden zum Beispiel während der Predigt Speisen auf dem Altar zu bereitet und verteilt (s. Art. Erne). Eine ähnliche Aktion wäre auch für den zu planenden Gottesdienst bzw. die Predigt unter dem Stichwort »Brotbrechen mit den Hungrigen« denkbar.

## 5. Liturgievorschläge

Psalm 104 (EG 746)

Lieder:
Brich mit den Hungrigen dein Brot (EG 420)
Wir pflügen und wir streuen (EG 508)
J. S. Bachs Sonate »Brich mit dem Hungrigen dein Brot«

### Literatur

Blenkinsopp, Joseph, Isaiah, Bd. 3: Isaiah 56–66. A New Translation with Introduction and Commentary. The Anchor Bible 19B, New York 2003.

Britzelmeier, Elisa/Bierl, Peter, »Für alle Hilfsbedürftigen da sein« in der SZ vom 15.6.2016, http://www.sueddeutsche.de/muenchen/projekte-wie-sich-die-fluechtlingshilfe-wandelt-1.3029887-2, abgerufen am 2016-08-04.

Ehrenberg, Hans, Östliches Christentum, München 1923.

Erne, Gabi, Artikel »Gottesdienst ›liturgy specific art‹ am 5. Feb. 2012. In der Universitätskirche in Marburg« / »Um 12 Uhr bin ich da«, http://www.playing-arts.de/artist.php?art_id=24, abgerufen am 2016-08-04.

Goldschmidt, Lazarus, Der Babylonische Talmud, mit Einschluss der vollständigen Mischnah, Bd. 1, Berlin/Wien 1925.
Höffken, Peter, Das Buch Jesaja. Neuer Stuttgarter Kommentar – Altes Testament, Bd. 2: Kapitel 40–66, Darmstadt 2004.
Lévinas, Emmanuel, Wenn Gott ins Denken einfällt. Diskurse über die Betroffenheit von Transzendenz. Aus dem Französischen übersetzt von Thomas Wiemer, Freiburg i.Br./München, [4]2004.
Martin Luthers kleiner Katechismus mit Erklärung, Hamburg 1982.
Noss, Peter, Einheit als Vielfalt: Hans Ehrenberg, die Ökumene und das interreligiöse Gespräch, in: Manfred Keller/Jens Murken (Hg.), Das Erbe des Theologen Hans Ehrenberg. Eine Zwischenbilanz (Zeitansage 4), Berlin 2009, 77–97.
Volf, Miroslav, Von der Ausgrenzung zur Umarmung. Versöhnendes Handeln als Ausdruck christlicher Identität, Marburg 2012.
Wünsche, August, Der Midrasch Schemot Rabba, Leipzig 1882.

*Peter Noss*

# 17. Sonntag nach Trinitatis: Mk 9,(14–16)17–27(28–29)
# Zu was wir befähigt sind oder Was zu tun immer noch möglich ist

## 1. Annäherung

a) Während oben auf dem Berg Gott mit Mose redet und ihm die beiden Tafeln des Gesetzes übergibt (Ex 24,12ff.; 31,18ff.), tanzt unten das Volk ums goldene Kalb. Während oben auf dem Berg Elia und Mose mit Jesus reden, streiten unten Jünger und Schriftgelehrte miteinander. Mose reagiert mit einer Mischung aus dringlicher Fürbitte und loderndem Zorn. Um dann (das allerdings erst später, Num 11,14) auszurufen: Ich vermag all das Volk nicht allein zu tragen, denn es ist mir zu schwer. Jesus reagiert mit der Frage, was hier denn los sei. Um dann wenig später zu stöhnen: Wie lange soll ich euch ertragen? Kaum ist der Lehrer für einen Moment außer Sicht, verhalten sich die Zurückgebliebenen wie eine unmündige Schulklasse: tanzen ums goldene Kalb; sind hilflos, einen bösen Geist zu bannen.

b) Auf dem Abenteuerspielplatz, den ich betreue, gibt es einen 13jährigen Jungen, der durch seine hemmungslose Gewaltbereitschaft auffällt. Ohne die geringste Empathie für seine Opfer schlägt er zu. Mit der Situation, Opfer zu sein, selbst konfrontiert, sagt er nur ›Ist mir doch egal‹. Unsere Supervisorin sagt: ›Ein klarer Fall von § 8a Kindeswohlgefährdung‹. Reden kann man mit dem Jungen kaum. Welche Erfahrungen seit seiner frühesten Kindheit haben ihn so deformiert? Wie ist dieser böse Geist zu bannen? (Mit Sicherheit nicht durch christlich verbrämten exorzistischen Hokuspokus.)

c) Sind wirklich alle Dinge möglich dem, der da glaubt? Gibt es nicht natürliche Grenzen nicht nur der menschlichen Kräfte, sondern auch des Vertrauens? Und ist dieser Satz nicht das willkommene Einfallstor für einen anderen bösen Geist – den Geist einer unerträglichen Glaubensgerechtigkeit? Oder handelt es sich einfach nur um ein mobilisierendes ›Yes, we can‹ à la Barak Obama oder Angela Merkels beschwörendes ›Wir schaffen das‹?

## 2. Kontexte

a) Nur zur Erinnerung, um welchen Gott es Mose und Elia und dem Messias Jesus immer ging:
»Ich bin der Herr, dein Gott, der ich dich aus Ägyptenland, aus der Knechtschaft geführt habe.«

Ex 20,2

b) Simchat Tora wird in diesem Jahr Ende der kommenden Woche (13.10.2016) gefeiert. Die Haftara (Prophetenlesung) dazu aus Jes 42,5–43,10 bringt einen bewegenden Kommentar zu unserem Text.

c) Zum Thema Gebet neben Ex 32,11–14 (Moses Fürbitte) aus der chassidischen Tradition:
»Rabbi Pinchas [sc. von Korez] sprach zum Wort der Schrift ›Er ist dein Psalm und er dein Gott‹: ›... Das Gebet, das der Mensch betet, das Gebet selber ist Gott-

heit. … Gebet, das die Wesenheiten eint. Der Beter, der wähnt, das Gebet sei ein ander Ding als Gott, ist wie der Bittsteller, dem der König das Verlangte reichen läßt. Wer aber weiß, daß das Gebet selber Gottheit ist, gleicht dem Königssohn, der sich aus den Schätzen seines Vaters holt, was er begehrt.‹«

»Rabbi Chajim von Krosno, ein Schüler des Baalschem, sah einst mit seinen Schülern einem Seiltänzer zu. Er war so tief in den Anblick versunken, daß sie ihn fragten, was es sei, das seine Augen an die törichte Schaustellung banne. ›Dieser Mann‹, antwortete er, ›setzt sein Leben aufs Spiel, ich könnte nicht sagen weswegen. Gewiß aber kann er, während er auf dem Seil geht, nicht daran denken, daß er mit seiner Handlung hundert Gulden verdient; denn sowie er dies dächte, würde er abstürzen.‹«

Buber 227. 291

d) Zum Thema Glauben eine grundsätzliche Überlegung von Friedrich Wilhelm Marquardt:

»Evangelische Religion hat ihren besonderen Heiligen in jenem Mann aus dem Volk, der seinen epileptischen Jungen zu Jesus brachte in der Hoffnung, er könne ihn heilen: Wenn du das kannst, hab Erbarmen mit uns und hilf uns. Darauf Jesus: »Alles ist möglich dem, der glaubt.« – ein Felsen- und Herrenwort. Was kann der Mann aus dem Volk damit anfangen – bewußt ist er gewählt, dass er damit fertig werde? Und nun seine protestantische Heiligenantwort: »Ich glaube, lieber Herr, hilf meinem Unglauben« (Mk 9,14–29; besonders 9,24). Gerade wo ein Glaube bei sich selbst ist, ist er nicht bei sich selbst, – seiner nicht mächtig, – im Gegenteil seiner selbst, – in sich und außer sich zugleich. Das ist theologisch wahr, aber psychologisch auch. Mögen wir im Glauben sein, was wir sind, aber wir haben uns nicht. Gott hat uns dann – doch nicht wir uns selbst. Glaube ist in den Glaubenden von ihrem eigenen Unglauben begleitet. Wo sie glauben, sind sie von ihrem Glauben auch verlassen, und bei den recht Glaubenden ist Unglaube draußen eher wahrzunehmen als Glaube selbst.«

Marquardt, zit. nach: Kruse, 350

e) Und zum Thema Auferstehung ein Gedicht von Marie Luise Kaschnitz:

Auferstehung

Manchmal stehen wir auf
Stehen wir zur Auferstehung auf
Mitten am Tage
Mit unserem lebendigen Haar
Mit unserer atmenden Haut.

Nur das Gewohnte ist um uns.
Keine Fata Morgana von Palmen
Mit weidenden Löwen
Und sanften Wölfen.

Die Weckuhren hören nicht auf zu ticken
Ihre Leuchtzeiger löschen nicht aus.

Und dennoch leicht
Und dennoch unverwundbar

Geordnet in geheimnisvoller Ordnung
Vorweggenommen in ein Haus aus Licht.

Kurz, 167

### 3. Beobachtungen am Text

Das Markus-Evangelium, geschrieben kurz nach 70 n. Chr., reflektiert die Schrecken des Jüdischen Kriegs 66–70. »Markus ist kein Bote, der einen Auftrag ausrichtet, er ist Zeuge, und er erwartet nicht mehr, als daß sein Zeugnis gehört werde: *So und so sieht es aus, wenn versucht wird, die Botschaft von Jesus Christus mit unserer Welt zusammenzudenken.* In dieser Hinsicht trifft sich sein Text mit Bildern wie Chagalls ›Weißer Kreuzigung‹ und Picassos ›Guernica‹ …« (Bedenbender, Ja, 8). Nach dem ersten Hauptteil 1,16–8,26, der in Galiläa und Umgebung spielt (Bedenbender, Römer, 13), folgt als zweiter Hauptteil Jesu Weg nach Jerusalem 8,27–10,52. Er beginnt im äußersten Norden von Galiläa, in den Dörfern bei Cäsarea Philippi (8,27), dort, wo Vespasian bei der Vorbereitung des Galiläafeldzuges sein Quartier hatte und später Titus nach der Eroberung und Zerstörung Jerusalems seine Siegesfeiern abhielt, und folgt dem verheerenden Weg der römischen Armee bis nach Jerusalem (11,1; a.a.O., 4,41ff.). »Zwei Wege führen aus Cäsarea Philippi heraus: Titus bricht auf zu einem grausamen Triumphzug, der ihn bis nach Rom führt, Jesus geht den Leidensweg seines Volkes nach Jerusalem« (a.a.O., 44).

Dieser Weg beginnt mit dem Messiasbekenntnis des Petrus 8,27–30, der ersten Leidensankündigung Jesu samt den damit verbundenen Konsequenzen 8,31–9,1, und der Verklärung Jesu 9,2–13. Diese wird beendet mit einer etwas ratlosen Diskussion der drei Jesus begleitenden führenden Jünger: »Was ist das, auferstehen von den Toten?« (9,10) Daran schließt sich, wieder zurück in den Dörfern bei Cäsarea Philippi, unsere Geschichte von der ›Heilung eines besessenen Knaben‹ an (9,14–28), bevor es heißt: »Und sie gingen von dort weg und zogen durch Galiläa« (9,30) und Jesus zum zweiten Mal sein Leiden ankündigt.

*V 14*: Jesus und das Jünger-Triumvirat kommen zu den *Jüngern* und sollte nicht falsch harmonisiert werden durch den Zusatz *andere* oder übrige Jünger. »Die Drei stehen für die christliche Tradition (und ihre Krise), die Zwölf (und nicht irgendwelche ›Neun‹) repräsentieren die gegenwärtige Gemeinde.« (Bedenbender, Echos, 9) – Die Schriftgelehrten befragen (*syzeteein, sich besprechen, diskutieren, disputieren,* so verstanden auch *streiten*; dsgl. V 16) die Jünger (wie in 9,10 diese sich untereinander).

*V 17: ochlos, Volk, Menge* im Unterschied zu den Jüngern, bestehend aus Juden und Heiden in Anbetracht des Ortes. Es fällt auf, dass die Jünger stumm bleiben und die Antwort jemandem aus dem Volk überlassen, und zwar jemandem, der sich für sein Kind einsetzt. »… offenkundig, daß die Begegnung mit dem Kind *den Jüngern die Sprache verschlagen hat*: Sie können ihm nicht helfen, und wenn die Schriftkundigen sie befragen, was das alles zu bedeuten hat, so wissen sie keine Antwort.« (a.a.O., 7) Erst, nachdem Jesus heilend gehandelt hat und sie im schützenden Haus und unter sich sind (V 28), finden die Jünger wieder Worte.

*V 18*: Hier werden üblicherweise, mit der Sichtweise einer naturwissenschaftlich ausgerichteten Schulmedizin, Symptome einer Krampferkrankung vermutet, aber ich lese in ihnen Anzeichen posttraumatischer Belastungsstörungen, die sich nicht mehr artikulieren können. Darüber hinaus lassen sich die Symptome auch zwanglos im übertragenen Sinn verstehen – Menschen ›reden mit Schaum vor dem Mund‹ oder sind ›starr vor Angst oder Wut‹ …

*V 19*: Ein genervter, gestresster, ungeduldiger Messias – er bezieht sich auf die ganze gegenwärtige Generation, auch wenn vom Kontext her die Jünger gemeint sind.

*V 20*: Wie auch sonst bei Markus spürt der Geist, der das Kind befallen hat, sofort, mit wem er es zu tun hat, wenn auch in Sprachlosigkeit gefangen.

*V 21*: Wenn der Junge *von Kind auf* unter diesem Geist leidet, so ist das ein Zeichen dafür, wie tief und grundlegend die Störung ist, quasi »von Mutterleibe an« (vgl. *Annäherung* b).

*V 22*: Anspielung auf die von den römischen Truppen im Wasser des Sees Genezareth und im Feuer von Jerusalem ermordeten Judäer (a.a.O., 9).

*V 24*: In dem paradoxen Ausruf des Vaters werden die beiden einander entgegengesetzten Sphären von Nicht-Vertrauen, Sprachlosigkeit, Ohnmacht (bis V 23) und von Vertrauen, Sprachfähigkeit, Handeln (ab V 25) verbunden.

*V 25*: Das heute weniger benutzte Wort *bedrohen* ließe sich durch *anherrschen, anschreien* gut wiedergeben.

*V 26*: Zwischen Besessenheit und neuem Leben liegt eine Phase der Leere, der Leblosigkeit.

*V 27*: *anhistemi, aufstehen, auferstehen*. Im Deutschen wird die im Griechischen noch ineinander fallende theologische und alltäglichen Ebene getrennt durch einen sprachlichen Trick: auf*er*stehen, auf*er*wecken (BigS, 2332). – Hier findet sich, mit einer Reminiszenz an Elia (1.Kön 17,17–24), eine erste Antwort auf die in V 10 gestellte Frage. Die letzte Antwort des Markusevangeliums führt zu Zittern und Entsetzen und Furcht und Sprachlosigkeit (16,8).

*VV 28f.* S. o. zu V 17. Wenn diese Art von Un-Geist nur durch Gebet ausgetrieben werden kann, gilt das nicht für den Messias. Oder das, was von Jesus in V 25 erzählt wird, ist auch eine Form des Betens.

## 4. Homiletische Konkretionen

Für Markus konterkariert die Erfahrung des jüdischen Krieges die überlieferte Osterbotschaft. Er kann nur noch, sozusagen, »Theologie nach Auschwitz« treiben, indem er, selbst offensichtlich ohne Hoffnung, die alten Hoffnungsgeschichten vom Messias Jesus weitererzählt. Damit ist er ein authentischer Zeuge für alle, denen die Osterbotschaft angesichts des Zustandes der Welt abhanden zu kommen droht. Was für Markus der Jüdische Krieg 66–70 ist, ist heute (ich schreibe diese Zeilen im November 2015) der Bürgerkrieg in Syrien, die total ausweglos erscheinende Situation in Israel-Palästina, die weltweiten Flüchtlingsströme, die jetzt auch das Zentrum Europas erreichen – ebenso wie auch Terroranschläge. So fallen die Auswirkungen westlicher Wirtschafts- und Militärpolitik – da wird um so manche goldenen Kälber getanzt: die Analysen und Kampagnen von Attac benennen sie deutlich – nun auf unsere eigenen Füße. Neben viel spontaner Hilfsbereitschaft zeigen sich da auch manche der in V 18 geschilderten Symptome bei uns.

Markus treibt Theologie, indem er erzählt. So sollte auch die Predigt erzählen. Indem sie einfach dem Text folgt mit allen seinen Anspielungen und Doppeldeutigkeiten und bewussten Brüchen, beginnend mit der Verklärung Jesu – siehe die vielen schönen, beeindruckenden Gotteshäuser in der weltweiten Christenheit – und dem etwas ratlosen Disputieren von führenden Theologen, was denn Auferstehung von den Toten sei; über die allgemeine Hilflosigkeit angesichts eines sprachlosen unreinen Geistes von Mutterleibe an bis hin zu den Erfahrungen davon, was Vertrauen und Gebet vermögen. So wie Markus' Text transparent ist für die Erfahrungen des Jüdischen Krieges und diese mittransportiert, so ist er es auch für gegenwärtige vergleichbare Erfahrungen, und die Predigt sollte diese in Worte fassen.

Zwei abschließende Bemerkungen: Ich glaube zum einen, dass die »Felsen- und Donnerworte« in VV 23f. in der Erzählung nicht mehr Gewicht haben als Jesu ungeduldiges Aufstöhnen in V 19 und deshalb auch nicht zu Grundworten christlicher Dogmatik aufgeladen werden sollten. Was bleibt, ist ein ganz profanes ›Yes, we can‹. Doch mit dieser Haltung lassen sich auch heute so manche ›besessenen Knaben‹ heilen und aufrichten – »Mitten am Tage« (Kaschnitz). Von solchen Erfahrungen gilt es zu erzählen.

Das andere ist die Frage nach der Macht des Gebets. Beten kann man lernen. Und doch ist es keine handhabbare Technik, deren Erfolg von meiner (Un-)Fähigkeit und (Un-)Geschicklichkeit abhängt. Ich versuche der Einsicht der Iona Community (nähere Informationen unter www.iona.org.uk) zu folgen, die, allerdings gegen Ex 32,11–14, für ihre Gottesdienste mit Gebeten für Heilung formuliert: »Unsere Fürbitte will nicht Gott verändern. Sie versucht, die Welt zu verändern. Wir bitten, daß Gottes Wille durch uns getan werde, so daß Licht und Hoffnung zu Orten der Dunkelheit und Verzweiflung gebracht werden.« (Beratungsstelle 46)

## 5. Liturgievorschläge

Ps 25 – wenn möglich ganz und nicht nur VV 8–15 (Wochenpsalm) oder EG 713

Lesungen:
Jes 49,1–6 (Berufung des Messias und seiner Vorläufer / AT-Lesung zum Sonntag)
Mk 8,27a; 9,2–13 (Hinführung zum Predigttext)

Lieder:
Jauchzt, alle Lande, Gott zu Ehren (EG 279,1.2.(7.)8 / Eingangslied)
Such, wer da will, ein ander Ziel (EG 346,1–3 / Wochenlied)
Ohren gabst du mir (EG 236) *oder* Meine engen Grenzen (EG 584, Regionalteil Hessen / vor der Predigt)
Herr, du hast mich angerührt (EG 383, wobei es in Strophe 2 heißen muss: ›Dank für deinen Trost, o Herr, Trost selbst in den schlimmen Stunden, da …‹) *oder* O Durchbrecher aller Bande (EG 388,1.4.5) *oder* Ins Wasser fällt ein Stein (EG 621, Regionalteil Hessen, als unangestrengte Alternative / nach der Predigt)
Das könnte den Herren der Welt ja so passen (EG 550, Regionalteil Hessen) *oder* Jesus lebt, mit ihm auch ich (EG 115, 1.3.4 / als trotziges oder beschwingtes Schlusslied)

## Literatur

Bibel in gerechter Sprache, hg. v. Bail, Ulrike u. a., Gütersloh 2006 (zitiert als BigS).

Bedenbender, Andreas, Römer, Christen und Dämonen. Beobachtungen zur Komposition des Markusevangeliums, in: Texte & Kontexte 67, Markusevangelium I, Berlin 1995, bes. 41–44.

Ders., Echos, Spiegelbilder, Rätseltexte. Beobachtungen zur Komposition des Markusevangeliums (3. Teil), in: Texte & Kontexte 77/78, Markusevangelium III, Berlin 1998, bes. 6–12.

Ders., Ja und Nein. Das Matthäusevangelium als Gegenerzählung zur markinischen »Frohen Botschaft am Abgrund«, in: Texte & Kontexte 144, Berlin 2014.

Beratungsstelle für Gestaltung (Hg.), Das kleine Gottesdienstbuch, Liturgien der Iona-Kommunität in Schottland, Frankfurt a. M. [3]1997.

Buber, Martin, Die Erzählungen der Chassidim, Zürich 1949.

Kruse, Wolfgang, Sprachlos ..., 17. Sonntag nach Trinitatis: Mk 9,(14–16)17–29, in: Predigtmeditationen im christlich-jüdischen Kontext. Zur Perikopenreihe III (2010), 349–354.

Kurz, Paul Konrad (Hg.), Psalmen vom Expressionismus bis zur Gegenwart, Freiburg 1978.

*Jürgen Reichel-Odié*

# 18. Sonntag nach Trinitatis: Mk 10,17–27
## Richte dich ein. Und halte den Koffer bereit

### 1. Annäherung

Geld macht nicht glücklich. Nein, sicher nicht. Und das sagt sich besonders leicht, wenn man welches hat. Wir können bequem darüber predigen, wie leicht einem wird ohne Besitz, wie sehr der Besitz einen lähmt und anbindet. Ja, wir kennen zwar solche Erfahrungen, wie sie Dietrich Koller (19–22) beschreibt: Man fühlt sich unruhig, unsicher, z. B. nachts alleine – und macht sich dann klar, dass man nur deswegen auf die Idee kam, Angst haben zu müssen, weil man Geld und Smartphone bei sich trägt. Ohne diese Wertsachen hätte man wohl keine Angst verspürt.

Aber ich behaupte mal freihändig, dass Pfarrerinnen und Pfarrer ebenso gut die Erfahrung kennen, wie befreiend es sein kann, nicht mehr vor jedem kleinen Einkauf ängstlich den Kontostand zu checken, weil man ganz ruhig und gewiss sein kann, dass alles in Ordnung ist.

Geld macht nicht glücklich. Aber es beruhigt. Dieses Sprichwort beschreibt schmerzhaft genau die Ambivalenz, in die wir uns als Amtsträger mit diesem Text begeben, wir mit unseren vergleichsweise sicheren Arbeitsplätzen und Renten.

Ein Kollege erzählte in einer 9. Klasse in Berlin-Grunewald vom heiligen Franziskus, der seinem Vater seine Kleider vor die Füße warf, der allen Reichtum, den er hätte haben können, von sich wies. Die Reaktion der Schüler ärgerte den Kollegen: Das sei ja keine große Sache, das hätten sie doch auch gemacht, dem Vater all seine Sachen vor die Füße geschmissen! Nun wollte der Kollege es wissen. Er schlug der Klasse vor, einen gemeinsamen Tag zu planen, an dem sie auf so einiges an gewohntem Besitz und Luxus verzichten wollten. Die Schüler waren begeistert dabei. Allerdings nur solange, bis klar wurde, dass auch Handys an diesem Tage nicht erlaubt sein würden. Da war der schöne Plan schnell wieder begraben. Das wurde übrigens der Startschuss für jenen Kollegen, an jener Grunewalder Schule eine »survival-AG« ins Leben zu rufen, in welcher die Kinder barfuß laufen, klettern und springen und sich im Wald und in den Sträßchen zurecht finden (Stadtplan lesen!) und bei der Gelegenheit im Wald auch etwas über Heilpflanzen lernen, mit denen man kleinere Wundern versorgen kann.

### 2. Kontexte

a) Die jüdische Dichterin Mascha Kaleko beschreibt mit berückend einfachen, eindrücklichen Worten und Bildern das Halten und Loslassen, das Leben im Augenblick, das Leben ohne ein Versinken im Selbstmitleid, ohne das Sich-Vergraben in der Einsamkeit – das Leben in einem Haus, das man wohl in Ordnung und auch offen für Gäste hält, in dem aber zugleich der gepackte Koffer bereit steht für den Aufbruch:

Rezept

Jage die Ängste fort
und die Angst vor den Ängsten.
Für die paar Jahre
wird wohl alles noch reichen.
Das Brot im Kasten
und der Anzug im Schrank.

Sage nicht nein.
es ist dir alles geliehen.
Lebe auf Zeit und sieh,
wie wenig du brauchst.
Richte dich ein.
Und halte den Koffer bereit.

Es ist wahr, was sie sagen:
was kommen muß, kommt.
Geh dem Leid nicht entgegen.
Und ist es da,
sieh ihm still ins Gesicht.
Es ist vergänglich wie Glück.

Erwarte nichts.
Und hüte besorgt dein Geheimnis.
Auch der Bruder verrät,
geht es um dich oder ihn.
Den eigenen Schatten nimm
zum Weggefährten.

Feg deine Stube wohl.
Und tausche den Gruß mit dem Nachbarn.
Flicke heiter den Zaun
und auch die Glocke am Tor.
Die Wunde in dir halte wach
unter dem Dach im Einstweilen.

Zerreiß deine Pläne. Sei klug
und halte dich an Wunder.
Sie sind lang schon verzeichnet
im großen Plan.
Jage die Ängste fort
und die Angst vor den Ängsten.

Kaleko, 7f.

b) Die Marschallin im Rosenkavalier predigt mit glühendem Herzen Leichtigkeit, Loslassen, an nichts hängen – und zugleich klingt bei ihr diese Leichtigkeit wie das Ernsthafteste von der Welt:

»Die Marschallin:
umarm' Er nicht zu viel. Wer allzuviel umarmt, der hält nichts fest. […]

Mir ist zumut, dass ich die Schwäche von allem Zeitlichen recht spüren muss, bis in mein Herz hinein, wie man nichts halten soll, wie man nichts packen kann, wie alles zerläuft zwischen den Fingern, wie alles sich auflöst, wonach wir greifen, alles zergeht wie Dunst und Traum. […]

Leicht will ich's machen dir und mir. Leicht muss man sein, mit leichtem Herz und leichten Händen halten und nehmen, halten und lassen . . . Die nicht so sind, die straft das Leben, und Gott erbarmt sich ihrer nicht.«

von Hofmannsthal, 132.136.137.146.147

c) Der Baal Shem Tov ist beeindruckend konsequent; er tut genau das mit seinem Besitz, wozu wir uns in der Mehrzahl eben nicht durchringen können. Mit dem Weggeben seines Besitzes wird er frei zum Gebet, frei für Gott. Allerdings regt sich in der Leserin zwangsläufig auch Verständnis für die Frau, wenn ihr Verhalten damit erklärt wird, dass sie doch wenigstens einmal nicht auf Borg kaufen möchte. Sehr schön zieht einen die Geschichte in die eigene Ambivalenz zu diesem Thema hinein:

»Das zurückgebliebene Geld

Nie blieb im Haus des Baalschem Geld über Nacht. Kam er von einer Fahrt zurück, so beglich er die aufgelaufenen Schulden, und den Rest teilte er unter die Bedürftigen aus.

Einmal brachte er von einer Fahrt viel Geld mit, bezahlte die Schulden und teilte aus. Dazwischen aber hatte seine Frau ein weniges an sich genommen, damit sie einige Tage nicht auf Borg kaufen müßte. Am Abend verspürte der Baalschem beim Beten eine Hemmung. Er kam nach Hause und fragte: ›Wer hat von dem Geld genommen?‹ Die Frau bekannte sich dazu. Er nahm ihr das Geld wieder ab und ließ es noch am selben Abend austeilen.«

Buber, 133

d) Die nigerianische und amerikanische Schriftstellerin Chimanda Ngozi Adichie erzählt in ihrem Roman »Americanah« von ihrer Protagonistin Ifemelu, die von Nigeria nach Amerika geht – und später wieder zurück. Sie hält uns einen schonungslosen Spiegel vor, was uns zuweilen vor lauter Gedankenlosigkeit geschieht, wenn wir über Armut und über bestimmte Länder sprechen:

»Laura brachte eine Zeitschrift mit.

›Schau dir das an, Ifemelu‹, sagte sie. ›Es ist nicht Nigeria, aber in der Nähe. Ich weiß, dass berühmte Leute flatterhaft sind, aber sie scheint gute Arbeit zu leisten.‹

Ifemelu [… sah …] die Seite an: Eine dünne weiße Frau, die in die Kamera lächelte und ein dunkelhäutiges afrikanisches Mädchen im Arm hielt, um sie herum kleine, dunkelhäutige afrikanische Kinder, ausgebreitet wie ein Teppich. […]

›Sie ist umwerfend‹, sagte Laura.

›Ja, das ist sie‹, sagte Ifemelu. ›Und sie ist so dürr wie die Kinder, nur dass sie so dürr sein will, und die Kinder nicht.‹

Laura lachte laut auf. ›Du bist wirklich lustig! Mir gefällt, wie rotzig du bist.‹

Adichie, 209

## 3. Beobachtungen am Text

*V 17*: Jesus ist schon wieder im Gehen, der Mann muss ihm hinterherlaufen. Seine Frage ist ihm offenbar wichtig genug. Er kniet vor Jesus nieder, er spricht ihn respektvoll an als »guten Rabbi«. Er fragt nach dem ewigen Leben, nach dem Eigentlichen, nicht nach etwas Materiellem oder Nebensächlichen.

*V 18*: Jesus lässt sich nicht schmeicheln und beeindrucken. Das Wort »gut« weist er von sich und weist es allein Gott zu, nur er allein ist gut. Jesus ist der, der auf den Gott Israels hinweist, nicht der, der für sich selber Anhänger und Bewunderer braucht.

*V 19*: Jesus fährt fort, indem er den Fragenden auf das verweist, was dieser ohnehin schon kennt, wie Jesus auch in seinen einleitenden Worten voraussetzt. Es schimmert der Subtext durch: Warum fragst du, wenn du die Antwort doch kennst? Willst du dich mir präsentieren? Zugleich aber schaffen diese aus dem Gedächtnis in zufälliger Reihenfolge und ohne Vollständigkeit zitierten Gebote eine vertraute Nähe zwischen den beiden; eine beiden selbstverständliche Grundlage wird locker und stichwortartig angedeutet. Das beschreibt auch Schweizer, S. 114 – er allerdings schließt daraus, wie weit entfernt Jesus von jeder gesetzlichen Pedanterie sei, als ob er damit im Gegensatz zum Judentum stehen würde – man kann das ruhig auf beide Gesprächspartner ausweiten, und beide als fest in der jüdischen Tradition und Sozialgesetzgebung verwurzelt schildern – vgl. die Schilderung dieser Grundlagen bei Duchrow (56–62) und Kessler (82–90).

*V 20*: Und tatsächlich, der Fragende kann auf die ihm genannten Gebote stolz erwidern: Das alles habe ich gehalten von meiner Jugend auf. Bei der immer noch respektvollen Anrede lässt er das Wort »gut« weg, wie eben gerade noch von Jesus gewünscht. Ja, er macht alles richtig.

*V 21*: Jetzt sieht Jesus ihn an. Jetzt, nicht zu Beginn der Begegnung wird das erzählt. Und er gewinnt ihn lieb. Das übrigens wird außerhalb des Johannes-Evangelium nur an dieser Stelle von Jesus erzählt, dass er einen Menschen lieb gewinnt. (Bei Johannes sind das bekanntermaßen die drei Geschwister Martha, Maria und Lazarus, und der namenlose »Jünger, den er lieb hatte«). Dass er ihn lieb gewinnt, hat also offenbar mit dem Blick zu tun, mit dem er ihn nun umfängt und wahrnimmt – nicht mit seiner Frage und seiner Antwort, nicht mit seiner Selbstdarstellung. Die beeindruckt Jesus nicht. Er sieht ihn nun ganz, er erkennt den wunden Punkt. Eines fehlt dir, sagt er – und nennt dann drei Dinge, die er tun soll. Das erinnert ein wenig an die Zahlensprüche wie etwa: Eines hat Gott gesagt, zweierlei habe ich gehört: Bei Gott ist die Macht; Herr, bei dir ist die Huld. (Ps 62,12f.). Eines fehlt ihm – und drei Dinge soll er tun: Verkaufe, was du hast – gib den Erlös den Armen – und komm mit mir mit. Er soll sich lösen von dem, was er hat, worauf er stolz ist – das alles soll zugleich denen zugutekommen, die es dringend brauchen – und für ihn soll das der Beginn eines völlig neuen Lebens werden.

*V 22*: Der Fragende wird unmutig, entsetzt, tief betroffen, betrübt – der Übersetzungsmöglichkeiten sind viele. Das hatte er nicht erwartet, das ist er nicht gewohnt. Er geht traurig davon, das kommt offenbar auch nicht einen Moment lang für ihn in Frage. Die einfache, schlichte Begründung ist: denn er hatte sehr viele

Reichtümer. Es geht nicht allgemein um das Ausbrechen aus seinem bisherigen Leben, sondern es geht besonders um die Trennung von seinen Besitztümern. Die kann er sich nicht vorstellen.

*V23*: Jesus hebt diesen Punkt, an dem der Fragende gescheitert ist, auf eine ganz grundsätzliche Ebene und macht das Thema »Reichtum« zum Fokus des Gespräches: Wie schwer werden die Reichen in das Reich Gottes kommen!

*VV24f.*: Die Jünger sind entsetzt, so wie zuvor der Fragende. Warum trifft es sie so sehr? Haben sie doch allesamt ihr Leben völlig umgekrempelt um Jesus zu folgen! Das Hängen an ihren Besitztümern scheint doch ihr Problem nicht zu sein. Doch Jesus wiederholt es, zunächst sogar noch viel grundsätzlicher: Wie schwer ist es, ins Reich Gottes zu kommen! Und dann setzt er den sprichwörtlich gewordenen Satz hinzu, der das Thema doch wieder auf den Reichtum fokussiert: Es ist leichter, dass ein Kamel durch ein Nadelöhr gehe, als dass ein Reicher ins Reich Gottes komme. Mit anderen Worten: Es ist unmöglich.

*V26*: Das Entsetzen der Jünger steigert sich noch. Sie waren vielleicht doch schon zu lange mit Jesus zusammen, um ruhig und selbstgefällig sagen zu können: Ach so, die Reichen, na, das hat ja mit uns nichts zu tun. Wir haben alles hinter uns gelassen, wir haben alles aufgegeben, wir haben alles richtig gemacht. Diese Haltung, die der Fragende hatte, die haben sie nicht, zumindest in dieser Geschichte nicht. Sie begreifen sofort, dass es auch um sie geht, um alle Menschen. Jeder kann an seinen Besitztümern hängen, welche Dimension die auch immer haben mögen. Alles kann zum Besitz werden, der einen hindert und lähmt und geizig macht. Die Jünger verzagen. So ist es also ganz unmöglich, in das Reich Gottes zu kommen.

*V27*: Ja, bei den Menschen ja – aber nicht bei Gott! Denn alle Dinge sind möglich bei Gott. Diese Antwort Jesu ist der zweite sprichwörtlich gewordene Satz dieser Perikope. Wäre der Fragende bei Jesus geblieben, wäre er vielleicht ebenfalls nicht nur erschreckt sondern auch ermutigt worden.

## 4. Homiletische Konkretionen

Das Hängen und Kleben am Besitz ist für uns zweifellos ein Thema, allerdings ein ambivalentes; in der Annäherung und in den Kontexten wird deutlich, mit welcher Sensibilität und mit welchem wachen Blick auf sich selber man sich ihm nähern mag. Gewiss findet sich ein Beispiel aus eigener Erfahrung, das die Schwierigkeit (und Ambivalenz) materiellen Besitzverzichts illustriert.

Das Thema gewinnt vor dem Hintergrund der Ängste und Sorgen angesichts der Flüchtlingsströme nochmal an neuer Brisanz. Hört man doch oft genau von denjenigen Menschen in der Gemeinde Bedenken und Vorbehalte, welche von den Flüchtlingsströmen vergleichsweise kaum tangiert werden, welche sich am wenigsten Sorgen um ihre Arbeit oder um ihre Rente machen müSSten. In diesem Zusammenhang übrigens habe ich auch das Zitat aus dem Buch »Americanah« mit in diesen Beitrag (Kontexte d) aufgenommen, weil in diesem Buch die Themen Armut und Reichtum ganz eng verwoben sind mit dem Thema Rassismus, Vorurteile, Klischees – und ihre verschiedensten Ausdrucks-Formen. Wer da tiefer einsteigen will, dem sei allerdings auch ans Herz gelegt, wie sehr Adichie differenziert, wie scharfzüngig und geistreich sie darstellt, welche Unterschiede sie zwischen dem Hass gegen Juden und dem Hass gegen Schwarze sieht und erlebt, ohne dass sie damit eines von beiden irgendwie rechtfertigen wollte.

Unsere Perikope bietet die Möglichkeit, die Geschichte lebendig nachzuerzählen, und in die Erzählung auch die Gedanken zum Thema und zur gegenwärtigen Situation mit einfließen zu lassen.

Wenn die Situation der Gemeinde es nahelegt, kann man allerdings auch auf anders geartete wunde Punkte in der Gemeinde zu sprechen kommen, die ein wirkliches Weitergehen in die doch gemeinsam so laut benannte Richtung verhindern. Das wird vielleicht weniger ein Kleben am Besitz sein, sondern eher an lieb gewordenen (Vereins-)Formen des Gemeindelebens, oder überlieferten Machtstrukturen in der Gemeinde. Und wenn man nicht darüber völlig vergisst, dass das Grundthema der Perikope doch nach wie vor der Reichtum ist – dann kann man Schweitzer durchaus darin folgen, dass es um die Nachfolge geht: Die Nachfolge, und das Loslassen dessen, was ihr jeweils im Wege steht. (Schweizer, 114f.: »Das eine, was fehlt, ist die *Nachfolge Jesu.* [...] Das Aufgeben des Besitzes ist nicht Vorbedingung für die Nachfolge, sondern wie 1,18.20; 2,14 Folge, d.h. die konkrete Art, in der sich diese vollzieht«).

Wenn man für den Gottesdienst etwas ganz anderes sucht, kann man sich von Dietrich Koller (23–27) zu einer Bildbetrachtung inspirieren lassen.

## 5. Liturgievorschläge

Thema soziales Miteinander, Armut und Reichtum:
Hilf, Herr meines Lebens (EG 419; Str. 3: dass ich nicht gebunden an mich selber bin)
Brich mit den Hungrigen dein Brot (EG 420)

Thema Nachfolge, Aufbruch:
Vertraut den neuen Wegen (EG 395)
Wer Gottes Wort hört und lebt danach (nach dem israelischen *Zadik kaTamar yifrach*; SJ 45)
Wir strecken uns nach dir (SJ 123)
Wo Menschen sich vergessen (SJ 176)

### Literatur

Adichie, Chimanda Ngozi, Americanah, London 2013, Frankfurt a.M. 42016.
Buber, Martin, Die Erzählungen der Chassidim, Zürich 1949 (121996).
Duchrow, Ulrich, Gieriges Geld. Auswege aus der Kapitalismusfalle. Befreiungstheologische Perspektiven, München 2013.
Hofmannsthal, Hugo von / Strauss, Richard, Der Rosenkavalier (Klavierauszug, Arrangement Otto Singer), Paris 1911.
Kaleko, Mascha, Sei klug und halte Dich an Wunder, München 2013.
Kessler, Wolfgang / Schneeweiß, Antje (Hg.): Geld und Gewissen. Was wir gegen den Crash tun können, Oberursel 2010.
Koller, Dietrich, Geld oder Leben. Vom Umgang mit der Macht des Mammons, München 2003.
Schweizer, Eduard, Das Evangelium nach Markus, NTD Bd. 1, Zürich 171989.

*Anna Nguyen-Huu*

# 19. Sonntag nach Trinitatis: Mk 1,32–39
# Workaholic-Wundertäter – Alltag im Leben Jesu

## 1. Annäherung

Es ist ein erstaunlich unaufregender Text, der an diesem Sonntag gepredigt werden soll. Ganz beiläufig erfahren wir von vielen Kranken, die geheilt werden, und vielen bösen Geistern, die ausgetrieben werden. Doch keiner der Geheilten bekommt einen Namen. Auch von den Geistern erfahren wir keine Details – nur dass sie Jesus kannten. Ein normaler Abend an einem normalen Tag im Leben Jesu, Alltag.

Doch was passiert da eigentlich? Jesus scheint rund um die Uhr beschäftigt, zu predigen und die Kranken und Besessenen zu heilen, es wird nicht einmal versucht, ihre Zahl zu nennen. Zu groß scheint die Zahl, vielleicht aber trotzdem nicht genug, denn am nächsten Tag geht es weiter, wieder predigen, heilen, Dämonen austreiben – nur in einer anderen Stadt. Alltag im Leben Jesu, kein Feierabend, die Menschen brauchen ihn.

Jesus, der Workaholic. Einer der wenigen, vielleicht sogar der einzige, bei dem wir wirklich sagen konnten: Er war/ist unersetzlich. Er war der einzige, der tun konnte, was er getan hat. Niemand hätte seinen Platz einnehmen können. Deswegen ›arbeitete‹ er die ganze Zeit. In Kirchendeutsch würden wir wahrscheinlich eher sagen: er ›wirkte‹, denn dass die Tätigkeit des Messias ›Arbeit‹ ist, dieser Gedanke wirkt komisch, zu sehr am Leben heute orientiert. Auch war Jesus' ständiges Beschäftigt- bzw. Angefragt-sein kein krankhaftes Verhalten wie nach der Definition von Workaholics. Doch Jesu Wirken war anstrengend und keine Freizeitbeschäftigung. Auch er brauchte Erholung, er musste mal Abstand nehmen. Sein Schlafen bei der Sturmstillung mag so noch einmal in neues Licht rücken. Auch im Predigttext nimmt Jesus sich eine Auszeit: Vor Sonnenaufgang sucht er die Einsamkeit für das Morgengebet, nimmt sich Zeit für das Gespräch mit Gott, für den Lobpreis Gottes und stärkt sich für die Aufgaben des neuen Tages.

## 2. Kontexte

a) (Auf-)Stehen und beten sind im rabbinischen Denken Handlungen, die unmittelbar zusammengehören können:

»Es wird gelehrt von R. Jose b. Hanina: Abraham hat das Morgengebet *(Shaharit)* eingesetzt, wie geschrieben steht: »Abraham machte sich früh am Morgen auf an den Ort, wo er vor dem Herrn gestanden hatte« (Gen 19,27). Und ›stehen‹ heißt nichts anderes als ›beten‹, wie geschrieben steht: »Dann stand Pinchas und betete« (Ps 106,30, NB: Die Rabbinen setzten die Bedeutung von *pilel* im Piel mit der Bedeutung des Hitpalel ›beten‹ gleich. In den deutschen Übersetzungen findet sich i.d.R. die Übersetzung ›richten, Gericht vollziehen‹)

Babylonischer Talmud Berakhot 26b, eigene Übersetzung

b) Jesus zieht sich in die Einsamkeit zum Beten zurück. Damit ist er zwar nicht der Einzige, trotzdem ist es schon etwas Besonderes. Denn gebetet wird in der

Bibel selten allein, meist in Gemeinschaft in einer religiösen Zeremonie. Zwar gibt es viele gebetsähnliche Gespräche zwischen einzelnen Menschen und Gott, die sind jedoch eher von Gott initiiert als von Menschen (z. B. Visionen oder Träume) und werden nicht als Gebete bezeichnet. (Die Psalmen müssten hier gesondert betrachtet werden.) Anders hingegen bei folgenden Figuren:

Isaak:
»Und er war ausgegangen, um zu beten auf dem Felde gegen Abend, und hob seine Augen auf.« (Gen 24,63)

Mose:
»Und Mose ging hinaus vom Pharao und betete zum HERRN.« (Ex 10,18)

Hiskia:
»Zu dieser Zeit wurde Hiskia todkrank. Und der Prophet Jesaja, der Sohn des Amoz, kam zu ihm und sprach zu ihm: So spricht der HERR: Bestelle dein Haus, denn du wirst sterben und nicht am Leben bleiben. Er aber wandte sein Antlitz zur Wand und betete zum HERRN:« (2.Kön 20,1f.)

Daniel:
»In diesem ersten Jahr [von Darius] Herrschaft achtete ich, Daniel, in den Büchern auf die Zahl der Jahre, von denen der HERR geredet hatte zum Propheten Jeremia, dass nämlich Jerusalem siebzig Jahre wüst liegen sollte. Und ich kehrte mich zu Gott, dem Herrn, um zu beten und zu flehen unter Fasten und in Sack und Asche.« (Dan 9,2f.)

Jesus:
»Und alsbald trieb er seine Jünger, in das Boot zu steigen und vor ihm hinüberzufahren nach Betsaida, bis er das Volk gehen ließe. Und als er sie fortgeschickt hatte, ging er hin auf einen Berg, um zu beten.« (Mk 6,45 par)

»Und sie kamen zu einem Garten mit Namen Gethsemane. Und er sprach zu seinen Jüngern: Setzt euch hierher, bis ich gebetet habe. Und er nahm mit sich Petrus und Jakobus und Johannes und fing an zu zittern und zu zagen und sprach zu ihnen: Meine Seele ist betrübt bis an den Tod; bleibt hier und wachet! Und er ging ein wenig weiter, warf sich auf die Erde und betete.« (Mk 14,32–35 par)

Petrus:
»Am nächsten Tag, als diese auf dem Wege waren und in die Nähe der Stadt kamen, stieg Petrus auf das Dach, zu beten um die sechste Stunde.« (Apg 10,9)

c) Für die jüdischen Gelehrten ist ein Gebet früh am Morgen etwas sehr Sinnvolles, so kommentiert Rabbi David Qimchi (gest. 1235) Psalm 5,4 (»Herr, frühe wollest du meine Stimme hören, frühe will ich mich zu dir wenden und aufmerken«) folgendermaßen:
»Der frühe Morgen, bevor man sich in den alltäglichen Angelegenheiten dieser Welt verliert, ist die beste Zeit zum Beten.«

Qimchi, zit. und übers. nach Feuer, 93 (vgl. Eißler, 363)

## 3. Beobachtungen am Text

Der Predigttext steht am Anfang des Markus-Evangeliums – viel wurde von Jesus noch nicht berichtet, doch Wesentliches ist schon gesagt: Jesus wurde von Johannes getauft und vom Teufel versucht, sein Wirken beginnt, er beruft die ersten Jünger, lehrt in den Synagogen, treibt einen Geist aus und heilt Petrus' Schwiegermutter. Nachdem vorher jede Person kurz eingeführt wurde, wird im Predigttext deutlich, dass Jesu Wirken vielen zum Heil verhilft.

*V 32*: ›Am Abend‹ ist die erste Information, die der Predigttext liefert. Die letzte vorherige Zeitangabe steht in V 21 ›am Shabbat‹. Es ist nicht ganz klar, ob der ›Abend‹ noch der Freitagabend des Shabbat ist oder ob es schon der Ausgang des Shabbat, also Samstagabend ist. Für Freitagabend spricht, dass es vorher keine andere Zeitangabe gibt, die auf einen neuen Tag hindeutet. Für Samstagabend spricht, dass die zeitliche Darstellung sonst etwas knapp wäre: Wie viel Zeit vom Tag bliebe noch, nachdem Jesus am Freitagabend schon in der Synagoge gelehrt und danach Petrus' Schwiegermutter geheilt hat? Es brauchte ja auch etwas Zeit, bis sich die Kunde von Jesu Predigt und der Heilung verbreiten konnte. Außerdem könnten seine Worte aus V 38 darauf hindeuten, dass nun – also Sonntagmorgen – die ›Arbeitswoche‹ im vollen Gange ist. Von dieser Frage hängt auch ab, ob Jesu Gebet am Morgen (V 35) das Morgengebet des Shabbat oder eines Wochentages ist. Es wäre noch verwunderlicher als am Wochentag, wenn Jesus das Shabbat-Morgengebet allein verrichten würde (vgl. Kontexte b).

*VV 33f.*: Etwas verwundert die Wortwahl von der ›ganzen Stadt‹ (*holä hä polis*), die vor der Tür des Hauses von Petrus zusammenkommt, und den ›nur‹ ›vielen‹ (*pollous*, bzw. *polla*), die von Jesus geheilt wurden. Konnte er etwa nicht allen Hilfebedürftigen helfen? Waren es vielleicht zu viele und es war nicht genug Zeit? Oder bezieht sich ›viele‹ auf die Gesamtheit der Hilfebedürftigen im Volk Israel, von dem nun schon viele geheilt worden sind?

*V 35*: Jesus wird als observanter Jude dargestellt, der sich noch vor Sonnenaufgang auf das Morgengebet vorbereitet, um es zu verrichten, sobald die Sonne aufgegangen ist. Dass er alleine betet, ist außergewöhnlich (vgl. Kontexte b), insbesondere da es eine Synagoge in Kapernaum gibt, in der er wahrscheinlich im Minjan das Morgengebet verrichten könnte.

*VV 36f.*: Die heutige archäologische Stätte von Kapernaum (Kfar Nahum) ist nicht sehr groß. Wie groß die Stadt/das Dorf zu Jesu Zeiten war, lässt sich nicht mehr rekonstruieren. Doch auch zu damaligen Zeiten müsste Kapernaum recht übersichtlich gewesen sein. Die Wortwahl der Verse lässt vermuten, dass Petrus und die mit ihm waren, Jesus doch einige Zeit suchen mussten, bevor sie ihn fanden. Jesus hat sich also wirklich eine einsame und abgelegene Stätte gesucht, so dass er Ruhe zum beten hatte.

*V 38*: ›*komopoleis*‹, die anderen Städte, sind wörtlich Städte mit einem Marktplatz. Ein ähnlicher Gedanke findet sich in der Missionsstrategie des Paulus, der vor allem in den großen Städten des römischen Imperiums predigte und dazu ermutigte, dass so ›Leuchtturm-Gemeinden‹ entstehen, die in die Peripherie ausstrahlen und das Evangelium auch dorthin tragen.

*V 39*: Interessanterweise wird hier nicht erwähnt, dass Jesus Kranke heilt wie an anderen Orten. Der vorherige Parallelismus von ›Kranke heilen‹ und ›böse

Geister austreiben (z. B. V 34) wird gewandelt in ›predigen‹ und ›böse Geister austreiben‹ – ein interessanter Gedanke für das Amtsverständnis von Predigenden: Böse Geister austreiben ist eine Aufgabe, die das Predigen mit sich bringt.

Wie in V 33 wird hier wieder von ganz Galiläa *(holän tän galalaian)* gesprochen. Es wird deutlich: Die Botschaft von Jesu Predigt und Wirken erreicht in diesem Gebiet alle Menschen, alle haben die Chance, seine Worte und sein Handeln zu erleben.

## 4. Homiletische Konkretionen

Mir drängt sich als Thema für die Predigt zu Markus 1,32–39 das Miteinander von Gebet und öffentlichem Wirken Jesu auf. Auch Jesus ist als Sohn Gottes keine Maschine, die ununterbrochen Gottes Reich auf Erden baut. Gerade Jesus – das zeigen die oben genannten Bibelverse – nimmt sich öfter als andere biblische Persönlichkeiten Zeit für das persönliche Gebet, für das Zwiegespräch mit Gott. In der Bergpredigt (Mt 6,6) werden wir Christinnen und Christen sogar aufgefordert, alleine zu beten, wohingegen im Judentum und auch im Islam zum Gebet in der Gemeinschaft ermutigt wird. Im Kontext der Evangelien scheint mir der Gedanke verständlich, zum privaten Gebet aufzufordern, dort wo sich andere im öffentlichen Gebet hervortun wollten – heute würde ich uns gerne wieder stärker zum gemeinsamen Gebet ermutigen.

Was hat Jesus an diesem Morgen gebetet? Die Zeitangabe ›am Morgen, noch vor dem Tage‹ lässt darauf schließen, dass es das traditionelle Morgengebet im Judentum sein könnte. Bei der Lektüre des jüdischen Morgengebetes (z. B. Sacks, 4–205) fällt auf, dass im Gegensatz zu christlichen (Morgen-)Gebeten (z. B. Luthers Morgensegen: »[…] dass dir all mein Tun und Leben gefalle. Denn ich befehle mich, meinen Leib und Seele und alles in deine Hände […]«) ein Abschnitt, der die Stärkung der eigenen Person für die Aufgaben des Tages thematisiert – oder gar wie in Luthers Morgensegen die Bitte, das mein Tun segensreich sei, im Grunde nicht vorkommt – höchstens nebenläufig in einem der Psalmen, die gebetet werden. Thema im jüdischen Morgengebet ist ausschließlich das Lob Gottes und seine Herrlichkeit, seine Rettungstaten für sein Volk und seine Weisheit.

Natürlich wird das Morgengebet zu Jesu Zeit nicht wortwörtlich mit dem jüdischen Morgengebet heute übereinstimmen, doch von der Struktur her gibt es in der jüdischen Gebetspraxis eine starke Kohärenz. Auch Jesus kannte natürlich freie Gebete wie z. B. in Getsemane (vgl. Kontexte b), doch lassen die Rahmenbedingungen des Gebetes im Predigttext auf das traditionelle Morgengebet schließen.

Was betet der Jesus am Morgen, der am Beginn seines öffentlichen Wirkens als Messias steht, der anstrengende Tage des Wirkens hinter und vor allem vor sich hat, der in seinem Kopf schon so etwas wie einen Plan hat, wie er sein Wirken gestalten will: Zunächst in den Städten von Galiläa, dann Richtung Jerusalem (so im Markusevangelium)? Er betet Psalmen, das 18-Bitten-Gebet/die *Amidah*, das *Shma Yisrael*. Lobhymnen auf Gott, den Schöpfer und Vater.

Es ist der stimmige Mittelweg zwischen den »(Unser/Mein) Gott ist groß«-Rufen religiöser Fanatiker jeglicher Religion, die in der letzten Zeit das Bild von religiösen Menschen verunglimpfen, und zu sehr Ich-bezogenen Gebeten, die ich auch von mir selbst kenne, in denen das Wort ›ich‹ sowie meine Bitten und Gedanken öfter vorkommen als der Name Gottes und das Lob und der Dank an ihn.

Dieser Predigttext lädt ein, Jesus als Beispiel für die Praxis eines »Bete und arbeite« vorzustellen, dem es nachzufolgen lohnt: Jemand der gewissenhaft und beherzt seiner Berufung nachkommt, sich aber genauso Zeit zum Gotteslob und zum Gebet nimmt; nicht pathetisch um Aufmerksamkeit haschend, sondern unaufgeregt und bewusst. Ein Rund-um-die-Uhr-geforderter und -engagierter, der sich aber auch um sein eigens Seelenwohl kümmert. Dabei geht es ihm nicht um eine ausgeglichene Work-Life-Balance, sondern um die viel reichere Work-Pray-Balance.

An diesem Punkt trifft der Predigttext unseren Alltag: Wann nehme ich mir im Alltag Zeit für das Gebet? Im Stillen Gebet vor dem Aufstehen? Beim Losungen-Lesen am Essenstisch? Dem Lesen einer Andacht in einem Online-Blog, dem Herzensgebet oder im sonntäglichen Gottesdienst? Wann nehme ich mir Zeit, über mich hinaus zu sehen, Gott zu loben mit Psalmen und auf seine Stimme zu hören, die in der Stille oder im Gesang mir das Wort sagt, das mir gut tut?

Pauschalantworten helfen nicht, jeder und jede muss seinen oder ihren eigenen Weg finden. Jesus hat im Predigttext für sich einen Weg gefunden – das Morgengebet – und gibt uns damit einen Vorschlag, wo wir anfangen könnten auf unserem Weg zu einer ausgewogenen Work-Pray-Balance.

## 5. Liturgievorschläge

Es ist (wahrscheinlich) vorerst das letzte Mal, dass dieser Text gepredigt wird. In der revidierten Perikopenordnung ist dieser Text nur noch ein Wahltext neben den vorgesehenen Predigttexten für den 19. Sonntag nach Trinitatis.

Psalm 32

Lesungen:
Altes Testament: Ex 34,4–10
Epistel: Eph 4,22–32
Evangelium: Mk 2,1–12

Lieder:
Nun lasst uns Gott dem Herren Dank sagen (EG 320, Wochenlied)
Du meine Seele singe (EG 302 zu Ps 146)
Lobet den Herren, denn er ist sehr freundlich (EG 304 zu Ps 147)
Such wer da will ein ander Ziel (EG 346)

### Literatur

Eißler, Friedemann, 19. Sonntag nach Trinitatis: Mk 1,32–39. Atta gibbor – »Du bist unser Held«, in: Predigtmeditationen im christlich-jüdischen Kontext. Zur Perikopenreihe III (2010), 362–367.

Feuer, Avrohom Chaim, Tehilim. A new Translation with a Commentary anthologized from talmudic, midrahsic and rabbinic Sources, Bd. 1, New York 1969 (Nachdruck 1987).

Sacks, Rabbi Sir Jonathan, The Koren Siddur. American Edition, First Bilingual Edition, Jerusalem 2009.

*Maik Schwarz*

# 20. Sonntag nach Trinitatis: Gen 8,18–22
# »... der Treue hält ewiglich« (Ps 146,6b)

## 1. Annäherung

Im Jahr des Reformationsjubiläums feiern wir am 20. Sonntag nach Trinitatis zwei Tage vor jenem inzwischen vielfältig überfrachteten Datum Gottesdienst, an dem wir des vermeintlichen Thesenanschlags Martin Luthers gedenken und uns damit an die biblisch begründete Einsicht erinnern lassen, dass unser »Herr und Meister Jesus Christus« wollte, »dass das ganze Leben der Glaubenden Buße sei.« (These 1).

Als Thema bzw. Motto des 20. nach Trinitatis gilt – vom Evangelium Mk 10 her – entweder »Eheliche Liebe« (vgl. Bieritz, 261) oder die Frage nach Gottes guter Ordnung (vgl. den Wochenspruch Mi 6,8). Aufs Ganze gesehen lassen die vorgesehenen Texte und Lieder den Sonntag zu einem »zweite[n] Israel-Sonntag« (Denecke, 204) werden. Auch deshalb ist es bedauerlich, dass der Entwurf zur Neuordnung der gottesdienstlichen Lesungen und Predigttexte das bisherige Wochenlied (EG 295) ersetzt.

Ich finde es reizvoll und herausfordernd zugleich, am 29.10.2017 in Gottesdienst und Predigt der Tatsache Rechnung zu tragen, dass reformatorische Kerneinsichten viel zu lange – und bis heute bleibend viel zu oft – gleichermaßen israel- und schriftvergessen entfaltet wurden. Mir geht es darum, in einem entsprechend vorbereiteten Gottesdienst mit einer Predigt zu Gen 8,18–22 Räume zu eröffnen, in denen sich feiern, meditieren und bedenken lässt, dass der eine Gott der Bibel sich in der Bindung an seine Verheißungen als »treu« erweist. Diese Treue zeigt sich in seiner gnädigen Zuwendung zu den Menschen – »ohn alle mein Verdienst und Wirdigkeit, des alles ich ihm zu danken und zu loben und dafür zu dienen und gehorsam zu sein schüldig bin« (BSLK, 511). Sie zu entdecken laden die Verse des Predigttextes ein.

## 2. Kontexte

a) »Es ist keyn buch ynn der Biblien, darynnen sie nbicht beyderley sind, gott hatt sie alwege beyeynander gesetzt, beyde, gesetz und tzusagung.«

Luther, Adventspostille, 159,7f.

b) In Auseinandersetzung mit Rudolf Bultmann (und dem Versuch, das Verhältnis der beiden Testamente der Bibel im Sinn des Schemas »Verheißung und Erfüllung« zu bestimmen) fragt Friedrich-Wilhelm Marquardt:
»Läßt sich denn im Ernst ›Erfüllung‹ der Zeit als ihre Erschöpfung bis zur theologischen Kraft- und Sinnlosigkeit ausdenken? Auch Bultmann und seine Freunde sagen ja nicht, dass jener Segen in Christus aufgehoben sei, unter den Gott nach der Sintflut den geretteten Noah und alle seine Mitgeschöpfe gestellt hat: ›Solange die Erde steht, soll nicht aufhören Saat und Ernte, Frost und Hitze, Sommer und Winter, Tag und Nacht‹ (Gen 8,22); Jahres- und Tagzeiten sind und bleiben soteriologische Wirklichkeiten, als solche der Rettung und des Heils.«

Marquardt, Christologie, 258

c) In seiner Eschatologie spannt Marquardt einen Bogen vom ersten bis zum letzten Buch der Bibel und verweist zugleich darauf, dass Gott und Mensch in diesen Versen auf vielfältige Weise zusammengebunden werden.
»... der biblisch bezeugte Gott hat sich nicht nur an Verheißungen gebunden, wie die, daß er nach der Sintflut nicht noch einmal die Erde um der Menschen willen verfluchen (und das heißt ja: zum Untergang in einer zweiten Sintflut bestimmen) wolle (Gen 8,21), sondern er hat von sich selbst verheißen, daß er treu und lebendig der sein wolle, ›der da ist und der da war und der da kommt‹ (Offb 1,8)...«

Marquardt, Eschatologie, 172

d) Den »Eigenwert des Alten Testaments« (Herbert Haag) illustriert der folgende Abschnitt aus einer 1997 von »Studium in Israel« erarbeiteten und herausgegebenen Broschüre:
»Die Hebräische Bibel erzählt von Menschen, die geboren werden und sterben, lachen und weinen, danken und klagen, die mit Gott rechten, zu ihm halten, an ihm verzweifeln, sich von Gott getrennt und von Gott getragen wissen. Von allen Menschen gilt: Sie sind Gottes Ebenbild. Das macht ihre Würde aus. Das Alte Testament bringt in besonderer Weise die Vielfalt menschlicher Existenz vor Gott zum Ausdruck. Wir brauchen es, weil es dazu ermutigt, das Leben hier und jetzt in seiner Vielfalt vor Gott zu führen.

Die Kraft der Diesseitigkeit und der Befreiung, die im Alten Testament steckt, droht verlorenzugehen, wenn Christinnen und Christen sowie Kirchen meinen, das Alte nur vom Neuen Testament her lesen zu können.

Werden nur die messianischen Dimensionen der Hebräischen Bibel wahrgenommen, bleiben große Teile unentdeckt. Das Erste Testament enthält die Grundelemente des christlichen Glaubens. Das Christentum verdorrt (*Römer 11,17ff.*) wenn es sich stolz von seiner Wurzel abwendet. Nur von dort bekommen wir die entscheidenden Einsichten und Haltungen gegenüber der Schöpfung und der erhofften Neuschöpfung, gegenüber Zeit und Geschichte, gegenüber Herkunft und Zukunft der Menschen.«

Unterwegs von Jerusalem nach Harare, 12f.

e) Der Bedeutung des »Geruchs« in Gen 8,21 spüren Gerhard Begrich und Matthias Rost nach:
»Noah opfert ein Brandopfer, d.h. alles ist für Gott, weil alles Ihm zugehört und das Seine ist. Gott nun riecht den lieblichen Geruch – und beschließt, fortan den Bestand seiner Schöpfung! Alles wegen des guten Geruchs? Wir müssen uns wegen dieser Vorstellung nicht schämen. Im Gegenteil: Das Heil, der Himmel auf Erden, das Leben vor Gott – hat einen angenehmen Duft, der Himmel und Erde erfüllt und IHN erfreut. Die Erlösung einmal als vollkommenen Genuss denken ... Gott nimmt Seine Schöpfung nicht zurück. Obwohl Er weiß, dass der Mensch bleibt wie er ist: Seinem Entwurf, mit der Möglichkeit zu lieben – und zu hassen und d.h. immer in der Gefahr des Scheiterns auch, kündet Er Sein Evangelium für alle Welt! Das ist ›der Trost des Noah‹ (5,29)! Die Erde bleibt – und der Himmel ist nicht zerstörbar. Wir können getrost in den eiskalten Stürmen des Winters stehen, ohne Angst um den Sommer. Der kommt. Jeder Tag ist ein Zeuge seiner Zusage. Und die Nacht auch.«

Begrich/Rost, 233

## 3. Beobachtungen am Text

Der Predigttext führt zum Abschluss der Sintflutgeschichte, einem Höhepunkt der biblischen Urgeschichte (Gen 1–11), die »von der Entstehung der Welt und von den Grundgegebenheiten menschlicher Existenz« erzählt (Blum, 436).

In Gen 8,18–22 ist zusammengebracht, was historischer Forschung zufolge einst nicht zusammengehörte: V 18 wird traditionell der priesterlichen Fluterzählung zugewiesen; zusammen mit VV 15–17 schildert er Aussendung und Auszug aus der Arche. VV 19–22 bilden dagegen den Schluss der Nicht-P Fluterzählung. In 9,1–17 folgt der P-Schluss – dem Entwurf zur Neuordnung der Predigttexte sieht vor, dass 9,12–17 künftig zum Predigttext gehören.

Die Perikope ist nachvollziehbar gegliedert: Dem Verlassen der Arche (VV 18f. – wenn der MT in V 19 von drei »Familien« von allem »Getier« spricht, klingen die drei Lebensbereiche an und sind Wasser-, Luft- und Landtiere im Blick [vgl. Ruppert, 365]), folgen Altarbau und Opfer (V 20), das der Gott Israels riecht und auf das er mit einem Versprechen antwortet (VV 21f.).

Bemerkenswert ist die besondere Sprache, in der das Verheißungsversprechen formuliert ist. Schüle zufolge liegt hier »die wohl poetischste Sprache« vor, »die der Gott der Urgeschichte überhaupt verwendet. Der Sprachfluss imitiert das Kommen und Gehen der Jahreszeiten und den Rhythmus der natürlichen Ordnungen« (Schüle, 145).

Innerhalb der Verse finden sich auffallend viele Bezugnahmen auf andere Bibeltexte. So kommt in V 21 nicht allein Gen 6,5 in den Blick, sondern auch die in Gen 3,17 erzählte ›Verfluchung‹ des Ackerbodens. Auf die Aussage von V 22 scheint Ps 74,16f. anzuspielen (vgl. Jacob, 228). Schließlich lässt sich Jes 54,8–9 »geradezu als Ausformulierung der abschließenden Gottesrede des nicht-priesterlichen Flutberichts lesen. Die Wut Gottes wird in einem Bildzusammenhang mit dem Aufwallen der Flutwasser gesehen, die aber letztlich weichen und der immerwährenden Güte Gottes Raum geben.« (Schüle, 147)

Die Art des Opfers ist vieldiskutiert. Allerdings ist die Opferterminologie hier »denkbar unspezifisch und lässt eher den Eindruck entstehen, dass Opfer einfach zum Leben von Menschen auf dem Boden von Gottes Schöpfung hinzugehören« (Schüle, 145).

Für die in dieser Formulierung nur hier begegnende Rede vom riechenden Gott ist auf die entsprechende Parallele im Gilgamesch-Epos verwiesen worden (vgl. Ebach, 105). Mit dem *reach ha-nichoach* – »lieblicher Geruch« (Luther), »beschwichtigender Geruch« (Zürcher Bibel), »wohlriechender Geruch« (Gradwohl), nach von Rad »Geruch der Beruhigung«, nach Buber-Rosenzweig: »Ruch des Geruhens« – mag eine Anspielung auf den Namen Noahs vorliegen. Der Geruch bewirkt bei Gott »›Zufriedenheit‹ (*náchat rúach*; Midrásch hagadól, Raschi) und das Ruhen seines Zorns […] (b. S'wachím, 46b, Kimchi).« (Gradwohl, 55) Wer immer sich an anthropomorpher Rede von Gott stört, kann hier erfahren, »dass die Vorstellung einer Leiblichkeit Gottes keine Minderung des Wesens Gottes bedeutet.« Wir haben »es in der Bibel nicht allein mit einem sehenden, hörenden und redenden Gott zu tun […], sondern auch mit einem riechenden. Auch und gerade Gott hat *alle seine Sinne beisammen*!« (Ebach, 104f.) Noch einmal anders spitzt Gradwohl unter Bezugnahme auf eine Auslegung des Midrasch Mekhiltha de R. Jischmael (15,11) zu: »Weil Gott ›riecht‹, existiert Er. Gott ist nicht tot, und Er nimmt das Tun des Menschen wahr.« (Gradwohl, 61)

Das ›Trachten des Menschenherzens‹ (V 21) nimmt Gen 6,5 ohne Modifikation auf – und macht deutlich, dass die Nicht-P Überlieferung von einer grundsätzlichen Kontinuität zwischen der Zeit vor der Flut und der Zeit nach der Flut ausgeht: »Der Kontrast liegt allerdings darin, dass Gott einmal beschließt, die Welt um der menschlichen Boshaftigkeit willen auszulöschen, dann aber – nach der Flut – der Welt ewigen Bestand gewährt, *obwohl* Menschen böse sind und böse bleiben.« (Schüle, 120). Die Pointe von 8,21 liegt in der Zusage Gottes, »den Erdboden nicht noch einmal geringschätzig zu behandeln ›um des Menschen willen‹, d. h. weil der Mensch ist, wie er ist.« (Ebach, 110). Dabei gilt: »Kein ewiges Bestehen wird der Erde zugesagt, wohl aber eine Garantie des Bestehens für all ihre Tage.« (Ebach, 116)

Für die Predigt unmittelbar produktiv ist der in diesem Zusammenhang formulierte Gedanke Schüles, demzufolge die Nicht-P Fluterzählung nicht von einer »›Umkehr Gottes‹« ausgeht, sondern dem gerechten Richter den gegenüberstellt, »der im wörtlichen Sinn Gnade vor Recht ergehen lässt und dessen Handeln an der Menschheit gerade nicht der Logik von Tun und Vergeltung folgt; Gott bestätigt vielmehr die Ordnung und den Rhythmus seiner Schöpfung – trotz oder gerade wegen der Realität menschlicher Boshaftigkeit.« (Schüle, 120).

## 4. Homiletische Konkretionen

Ich entscheide mich für eine Predigt, die dem im Text Erzählten nachspürt, es so zum Klingen zu bringen und nacherzählend mit heutiger Wirklichkeit zu versprechen sucht.

Ein erster Abschnitt setzt mit dem Gedanken ein, dass die todbringende Nässe der Sintflut gewichen ist und die so »getrocknete« Erde wieder Platz zum Leben bietet, Raum für Menschen und Tiere. Diese Erde sollen Menschen und Tiere bevölkern, auf ihr miteinander auskommen. Die – trotz allem gute – Schöpfung Gottes wird den Menschen gleichsam ein zweites Mal anvertraut (vgl. 1.Mose 8,17 mit 1.Mose 1,22 und 28–30).

Der aus der Geborgenheit der Arche zurückgekehrte Noah antwortet – zweiter Predigtschritt – mit einem Opfer, das seinen Dank bündelt. Es ist ein Opfer, das Gott »gut riechen« kann. Und das ihn – Gott! – in seinem Herzen ein Versprechen machen lässt: Aller menschlichen Bosheit zum Trotz wird er die Erde nicht mehr zerstören. Menschliche Untaten werden kein weiteres Mal in die Vernichtung der Schöpfung münden. Der Schöpfer selbst steht bleibend ein für seine Schöpfung – er verspricht es, indem er den Kreislauf von Saat und Ernte, Frost und Hitze, Hitze, Sommer und Winter, Tag und Nacht garantiert.

Ein dritter Gedankengang spürt dem Phänomen nach, dass Gott und Mensch in diesen Versen auf vielfältige Weise zusammengebunden werden. Dabei kommt zur Sprache, wie menschlich hier von Gott geredet wird, der riecht und Gefühle zeigt. Der Wirklichkeiten wahrnimmt und so Menschen die Möglichkeit eröffnet, die Realitäten wahr- und sie gleichzeitig ernst zu nehmen. Wobei diese Wirklichkeiten nicht zu lähmen brauchen oder in die Resignation führen.

Denn: Der die Wirklichkeit wahr- und sie ernstnehmende Gott stiftet Hoffnung. Hoffnung, die nicht zuschanden werden lässt. Hoffnung jenseits der Logik von Reue und Vergeltung, Schuld und Strafe.

So kann die in Gottes Zusage für den Bestand seiner Schöpfung gegründete Hoffnung auch heute noch zur Dankbarkeit führen. Dankbarkeit für die Mitmenschen ebenso wie für die Mitgeschöpfe und die Natur. Vor allem aber: Dankbarkeit gegenüber Gott, der Menschen und Tieren Raum gibt, der Verantwortung überträgt und Dankbarkeit für seine Schöpfung. Dankbarkeit gegenüber dem lebendigen Gott, der für das Leben einsteht. Leben gerade auch in seiner Begrenztheit und Fragmentarizität. Leben gerade auch im Angesicht des Bösen, das – zumindest unserem Text zufolge – in dieser Welt wirksam und mächtig bleibt, nicht aber allmächtig.

Schließlich vermag die in der biblischen Erzählung überlieferte Garantie Gottes für den Bestand seiner Schöpfung auch heute noch Kräfte freizusetzen: die Kräfte, die nötig sind um Verantwortung wahrzunehmen: Verantwortung für die Mitmenschen ebenso wie für die Mitgeschöpfe und die Natur. Verantwortung, die alle, die sie wahrnehmen, Zeuginnen und Zeugen der Treue Gottes sein lässt.

## 5. Liturgievorschläge

Psalmen: Ps 119 (Wochenpsalm); 19

Lesung: 1.Kor 1,(1–3.)4–9

Lieder:
Wochenlied: Wohl denen, die da wandeln (EG 295)
Gelobt sei deine Treu (EG 665, Regionalteil Württemberg)
Nun preiset alle Gottes Barmherzigkeit (EG 502)
Gott gab uns Atem, damit wir leben (EG 432)

### Literatur

Begrich, Gerhard/Rost, Matthias, Die alttestamentliche Lesung im Gottesdienst. Von Advent bis Sonntag mit einem Kollektengebet (Tagesgebet) für jeden Sonntag und einer Einführung zum Text, Norderstedt 2012.

Bieritz, Karl-Heinrich, Das Kirchenjahr. Feste, Gedenk- und Feiertage in Geschichte und Gegenwart. Neu bearbeitet und erweitert von Christian Albrecht, München [9]2014.

Blum, Erhard, Urgeschichte, in: TRE 34 (2002), 436–445.

Denecke, Axel, 20. Sonntag nach Trinitatis: Der »zweite Israel-Sonntag« im Kirchenjahr, in: Deeg, Alexander (Hg.), Der Gottesdienst im christlich-jüdischen Dialog. Liturgische Anregungen, Spannungsfelder, Stolpersteine, Gütersloh 2003, 204–206.

Die Bekenntnisschriften der evangelisch-lutherischen Kirche, hg. im Gedenkjahr der Augsburgischen Konfession 1930, Göttingen [11]1992.

Ebach, Jürgen, Noah. Die Geschichte eines Überlebenden, Biblische Gestalten 3, Leipzig 2001.

Gradwohl, Roland, Bibelauslegungen aus jüdischen Quellen, Bd. 1: Die alttestamentlichen Predigttexte des 3. und 4. Jahrgangs, Stuttgart [2]1995.

Jacob, Benno, Das Buch Genesis, hg. in Zusammenarbeit mit dem Leo Baeck Institut. Nachdr. der Orig.-Ausgabe 1934, Stuttgart 2000.

Luther, Martin, Adventspostille 1522, WA 10,1,2, 1–208.

Luther, Martin, Disputatio pro declaratione virtutis indulgentiarum, https://www.ekd.de/glauben/95_thesen.html, abgerufen am 2016-08-05.

Marquardt, Friedrich-Wilhelm, Das christliche Bekenntnis zu Jesus, dem Juden. Eine Christologie. Bd. 2, München 1991.
Marquardt, Friedrich-Wilhelm, Was dürfen wir hoffen, wenn wir hoffen dürften? Eine Eschatologie, Bd. 3, Gütersloh 1996.
Rad, Gerhard von, Das erste Buch Mose. Genesis, ATD 2–4, Göttingen [11]1981.
Ruppert, Lothar, Genesis. Ein kritischer und theologischer Kommentar. 1. Teilbd.: Gen 1,1–11,26, fzb 70, Würzburg 1992.
Schüle, Andreas, Die Urgeschichte (Gen 1–11), ZBK.AT 1,1, Zürich 2009.
Unterwegs von Jerusalem nach Harare. Ein Diskussionsbeitrag zum Thema der achten Vollversammlung des Ökumenischen Rates der Kirchen, hg. v. Studium in Israel e.V., Berlin 1997.

*Ernst Michael Dörrfuß*

## Reformationsfest: Mt 10,26b–33
## Was ich Euch sage in der Finsternis, redet im Licht …

### 1. Annäherung

Mein Blick fällt v.a. auf Vers 27: Was zu Jesu Zeiten und zur Zeit der Reformation ›geflüstert‹ wurde, soll nun ›auf den Dächern‹ ausgerufen werden. Der Reformationstag 2017, durch die sog. Reformationsdekade seit Jahren vorbereitet, in vielen Bundesländern einmalig gesetzlicher Feiertag (siehe http://www.ekd.de/reformationstag/index.html), lässt das sinnfällig werden. Er sollte nicht als ›trotziger‹ Gottesdienst der kleiner werdenden Gemeinde, sondern als öffentliche Feier begangen werden.

Was als innere Reform der Kirche begonnen wurde, findet nach 500 Jahren in Politik und Gesellschaft außergewöhnlich hohe Beachtung und wird als kulturgeschichtlich maßgebliches Geschehen anerkannt: überaus bedeutsam für die Entwicklung der deutschen Sprache, für die Schulgeschichte des Landes, für die Genese neuzeitlicher Subjektivität, für die Entstehung einer Pluralität der Wahrheitsansprüche und Lebensdeutungen (vgl. Lauster, 329ff.). Leider wurde auch das zwiespältige Verhältnis der Reformatoren zum Judentum fortgeschrieben (vgl. etwa Detmers und von der Osten-Sacken). Was dies angeht, gibt es nichts zu beschönigen (siehe EKD-Kundgebung 2015).

Es wäre zu wünschen, dass der Gottesdienst an diesem Tag dem Duktus des Predigttextes und dieser öffentlichen Bedeutung der Reformation Rechnung tragen – durch eine besondere einladende Hinwendung zur Öffentlichkeit, aber auch durch eine Gestaltung, die Menschen verschiedener Generationen, Geschlechter und Herkunftskulturen zu Wort kommen lässt mit dem, was für sie »Bekennen« heißt und welche Lebensdeutungen und -praxen unter ›Inanspruchnahme des Christlichen‹ (Albrecht Beutel) nach ihrem Verständnis »auf den Dächern« ausgerufen werden sollten – nicht zuletzt im Blick auf ein erneuertes Verhältnis zum Judentum.

### 2. Kontexte

a) Tragende Elemente dieser Matthäus-Perikope – etwa das zukünftige Offenbar-Werden des heute noch Verborgenen, das Sorge-Tragen nicht um Leib und Leben, sondern um die Seele, usw. – finden sich sowohl in der paganen als auch in der frühjüdischen Tradition außerhalb des Neuen Testaments (dazu unten im Abs. 3). Das Besondere hier ist der Bezug auf das sprechende »Ich«, also Jesus, und der *cantus firmus* dieses Textes: »Fürchtet euch nicht« (VV 26.28.31).

b) Luther selbst erkannte seinerzeit in den Verfolgungen, die Mt 10 schildert bzw. ankündigt, die Verfolgung seiner Anhänger durch die Papsttreuen widergespiegelt. Er schreibt im Blick auf die Verse 26b/27: »Wenn sie euch plagen und Gott schweigt, so meinen sie freilich, es sei Gott verborgen und gerate in Vergessenheit. […] O wie sicher rühmen sie sich unter dem Deckel, daß sie die Kirche heißen und ihr die Ketzer […] Aber der Tag wird kommen, daß ihnen der Deckel genommen und es sich zeigen wird, daß sie unter dem Deckel der Gerechtigkeit der allerschlimmste Greuel gewesen sind.

Ihr aber sollt umgekehrt handeln: Sie verheimlichen ihre Greuel und verbergen sie unter einem schönen äußerlichen Schein. Ihr aber sollt auch das Inwendigste offen lehren und nicht gleißen wie die andern; ihr sollt außen vor den Menschen so sein wie ihr innen seid vor mir. Wenn dann alles offenbar wird, so wird man euch als innerlich und äußerlich wahrhaftig erfinden [...]. Das meint Christus, wenn er spricht: was ihr von mir höret in der Finsternis, das redet im Licht. D. h.: lasst euch nicht verwirren, lehrt offen, was ihr heimlich hört.«

Luther, 357

c) Das bekannt zu machen, was man ›hinter verschlossenen Türen‹ diskutiert (in beratenden Gremien etwa) oder was man ›inwendig‹ als richtig erkannt hat (vgl. VV 26f.), ist in modernen Gesellschaften Aufgabe der Publizistik. Nicht ohne Grund hat das »Gemeinschaftswerk der evangelischen Publizistik« (gep) Mt 10,27 als Motto auf die eigene Homepage gesetzt (www.gep.de; Zugriff am 15.2.2016). Laut Satzung hat das gep die Aufgabe, »das Zeugnis und den Dienst der Kirchen in der Öffentlichkeit geltend [zu] mach[en]« (Satzung i. d. F. vom 14. September 2014, Präambel).

d) Das Bemühen christlicher Kirchen um eine Erneuerung des Verhältnisses zum Judentum nach 1945 wäre ohne Beratung, Gespräch und Zusammenarbeit mit Jüdinnen und Juden nicht möglich gewesen. Auf jüdischer Seite ist diese Erneuerung somit – zumindest anfangs – ›in der Finsternis‹ gefördert, aber kaum einmal öffentlich kommentiert worden. Doch nachdem sich mehrheitlich liberale Rabbinerinnen und Rabbiner im Jahr 2000 mit »Dabru Emet/Redet Wahrheit« zu Wort meldeten, haben nun auch orthodoxe Rabbiner ihre Stimme erhoben: Am 3. Dezember 2015 wurde die Erklärung »To do the will of our father in heaven: toward a partnership between Jews and Christians« veröffentlicht. U. a. heißt es darin: »we acknowledge that Christianity is neither an accident nor an error, but the willed divine outcome and gift to the nations«. »Neither of us can achieve G-d's mission in this world alone.«

(bereitgestellt etwa auf der Homepage des »Center for Jewish-Christian Understanding & Cooperation«, siehe http://cjcuc.com/site/2015/12/03/orthodox-rabbinic-statement-on-christianity)

### 3. Beobachtungen am Text

Die Aussendungsrede insgesamt (Mt 10,5–42) wendet sich an die Jünger Jesu, die zwischen Ostern und dem baldigen Sichtbarwerden des »Reiches der Himmel« (V 7) einen Auftrag und eine Ermutigung zu dessen Wahrnehmung bekommen.

Der Tenor dieser Rede, der gerade in dieser für das Reformationsfest ausgewählten Perikope deutlich betont wird, lautet: *Fürchtet Euch nicht!* (VV 26.28.31) – ein Motiv, das im gesamten Matthäusevangelium eine prägende Rolle spielt, von der Geburtsgeschichte (Mt 1,20) bis zur Geschichte vom leeren Grab (Mt 28,5).

Dieser cantus firmus gilt jeweils Menschen, die genau das haben, was sie in der Gegenwart Jesu bzw. im Licht des Evangeliums eigentlich nicht zu haben bräuchten:

Furcht (*phóbos*). Zwar kündigt Jesus ihnen an, dass sie ausgeliefert, gehasst, verfolgt werden, doch Grund zur Furcht gibt es seines Erachtens nicht, denn

- alles, auch alle Schandtaten werden offenbar werden (VV 26f.),
- gefährlicher als Schäden an Leib und Leben ist Schaden an der Seele (V 28),
- nichts geschieht ohne Einverständnis des Herrn. Das gilt für das Geschick der Sperlinge und *kal va-chomer,* erst recht für das der Menschen (V 29–31).

*Deshalb* gilt: Wer Jesus verleugnet vor den Menschen, den wird *er* vor dem Vater in den Himmeln verleugnen, und wer ihn bekennt, den wird Jesus auch vor dem Vater bekennen (VV 32f.).

Bekennen und Verleugnen meinen hier nicht nur verbale Vollzüge, sondern auch Taten: Das *Verhalten* der Jünger *vor den Menschen* – in Worten und Werken (Luz, 130f.) – ist das Schibboleth (Ri 12,5f.) des Verhaltens Jesu ihnen gegenüber *vor dem Vater.* »Wer seine Seele findet [bzw. retten will], wird sie verlieren; wer sie verliert um meinetwillen, wird sie finden.« (V 39; vgl. Mt 16,25) Seine Seele zu finden bzw. sein Leben zu *retten,* das meint: sich dem gefährlichen Auftrag Jesu und seinen Folgen (wie sie in den VV 17–25 beschrieben wurden) *entziehen*; seine Seele bzw. sein Leben zu *verlieren,* das meint: *auftragsgemäß handeln,* »sein Kreuz aufnehmen und mir nachfolgen« (V 38) und die erwartbaren, lebensgefährdenden Reaktionen der Menschen in Kauf nehmen.

Angesichts dieser Alternative gibt es – so schreibt Eugen Drewermann – zwei Möglichkeiten: Man kann den leiblichen Tod als »das Schlimmste auf Erden« betrachten und ihm »zu entrinnen versuchen, solange es geht« *oder* aber – mit Jesus – etwas Anderes für schlimmer erachten, nämlich: das, was wirklich wichtig ist, nicht zu tun, »mit dem Leben gar nicht erst richtig zu beginnen, indem man aus lauter Angst vor dem Sterben alles vermeidet, was das menschliche Leben ausmacht an [...] Hoffnung und Leidenschaft, an Perspektive und Verlangen, an Sehnsucht und Würde« (Drewermann, 167). Viel schlimmer als der Tod »wäre es doch, wenn sich zeigen würde, daß ihr aus lauter Furcht vor den Menschen am Ende überhaupt keinerlei Glauben in *die* Macht setzen könntet, der ihr *wirklich* gehört« (Drewermann, 171, Kursivierung BS).

All die lebensgefährlichen Folgen des Jünger-Seins treten in Mitteleuropa höchstwahrscheinlich nicht ein – anders als in vielen anderen Weltgegenden: etwa Irak, Syrien und Ägypten, Nigeria und Somalia, China, Indien und Nordkorea (vgl. DBK / EKD, 31). Umso dringlicher steht die Frage im Raum, ob unter freiheitlichen Bedingungen von Christinnen und Christen all das getan wird, was Jesu Aussendungsrede als Jüngerschaft beschreibt. Mit V. 27 greift die Logik des *kal-va-chomer*: Wenn dies alles sogar unter widrigen Umständen, im Bild gesprochen: »in der Finsternis«, zu tun wäre, um wieviel mehr erst »im Licht«, also dort, wo Lebensführung und -deutung in aller Freiheit selbst bestimmt werden können?

Hinter den Bildworten des Textes stehen zum Teil reale Gegebenheiten und Ideen, die im Frühjudentum verbreitet waren:

*V 26b*: Dass nichts verborgen bleiben kann, sondern über kurz oder lang, hier auf Erden oder spätestens am Tag des Jüngsten Gerichts (zu dieser Alternative Luz, 125), offenbar werden wird, ist als antikes Gemeingut anzusehen. Schon der griechische Komödiendichter Menander (342/341–291/290 v. u. Z.) weiß: »Die

Zeit bringt die Wahrheit ans Licht.« (Sentenzen 13, zit. nach: Neuer Wettstein, 858); vgl. auch Prediger 12,13f.: »Denn jede Tat, ob gut oder schlecht, wird Gott vors Gericht über alles Verborgene bringen« (ausgelegt im Midrasch Kohelet, zugänglich über Wünsche, 159f.).

*V 27b* spielt wohl auf eine bestimmte Praxis des synagogalen Gottesdienstes an, nämlich diejenige, dass die Lesung der Tora leise, konkret: »ins Ohr« des sog. Übersetzers (hebr.: *meturgman*) vorgetragen wurde (Elbogen, 151f.). Erst dieser hatte dafür zu sorgen, dass die Lesung in die Sprache des Landes übersetzt und vernehmlich vorgetragen wird. Das geschah zwar nicht »auf den Dächern« der Synagoge, sondern am Lesepult, doch wäre das Dach – die Flachbedachung nahöstlicher Gebäude vorausgesetzt – der beste Ort gewesen, die Tora allen bekannt zu machen.

*V 28* nimmt gängige Motive frühjüdischer und rabbinischer Martyriologie auf (Avemarie, 300). Exemplarisch sei auf die von Rabbi Jochanan ben Sakkai erzählte Geschichte verwiesen, der angesichts seines nahen Todes zuversichtlich wissen lässt: Das Töten durch irdische Herrscher sei kein ewiges Töten (insofern es nur den Leib trifft) und deshalb nicht furchterregend; wirklich zu fürchten sei, wenn Gott preisgibt, denn das tötet Leib und Seele (Babylonischer Talmud Berakhot 28b).

*VV 29–31* bringen in einem Bildwort die Überzeugung zum Ausdruck, dass nichts »ohne Wissen und Willen (gr.: áneu) Eures Vaters« geschieht. Das ist wohl als Gemeingut der pharisäisch-rabbinischen Tradition anzusehen – »alles ist vorhergesehen, [doch] die Freiheit ist gegeben« (Mischna Avot 3,19 – abgedruckt in jedem traditionellen Siddur, etwa Siddur Sefat Emet, 159).

## 4. Homiletische Konkretionen

In Anbetracht unserer Lebensumstände, die u. a. von der Garantie der negativen wie der positiven Religionsfreiheit (Art. 4 Grundgesetz) bestimmt sind, fokussiere ich V 27 in Verbindung mit VV 32f. Die Leitfragen lauten: Was gilt es heute ›im Licht zu reden‹? Wo bekennen/verleugnen wir unseren Glauben – wenn nicht explizit, dann durch unsere Art der Lebensführung?

In früheren Zeiten scheint klar gewesen zu sein, was von den ›Jüngern‹ verlangt war:

- Der aussendende Jesus zielte nach Mt 10 auf einen sendungsbewussten Lebensstil, dessen Leitlinien in der Bergpredigt provozierend beschrieben wer-den (Auszüge aus Mt 5 sind Evangelium des Gedenktages der Reformation).
- Die Lutherische Reformation zielte auf die Wahrnehmung des Priestertums aller Getauften, darauf also, allen die Zuwendung Gottes zuzusprechen und alle Getauften zu einem evangeliumsgemäßen Leben zu bewegen. Ein Leben, geführt in der Freiheit eines Christenmenschen, aber deshalb keineswegs zügellos, sondern eben in frei(willig)er Verbindlichkeit. Vor Augen gestellt wurde dies Leben im Katechismus, der in memorierbarer Form beschreibt, was man glaubt (Bekenntnis), worauf man angewiesen ist (Vaterunser), wie man handeln (Zehn Gebote) und Tag wie Leben strukturieren (Morgen- und Abendsegen, Tauf- und Traubüchlein) sollte.

Wenn – zum Glück – die Bande von Tradition und sozialer Kontrolle zugunsten freier Lebensführung gelockert sind, wenn – zum Glück – keine äußeren Gefahren drohen, wird es schwieriger. Ein Versuch: Kann man sagen, in einer durch und durch kompetitiven Welt mit einer endlosen Kette von Gewinnern und Verlierern geht es um etwas ganz Einfaches: um Liebe (*agapé*; vgl. Huber, 246–256)? Um Liebe als Selektionskorrektiv, als Konkurrenzbremse, als Hinwendung zum Menschen, die dem Gegenüber gerecht zu werden sucht, die niemanden – oder realistischer: fast niemanden (außer vielleicht den Mohammed Attas und Anders Breiviks dieser Welt) – verloren gibt? Mt 10 wird dann mit 1.Joh 4,15f. gelesen: »Wer bekennt, dass Jesus der Sohn Gottes ist, in dem bleibt Gott und er in Gott. Und wir haben erkannt und geglaubt die Liebe, die Gott zu uns hat. […] und wer in der Liebe bleibt, bleibt in Gott und Gott bleibt in ihm.«

In Anbetracht dieser Einsicht des Glaubens muss man sagen: Bekennen wie Verleugnen findet statt, ob wir wollen oder nicht. Und es wird nicht verborgen bleiben. Dennoch: Fürchtet euch nicht!

## 5. Liturgievorschläge

Psalm 46 (EG 725)

Lesungen: Mt 5,1–10 (Evangelium) und, wenn möglich, Jes 62,6f.10–12 (Alttestamentliche Lesung mit Erwähnung des »Nes Ammim«)

Lieder:
Nun freut euch, lieben Christen g'mein (EG 341 = Wochenlied), z. B. VV 1–4 und 10
Ein feste Burg (EG 362 = Entsprechung zum Wochenpsalm)
Gott liebt diese Welt (EG 409)
We shall overcome (EG 616, Regionalteil Niedersachsen / Bremen)

Als Fürbitte seien die beiden Textvorschläge aus der »Reformierten Liturgie« (Wuppertal 1999, 250f.) empfohlen, hier ein Auszug:
»Wir bitten um Reformation:
um einen wachen Umgang mit der Heiligen Schrift,
um lebendigen Gottesdienst,
um Gottesfurcht und Gottesliebe
und um mehr Vertrauen zu dir.«

## Literatur

Avemarie, Friedrich, Sterben für Gott und die Tora. Das Martyrium im antiken Judentum (2008), in: Ders., Neues Testament und frührabbinisches Judentum. Gesammelte Aufsätze, hg. von Jörg Frey und Angela Standhartinger, Tübingen 2013, 283–300.

Detmers, Achim, Reformation und Judentum, Stuttgart 2001.

Sekretariat der Deutschen Bischofskonferenz / Kirchenamt der Evangelischen Kirche in Deutschland (Hg.), Ökumenischer Bericht zur Religionsfreiheit von Christen weltweit 2013 (Gemeinsame Texte 21), Bonn/Hannover 2013.

Drewermann, Eugen, Das Matthäusevangelium, zweiter Teil, Solothurn/Düsseldorf 1994.

Elbogen, Ismar, Jewish Liturgy. A Comprehensive History (based on the original 1913 German edition and the 1972 Hebrew edition), Philadelphia u. a. 1993.

Evangelische Kirche in Deutschland, Kundgebung der 12. Synode »Martin Luther und die Juden – notwendige Erinnerung zum Reformationsjubiläum«, Bremen 2015.
Huber, Wolfgang, Der christliche Glaube, Gütersloh 2008.
Lauster, Jörg, Die Verzauberung der Welt. Eine Kulturgeschichte des Christentums, München 2014 (Darmstadt $^{3}$2015).
Luther, Martin, Evangelien-Auslegung, hg. von Erwin Mülhaupt, zweiter Teil: Das Matthäus-Evangelium, Göttingen 1939.
Luz, Ulrich, Das Evangelium nach Matthäus, 2. Teilband, Neukirchen-Vluyn 4., veränderte Aufl. 2007.
Midrasch Kohelet, zum ersten Male ins Deutsche übertragen von August Wünsche, Leipzig 1880.
Von der Osten-Sacken, Peter, Martin Luther und die Juden, Stuttgart 2002.
Sidur Sefat Emet, mit deutscher Übersetzung von Selig Bamberger, Basel 1980.
Neuer Wettstein, Texte zum Neuen Testament aus Griechentum und Hellenismus, Band I / 1.2 Texte zum Matthäusevangelium, hg. von Udo Schnelle, Berlin / Boston 2013.
Zeiske, Ernst Christian, Reformationsfest – Mt 10,26b–33, in: Predigtmeditationen im christlich-jüdischen Kontext. Zur Perikopenreihe III (1998), 366ff.

*Bernd Schröder*

# 21. Sonntag nach Trinitatis: Mt 10,34–39
# Das Schwert vor die Füße geschmissen

## 1. Annäherung

Bitte nicht abschrecken lassen von der Perikope! Und auf keinen Fall sollte eine Predigt damit beginnen, dass man am liebsten einen anderen Text genommen hätte. Selbst wenn es stimmen sollte, es wäre ein Stimmungskiller. Eher sollte am Anfang der Predigt und deren Erarbeitung entweder etwas Ironisches stehen, z. B. das Graffiti aus Kreuzberg (s. Kontexte). Immerhin beginnt unsere Perikope: »… nicht gekommen, Frieden zu werfen (*ballein*), sondern das Schwert«. Oder aber die Gedanken gehen vom 9. November aus, der unmittelbar bevorsteht.

Die Versuchung ist groß, das Schwert, das Jesus statt des Friedens bringt, von vorne herein irgendwie metaphorisch zu verstehen. In der Epistel des Sonntags ist das so, die ausgeführten Waffen sind in übertragenem Sinn gebraucht. Gehen wir aber lieber davon aus, dass »Schwert« hier wirklich »Schwert« meint. Die Worte atmen verzweifeltes Aufbäumen in unerträglicher Unterdrückung, sie ›klingen hart‹, nach ›harter Klinge‹. Es wird nicht einfach sein, den Platz im Text zu finden, wo wir uns wiederfinden. Aber wir finden um uns herum Menschen, die aus einer verzweifelten Situation kommen: »… ich bin gekommen, den Menschen zu entzweien … die Tochter von (*kata*) ihrer Mutter …«. Eine syrische Frau, seit wenigen Wochen in Berlin, erzählte, ihr dreijähriges Kind und ihr Mann seien durch eine Bombe aus dem Leben gerissen worden, sie hätte noch nicht einmal Leichname gehabt, um sie begraben zu können – Entzweiung einer Familie? Wir werden jener Frau bestimmt nicht sagen können, dass alles so sein musste, weil Jesus es so wollte. Uns aber können wir einander sagen, dass es sein muss, sich auf die Seite der – muslimischen – Geflüchteten zu stellen.

Das Thema »Geflüchtete« bietet sich als Blickpunkt an, zum einen, weil es die Herausforderung unserer Zeit ist und eine verblüffend große Anzahl der Predigttexte ganz neu zu leuchten beginnen, wenn wir sie unter diesem Blickpunkt lesen, zum anderen, weil dieses Thema in V 23 explizit angesprochen wird.

## 2. Kontexte

a) »POTSDAM. Die Tochter des stellvertretenden AfD-Vorsitzenden und Landeschefs in Brandenburg, Alexander Gauland, ist entsetzt über den politischen Kurs ihres Vaters in der Flüchtlingspolitik. ›Ich finde es schrecklich, was er sagt‹, sagte die Rüsselsheimer Pfarrerin Dorothea Gauland der Zeit. Die 33-Jährige vermutet politisches Kalkül dahinter: ›Er hat gemerkt, er kommt damit an.‹ Die Pfarrerin hat dem Bericht zufolge einen Flüchtling aus Eritrea bei sich aufgenommen. Ihr 75-jähriger Vater habe nicht viel dazu gesagt, nur dass es ihre Entscheidung sei und sie auf sich aufpassen solle. Alexander Gauland selbst forderte in einem Interview des Zeit-Magazins die Schließung der Grenzen. ›Einen Wasserrohrbruch dichten Sie auch ab‹, sagte er. ›Wir müssen die Grenzen dichtmachen und dann die grausamen Bilder aushalten. Wir können uns nicht von Kinderaugen erpressen lassen.‹ (dpa)«

Berliner Zeitung vom 25. 2. 2016:

b) »Die Würde des Menschen ist ein Konjunktiv«

Buchtitel

c) »Herr schmeiß Hirn vom Himmel!«

Graffiti auf einer Mauer in Berlin-Kreuzberg
in der Zeit der Hausbesetzungen (1980–85)

d) »Es wird gelehrt: R. Nehoraj sagte: Im Zeitalter, in dem der Sohn Davids kommen wird, werden die Jungen das Gesicht der Greise beschämen und Greise werden vor den Jungen aufstehen; eine Tochter wird gegen ihre Mutter auftreten, eine Schwiegertochter gegen ihre Schwiegermutter; das Gesicht des Zeitalters wird dem Gesicht eines Hundes gleichen, und ein Sohn wird sich vor seinem Vater nicht schämen.
Es wird gelehrt: R. Nehemja sagte: Im Zeitalter, in dem der Sohn Davids kommen wird, wird die Frechheit überhand nehmen und die Achtung entarten;«

Babylonischer Talmud Sanhedrin 97a, zit. nach: Goldschmidt, 65

## 3. Beobachtungen am Text

Zur Stellung der Perikope im Matthäus-Evangelium: »Jesus wird zunächst durch die sog. Bergpredigt als vollmächtiger Lehrer präsentiert (Mt 5–7); in Mt 8–9 folgt darauf die Präsentation seines vollmächtigen Handelns … bilden mit der Berufung der ersten Jünger in Mt 4,18–22 und der Aussendungsrede in Mt 9,36 - 11,1 zwei Jüngertexte den äußeren Rahmen um die Präsentation des Wirkens Jesu in Mt 4,23–9,35 …« (Konradt, 59). Wir befinden uns mit unserer Perikope also in dem Teil, in dem die Jünger berufen sind, sie bereits um die Lehre Jesu wissen und es nun um die Konsequenzen im eigenen Handeln geht. Den Abschnitt, der unsere Perikope enthält, überschreibt Konradt mit »Mahnungen angesichts der Bedrängnis« (169), nachdem Matthäus zuvor die »Verfolgung und Bedrängnis der Jünger« (165) angesprochen hat.

*V34*: Jesus wirft den Jüngern das Schwert hin (*ballein*). »Aufnehmen« aber sollen sie das Kreuz (*V38*) und nicht etwa das Schwert.

Das Verhältnis der Bibel zum Schwert ist widersprüchlich. Innerhalb von Matthäus stehen gewissermaßen als Gegengeschichten Matthäus 26,52 (»stecke das Schwert an seinen Platz …«) und Matthäus 5,38–48, dem Evangelium dieses Sontags. Die wohltuende Stelle bei Micha 4,3 (par. Jesaja 2, das Umschmieden von Schwertern zu Pflugscharen) steht im Widerspruch zu Joel 4,10 (Pflugscharen zu Schwertern).

Dass Jesus das Schwert nicht ›wegwirft‹, sondern dass es seine zerstörerische Wirkung entfaltet, zeigt die Parallelstelle in Lukas 12,49, in der Jesus das »Feuer« auf die Erde wirft(!) und bedauert, dass es nicht schon längst um sich gegriffen hat.

Man wird die Spannung aushalten müssen, glattbügeln lässt sie sich nicht.

*VV 35–36*: Aus diesen Versen ist herauszuspüren, wie unerträglich der politische Druck geworden ist. Es gibt genügend Zeitzeugen, die in der Zeit der DDR von Familienangehörigen bespitzelt wurden, genügend Menschen, die bis heute Hemmungen haben, ihre StaSi-Akte einzusehen aus Angst, darin Verwandte zu finden, die den staatlichen Behörden über sie berichtet haben. Auch der Tochter von Gauland (siehe Kontexte) wird es nicht leicht gehabt haben, sich gegen die Meinung ihres Vaters zu stellen, weil sie derartig unerträglich geworden ist.

Die stärkende Botschaft ist hier: Gott ist nicht fern. Es sind Zeichen des Willens Gottes, ähnlich dem »verfetteten Herzen« Pharaos, das ihn daran hinderte, das Volk Israel ziehen zu lassen (Ex 9,12). Jesaja schreibt: »Ich bin JHWH und sonst ist keiner, der Licht bildet und Finsternis schafft, der Heil wirkt und Unheil schafft, ich bin JHWH, der alles bewirkt« (Jes 45,7). Wir werden uns davor hüten müssen, zu behaupten, dass alles Unrecht von Gott geplant ist, aber es ist ein Trost für Unterdrückte, zu wissen, dass auch im Unrecht Gott nahe ist.

Die Beziehungen der Menschen untereinander, die entzweit werden, sind geordnet, vom Engeren zum Weiteren: Eltern – Kinder; Schwiegereltern – Schwiegerkinder; Nachbarn (vergleiche auch die Talmudstelle in den Kontexten). Die gleiche Reihenfolge findet sich bei Micha 7,6, ebenso in der Parallelstelle zur Perikope bei Lukas (12,53). Bei Micha ist die Entzweiung ein Zeichen dafür, wie weit Menschen sich von Gott entfernt haben: »Denn ich bin gekommen (Was Micha 4,6 als ein Symptom menschlicher Verderbnis beschrieben wird, eben das erscheint nun als eine göttliche Verfügung!) …« (Barth, 293). In den beiden Evangelien ist die Entzweiung ein Zeichen, dass Gott in schlimmen Zeiten gegenwärtig ist.

*V 37*: Hier hat Matthäus offensichtlich gnädig seine Vorlage bei Lukas 14,26 gemildert (Konradt, 173). Bei Lukas (Lk 14,26) verlangt Jesus, Eltern, Kinder, Geschwister und auch das eigene Leben zu »hassen«. Vor dieser harten Forderung bewahrt uns Matthäus.

Auffallend ist das dreimalige »Wert«-Sein in VV 37f. In der Umgebung unserer Perikope taucht dieser Begriff häufiger auf: Mt 8,8 (»… bin nicht wert, dass du unter mein Dach gehst …«), 10,10 (»ein Arbeiter ist seiner Speise wert«), 10,11 (ob jemand in der Stadt ist, »der es wert ist …«), 10,13 (»wenn es das Haus wert ist …«), 22,8 (»die Gäste waren's nicht wert«). In Taufgesprächen kommt die Rede fast immer auf die ›Werte‹, die zu vermitteln sich Eltern und Paten verpflichten und der nächsten Generation weitergeben wollen. Die Einhaltung solcher Prinzipien lassen dann ein Leben ›wertvoll‹ erscheinen, weil sie eine offene und gerechte Gesellschaft fördern.

*V 38*: Sein Kreuz auf sich zu nehmen bedeutet auch, sich unter die Übeltäter rechnen zu lassen (Siehe Mk 15,28, auch wenn es sich dort um eine spätere Zufügung handelt.), in einem Unrechtsstaat oder unter bestimmten Bedingungen es in Kauf zu nehmen, notfalls straffällig zu werden.

*V 39*: Dieses Wort bekommt Sinn durch *V 28*. Dort wird unterschieden zwischen denen, die den »Leib« töten, der »Seele« aber nichts anhaben können. Wer sich nicht arrangiert mit den Mächtigen, um vielleicht den Leib noch retten zu können, wird sein Leben/Seele bewahren. Beim Ruf in die Nachfolge führt Jesus bei Matthäus diesen Gedanken aus (Mt 16,24–26).

## 4. Homiletische Konkretionen

In vier Tagen ist Pogromgedenken. Wenn man nicht mit diesem Gedanken beginnt, bietet es sich an, am Schluss darauf abzuzielen. Die innerjüdische Frage, ob es nicht besser gewesen wäre, sich ›mit dem Schwert in der Hand‹ zu wehren, statt auf das gewaltlose Dulden des Nazi-Terrors zu setzen, bringt uns als christliche Gemeinde nicht weiter. Die Perikope spricht zu uns und wir müssen fragen, warum es keinen breiten gewaltlosen Widerstand in der Kirche gab. Es gibt genügend Beispiele, dass das durchaus erfolgreich war. In dem Pfarrhaus, in dem ich lebe, hat eine Pfarrfrau jüdische Jugendliche versteckt. Wir bleiben bei den Fragen an die Generation von damals aber nicht stecken, denn es ergibt sich unweigerlich die Frage, wie wir dem Terror, unter dem andere heute leben, Widerstand leisten und seine Folgen abzumildern können.

Hintergrund unserer Perikope ist ganz offensichtlich eine höchst angespannte politische Situation. Entstanden ist das Matthäusevangelium mutmaßlich in Syrien(!), vielleicht auch in Galiläa (Konradt, 22). Möglicherweise steht die judenchristliche Gemeinde in Konflikten mit den jüdischen Gruppen. VV 17–18 zeigen, dass Denunziationen bei der römischen Besatzungsmacht gefürchtet waren. Autor und Adressatenkreis sind im Judentum verwurzelt (Konradt, 18), »Hausgenossen« spalten sich, werden zu Gegnern, in der Gegenwart etwa kirchliche Gruppen, die Hilfesuchende, die dem Terror entkommen konnten, Hilfe vorenthalten wollen.

»Fürchtet euch nicht vor denen, die den Leib töten …«, das kann nur jemand schreiben, der versucht, mit der Todesangst fertig zu werden, bzw. andere in Todesangst zu stärken. Unsere Situation ist das nicht. Zu uns kommen aber Menschen, die aus Angst vor dem Tod geflohen sind, die in so einer »Bedrängnis« (z. B. in Syrien) gelebt haben. In unseren Breiten wächst die Angst vor Terroranschlägen radikaler »Islamisten«. Glücklicherweise wächst auch das Verständnis für Flüchtlinge, die in ihrem Land schon die Terroranschläge am eigenen Leib erleben mussten.

Ein aktueller Bezug ergibt sich, angesichts der Bedrohung durch IS und Boko Haram, für den Mittleren Osten und West-Afrika. Wer in der Predigt auf die Flüchtlinge abhebt, sollte den V. 40 mit hinein nehmen.

Unsere Aufgabe in der Predigt ist es nun weniger, die Welt zu erklären, als vielmehr aufzufordern, das Leiden anderer mit zu tragen und es zu unserem Kreuz zu machen. V 34 ist einfach einmal eine Provokation! Die sollten wir aufnehmen. Die Welle des Terrors wird früher oder später auch unser Land erreichen. Die Gemeinde des Matthäus lebte bereits unter ihr. Sie wird nicht beschrieben als eine Zeit der Gottesferne, sondern als eine Zeit, die ›so sein muss‹. Doppelt wird in V 34 betont, dass Jesus »gekommen« ist, das heißt: er ist da – in dieser Situation, die »dem Gesicht eines Hundes gleicht« (siehe Kontexte). Ganz gewiss wirft er uns nicht das Schwert hin, damit wir es aufgreifen, sondern es ist gegen uns gerichtet. Wir leiden darunter, und wenn es vorerst vielleicht auch nur das ›Mitleid‹ ist, das wir praktizieren.

Dass es Entzweiungen innerhalb der Familie und der Freunde gibt, lässt sich in zweierlei Hinsicht ausführen. Einmal kann es – seelsorgerlich – sehr tröstlich sein, Menschen, denen die Familie zur Hölle geworden ist, zuzusprechen: ›du kannst dich mit gutem Gewissen von deiner Familie trennen‹. Zum anderen erklären die Verse 35–37, dass ein Regime so stark sein kann, dass es Familien und Freundschaften zerstört. Die Erfüllung der Forderung, Jesus mehr zu lieben als alle aus Familie und Freundeskreis und sein Kreuz auf sich zu nehmen, gehört in Zeiten der Diktatur zu den ›christlichen Werten‹. Möglich, dass Matthäus denen Mut machen wollte, die sich in einer extremen Lage gegen die Familie entscheiden mussten und nun zugesagt bekommen: ›… vor Gott bis du ein wertvoller Mensch‹. Das Kreuz aufzunehmen, statt das Schwert, dürfte ein Mittel des gewaltlosen Widerstandes sein. Widerstand aus der Lage des völlig Unterlegenen heraus beschreibt das Evangelium des Sonntags, das Beschämen des Gegners, indem man seine Forderungen übererfüllt, seinen Demütigungen noch eins draufsetzt (Mt 5,38–42).

Der Schluss der Perikope treibt alles auf die Spitze, es geht ums bloße Überleben. Die Bedeutung von »Leben« (*psychä*) ergibt sich aus V 28. Dort wird unterschieden zwischen Leib (*soma*) und Seele (*psychä*). Es geht also nicht um die Suche nach leiblicher, sondern nach seelischer Unversehrtheit. Wer seine Seele in einem System der völligen Ungerechtigkeit findet, er sich mit einem Unrechtsregime arrangiert, der wird seine Seele verlieren. Wem sie versuchen, die Seele zu brechen, er aber geradlinig – bei Christus – bleibt, der wird sein Leben finden.

## 5. Liturgievorschläge

Psalm: statt des Wochenpsalmes 19 vielleicht doch eher Ps 18, ausnahmsweise mit der in der in den Gesangbüchern vorgenommenen Versauswahl: EG 707, Regionalteil Ost-Verbund bzw. EG 735, Regionalteil Bayern/Thüringen

Lesungen: Epistel und Evangelium des Sonntags

Lieder:
Wochenlieder nach Entwurf zur Erprobung: Sei Lob und Ehr (EG 326) und Hilf, Herr, meines Lebens (EG 419)
Außerdem: Es mag sein, dass alles fällt (EG 378; Melodie und Text während des 2. Weltkrieges entstanden!); Lass uns den Weg der Gerechtigkeit gehn (Entwurf zur Erprobung, 610); Gib Frieden, Herr, gib Frieden (EG 430); O Herr, mach mich zum Werkzeug deines Friedens (EG 416; wo eine anspruchsvollere Kirchenmusik möglich ist mit Vorsingendem und guter Begleitung. Sonst kann der Text als Gebet gelesen liturgisch eingebaut werden.)

### Literatur

Barth, Karl, Kirchliche Dogmatik III/4, Zürich 1951.
Billerbeck, Paul, Kommentar zum Neuen Testament, Bd. 1, Das Evangelium nach Matthäus, München $^{9}$1986.
Goldschmidt, Lazarus, Der Babylonische Talmud, Bd. IX, Jüdischer Verlag, Berlin 1967.
Konradt, Matthias, Das Evangelium nach Matthäus, NTD 1, Göttingen 2015.
Theologisches Begriffs-Lexikon zum Neuen Testament, hg. von Lothar Coenen, Erich Beyreuther, Hans Bietenhard, Wuppertal 1977.
Entwurf zur Erprobung, Neuordnung der gottesdienstlichen Lesungen und Predigttexte, hg. von der VELKD, Hannover 2014.

*Christian Zeiske*

# Drittletzter Sonntag im Kirchenjahr: Lk 11,14–23
# Die Macht des Stärkeren, gegenüber wem? – Rivalitätenzeiten

## 1. Annäherung

Gesellschaftliche Machtfragen in Zeiten von Flüchtlings- und Migrantenbewegungen zu klären, mag sinnvoll und schwierig und vergeblich sein, und je nach Analyse und Interesse fallen mögliche Ergebnisse, Thesen und Vorbehalte unterschiedlich aus. Unsere westlichen Gesellschaften scheinen daran eher zu zerbrechen als die (Ursachen der) Herausforderungen (zu sehen und) zu bewältigen. Diese Beobachtung gilt für die nordamerikanische in einer anderen Weise als für die europäische Gesellschaft. Doch beide leiden an ihren inneren Zerrissenheiten und Widersprüchen.

Machtfragen in der Rückschau auf Jesu Leben werden in aller Regel mit Jesu Abschied von dieser Erde in eine gedankliche Verbindung gebracht und auf Mt 28,18ff. bezogen: »Mir ist gegeben alle Gewalt/Macht …«.

Was aus dieser Zusage folgt, bleibt in unseren Tagen gesellschaftlich umstritten. Wie soll man Jesu Machtanspruch und die Machtfragen und Rivalitäten in dieser aufgeregten Zeit miteinander ins Gespräch bringen?

## 2. Kontexte

a) Reicht die Kraft für Aktionen?
»Nach der jüdischen Tradition kann sich jede Situation in eine Herausforderung verwandeln, jedes Gebet in einen Appell. Der Mensch revoltiert trotz seines Glaubens, lehnt sich weiter auf trotz seines Glaubens und bekräftigt seinen Glauben trotz seiner Auflehnung.«

Wiesel, 43

b) Ist Resignation vorprogrammiert?
»Wer an der Gerechtigkeit arbeitet, hat eine fast unendliche Idee: dass das Recht wie Wasser fließen soll; dass niemand Beute eines anderen werde. Aber er ist ein endlicher Mensch. Wie können diese Menschen in kleinen Schritten gehen und den großen Gedanken nicht verlieren oder nicht zugunsten des großen Gedankens in Gewalt gegen sich selber oder gegen andere verfallen? Wie behalten sie die Distanz zu sich selber und lernen den Satz sprechen: Geschlagen ziehen wir nach Haus, unsere Enkel fechten's besser aus! Nur wenn man eine Herkunft hat, kann man eine Zukunft denken, die nicht nur aus uns selbst besteht, sondern aus der Kraft von allen; aus der Kraft unserer Toten und der Kraft unserer Enkel. Wir bauen an der Zukunft, aber die Zukunft besteht nicht nur aus uns und unseren Kräften.«

Steffensky, 152

c) Was kann Christen mit Juden verbinden?
»Die biblische Botschaft sowohl des Alten als auch des Neuen Bundes sind ein einziges Engagement mit der Welt, das heißt, mit den Tatsächlichkeiten, den Stürmen und den Konflikten, mit denen wir uns nicht abfinden sollen, ja mit den

Scheußlichkeiten und Grausamkeiten auf den Niederungen der Welt, so wie es von Gott ausgesagt ist: ›Der mit ihnen wohnt, in der Mitte ihrer Unreinheiten.‹ Weder die Propheten Israels noch Jesus von Nazareth waren ›angepasst‹, sie predigten nicht die Ruhe …«

Levinson, 171

### 3. Beobachtungen am Text

Macht man sich vom Gedanken der Markuspriorität (derzufolge nicht nur Mt, sondern auch Lk auf Mk basieren) frei und folgt statt dessen den verlässlichen Angaben bei Lk, dann ergeben sich folgende Einsichten:

a) Jesus sieht seine irdische Aufgabe darin, ins Reich eines Starken einzubrechen und so diesen Starken als seinerseits Stärkerer zu entmachten (V 21f., direkter Schrift-Bezug zu Jes 49,23; ähnliche Formulierungen in Jes 53,12).

b) Diese Aufgabe, in die sich Jesus einbezogen fühlt, steht im kräftigen und verlässlichen Zusammenhang mit der Kraft Gottes, der sich Jesus verbunden weiß (V 20, direkter Schriftbezug zu Ex 8,15) und die befreiend wirkt.

c) Diesen Hinweis auf den »Finger« Gottes (V 20, im Unterschied zu der matthäischen Version, wo vom »Geist« Gottes die Rede ist, Mt 12,28) deutet Raschi in seinem Kommentar zur Ex 8,15 als ein starkes und deutliches göttliches Zeichen, das sich von der menschlichen (hier: ägyptischen) Zauberei klar unterscheidet.

d) Zentrifugal wirkende Rangelei-Kräfte (VV 15–19) sind dagegen Teufelszeug(nis), das nur zerstörerisch wirken kann.

e) Das präsentisch sich ausbreitende Reich Gottes (V 20) weckt heilsame Kräfte, die vielen Menschen zugutekommen können (und in diesem Rahmen sind Jesu wirkkräftige Heilungswunder als real erlebbare Formen göttlicher Hilfe zu sehen).

f) In Jesu »Geschichtsbild« wird somit deutlich, dass das biblische Zeitalter bis zum Täufer reichte (Lk 16,16), nun aber sich die Gottesherrschaft ausbreitet, die dann vom Endgericht samt dem richtenden Menschensohn, der Auferstehung und dem »kommenden Zeitalter« einschließlich des ewigen Lebens abgelöst wird. (Im dreigliedrigen System entspricht diese jesuanische »Reich-Gottes-Zeit« der Vorstellung von der messianischen Ära, die zeitlich zwischen der Jetzt-Zeit und dem letzten Gericht steht, an das sich das weitere endzeitliche Geschehen wie kommendes Zeitalter, hebräisch: *olam haba*, Auferstehung, ewiges Leben und die neue Schöpfung anschließen).

Aus diesen historisch zuverlässigen Angaben ergibt sich die Feststellung: Jesu bedeutender Beitrag bestand darin, dass er von seiner Vorstellung der Gottesherrschaft her (die genauso rabbinisch belegbar ist) zu seiner Zeit das messianische Zeitalter sehen (und dieses gedanklich darin integrieren) konnte.

g) Diese hier beschriebene Aufgabe Jesu ist nicht (notwendigerweise) an Kreuz und Auferstehung gebunden.

h) Eine organische Fortführung dieser in unserer Perikope genannten Gedanken findet sich in den Folgeversen als Einladung an Hörende: Sei dabei und stelle dich darauf ein (V 23), denn sonst wird es schlimmer als zuvor, weil sich in Bedrängnis geratene dämonische Kräfte zu formieren wissen und nur mit Härte reagieren können (VV 24–26).

## 4. Homiletische Konkretionen

a) In der *Paraschat HaSchavua* (Gen 25,19–28,9) findet sich eine Fülle bis Überfülle von Motiven einschließlich der Rivalität. Diese beginnt mit dem Geschwisterstreit der Brüder Jakob und Esau im Mutterleib, wobei sich die Mutter Rebekka die Frage stellt, wozu ihr das alles widerfahre (Gen 25,22). Als nächste Station des innerbrüderlichen Zwists wird das Linsengericht genannt, bevor Vater Isaak (wie einst sein Vater Abraham) wegen der Schönheit seiner Frau Sara und seiner Erklärung, die sei seine »Schwester«, in die Mühlen des Streits gerät. Diese Streitsituation setzt sich fort und wird ergänzt um die Rivalitäten der (jeweiligen) Hirten, die sich mehrfach um Brunnen streiten, von denen ihre Existenz abhängt (Gen 26,15–25.32). Vater Isaak und seine Partei soll »keinen Schaden erleiden« (Gen 26,11.29). In der Tat gelingen gelegentlich gemeinsame Übereinkünfte, auch bezüglich der Brunnen und Wasserstellen (zwei Mal Streit, VV 20f., und zwei Mal Einigung, VV 22 und 32f.).

Dass Vater Isaak und Sohn Esau bei der Heirat jeweils 40 Jahre alt waren (Gen 25,20; 26,34) verbindet die beiden. Die innergeschwisterliche Rivalität zwischen Jakob und Esau macht sich in Kapitel 27 an der Erlangung des Erstgeburtsrechts fest, aufgrund der Jakob sich nach Mesopotamien zur Verwandtschaft der Mutter absetzt.

Rivalität, Neid, Überlebenskampf und der Streit um die richtige Strategie ziehen sich als Dauermotive durch die Erzählungen. Die Linie verläuft zwischen älterem und jüngerem Bruder, zwischen Vater und Mutter, zwischen Fürst und Gast, zwischen den jeweiligen Hirtengruppen, zwischen den Töchtern Kanaans und der mesopotamischen Verwandtschaft. Auf der einen Seite die Linie der Gesegneten, auf der anderen Seite die zu kurz Gekommenen, und nur an wenigen Stellen wird diese Regel durchbrochen.

b) In der Haftara (1.Sam 20,18–42) lässt sich eine vergleichbare Rivalität beobachten, diesmal zwischen Saul und David. Vater Saul hasst den jungen David, während Jonathan, der Sohn des Königs, den David liebt und ihm freundschaftlich sehr verbunden ist. Als Saul sich auf eine Diskussion über den Grund seines Hasses auf David einlässt, werden von ihm die Mutter Ahinoam und der Sohn Jonathan in den Hass einbezogen, so dass der Hass nun auch den Sohn befällt (der ihn freilich nicht auf seinen Freund David, sondern auf den Vater Saul bezieht, V 34).

Die Geschichte endet für die Freunde versöhnlich, da sie beim (endgültigen) Abschied ihre gegenseitige Zuneigung mit Hilfe eines Schwurs bekräftigen. Insofern endet die Rivalität zwischen Saul und David nicht für letzteren tödlich, sondern (in anderem Kontext) für den König. Ein literarischer Nachklapp dieser Zuneigung findet sich in (der Fortsetzung der Haftara, im späteren Kapitel) 2.Sam 1,25–26.

c) Die Nähe zum 9. November lädt dazu ein, den Gedanken der Rivalität unter dem Gesichtspunkt der (staatlich verordneten, aber auch über Jahrhunderte hinweg kirchlich sanktionierten) Macht und deren Missbrauch zu stellen. Dem gegenüber blitzen in den beiden genannten biblischen Lesungen (Tora und Haftara) immer wieder Situationen oder mindestens Momente auf, die nicht nur einseitig auf Ausschaltung des Gegners (oder auch Feindes) zielen.

d) Unter dem Gesichtspunkt von Rivalität und Macht kann auch unsere Perikope Lk 11,14–23 betrachtet werden: Jesus bricht ins Reich des Satans als der Stärkere ein. Nicht, um Mord und Totschlag zu bringen oder Hass zu säen, sondern um Menschen frei zu machen für den Anbruch des Gottesreiches. Das ist die von Jesus angedeutete göttliche Seite, innerhalb deren Rahmen er seine eigene Aufgabe sieht.

Von satanischen Ansprüchen frei gemachte Menschen haben Teil an der Lebenskraft Gottes, die sie zum Tun des Richtigen anleitet. In dieser Zeit der (Gelegenheit zur) Umkehr kommt es darauf an, dem göttlichen Impuls als der Weisung Gottes unter den Menschen Raum zu verschaffen, so dass Verbindendes gestärkt und Trennendes zurück gedrängt wird. Die (zum Teil provokativen) Jesusgleichnisse und seine Heilungen sind anschauliche Begleiterscheinungen und Stationen auf diesem Weg.

## 5. Liturgievorschläge

Psalm 27; 37

Lesung: Jes 49,22–25

Lieder:
Jesus ist kommen (EG 66, v. a. Strophe 3)
Wir warten dein (EG 152, Wochenlied)
Du meine Seele (EG 302)
Ach bleib mit deiner Gnade (EG 347)
Brich mit den Hungrigen (EG 420, Sprachlose)
Gott der Himmels (EG 445, v. a. Strophe 6)
Freunde, dass der Mandelzweig (in manchen Regionalteilen zu finden)

### Literatur

Flusser, David, Jesus, Hamburg 1968.

Ders., Die literarischen Beziehungen zwischen den synoptischen Evangelien, in: Ders., Entdeckungen im Neuen Testament, Band 1, Jesusworte und ihre Überlieferung, Neukirchen-Vluyn 1987, 40–67.

Kruse, Wolfgang, Drittletzter Sonntag des Kirchenjahres, in: Predigtmeditationen im christlich-jüdischen Kontext (1998), 274–278.

Levinson, Nathan Peter, Ein Rabbiner in Deutschland, Gerlingen 1987.

Raschi, Exodus-Kommentar. Nachdruck der Dessauer-Ausgabe, Tel Aviv 1967.

Steffensky, Fulbert, Wo der Glaube wohnen kann, Stuttgart 2008.

Wassmann, Harry, Drittletzter Sonntag des Kirchenjahres, in: Predigtmeditationen im christlich-jüdischen Kontext (2004), 331–335.

Wiesel, Elie, Macht Gebete aus meinen Geschichten. Essays eines Betroffenen, Freiburg 1986.

*Martin Majer*

# Vorletzter Sonntag des Kirchenjahres: Lk 16,1–8(9)
# Mammon und Freiheit

## 1. Annäherung

Von Geld ist im Gleichnis keine Rede, viel mehr von Besitz und von Handelswaren und von Lebensunterhalt. Diese werden hier im Lukas- und im Matthäusevangelium zum Mammon. Das Gleichnis schließt mit: »Macht euch Freunde mit dem Mammon der Ungerechtigkeit!« – Und jeder von uns denkt bei »Mammon« gleich ans Geld. Viele denken an die oft rein spekulativen Geldgeschäfte mit gigantischen Summen, besonders an den Börsen. Sie sind vielen Menschen, mir auch, Ärgernis und Quelle der Angst. Und das kommt wiederum dem biblischen Text sehr nahe: Aktien und Termingeschäfte handeln ja mit – wenn auch gelegentlich fiktiven – Handelswaren und Produktionsmitteln. Damals wie heute gehört zu den hohen Gewinnen aus dem Geschäft mit dem Mammon auch die Kehrseite: Vielen Menschen wird das Nötigste zum Leben weggenommen.

Wieviel Freiheit gewinnen wir für uns selber, wenn wir größere Distanz zum Mammon einnehmen? Wieviel Freiheit könnten wir mit unserem Mammon denen schenken, die durch materielle Not zur Flucht ins Unbekannte getrieben werden?

A propos Freiheit: Lassen Sie mich für einen Moment diese Erzählung ganz gegen den Strich bürsten, und Gott selber als den reichen Mann und Christus als seinen Haushalter betrachten. Christus verschleudert das göttliche Kapital (die Barmherzigkeit) an die Schuldner (Zöllner, Prostituierte, verlorene Söhne etc). Der Gott Abrahams beschwert sich über solche Verschwendung: »Du kannst hinfort nicht mehr mein Gesandter sein.« Und Christus vergibt munter weiter die Schuld, teilt Gemeinschaft mit den Sündern. Er schafft ihnen Freiheit. Und der ewigreiche Gott sieht, welche Not gewendet wird, und lobt den Christus. Er erhöht ihn und gibt ihm den Namen, der über alle Namen ist, und macht ihn zum Herren, zur Ehre Gottes, des Vaters (nach Phil 2).

## 2. Kontexte

a) Im Gleichnis kommt der reiche Mann für lukanische Verhältnisse (vgl. reicher Mann und armer Lazarus Lk 16,19–31) dafür, dass er so reich ist, erstaunlich gut weg. Ein anderer reicher Mensch im Lukasevangelium, der seinen Besitz zusammen hält, bekommt zu hören:

»Du Narr! Diese Nacht wird man deine Seele von dir fordern.«

Lk 12,20

b) Schuldscheine haben mit Zinsen zu tun, und das nicht zu knapp. Das macht sie ethisch bzw. *halachisch* problematisch. In der Tora heißt es recht eindeutig:

»Du sollst von deinem Bruder nicht Zinsen nehmen, weder für Geld noch für Speise noch für alles, wofür man Zinsen nehmen kann.«

Dtn 23,20 (vgl. Ex 22,24, Lev 25,36f.)

c) Natürlich diskutierten christliche wie jüdische Ausleger, wie das Wort »Bruder« hier zu verstehen ist.

»Wenn Rabban Gamliel seinen Pächtern Weizen (für Aussaatweizen) lieh, ob er teuer war und billiger wurde, oder ob er billig war und teurer wurde, er nahm von ihnen den billigen Preis – nicht, weil die Halacha so gewesen wäre, sondern weil er es sich erschweren wollte.«

Mischna Baba Metsi 5,8, zit. nach: Plietsch/Nudelmann

d) Sozialgeschichtler haben darauf hingewiesen: »dass dieser ›Schuldenerlass‹ exakt dem Anteil entspricht, der damals für Zins und Risikobeteiligung vorgesehen war – wegen des höheren Risikos entspricht er beim Öl 100%, während er beim Weizen 25% beträgt. Wenn der Hausverwalter auf Zins und Risikobeteiligung verzichtet, verzichtet er auf den Gewinn, den er und sein Herr sonst eingestrichen hätten. Nach dem alttestamentlichen Gesetz war solches Zinsnehmen untersagt. … Dann übt der Hausverwalter die den Schuldnern zustehende ›Gerechtigkeit‹.«

Bauer, 110

e) Und:

»Rabbi Elieser ben Jaakov sagt: Wer ein Gebot tut, erwirbt sich einen Fürsprecher.«

Mischna Abot 4,11 zit. nach: Ueberschaer/Krupp

f) Rabbi Josef sagt:

»Alles, was du tust, sei um des Himmels willen.«

Mischna Abot 2,12, zit. nach: Ueberschaer/Krupp

g) Ein Kontext unseres Bibelabschnitts ist die wirtschaftliche Situation von Grundbesitzern und Pächtern in der Landwirtschaft:

»Bedeutende Teile der verwertbaren Landfläche dürften Eigentum des röm. Staates […] oder des Kaiserhauses gewesen sein. … Dieses Land wurde in der Regel nicht direkt bewirtschaftet, sondern eher an Großpächter […] vergeben, die dann die Landstücke an Unterpächter weiterverpachteten und auch das ökonomische Risiko trugen.«

Herz, 191

h) Hundert Eimer Öl werden zu fünfzig. Dieselbe Anzahl Sack Weizen werden zu achtzig. Das reizt, die Symbolik der Zahlen im jüdischen Symbolsystem zu betrachten: »50« steht für den Buchstaben *Nun*, »80« für den Buchstaben »*Pe*«. Zusammen ergeben die beiden das Wort »*Pen*«, das heißt »damit nicht …«. Verzicht zugunsten von Rettung.

### 3. Beobachtungen am Text

Im Gleichnis gebiert der Mammon immerzu Ungerechtigkeit: Zuerst führt die Sorge um den Mammon den reichen Mann dazu, den Verwalter zu entlassen nur auf das Gerücht hin, ohne Nachforschung, ob denn an dem Gerede etwas dran ist. Der Entlassene verwendet seine Vollmacht wiederum gegen alle Geschäftsgrundlagen, um Schuldscheine zu fälschen.

Am Ende steht aber der Verwalter, indem er mit dem ungerechten Mammon wiederum ungerecht handelt, als gerecht da – besser gesagt als »treu«. Der Begriff »Gerechtigkeit/gerecht« taucht bezeichnenderweise nicht auf, sondern das Wort »*pistis/pistos*«. Es wird hier mit »Treue/treu« übersetzt, sonst in der Bibel meistens als »Glauben/gläubig«. Die deutschen Übersetzungsversuche machen deutlich, wie sehr der Glauben und das Tun des wirklich Angemessenen im biblischen Denken zusammenhängen.

In Lk 16,1–13 entsteht eine besondere Spannung, weil in VV 1–9 zwar Reichtum angesichts des gewaltigen sozialen Gefälles als problematisch gilt, andererseits der reiche Mann in dieser Perikope nicht kritisiert wird. Stattdessen steht das Verhalten des Verwalters im Fokus, der die Aufgabe hat, die Interessen des reichen Mannes zu vertreten und die Abgaben einzutreiben. Unser Verwalter wechselt im Laufe der Erzählung fröhlich die Seiten. So kann man mit dem Mammon auch Gutes tun. Der Mammon erscheint als an sich willenloses und neutrales Werkzeug.

Lk 16,10–13 korrespondiert mit Lk 12,33 und dessen Parallele Mt 6,20+24. Ausdrücklich werden der freigiebige Umgang mit Geld hier auf der Erde mit dem Sammeln von Schätzen im Himmel in Verbindung gebracht (Konradt, 111f.). »Verkauft, was ihr habt, und gebt Almosen. Macht euch Geldbeutel, die nicht veralten, einen Schatz, der niemals abnimmt, im Himmel, wo kein Dieb hinkommt und den keine Motten fressen.« (Lk 12,33)

Deshalb nehme ich Lk 16,10–13 zur Perikope dazu. Jene Lehrsätze beleuchten die Frage nach dem Reichtum über den (soteriologischen) Eigennutz für den Verwalter hinaus. Hier wird der Mammon (der Begriff kommt in der Bibel nur in Lk 16 und in Mt 6,24 vor) personifiziert und als Götze gebranntmarkt. »Die Pointe ist dabei, dass der Mammon als eine Art Gegengott, als Götze erscheint, dem der Mensch in all seinem Streben dient und von dem er insofern beherrscht wird.« (Konradt, 112f.) »Das, was Mittel zum Leben – und zwar zum Leben *aller* – sein soll, wird sukzessiv zum eigentlichen Inhalt und Ziel des Lebens und schwingt sich so zu dessen Herrn auf.« (Konradt, 113)

Überraschenderweise lobt der reiche Mann am Ende den Verwalter. Auflösen lässt sich diese Spannung nur, wenn das Gleichnis in geistlicher Dimension verstanden wird: Gott ist der Geber aller Gaben (»Er lässt es regnen über Gerechte und Ungerechte.«). Wir Menschen besitzen den Wohlstand nicht, wir verwalten ihn nur, und werden damit quasi der Versuchung ausgesetzt. So kann der reiche Mann alias Gott selber am Ende autoritativ das Urteil sprechen. Und so befolgt der Verwalter am Ende die Tora, indem er den damals üblichen (Wucher-) Zins vom Schuldschein abzieht.

## 4. Homiletische Konkretionen

In der Predigt steht nicht das zweifellos hochinteressante Wirtschaftswesen der Antike, sondern das Glauben und Tun von uns Christenmenschen im Vordergrund. Beim biblischen Wort »Glauben« geht es weniger um ein für-wahr-Halten bestimmter Lehrsätze sondern viel mehr um Treue zu Gott und zu seinen Geschöpfen. Dabei reicht es nicht, jeden Sonntag schöne Worte in der Predigt zu hören. Wer sein Haus so bauen will, dass der Wasserstrom nach einem Regenguss ihm nichts anhaben kann, der gibt den Bedürftigen von seinem Wohlstand ab. »Denn wo euer Schatz ist, da wird auch euer Herz sein.« Lk 12,34 (par Mt 6,21) machen deutlich, »dass es bei der Frage, ob man durch das Anhäufen von Gütern Schätze auf Erden oder durch das Teilen der Güter des Lebens Schätze im Himmel sammelt, um nicht weniger als die grundsätzliche Ausrichtung des ganzen Menschen geht, denn das Herz steht für das Zentrum der Person« (Konradt, 112).

Das Verhältnis vieler Zeitgenossen in unseren Breiten zu materiellem Besitz nimmt Formen von Götzendienst an. In unserem Predigttext wird Mammon provozierend als per se ungerecht bezeichnet, und erscheint gleichzeitig als belastbarer Gradmesser, ob wir mit den geringen Dingen treu gewesen sind (Lk 16,11). Trotzdem muss hier im Blick auf viele Predigthörer vorsichtig formuliert werden. In unserem Wirtschaftssystem ist Geld ein unverzichtbares Werkzeug, um den Gegenwert von Arbeitsleistung tauschen zu können. Das zeigen auch die Alternativ-Währungen lokaler Initiativen in der Nachbarschaftshilfe. Zum Mammon pervertiert wird das Geld in unserer Zeit spätestens durch die um Zehnerpotenzen größere Geldmenge, die durch Spekulation entstanden ist und hinter der weder Werte noch Arbeitsleistung stehen.

Im Sinne der Verkündigung der frohen Botschaft braucht die Predigt nicht dabei stehen zu bleiben, über Gewinnmitnahmen oder Transfer-Gelder zu klagen. Mit dem Teilen ist eine große Verheißung verbunden: Die, denen es jetzt schlecht geht, heißen dann die Schulden-Erlasser und Wohltäter willkommen. In Lk 16 bestimmen die geringsten Brüder und Schwestern mit, wer am endzeitlichen Hochzeitsmahl teilnimmt. So gibt es auch für die mitteleuropäisch durchschnittlich Wohlhabenden, die so einige Gaben Gottes zu verwalten haben, eine Chance. (Dagegen kommt im Matthäusevangelium eher ein Kamel durch ein Nadelöhr.)

Soll der Christenmensch, soll der Pfarrer jedem, der an der Haustür bettelt, Geld geben? Gerade in der Stadt ist das sicher nicht möglich, schon gar nicht die Summen, die da oft sehr dreist gefordert werden. Lk schreibt uns ins Stammbuch: Wer sich hinter einem »ich kann ja nicht *allen* helfen« verbarrikadiert und *gar* nichts gibt, sammelt im Himmel keinen Cent, auch wenn die Sonntagspredigt noch so gut vorbereitet ist.

Im Landeanflug zur Adventszeit werden viele Gottesdienstteilnehmerinnen und -teilnehmer schon über Weihnachtsgeschenke nachdenken. Der ein oder andere hat vielleicht schon den Urlaub (in exotischen Ländern?) gebucht. Mitgeben können wir ihnen, dass man sich »dort« eben auch so oder so verhalten kann.

Am Volkstrauertag hat es sich inzwischen eingebürgert, Kundgebungen und Gottesdienste für den Frieden zu halten. Angesichts der großen Migrationsströme kommt neben der Frage nach den Waffen in falschen Händen auch die Frage nach dem Mammon in den Blick. Das Gleichnis fordert uns dazu auf, Frieden zu schaffen durch Verzicht auf Mammon.

Und *last but not least*: Lassen wir doch Christus nochmal den Verwalter sein: Seine unendliche Barmherzigkeit schreibt unsere Schuldscheine um, fordert von keinem Unmögliches. Er vergibt unsere Sünde, und er legt uns ein Joch auf, das leicht ist und das wir tragen können.

## 5. Liturgievorschläge

Lieder:
Halleluja ... suchet zuerst Gottes Reich in dieser Welt (EG 182)
Wir pflügen ... Alle gute Gabe kommt her von Gott dem Herrn (EG 508)
Ich lobe meinen Gott, der aus der Tiefe mich holt (EG 628, Regionalteil Baden/Elsass-Lothringen)
Wenn das Brot, das wir teilen, als Rose blüht ... dann hat Gott unter uns schon sein Haus gebaut (EG 667, Regionalteil Rheinland/Westfalen/Lippe)

### Literatur

Bauer, Dieter, Ein unmoralischer Held? Jesu Gleichnis vom klugen Hausverwalter (Lukas 16,1–7), in: Katholisches Bibelwerk e.V. (Hg.), Lukas entdecken. Lese- und Arbeitsbuch zum Lukasevangelium, Stuttgart 1997, 104–114.

Herz, Peter, Erwerbsmöglichkeiten, in: Scherberich, Klaus, NTAK Bd. 2, Familie - Gesellschaft - Wirtschaft, Neukirchen-Vluyn 2005, 190–198.

Konradt Matthias, Das Evangelium nach Matthäus, NTD 1, Göttingen 2015.

Plietsch, Susanne/Nudelmann, Katja (Bearb.), Baba Mezia, in: Krupp, Michael (Hg.), Die Mischna 4/2, Jerusalem 2008.

Ueberschaer, Frank/Krupp, Michael (Bearb.), Avot, in: Krupp, Michael (Hg.), Die Mischna 4/9, Jerusalem 2003.

*Stefan Voß*

# Buß- und Bettag: Mt 12,33–35(36–37) Gewaltfreie Kommunikation

## 1. Annäherung

Der Buß- und Bettag ist ein Tag, der spätestens seit seiner Abschaffung als gesetzlichen Feiertag 1995 bisweilen ein bisschen untergeht in dieser Zeit am Ende des Kirchenjahres. Ähnlich dem Kind, das am jüdischen Sederabend seine Eltern mit Fragen löchert, frage auch ich mich seit Kindertagen: Was unterscheidet diesen Festtag von allen anderen Tagen? Buße tun und Beten, das ist doch eine eher allgemeine – evangelische? – Glaubenshaltung.

Und in der Tat gab es historisch gesehen die kürzeste Zeit einen im Kirchenjahr fest fixierten Buß-und Bettag. Er war regional sehr unterschiedlich terminiert, manchmal gab es tatsächlich auch mehrere im Jahr. Gesetzlich geschützt und somit arbeitsfrei für alle Arbeitnehmerinnen und Arbeitnehmer wurde er gar erst 1934 von den Nazis festgelegt, nur um ihn kurz später wieder auf einen Sonntag zu legen. Manchmal waren es Gewerkschaften, die den freien Tag brennend verteidigten, in den 1990-ern ging es evangelischerseits manchmal fast mit Kulturkampfrhetorik gegen die Abschaffung eben dieses gesetzlichen Feiertags. Angesichts dieser Geschichte und der Tatsache, dass es nach wie vor ausschließlich christlich-religiöse Feiertage sind, die in Deutschland gesetzlich geschützt werden, eine Position, die uns im jüdisch-christliche Kontext vielleicht kurz innehalten lassen könnte, um noch einmal gewahr zu werden, um was es uns im Kern geht und welche rhetorischen Mittel dafür angemessen sind.

Mich selbst immer wieder kritisch zu befragen, den eigenen Standpunkt immer neu an der angestrebten Wahrheit und dem jeweiligen Gegenüber auszurichten, davon ausgehend meine Worte mit Bedacht zu wählen, all das sind ganz wichtige Grundsätze eines guten Miteinanders und eines fruchtbaren Miteinander-Redens. Beispiele für gescheiterte Kommunikation, demagogische Rede und das Verharren in feindlichen Positionen, stets bereit den oder die Andere(n) der Lüge zu bezichtigen und ohne Raum für ein Wieder-Aufeinander-Zugehen, all das kennen wir aus menschlichem Zusammensein wohl auf ganz persönlicher Ebene. Gerade das Misstrauen und der pauschale Vorwurf der Lüge, erleben wir seit einiger Zeit auch in immer mehr politisch-gesellschaftlichen Kontexten.

Der heutige Predigttext ruft in diesem Kontext gleich auf zwei Ebenen zum Einhalten und Büßen auf.

## 2. Kontexte

Der Liedermacher Gerhard Schöne formuliert in der zweiten Strophe seines Liedes »Spar Deinen Wein nicht auf für morgen« den für ihn richtigen Umgang mit Worten folgendermaßen: »Spar nicht mit deinen guten Worten. Wo man was totschweigt, schweige nicht, und wo nur leeres Stroh gedroschen, da hat dein gutes Wort Gewicht.«

Schöne

Und auch die alttestamentarische Weisheitsliteratur beschäftigt sich mit der zweischneidigen Wirkung von Worten. Sie kommt dabei zu ähnlichen Ergebnissen: »Trag deinen Streit mit deinem Nächsten aus, doch verrate nicht das Geheimnis eines andern, sonst wird dich schmähen, wer es hört, und dein Geschwätz wird auf dich zurückfallen. Wie goldene Äpfel auf silbernen Schalen ist ein Wort, gesprochen zur rechten Zeit.«

Spr 25,9–11

## 3. Beobachtungen am Text

Die Perikope ist eingebettet in den Teil des Matthäusevangeliums, in dem Jesus, sowie seine Lehre und sein Wirken oft in Konflikten mit seiner Umwelt dargestellt wird. Dabei lässt Matthäus die sogenannten Schriftgelehrten und Pharisäer als Gegner und Konfliktpartner auftreten. Auch unsere Perikope schließt sich an einen solchen Konflikt mit Pharisäern an. Der konkrete Anlass wird nur ganz knapp erwähnt. Jesus heilt einen Menschen, der weder reden noch sehen kann. (V 22). Der Geheilte wird nicht beim Namen genannt und wir erfahren auch nichts über die Umstände, durch die er zu Jesus kam, wie er auf dieses Wunder reagiert und was er danach macht. Wichtiger scheint hier also der Konflikt und der verbale Schlagabtausch zu sein, der sich an diese Begegnung anschließt. Eine umstehende Menschenmenge gerät durch das Gesehene aus der Fassung und bekommt eine Ahnung vom Wesen Jesu. Sie fragen sich, ob er der Davidsohn ist. Die Pharisäer unterstellen Jesus mittels einer sprichwörtlich gewordenen Beleidigung, den Teufel mit dem Beelzebub austreiben zu wollen. Die scharfe Antwort Jesu gliedert sich nun in zwei Teile, wovon der erste (VV 25b–30) die direkte Erwiderung auf diesen Vorwurf darstellt, während die zweite (VV 31–37) eine mehrteilige Spruchkomposition ist, deren Adressatenkreis sich gegen Ende erweitert. (Luz, 253). Unsere Perikope schließt sich an das ebenso pointierte wie schwer verständliche Wort von der Sünde gegen den Geist an, das in dem skizzierten Kontext wohl eine scharfe eschatologische Drohung gegen die Gegner Jesu darstellt. (Luz, 257) Der nun folgende Teil lässt sich weiter gliedern in das Bildwort vom Baum und seinen Früchten (V 33), das Matthäus ähnlich schon in der Bergpredigt (Mt 7,16) verwendet und der sich direkt anschließenden Anwendung (VV 34f.) dieses auf die Pharisäer. Jesus ist ebenfalls nicht zimperlich in seiner Wortwahl und beschimpft sie als Schlangenbrut, wie es zuvor auch Johannes der Täufer schon getan hat (3,7) und wie es Jesus am Ende auch in der sogenannten Pharisäerwehrede noch einmal tun wird (23,33). Mit dem Abschlusswort (VV 36f.) erweitert Jesus, die Gerichtsansage auf alle Menschen, die unwahr reden.

## 4. Homiletische Konkretionen

Auch wenn man unseren Text losgelöst vom Kontext und, wie das aus dem Griechischen abgeleitete Wort Perikope andeutet, ringsum von der Umgebung abgeschnitten, lesen wollte, fällt zwischen die eingängigen Metaphern und der einleuchtenden Drohung gegen Dummschwätzerinnen und Dummschwätzer eine so gemeine Beschimpfung und unabwendbare Bezichtigung, dass ich beim Lesen des Textes jedes Mal zusammenzucke. Schlangenbrut. Dass Schlangen gemeine und gefährliche Tiere sind, darüber besteht zumindest in unserer kulturellen Tradition Einigkeit. Die berühmteste Schlange der Bibel am Anfang der Genesis denkt sich in der jüdischen Tradition die fiesesten Tricks aus, um die eigentlich durch und durch mit ihrem Leben in Gottes Paradies und ihrer erfüllenden Ehe mit Adam glückliche Eva so zu verunsichern, dass sie sie vergewaltigen kann. Die christliche Tradition sieht in der Schlange oft eine unmittelbare Erscheinungsform des Teufels, der mal mit falschen Verlockungen, mal mit hoffnungslosen Weltsichten, Menschen davon abbringt ihr Leben mutig, aufrecht und zuversichtlich anzugehen. (siehe Uehlinger) Also beide Konfliktparteien, die Pharisäer und Jesus, bezeichnen sich gegenseitig als teuflisch und bezichtigen sich der Lüge. Eine ganz und gar desavouierende Position im inhaltlichen Wortgefecht um theologische Kernthemen. Wie auch in live miterlebten Konfliktsituationen, die aus dem Ruder laufen und mehr durch wüste Beschimpfungen denn durch inhaltliche Auseinandersetzungen gezeichnet sind, habe ich den Impuls, mich abzuwenden, mir die Finger in die Ohren zu stecken und an etwas anderes zu denken. Ein in dieser Art ausgetragener Streit führt doch selten zu irgendetwas. Ich erlaube mir deshalb einen kleinen Schritt zurückzugehen und mit dem exegetischen Präzisionswerkzeug an der polemischen Schicht dieses Textes zu kratzen. Und tatsächlich gelingt es mir etwas hinter diesen scharfen Worten zu erkennen. Zur Zeit des Evangelisten Matthäus hat sich die Konfliktsituation zwischen den Nachkommen der Pharisäer und den Anhängerinnen und Anhängern Jesus verschärft. (vgl. Schnelle, 263–286) Es sind nun zwei deutlich voneinander unterscheidbare jüdische Frömmigkeitsströmungen – die christliche Urgemeinde und das sich herausbildende rabbinische Judentum – und ihr Kontakt ist oft weniger ein geschwisterlich ökumenischer Diskurs als ein sozial teilweise lebensbedrohlicher Konflikt. Also, hinter der dicken Schicht Kampfrhetorik, in der sich diese niederschlagen wird doch noch ein inhaltliches Thema sichtbar, um das es sich zu streiten lohnt – bis heute: Es geht um das rechte Verhältnis von Gott und Mensch, speziell um die Rolle, die Jesus dabei spielt. Aber der Konflikt kristallisiert sich an einem konkreten Fall, nämlich, wie in diesem Lichte der angemessene Umgang mit einem Kranken ist, wer ihm mit welchen Mitteln und in wessen Namen zu helfen habe. Es ist also eine »Care-Debatte« und zwar eine, wie ich sie mir inmitten unserer gegenwärtigen gesellschaftlichen Kämpfe in Zeiten des »Pflegenotstands«, der de facto Abschaffung des Hebammenberufs aus ökonomischen Zwangslogiken und der Ausbeutung vieler Menschen, die sich beruflich um Kinder, Alte, Behinderte und Kranke kümmern, wünschen würde. Die Position »Um diese Aufgaben kümmern wir uns nicht mehr, das können wir uns nicht leisten« vertritt hier nämlich niemand. Das wird schon daraus klar, dass sich offenbar auch die Pharisäer um Heilpraktiken bemühen. (V 27) Beide Seiten bewegen sich dabei zunächst durchaus auf einem hohen rhetorischen und inhaltlichen Niveau und befolgen alle Regeln der antiken Redekunst. Hieraus und aus der Häufigkeit in der Pharisäer und Schriftgelehrte im Neuen Testament als Kontrahenten Jesu auftreten, spricht auch eine gegenseitige Wertschätzung. Ebenso wie Jesus für sie kein bloßer Spinner ist, sondern ein Lehrer, mit dem man sich mit allem gebotenem Ernst und Nachdruck auseinandersetzen muss, sind auch die Pharisäer für Jesus seine persönlichen Lieblingsdisputanten. An ihrem

Redegeschick und ihrer theologischen Beschlagenheit erprobt und konkretisiert er seine Lehre. Zwar sind sie sich uneinig an einigen zentralen Punkten ihrer jeweiligen Auffassungen, aber sie nehmen sich gegenseitig ernst in ihrem Streben nach der Wahrheit, dem Reich Gottes und des guten Lebens in dieser Welt. Schon zwei Generationen später ist von der Wertschätzung nicht mehr viel übrig und die inhaltlichen Auseinandersetzungen haben sich zu handfesten und nicht selten lebensgefährlichen Konflikten ausgewachsen, in denen auch der Evangelist und Teile seiner Gemeinde tief verwickelt sind, wie sich aus seiner konkreten Wortwahl erkennen lässt. Gerade vor diesem Hintergrund strahlen die letzten beiden Verse dieser Perikope, die Jesus in ein breiteres Publikum spricht. Sie schaffen es aus dem Text hinaus und bis zu mir. Sie erinnern mich eindrücklich, welches Gewicht Worte haben und ermahnen mich zum sorgfältigen Gebrauch. In fast paradoxer Weise kommentiert die Stimme Jesu hier aus dem matthäischen Text heraus das Geschehen: »Ich sage euch: Über jedes unnütze Wort, das die Menschen reden, werden sie am Tag des Gerichts Rechenschaft ablegen müssen; denn aufgrund deiner Worte wirst du freigesprochen und aufgrund deiner Worte wirst du verurteilt werden.« Mir fallen auf Anhieb eine Reihe Situationen ein, in der diese Ermahnung heilsam wirken könnte.

Gerade im Lutherjahr kann uns dieses Jesuswort auch noch einmal schmerzhaft an die historischen Verfehlungen kirchlicher Worte erinnern. In seiner judenfeindlichen Schrift »Von den Juden und ihren Lügen« bezieht sich Luther 1543 explizit auf diese Perikope, wenn er pauschal über seine jüdischen Zeitgenossen urteilt: »Es stimmet aber alles mit dem Urteil Christi, dass sie giftige, bittere, rachgierige, hämische Schlangen, Meuchelmörder und Teufelskinder sind.« (Luther, 199) Die Wirkungsgeschichte dieser Worte übersteigt den Schrecken der Worte selbst. Nehmen wir sie als Anlass zur Buße und beten gemeinsam um die Gabe guter Worte für das kommende Jahr.

## 5. Liturgievorschläge

In den Lesungen und Liedern kann der Aspekt des Betens stärker hervorgehoben werden.

### Literatur

Luther, Martin, Von den Juden und ihren Werken, Wittenberg 1543, zitiert nach Luther Martin, Ausgewählte Werke, München ²1936.

Luz, Ulrich, Das Evangelium nach Matthäus, EKK I/2, Neukirchen-Vluyn 1990.

Schnelle, Udo, Einleitung in das Neue Testament, Göttingen ⁴2005.

Schöne, Gerhard, Spar Deinen Wein nicht für morgen, CD 1998, 1995, Titel 8, http://www.gerhard-schoene.de/lieder/spar.html, abgerufen am 2016-08-11.

Uehlinger, Christoph, Art. Schlange, Religionsgeschichtlich, in RGG⁴, 900–901.

*Maria Coors*

# Ewigkeitssonntag: Lk 12,42–48
# Our lives matter

## 1. Annäherung

a) Das ist, könnte man mit den Seufzenden in Joh 6 sagen, eine harte Rede. Der Ewigkeitssonntag ist ja fast immer und fast überall auch Totensonntag: die Namen der im Kirchenjahr Verstorbenen werden verlesen, ihre Angehörigen werden oft dazu eingeladen. Es ist nicht leicht, ihnen in Aussicht zu stellen, dass sie selbst oder ihre Verstorbenen eines Tages in Stücke gehauen werden. Aber es ist ja auch an jedem anderen Sonntag gut zu erkunden, worin bei aller kritischen Schärfe die frohe Botschaft des Texts besteht.

b) Das Ende des Kirchenjahrs und der Beginn des neuen, die Adventszeit, haben dasselbe Thema: die Erwartung einer kommenden Welt; die Erinnerung daran, dass noch was aussteht, wir noch was zu erwarten, zu hoffen haben. Zeichen dieser Gemeinsamkeit ist, dass Adventslieder auch zum Ende des Kirchenjahres passen und umgekehrt. Und im Blick auf die erwartete Zukunft und Ankunft sind beide Kirchenjahreszeiten Bußzeiten, Zeiten der Umkehr. In unserem Text überwiegt zwar Mahnendes und Warnendes, verdrängt und beseitigt aber nicht das Hoffnungs- und Verheißungsvolle, sondern impliziert es.

c) In dem Fazit unseres Texts, dass von Menschen, denen viel anvertraut ist, viel erwartet wird, klingt das Thema Erwählung an – nicht nur im christlich-jüdischen, sondern überhaupt im nichtjüdisch-jüdischen Verhältnis oft und gern missverstanden und auch unter Christen umstritten.

## 2. Kontexte

a) Biblischer *locus classicus* für die Einsicht, dass Erwählung kein Privileg ist, sondern bedeutet, nach strengeren Maßstäben gemessen zu werden, ist, denke ich, Amos 3,2:

»Ihr allein seid mir vertraut von allen Völkern der Welt. Deshalb ziehe ich euch zur Verantwortung für alle eure Verfehlungen.«

BigS

b) Ein ähnlicher Gedanke steht in 1.Petr 4,17: »Es ist der *kairos*, dass das Gericht am Haus Gottes anfängt.« Dem denkt *Friedrich-Wilhelm Marquardt* in seiner Eschatologie nach:

»Das Gericht ist ein *Ereignis der Nähe*, nicht der kalten Distanz und Überlegenheit Gottes. Gott selbst brennt im Gericht im Feuer seiner Liebe oder seines Zornes – auf jeden Fall seines heißesten Interesses, seiner tiefsten Beteiligung, ein Eifer um sein Haus zehrt an ihm. Noch ehe er die *Welt* durch sein Richten in Ordnung bringen will, will er in der Welt *sein Haus* bestellen. … Indem Gott sein Gericht am Hause Gottes anfängt, deklariert er es als ein Werk seiner energischsten *Verbindlichkeit*, die gleichbedeutend mit seiner tiefsten *Verbundenheit* ist mit denen, die er richtet. Denn die, die er zu seinem Volk gemacht hat, denen hat er sich ja zum Gott gemacht (Lev 26,12). Mit ihnen lebt er nicht nur in einer allgemeinen religiösen Beziehung, sondern im *Bund*. Sie hat er gewürdigt, in seinen *Dienst* zu treten. Sie hat er berufen, unter den Völkern mit Worten seine Prediger, mit Taten, Herzen, Mund und Händen seine Zeugen zu sein. Sie hat er zum linken Arm seines Handelns in der Welt gemacht. In gewissem Sinne heißt das auch, dass er sich von ihrer Mithilfe abhängig gemacht hat. … In *einem so engen Bund* – des heiligen Gottes mit einem geheiligten Menschenvolk – *gibt es*, wie sich leicht vorstellen lässt, *eine äußerste Empfindlichkeit gegen alles Unheilige*, vor allem: gegen menschliches Handeln und Verhalten, das *dienstuntauglich* macht. … *Wo der Heilige begegnet, werden Menschen zuerst zu Sündern*. Noch Luther hat das – bereits im ersten Satz seiner Römerbrief-Vorlesung – als eine erste Aufgabe gerade der *frohen* Botschaft angesehen: uns zu Sündern zu machen. Und kaum einer hat diese Struktur so deutlich und eindeutig ausgesagt wie Jesus nach dem Zeugnis des Johannesevangelisten: ›Wenn ich nicht gekommen wäre und zu ihnen geredet hätte, so hätten sie keine Sünde‹ (Joh 15,22); und: ›Hätte ich nicht die Werke unter ihnen getan, die kein anderer getan hat, so hätten sie keine Sünde‹ (Joh 15,25). *Nur das, was mit Gott kommt, macht uns zu Sündern*; denn ›Sünde‹ gibt es nur gegenüber dem nahen, gegenwärtigen Gott, kein anderes Fehlverhalten verdient dies große Wort. *›Sünde‹ gibt es nur im Bund* mit Gott. Paulus hat die gleiche Struktur nicht – wie Johannes – am Verhältnis zu Jesus, sondern an dem zur Tora klargemacht. Wohl, sagt er, war ›Sünde schon in der Welt‹, sie ›wird aber nicht zugerechnet, wenn kein Gesetz da ist‹ (Röm 5,13); erst wo Gott jemandem mit seiner Tora verbindlich wird, wird dieser Mensch für Sünde verantwortlich und zurechnungsfähig. Die Tora ist aber die Verbindung zwischen Gott und Israel in ihrem gemeinsamen Bund, und insofern lässt sich sagen: *Als Sünder ernstzunehmen ist nur ein mit Gott verbündeter, ihm durch sein Ja zur Tora verpflichteter Mensch; das Gleiche gilt in den Augen des Johannes für die Christen: Wo Jesus nicht hinkommt, die Werke, die er tut, nicht wirken, gibt es keine Sünder. Zurechnungsfähige Sünde gibt es nicht ernsthaft, wo Gott ferne, nur wo er nahe ist*. So wird Sünde gerichtsrelevant zuerst am Hause Gottes. Denn nur an Gottes Nähe hat sie die Bedingung ihrer Möglichkeit. ›Sünde‹ ist vor allem das Versagen derer, die Gott sich als Helfer erwählt hat. Die Gottlosigkeit der Gottlosen wirkt dagegen wie ein Kinderspiel. … Dass Gott im *Gericht nach Werken* fragt (nicht nach ›Glauben‹, auch nicht nach Gesinnungen, gutem Willen, Absichten), folgt zu allererst daraus, dass er nach dem Volk fragt, zu dessen Bundesgenossen er sich selbst bestimmt hat und das er in den Dienst gestellt hat, ›Licht der Völker‹ und Jesu Zeugen zu sein von Jerusalem bis an die Enden der Erde. *Bundesbeziehung ist Werkbeziehung*. … Die Werke, nach denen hier gefragt wird, beziehen sich freilich nicht – obgleich es so klingen könnte – auf allgemein ›gute‹ oder ›schlechte‹ Handlungs- oder Verhaltensweisen beliebiger Menschen. Gott fragt nach dem tätigen Bewähren oder Versagen gegenüber seinen *Aufträgen*, genauer – Röm 2,12–16! – seiner *Tora*, nach dem *›ergon tou nomou‹*, dem spezifischen Werk der Tora, der Bundesverbindlichkeit, dem besonderen Zeugendienst. … Dienstverweigerung ist Zweifel an der Treue Gottes, dies macht ihm im Gericht zornig gegen untreue Knechte. Denn das schädigt ihn wirklich und wesentlich. Nicht, dass er nicht auch ohne uns zu seinen Menschheitszielen gelangen und sich selbst bezeugen, seine Erkenntnis vom Himmel her durchsetzen könnte bei allen Völkern: in der

Lebenskraft seines Geistes. In seiner ewigen Kraft und Gottheit bedarf er unser wahrlich nicht. Und doch geht etwas ihm selbst Wesentliches verloren, wenn wir ihm unsere Mithilfe verweigern, seine *Erkennbarkeit*, wir müssen geradezu sagen: seine Identität als Dieser Gott, als ER, unverwechselbar Dieser. Denn es ist seine Selbstbestimmung, gerade nicht ein Gott erhaben über den Menschen sein zu wollen, auch nicht nur einer *für* sie (wie das wohl allen Gottheiten eigen ist). Dieser wollte Gott *mit* den Menschen sein, und dies nicht lediglich in einem idealen Sinn, sondern in allen seinen konkretesten Lebensvollzügen. Er wollte wesenhaft Gott der Menschen sein, ein ihnen verbündeter und darin ihnen in seinem tiefsten Inneren verbundener Gott. Er wollte nicht nur nie Gott ohne Menschen sein, er wollte sein Leben *durch* sie führen. In ihnen wollte er sein *Ebenbild* sehen lassen auf Erden. In den ihm Verbündeten wollte er – seiner Transzendenz ungeachtet – menschlich und an Menschen als Gott erkennbar sein. Und das ja nicht so sehr an ihrer ›Gestalt‹ oder ihrem ›aufrechten Gang‹, sondern er hat sich dazu bestimmt, *sein Wirken in ihren Werken* sich irdisch widerspiegeln zu lassen. Darum wäre es für ihn ein Gesichts-Verlust, wenn wir ihm unseren Dienst kündigten, nachdem er gerade uns – die Juden und Christen vor den Augen aller anderen Menschen – zu seinen Knechten berufen hat. Es ist gewiss nicht zufällig, wenn es Gleichnisse Jesu gibt, in denen von abwesenden Herren erzählt wird, die Knechte zu Hause zurücklassen, und dann kommt es bei ihrer (oft plötzlichen) Rückkehr zu dem kritischen Augenblick, an dem sich herausstellt, welcher von ihnen treu und bewährt den Willen seines Herrn getan, – dessen An-Wesen gehütet hat, – welcher dagegen unnütz, böse, faul mit den ihm anvertrauten Pfunden nicht zu wuchern verstanden hat (Lk 19,12–27; Mt 25,14–30). *Diese Knechte stehen alle für ihren abwesenden Herrn.* Ihm können sie es in seiner Abwesenheit recht machen oder unrecht. Und eben danach fragt er sie bei seiner Rückkehr. Sie ist *in sich* das Gericht für sie. *Einfach, wie sie dastehen vor ihm, wenn er kommt, ist bereits in sich ein Gericht – noch ehe er ein Urteil spricht. Sie werden einfach daran gemessen, dass er zurückkehrt*, an ihm selbst, seiner Gegenwart, haben sie ihr Maß. So ist das tiefste Maß die persönliche Beziehung der Treue, von der auch Paulus gesprochen hat als dem Maß des Gerichts.«

Marquardt, 239–242 (Hervorhebungen F.-W. M)

c) In einer Thesenreihe beantwortet *Helmut Gollwitzer* die Frage: Womit bekommt man es zu tun, wenn man es mit dem Evangelium zu tun bekommt? Einige dieser Thesen können helfen, das Evangelium auch unseres Textes zu entdecken:
»1. Nichts ist gleichgültig. Ich bin nicht gleichgültig.
2. Alles, was wir tun, hat unendliche Perspektiven, – Folgen bis in Ewigkeit; es hört nicht auf.
3. Es bleibt nichts vergessen. Es kommt alles noch einmal zur Sprache.
5. Wir sind geliebter, als wir wissen.
6. Wir werden an unvernünftig hohen Maßstäben gemessen.
7. Wir sind auf einen Lauf nach vorne mitgenommen, der uns den Atem verschlägt; Sünde = nicht mitkommen; Bitte um Vergebung = deswegen nicht abgehängt werden.
8. Es geht nichts verloren.
12. Dieses Leben ist ungeheuer wichtig.

13. Die Welt ist herrlich – die Welt ist schrecklich.
14. Es kann mir nichts geschehen – Ich bin in größter Gefahr.
15. Es lohnt sich, zu leben.«

Gollwitzer, 382

### 3. Beobachtungen am Text

a) Der Text ist Teil eines längeren lose komponierten Redestücks in Kapitel 12, in dem sich Endzeitliches findet, Manches eng verwandt mit Kap 21, aber auch Stoff, den Matthäus in die Bergpredigt getan hat. Der Kontext gibt auch dem Gleichnis vom (erfolg)reichen, aber kurzsichtigen Bauern (Lk 12,16–21) einen endzeitlichen Klang. Der Kontext im engeren Sinn beginnt in Lk 12,35: ein Aufruf, zur Aufbruchsbereitschaft (V 35: die umgürteten Lenden erinnern an die Urgeschichte der Befreiung Israels); ein kurzes Gleichnis (VV 36–38), in dem erstaunlich erfreulich, geradezu utopisch (der Herr als Knecht) von der Wiederkehr eines Herrn erzählt wird – das positive Gegenstück zum zweiten Teil unseres Abschnitts – dem sich jedoch (V 39) ein noch kürzeres anschließt, in dem es um einen Einbruch geht, dessen Zeitpunkt sich nicht voraussagen lässt. Beide Gleichnisse, die frohe Hoffnung auf den dienenden Herrn wie die hässliche Aussicht auf einen Raubüberfall, werden dann (V 40) auf das Kommen des Menschensohns gedeutet, was den Aufruf zur Bereitschaft (V 35) wieder aufgreift. Es folgt eine Frage, die Petrus stellvertretend für die Zwölf stellt, die freilich nach jedem Gleichnis Jesu stehen könnte und von Jesus auch nicht, jedenfalls nicht direkt, beantwortet wird.

Der Predigttext scheint sich mit »also« an das Vorherige anzuschließen, als solle nun geklärt werden, worin das Lobens- und Belohnenswerte der Knechte in VV 36–38 besteht. Doch zum einen zeigt die Parallele Mt 24,45–51, dass der Text, einschließlich des »also«, auch ohne diesen Vorspann funktioniert, zum anderen und wichtiger: hier ist nicht von wachen Knechten, sondern von einem treuen und vernünftigen Ökonomen die Rede (Anders als bei Mt: da ist es ein treuer und vernünftiger Knecht.). Das Stichwort »vernünftig« (*phronimos*) bringt diesen Haushalter im lukanischen Zusammenhang in ein Gegenüber zu jenem reichen Mann in Lk 12,16–20, dem gerade seine Unvernunft (*aphroon*, V 20) vorgehalten wird. Die Bezeichnung »Ökonom« verweist zudem auf das Gleichnis vom gerissenen Haushalter, Lk 16,1–8, der dafür gelobt wird, dass er vernünftig (*phronimoos*) gehandelt hat (V 8), und diese Verbindung schein Lukas bewusst geknüpft zu haben, denn zum einen sind dies die beiden einzigen Stellen, an denen bei ihm Ökonomen vorkommen, zum anderen wird der Haushalter im Verlauf des Gleichnisses dann doch – wie bei Mt – zum Knecht. Die Bezeichnung Ökonom verbindet ihn zudem mit dem *Haus*despoten im Gleichnis V 39 und so die Ankunft seines Herrn mit dem Einbruch.

b) In V 42 fällt auf, dass Jesus als »der Herr« bezeichnet wird. Auch das erinnert an Kap 16. Es nimmt hier zwar die Frage des Petrus (V 41) auf, es nimmt aber vor allem den *kyrios* in VV 36–38 und in unserem Predigttext auf: der Erzähler Lukas lässt den Gleichniserzähler Jesus ins Gleichnis hineinschlüpfen, umgekehrt entpuppt sich der *kyrios* der Gleichnisse als der Herr Jesus.

In VV 42–46 wird nicht ein treuer einem untreuen Hausverwalter bzw. Knecht gegenübergestellt, sondern erzählt, dass ein zunächst Vertrauenswürdiger und darum von seinem Herrn mit Verantwortung Betrauter im Lauf der Zeit – er fängt an, V 45 – zu einem grässlichen Tyrannen wird. Und doch handelt es sich, wenn auch in zeitlichem Nacheinander, um die Gegenüberstellung von zwei Arten, mit der anvertrauten Verantwortung umzugehen, ihr gerecht zu werden oder nicht. Und das Kriterium ist in beiden Fällen nicht die Vermehrung von Vermögen, sondern der Umgang mit Untergebenen, also Anvertrauten, bei Mt 24,49: Mitknechte, mit Mitmenschen.

*V 42*: Ein Herr überträgt einem Ökonomen die Aufgabe, seiner Dienerschaft im richtigen Augenblick (*kairos*) ihr Maß an Essen (*sitometrion*) zu geben: es geht um den richtigen Zeitpunkt und das richtige Maß. *Sitos* erinnert erneut an den reichen Mann und sein vieles Getreide (Lk 12,18), das er aber niemandem zuteilen will, und ein wenig auch an den vernünftigen Ökonomen (Lk 16,7), die Zumessung aber erinnert an Josef, der in Gen 47,12 seiner Familie, 47,14 den Ägyptern Getreide zuteilt – nur an diesen beiden Stellen fällt das Wort *sitometrein* in der LXX. Auch die auffällige Bezeichnung der Dienerschaft als *therapeia* erinnert an die Josefgeschichte. *Therapeia* heißt sonst Heilung, in Gen 45,16 aber werden die Diener des Pharao so genannt. Der richtige Augenblick (*kairos*) lässt zudem Psalm 145,15 anklingen: du gibst ihnen ihre Speise zur rechten Zeit, LXX: *en eukairia*. Ein treuer und vernünftiger Ökonom ist einer, der sich in seiner Praxis an Josef und sogar an Gott selbst orientiert.

*VV 43f*: Der Knecht, der bei solcher Praxis von seinem kommenden Herrn vorgefunden wird, wird vom Gleichniserzähler seliggepriesen (vgl. die beiden Seligpreisungen VV 37f.). Er, der zuvor nur über seine Dienerschaft gesetzt war, wird nun über all seinen Besitz gesetzt. Besitz (*ta hyparchonta*) erinnert wieder an den Ökonomen in 16,1 und an den reichen Mann, 12,15; an letzteres erinnert auch das Wort »über jemanden setzen« (*kathistanai*), denn dies Gleichnis wird mit der Frage eingeleitet: wer hat mich zum Richter über euch gesetzt? Auch Josef klingt wieder an, der Gen 39,4f. über das Haus des Potiphar, in 41,33.34.41.43 über ganz Ägypten gesetzt wird.

*VV 45f.*: Doch dann zieht der eben noch seliggepriesene Knecht unselige Konsequenzen aus einer gewissen Parusieverzögerung. Er spricht in seinem Herzen, spricht also mit sich selbst: mein Herr lässt sich Zeit zu kommen. Daraufhin hört er auf damit, seinen Mitmenschen ihre Speise zur rechten Zeit zu geben, und beginnt stattdessen, sie – es sind jetzt Kinder: Jungen und Mädchen – zu schlagen. Er selbst hingegen isst und trinkt nicht nur, wie das ja auch jener kurzsichtige Bauer 12,19 sich vorgenommen hatte, sondern berauscht sich auch, was nun nicht ganz dasselbe ist wie das Fröhlichsein, das dritte Vorhaben jenes reichen Bauern, und vielleicht berauscht er sich nicht nur an entsprechendem Trank, sondern auch an seiner Macht: der Knecht als Herr.

Doch dann kommt der Herr an einem Tag, an dem der Knecht das nicht erwartet – was freilich inzwischen vermutlich täglich der Fall ist – und zu einer Stunde, die er nicht kennt. Das weist zurück auf die VV 39f., wie überhaupt die beiden Versionen der Ankunft des Herrn die Gleichnisse VV 36–39 noch einmal in anderen Worten erzählen. Und der Herr haut ihn entzwei und gibt ihm seinen

Teil bei den Untreuen – *apistos*: wenn es zu Beginn (V 42) um einen treuen (*pistos*) Ökonom geht, ist es Unsinn, hier mit Ungläubigen zu übersetzen. Die Zweiteilung (Dichotomie) macht die innere Gespaltenheit dieses Knechts äußerlich deutlich: einerseits der treue und vernünftige Ökonom, der für die Ernährung seiner Mitmenschen sorgt, andererseits der Berauschte, der sie verprügelt. Teil – das ist die Sprache der biblischen Landgabe und -zuteilung, sie wurde aber schon in der Bibel und nachbiblisch erst recht im übertragenen Sinn – mein Teil, mein Los – verstanden: Geschick, aber hier wirklich nicht als unerklärliches Schicksal, sondern als stimmige Entsprechung zwischen dem Tun und dem Ergehen dieses Unholds.

*VV 47f.*: Der Erzähler verlässt erst halb, dann ganz die Gleichnisebene. Zunächst bleibt er im Bild von Herr und Knecht, weitet es aber über die konkrete Geschichte hinaus aus, spricht von einem Knecht, der den Willen seines Herrn kennt, aber nicht tut, und darum mehr Schläge bekommt als ein anderer, der diesen Willen nicht kennt, dessen Taten aber gleichwohl Schläge verdienen, wenn auch weniger Schläge: Unwissenheit schützt vor Strafe nicht, reduziert sie aber wegen mildernder Umstände. Ich denke, wir müssen nicht große Dinge wie irgendein Naturrecht, die goldene Regel oder den kategorischen Imperativ heranziehen, um zu erklären, dass auch Menschen, die von biblischen Weisungen noch nie etwas gehört haben, für bestimmte Taten Strafe verdienen und auch bekommen, trotz des richtigen und wichtigen Prinzips *nulla poena sine lege*. Der Erzähler setzt voraus, dass es Dinge gibt, die man einfach nicht tut, und dass es sich rächt, sie doch zu tun: dass es auf die Täter zurückschlägt. Doch sein Interesse gilt ja dem Knecht, der den Willen seines Herrn kennt. Das zeigt das Fazit, in dem nun ohne Sprachbilder das Stichwort »viel« dreifach wieder aufgegriffen wird. Es formuliert keine allgemeine Lebensweisheit, etwa dass die Öffentlichkeit von Hochbegabten einiges erwartet, sondern es handelt sich um *passiva divinae*: wem Gott viel gegeben hat, bei dem oder der sucht er auch viel; wem Gott viel anvertraut hat, von dem oder der fordert er umso mehr. Das Suchen lässt Micha 6,8 anklingen: was der HERR bei dir sucht; das Fordern erneut den reichen Bauern, Lk 12,20: diese Nacht wird man deine Seele fordern.

c) Es wird viel geschlagen in unserer Geschichte. Da ist zunächst (V 45) der berauschte Knecht, der Kinder schlägt, *typtein*. Das Wort fällt in Mt 27,30 und Mk 15,19, wenn römische Soldaten Jesus auf den Kopf schlagen, in Lk 6,29 in der Weisung, Schlagenden die andere Wange hinzuhalten; es kann, Lk 18,13 und 23,48, auch bedeuten, sich reumütig selbst auf die Brust zu schlagen: Selbstbestrafung; in Apg 18,17; 21,32; 23,3.5 geht es um verschiedene Misshandlungen. In der Septuaginta steht *typtein* fast ausschließlich für hebräisch *naka*.

Auch die Zweiteilung des Übeltäters (V 46) gehört natürlich zu den Schlägen – *dichotomein* kommt im Neuen Testament nur hier und in der Parallele Mt 24,51 vor; auch in der Septuaginta ist es selten, kommt als Verb nur Ex 29,17 vor bei der Zerlegung des einen Widders zur Priesterweihe Aarons und seiner Söhne; *dichotomema*, Teilstücke gibt es beim Bundesschluss mit Abraham (Gen 15,11.17), bei Opfern (Lev 1,8) und beim rostigen Topf (Ez 24,4). Möglicherweise dient die Zerlegung des Schlägers der Wiederherstellung eines gestörten Bundesverhältnisses.

Schließlich geht es VV 47f. um Knechte, die den Willen ihres Herrn nicht tun und darum geschlagen (*derein*) werden, und um Schläge (*plege*), die jemand verdient hat.

*Derein* scheint im Neuen Testament praktisch mit *typtein* synonym zu sein, wenn auch manchmal auspeitschen gemeint ist: die bösen Weingärtner (Mt 21,35; Lk 20,10) schlagen; den Jüngern wird (Mk 13,9) angekündigt, dass ihnen das in Synagogen geschehen wird; Jesus wird (Lk 22,63) von spottenden römischen Soldaten geschlagen und fragt (Joh 18,23) vorwurfsvoll: was schlägst du mich? In Apg 5,40; 16,37; 22,19 geht es um ähnliche Situationen wie bei *typtein*. In der Septuaginta ist *derein* selten und wird (Lev 1,6; 2.Chr 29,34; 35,11) ausschließlich für das Fellabziehen bei Opfertieren verwendet: ein ähnlicher Zusammenhang wie bei *dichotomein*. *Plege* ist im Neuen Testament selten. Der unter die Räuber Gefallene (Lk 10,30) erhält Schläge; in Apg 16,23.33 geht es um Schläge, die Paulus und Silas im Gefängnis bekommen und 2.Kor 6,5; 11,23 betont Paulus selbst, geschlagen worden zu sein; doch der Begriff häuft sich in der Johannesoffenbarung: Insgesamt 15 mal taucht er hier auf. Das hängt damit zusammen, dass in der Septuaginta *plege* zwar nicht immer, aber ganz überwiegend für *maka* steht – insofern mit *typtein* verwandt – und damit für die Schläge, die Plagen, mit denen Israel aus der Sklaverei befreit wurde; das deutsche Wort Plage stammt vermutlich über das lateinische *plaga* von *plege* ab. Der Hintergrund für das viele Schlagen in unserem kurzen Abschnitt ist dann: wer andere schlägt, hat selbst Schläge verdient und wird auch selbst geschlagen – und diese Schläge sind Befreiungsschläge für ihre Opfer.

## 4. Homiletische Konkretionen

*Black lives matter* lautet ein Empörungsschrei angesichts der viel zu vielen mindestens fahrlässiger Tötungen von Schwarzen durch weiße Polizisten in den Vereinigten Staaten. Unser Text macht deutlich: unser Leben zählt; es ist nicht gleichgültig, was wir tun und was wir unterlassen. *Zuerst* und vor allem sollte deutlich und stark gemacht werden, worin die frohe Botschaft des Textes besteht, der beim ersten Hören etwas düster und bedrohlich klingt: Gott hat uns was anvertraut, damit auch zugetraut. Er hat seinem Volk Israel nach der Befreiung aus der Sklaverei die Tora gegeben; auch die Jesusjüngerinnen und -jünger aus den Völkern hat er nicht nur durch das Evangelium befreit, sondern ihnen auch Weisung gegeben. Als Jesus (Mt 28,19f.) seine Jünger zu den Völkern sandte, hat er sie nicht nur damit beauftragt, sie zu taufen, sondern auch: sie zu lehren, »zu halten alles, was ich euch geboten habe.« Auch die Ankündigung, dass Gott richten wird, ist darum frohe Botschaft: er nimmt damit nicht nur sich selbst, sondern auch uns ernst. Indem er uns was anvertraut, überträgt er uns Verantwortung, macht uns verantwortlich, traut uns zu, auf seine Fragen zu antworten: Mensch, wo bist du? Wo ist dein Bruder, deine Schwester? Was hast du getan? (Gen 3,9; 4,9f.) Wir werden nicht nach unserem Glauben gefragt, sondern nach unseren Taten: ob wir unseren Mitmenschen, den Mitknechten in der Gemeinde, aber auch den anderen, ihre Speise gegeben haben zur rechten Zeit oder ob wir sie leiblich und seelisch haben hungern lassen und, wie der reiche Bauer, Selbstgespräche darüber geführt haben, wie wir das Unsere horten. Frohe Botschaft ist darum auch die Rede von den Schlägen, den Plagen in unserem Text, frohe Botschaft nämlich für Unterdrückte und Gequälte, durchaus nicht nur schwarze: die Herrschaften und ihre Büttel machen sich Illusionen, handeln darum unvernünftig, wenn sie meinen, ungestraft so handeln zu können, wie sie handeln.

Die frohe Botschaft dieses Gleichnisses, des Exodusbuchs, der Johannesoffenbarung ist: die Schläger werden geschlagen, die Plagegeister geplagt; zu ihnen kommt Gott als Einbrecher, der ihnen das raubt, was sie für ihr Eigentum halten.

*Sodann* sollte in Auslegung von V 48 deutlich werden, was Erwählung bedeutet. Denn die Rede, dass die Juden sich für auserwählt und also für was Besseres halten, gibt es ja auch unter Christen, was zeigt, dass sie auch ihre eigene Erwählung missverstehen. Vielleicht helfen da Am 3,2 und 1.Petr 4,17, siehe Kontexte.

*Schließlich* könnte die Erinnerung an die Verstorbenen zum Grund und Anlass werden, über das Ende auch unseres Lebens nachzudenken und damit über die Frage: worauf kommt es in meinem Leben an? Wofür, für wen bin ich verantwortlich? Wer und was sind mir anvertraut? Nicht alle die, derer an diesem Sonntag gedacht wird, sind so plötzlich und unerwartet gestorben, wie das im Gleichnis von der Wiederkehr des Herrn erzählt wird, einige schon. Doch jeder Tod ist Erinnerung an das bevorstehende Ende aller Dinge. Hier wäre ein Ausblick auf die bevorstehende Adventszeit gut und hilfreich: ihre Botschaft vom Kommen des Kommenden.

## 5. Liturgievorschläge

Nach der Begrüßung mit den Wochenspruch Lk 12,35 schlage ich vor: Ermuntert euch, ihr Frommen (EG 151,1–8)

Nach der Epistellesung Offb 21: Also wird Gott erlösen; Fortsetzung des ersten Lieds (EG 148,4–7) oder Kommt, Kinder, lasst uns gehen (EG 393,1–2)

Nach dem Evangelium Mt 25: Wie schön leuchtet der Morgenstern (EG 70,1.4–6) oder Ihr Mächtigen auf Erden (EG 9,4–6)

Nach der Predigt: Ihr lieben Christen, freut euch nun (EG 6,1.2.5) oder Herr Jesu Christ, du machst es lang (EG 149,7) oder Bei dir gilt nichts denn Gnad und Gunst (EG 299,2–3) oder Denk nicht in deiner Drangsalshitze (EG 369,5.6) oder Nichts ist auf dieser Erden (EG 472,2–5) oder Herr, wir haben solche Güte (EG 512,5)

Nach den Abkündigungen: Menschliches Wesen (EG 449,7–10.12 ) oder In dich hab ich gehoffet (EG 275,1–4)

Nach der Verlesung der Namen der Verstorbenen: Wenn ich einmal soll scheiden (EG 85,9) oder Das Volk, das noch im Finstern wandelt (EG 20,1–2.8) oder Du wollst dich mein erbarmen (EG 71,5) oder Schreib meinen Nam aufs beste (EG 523,5)

Zwischen Vaterunser und Segen: Wie bin ich doch von Herzen froh (EG 70,7) oder Christ ist erstanden (EG 99) oder Lass mich dein sein und bleiben (EG 157; Fortsetzung von EG 523,5) oder Ein Tag, der sagt dem andern (EG 481,5) oder (Füll unser Herz mit Freuden (EG 500,4; Melodie des ersten Lieds).

### Literatur

Gollwitzer, Helmut, Krummes Holz – aufrechter Gang. Zur Frage nach dem Sinn des Lebens, München 1970.

Marquardt, Friedrich-Wilhelm, Was dürfen wir hoffen, wenn wir hoffen dürften? Eine Eschatologie, Band 3, Gütersloh 1996.

*Matthias Loerbroks*

# Die jüdischen Feiertage – Daten und Erklärungen

2016/2017   5777/5778

**25.12.2016–1.1.2017   25. Kislew–2. Tewet 5776**
**Chanukka**
Am 25. Kislew beginnt das achttägige Tempelweihefest, das zu den freudigen Gedenktagen gehört. Chanukka erinnert an die Wiedereinweihung des zweiten jüdischen Tempels in Jerusalem im Jahr 3597 (164 v. Chr.) Die siegreichen Makkabäer reinigten und weihten den Tempel neu. Laut einer talmudischen Lehre hat sich koscheres Öl nur für einen Tag gefunden; durch ein Wunder hat das Licht jedoch acht Tage gebrannt, bis neues, geweihtes Öl hergestellt worden war. Daran erinnern die acht Arme des Chanukka-Leuchters. Chanukka ist in erster Linie ein häusliches Fest. Die Kinder bekommen Geschenke und Süßigkeiten. Gegessen werden vor allem in Öl gebackene Speisen wie Berliner oder Kartoffelpuffer.

**11.2.2017   15. Schewat 5777**
**Tu bi-Schewat**
Der Neujahrstag der Bäume geht zurück auf den landwirtschaftlichen Kalender im alten Israel. Dort werden zu dieser Zeit Bäume gepflanzt. An Tu bi-Schewat machen Juden sich ihre Verbundenheit zu Israel bewusst. Sie genießen Früchte, die in Israel wachsen (5. Mose, 8,8); dazu gehören u. a. Mandeln, da dieser Baum als erster erblüht.

**5.3.2017   7. Adar 5777**
**Beginn der Woche der Brüderlichkeit**
Juden und Christen veranstalten diese Woche in Deutschland als Zeichen der Verständigung und Zusammenarbeit.

**12.3.2017   14. Adar 5777**
**Purim**
Purim ist ein freudiger Tag und erinnert an die Ereignisse, die im biblischen Buch Esther geschildert werden. Das Buch Esther berichtet, dass der Minister Haman den Perserkönig Ahasveros beeinflussen wollte, alle Juden im damaligen Persischen Reich zu ermorden. Den genauen Zeitpunkt sollte das Los (Purim) bestimmen. Esther, die jüdische Ehefrau des Königs, setzte sich mit Unterstützung ihres Onkels Mordechai erfolgreich bei Ahasveros für die Errettung ihres Volkes ein. Der Minister Haman wurde an dem Galgen aufgehängt, den er für die Juden vorgesehen hatte. In vielen jüdischen Gemeinden ist es üblich, karnevalähnliche Feierlichkeiten abzuhalten. Man verkleidet sich, die Stimmung ist ausgelassen und es ist erlaubt, so viel Wein zu trinken, bis man nicht mehr Gut (Mordechai) und Böse (Haman) unterscheiden kann. Es werden Geschenke ausgetauscht und viele (süße) Festspeisen gegessen.

**11.–18.4.2017 15.–22. Nisan 5777**

**Pessach**

Pessach ist das Fest der Erinnerung an Israels Erlösung aus der Knechtschaft in Ägypten. Die Befreiung aus der Sklaverei gilt als der Geburtstag des jüdischen Volkes. Es ist ein Wallfahrtsfest und gehört zu den Hauptfesten im Judentum. Das hebräische Wort Pessach bedeutet wörtlich »Vorübergang, »Verschonung«. Die Hebräer wurden von dem göttlichen Schlag gegen die männlichen ägyptischen Erstgeborenen verschont. Das Pessach wird im Familienkreis gefeiert. Am Sederabend, dem Auftakt des Festes, wird die Haggada, die mündliche Erzählung der biblischen Exodusgeschichte, gelesen und der Tisch ist mit Speisen symbolischer Bedeutung gedeckt (z.B. Mazzen). Mit dem zweiten Tag Pessach beginnt die Omerzählung. Es werden die 49 Tage bis Schawuot (50. Tag) gezählt, um die enge Verbundenheit beider Feste zu betont. Weil zur Zeiten des Tempels zu Beginn der Zählung ein gewisses Maß (Omer) Gerste als Opfer in den Tempel gebracht wurde, ist die Zählung danach benannt worden.

**24.4.2017 28. Nisan 5777**

**Jom ha-Schoa**

Gedenktag für die jüdischen Opfer des nationalsozialistischen Massenmordes.

**1./2.5.2017 5./6. Ijar 5777**

**Jom ha-Azmaut**

Die Gründung des Staates Israels wurde am 14. Mai 1948 ausgerufen. Mit der Rückkehr in das Heilige Land nach über 2000 Jahren des Exils hat sich ein Teil der Vision der Propheten verwirklicht. In einem Gottesdienst wird die Freude darüber zum Ausdruck gebracht. Am Vortag, Jom ha-Sikaron, wird in einem Gebet all derer gedacht, die für die Existenz Israels gefallen sind, und aller Opfer von Terror und Gewalt in der Welt.

**14.5.2017 18. Ijar 5777**

**Lag ba-Omer**

An Lag ba-Omer, der 33. Tag der Omerzählung, endete die Seuche, an der tausende Schüler des großen Gelehrten Rabbi Akiwa im 2. Jh. gestorben sind. Daher wird die Trauer um die Schüler des großen Gelehrten unterbrochen und dieser Tag festlich begangen.

**24.5.2017 28. Ijar 5777**

**Jom Jeruschalajim**

An diesem Tag freuen sich die Juden über die Rückkehr (1967) in die Gottesstadt Jerusalem. Die Stadt mit dem Tempelberg ist aus jüdischer Sicht der Ort, wo sich Welt und Gott am nächsten sind.

**31.5./1.6.2017 6./7. Siwan 5777**

**Schawuot**

Juden feiern Schawuot (Wochenfest) 50 Tage nach Pessach. Ursprünglich war es das »Fest der Erstlinge«, deshalb wird auch heute noch der Brauch geübt, zu Schawuot die Synagoge mit frischem Grün und Blumen auszuschmücken. Nach talmudischer Überlieferung ist Schawuot die Zeit der Übergabe der zehn Gebote und der Tora an Mose am Berg Sinai. Traditionell werden Milchprodukte (z. B. Käsekuchen) gegessen, da die Tora mit Milch verglichen wird, »die das Volk Israel wie ein unschuldiges Kind begierig trinkt«.

**1.8.2017 9. Aw 5777**
**Tisch'a be-Aw**
Der 9. Tag des Monats Aw ist ein jüdischer Trauer- und Fasttag, der an die Zerstörung des Tempels in Jerusalem erinnert. Der erste Tempel wurde durch Nebukadnezar im Jahr 586 v.Chr. zerstört, der zweite Tempel durch die Römer im Jahr 70 n.Chr. Da in diesem Jahr der 9. Aw auf einen Schabbat fällt, wird der Fastentag am darauffolgenden Tag begangen.

**21./22.92017 1./2. Tischri 5778**
**Rosch ha-Schana**
Rosch ha-Schana (Kopf des Jahres) ist das jüdische Neujahrsfest. Die Mischna legt dieses Fest als Jahresbeginn und für die Berechnung von Kalenderjahren fest. An Rosch ha-Schana beginnen die zehn Bußtage, Tage der Reue, Buße und Umkehr bis zum Jom Kippur. Man wünscht sich gegenseitig, zum guten Jahr in das Buch des Lebens eingeschrieben zu werden.

**30.09.2017 10. Tischri 5778**
**Jom Kippur**
Jom Kippur gilt nach dem Schabbat als heiligster und wichtigster Feiertag des jüdischen Jahres, an dem streng gefastet wird. Er bildet den Abschluss der zehn Bußtage, die an Rosch ha-Schana beginnen. Nach jüdischer Lehre ist der Versöhnungstag nutzlos, so lange er nicht von Reue begleitet ist. Der Versöhnungstag befreit von Sünden gegen Gott, jedoch von Sünden gegen den Nächsten erst, nachdem die geschädigte Person um Verzeihung gebeten worden ist. Er wird auch am Schabbat als Fastentag eingehalten. Der Tag endet mit dem Fastenbrechen.

**5.–12.10.2017 15.–22. Tischri 5778**
**Sukkot**
Das Laubhüttenfest (Sukkot) findet am Abschluss der Erntesaison statt. Es ist eines der drei Wallfahrtsfeste (Pessach, Schawuot, Sukkot), die mit dem Aufstieg zum Tempel in Jerusalem begangen wurden. Zugleich erinnert Sukkot an die Wüstenwanderung der Israeliten nach ihrem »Auszug aus Ägypten« und an das Wohnen in unfertigen Hütten während dieser Periode. Die doppelte Bedeutung des Festes symbolisiert einerseits der Feststrauß aus vier Pflanzenarten: Zweige von Palmen, Myrten, Weiden und die Etrog (Zitrusfrucht), die am Vormittag im Gottesdienst verwendet werden, andererseits das Gebot, während dieser Tage in einer Hütte (Sukka) zu wohnen.

**12.10.2017 22. Tischri 5778**
Der abschließende achte Tag des Sukkotfestes wird der achte Tag der feierlichen Versammlung genannt. Der Gottesdienst zeichnet sich besonders dadurch aus, dass nach der Tora- und Prophetenlesung eine Seelenfeier zum Gedenken der

Toten stattfindet und dass der Vorbeter in den Gottesdienst ein Gebet um Regen, ein längeres poetisches Stück, einschaltet, das in feierlicher Form rezitiert wird.

**13.10.2017 23. Tischri 5778**
**Simchat Tora**
Im Laufe eines Jahres werden in der Synagoge die fünf Bücher Mose, die Tora, von Anfang bis Ende gelesen. Am Fest der Torafreude ist der letzte Abschnitt erreicht. Nach der Lesung tragen die Vorleser die Torarollen singend und tanzend durch die Synagoge. Dann beginnt man wieder mit dem Lesen des ersten Abschnittes. Nach dem Gottesdienst bekommen die Kinder Süßigkeiten.

**13.–20.12.2017 25. Kislew–2. Tewet 5778**
**Chanukka**
Am 25. Kislew beginnt das achttägige Tempelweihefest, das zu den freudigen Gedenktagen gehört. Chanukka erinnert an die Wiedereinweihung des zweiten jüdischen Tempels in Jerusalem im Jahr 3597 (164 v. Chr.) Die siegreichen Makkabäer reinigten und weihten den Tempel neu. Laut einer talmudischen Lehre hat sich koscheres Öl nur für einen Tag gefunden; durch ein Wunder hat das Licht jedoch acht Tage gebrannt, bis neues, geweihtes Öl hergestellt worden war. Daran erinnern die acht Arme des Chanukka-Leuchters. Chanukka ist in erster Linie ein häusliches Fest. Die Kinder bekommen Geschenke und Süßigkeiten. Gegessen werden vor allem in Öl gebackene Speisen wie Berliner oder Kartoffelpuffer.

Der *jüdische Kalender* richtet sich nach den Mondphasen. 12 Monate dauern 354,36 Tage. Zum Ausgleich gegenüber dem Sonnenjahr wird in einem Zyklus von 19 Jahren in jedem 3., 6., 8., 11., 14., 17., und 19. Jahr ein Schaltmonat eingeschoben. Die jüdische Zeitrechnung zählt vom Beginn der Schöpfung. Die Jahreszählung bezieht sich auf den nach der Bibel errechneten Zeitpunkt der Weltschöpfung: 3760 vor unserer Zeitrechnung.

Die Daten der *jüdischen Festtage* sind abgestimmt mit den Angaben unter www.hagalil.com, kaluach und interfaith calendar. Die jüdischen Feste beginnen jeweils am Vorabend. Wenn Jom ha-Schoa auf einen Sonntag fällt, wird der Gedenktag um einen Tag nach hinten verschoben, damit der Schabbatausgang (Samstagabend) gebührend zelebriert werden kann. Dies gilt auch für Jom ha-Sikaron. Der sich anschließende Unabhängigkeitstag (Jom ha-Azmaut) wird dann ebenfalls um einen Tag nach hinten verschoben. Ebenso kann es vorkommen, dass beide Feiertage um einen Tag nach vorne verlegt werden müssen, um die Vorbereitungen auf den Schabbat zu ermöglichen bzw. um die Feiertage vom Beginn des Schabbats abzusetzen. Das Fasten des Tisch'a be Aw wird ebenfalls um einen Tag verschoben, wenn dieser Gedenktag auf einen Schabbat fällt.

*Auszug aus: Miteinander 2017. Juden – Christen – Muslime, hg. vom Institut für Kirche und Gesellschaft der Ev. Kirche von Westfalen, Bielefeld 2016*

# Anhang: Die Schabbat- und Feiertagslesungen des jüdischen Jahres 5777 (2016/2017)

Im jüdischen Jahr gehört zu jedem Schabbat eine bestimmte Lesung aus der Tora, den fünf Büchern Mose. Eine solche Lesung heißt Parascha (Abschnitt; Mehrzahl: Paraschot); die Tora ist von Gen 1 bis Dtn 34 in 54 solche Abschnitte aufgeteilt. Der letzte Abschnitt, der Segen Moses und sein Tod, und der erste Abschnitt, die Geschichte der Schöpfung, werden beide am Tora-Freudenfest (Simchat Tora) am Ende des herbstlichen Laubhüttenfestes gelesen. Die Verlesung des Wochenabschnitts bildet an jedem Schabbatmorgen den feierlichen Mittelpunkt des Synagogengottesdienstes. Der Abschnitt ist wieder in Unterabschnitte gegliedert, so dass jedes Mal mindestens sieben Gemeindeglieder »zur Tora aufgerufen« werden können. Es gilt als große Ehre, an der Lesung des Wochenabschnitts beim Tisch des Vorlesers teilzunehmen oder den Abschnitt in der traditionell festgelegten Singweise selbst vorzutragen. Zu jeder Toralesung gehört ein Abschnitt aus den Profeten, eine »Haftara«. Die Haftara hat stets einen inhaltlichen Bezug zur Parascha.

| Datum | Schabbat/Parascha | Tora | Haftara |
|---|---|---|---|
| 29.10.2016 | Bereschit | Gen 1,1–6,8 | Jes 42,5–43,10 |
| 05.11. | Noach | Gen 6,9–11,32 | Jes 54,1–55,5 |
| 12.11. | Lech Lecha | Gen 12,1–17,27 | Jes 40,27–41,16 |
| 19.11. | Wajera | Gen 18,1–22,24 | 2.Kön 4,1–37 |
| 26.11. | Chaje Sara | Gen 23,1–25,18 | 1.Kön 1,1–31 |
| 03.12. | Toledot | Gen 25,19–28,9 | Mal 1,1–2,7 |
| 10.12. | Wajeze | Gen 28,10–32,3 | Hos 12,13–14,10 |
| 17.12. | Wajischlach | Gen 32,4–36,43 | Obad 1,1–21 |
| 24.12. | Wajeschew | Gen 37,1–40,23 | Am 2,6–3,8 |
| 24.12. | Erew Chanukka | | |
| 31.12. | Mikez<br>(= Schabbat Chanukka, 7. Tag Chanukka) | Gen 41,1–44,17 | Sach 2,14–4,7 |
| 07.01.2017 | Wajigasch | Gen 44,18–47,27 | Hes 37,15–28 |
| 14.01. | Wajechi | Gen 47,28–50,26 | 1.Kön 2,1–12 |
| 21.01. | Schemot | Ex 1,1–6,1 | Jes 27,6–28,13 und 29,22f. |
| 28.01. | Wa'era | Ex 6,2–9,35 | Jes 66,1–24 |
| 04.02. | Bo | Ex 10,1–13,16 | Jer 46,13–28 |
| 11.02. | Beschallach | Ex 13,17–17,16 | Ri 4,4–5,31 |
| 18.02. | Jitro | Ex 18,1–20,23 | Jes 6,1–7,6; 9,5f. |
| 25.02. | Mischpatim | Ex 21,1–24,18 | 2.Kön 12,1–17 |
| 04.03. | Teruma | Ex 25,1–27,19 | 1.Kön 5,26–6,13 |
| 11.03. | Tezawe | Ex 27,20–30,10 | 1.Sam 15,2–34 |
| 11.03. | Erew Purim | | |
| 12.03. | Purim | Ex 17,8–16<br>Megilla: Esther | |
| 18.03. | Ki Tisa | Ex 30,11–34,35 | Hes 36,16–38 |
| 25.03. | Wajakhel-Pekudei | Ex 35,1–40,38 | Hes 45,16–46,18 |
| 01.04. | Wajikra | Lev 1,1–5,26 | Jes 43,21–44,23 |
| 08.04. | Zaw | Lev 6,1–8,36 | Mal 3,4–24 |
| 10.04. | Erew Pessach | | |
| 11.04. | Pessach | Ex 12,21–51<br>Num 28,16–25<br>Megilla: Hoheslied | Jos 5,2–6,1 |
| 15.04. | Pessach Schabbat Chol-ha-Moed | Ex 33,12–24,26<br>Num 28,19–25 | Hes 27,1–14 |

| | | | |
|---|---|---|---|
| 22.04. | Schemini | Lev 9,1–11,47 | 2.Sam 6,1–7,17 |
| 24.04. | Jom haSchoah | | |
| 29.04. | Tasria-Mezora | Lev 12,1–15,33 | 2.Kön 7,3–20 |
| 02.05. | Jom haAzma'ut (Unabhängigkeitstag) | | |
| 06.05. | Achare Mot-Kedoschim | Lev 16,1–20,27 | Am 9,7–15 |
| 13.05. | Emor | Lev 21,1–24,23 | Hes 44,15–31 |
| 20.05. | Behar-Bechukotai | Lev 25,1–27,34 | Jer 16,19–17,14 |
| 27.05. | Bamidbar | Num 1,1–4,20 | Hos 2,1–22 |
| 31.05. | Schawuot | Ex 19,1–20,23<br>Num 28,26–31<br>Megilla: Ruth | Hes 1,1–28; 3,12 |
| 03.06. | Nasso | Num 4,21–7,89 | Ri 13,2–25 |
| 10.06. | Beha'alotcha | Num 8,1–12,16 | Sach 2,14–4,7 |
| 17.06. | Schlach | Num 13,1–15,41 | Jos 2,1–24 |
| 24.06. | Korach | Num 16,1–18,32 | Jes 66,1–24 |
| 01.07. | Chukkat | Num 19,1–22,1 | Ri 11,1–31 |
| 08.07. | Balak | Num 22,2–25,9 | Mi 5,6–6,8 |
| 15.07. | Pinchas | Num 25,10–30,1 | Jer 1,1–2,3 |
| 22.07. | Matot-Masei | Num 30,2–36,13 | Jer 2,4–28; 3,4 |
| 29.07. | Dewarim | Dtn 1,1–3,22 | Jes 1,1–27 |
| 31.07. | Tisch'a be-Aw | Dtn 4,25–40<br>Megilla: Klagelieder | Jer 8,13–9,23 |
| 05.08. | Waetchanan<br>(= Schabbat Nachamu) | Dtn 3,23–7,11 | Jes 40,1–26 |
| 12.08. | Ekew | Dtn 7,12–11,25 | Jes 49,14–51,3 |
| 19.08. | Re'eh | Dtn 11,26–16,17 | Jes 54,11–55,5 |
| 26.08. | Schoftim | Dtn 16,18–21,9 | Jes 51,12–52,12 |
| 02.09. | Ki Teze | Dtn 21,10–25,19 | Jes 54,1–10 |
| 09.09. | Ki Tawo | Dtn 26,1–29,8 | Jes 60,1–22 |
| 16.09. | Nizawim-Wajelech | Dtn 29,9–31,30 | Jes 61,10–63,9 |
| 20.09. | Erew Rosch ha-Schana | | |
| 21.09. | Rosch ha-Schana 5778 | Gen 21,1–34<br>Num 29,1–6 | 1.Sam 1,1–2,10 |
| 23.09. | Haasinu<br>(= Schabbat Schuva) | Dtn 32,1–52<br>Joel 2,15–27 | Hos 14,2–10; Mi 7,18–20; |
| 29.09. | Erew Jom Kippur | | |
| 30.09. | Jom Kippur | Lev 16,1–34<br>Num 29,7–11 | Jes 57,14–58,14 |
| 04.10. | Erew Sukkot | | |
| 05.10. | 1. Tag Sukkot | Lev 22,26–23,44<br>Num 29,12–16<br>Megilla: Kohelet | Sach 14,1–21 |
| 07.10. | Schabbat<br>Chol haMoed Sukkot | Ex 33,12–34,26<br>Num 29,17–22 | Hes 38,18–39,16 |
| 11.10. | Erew Schemini Azeret | | |
| 12.10. | Schemini Azeret | Dtn 14,22–16,17<br>Num 29,35–30,1 | 1.Kön 8,54–66 |
| 12.10. | Erew Simchat Tora | Dtn 33,1–26 | |
| 13.10. | Simchat Tora | Dtn 33,1–34,12<br>Gen 1,1–2,3<br>Num 29,35–30,1 | Jos 1,1–18 |

Quelle: www.hebcal.com

# Angaben zur Redaktion und zu den Autorinnen und Autoren

## Redaktion

*Deeg, Prof. Dr. Alexander*, 1972, Lehrstuhl für Praktische Theologie, Martin-Luther-Ring 3, 04109 Leipzig; alexander.deeg@uni-leipzig.de

*Ehmann, Dr. Johannes*, 1958, apl. Professor (hauptberuflich) für Neuere Kirchengeschichte, territoriale Kirchengeschichte und Konfessionskunde, Theologisches Seminar, Kisselgasse 1, 69117 Heidelberg; johannes.ehmann@wts.uni-heidelberg.de

*Gardei, Marion*, 1957, Pfarrerin, Beauftragte für Erinnerungskultur der Evangelischen Kirche Berlin-Brandenburg-schlesische Oberlausitz, Konsistorium der EKBO, Georgenkirchstraße 69/70, 10249 Berlin; m.gardei@ekbo.de

*Goldmann, Dr. Manuel*, 1961, Pfarrer und Predigerseminardirektor, Kabemühlenweg 20b, 34369 Hofgeismar; manuel.goldmann@ekkw.de

*Lange-Sonntag, Ralf*, 1965, Pfarrer am Paul-Ehrlich-Berufskolleg und Referent der Evangelischen Kirche von Westfalen für Fragen des christlich-islamischen Dialogs, Iserlohner Straße 25, 58239 Schwerte; ralf.lange-sonntag@kircheundgesellschaft.de

*Müller, Hans-Jürgen*, 1959, Pfarrer, Schützenweg 12, 95233 Helmbrechts-Wüstenselbitz; hans-juergen.mueller@elkb.de

*Nachama, Prof. Dr. Andreas*, 1951, Geschäftsführender Direktor der Stiftung Topographie des Terrors, Dekan des Fachbereichs Holocaust Studies/Jewish Studies am Touro College Berlin, Rabbiner der Synagogengemeinde Sukkoth Shalom in Berlin; rabbi@nachama.de

*Schenck, Barbara*, 1967, Online-Redakteurin reformiert-info.de und Referentin für Theologie und Öffentlichkeitsarbeit bei der Konföderation evangelischer Kirchen in Niedersachsen, Klosterstraße 17, 31737 Rinteln; barbara.schenck@reformiert.de

*Schulz-Schönfeld, Andreas*, 1965, Pastor, Referent für ökumenische Bildungsarbeit beim Nordelbischen Missionszentrum in Breklum, Olandstraße 17, 25821 Bredstedt; schuschoe@gmx.de

*Volkmann, Dr. Evelina*, 1962, Pfarrerin und Studienleiterin für Prädikantenfortbildung und Gottesdienst, Evang. Bildungszentrum, Grüningerstraße 25, 70599 Stuttgart; evelina.volkmann@elk-wue.de

*Wachowski, Dr. Johannes*, 1964, Pfarrer in Wernsbach und am Klinikum Ansbach, Vorsitzender von Begegnung von Christen und Juden in Bayern (www.bcj.de), Wernsbach 32, 91629 Weihenzell; pfarrer@wachowski-online.de (Leiter des Verlags Studium in Israel)

## Autorinnen und Autoren

*Bach-Fischer, Katharina*, 1985, Gottesdienst-Institut Nürnberg (Projekt Predigital), Martin-Luther-Straße 4, 92655 Grafenwöhr; Katharina-Bach-Fischer@t-online.de

*Berger, Joel*, 1937, Landesrabbiner a. D. des Rabbinats Württemberg; berger@hdgbw.de

*Bergler, Dr. Siegfried*, 1953, Pfarrer, Graben 12, 97421 Schweinfurt; Siegfried-Bergler@t-online.de

*Birkner, Birgit*, 1984, Pfarrerin, Kirchplatz 1, 08393 Meerane; birgit.birkner@evlks.de

*Bramkamp, Christiane*, 1988, Wissenschaftliche Hilfskraft, Kanalstraße 53, 48147 Münster; christiane.bramkamp@wwu.de

*Bremen, Katharina von*, 1951, Pfarrerin i. R., ehem. Studienleiterin an der Ev. Akademie Villigst/Schwerte, Richardplatz 19, 12055 Berlin; k.von-bremen@gmx.net

*Broich, Natalie*, 1987, Pfarrerin, Himmelgeisterstraße 61, 40225 Düsseldorf; natalie.broich@ekir.de

*Bukowski, Peter, D. Dr. h. c.*, 1950, Theologe und Gestalttherapeut, Sanderstraße 192, 42283 Wuppertal; peter.bukowski@t-online.de

*Bukowski, Sylvia*, 1949, Pfarrerin i. R., Autorin zahlreicher Predigt- und Gebetbücher, Sanderstraße 192, 42283 Wuppertal; sylviabukowski1@gmail.com

*Busch-Wagner, Kira*, 1961, Pfarrerin, Schlesierstraße 3, 76275 Ettlingen; kira.busch-wagner@kbz.ekiba.de

*Butting, Dr. Klara*, 1959, Pastorin und Professorin, Woltersburger Mühle 1, 29525 Uelzen; klarabutting@t-online.de

*Coors, Maria*, 1986, Historikerin, Hauffstraße 5, 72074 Tübingen; mariacoors@web.de

*Crüsemann, Dr. Marlene*, 1953, freiberufliche Theologin, Schwerpunkt sozialgeschichtliche Exegese des Neuen Testaments, Bokenweg 12, 33617 Bielefeld; marlene.cruesemann@t-online.de

*Dantine, Olivier*, 1973, Superintendent für Salzburg und Tirol, Rennweg 13, A-6020 Innsbruck; o.dantine@evang.at

*Deeg, Prof. Dr. Alexander*, 1972, Professor für Praktische Theologie, Martin-Luther-Ring 3, 04109 Leipzig; alexander.deeg@uni-leipzig.de

*Dieckmann, PD Dr. Detlef*, 1970, Privatdozent für Altes Testament an der Ruhr-Universität Bochum und Rektor des Theologischen Studienseminars in Pullach bei München, Bischof-Meiser-Straße 6, 82049 München; mail@detlefdieckmann.de

*Dörrfuß, Dr. Ernst Michael*, 1960, Pfarrer und Kirchenrat, Leiter des Pastoralkollegs der Evangelischen Landeskirche in Württemberg, Bismarckstraße 2, 72474 Bad Urach; ErnstMichael.Doerrfuss@pastoralkolleg-wue.de

*Doorn, Ralph van*, 1965, Pfarrer und Beauftragter der Ev. Kirche von Westfalen für den christlich-jüdischen Dialog, Memeler Straße 45, 57072 Siegen; ralphvandoorn@email.de

*Ebach, Prof. Dr. Jürgen*, 1945, Am Hohwege 41 B, 44879 Bochum; juergen.h.ebach@rub.de

*Ehmann, Dr. Johannes*, 1958, apl. Professor (hauptberuflich) für Neuere Kirchengeschichte, territoriale Kirchengeschichte und Konfessionskunde, Theologisches Seminar, Kisselgasse 1, 69117 Heidelberg; johannes.ehmann@wts.uni-heidelberg.de

*Frettlöh, Prof. Dr. Magdalene L.*, 1959, Lehrstuhl für Systematische Theologie/Dogmatik und Religionsphilosophie an der Theologischen Fakultät der Universität Bern, Länggassstrasse 51, CH-3012 Bern; magdalene.frettloeh@theol.unibe.ch

*Fricke, Dr. Martin*, 1966, Pfarrer, Petersstraße 2a, 40593 Düsseldorf; martin.fricke@evdus.de

*Geiß, David*, 1973, Pastor, stellvertretender Superintendent und Beauftragter für den christlich-jüdischen Dialog im Kirchenkreis Leine-Solling, Teichstraße 56, 37154 Northeim; david.geiss@evlka.de

*Goldmann, Dr. Manuel*, 1961, Pfarrer und Predigerseminardirektor, Kabemühlenweg 20b, 34369 Hofgeismar; manuel.goldmann@ekkw.de

*Goßmann, Dr. Hans-Christoph*, 1959, Pastor der Jerusalem-Gemeinde zu Hamburg und Direktor der Jerusalem-Akademie, König-Heinrich-Weg 215, 22455 Hamburg; jerusalem-akademie@gmx.de

*Greiner, Constanze*, Vikarin, Dompropstei 2, 06217 Merseburg; constanze.greiner@gmx.net

*Gruner, Johannes*, 1958, 1958, Pfarrer und Studienleiter, Berghaustr. 6 A, 70565 Stuttgart; johannes-gruner@t-online.de

*Hasselhoff, PD Dr. Görge K.*, 1971, Pfarrer, z.Zt. Forschungsgastprofessor UA Barcelona, Bleibergweg 82, 40885 Lintorf; goerge.hasselhoff@udo.edu

*Hasselmann, Milena*, 1988, Wissenschaftliche Mitarbeiterin im Fach Neues Testament an der Universität Greifswald, Borkumstraße 4, 13189 Berlin; hasselmann.milena@gmail.com

*Hecke, Marie*, 1986, Repetentin der Evangelisch-lutherischen Landeskirche Hannovers am Evangelischen Studienhaus Göttingen (eshg), Nikolaistraße 26, 37073 Göttingen; marie.hecke@theologie.uni-goettingen.de

*Heidrich, Andreas*, 1965, Pfarrer, Zum Quellenpark 28, 65812 Bad Soden; pfr.heidrich.pfarrbuero@t-online.de

*Hoblík, Doc. Mgr. Jiří Th. D.*, 1966, Religionswissenschaftler, Šiškova 1224/1, Praha 8, Tschechien; jirhob@seznam.cz

*Homolka, Prof. Dr. Walter*, 1964, Rabbiner, ordentlicher Universitätsprofessor für Jüdische Religionsphilosophie der Neuzeit – Schwerpunkt Denominationen und interreligiöser Dialog, Rektor des Abraham Geiger Kollegs und Geschäftsführender Direktor der School of Jewish Theology der Universität Potsdam, Abraham Geiger Kolleg, Postfach 120 852, 10598 Berlin; whomolka@uni-potsdam.de

*Janßen, Dr. Martina*, 1971, Pastorin, Lehrbeauftragte für Biblische Theologie, Steinweg 9, 21635 Jork-Estebrügge; mjansse@gwdg.de

*Kannenberg, Dr. Michael*, 1964, Pfarrer und Studienrat, Nürnberger Straße 55, 74074 Heilbronn; oekolampad@web.de

*Kannenberg, Ursula*, 1965, Kirchenrätin, Pädagogische Geschäftsführerin der Schul- und Seminarstiftung der Ev. Landeskirche in Württemberg, Nürnberger Straße 55, 74074 Heilbronn; ursula.kannenberg@gmx.de

*Knittel, Ann-Kathrin*, 1987, wissenschaftliche Mitarbeiterin im Fach Altes Testament an der Universität Heidelberg, Bahnhofstraße 15, 69115 Heidelberg; ann-kathrin.knittel@wts.uni-heidelberg.de

*Koch, Dr. Stefan*, 1965, Pfarrer, Himmelreichstraße 2, 80538 München; Stefan.Koch@elkb.de

*Krause, Dr. Joachim J.*, 1978, Wissenschaftlicher Assistent am Lehrstuhl für Literaturgeschichte des Alten Testaments, Eberhard Karls Universität Tübingen, Evangelisch-theologische Fakultät, Liebermeisterstraße 14, 72076 Tübingen; joachim.krause@uni-tuebingen.de

*Krause, Katharina*, 1984, Vikarin, Lorettoplatz 14, 72072 Tübingen; katharina.krause@elkw.de

*Kremers, Dr. Heinz* [†], 1926–1988, Pfarrer und Professor an der Duisburger Hochschule

*Kriener, Dr. Tobias*, 1956, Coordinator of Studies, Nes Ammim, M.P. Western Galilee 22801, Israel; tobias.kriener@posteo.de

*Kronshage, Christa*, 1943, Laienpredigerin, Schöneberger Straße 2, 33619 Bielefeld; christakronshage@web.de

*Kruse, Wolfgang*, 1956, Kirchenrat, Referent für Fort- und Weiterbildung im Pfarrdienst der Evangelischen Landeskirche in Württemberg, Gänsheidestraße 4, 70184 Stuttgart; wolfgang.kruse@elk-wue.de

*Lange-Sonntag, Ralf*, 1965, Pfarrer am Paul-Ehrlich-Berufskolleg und Referent der Ev. Kirche von Westfalen für Fragen des christlich-islamischen Dialogs, Institut für Kirche und Gesellschaft, Haus Villigst, Iserlohner Straße 25, 58239 Schwerte; ralf.lange-sonntag@kircheundgesellschaft.de

*Langner-Stephan, Angela*, 1967, Pfarrerin, Josephstraße 26, 04177 Leipzig; angela.langner_stephan@evlks.de

*Lapide, Dr. Juval*, 1961, Theologe und Psychotherapeut, In der Kehr 11, 69469 Weinheim; yuvallapide@gmail.com

*Loerbroks, Dr. Matthias*, 1956, Pfarrer, Glinkastr. 16, 10117 Berlin; Mloerbroks@aol.com

*Maaß, Dr. Hans*, Kirchenrat i. R., Hertzstraße 180a, 76185 Karlsruhe; hans@hans-maass.de

*Maier, Dr. Christl M.*, 1962, Professorin für Altes Testament am Fachbereich Evangelische Theologie die Philipps-Universität Marburg, Lahntor 3, 35032 Marburg; christl.maier@uni-marburg.de

*Majer, Martin*, 1948, Pfarrer i. R., Kirchenstraße 15, 91735 Muhr am See; Majer.Martin@t-online.de

*Marx, Prof. Dr. Dalia*, 1966, Professorin für Liturgie und Midrasch am Hebrew Union College, King David 13, Jerusalem, 9410125, Israel; marxdalia@gmail.com

*Meinhard, Dr. Isolde*, 1964, Pfarrerin, Burgschmietstraße 12, 90419 Nürnberg; isolde.meinhard@fau.de

*Meyer, Dr. Barbara*, Senior Lecturer am Religious Studies Program, Graduate School of Philosophy, University Tel Aviv, Bialik Str 10, 63324 Tel Aviv, Israel; barbarumeyer@yahoo.com

*Müller, Dr. Anna Karena*, 1967, Pfarrerin, Bahnhofstraße 12a, 35037 Marburg; mueller@elisabethkirche.de

*Müller, Prof. Dr. Klaus*, 1955, Pfarrer, Langgewann 18, 69121 Heidelberg; klaus.mueller@ekiba.de

*Nachama, Prof. Dr. Andreas*, 1951, Geschäftsführender Direktor der Stiftung Topographie des Terrors, Dekan des Fachbereichs Holocaust Studies/Jewish Studies am Touro College Berlin, Rabbiner der Synagogengemeinde Sukkoth Shalom in Berlin; rabbi@nachama.de

*Nguyen-Huu, Anna*, 1977, Pfarrerin, Fritz-Reuter-Allee 130a, 12359 Berlin; a.nguyenhuu@web.de

*Noss, Dr. Peter*, 1963, Pfarrer, Lehrbeauftragter an der EFH Bochum/Ruhruniversität Bochum, Steinstraße 77, 45968 Gladbeck; peter.noss@rub.de

*Ostmeyer, Prof. Dr. Karl-Heinrich*, 1967, Pfarrer, Planckstraße 10, 21335 Lüneburg; ostmeyer@gmx.de

*Puissant, Sven Christian*, 1975, Schulpfarrer und Beauftragter für den Christlich-Jüdischen Dialog im Kirchenkreis Bielefeld, Carl-Severing-Berufskolleg für Handwerk und Technik, Heeper Straße 85, 33607 Bielefeld; sven.puissant@csbht.de

*Reichel-Odié, Jürgen*, 1945, Pfarrer i. R., Waidmannstraße 27, 60596 Frankfurt; reichel-odie@t-online.de

*Renninger, Monika*, 1961, Leiterin des Evang. Bildungszentrums Hospitalhof, Büchsenstraße 33, 70174 Stuttgart; Monika.renninger@hospitalhof.de

*Rucks, Dr. Hanna*, 1982, Pfarrerin, Kirchstraße 2, 27243 Harpstedt; hanna.rucks@rucks.ch

*Schäfer, Michael*, 1961, Pfarrer, Kaiser-Karl-Ring 25, 53111 Bonn; m.schaefer@lukaskirche-bonn.de

*Schaller, Rahel*, 1965, Pfarrerin, Hellendornstraße 24, 47574 Goch; rahel.schaller@ekir.de

*Schell, Adrian Michael*, 1973, Rabbiner, Capetown, South Africa; Adrian.schell@gmail.com

*Schöllkopf, Dr. Susanne*, 1958, Pfarrerin im Schuldienst, Gartenhalde 62, 89081 Ulm; S.Schoellkopf@gmx.net

*Schröder, Prof. Dr. Bernd*, 1965, Professor für Praktische Theologie mit Schwerpunkt Religionspädagogik, Vorsitzender von Studium in Israel e.V., Werner-Heisenberg-Platz 2, 37085 Göttingen; bschroe@gwdg.de

*Schwarz, Maik*, 1985, MTh, Kandidat des Predigtamtes, Ostpreußenstraße 1, 29399 Wahrenholz; maikschwarz@posteo.de

*Schwemer, Dr. h. c. Ulrich*, 1944, Pfarrer i. R., Kiliansweg 1, 64720 Michelstadt; ulrich.schwemer@gmx.de

*Seel, Aline*, 1986, Vikarin, Urbanstraße 26, 10967 Berlin; AlineSeel@web.de

*Sláma, Dr. Petr*, 1967, AT-Dozent an der Ev.-Theol. Fakultät der Karlsuniversität in Prag, Štefánikova Str. 1, CZ-25002 Stará Boleslav, Tschechische Republik; slama@etf.cuni.cz

*Smidt-Schellong, Andreas*, 1962, Pfarrer, Voltmannstraße 263, 33613 Bielefeld; a.smidt-schellong@bitel.net

*Staffa Dr. Christian*, 1959, Pfarrer, Studienleiter für Kultur und Kirche an der Evangelischen Akademie zu Berlin, Charlottenstraße 53/54, 10117 Berlin; staffa@eaberlin.de

*Thon, Dr. Johannes*, 1973, freiberuflicher Dozent für Hebräisch und Bibelwissenschaft, 06118 Halle (Saale), Trothaer Straße 111; johannes.thon@theologie.uni-halle.de

*Töllner, Dr. Axel*, 1968, Pfarrer, Äußerer Laufer Platz 17, 90403 Nürnberg; axel.toellner@elkb.de

*Vahrenhorst, PD Dr. Martin*, 1967, Pfarrer, Schulreferent, Saarbrücker Straße 7, 66265 Heusweiler; martin.vahrenhorst@ekir.de

*Volkmann, Dr. Evelina*, 1962, Pfarrerin und Studienleiterin für Prädikantenfortbildung und Gottesdienst, Evang. Bildungszentrum, Grüningerstraße 25, 70599 Stuttgart; evelina.volkmann@elk-wue.de

*Volkmann, Dr. Michael*, 1954, Pfarrer, Akademieweg 11, 73087 Bad Boll; agwege@gmx.de

*Voß, Stefan*, 1966, Pfarrer, Talstraße 109, 77709 Wolfach-Kirnbach; Stefan.Voss@kbz.ekiba.de

*Wachowski, Dr. Johannes*, 1964, Pfarrer in Wernsbach und am Klinikum Ansbach, Vorsitzender von Begegnung von Christen und Juden in Bayern (www.bcj.de), Wernsbach 32, 91629 Weihenzell; pfarrer@wachowski-online.de

*Will, Michaela*, 1967, Pastorin, König-Heinrich-Weg 215, 22455 Hamburg; pastorin.will@gmx.de

*Zander, Gabriele*, 1964, Pfarrerin und Leiterin des Evangelischen Pilger- und Begegnungszentrums der Auguste-Victoria-Stiftung, Jerusalem 91140, P.O.Box 14076, Israel; in Deutschland: Eberstädter Straße 27, 64367 Mühltal; gabriele.zander@avzentrum.de

*Zeiske, Christian*, 1953, Pfarrer, Gethsemanestr. 9, 10437 Berlin; simon-zeiske@gethsemanekirche.de

## Neuerscheinung – Information

Interreligiöser Kalender

### MITEINANDER 2017

Juden – Christen – Muslime

Institut für Kirche und Gesellschaft (Hrsg.)
Juden – Christen – Muslime: Wir leben Tür an Tür und wissen oft wenig voneinander.
Dieser gemeinsame Festkalender möchte die Verständigung zwischen den großen Religionen und Kulturen fördern und Türen öffnen in die Herzen der andersgläubigen Nachbarn.

Die Kalender-Redaktion erhielt 2011 den undotierten Muhammad-Nafi-Tschelebi-Friedenspreis für ihre außergewöhnliche Arbeit im interreligiösen Dialog!

Jüdisch-christlich-muslimisches Kalendarium
Format 30,0 x 28,0 cm
€ 9,90
ISBN 978-3-7858-0681-4

Staffelpreise
ab 10 Exemplare: € 8,90
ab 25 Exemplare: € 7,90
ab 50 Exemplare: € 6,90

## Bestellen Sie bequem per Fax, Telefon oder Mail

Ich bestelle:

☐ Expl. „Miteinander 2017" zu € 9,90 (ISBN 978-3-7858-0681-4)

☐ Expl. „Miteinander 2017" zu den jeweiligen Staffelpreisen

☐ Ja, ich möchte den aktuellen Verlags-Prospekt kostenlos zugeschickt bekommen.

☐ Ja, ich möchte den Newsletter des Luther-Verlages mit Infos über neue Produkte per Mail erhalten.

* Freiwillige Angaben für weitere interessante Angebote

Meine Adresse lautet:

Vorname, Name / Einrichtung

Straße, Hausnummer

Ort, PLZ

Telefon* E-Mail*

Datum, Unterschrift

LUTHER-VERLAG

Der Verlag mit den guten Ideen

Cansteinstr. 1
33647 Bielefeld

Mail: vertrieb@luther-verlag.de
Internet: www.luther-verlag.de

Telefon: (05 21) 94 40 1 37
Fax: (05 21) 94 40 1 36

# Das Hohelied

**Das Hohelied**
Deutsch, Hebräisch
104 Seiten, Hardcover, 13 Abbildungen
ISBN: 978-3-95565-180-0
€ 24,90

Herausgegeben von Andreas Nachama und Marion Gardei
Mit Zeichnungen von Astrid Saalmann
Mit einer Nachdichtung von Max A. Klausner
Mit einem Beitrag von Ilka Wonschik

## Das Lied der Lieder in einer opulent illustrierten und poetisch übersetzten Neuausgabe

Das Hohelied ist ein poetisches und zugleich erotisches Zwiegespräch. Kaum zu glauben, dass es in der Bibel steht. Auch jüdische und christliche Theologen haben immer wieder wortwörtlich oder allegorisch den Sinn eines solchen Liebesliedes in der Heiligen Schrift gesucht und gefunden. In diese spannenden Diskurse führt allgemeinverständlich die vorliegende Ausgabe ein und informiert in einer kurzen Auslegungsgeschichte aus jüdischer und christlicher Sicht sowie über die musikalische Adaption vom „Lied der Lieder". Vorangestellt sind Zeichnungen der Künstlerin Astrid Saalmann, die wunderbar mit der poetisch-sinnlichen Nachdichtung des biblischen Textes in deutscher Sprache des jüdischen Gelehrten Max A. Klausner (1848–1910) korrelieren. Im zweiten Teil wird der hebräische Originaltext aus dem Tanach der revidierten Fassung der Übersetzung Martin Luthers gegenübergestellt.

Hiermit bestelle ich ...... Expl. des „Hoheliedes" zum Preis von € 24,90 pro Exemplar gegen Rechnung und mit portofreier Lieferung innerhalb Deutschlands, ins Ausland zzgl. der tatsächlichen Versandkosten.

**Name:**

**Anschrift:**

**E-Mail:**

**Unterschrift:**

**Bitte senden Sie Ihre Bestellung an:**

Hentrich & Hentrich Verlag Berlin
Wilhelmstraße 118
10963 Berlin

Tel.: 030/609 23 865
Fax: 030/609 23 866
E-Mail: info@hentrichhentrich.de

**O Ja, ich möchte regelmäßig über das Verlagsprogramm per Newsletter informiert werden. (ca. 1x monatlich)**

# Die »Jerusalemer Mischna«

## ist vollständig erschienen

Das 2002 angekündigte Projekt der »Jerusalemer Mischna« ist in diesen Tagen beendet worden. Neben dem Einleitungsband sind alle 63 Mischnatraktate erschienen. Das Projekt wurde von den Absolventen des deutschen Studienprogrammes an der Hebräischen Universität »Studium in Israel« getragen. Herausgeber ist Michael Krupp, von dem auch die meisten der Traktate bearbeitet wurden.

Die Mischna
Textkritische Ausgabe mit deutscher
Übersetzung und Kommentar
Herausgegeben von
Michael Krupp
Avot
Bearbeitet von
Frank Ueberschaer
und
Michael Krupp

**»Wer also am Hebräischen und am Variantenapparat und größerem wissenschaftlichem Apparat interessiert ist, sollte auf die Jerusalemer Mischna zurückgreifen.«**

Jetzt gibt es also endlich eine zuverlässige deutsche Übersetzung der ganzen Mischna, nach den endlosen und nicht unproblematischen Versuchen der Theologen!

Prof. Dr. Peter Schäfer (Princeton,Berlin):

Wir kennen uns, glaube ich, persönlich nicht, doch bin ich über die Vermittlung von Harald Samuel ein begeisterter Bezieher Ihrer Mischna-Ausgabe und möchte Ihnen zum Abschluss dieses Werkes von Herzen gratulieren: Das ist eine Leistung, auf die Sie mit Recht stolz sein können und die uns in der Forschung und im Unterricht gute Dienste leistet.

Prof. Dr. Reinhard Kratz (Göttingen)

so ein schlichter Satz, so ein großartiges Ereignis: »Das Projekt ist damit zu seinem Abschluss gekommen«. Und was für ein Jahresbeginn! Shana tova! Ich freue mich riesig für Sie und mit Ihnen, dass Ihnen dieses große Werk – und noch dazu so preiswert, dass es jeder und jede Studierende kaufen kann und sich die Texte erarbeiten kann – gelungen ist.

Prof. Dr. Dres. h.c. Christoph Markschies (Berlin):

I've been using the Mishna set a great deal and thank you for your work on this amazing project. A few general thoughts - I really like that the Kaufman manuscript has been prioritized as the base text. This is much needed and long-awaited. I also like how the apparatus focuses on variants that change the meaning or sense of the text and has excluded the smaller things that have negligible impact (e.g. mem/nun/ends, variants for plural forms, abbreviations that are obvious, like R'abbi).

Gregg E. Gardner, Ph.D. Assistant Professor and The Diamond Chair in Jewish Law and Ethics, University of British Columbia, Vancouver

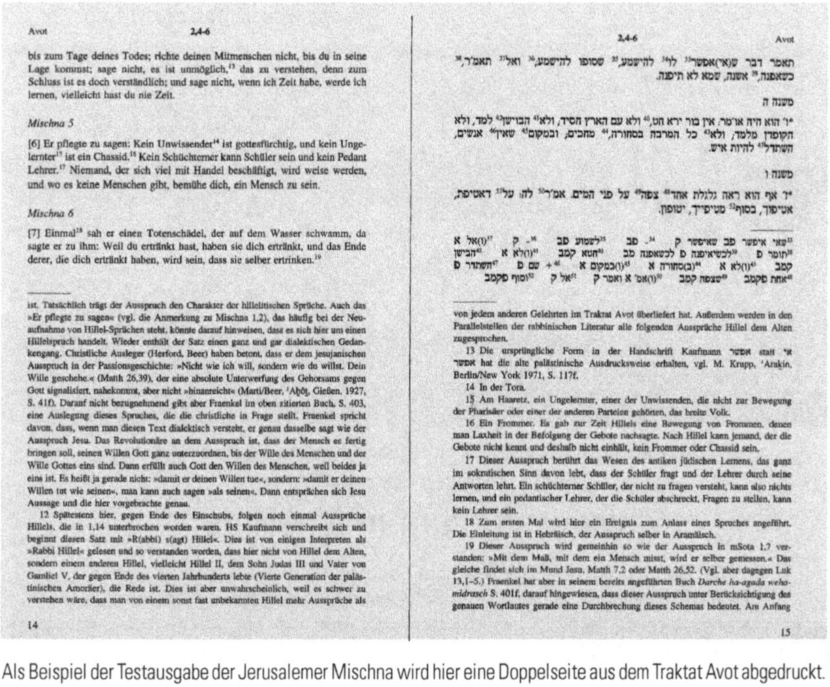

Avot 2,4-6

bis zum Tage deines Todes; richte deinen Mitmenschen nicht, bis du in seine Lage kommst; sage nicht, es ist unmöglich,[13] das zu verstehen, denn zum Schluss ist es doch verständlich; und sage nicht, wenn ich Zeit habe, werde ich lernen, vielleicht hast du nie Zeit.

*Mischna 5*

[6] Er pflegte zu sagen: Kein Unwissender[14] ist gottesfürchtig, und kein Ungelernter[15] ist ein Chassid.[16] Kein Schüchterner kann Schüler sein und kein Pedant Lehrer.[17] Niemand, der sich viel mit Handel beschäftigt, wird weise werden, und wo es keine Menschen gibt, bemühe dich, ein Mensch zu sein.

*Mischna 6*

[7] Einmal[18] sah er einen Totenschädel, der auf dem Wasser schwamm, da sagte er zu ihm: Weil du ertränkt hast, haben sie dich ertränkt, und das Ende derer, die dich ertränkt haben, wird sein, dass sie selber ertrinken.[19]

ist. Tatsächlich trägt der Ausspruch den Charakter der hillelitischen Sprüche. Auch das »Er pflegte zu sagen« (vgl. die Anmerkung zu Mischna 1,2), das häufig bei der Neuaufnahme von Hillel-Sprüchen steht, könnte darauf hinweisen, dass es sich hier um einen Hillelspruch handelt. Wieder enthält der Satz einen ganz und gar dialektischen Gedankengang. Christliche Ausleger (Herford, Beer) haben betont, dass er dem jesujanischen Ausspruch in der Passionsgeschichte: »Nicht wie ich will, sondern wie du willst. Dein Wille geschehe.« (Matth 26,39), der eine absolute Unterwerfung des Gehorsams gegen Gott signalisiert, nahekommt, aber nicht »hinanreicht« (Marti/Beer, ʾAḇôṯ, Gießen, 1927, S. 41f). Darauf nicht bezugnehmend gibt aber Fraenkel im oben zitierten Buch, S. 403, eine Auslegung dieses Spruches, die die christliche in Frage stellt. Fraenkel spricht davon, dass, wenn man diesen Text dialektisch versteht, er genau dasselbe sagt wie der Ausspruch Jesu. Das Revolutionäre an dem Ausspruch ist, dass der Mensch es fertig bringen soll, seinen Willen Gott ganz unterzuordnen, bis der Wille des Menschen und der Wille Gottes eins sind. Dann erfüllt auch Gott den Willen des Menschen, weil beides ja eins ist. Es heißt ja gerade nicht: »damit er deinen Willen tue«, sondern: »damit er deinen Willen tut wie seinen«, man kann auch sagen »als seinen«. Dann entsprächen sich Jesu Aussage und die hier vorgebrachte genau.

12 Spätestens hier, gegen Ende des Einschubs, folgen noch einmal Aussprüche Hillels, die in 1,14 unterbrochen worden waren. HS Kaufmann verschreibt sich und beginnt diesen Satz mit »R(abbi) s(agt) Hillel«. Dies ist von einigen Interpreten als »Rabbi Hillel« gelesen und so verstanden worden, dass hier nicht von Hillel dem Alten, sondern einem anderen Hillel, vielleicht Hillel II, dem Sohn Judas III und Vater von Gamliel V, der gegen Ende des vierten Jahrhunderts lebte (Vierte Generation der palästinischen Amoräer), die Rede ist. Dies ist aber unwahrscheinlich, weil es schwer zu verstehen wäre, dass man von einem sonst fast unbekannten Hillel mehr Aussprüche als

14

2,4-6 Avot

תאמר דבר ש(אי)אפשר[33] לו[34] להישמע,[35] שסופו להישמע;[36] ואל[37] תאמ׳ר,[38] כשאפנה,[39] אשנה, שמא לא תיפנה.

משנה ה

*ו׳ הוא היה או׳מר: אין בור ירא חט,[40] ולא עם הארץ חסיד, ולא[41] הבוישן[42] למד, ולא הקופדן מלמד, ולא[43] כל המרבה בסחורה,[44] מחכים, ובמקום[45] שאין[46] אנשים, השתדל[47] להיות איש.

משנה ו

*ז׳ אף הוא ראה גלגלת אחד[48] צפה[49] על פני המים. אמ׳ר[50] לה: על[51] דאטיפת, אטיפוך, בסוף[52] מטיפיך, יטופון.

[33]שאי איפשר פב שאיפשר ק [34]- פב [35]לשמוע פב [36]- ק [37](ו)אל א
[38]תומר פ [39]לכשיאיפנה פ לכשאפנה מב [40]חטא קמב [41](ו)לא א [42]הביישן
קמב [43](ו)לא א [44](ב)סחורה א [45](ו)במקום א [46]+ שם פ [47]השתדר פ
[48]אחת פקמב [49]שצפה קמב [50](ו)אמ׳ א ואמר ק [51]אל ק [52]וסוף פקמב

von jedem anderen Gelehrten im Traktat Avot überliefert hat. Außerdem werden in den Parallelstellen der rabbinischen Literatur alle folgenden Aussprüche Hillel dem Alten zugesprochen.

13 Die ursprüngliche Form in der Handschrift Kaufmann אפשר statt אי אפשר hat die alte palästinische Ausdrucksweise erhalten, vgl. M. Krupp, ʿArakin, Berlin/New York 1971, S. 117f.

14 In der Tora.

15 Am Haaretz, ein Ungelernter, einer der Unwissenden, die nicht zur Bewegung der Pharisäer oder einer der anderen Parteien gehörten, das breite Volk.

16 Ein Frommer. Es gab zur Zeit Hillels eine Bewegung von Frommen, denen man Laxheit in der Befolgung der Gebote nachsagte. Nach Hillel kann jemand, der die Gebote nicht kennt und deshalb nicht einhält, kein Frommer oder Chassid sein.

17 Dieser Ausspruch berührt das Wesen des antiken jüdischen Lernens, das ganz im sokratischen Sinn davon lebt, dass der Schüler fragt und der Lehrer durch seine Antworten lehrt. Ein schüchterner Schüler, der nicht zu fragen versteht, kann also nichts lernen, und ein pedantischer Lehrer, der die Schüler abschreckt, Fragen zu stellen, kann kein Lehrer sein.

18 Zum ersten Mal wird hier ein Ereignis zum Anlass eines Spruches angeführt. Die Einleitung ist in Hebräisch, der Ausspruch selber in Aramäisch.

19 Dieser Ausspruch wird gemeinhin so wie der Ausspruch in mSota 1,7 verstanden: »Mit dem Maß, mit dem ein Mensch misst, wird er selber gemessen.« Das gleiche findet sich im Mund Jesu, Matth 7,2 oder Matth 26,52. (Vgl. aber dagegen Luk 13,1–5.) Fraenkel hat aber in seinem bereits angeführten Buch *Darche ha-agada wehamidrasch* S. 401f, darauf hingewiesen, dass dieser Ausspruch unter Berücksichtigung des genauen Wortlautes gerade eine Durchbrechung dieses Schemas bedeutet. Am Anfang

15

Als Beispiel der Testausgabe der Jerusalemer Mischna wird hier eine Doppelseite aus dem Traktat Avot abgedruckt.

# Studium in Israel e.V.

**Studium in Israel ...**

- bedeutet *Studieren* an der Hebräischen Universität.
  Für ein Jahr lernen Sie an einem Zentrum der jüdischen Gelehrsamkeit. Sie werden vertraut mit dem Reichtum der religiösen Überlieferung und der intellektuellen Traditionen des Judentums. Sie können vom breiten Lehrangebot dieser Universität profitieren und studieren gemeinsam mit jungen Israelis und Studierenden aus aller Welt.
- bedeutet *Leben* in Jerusalem.
  Sie lernen das jüdische Leben in Alltag und Feiertag, in seinen religiösen uns säkularen Ausprägungen kennen und begegnen darüber hinaus einer Vielfalt der Kulturen und Religionen in einer Intensität, die nur diese Stadt zu bieten hat.

**Ein Studium in Israel bietet die Chance ...**

- das Judentum in seiner Vielfalt unverzerrt und authentisch, d.h. in seinem eigenen Selbstverständnis zu erfahren.
- das Land der Bibel mit seinen Landschaften und Jahreszeiten, mit seinen historischen Stätten und seinen heutigen Menschen zu erkunden.
- besondere sprachliche und sachliche Kompetenzen für den Zugang zur hebräischen Bibel und der gesamten christlichen Bibel zu gewinnen.
- Gottesdienste und Kirchen nicht nur westlicher, sondern auch orthodoxer und orientalischer Prägung zu erleben.
- diese vielfältigen Erfahrungen aus der Perspektive der eigenen religiösen Tradition und in ihrer Bedeutung für das Theologiestudium zu reflektieren.

Nähere Informationen zu Voraussetzungen und Bewerbung erhalten Sie unter

## www.studium-in-israel.de

Prof Dr. Bernd Schröder, Theologische Fakultät, Platz der Göttinger Sieben 2,
D-37073 Göttingen, email: Bernd.Schroeder@theologie.uni-goettingen.de

Ein Studienjahr an der Hebräischen Universität Jerusalem
האוניברסיטה העברית בירושלים